世界城市妇女发展状况比较研究

纽约 伦敦 巴黎 东京

赵津芳 金 莉 ■ 主 编
陈 玲 张朝意 ■ 副主编

社会科学文献出版社
SOCIAL SCIENCES ACADEMIC PRESS (CHINA)

主　　编　赵津芳　金　莉

副 主 编　陈　玲　张朝意

执行主编　李洪峰

策　　划　刘　颖　韩桂华　李英桃

作　　者　(以姓氏拼音为序)

　　　　　丁凤新　顾　蕾　李洪峰　李英桃

　　　　　涂晓艳　魏　然　薛　瑛　姚金菊

　　　　　姚艳霞　张　颖　周　圆

序一

　　世界城市是国际城市的高端形态，是聚集世界高端企业总部和高端人才的城市，是国际活动的聚集地和对全球的政治、经济、文化等方面具有重要影响力的城市。北京作为中国的首都，国家的政治、文化、教育和国际交流中心，具备多元的城市功能，会聚丰富的发展资源，拥有悠久的历史文化。特别是在圆满完成北京奥运会、新中国成立 60 周年庆祝活动和成功应对国际金融危机等一系列重要事件之后，北京的综合经济实力显著增强，城市服务管理水平不断提升，城市面貌焕然一新。越来越多的大型国际活动、高端企业总部、各领域高层人才聚集北京，这个充满魅力的东方文明之都正在吸引着全世界的目光。当前，我们正在深入实施"人文北京、科技北京、绿色北京"战略，奋力推进首都经济、政治、文化、社会和生态文明建设，向着建设中国特色世界城市不断迈进。这不仅是北京城市总体规划的新部署，是中央对北京工作的新要求，也是包括广大妇女在内的全体首都人民的新期盼。

　　男女平等是我国的基本国策，党的十八大报告中强调："坚持男女平等基本国策，保障妇女儿童合法权益"，这对于从理论上的男女平等迈向事实上的男女平等、推动社会性别意识主流化进程具有重要意义。性别和谐是衡量城市综合实力、人文精神的重要标准之一。在建设中国特色世界城市的进程中，必须高度重视妇女发展这一重要因素，切实将性别平等工作纳入城市建设和发展的全局中同步规划、同步推进，实现男女两性携手共建美丽首都、平等共享发展成果。

　　1995 年联合国第四次世界妇女大会在北京召开，在中国妇女运动史上具有里程碑意义。特别是我国政府将男女平等确立为基本国策，有力地推动了首都妇女事业的进步与发展。近年来，在全市上下的大力支持和共同努力下，妇女参与决策和管理能力不断增强，渠道和形式逐步拓展；妇女就业结构不断优化，社会保障水平显著上升；妇女受教育水平不断提高，科学文化素质和参与发展能力持续增长；妇女卫生保健水平不断进步，公共卫生体系更加健全；促进妇女发展的政策机制不断完善，妇女发展环境更为良好；妇女社会地位不断提升，在经济社会建设中的"半边天"作用日益彰显。

尽管首都妇女事业和妇女工作已经取得了很大的进步，但与其他一些国家和地区的国际化城市相比，还存在着不同程度的差距，需要我们深入研究思考，广泛学习借鉴。纽约、伦敦、巴黎、东京作为当前全球公认的四大世界城市，无论是在政治、经济发展还是在社会、文化建设方面，都具有一定的国际影响力和竞争力。四个城市在各自发展进程中，女性发展评价指标体系和促进性别平等机制也逐步得到了建构。他山之石可以攻玉，北京市妇联与北京外国语大学联合成立课题组，选取纽约、伦敦、巴黎、东京四大城市作为研究对象，以妇女参政、经济、教育、婚姻家庭与生活方式、健康、权利法律保护、性别观念与认知七大方面为研究维度，重点考察各城市妇女的发展状况和性别平等机制，完成了《世界城市妇女发展状况比较研究》这一专著。我们期望通过研究对比四个城市相对成熟的发展理念，进一步加深促进北京性别平等工作重要性的认知；通过学习借鉴四个城市的有益做法，进一步加快推动北京社会性别意识主流化进程的步伐；通过学习借鉴四个城市的有益做法，进一步创新理念、拓展思路，不断提高首都妇女工作的科学化、现代化、国际化水平，引领广大妇女为建设中国特色世界城市、携手共筑"中国梦"贡献力量。

推动首都科学发展、建设中国特色世界城市是我们的共同追求；让广大女性生活得更加幸福快乐是我们的美好愿望。让我们携手并肩，为使我们生活居住和深深热爱的这个城市更加美丽、平等、和谐而不懈奋斗！

北京市妇联党组书记、主席

赵津芳

2013 年 3 月

序二

2006 年，北京外国语大学依托多语言、多学科的优势，成立了社会性别与全球问题研究中心。我们将中心的目标定为，将社会性别视角引入教学与学术研究之中，并以学术为支撑，努力为政府部门相关决策提供智力支持，服务中国特色和谐社会的构建，服务地方社会经济发展。

中心成立以来，我们围绕社会性别研究开设了相关课程，不断完善学科体系，努力培养具有性别意识的跨文化交流人才。同时，我们注重学术团队的建设，以项目为抓手，通过各类活动的开展，不断拓宽中心教学和研究的深度和广度。此外，中心与外部的学术交流与合作也在不断推进，与全国妇联、北京市妇联、福特基金会、北京大学等高校和研究机构建立并保持了稳定的合作关系。几年来，中心的发展取得了丰硕的成果，先后完成了教材《女性主义国际关系学》，学术专著《社会性别视角下的全球环境问题》《20世纪美国女性小说研究》《女性主义和平学》的撰写和出版，发表了一系列学术论文，初步形成了北京外国语大学社会性别研究的特色。其中，《社会性别视角下的全球环境问题》是中心开展的重大团队项目成果，凸显了我中心对于社会热点问题和学术前沿问题的关注和研究，该书出版之后赢得广泛好评。

《世界城市妇女发展状况比较研究》是我中心承担的北京市妇联委托项目，也是中心进行的又一重大团队项目。作为对于四大世界城市妇女发展状况的综合性研究，首次从社会性别视角，梳理了纽约、伦敦、巴黎和东京的妇女发展状况，多维度地探讨了世界城市妇女发展中的问题与挑战，在此基础上为北京完善世界城市建设战略，打造公正、公平、平等的世界城市形象提出了有益的建议。

项目进行过程中，中心整合了北京外国语大学的丰富学科资源，来自不同院系、不同专业背景的教师和研究人员本着严谨认真的科学态度和协同合作的团队精神，充分发挥了我中心的外语优势，收集了大量宝贵的第一手资料，分析研究了纽约、伦敦、巴黎和东京地方政府及其所在国政府采取的有关妇女发展的政策和措施。经过与北京市妇联以及有关专家的多次研讨和论证，对调研中采用的指标体系进行反复修订，对书稿结构亦几易其稿，较为全面和客观地呈现出世界城市妇女发展中的共性问题与个性现象。

该项目历时三年，涉及四大城市七个主题的妇女发展问题，数据信息采集量巨大，参与人员众多，项目组成员为本书的圆满完成付出了大量的心血。该项目成果直接服务于北京市世界城市建设，对推动我国性别平等、增强妇女在社会发展中的作用将起到积极影响。

作为高校建立的性别研究中心，我们能以自己的学术研究支持我国性别平等战略的完善与实施、支持北京市建设和谐向上的世界城市、支持北京妇女更好地实现自我发展，为此，我们深感自豪。

在今后的发展中，北京外国语大学社会性别与全球问题研究中心将更好地以学术研究的方式服务社会，加强与各方机构的合作，以期在该领域中成为一支重要的研究力量。

北京外国语大学副校长、社会性别与全球问题研究中心主任

金 莉

2013 年 3 月

目 录
Contents

导论 ……………………………………………………………… 1

  一 世界城市与北京中国特色世界城市建设 ……………… 1

  二 世界城市建设中的男女平等主题 …………………… 8

  三 国际视野与本土实践相结合的指标体系 …………… 11

  四 基本概念、创新与局限性 …………………………… 18

  五 本项目的结构 ………………………………………… 25

第一章 世界城市妇女参政状况 ……………………………… 27

  第一节 纽约妇女参政状况 ……………………………… 29

    一 美国妇女参政历史简要回顾 ……………………… 29

    二 当前纽约市妇女参政数据分析 …………………… 33

    三 纽约市妇女政治参与的促进机制 ………………… 42

  第二节 伦敦妇女参政状况 ……………………………… 46

    一 英国与伦敦妇女政治参与的发展历程与特点 …… 46

    二 伦敦妇女政治参与的现状 ………………………… 47

    三 伦敦妇女参政的特点 ……………………………… 60

    四 伦敦促进妇女参政的经验和教训 ………………… 61

  第三节 巴黎妇女参政状况 ……………………………… 65

    一 法国妇女政治参与历史综述 ……………………… 66

    二 巴黎妇女参政数据分析 …………………………… 67

    三 巴黎妇女政治参与有利因素分析 ………………… 72

  第四节 东京妇女参政状况 ……………………………… 77

    一 东京妇女参政现状 ………………………………… 78

　　二　东京妇女政治参与的促进机制 ………………………………… 81
　　三　东京妇女政治参与特点 ……………………………………………… 85
　第五节　四大城市及北京妇女参政状况比较 …………………………… 86
　　一　四大世界城市妇女参政数据比较 ………………………………… 87
　　二　四大城市经验的启示 ……………………………………………… 91

第二章　世界城市妇女经济地位 ……………………………………………… 95
　第一节　纽约女性经济地位 ……………………………………………… 96
　　一　纽约女性就业和收入情况 ………………………………………… 97
　　二　影响纽约女性就业和收入的因素 ……………………………… 111
　　三　纽约市提高女性经济地位的措施 ……………………………… 116
　第二节　伦敦妇女经济地位 …………………………………………… 118
　　一　伦敦经济概况 …………………………………………………… 118
　　二　伦敦女性的经济参与 …………………………………………… 119
　　三　影响伦敦女性收入与经济活动的因素 ………………………… 123
　　四　伦敦促进女性就业的举措 ……………………………………… 130
　第三节　巴黎妇女经济地位 …………………………………………… 132
　　一　巴黎经济状况概述 ……………………………………………… 132
　　二　巴黎女性就业状况 ……………………………………………… 133
　　三　巴黎女性与男性薪酬差距状况分析 …………………………… 139
　　四　巴黎促进女性就业的举措与效果 ……………………………… 142
　第四节　东京妇女经济地位 …………………………………………… 146
　　一　东京妇女的经济参与 …………………………………………… 147
　　二　影响东京妇女经济活动的因素 ………………………………… 155
　　三　东京促进妇女就业的举措与效果 ……………………………… 161
　第五节　四大城市及北京妇女经济地位比较 ………………………… 165
　　一　四大世界城市妇女经济数据比较 ……………………………… 165
　　二　四大城市影响女性经济收入的因素比较分析 ………………… 169
　　三　四大城市促进就业机制 ………………………………………… 171
　　四　四大城市措施的启示 …………………………………………… 173

第三章　世界城市妇女教育状况 ……………………………… 177

　第一节　纽约妇女教育状况 ………………………………… 178

　　一　美国与纽约市教育状况概述 ………………………… 179

　　二　纽约市女性教育水平情况 …………………………… 181

　　三　纽约市教育体系中的女性参与 ……………………… 189

　　四　纽约市妇女教育情况分析 …………………………… 194

　第二节　伦敦妇女教育状况 ………………………………… 197

　　一　伦敦基础教育与性别差异 …………………………… 198

　　二　伦敦的继续教育、职业教育与高等教育 …………… 204

　　三　伦敦教育体系中的妇女参与 ………………………… 209

　　四　伦敦面临的挑战 ……………………………………… 212

　第三节　巴黎妇女教育状况 ………………………………… 214

　　一　法国教育体制简介 …………………………………… 214

　　二　法国及巴黎女性教育现状 …………………………… 216

　　三　法国及巴黎教育体系中的女性参与和女性发展 …… 223

　　四　巴黎女性教育状况特点 ……………………………… 227

　第四节　东京妇女教育状况 ………………………………… 228

　　一　东京女性教育水平 …………………………………… 230

　　二　东京教育体系中的女性参与 ………………………… 234

　　三　东京都妇女教育状况总结 …………………………… 238

　第五节　四大城市及北京妇女教育状况比较 ……………… 239

　　一　四大城市女性教育状况比较 ………………………… 240

　　二　北京女性教育状况与相关建议 ……………………… 244

第四章　世界城市女性婚姻家庭与生活方式状况 …………… 248

　第一节　纽约女性婚姻家庭与生活方式状况 ……………… 249

　　一　纽约女性婚姻状况 …………………………………… 249

　　二　纽约女性在家庭中的地位变化 ……………………… 257

　　三　纽约女性生活方式 …………………………………… 262

　第二节　伦敦女性婚姻家庭状况与生活方式状况 ………… 268

　　一　关于"亲密关系"的制度变化与婚姻家庭现状 …… 269

　　二　妇女、子女、工作与家务劳动取向 ……………………… 273
　　三　伦敦妇女的生活方式 ……………………………………… 278
　　四　伦敦妇女婚姻家庭状况与生活方式特点 ………………… 285
第三节　巴黎女性婚姻家庭与生活方式状况 ……………………… 286
　　一　巴黎妇女婚姻与家庭状况 ………………………………… 286
　　二　巴黎妇女的生活方式 ……………………………………… 293
　　三　巴黎女性婚姻家庭和生活方式的特点 …………………… 298
第四节　东京女性婚姻家庭与生活方式状况 ……………………… 298
　　一　东京女性婚姻状况 ………………………………………… 299
　　二　东京女性在家庭中的地位 ………………………………… 301
　　三　东京女性的生活方式 ……………………………………… 309
　　四　东京女性婚姻家庭状况和生活方式特点 ………………… 311
第五节　四大城市及北京妇女婚姻家庭和生活方式状况比较 …… 313
　　一　四大城市妇女婚姻家庭状况比较 ………………………… 313
　　二　女性在家庭中的地位 ……………………………………… 315
　　三　四大城市女性生活方式 …………………………………… 318
　　四　四大城市妇女婚姻家庭状况和生活方式对于北京妇女的启示 … 319

第五章　世界城市女性权利法律保护 ……………………………… 322
第一节　纽约女性权利的法律保护 ………………………………… 323
　　一　平等权保护立法 …………………………………………… 324
　　二　纽约女性的人身权利 ……………………………………… 327
　　三　纽约女性的经济和社会保障权利 ………………………… 331
　　四　纽约女性的教育权利 ……………………………………… 337
　　五　纽约女性权利法律保障经验总结 ………………………… 339
第二节　伦敦女性权利的法律保护 ………………………………… 340
　　一　一般的女性权利法律保护 ………………………………… 341
　　二　妇女劳动与社会保障权利的法律保护 …………………… 347
　　三　结语 ………………………………………………………… 353
第三节　巴黎女性权利的法律保护 ………………………………… 353
　　一　一般的女性权利法律保护 ………………………………… 354

二 女性劳动与社会保障权利的法律保护 …………………… 360

三 巴黎女性权利法律保护机制的可借鉴之处 …………… 365

第四节 东京女性权利的法律保护 ……………………………… 366

一 东京女性权利的法律保护 …………………………… 367

二 东京女性的劳动和社会保障权利 …………………… 373

三 东京女性权利法律保护的经验总结 ………………… 379

第五节 四大城市及北京女性权利法律保护比较 ……………… 381

一 四大城市女性一般权利法律保护的比较 …………… 381

二 女性劳动与社会保障权利法律保护的比较 ………… 385

三 四大城市经验的启示 ………………………………… 389

第六章 世界城市女性健康状况 ………………………………… 391

第一节 纽约女性健康状况 ……………………………………… 392

一 纽约城市发展与女性健康 …………………………… 393

二 纽约女性健康现状 …………………………………… 394

三 影响纽约女性健康的因素 …………………………… 404

四 纽约市政府促进女性健康的举措 …………………… 406

第二节 伦敦女性健康状况 ……………………………………… 409

一 女性与健康的指标分析 ……………………………… 409

二 影响伦敦女性健康的因素 …………………………… 420

三 伦敦政府促进女性健康的措施 ……………………… 422

第三节 巴黎女性健康状况 ……………………………………… 424

一 巴黎女性健康现状 …………………………………… 425

二 巴黎地区促进女性健康的举措 ……………………… 431

三 巴黎所面临的挑战 …………………………………… 434

第四节 东京女性健康状况 ……………………………………… 435

一 东京女性健康现状 …………………………………… 435

二 影响东京女性健康的因素 …………………………… 441

三 东京政府促进女性健康的举措 ……………………… 443

第五节 四大城市及北京妇女健康状况比较 …………………… 444

一 四大世界城市妇女健康指标对比 …………………… 444

　　二　比较研究对北京的参考和启示 ……………………………… 449

第七章　世界城市女性性别观念和认知状况 ………………… 453
　第一节　纽约女性性别观念和认知状况 ……………………… 454
　　一　社会生活中的女性性别意识 ……………………………… 455
　　二　婚姻中的性别意识 ………………………………………… 458
　　三　纽约加强性别平等观念的措施 …………………………… 462
　　四　纽约政府采取的其他举措 ………………………………… 464
　第二节　伦敦女性性别观念和认知状况 ……………………… 465
　　一　女性和社会对女性社会地位的认知 ……………………… 466
　　二　影响伦敦女性性别观念形成的要素 ……………………… 477
　　三　伦敦政府采取的举措 ……………………………………… 479
　第三节　巴黎女性性别观念和认知状况 ……………………… 481
　　一　当代法国女性的性别观念与自我价值的实现 …………… 481
　　二　对法国人性别观念产生影响的历史社会文化因素 ……… 488
　　三　巴黎官方采取的举措及意义 ……………………………… 490
　第四节　东京女性性别观念和认知状况 ……………………… 493
　　一　婚姻中的性别意识 ………………………………………… 493
　　二　社会生活中的性别意识 …………………………………… 503
　　三　东京政府采取的促进男女平等观念形成的措施 ………… 506
　第五节　世界城市女性性别观念和态度及其对北京的启示 … 508
　　一　四大城市女性性别观念和态度数据比较 ………………… 509
　　二　四大城市促进性别平等观念的措施 ……………………… 513
　　三　四大城市促进性别观念平等举措的启示 ………………… 514

结论 …………………………………………………………… 516
　　一　对四大城市妇女发展状况的综合考量 …………………… 516
　　二　比较中的问题发现 ………………………………………… 519
　　三　建议和思考 ………………………………………………… 521

后记 …………………………………………………………… 525

导论

　　"十二五"时期是首都率先实现全面小康社会的重要时期，是建设"人文北京、科技北京、绿色北京"与中国特色世界城市的关键时期。[①] 以北京建设中国特色世界城市战略目标为背景，本项目通过对纽约、伦敦、巴黎和东京四大世界城市妇女发展的基本状况进行调查研究，收集英语、法语与日语的第一手资料，进行具体议题的梳理、评价与比较分析，从四大城市妇女发展的具体实践中学习经验汲取教训，准确定位北京妇女发展状况，服务北京妇女，强调在性别平等中注入北京特质，并将性别意识纳入北京城市建设的整体发展战略，充分体现北京中国特色世界城市建设的时代特点。

一　世界城市与北京中国特色世界城市建设

　　根据 2012 年 4 月美国科尔尼咨询公司公布的最新世界城市指数，世界城市依次为纽约、伦敦、巴黎、东京。[②] 而在日本森纪念财团都市战略研究所 2012 年 10 月发布的世界主要城市"综合排行榜"中，伦敦位居榜首，而连续四年占据榜首的纽约则退居第二，第三位是巴黎。伦敦为迎接 2012 年的奥运会，完善了住宿设施，同时大力吸引海外游客，因而获得好评。东京自 2008 年以来连续 5 年位于综合实力第 4 位。北京名列排行

---

　　① 《北京市"十二五"时期社会保障发展规划》，http：//www.bjpc.gov.cn/fzgh_ 1/guihua/12_ 5/12_ 5_ zx/12_ 5_ zh/201108/P020120322543404317642.pdf。

　　② 《全球最具影响力城市　深圳倒数第二》，http：//forum.home.news.cn/thread/96742124/ 1.html，访问日期：2012 年 4 月 8 日。全球城市指数每两年评选一次，基于商业活动（30% 权重）、人才资源（30% 权重）、资讯流通度（15% 权重）、文化体验（15% 权重）和政治参与（10% 权重）等 5 项指标，对全球 66 个商业城市（地区）进行综合评估和排名。

榜的第 11 位。①

(一)"世界城市"研究概述

中文中的"世界城市"一词,英文可用 global city, world city, cosmopolitan city, international metropolis 等表示。在法语中,世界城市也可使用 ville/métropole mondiale, ville globale, ville cosmopolite 以及 superville 等表达方式。日语称之为"世界都市"或"グローバル都市"。

1. "世界城市"与世界城市研究

1786 年,德国学者、大诗人歌德(Johann Wolfgang von Goethe)在游历意大利时写下了《意大利游记》(*Italienische Reise*),罗马是他记述的一个重要城市。他在游记里写道:"是的,我终于到了这个世界之都!"② 歌德曾使用"Welstadt"(即德语的"世界城市")一词来描述当时的罗马和巴黎,以彰显其突出的文化优势及对世界的影响。卡尔海因茨·舒尔茨(Karlheinz Schultz)指出,歌德曾将古罗马比喻成一座赋予世间万物艺术生命的世界之城,所有在罗马发生过的事件都实现了它们在艺术世界的重生。③ 歌德于 1827 年 5 月 3 日与爱克尔曼(Johann Peter Eckermann)神采飞扬地谈论起巴黎这座城市,将其称为一座世界之城。④ "巴黎这座城市聚集了本国度最优秀的人才,他们在那里相互较量和学习。在巴黎,每天都进行着世上最辉煌的自然和艺术成果展。巴黎的每一座桥、每一个广场都是人们与回忆的重逢之地。巴黎的每一个街角都是一段历史的呈现。"⑤

1800 年后,伦敦在一段时间内成为世界上最大的城市。但纽约很快就取

---

① 《世界主要城市综合实力排行 东京排第四北京第 11》,http://japan.people.com.cn/35467/7975271.html,访问日期:2012 年 10 月 12 日。综合实力排行是通过把世界 40 大主要城市,在经济、文化、居住、环境等领域的指标数值化来决定的。

② 〔德〕歌德:《意大利游记》,周正安、吴晔译,湖南文艺出版社,2006,第 132 页。

③ Vgl. Schulz, Karlheinz, Wandlungen und Konstanten in Goethes Ästhetik und literarischer Laufbahn, 11. 05. 2010, URL: Goethezeitportal: http://www.goethezeitportal.de/fileadmin/PDF/db/wiss/goethe/schulz_ wandlungen_ konstanten. pdf, S. 39.

④ 参见 http://www.swr.de/swr2/programm/sendungen/musikstunde/ – /id = 9797790/property = download/nid = 659552/guwtne/swr2 – musikstunde – 20120704. pdf,访问日期:2012 年 10 月 7 日。

⑤ Vgl. Erkermann, Johann Peter, Gespräch mit Goethe in den letzten Jahren seines Lebens, 1822 – 1832, Leipzig, S. 114 – 115. 感谢北京外国语大学张晓玲老师的帮助。

代了伦敦的地位，在 1925 年成为世界第一大城市。1915 年，苏格兰的区域规划家格迪斯（Patrick Geddes）出版了《演变中的城市》一书①，他用"世界城市"形容聚集和运行着世界上最重要的经济成分之绝大部分的城市。英国地理学家彼得·霍尔（Peter Hall）在讨论世界城市的发展历史时指出："古老城市在全球等级关系中保持某些特殊位置，不仅是规模，还有功能。而现在，我们需要探讨其他那些难以捉摸的情况，这些优势和大城市混在一起：它们是世界城市和全球城市。"② 日本东京是当代四大世界城市中的后起之秀，经过 20 世纪 60 ~ 70 年代的高速发展，到 80 年代成为世界上首屈一指的国际大都市。

世界城市研究在 20 世纪 60 ~ 70 年代逐渐发展起来。1991 年，荷兰裔美国社会学家沙森（Saskia Sassen）出版了《全球城市：纽约、伦敦、东京》（*The Global City：New York，London，Tokyo*）一书，2001 年再版。该书在全球化的语境中，分地理和全球化的构成、全球城市的经济秩序、全球城市的社会秩序三个部分来讨论纽约、伦敦和东京的发展。20 世纪 90 年代初，中国学者开始探讨相关问题。2000 年上海同济大学"城市国际化标准比较研究"课题组的研究成果《上海城市发展应定位为"世界城市"》中谈到，"从 1990 年到 1995 年是中国城市对'国际化城市''国际性城市''国际化大都市'等此类名称最向往最引以为荣耀的五年，也是提得最为混乱的五年。""如果今天国内的某些城市政府对国外学者专家谈该城市的发展战略目标为建设一流'国际化城市（Internationalized City）'，或者是'国际性城市（International City）'时，外国专家学者首先反映的是'World City'（世界城市）或者'Global City'（全球城市）。"③该研究对彼得·霍尔、科恩（Robert Cohen）、弗里德曼（John Friedmann）、沙森等对世界城市的基本定义、分类的概括，常被后来的学者援引。

2. "世界城市"指标体系

关于建设"世界城市"需要具备的条件，不同学者有不同观点，也设计

---

① Patrick Geddes，*Cities in Evolution*，London：Williams & Norgate，1915.
② Peter Hall，"Megacities，World Cities and Global Cities"，http：//www. megacities. nl/lecture_1/lecture. html#World Cities and Global Cities，1997.
③ 同济大学"城市国际化标准比较研究"课题组：《上海城市发展应定位为"世界城市"》，2001，国务院研究院信息网，http：//www. drcnet. com. cn/eDRCnet. common. web/DocView. aspx？docid = 22332&chnid = 11&leafid = 12。

出了不同的指标体系。例如,屠启宇在《谋划中国的世界城市:面向 21 世纪中叶的上海发展战略研究》中根据上海城市发展的需要,设计出了一个指标体系,包括目标性指标(规模、影响力、沟通力)和路径性指标(效率、活力、创新、宜居、可持续)两个部分。① 蔡建明、薛凤旋在《界定世界城市的形成——以上海为例》中总结出世界城市形成的六维模型,包括:政治经济环境、人口和人才、经济活力/控制力、能动性基础设施、社会环境/质量、城市总体形象。②(参见图 1)

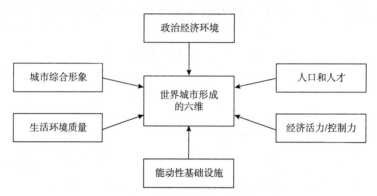

图 1 世界城市形成的六维模型示意

2003 年,沈金箴、周一星在《世界城市的涵义及其对中国城市发展的启示》一文中梳理了 20 世纪 90 年代后国内对"世界城市"研究的部分成果,指出"中国大陆目前还没有哪个城市可以称得上是'世界城市'",作者认为:"世界城市"本质上是指一种"世界城市地位",即那种具有重大世界影响的城市的"地位",而这种地位是由世界城市所具有的不同于一般大城市的功能所决定的。③ 2010 年 1 月 26 日《北京日报》第 2 版登载专文介绍的世界城市指标,其中包括经济发展(人均国内生产总值、第三产业占国内生产总值比重、第三产业就业人口比重、进口占国内生产总值比重)、设施水平(信息化

---

① 屠启宇:《谋划中国的世界城市:面向 21 世纪中叶的上海发展战略研究》,上海三联书店,2008,第 78 页。

② 蔡建明、薛凤旋:《界定世界城市的形成——以上海为例》,《外国城市规划》2002 年第 5 期,第 18 页。

③ 沈金箴、周一星:《世界城市的涵义及其对中国城市发展的启示》,《城市问题》2003 年第 3 期,第 13 页。

1——电话线/人、信息化2——每100人互联网用户量、国际航空港年旅客吞吐量、国际航线吞吐量)、控制力与影响力（国际组织总部、跨国公司总部或区域性总部、外资银行数目）和国际交往（举行大型国际会议、入境海外游客、常驻外国人数量）四个主要部分。

（二）北京建设中国特色世界城市战略

北京建设中国特色世界城市，是顺应历史潮流、回应现实发展的必然抉择，是承担中国走向世界的"国家队"的重大责任，是实现中华民族伟大复兴的历史要求的必然选择，也是应对全球竞争的严峻形势、开创北京发展的新阶段、带动区域经济全面快速发展、迈向历史新高度的必由之路。①

1. 《北京城市总体规划》与北京世界城市建设

2005年1月12日，国务院总理温家宝主持召开国务院常务会议，讨论并原则通过了《北京城市总体规划（2004年~2020年）》。《北京城市总体规划（2004年~2020年）》提出北京的发展目标之一是：

> 以建设世界城市为努力目标，不断提高北京在世界城市体系中的地位和作用，充分发挥首都在国家经济管理、科技创新、信息、交通、旅游等方面的优势，进一步发展首都经济，不断增强城市的综合辐射带动能力；弘扬历史文化，保护历史文化名城风貌，形成传统文化与现代文明交相辉映、具有高度包容性、多元化的世界文化名城，提高国际影响力；创造充分的就业和创业机会，建设空气清新、环境优美、生态良好的宜居城市。创建以人为本、和谐发展、经济繁荣、社会安定的首善之区。②

其中还制定了北京城市发展阶段目标：

> 按照国家实现现代化建设战略目标的总体部署，第一阶段，全面推进首都各项工作，努力在全国率先基本实现现代化，构建现代国际城市

---

① Saskia Sassen：《现代城市更需要新型人才》，http：//finance. sina. com. cn/hy/20100529/19498024814. shtml。
② 《北京城市总体规划（2004年~2020年）》，2005，http：//www. bjdch. gov. cn/n5687274/n7787439/n8155939/n8155969/n8205387/8205834. html。

的基本构架；第二阶段，到 2020 年左右，力争全面实现现代化，确立具有鲜明特色的现代国际城市的地位；第三阶段，到 2050 年左右，建设成为经济、社会、生态全面协调可持续发展的城市，进入世界城市行列。①

2. 中共北京市委十届七次全会与北京建设世界城市的路径

2009 年 12 月 24 日至 26 日，中共北京市委十届七次全会召开，大会号召，要深入贯彻落实科学发展观，瞄准建设国际城市的高端形态，从建设世界城市的高度，加快实施人文北京、科技北京、绿色北京发展战略，以更高标准推动首都经济社会又好又快发展。② 2010 年新年伊始，时任市委书记刘淇在与北京市政协委员座谈时，清楚地表述了北京建设世界城市的路径："世界城市是国际城市的高端形态，是指具有世界影响力、聚集世界高端企业总部和人才的城市。建设世界城市是我们国家被推向世界前台后，首都工作的一个新的奋斗方向。" 2010 年 5 月 28 日，由北京市人才工作领导小组办公室、中共北京市委组织部中关村管委会、北京市人力资源和社会保障局主办的北京人才发展高端论坛在北京举行。美国哥伦比亚大学沙森教授在演讲中指出："我们应该意识到城市，不是所有的城市，包括在中国，可能有七个中国的重要城市，最著名的大概是北京、上海、香港、深圳等等，当然还有重庆等其他的一些城市，它们的战略意义也比较重要。在全世界，我们大约有 100 个这样的城市，这些城市它们有着新的市场，有新的元素。"③

近年来，关于北京世界城市建设的研究成果正在大量涌现。例如，2007 年，周家雷在博士论文《世界城市理论与北京建设世界城市战略研究》中在对国内外研究成果做简单梳理后，回顾了西方发达国家世界城市的发展实践，着重分析了第三世界国家世界城市建设的特点以及北京建设世界城市的战

---

① 《北京城市总体规划（2004 年~2020 年）》，2005，http://www.bjdch.gov.cn/n5687274/n7787439/n8155939/n8155969/n8205387/8205834.html。
② 《中共北京市委十届七次全会召开 刘淇作工作报告》，http://cpc.people.com.cn/GB/64093/64094/10658658.html。
③ Saskia Sassen：《现代城市更需要新型人才》，http://finance.sina.com.cn/hy/20100529/19498024814.shtml。

略。①在《北京：走向世界城市——北京建设世界城市发展战略研究》中，金元浦等学者结合北京的具体情况，为北京的世界城市建设设计出一个评价体系，包括政治、经济、基础建设、社会人文、科技创新、人口、生态等七个方面。② 而"人文北京、科技北京、绿色北京"的提法则体现了北京世界城市建设的三个"支点"。

3. 北京市"十二五"规划纲要与建设中国特色世界城市

2011 年 8 月发布的《北京市国民经济和社会发展第十二个五年规划纲要》中指出，"过去五年的发展不仅创造了巨大的物质财富，更留下了宝贵的精神财富，特别是'人文、科技、绿色'理念上升为城市发展战略，确立了建设中国特色世界城市的宏伟目标，推动北京向更高价值目标和更高发展水平迈进。"③

规划纲要强调，"十二五"时期北京市发展的主要目标是：紧紧围绕人文北京、科技北京、绿色北京战略和建设中国特色世界城市的目标，按照在推动科学发展、加快转变经济发展方式中当好标杆和火炬手，走在全国最前面的要求，率先形成创新驱动的发展格局，率先形成城乡经济社会一体化发展新格局，努力把北京建设成为更加繁荣、文明、和谐、宜居的首善之区。④

2012 年 7 月，北京市第十一次党代会召开，大会报告指出：高举中国特色社会主义伟大旗帜，以邓小平理论和"三个代表"大会重要思想为指导，深入贯彻落实科学发展观，抓住机遇，乘势而上，团结带领全市人民，为创造更加幸福美好生活、建设中国特色世界城市而努力奋斗。⑤

2013 年 1 月 22 日，北京市第十四届人民代表大会召开。时任北京市代市长王安顺在《政府工作报告》中指出，北京市要"深入实施'人文北京、科

---

① 周家雷：《世界城市理论与北京建设世界城市战略研究》，中国人民大学博士论文，2007。

② 金元浦主编《北京：走向世界城市——北京建设世界城市发展战略研究》，北京科学技术出版社，2010。

③ 《北京市国民经济和社会发展第十二个五年规划纲要》，http：//www. bjpc. gov. cn/fzgh_ 1/guihua/12_ 5/sewghgy/125_ dyp/201108/t840335. htm。

④ 《北京市国民经济和社会发展第十二个五年规划纲要》，http：//www. bjpc. gov. cn/fzgh_ 1/guihua/12_ 5/sewghgy/125_ dyp/201108/t840331. htm。

⑤ 刘淇：《北京市第十一次党代会报告》，http：//www. xchjw. gov. cn/jsp/common/newsdetail-view. jsp？ art_ bh＝39525。

技北京、绿色北京'战略，全面深化改革开放，奋力推进首都经济、政治、文化、社会和生态文明建设，向着建设中国特色世界城市迈出更大步伐"。①

在这三个重要文件中，建设中国特色世界城市这一发展目标与战略任务进一步凸显出来。

二 世界城市建设中的男女平等主题

妇女占各大世界城市人口总数的一半，是城市建设的主要力量。如沙森所说："全球城市可以被看做一个战略实例，全球的多种本地化版本发生在其中。而且，妇女正在成为这种转变的关键角色。"② 但正如美国学者安东尼·奥罗姆（Anthony M. Orum）、中国学者陈向明指出的，"同族裔、民族和社会阶级一样，社会性别也在大都市空间上留下了重要的足迹。然而，与其他社会差别不同的是，关注性别对城市影响的实证研究是零散而稀疏的。实际上，直到最近的 10 至 15 年，社会学家和地理学家才开始将他们实证研究的注意力转向性别，关注性别是通过怎样的方式给大都市带来深刻的空间差异。"③ 这在很大程度上反映了世界城市研究中对性别因素考察的整体状况。

（一）四大世界城市与男女平等议题

法国历史学家费尔南·布罗代尔（Fernand Braudel）曾在《15 至 18 世纪物质文明、经济和资本主义：形形色色的交换》的开篇，讨论了普通集市今昔相似的问题，他谈到了"搬嘴弄舌的剥豆荚女"，并指出 17 世纪"女商贩的人数比男的更多，她们的嗓门也高，享有'全巴黎嘴巴最脏'的美名"。④ 尽管这些评价并非赞扬，却客观地反映出妇女在世界城市发展中的作用。同时，在世界城市发展中，妇女地位远低于男性，她们在城市发展中的贡献被忽视了，而相关研究也极为匮乏。

---

① 王安顺：《2013 年政府工作报告（2）——2013 年 1 月 22 日在北京市第十四届人民代表大会第一次会议上》，http：//bj. people. com. cn/n/2013/0201/c347733 – 18115177 – 2. html。

② Saskia Sassen，" Women in the Global City：Exploitation and Empowerment "，http：//www. lolapress. org/elec1/artenglish/sass_ e. htm。

③ 〔美〕安东尼·奥罗姆、陈向明：《城市的世界——对地点的比较和历史分析》，曾茂娟、任远译，上海人民出版社，2005，第 94 ~ 95 页。

④ 〔法〕费尔南·布罗代尔：《15 至 18 世纪物质文明、经济和资本主义：形形色色的交换》（第 2 卷），顾良译，生活·读书·新知三联书店，2002，第 4、15 页。

　　无疑，无论是古代的罗马，还是现代的纽约、伦敦、巴黎，在其粗具世界城市规模的时候，都没有性别平等政策，甚至连妇女议题也不在考虑范围内。国际妇女运动在肇始于巴黎的1789年法国大革命后逐步兴起；1848年召开的美国纽约塞尼卡福尔斯大会（Seneca Fall）标志着妇女运动第一次浪潮兴起；20世纪60~70年代形成妇女运动第二次浪潮。这两次浪潮都在三个世界城市形成之后。东京世界城市地位确立得较晚，已经受到妇女运动第二次浪潮的影响。但就当时的背景来看，性别平等观念在东京世界城市的初期发展中的影响力有限，从80年代日本及东京妇女地位的情况就可发现这一点。但必须充分肯定，妇女为这四个城市的建设和促进男女平等做出了巨大的贡献，并取得卓越成就。

　　在世界各国妇女的共同推动下，1995年第四次世界妇女大会在北京召开。大会对全球妇女运动产生巨大影响。《北京宣言》和《第四次世界妇女大会行动纲领》中所倡导的"妇女的权利是人权"（women's rights is human rights）、"赋权妇女"（women's empowerment）、"社会性别主流化"（gender mainstreaming）逐渐深入人心，并成为世界各国和伦敦、纽约、巴黎、东京及其他城市发展需认真考虑的主要议题之一。

（二）特定时空下妇女发展的共性与差异

　　伦敦、纽约、巴黎与东京四大世界城市的妇女发展状况具有很多共性。第一，它们同属"西方"。日本虽地处亚洲，却因近代以来的"脱亚入欧"战略和政治经济发展特点，常被视为西方国家。由于这四个世界城市都处于成熟、发达的资本主义阶段，在意识形态、政治制度、经济发展水平等方面有很大的一致性。第二，妇女是城市发展的动力。各世界城市建设者中有大约一半是女性，没有她们，就没有城市的发展。第三，各城市都十分重视性别平等问题。处于"后第四次世界妇女大会时代"，在国际社会和各国政府和当地妇女的共同努力下，四大城市都采取了不同的措施，共同推动妇女发展，取得了一定的成绩。第四，四大城市仍然没有实现男女平等。把妇女作为一个整体来看，在这四个城市中，都不同程度地存在男女不平等的事实，妇女没能和男子在城市发展中同等受益，实现男女平等事业仍然任重道远。

　　与此同时，四大城市之间存在丰富的多样性。从城市的角度来看，伦敦、纽约、巴黎与东京所处地区、国家不同，有不同的历史、文化特点，在英国、美国、法国和日本国内担当着不同的角色,有各自的发展特点和发展规律。从妇女发展的角度看,这四个世界城市的性别文化、对两性的社会角色和定位有很大不同,妇女发展状况也并不一样。

北京与这四个城市的差异性更大。第一,中国地处亚洲,拥有悠久的历史和灿烂的文化。在"西方"的视野里,中国是"东方"国家的重要代表。第二,新中国成立后建立了社会主义制度。社会主义制度与西方资本主义制度有很大的不同,在冷战背景下,中国与西方妇女运动交往与互动不多。第三,"马克思主义妇女观"与西方的妇女运动和女性主义理论有很大不同。中国共产党和中国政府历来十分重视男女平等问题,奉行"马克思主义妇女观",1954 年新中国第一部宪法就明文规定,"中华人民共和国妇女在政治的、经济的、文化的、社会的和家庭的生活各方面享有同男子平等的权利"。① 中华全国妇女联合会在提高妇女地位中扮演着重要角色。第四,中国所处的发展阶段与西方存在"时间差"。尽管改革开放 30 年中国经济发展取得了前所未有的成就,国内生产总值已超过日本,成为全球第二大经济体,但由于中国人口众多,人均收入仍然不高。在此历史背景下,作为中国的首都,国家的政治文化中心,现阶段北京世界城市建设面临的问题也必然与其他城市不完全相同,北京妇女面临的问题必然具有自己的独特性。

总的来说,改革开放后,随着中国与国际社会的互动逐步增加,中国政府、妇女组织和各界妇女更多地参与到国际社会提高妇女地位的国际文书制定与机构建设中,更多国际妇女运动的信息和各种流派的女性主义思潮传播到中国来。1995 年北京承办联合国第四次妇女大会是全球与地方连通、"南方"与"北方"相融、"东方"与"西方"包容的体现,但这是一个渐进的过程。

(三) 将社会性别平等纳入北京中国特色世界城市建设主流

1949 年以来,新中国已基本上形成了以《中华人民共和国宪法》为依据,以《妇女权益保障法》为主体,包括《婚姻法》《母婴保健法》《劳动法》《继承法》等在内一整套保障妇女权益、促进妇女发展的法律体系,标志着妇女权益保障法律体系的全面建立。1995 年,"男女平等"成为我国的基本国

---

① 《中华人民共和国宪法 (1954 年)》,http://www.npc.gov.cn/wxzl/wxzl/2000 - 12/26/content_ 4264.htm。

策。北京也制定了一系列提高妇女地位、促进男女平等政策的法规。

北京是中国这个具有五千年悠久历史、文化底蕴深厚但处于社会主义初级阶段的发展中国家的首都，如何向其他世界城市学习和借鉴，如何在世界城市建设中成功地走出自己独特的发展道路，展现出自己的独特的魅力，是北京面临的重大使命。从男女平等的角度来看，北京建设中国特色世界城市的目标，提出于北京世妇会之后，这种时间与空间的契合为北京提供了从建设中国特色世界城市战略提出伊始就把男女平等基本国策和"性别主流化"战略纳入总体目标和整体规划的历史机遇。

"他山之石，可以攻玉。"伦敦、纽约、巴黎和东京妇女在各自城市建设中做出了怎样的贡献？妇女的发展状况与社会地位如何？有哪些社会性别主流化的措施？她们有哪些经验是北京可以借鉴的、哪些教训是北京需要汲取的？本书还将在此基础上讨论北京自身的特点与优势、北京妇女组织和广大妇女如何在中国特色世界城市建设贡献力量的同时，与男子一起在城市发展中受益等问题。从姐妹城市取经，抓住机遇，切实促进男女平等和社会性别主流化，并力争使男女平等与其他平等议题一起，成为"建设公平、正义、平等社会"的一个支点。这是北京妇女组织和广大妇女必须认真面对的挑战，也是本课题的研究目的与选题意义所在。

三 国际视野与本土实践相结合的指标体系

与本项目相关的指标体系有两类，一类是衡量世界城市的标准。如前所述，为衡量世界城市和北京世界城市建设，不同的研究者提出了不同的指标，包括从政治、经济、文化、社会公正、社会保障、法律体系，到基础设施、宜居程度、生态环境，再到城市形象、创新意识、国际交往能力等的不同层次和不同方面。在这些指标中，虽然看不到妇女、女童或者性别的字眼，男女平等却已然渗透在每个指标当中，涉及城市建设的方方面面，于无形中影响北京中国特色世界城市建设的方向，以及占一半人口的妇女的发展状况、地位与作用的发挥。

1979 年 12 月 18 日，联合国大会通过《消除对妇女一切形式歧视公约》，1981 年 9 月起该公约正式生效。《消除对妇女一切形式歧视公约》是联合国为消除对妇女的歧视、争取性别平等制定的重要国际人权文书，被称为"妇女人权公约"，保障妇女在政治、法律、工作、教育、医疗服务、商业活动和家庭关系等各方面的权利。1997 年 7 月，联合国经济及社会理事会通过的"关于性别主流化的商定结论"指出，将性别纳入主流是评估任何计划的行动（包括立法、政策或方案）在各领域和层次对男女的影响的进程。这是一种战略，将妇女和男子的关注事项和经验作为一个整体，纳入政治、经济和社会等所有领域的政策和方案的计划、落实、监测和评估，使男女都能平等收益，终止不平等现象，最终目标是实现两性平等。[①]"性别主流化"战略，不仅是一套提高妇女地位的思考与措施，更是一个视角和一种思维方式。通过它，很多不可见的问题显现出来。

"性别主流化"战略为世界各国审视妇女发展状况、推进男女平等事业提供了一个很好的工具，同时也可用以审视衡量世界城市的各项指标。例如，在基础设施方面，地铁站"妇女车厢"、妇女候车室问题，公共场所的女性卫生间问题；社会保障系统方面，需要根据老年人中妇女人数多的特点，思考如何解决老年妇女的生活、就医问题；在法治建设方面，如何进一步完善保护妇女的法律体系；在人才培养领域，考察妇女的参政水平；在国际交往方面，重视国际妇女组织、外国妇女非政府组织落户北京、发挥妇女在国际交往中的作用，关注女性外国移民群体等。

第二类是关于男女平等的指标体系，可分为国际和国内两个标准。由于本研究的重点是伦敦、纽约、巴黎、东京四大城市的妇女发展状况，所以此类指标是本研究的关注重点。

（一）国际视野：国际社会的主要性别平等指标

国际社会在实施"性别主流化"战略的同时，提出了多种评估妇女地位和妇女发展状况的指标体系，其中最重要的是《第四次世界妇女大会行动纲领》提出的 12 个重大关切领域、联合国经济及社会理事会在《人类发展报告》中提出的"性别发展指数"和"性别权力指数"，以及《联合国千年发展目标》。

首先，《第四次世界妇女大会行动纲领》提出了 12 个重大关切领域及具体战略目标。这 12 个领域分别是：妇女与贫穷，妇女的教育和培训，妇女与保健，

---

① 《经济及社会理事会 1997 年的报告》A/52/3，1997 年 9 月 18 日，http：//daccess - dds - ny. un. org/doc/UNDOC/GEN/N97/265/63/IMG/N9726563. PDF？OpenElement，第 24 ~31 页。

对妇女的暴力行为，妇女与武装冲突，妇女与经济，妇女参与权力和决策，提高妇女地位的机制，妇女的人权，妇女与媒体，妇女与环境，女童。

其次，《1995 年人类发展报告》提出了性别发展指数（Gender - related Development Index，GDI）和性别权力指数（Gender Empowerment Measure，GEM，或译为"性别赋权尺度"）这两个反映人类发展中性别不平等的综合指标。前者与人类发展指数使用相同的变量，衡量相同方面取得的成就，但考虑了男女之间成就的不平等；后者则着重衡量在经济和政治机遇上的性别不平等。性别发展指数，即与性别相关的人类发展指数，是对人类发展指数的分性别度量。在用人类发展指数度量人类发展的平均成就的过程中，性别发展指数对平均成就进行调整以反映男性和女性在如下方面的不均衡：根据分性别"出生时预期寿命""成人识字率""大中小学综合毛入学率"和"估计收入"而计算出分值，分值越接近于 1，表明人类基本能力的发展中性别差异越小，即男女能力平等发展的程度越高。性别发展指数与人类发展指数之差，表明人类基本能力在男女两性之间的发展程度的差异。性别发展指数的排名超过人类发展指数，表明在妇女能力建设方面取得进展；如果两者之差是负数，则表明妇女能力建设落后于男子。性别权力指数也是一套重要的评价体系。与性别发展指数不同，性别权力指数集中度量政治参与和决策、经济参与和决策、对经济资源的决策权，具体指标包括妇女在国会中所持有的位置，女性立法人员、高级官员和管理人员，女性专业和科技工作者，妇女与男性估计收入之比。这些参与的性别差距越小，性别权力指数就越大；越接近 1，性别差距越大，性别权力指数就越低。在后来调整的性别不平等指数（Gender Inequality Index，GII）中，相关数据包括：孕产妇死亡率，未成年人生育率，国家议会中的席位比例，至少接受过中等教育的人口，劳动力市场参与率，生育健康（避孕率和任何措施、至少一次产前检查、有熟练医护人员接生比例）和总生育率。

再次，2000 年，联合国千年首脑会议通过《联合国千年发展目标》。《联合国千年宣言》中指出，"促进性别平等和赋予妇女权能，以此作为战胜贫穷、饥饿和疾病及刺激真正可持续发展的有效途径。"① 《联合国千年发展目

① 《联合国千年宣言》，http：//www.un.org/chinese/aboutun/prinorgs/ga/millennium/A - 55 - L2.htm。

标》有八个方面：第一，消灭极端贫穷和饥饿；第二，普及小学教育；第三，促进两性平等并赋予妇女权力；第四，降低儿童死亡率；第五，改善产妇保健；第六，对抗艾滋病病毒/艾滋病、疟疾以及其他疾病；第七，确保环境的可持续能力；第八，全球合作促进发展。[①] 其中，第三、第五个目标直接涉及赋予妇女权力和妇女健康。其中第三个目标的三个指标为：初等、中等和高等教育中女童和男童的比例；妇女在非农业部门挣工资者中所占份额；国家议会中妇女所占席位比例。第五个目标的两个指标具体目标是产妇死亡率降低 3/4，以及到 2015 年实现普遍享有生殖保健。而事实上，其他六个目标都与性别平等直接相关，没有性别平等，就不可能有千年发展目标的实现。

（二）本土实践：我国关于妇女发展与妇女地位的衡量指标

中国政府和学者在密切关注和积极参与提高妇女地位的国际标准制定的同时，也在本土不断探索，寻找具有中国特色的指标体系。"中国妇女社会地位调查"和《中国妇女发展纲要》充分体现了这种努力的成果。

从 1990 年[②]起，全国妇联和国家统计局联合组织领导实施了三期中国妇女社会地位调查，每十年一期，三期的指标既保持了一定的连续性，又根据时代发展做了一些调整。2000 年的"第二期中国妇女社会地位调查"[③] 为便于对女性社会地位进行纵向比较，考察女性自身的历史变化，沿用的第一期指标超过 1/3，同时，为了体现时代特点，进行男女两性横向比较，第二期调查充分吸收、借鉴了联合国和国内外相关研究成果，并与妇女发展纲要监测核心指标相对应，增加了将近 2/3 的新指标。最终确定的调查指标体系由标志性指标、解释性指标、修正性指标构成，包括八个方面：经济、政治、教育、婚姻家庭、健康、生活方式、法律和社会性别观念。在 2010 年的"第三期中国妇女社会地位调查"[④] 中，涉及妇女健康、教育、经济、社

---

① 《联合国千年发展目标》，http：//www.un.org/chinese/millenniumgoals/。

② 中国妇女社会地位调查课题组：《中国妇女社会地位调查初步分析报告》，《妇女研究论丛》，1992 年创刊号，第 22～25 页。

③ 第二期中国妇女社会地位调查课题组：《第二期中国妇女社会地位调查主要数据报告》，《妇女研究论丛》2001 年第 5 期。

④ 全国妇联、国家统计局：《第三期中国妇女社会地位调查主要数据报告》，2011 年 10 月。

会保障、政治、婚姻家庭、生活方式、法律权益和认知、性别观念和态度九个方面的主要数据和流动留守女性状况。其中，"社会保障"是在第二期基础上新增的指标。

1995 年 8 月，中国政府首次发布了《中国妇女发展纲要（1995～2000年）》，确定了到 20 世纪末我国妇女发展的总目标：妇女的整体素质有明显提高，在全面参与经济建设和社会发展、参与国家和社会事务管理的过程中，使法律赋予妇女在政治、经济、文化、社会及家庭生活中的平等权利进一步得到落实。具体目标分为妇女参政、积极参与改革、劳动权益、教育、健康与计划生育、家庭、对妇女暴力、贫困问题、社会环境、对外交往、妇女状况的动态研究等 11 个方面。[①] 这些方面体现出鲜明的时代特征和当时我国对妇女发展的认识程度。2001 年 5 月 22 日，国务院发布了《中国妇女发展纲要（2001～2010 年）》，《纲要》确定了 6 个优先领域：妇女与经济、妇女参与决策和管理、妇女与教育、妇女与健康、妇女与法律、妇女与环境，并把促进妇女发展的主题贯穿始终。[②] 2011 年，国务院印发了《中国妇女发展纲要（2011～2020 年）》[③]，确定把妇女与健康、妇女与教育、妇女与经济、妇女参与决策和管理、妇女与社会、妇女与环境、妇女与法律等作为优先领域。

（三）本项目选取的评价指标

表 1 以《第四次世界妇女大会行动纲领》的 12 个关切领域为参照系，综合统计三份国际文书中各项指标之间的联系。从中可以看出，三个指标体系各有特点和侧重点，并分享一些共同标准，涉及政治、经济、教育、健康等方面。《第四次世界妇女大会行动纲领》作为联合国第四次世界妇女大会的成果，内容更为全面具体。

[①] 《中国妇女发展纲要（1995～2000 年）》，http：//www. people. com. cn/GB/99013/99041/100696/100819/6186094. html。

[②] 《中国妇女发展纲要（2001～2010 年）》，http：//www. people. com. cn/GB/99013/99041/100696/100819/6186079. html。

[③] 《中国妇女发展纲要（2011～2020 年）》，http：//politics. people. com. cn/h/2011/0808/c226651－2249608525. html。

表1 关于性别平等的三个国际文书中的评估体系

《第四次世界妇女大会行动纲领》（1995）	《人类发展报告》（1995～ ）			千年发展目标（2000）
	性别发展指数	性别权力指数	性别不平等指数	
妇女与贫穷	—	—	—	消灭极端贫穷和饥饿
妇女的教育和培训	成人识字率、大中小学综合毛入学率	—	至少接受过中等教育的人口	普及小学教育 初等、中等和高等教育中女童和男童的比例
妇女与保健	出生时预期寿命	—	孕产妇死亡率 未成年人生育率 生育健康（避孕率和任何措施、至少一次产前检查、有熟练医护人员接生比例）总生育率	改善产妇保健 对抗艾滋病病毒/艾滋病、疟疾以及其他疾病
对妇女的暴力	—	—	—	—
妇女与武装冲突				
妇女与经济	估计收入	妇女与男性估计收入之比	劳动力市场参与率	妇女在非农业部门挣工资者中所占份额
妇女参与权力和决策	—	政治参与 参与经济和决策 对经济资源的决策权	国家议会中的席位比例	促进两性平等并赋予妇女权力 国家议会中妇女所占席位比例
提高妇女地位的机制	—	—	—	全球合作促进发展
妇女的人权	—	—	—	—
妇女与媒体				
妇女与环境	—	—	—	确保环境的可持续能力
女童	—	—	—	降低儿童死亡率

表2 涉及的两套国内评价体系"中国妇女社会地位调查"和《中国妇女

发展纲要》各有侧重，带着明显的时代烙印。自20世纪90年代以来，经过三次实践和两次调整，我国体系所涉及的领域正在逐步接近国际标准。不可否认，在具体评价指标上，其与国际标准仍存在许多实质性的差异。但总的来说，所涉及内容基本能够反映中国对男女平等认识的轨迹，体现出中国妇女地位变化的实际情况。

表2　关于性别平等的本土实践与考察领域

"中国妇女社会地位调查"			《中国妇女发展纲要》		
第一期 1990	第二期 2001	第三期 2011	1995	2001	2011
劳动就业	经济	经济	劳动权益	妇女与经济	妇女与经济
—	—	—	贫困	—	—
社会参与	政治	政治	妇女参政	妇女参与决策和管理	妇女参与决策和管理
教育	教育	教育	教育	妇女与教育	妇女与教育
家庭地位	婚姻家庭	婚姻家庭	家庭	—	—
生育保健	健康	健康	健康与计划生育	妇女与健康	妇女与健康
自我认知	生活方式	生活方式	—	—	—
社会地位总体感受	法律	法律权益和认知	对妇女暴力	妇女与法律	妇女与法律
社会认同	性别观念	性别观念和态度	—	—	—
—	—	社会保障	社会环境	—	妇女与社会
—	—	—	对外交往	—	—
—	—	—	—	妇女与环境	—
—	—	—	积极参与改革	—	—
—	—	—	妇女状况的动态研究	—	—

　　通过表2可以发现，"第三期中国妇女社会地位调查"覆盖政治、经济、教育、健康四个大方面，涉及法律和社会保障这两个《第四次世界妇女大会行动纲领》中包含的内容，同时讨论了婚姻家庭、生活方式、性别观念等内

17

容，是一个比较完整的评价体系，能够把国际视野与本土实践有机地结合起来。因此，本研究将以"第三期中国妇女社会地位调查"的九个方面的内容为基准，来讨论四大世界城市的妇女发展状况，但在具体指标上，根据各个城市、各个主题的实际情况做相应调整。本研究在随后的七个章节中将进一步说明每个主题选用的具体指标的情况。

四 基本概念、创新与局限性

本研究的主题是伦敦、纽约、巴黎、东京四个城市妇女发展状况的比较研究，此处首先界定"妇女发展"，解释其与其他术语的关系；接着介绍四大城市所在国家和中国的妇女发展的总体状况，对这四大城市的概况稍作介绍；最后讨论本项目的知识增量、局限性与基本结构。

（一）"妇女地位"与"妇女发展状况"

涉及男女平等的术语很多，经常交替、混合使用，例如"妇女地位""妇女社会地位""妇女状况""妇女发展状况"等。此处将首先界定本研究使用的术语。

1. "妇女地位"突出两性比较

美国学者凯伦·布莱德利（Karen Bradley）和戴安娜·科尔（Diana Khor）指出："妇女地位是在社会分化与社会评估过程中与男性群体相比照的女性群体状况。"作者提出政治、经济和社会三个维度来衡量妇女地位。我国有学者以此界定作为研究的基础。[1] 妇女问题研究专家刘伯红认为，妇女地位是"不同群体妇女在社会生活和社会关系中与男性相比较的权利、资源、责任和作用被社会认可的程度。妇女社会地位的发展变化，既反映了一定时期男女平等的程度，又体现了社会进程中的妇女发展状况"。[2] 她同时指出，妇女发展是"妇女在社会和家庭中生存和发展的情况"。[3] 可见，"妇女地位"

---

[1] Bradley & Khor, "Toward an Integration of Theory and Research on the Status of Women", *Gender & Society*, Vol. 7, No. 3, 1993, pp. 347 – 378. 孙戎：《妇女地位变迁研究的理论思路》，《妇女研究论丛》1997 年第 4 期，第 50 页。

[2] 刘伯红：《中国妇女地位与状况》（北京外国语大学讲座），2007 年 4 月 12 日；中国妇女社会地位调查课题组：《第二期中国妇女社会地位调查》，2000。

[3] 刘伯红：《中国妇女地位与状况》（北京外国语大学讲座），2007 年 4 月 12 日。

与"妇女发展"这两个术语有一定差别，差别的核心是把妇女和谁比较。有中国学者同时使用"妇女地位"与"妇女社会地位"。①

"中国妇女社会地位调查"所采用的是"妇女社会地位"，"第三期中国妇女社会地位调查"中，"妇女社会地位"是指不同女性群体在社会生活和社会关系中拥有的权利、资源、责任状况，以及妇女作用被社会认可的程度。② 在这个定义中，去掉了"与男性相比较"，突出了"不同女性群体"的多元性、复杂性。

《第三期中国妇女社会地位调查北京市主要数据报告》中指出："北京市参与第三期妇女社会地位调查，目的是全面客观地反映北京性别平等和妇女发展的状况、进展和问题；科学、动态地认识北京妇女社会地位的变化和发展趋势；为北京市委、市政府了解全市妇女状况，制定、实施及评估北京妇女发展规划，制定妇女工作方针，确定妇女工作重点，解决妇女群众最关心、最直接、最现实的问题，提供科学参考和依据。"③ 在这里，"妇女社会地位"既包含了"社会地位"中和男子比较的内容，也反映了"妇女发展"的状况。

2. 本项目采用"妇女发展状况"

早在 1986 年，美国学者凯伦·梅森（Karen Oppenheim Mason）就对"妇女地位"这一术语进行了细致的梳理和分析，她指出，"妇女地位"一词虽被大量使用，却没有被很好地定义，许多研究涉及妇女的尊严（prestige）、权力（power）和控制资源（control of resources），但由于"妇女地位"本身存在极端的复杂性，涉及多维度、多层次、多阶段、多地点，与阶级交织在一起，在男女存在地位差异的同时，甚至存在妇女之间的地位差异，梅森建议用"社会性别不平等（gender inequality）"代替"妇女地位"。④ 显然，这种术语混用和概念不清的情况在当今中国学界仍然普遍存在。

考虑到本课题是中国较早研究伦敦、纽约、巴黎、东京四大城市关于妇

---

① 王行娟：《妇女地位的困惑与思考》，《学习与思考》1995 年第 9 期，第 7～9 页。

② 北京市妇女联合会、北京市统计局：《第三期中国妇女社会地位调查北京市主要数据报告》，2012 年 4 月。

③ 北京市妇联、北京市统计局：《第三期中国妇女社会地位调查北京市主要数据报告》，2012 年 4 月。

④ Karen Oppenheim Mason，"Status of Women：Conceptual and Methodological Issues in Demographic Studies"，*SF*，Volume 1，Number 2，http：//deepblue. lib. umich. edu/bitstream/2027. 42/45651/1/11206_ 2005_ Article_ BF01115740. pdf.

女地位、妇女发展与男女平等发展状况的成果，内容不仅涉及妇女与男子的比较、妇女自身发展历史比较，还涉及世界城市建设的方方面面，以及与其他城市的比较，因而很难用"妇女地位""社会性别不平等"这样的术语概括，所以，本课题组决定采用"妇女发展状况"这一外延更大的术语来反映妇女与男子、妇女与妇女、妇女城市发展之间的历史、现状与未来的关系，推动男女平等事业，将社会性别纳入北京世界城市建设的主流。

3. "妇女"与"女性"

本研究还涉及妇女和男子、女性和男性这两对概念。

从字面上看，女性（female）和男性（male）是指人们的生物性别（sex），可以通过男女两性的染色体、第一性征和第二性征等来辨别。而妇女（woman）和男子（man），则更多体现由社会建构的社会性别（gender），突出两性的社会身份、角色与社会地位，但事实上，人从一生下来就注定了是以生物性别为基础、体现权力关系、具有社会意义的人。这两对概念是互为表里、相互联系、不可分割的。当然，在人们的性取向日益多元化、社会宽容度越来越大的今天，同性恋、双性恋、跨性别者（LGBT）人群逐渐显现出来。同时，妇女和男子中一般不包括未成年的女童与男童，而妇女一词在中文里有时专指已婚女性。

国内一些学者习惯用妇女、男子来强调男女两性的社会意涵，另一些学者则习惯使用女性、男性来强调研究对象的生物性别，并将未成年人包括进来。本项目组在主要概念"妇女发展状况"统一的前提下，允许各位作者根据各自负责章节的具体问题和个人的理解与习惯选择使用"妇女"或"女性"。

4. 时间跨度与数据选择

本研究的时间范围本着既兼顾历史的动态过程，又能集中分析近十年来四大城市基本现状的原则，各部分包括历史梳理与现状分析的内容。由于各个城市情况不同，作者写作风格差异，在文字的具体表现上会略有不同。

在数据选择上，需要有两点说明。第一，本项目的研究资料主要来源于相关各国政府和城市官方公布的数据、国家统计机构的一手调查统计资料，以及部分专家学者的研究成果。第二，由于世界城市妇女发展的某些数字与该国家妇女发展状况相联系，作者会选用国家和地区数据，或者由于找不到与城市直接相关的数据，在某些指标上，只能使用所在地区或国家的数据，例如，如果没有伦敦的数据，就会选择英格兰或者英国的数据代替。

（二）美国、英国、法国、日本和中国的妇女发展状况

如前所述，联合国《人类发展报告》中提出的"性别不平等指数"是衡量世界各国妇女发展状况的一项重要指标。根据《2011 年人类发展报告》的统计，本研究所涉及的四个世界城市和北京的所在国的"性别不平等指数"如表 3 所示。

可见，在这五个国家中，人类发展指数的位次排序分别为美国、日本、法国、英国、中国；而性别不平等指数位次排序为：法国、日本、英国、中国和美国。这意味着，人类发展水平最高的美国的性别不平等指数排位最低，中国的人类发展指数最低，但性别不平等指数排位与英国持平，高于美国。作为所在国家的重要城市和国际大都会，纽约、伦敦、巴黎和东京的妇女发展状况与所在国情况有一定联系，但并非所在国妇女发展状况的简单复制。本研究的目的不是选取一个类似"性别不平等指数"的标准把四大城市的妇女发展状况进行优劣排序，而是重在分析其具体情况，探讨它们各自的成绩与不足，并从中找到可供北京借鉴的经验教训和启示，为北京建设中国特色世界城市战略目标服务。

（三）纽约、伦敦、巴黎和东京简况

1. 纽约

纽约（The City of New York），于 1624 年建城，位于纽约州东南部，现属于纽约州管辖，是美国最大城市及最大港口。一个世纪以来，纽约市一直是世界上最重要的商业和金融中心。纽约市是一座全球化的大都市，是国际级的经济、金融、交通、艺术及传媒中心，更被视为都市文明的代表。由于联合国总部设于该市，因此被世人誉为"世界之都"。

纽约市面积为 1214 平方公里，分为五个行政区：布朗克斯区（Bronx）、布鲁克林区（Brooklyn）、曼哈顿区（Manhattan）、皇后区（Queens）、斯塔滕岛（Staten Island）。

纽约市是全美人口最多的城市，根据美国人口调查局的统计，纽约人口为 817.5 万人，约占纽约州人口的 40%。2010 年纽约市男性人口总量为 388.25 万人，占总人口比重的 47.5%，女性人口总量为 429.25 万人，占总人口

表3 性别不平等指数及有关指标

HDI 位次	性别不平等指数 排名 2011	性别不平等指数 值 2011	孕产妇死亡比率 2008	未成年人生育率 2011	国家议会中的席位比例（女性%）2011	至少接受过中等教育的人口（占25岁以上人口的百分比）女性 2010	至少接受过中等教育的人口（占25岁以上人口的百分比）男性 2010	劳动力市场参与率（%）女性 2009	劳动力市场参与率（%）男性 2009	生殖健康 避孕率，任何措施（占15~49岁已婚妇女百分比）2005~2009	生殖健康 至少一次产前检查（%）2005~2009	生殖健康 由熟练医护人员接生比例（%）2005~2009	生殖健康 总生育率 2011
极高人类发展水平													
4 美国	47.0	0.3	24.0	41.2	16.8	95.3	94.5	58.4	71.9	73.0	—	99.0	2.1
12 日本	14.0	0.1	6.0	5.0	13.6	80.0	82.3	47.9	71.8	54.0	—	100.0	1.4
20 法国	10.0	0.1	8.0	7.2	20.0	79.6	84.6	50.5	62.2	71.0	99.0	99.0	2.0
28 英国	34.0	0.2	12.0	29.6	21.0	68.8	67.8	55.3	69.5	84.0	—	99.0	1.9
中等人类发展水平													
101 中国	35.0	0.2	38.0	8.4	21.3	54.8	70.4	67.4	79.7	85.0	91.0	99.0	1.6

的 52.5%。①

2. 伦敦

综合政治、经济、社会、文化等各方面的重要性和影响力，伦敦确实堪称是近代以来全球最重要的世界城市之一。本研究中的伦敦是指根据 1999 年《大伦敦法案》②所创建、并于 2000 年 3 月正式建立起来的大伦敦政府（The Greater London Authority，GLA）管辖的大伦敦地区。"大伦敦地区（Greater London）"面积约为 1580 平方公里，人口在 2011 年约为 820 万。③ 整个"大伦敦地区"一共被分为"伦敦市"（City of London）与 32 个自治市（Borough）。面积只有 2.6 平方公里的伦敦市拥有独立的行政与立法权限，位阶较高。

在工业革命背景下，伦敦最早成为世界经济中心，到 19 世纪后期，从人口、贸易和金融规模看，伦敦已经成为名副其实的世界城市，其人口相当于当时巴黎和纽约的总和。伦敦人口在 1939 年达到 861.5245 万的历史最高峰后走低，近 20 年又呈现出显著上升态势。"二战"后，纽约和东京先后崛起，但英国仍然保持着自己在世界城市体系中的地位。2007 年，伦敦人均国内生产总值为 65138 欧元，当年欧盟城市排名第一。④ 2012 年奥运会后，伦敦在世界城市中的排名重新回到首位。

3. 巴黎

根据法国领土行政划分，法国本土分为 22 个大区（région）和 96 个行政省（département）。"大巴黎"通常指巴黎大区，则由 8 个行政省组成，其中巴黎市既是一个市，也是一个行政省（75 省）。巴黎大区面积 12000 平方公里，人口约 1180 万。⑤ 巴黎大区人口集中在巴黎及其近郊。巴黎市区（含 20 个区，名称为第 1 至第 20 区）面积 10540 平方公里，总人口约为 220 万，其

---

① U. S. Census Bureau, *Census 2010*, http：//factfinder2. census. gov/faces/nav/jsf/pages/index. xhtml.

② http：//www. legislation. gov. uk/ukpga/1999/29/pdfs/ukpga_ 19990029_ en. pdf.

③ "London's Population over Time," http：//www. londonspovertyprofile. org. uk/indicators/topics/ londons – geography – population/londons – population – over – time/.

④ 《调查显示：伦敦人均 GDP 欧盟第一》，和讯网，http：//news. hexun. com/2007 – 07 – 27/ 100089529. html。

⑤ 巴黎大区政府官方网站，http：//www. iledefrance. fr/missions – et – competences/lile – de – france/infos – pratiques/infos – pratiques/，访问日期：2012 年 11 月 1 日。

中53%的人口为女性。① 本研究兼顾了"大巴黎"和"小巴黎"两个层面的数据采集，力求全面展现巴黎女性发展现状。

巴黎最初是作为欧洲和世界文化和艺术之都崛起的，从14世纪开始，就成为欧洲的重要城市。18世纪以来的人口增加和经济发展使巴黎成为欧洲大城市，继而发展成为具有相当国际影响力的世界城市。巴黎的国际影响力既表现在政治、文化、艺术方面，亦表现在经济、金融方面，它还是联合国教科文组织、经济合作与发展组织等众多国际组织总部所在地。2011年，巴黎大区人均国内生产总值为47000欧元，是世界500强企业落户最多的欧洲大区。②

4. 东京

东京都位于日本本州岛东部，总面积为2187.65平方公里，包括东京都各区、多摩地区和东京都岛屿部分（伊豆群岛、小笠原群岛），含有23个特别区、26个市、5个町和8个村。根据东京都总务局统计部人口统计科2010年9月1日的统计，东京都现有人口13047270人，其中男性比女性略少，但相差不大。

东京成为世界城市的过程伴随着"二战"后的日本经济起飞。1980年，京滨都市区的人口增加到1770万。1984年，日元成为世界第三大国际储备货币。20世纪80年代末，日本人均国民生产总值（GNP）开始超过美国，同时东京成为世界三大金融中心之一，其1990年外汇市场交易量占全球外汇交易总额的25%，确立了其世界城市的地位。③

（四）本项目的创新与局限性

本研究的创新体现在五方面：第一，研究的前瞻性。本课题服务于北京中国特色世界城市建设和性别平等事业，系统研究伦敦、纽约、巴黎、东京四个世界城市的妇女发展状况，通过与北京比较，为北京性别平等事业提供了学习借鉴的依据。第二，研究的前沿性。本项目组成员来自英语、法语、日语、国际关系、法律、妇女研究等各个专业或方向，语言特长和专业知识确保了资料的准确性、前沿性与研究的学术性。第三，研究的鲜活性。项目

① 巴黎市政府官方网站，http：//www. paris. fr/politiques/paris - d - hier - a - aujourd - hui/demographie/p5427。
② 巴黎大区经济发展和促进局2012年10月向项目组提供的最新数字。——编者注
③ 陈磊：《从伦敦、纽约和东京看世界城市形成的阶段、特征和规律》，《城市观察》2011年第4期，第84~93页。

组大多数成员都在研究对象城市生活和学习过，对当地的风土人情、城市建设和妇女生活状态有亲身经历，研究不是停留在表面，而是连通了理论与实践、学术与生活，使研究具有真实鲜活的特质。第四，研究的示范性。虽然本研究的主要目的是比较四大城市与北京的妇女发展状况，但其示范性对研究其他中国大型城市也具有较大的参考价值。第五，本研究对主流世界城市研究的补充性。如前所述，研究所采用的评价体系与世界城市的评价体系虽有共同之处，但讨论问题的角度有较大不同，这里主要强调妇女发展，采用的是"第三期中国妇女社会地位调查"的评价体系，没有涉及基础建设、国际交往等问题，未能与世界城市评价体系紧密联系，从而使妇女发展状况研究与世界城市建设的关系体现不足。但是这种评价体系与"世界城市"联系不紧密的情况，既是本项目的局限，也是其突破点，因为世界城市指标以经济为主，而本项目所体现的以人为本的指标体系则是对世界城市指标的补充，符合世界城市追求人与城市的美好关系的趋势。

必须承认，由于本项目的数据来源主要是相关国家和城市的官方统计资料和学术研究成果，每个城市的关注点不一，会根据自己的需要和研究重点进行调查，这就带来数据比较、分析困难，在繁杂的数据中寻找既有代表性，又对本项目有价值的资料，是一项艰苦的工作，完全避免其中的疏漏与误读是不可能的。

五　本项目的结构

本研究将系统研究纽约、伦敦、巴黎和东京这四大世界城市的妇女发展状况，归纳总结各世界城市在提高妇女地位、推动妇女发展方面的具体举措、重要特点与经验教训，并结合北京妇女在七个方面的发展状况，为北京的中国特色世界城市建设提出可行性建议，促进北京妇女发展和妇女地位的提高。

除两篇序言外，本项目分为导论、七个章节以及结论九个部分。七个章节的调查分析分别以参政、经济、教育、婚姻家庭和生活方式、法律和社会保障、健康、性别观念为主题。在各章内，包括关于纽约、伦敦、巴黎、东京的四份报告和一份比较报告共五个部分。①

---

① 因每章第五节皆主要依据前四节的成果进行比较，故如出现与前四节相同数据资料，不再重复注释。

　　在导论中，主要介绍本研究的选题意义、研究方法、基本概念、指标选择、研究思路、创新与局限性等问题。随后的七章分别从妇女的政治参与、妇女的经济与就业、妇女的教育、婚姻家庭与生活方式、保护妇女的法律法规、妇女的健康权利与健康状况、妇女的性别观念等七个方面进行系统全面的材料搜集与研究比较工作。每一章中都包括对纽约、伦敦、巴黎、东京四大世界城市在相关领域妇女发展状况的梳理和总结，以及北京和四大世界城市的比较研究及其对北京的启示。在研究的结论部分，项目组将根据研究结果，为北京进一步提高妇女地位、推动中国特色世界城市建设有针对性地提出具体建议。

第一章
世界城市妇女参政状况

政治参与水平是衡量全球及各国妇女地位与性别平等发展情况的核心指标之一。各国妇女在 20 世纪先后获得选举权和被选举权，不再被排斥在政治舞台之外。她们参与政党活动，活跃在政治生活当中，逐步向决策部门和权力核心靠近，在议会中的比例总体来看处于提升当中，但各国情况差异性大。欧美妇女是世界上最早倡导给予妇女选举权、进行妇女选举权运动的群体，整体上看获得选举权和被选举权较早，也积累了相对丰富的参政和从政经验。

妇女政治参与水平问题目前得到了全球的广泛重视。1995 年，第四次世界妇女大会《北京宣言》向全世界阐明，"赋予妇女权力和她们在平等基础上充分参加社会所有领域，包括参加决策进程和掌握权力的机会，是实现平等、发展与和平的基础。"2006 年国际妇女节主题是"妇女在决策中的角色"，联合国秘书长科菲·安南（Kofi Annan）在国际妇女节讲话中指出："今年国际妇女节的主题是妇女在决策中的角色，这对提高全世界妇女地位及全人类进步具有核心意义。"[1]

由于学术界对"政治参与"内涵与外延的界定并没有形成共识，在选取材料、分析问题时会有一定的差异。目前就女性政治参与存在狭义和广义两种定义。

狭义定义是目前国际文书所强调的"妇女参与权力与决策"，并将妇女在各国议会中的比例作为衡量妇女政治参与水平的重要标准。[2] 广义政治参与的

---

[1] 《秘书长国际妇女节讲话》，2006 年 3 月 8 日，http：//www. un. org/chinese/events/women/iwd/2006/message. html。

[2] 《第四次世界妇女大会文件:〈北京宣言〉和〈行动纲领〉》，《第四次世界妇女大会重要文献汇编》，中国妇女出版社，1998，第 160 页。

外延则要广泛得多，从基层公民关心社区事务、政府决策，到参加选举投票、请愿、游行、示威、演讲，再到担任公职、参与决策，都是政治参与所涵盖的内容。

1990 年，联合国妇女地位委员会在第三十四届会议上提出：到 1995 年，政府、政党、工会、专业团体和其他代议制组织中，30% 的领导职务应由妇女担任。[①] 30% 被称为妇女参与政治决策的临界量（critical mass）。随着妇女参政人数的增加，她们将在许多国家形成一个"临界量"，从而可能建立新的日程，产生新的领导方式。只有达到这一比例，妇女才会对政治形式和决策内容产生明显的影响。衡量"妇女参与权力与决策"水平的主要指标包括三个方面：第一，妇女的参政率，即有多少妇女参与权力与决策；第二，妇女参政的结构，体现参政妇女所处的职位、部门的重要程度；第三，参政的质量，即参政妇女是否能够代表广大妇女利益。"临界量"概念本身就意味着，当参政妇女比例达到或超过30%，担任决策部门正职（而非副职）的妇女人数增多，主管政治、经济、军事、外交等职位（而非儿童、家庭、环保、卫生等妇女传统家庭分工社会延伸的职位）的妇女比例增大时，妇女的观点才能更好地被表达、被倾听并真正影响决策。根据联合国的数据，全球只有 28 个国家的议会达到或超过这一临界量值。[②]

本章主要参考采用政治参与的狭义定义。城市调研部分选取了立法、行政和司法三方面的典型指标进行数据搜集、统计与比较，它们分别是：市议会女议员比例、市政府领导团队女性比例与任职情况、法院女法官比例。调研中涉及的广义政治参与的内容会渗透在各个章节的阐述当中。

20 世纪女性参政的广度和深度逐步提升，对于城市发展也有着深远的影响。性别平等问题进入了城市建设和评估所关注的领域，女性在参与城市发展决策和影响着具体措施的实现方面的贡献得到了更多的重视。研究纽约、伦敦、巴黎和东京等一流世界城市及其所在国的女性参政问题，分析各城市推动性别平等原则的共性措施和个性政策，为北京建设中国特色世界城市建设提供经验参考，这对于北京的和谐发展来说具有独特而重要的意义。

---

① 《联合国纪事》第 7 卷，第 2 期（总 26 期），1990 年 8 月，第 68 页。
② 联合国网站，http://www.unwomen.org/fr/2011/10/women-s-political-participation/。

第一节　纽约妇女参政状况

纽约市在国际妇女运动发展史上具有重要地位。作为美国最大城市和世界第一经济中心，纽约领先的经济水平和先进的教育文化水平，给当地妇女参政议政提供了较好的外部环境和基础。纽约市妇女的参政议政的意识和参与程度在全美都是比较高的。纽约市为了提高女性的政治参与水平，采取了许多有益的举措。本节将收集整理纽约市妇女的参政议政现状的相关数据，并进行深入分析，总结出纽约市妇女参政议政的特点、水平及存在的问题。

一　美国妇女参政历史简要回顾

美国妇女很早就开始了寻求政治权利的斗争，其争取选举权的努力可以追溯到美国内战时期。

（一）美国妇女早期政治参与状况

1848 年，美国第一届妇女权利会议在纽约州塞尼卡福尔斯（Seneca Falls）召开。会议通过《权利和意见宣言》（Declaration of Sentiments），开启了以争取参政权为核心的国际妇女运动的第一次浪潮。大会的主要组织者是美国废奴运动的积极参加者、被后人称为"女性运动之母"的卢克雷蒂娅·科芬·莫特（Lucretia Coffin Mott）、伊丽莎白·斯坦顿（Elizabeth Cady Standon）和苏珊·安东尼（Susan B. Anthony）。1866 年，美国平等权利协会（American Equal Rights Association）在波士顿成立；1869 年，全国妇女选举权协会（The National Woman Suffrage Association，NWSA）在纽约市成立并取代前者。同年，美国妇女选举权协会成立。这些组织的成立提高了妇女的政治参与以及为获得男女平等地位而斗争的意识。

第一次世界大战期间，由于美国大量男性开赴前线，大量妇女初次进入政府部门。1917 年 2500 名妇女带着 100 万人签字的请愿横幅在纽约大街举行游行，要求给予妇女选举权，促使纽约州公民投票大获全胜。其他州也硕果累累，甚至连南方的阿肯色州也允许妇女"初步投票"。经过长达半个多世纪的努力，美国妇女终于在 1920 年赢得了合法的选举权，这表现为 1920 年美国宪法第 19 条修正案规定妇女享有选举权和被选举权。这是美国妇女参政史上的一个重要里程碑,因为只有获得选举权和被选举权,妇女才能够进一步参与到美国的政治生活中来,参与国家政治并对社会施加有利于妇女的影响。

(二) 20 世纪 20 年代以来美国妇女参政状况分析

尽管美国在 20 世纪 20 年代就获得了选举权,但是,直到 20 世纪 60 年代末 70 年代初的妇女运动第二次浪潮,美国妇女参政人数才明显增加。截止到 2012 年,美国已经产生三位女国务卿:马德琳·奥尔布赖特 (Madeleine Albright)、康多莉扎·赖斯 (Condoleezza Rice) 和希拉里·克林顿 (Hillary Clinton);首位女性众议院议长南希·佩洛西 (Nancy Pelosi);以及赵小兰 (Elaine Lan Chao) 等女部长;还有 30 多位女州长。妇女在美国政坛的作用已经引起人们的广泛重视。

1. 美国妇女在全国范围内行政部门任职情况

根据美国妇女与政治中心的数据显示,自 20 世纪 70 年代中期以来,美国妇女当选以及被任命为州政府官员的人数大幅上升。然而,从 90 年代中期以来,女性在州政府、法院以及议院中的参政人数的增长幅度开始下滑。(参见图 1-1、图 1-2)

从图 1-1、图 1-2[1]的数据可以看出,在全国范围内行政部门的女性比例在过去的 30 多年稳步增长。从 1971 年到 1985 年,增长幅度很小。1983~1995 年,女性在全国范围内行政部门任职比例经历了一个显著增长时期,人数和比例比 1995 年以前翻了两番。然而,自 1995 年,增长速度和比例开始下降。

2012 年,75 位女性在全国各州的行政部门选举产生的职位中任职,占 320 名当选官员的 23.4%。在这些女性中,38 名为共和党,36 名为民主党,1 名为无党派,其中 9 名女性担任州长。

2. 妇女在立法系统参与情况

从图 1-3、图 1-4 的数据[2]可以看出,女性议员的人数在 20 世纪 80 年

---

[1] Center for American Women and Politics, Eagleton Institute of Politics, Retgers University, Women in Statewide Elective Executive Office, 2010, http://www.cawp.rutgers.edu/fast_facts/levels_of_office/documents/stwide.pdf.

[2] Center for American Women and Politics, Eagleton Institute of Politics, Retgers University, Women in State Legislative Office, 2010, http://www.cawp.rutgers.edu/fast_facts/levels_of_office/documents/stleg.pdf.

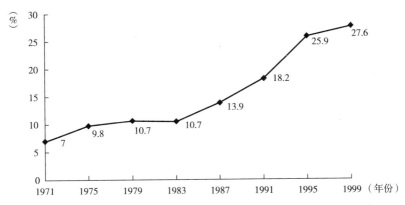

图 1-1　1971~1999 年美国妇女在全国范围内行政部门的任职比例

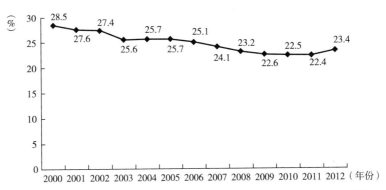

图 1-2　2000~2012 年美国妇女在全国范围内行政部门的任职比例

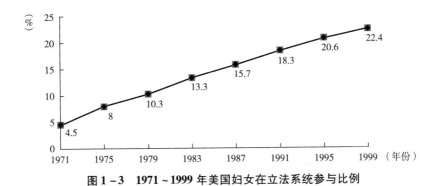

图 1-3　1971~1999 年美国妇女在立法系统参与比例

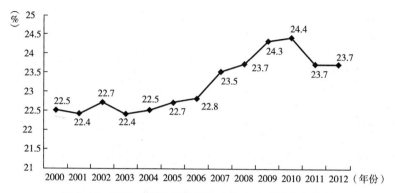

图1-4 2000~2012年美国妇女在立法系统参与比例

代和90年代大幅增长，增长率在90年代末以后开始下降。2010年，全国州议员为7382名，其中，在全国范围内有1811名女性当选为州议员，可以看出女性议员比例上升为24.5%，这一比例是1971年的5倍多。2012年，女性议员占全部议员人数的23.7%。在1750名女性议员中，427名为州参议员议员，占1971名州参议员的21.7%；1323名为州众议员，占5411名州众议员的24.5%。有3名女性当选为州参议院议长，3名女性任职州众议院议长。

3. 司法系统参与情况

根据美国国家法院中心（National Center of State Courts）2010年9月最新数据显示，2010年，在全国各州高级法院中，法官人数为347名（另外有两名法官职位空缺）。其中，男性法官有237名，占总数的68.3%；女性法官有110名，占总数的31.7%。女性主法官共有20名，占全部主法官的37.7%。根据美国国家法院中心2003年的数据显示，在全国各州高级法院中，法官人数为335名，其中女性法官有98名，占总数的29.3%；在52名主法官中，有17名女性，占32.7%。因此，较之2003年，女性法官任职情况有较好发展。在2010年的各州最高法院中，有4个州女性法官比例超过50%，它们是新泽西州、田纳西州、威斯康星州以及哥伦比亚特区。有18个州女性法官比例在40%~50%之间，它们是阿拉斯加州、加利福尼亚州、科罗拉多州、路易斯安那州、马里兰州、马萨诸塞州、密歇根州、密苏里州、汉普郡州、纽约州、北卡罗来纳州、北达科他州、俄亥俄州、南卡罗来纳州、犹他州、佛蒙特州、华盛顿州、西弗吉尼亚州。

综上所述，可以看出，第一，美国妇女的参政人数在20世纪80年代和

90 年代有大幅度的增长，经历了增长比率的黄金时期，这与 20 世纪 60 年代晚期 70 年代早期的妇女运动的大规模兴起有很大关系。但是 90 年代后期以来，妇女的参政比例没有明显增长却有小幅度的下降，因此近几年美国妇女在全国范围内行政、立法部门的参与人数的发展前景不甚乐观。

第二，从美国妇女 20 世纪 90 年代以来在行政、立法和司法部门的参与比例可以看出，女性行政人员、议员和法官人数仍然明显少于男性人数，基本维持在 20% ~ 35% 之间，这种参与状况表明，虽然从总体上来说，妇女参政情况处于上升趋势，但是在政治参与中，美国妇女相对于男性来说，仍处于少数和弱势地位。

第三，2012 年，在 75 名州行政部门任职的女性中，有 11 名来自其他族裔，占女性州行政人员的 14.9%。349 名来自其他族裔的女性议员，占全部女性议员的 19.9%。从以上数据来看，时至今日，非白人女性在美国政治中的参与水平仍然很低，仍处于边缘地位，话语主导权仍然掌握在白人女性手中。

二 当前纽约市妇女参政数据分析

纽约市妇女在市政府和各区政府的任职比率较高，女性官员管理的事务范围涵盖了纽约市城市社会生活的绝大多数方面。

（一）妇女在市政府（含区政府）参与现状

下文将以纽约市政府和纽约市下辖各区 2012 年的具体数据为主，辅以部分历史数据，考察纽约市妇女的政治参与状况。[①]

在 2009 年开始的迈克尔·鲁本斯·布隆伯格（Michael R. Bloomberg）政府中，主要官员有 89 位，职位涉及市长、副市长、委员会主席以及各个城市机构和办公室主任。在这 89 位政府官员中，女性官员有 34 人，占官员总数的 38.2%。其中，在 10 位副市长级官员中，女性为 4 名，占 40%，她们是帕特丽夏·哈里斯（Patricia E. Harris），第一副市长；林达·吉布斯（Linda I. Gibbs），副市长，负责健康和公民服务事务；凯罗尔·罗伯斯－罗曼（Carol A. Robles–Roman），副市长，负责法律事务和为市长提供咨询；

---

① 纽约市市政府网站，http://www.nyc.gov/portal/site/nycgov/menuitem.047d873163b300bc6c
4451f401c789a0/index.jsp?doc_ name =/html/mail/html/appoint.html。

谢·芬克（Shea Fink），高级顾问。在 78 位政府委员会主席和主任级别的官员中，女性为 30 名，占 38.5%，其负责事务涉及老龄化、听证审判、城市规划、人权、领事、社区事务、文化、工人退休体系、信息科技、调查、法律咨询、妇女问题、城市基金、影视管理、移民、政府运作、投资、青年问题，等等。可以说，女性官员管理的事务范围涵盖了纽约市城市社会生活的绝大多数方面。

2. 妇女在纽约市五个区政府参与现状

纽约市分为五个区：布朗克斯区（Bronx）、布鲁克林区（Brooklyn）、曼哈顿区（Manhattan）、皇后区（Queens）、斯塔滕岛（Staten Island）。除皇后区（Queens）外，其余四个行政区由男性担任区长。

（1）布朗克斯区

在布朗克斯区，副区长职位由非洲裔女性奥利里亚·格林（Aurelia Greene）担任。奥利里亚·格林有丰富的从政经历：1982 ~ 2009 年，她任纽约州议会议员，代表纽约州第 77 选区，在教育委员会和社会服务及城市委员会担任委员。在成为州议员之前，奥利里亚·格林曾经担任纽约州第 76 选区共和党女性领导人。在担任纽约州议员期间，奥利里亚·格林在政治领域做出了卓越的成绩。例如，她为住房、平等教育、就业机会、老年人服务、青少年服务以及经济发展等领域存在的问题提供支持。此外，她在担任议员期间，提出的许多重要议案成为法律，如《性取向无歧视法案》（*Sexual Orientation Non Discrimination Act*）[1] 等。2006 年 1 月，奥利里亚·格林升任临时议长，成为担任这一重要职位的第一位非洲裔美国人。同时，在历届来自布朗克斯区的纽约州议员中，她担任议员的时间最长。[2]

另外，布朗克斯区现任区政府共有主任和副主任级别官员 17 名，其中女性官员为 8 名，占总数的 47.1%。[3] 布朗克斯区共有 12 个社区委员会，共 24 名社区主任和主席，其中，女性有 3 名，占总数的 12.5%。[4]

---

① http://www. gothamgazette. com/eyeonalbany/assembly/district77. shtml#bios.

② 布朗克斯区政府网站，http://bronxboropres. nyc. gov/aureliagreene. html。

③ 布朗克斯区政府网站，http://bronxboropres. nyc. gov/contact. html。

④ Guide to Your Elected Officials 2010, The New York City Voter Assistance Commission (VAC), http://www. nyc. gov/html/vac/downloads/pdf/Guide% 20to% 20Elected% 202010% 20Complete. pdf.

（2）布鲁克林区

布鲁克林区副区长职位由加勒比裔女性伊冯·格雷厄姆（Yvonne J. Graham）担任。伊冯·格雷厄姆是公共卫生事业的开拓者。在担任副区长之前，伊冯·格雷厄姆成立加勒比女性健康协会（Caribbean Women's Health Association），为各种社区提供健康、移民以及社会支持服务。在担任副市长期间，她直接负责健康政策以及服务。她对于成立布鲁克林区第一个消除健康不平等中心起到了关键作用，该中心旨在减少少数民族社区公民的心血管病发病率。值得一提的是，在促进纽约市妇女参政方面，伊冯·格雷厄姆也做出了积极的努力。为了增加女性在政府、商业以及工业领域的领导人数，她发起了女性领导人行动，旨在建立学术机构、政府机关、社区组织以及私有部门之间的合作关系，通过对话以及合作网络把女性团结在一起。①

布鲁克林区政府共有 8 名部门主任，其中女性主任为 4 名，占总数的50%，分别负责人力资源、交流、社区服务以及公共问题和旅游。布鲁克林区有 18 个社区委员会。在布鲁克林区社区委员会的 44 名社区主任和主席中，女性有 11 名，占总数的 25%。②

（3）曼哈顿区

在曼哈顿现任区政府中，副区长职位由海地裔女性罗斯蒙德·皮埃尔－路易斯（Rosemonde Pierre－Louis）担任。她是第一位在纽约市担任副区长职务的海地裔美国人，负责曼哈顿区交通、环境、家庭暴力以及 12 个社区改革等方面事务。17 年以来，她在维护妇女权利以及反对家庭暴力方面做出了突出的成绩。例如，在皇后区法律委员会婚姻部门担任主任期间，她创立并发展了一项旨在帮助遭受家庭暴力的低收入女性在不通过司法程序的情况下进行协议离婚的项目。目前，这个项目已经在纽约州广泛推广。罗斯蒙德·皮埃尔－路易斯还曾担任纽约女性基金会（New York Women's Foundation）的副主席。③

---

① 布鲁克林区政府网站，http：//www. brooklyn－usa. org/pages/Yvonne. htm。

② Guide to Your Elected Officials 2010, The New York City Voter Assistance Commission（VAC），http：//www. nyc. gov/html/vac/downloads/pdf/Guide% 20to% 202010% 20Complete. pdf.

③ 曼哈顿区政府网站，http：//www. mbpo. org/free_ details. asp？id =47。

曼哈顿区政府共有 8 名部门主任，其中女性主任为 4 名，占总数的 50%。① 曼哈顿共有 12 个社区委员会，在曼哈顿社区委员会的 24 名社区主任和主席中，女性有 8 人，占总数的 33.3%。②

（4）皇后区

皇后区区长海伦·马歇尔（Helen M. Marshall）是纽约市五名区长中唯一的女性，并且连续两次当选皇后区区长。2001 年她以 68% 的选票第一次当选皇后区区长，并且是担任该职位的第一位非裔美国人以及第二位女性。海伦·马歇尔在城市和社会各方面如经济、教育、文化、城市建设以及经济等事务上做出了突出的贡献。在担任区长以前，从 1991 年开始，她在纽约市议会担任议员，在房屋和建筑委员会、环境保护委员会和女性问题委员会等机构任职。在担任议员期间，海伦·马歇尔支持所在选区图书馆的升级和扩建工作，并为儿童牙医诊所的重建筹集资金。同时，海伦·马歇尔是减轻老年城市公民医疗负担法案的发起人。1982～1990 年，海伦·马歇尔担任纽约州议会议员，主管法规委员会工作。③

皇后区政府共有部门主任 10 名，其中女性主任为 7 名，占总数的 70%。④ 皇后区共有 14 个社区委员会，在皇后区社区委员会的 28 名社区主任和主席中，女性有 10 名，占总数的 35.7%。⑤

（5）斯塔滕岛

斯塔滕岛有 3 个社区委员会。在斯塔滕岛社区委员会的 6 名社区主任和主席中，女性官员有 4 名，占总数的 66.7%。⑥

---

① http：//www. mbpo. org/free_ details. asp？id = 49.

② Guide to Your Elected Officials 2010, The New York City Voter Assistance Commission（VAC），http：//www. nyc. gov/html/vac/downloads/pdf/Guide% 20to% 20Elected% 202010% 20Complete. pdf.

③ 皇后区政府网站，http：//www. queensbp. org/content_ web/Press/press_ bio. shtml.

④ http：//www. queensbp. org/content_ web/contact. shtml.

⑤ Guide to Your Elected Officials 2010, The New York City Voter Assistance Commission（VAC），http：//www. nyc. gov/html/vac/downloads/pdf/Guide% 20to% 20Elected% 202010% 20Complete. pdf.

⑥ Guide to Your Elected Officials 2010, The New York City Voter Assistance Commission（VAC），http：//www. nyc. gov/html/vac/downloads/pdf/Guide% 20to% 20Elected% 202010% 20Complete. pdf.

（二）妇女在市议会政治参与现状

纽约市议会是纽约市的立法机构，下设 18 个委员会和 24 个附属委员会。每四年进行换届选举。议会由 51 名议员组成，在本届议会中有 1 名议员职位空缺。女性议员为 18 名，占议员总数的 36%。在这 18 名女性议员中，柯魁英（Christine Quinn）为纽约市议会议长（仅次于市长的最重要职位之一）；在 42 个委员会中，由女性议员担任主席的委员会有 15 个，占总数的 35.7%。她们在 5 个以上委员会同时任职，几乎每一个委员会都有女性议员参与。[①] 可以说，女性议员积极活跃在纽约市社会生活各方面并发挥着重要作用，如在老龄化、公共福利、健康、青少年案件等方面。几乎每位女性议员在委员会任职的同时也在其他政府部门或者非营利组织担任其他职务。她们积极提出或参与制定法案，促进城市、社会发展并且保障公民的合法权利和利益。例如，柯魁英在担任纽约市议会议长的四年内，在一系列社会问题如公共安全、环境保护、早期儿童教育、饥饿与营养以及住房问题上积极发挥作用。在成为议长之前，柯魁英在纽约市议会健康委员会担任主任。在此期间，她提出《平等收益议案》（*Equal Benefits Bill*）和《卫生保健安全法案》（*Health Care Security Act Gale*），均获得议会通过。政府运作委员会主席 A. 布鲁尔（A. Brewer）在州议会通过的大多数法案中发挥着建设性作用，包括保护国内工人权利法案、建立宽带咨询委员会法案、建立死亡电子登记系统法案。经济发展委员会主席莱蒂塔·詹姆斯（Letita James）领导发起起草《安全住房法案》（*the Safe Housing Act*），于 2007 年 5 月获得州议会全体成员通过，并由市长签署写进法律。这项开拓性法案给予租赁公寓居住的家庭得到房屋改善和全面维修的保障，对于居住达不到标准的公寓的纽约市民来说是一项重大的胜利。凯伦·克思萝维兹（Karen Koslowitz）担任消费者委员会主席，提出并获得通过的主要法案包括：减免老年市民税收法案、女性完全免费使用生育保健设备法案、禁止仿真手枪玩具销售法案、超市单价法案，等等。[②]

---

① 纽约市议会（New York City Council）网站，http：//council. nyc. gov/html/members/members. shtml。
② 纽约市议会（New York City Council）网站，http：//council. nyc. gov/html/home/home. shtml。

（三）妇女在城市工会中参与现状

根据纽约市劳动中心委员会（New York City Central Labor Council）数据显示，在其组织注册的纽约市工会数量达 400 个。这些工会代表着来自纽约市的各行各业工人的利益，如教师、建筑工人、消防员、酒店员工，等等。现抽取 6 个具有代表性的工会以调研纽约市妇女在工会领导阶层中的参与程度。①

第 37 届区自治会（District Council 37）是纽约市代表来自城市公共事业（桥梁、道路、地铁和公园等）战线上工人利益的最大工会。在工会四名首席官员（执行理事、主席、秘书和财务主管）中，有 1 名为女性领导：莉莲·罗伯茨（Lillian Roberts）担任执行理事。在 26 名副主席级别的领导人员中，有 11 名为女性领导人员，占 30.6%。②

纽约市教师行业总会（United Federation of Teachers）的领导阶层共有 11 名成员，其中 5 名为女性。她们分别担任助理财务主管和副主席职务，占领导人员的 45.5%。③ 纽约城市大学专业人员代表大会（Professional Staff Congress of City University of New York），代表来自纽约市大学超过 2000 名大学教授和职工的利益。在工会领导阶层共有 27 名成员，其中 12 名女性，占领导人员的 44.4%。④

纽约酒店工会（New York Hotel Workers' Union）代表着来自纽约市酒店员工的利益，旨在维护来自酒店行业员工的权利和利益。在 10 名工会会长和副会长级别的领导人员中，无女性领导人。纽约市木匠工会（NYC District Council of Carpenters）下设妇女委员会，代表纽约市女性木匠工人的声音。委员会由 11 名女性成员组成，这 11 名女性成员在纽约市木匠工会中参与领导。⑤ 纽约市医生委员会（Doctors Council）共有 12 名领导人员，其中有 3 名女性，占总数的 25%。⑥

---

① 纽约市政府网站，http：//www. nycclc. org/index. cfm? zone = view _ page. cfm&page = Officers2FStaff。

② http：//www. dc37. net/about/vicepresidents. html。

③ http：//www. uft. org/who － we － are/leadership。

④ http：//www. psc － cuny. org/whoiswho. htm。

⑤ http：//www. unionwomencarpenters. com/pages/about/steeringcommittee. html。

⑥ http：//www. doctorscouncil. com/AboutDoctorsCouncil/Staff/Default. aspx。

（四）纽约女性组织发展状况

数据显示，在纽约市妇女资源网站注册的纽约市女性组织（包括非营利性组织和有关政府机构）超过 1000 个。[①] 这些女性组织涉及社会生活以及社会行业的各方面，如政治、经济、商业、房地产、健康、社会保障、家庭问题等等。纽约市女性组织的数量、涉及范围以及活跃程度在美国首屈一指，这与纽约市作为全国最大的城市而且同时是社会各领域的中心这样的地位是分不开的。

女性组织的成立是为了维护纽约妇女在某一方面或者多方面的利益，例如，受过高等教育黑人妇女协会纽约分会（Association of Black Women in Higher Education – New York City Chapter）、纽约亚裔美国人联合会（Asian American Federation of New York）等。在纽约关注妇女政治方面的主要女性组织有纽约市妇女选民联盟（The New York City League of Women Voters）、妇女政治民间团体中心（Center for Women in Government and Civil Society）、妇女更好的领导女权主义组织（Feminists Concerned for Better Feminist Leadership）、全国妇女组织纽约分会（National Organization for Women New York City Chapter）、全国妇女研究理事会（The National Council for Research on Women）等。

（五）纽约妇女在联邦政府、美国国会中参与情况

纽约市妇女在联邦政府和美国国会中的数量，是衡量纽约市妇女政治参与情况的重要指标。

1. 纽约市妇女在联邦政府的参与情况

奥巴马第一任政府中有女性内阁成员以及内阁层次成员 16 名，其中来自纽约市的女性内阁成员有 5 名，占总女性内阁成员的 31%，大大多于来自其他城市女性内阁成员数量，可以说参与程度非常之高。她们分别是艾蕾娜·卡根（Elena Kagan），担任美国联邦最高法院法官助理；珍妮特·纳波利塔诺（Janet Napolitano），担任美国国土安全部部长；玛利·夏皮洛（Mary Schapiro），担任美国证券交易委员会主席；索尼娅·索托马约尔（Sonia Sotomay-

---

① 纽约市政府网站，http://www.nyc.gov/html/cwi/html/directory/directory.shtml。

or），担任美国联邦最高法院法官助理；南希·萨特利（Nancy Sutley），担任美国白宫环境质量委员会主席。①

2. 纽约市妇女在美国国会的参与情况②

2012 年，美国国会议员为 535 名，其中参议员为 100 名，众议员为 435 名，女性议员 90 名，占总议员数量的 16.8%。女性参议员为 17 名（12 名是民主党人，5 名是共和党人），占参议员总数的 17%；女性众议员为 73 名（49 名是民主党人，24 名是共和党人），占众议员总数的 16.8%。③

在第 112 届国会（2011～2013）参议员中，有两名来自纽约州，其中一名女性，柯尔斯顿·基利勃朗特（Kirstne E. Gillibrand）来自州首府奥尔巴尼，不是纽约市。因此，国会参议员中没有来自纽约市的女性。

在第 112 届国会众议员中，有 73 名女性，其中 9 名女性来自纽约州。在这 9 名来自纽约州女性国会众议员中，5 名来自纽约市，占来自纽约州女性国会众议员总数的 55.6%。她们是伊薇特·克拉克（Yvette Clarke）、卡洛琳·麦卡锡（Carolyn McCarthy）、卡洛琳·马洛尼（Carolyn B. Maloney）、尼迪亚·委拉斯凯兹（Nydia M. Velazquez）和尼特·罗维（Nita M. Lowey）。④这 5 名来自纽约市的国会参议员，在任职期间，有很高的参政议政水平，积极发起组织各方面的运动，提出多项法案并获得通过，在国会中发挥着重要的影响和作用。

另外，值得指出的是，来自纽约州的女性国会议员除了现任的 9 名，在美国国会历史上还有 13 名，其中来自纽约市的女性国会议员占了 7 名，占 53.8%。可以说，纽约市女性议员参与比例比纽约州其他城市和自治县要高得多。

3. 纽约市妇女参政特点与问题

纽约妇女政治参与主要特点有：

① 美国妇女与政治中心（Center for American Women and Politics），"Women in President Obama's Cabinet or in Cabinet – Level Positions"，http：//www. cawp. rutgers. edu/fast_ facts/levels_ of_ office/Executive – ObamaAppts. php。

② 美国妇女与政治中心（Center for American Women and Politics），http：//www. cawp. rutgers. edu/fast_ facts/levels_ of_ office/documents/senate. pdf。

③ Facts on Women in Congress 2010/CAWP.

④ 美国妇女与政治中心（Center for American Women and Politics），http：//www. cawp. rutgers. edu/fast_ facts/resources/state_ fact_ sheets/NY. php。

第一，不管是在市政府（含区政府）、议会还是在联邦政府和众议院，纽约妇女在负责相关领域部门的高级职位上都有较高的参与度，如纽约市议长、副区长、委员会会长，等等。这样就保证了女性在相关问题上的发言权和决策权，对决策的影响力很大。

第二，女性议员提出和参与法案积极性高，并且提出的法案对社会的影响大。如卡洛琳·麦卡锡提出的有关限制枪支的法案对于保护公民的人身安全以及维护社会稳定具有重大的作用。女性议员对于社会福利、健康、医疗、安全、住房等问题关注度较高。

第三，女性官员和议员在担任本届政府和议会职位之前，都有丰富的从政经历，在解决社会某一个和某几个问题上，有突出的贡献，从而为她们在大选中竞选相关职位获胜奠定了基础。

第四，纽约市妇女在国会和联邦政府担任议员和官职的数量远远超过纽约州其他城市，这表明纽约市妇女相比较纽约州其他地区的妇女而言有较强较高的政治参与能力和水平。这与纽约市作为全国最大城市和经济中心是分不开的，在这样的社会环境下，妇女能够受到比较优越的教育，积累深厚的知识和技能，为以后进行政治参与打下了良好基础。

第五，来自少数族裔的纽约市女性政治参与度较高。例如纽约市下设的5个行政区有1名区长和3名副区长由少数族裔的女性担任。在纽约市18名女性市议员中，有一半为非白人女性。这一方面表明纽约市政治体系参与的公平性和平等性原则，另一方面表明非白人女性通过自身努力在争取政治参与机会方面有很大的成效。非白人女性较高的政治参与度在一定程度上保证了她们在与其自身族裔的公民利益和权利相关的问题上的话语权和影响力。

存在的问题主要有：

第一，从针对纽约市妇女参政情况的各方面调研数据可以发现，在领导阶层，不管是在市政府（含区政府）、市议会等政治女性官员比例依然明显低于男性官员比例。工会中女性领导人员的比例低。

第二，纽约市妇女参政议政的主要关注点集中在卫生、健康、社会福利、妇女儿童问题等社会民生方面，对于经济、金融、财政和房产等相关问题关注度较低。

三 纽约市妇女政治参与的促进机制

根据各国议会联盟截止到 2012 年 10 月 31 日的统计数据，美国妇女在国会中所占比例为 17%，在全世界仅排第 82 位①，低于本研究涉及的法国、中国和英国，仅高于日本。纽约妇女参政水平在美国处于较高水平，但在世界上并不处于领先地位。但是，妇女在议会中的比例仅是衡量妇女参政水平的一个方面。纽约妇女是自下而上进行国际妇女运动的先驱者，具有强烈的性别平等和政治参与意识，她们为纽约世界城市建设贡献了巨大力量。与此同时，纽约市形成了一整套促进妇女政治参与的机制。这些做法对北京市促进妇女参政工作具有一定的启发性。

（一）纽约市市政机构促进妇女政治参与的措施

首先，纽约市政府下设妇女问题委员会，旨在为纽约市妇女在社会生活各方面提供强有力的帮助和服务，其中促进妇女的政治参与是该委员会的主要工作之一。纽约市妇女问题委员会在纽约市针对女性市民发起多个项目和活动，如"纽约市领导者之梯"（NYC Ladders for Leaders）项目。该项目创办时命名为"纽约城女青年研究"（NYC GirlsREACH）。从初始名称可以看出，该项目旨在帮助纽约市青年女性在私人和公共部门发现就业机会，以及为青年女性在纽约市的各种机构、社区单位和组织提供实习机会，以此来提高青年女性包括政治参与能力在内的各种能力，塑造未来纽约市的各方面的女性领导人。

同时，许多女性政府官员在促进纽约妇女参政议政方面做出了积极努力。例如，前面提到的布鲁克林区副区长伊冯·格雷厄姆为了增加纽约妇女在政府、商业以及工业方面的领导人数，她发起了女性领导人行动，旨在建立学术机构、政府机关、社区组织以及私人部门之间的合作关系，通过对话以及合作网络把女性公民团结在一起。

（二）美国民主党和共和党在促进妇女政治参与方面的举措

美国民主党和共和党女性组织在全国各地都设有下级组织。通过这些下

---

① "Women in National Parliaments", http://www.ipu.org/wmn-e/classif.htm.

级组织，它们把在全国各地的女性党员联系在一起，宣传各党派的主要纲领、原则与施政方针，并在竞选、募款以及立法行动等方面集中全力，尽可能吸引女选民的参与，也增加了女性在国家政治生活中的影响力。例如，纽约共和党妇女联合会（New York Federation of Republican Women）旨在提出能够影响全国的倡议，通过招募和培训候选人来增强共和党的力量，并增强来自不同年龄、背景的女性共和党人的政治能力，促进她们参政议政。①

两党十分注重吸收当地年轻女性党员参加女性党组织，从而使年轻女性选民在基层参加政治进程，并且能够与当地的其他女性选民进行充分合作。例如，全国共和党妇女联合会（National Federation of Republican Women）为大学共和党女性提供成为组织成员的机会，这是专为那些当地没有党组织俱乐部或者在大学期间不能参加党组织俱乐部活动的女性共和党大学生设立的②，以增强共和党妇女之间的联系，为她们提供更广泛的政治参与平台。纽约民主党的埃莉诺·罗斯福遗产委员会（The Eleanor Roosevelt Legacy Committee）采取了同样的政策来促进民主党妇女的政治参与。

美国民主党和共和党都举办针对女性候选人的教育培训项目和学校。例如，纽约共和党妇女联合会针对纽约州共和党女性进行培训、教育。埃莉诺·罗斯福遗产委员会鼓励民主党妇女竞选纽约州州级以及当地政府和议会职位的机构。该组织的一个主要项目就是针对女性候选人进行培训，并在纽约市、长岛以及奥尔巴尼等纽约州管辖城市开办多家候选人培训学校。学校教授女性候选人竞选技能，包括：制订竞选计划、募款以及预算技能、与媒体互动、组织志愿者、进行民意调查以及竞选信息传播和交流等。自 2001 年以来，它已经培训了 900 多名女性并帮助超过 285 名女性候选人赢得选举。③

（三）其他社会力量促进妇女政治参与的措施

除上述各方面的举措外，其他一些民间妇女组织也举办针对女性候选人

---

① 纽约共和党女性组织（New York Federation of Republican Women），http：//www. nysfrw. com/pages. php？ TopID＝2&PageID＝2。

② 国家共和党女性组织（National Federation of Republican Women），http：//www. nfrw. org/ membership/types. htm。

③ 埃莉诺·罗斯福遗产委员会（The Eleanor Roosevelt Legacy Committee），http：//eleanorslega- cy. com/run/campaign_ schools/。

的教育培训项目和学校。例如，罗契斯特领导力（Leadership Rochester）以及科罗纽约领导力中心（Coro New York Leadership Center）等都开展了对男女性候选人的竞选政治培训项目，以提高候选人的竞选技能等等。这些培训项目为纽约市妇女参政提供了很大的帮助以及激励。[①]

一些组织对女性选举、参政以及在政治方面的平等问题等各方面情况进行调研，提供强有力的数据支持，提供信息资源服务，让社会对女性参政情况有更加广泛深刻的了解，通过这种方式增加社会对女性参政的关注程度，以此来获得社会支持，为女性在公共生活中增加政治影响提供服务。例如，纽约市妇女选举联盟（The League of Women Voters of the City of New York）每年志愿向相关媒体和社会公布各种选举结果，在教育、城市预算以及选举方面有自己的声音，以此来增加女性选民的话语权和发言权，影响市政府、议会以及公众行为。

还有一些组织定期举办关于如何改善女性参政情况，增加女性领导权的会议、论坛等活动，邀请女性政治家如政府官员或议会议员参加，并针对女性参政问题进行发言。组织中的女性成员或其他女性市民进行讨论、交流，以此来增加妇女对改善参政情况的重视程度，协调行动，促进妇女的参政议政能力。全美妇女协会纽约州分会、纽约市妇女选民联盟等大多数设立在纽约市的女性组织都有这样的项目、活动。

一些组织面向社会进行募款，谋求自身发展并获得社会对女性组织以及女性争取平等地位、参政议政权利的支持。同时，许多女性组织在竞选中，帮助女性候选人进行竞选募款，并为女性候选人提供资金支持，如泰普基金会（The TAP Fund）等。

纽约媒体作为大众获得信息资源的主要渠道，在关注妇女参政议政方面也投入了很多力量。新闻媒体对于妇女参政议政的事实、现状有多方面的报道和分析，旨在把妇女参政议政问题纳入大众视野，引起公民对该问题的关注。

（四）纽约市妇女政治参与促进机制特点分析

通过对纽约市市政机构、美国两大政党以及其他社会力量在促进纽约市

[①] 美国妇女与政治中心（Center for American Women and Politics），"Resources for Women in New York"，http：//www.cawp.rutgers.edu/education_training/trainingresources/NewYork_resources.php。

妇女参政方面采取的举措的探讨，可以看出，三方面的促进机制对于纽约市妇女参政议政有着很大的促进作用，为妇女参政议政提供了良好的社会条件。

纽约市妇女政治参与促进机制有以下几方面优点：第一，这三大机制之间通过良好的互动关系，在促进纽约市妇女政治参与方面能够形成一个较为完整的网络，这对于妇女进行政治参与是非常有利的。第二，注重对女性候选人的培训与提高。不管是民主党还是共和党、大学还是民间政治组织，都设有针对女性候选人的培训课程或者项目。这一点对于纽约市妇女政治参与非常重要，因为只有切实提高妇女自身的政治参与意识、知识与能力，让妇女在选举中增强竞争力，才能获得选票并当选。同时，只有具备良好的政治参与知识与能力才能使妇女在政治参与中发出强有力的声音。第三，各种社会力量，尤其是女性组织在促进纽约市妇女政治参与方面发挥着不可代替的作用，形成了纽约市在由政府和政党组成的政界以外的一支独立的力量。不管是对妇女政治参与的调研和数据搜集工作，对妇女进行政治参与培训，还是在组织妇女进行政治活动、提出政治倡议等方面，这部分力量都非常活跃，这样有利于来自社会不同阶层、行业或者族裔的妇女团结在一起，根据自己利益，表达各种政治诉求和呼声，或者支持相关的女性候选人，在政治和社会方面发挥相应的作用和影响，从而提高妇女政治参与的程度和水平。

纽约市促进妇女政治参与的机制中也存在着不足之处。例如，由于美国两党政治的特点，民主党和共和党之间互动较少，从对女性候选人的培训项目可以看出，共和党和民主党招收的培训对象仅限于各自政党的女性，这样不利于纽约市来自不同党派女性候选人的交流与合作。此外，媒体对参政男性与女性的报道往往有较大不同，明显对女性抱有一定程度的偏见。正如共和党政治顾问苏珊·波歇罗（Susan Del Percio）在接受《纽约时报》采访时所说，媒体在对女性政治家进行报道的时候，总是在声音、穿着以及服装等方面对女性政治家做出与男性政治家不同的判断和评价，这些给女性开展政治工作带来很大的困扰。虽然媒体对妇女参政议政有较高的关注度，但是并没有认真对待女性的声音，而且常认为女性候选人不如男性候选人可信。[1]

---

[1] "In New York, Standing by Men, Not Governing Alongside Them", *The New York Times*, October 1, 2010.

第二节　伦敦妇女参政状况

伦敦是英国的政治中心，办公地点在伦敦市政厅（City Hall）。年满 18 岁以上的伦敦居民均可以登记参加投票选举，参加选举自治市议会、市长和市议员。市长和市议员每四年选举一次，上次选举在 2008 年 5 月，最近一次在 2012 年 5 月。伦敦议会由 25 个席位构成，其中 14 名议员由 14 个选区选出，另外 11 个代表整个伦敦。与英国其他地区相比，大伦敦政府与其他地区不同的是：伦敦的市长和议会是直选的。

现任伦敦市长鲍里斯·约翰逊（Boris Johnson）特别强调："确保身为女性不会成为阻碍妇女享受伦敦提供的每一分利益的障碍。"[①]

一　英国与伦敦妇女政治参与的发展历程与特点

女权运动是近代资产阶级工业革命和 18 世纪启蒙思想的直接产物，最早发起于欧洲的中产阶级妇女。英国人现代女权主义的奠基人玛丽·沃斯通克拉夫特（Mary Wollstonecraft）就出生在伦敦。1792 年，她出版了《女权辩护》一书，这是妇女寻求平等权利的里程碑，具有世界意义。

从 19 世纪初开始，英国有人呼吁给予妇女选举权，让她们有机会参与国家的政治生活。安妮·奈特（Anne Knight，1786～1862）是当时女权主义改革者、妇女参政运动的先锋人物。她于 1851 年组建起第一个妇女参政协会。伦敦和曼彻斯特成为妇女参政者主要集聚的城市。出生于伦敦的英国哲学家约翰·斯图亚特·穆勒（John Stuart Mill）一直致力于争取妇女权利。1865 年当选议员后，他积极呼吁给予女性选举权。1869 年，他的著作《妇女的屈从地位》出版，这是最早一部由男性作者写就的专门论述女性权利的著作。1868 年，全国妇女选举权协会（NSWS）成立，穆勒担任主席。1897 年，该组织为全国妇女选举权同盟（NUWSS）取代。1914 年伦敦爆发了著名的女权运动者冲击白金汉宫向英王乔治五世请愿的行动，这个事件标志着女权运动进入了一个飞速发展的时期。

在英国社会全身心地应对第一次世界大战之际，英国《1918 年人民代表

[①] http：//www. london. gov. uk/who – runs – london/londoners.

法》最终出台。根据这部法案，英国的选民人数增加到 2140 多万，其中女性选民 840 万。尽管该法案没有给予妇女与男子们平等的选举权，仅规定 30 岁及 30 岁以上的女业主或男业主的配偶才有选举权，但这不妨碍该法案的里程碑意义。1928 年，英国又进行了一次选举改革，英国妇女最终获得与男子平等的选举权。①

总体来看，在世界各国妇女争取选举权的运动中，以伦敦妇女为代表的英国妇女走在各国妇女的前列，是妇女运动的引领者。在以改良和渐进为基本特点的英国，当地妇女运动经历了激进的甚至具有暴力特色的选举权运动。但英国妇女获得选举权的最重要原因仍然在于她们在第一次世界大战时放弃激进路线，与政府合作，为英国赢得战争胜利做出了自己的贡献。英国女王伊丽莎白二世自 1952 年继位至今已有 60 多年；1979 年，英国第一位保守党领袖玛格丽特·希尔达·撒切尔（Margaret Hilda Thatcher）当选为英国首相，任期长达 11 年。

二 伦敦妇女政治参与的现状

英国妇女获得选举权至今已有 80 年。80 年来，英国特别是伦敦妇女政治参与的状况如何？她们取得了哪些成就、采取了什么措施、积累了怎样的经验与教训？

（一）英国妇女参政整体状况

根据各国议会联盟截至 2012 年 9 月 30 日的统计②，在全球范围内，妇女参政水平有普遍提高，世界平均水平从 1990 年的 13% 提高到 2012 年的 20.2%，在各区域也都有不同程度的增长。但是，世界上绝大多数国家没有实现参政领域的性别平等，且各区域发展极不平衡。英国妇女在下院的比例为 22%，上院为 21%，英国妇女参政比例的排名已经下降至第 58 位。③ 在欧洲的议会中，各国妇女代表的平均比例为 35.2%；芬兰最高，为 61.5%；英国

① 薛永生：《一战与英国妇女选举权的实现》，《学习园地》2009 年第 4 期下半期，第 28 页。
② "Women in National Parliament"，http：//www.ipu.org/wmn－e/world.htm，Nov. 25, 2012.
③ http：//www.ipu.org/wmn－e/classif.htm，Nov. 25, 2012.

为33.3%，在27个国家中排在很靠后的第19位。① 可见，英国妇女参与决策的程度在欧洲国家中居于相对落后的位置。

（二）伦敦妇女参与决策和基层政治的现状

以妇女参加政府和议会的比例来衡量，应该说，目前伦敦妇女的政治参与整体状况好于英国全国的平均水平，已达到了联合国要求的30%，但并未处于世界领先水平。与此同时，伦敦妇女在基层政治中更为活跃。

1. 政府与议会层面

（1）市长及其团队

根据2008年的选举结果，鲍里斯·约翰逊当选伦敦市市长。他的工作团队在任期内稍有变化，到2011年，有3位副市长、2位行政主任、9位顾问，并特别任命了体育专员和河流交通大使，包括市长本人总共17人，其中有妇女5名，占总数的29.4%（见表1-1）。

表1-1 伦敦市长及其团队②

英文姓名	中文姓名	职务	性别
Boris Johnson	鲍里斯·约翰逊	市长	男
Richard Barnes	理查德·巴恩斯	副市长	男
Kit Malthouse	锴特·莫尔特豪斯	副市长、主管治安、伦敦议员	男
Simon Milton	西蒙·米尔顿	副市长、总管	男
Guto Harri	古托·哈里霍尔	对外事务主任	男
Daniel Ritterband	丹尼尔·拉特班德	营销主任	男
Richard Blakeway	理查德·布莱克韦	住房顾问	男
Anthony Browne	安东尼·布朗	经济发展顾问	男
Pam Chesters	帕梅拉·切斯特斯	卫生和青年的机会顾问	女
Isabel Dedring	伊莎贝尔·旦德林	环境顾问	女
Nicholas Griffin	尼古拉斯·格里芬	预算和执行顾问	男
Munira Mirza	穆尼拉·米尔扎	文化艺术顾问	女

---

① http：//www.ipu.org/wmn-e/regions.htm, Oct. 7, 2010.

② http：//www.london.gov.uk/who-runs-london/mayor/mayoral-team, Dec. 1, 2011.

英文姓名	中文姓名	职　务	性　别
Lizzie Noel	莉齐·诺埃尔	社会行动和志愿顾问	女
Matthew Pencharz	马修·宾沙斯	政治顾问	男
Kulveer Ranger	库维尔·兰格	运输顾问	男
Kate Hoey	凯特·霍伊	体育专员	女
Richard Tracey	理查德·特拉西	河流运输大使和伦敦议会议员	男

表1-1呈现出一个明显的特点，这就是5位妇女分别担任卫生和青年的机会顾问、环境顾问、文化艺术顾问、社会行动和志愿顾问以及体育专员，这些职位都属于传统的女性职位，在政府职位中的重要性较低。这种情况显然不是伦敦政府所特有的，而是世界各国妇女担任公职的普遍特点。根据2012年5月后新一轮选举的结果，在包括市长在内的市长团队总共有21位成员，其中9位女性，约占42.9%。在特别任命的6位成员中，5位是女性。[1]

（2）政府议会

根据2008年的选举结果，伦敦议会由25名成员组成，其中11名保守党成员、8名工党成员、3名自由民主党成员、2名绿党成员和1名独立成员，8位女性，占总数的32%。议会主席为迪伊·杜斯伊（Dee Doocey）女士（见表1-2）。

表1-2　伦敦市议会成员情况统计[2]

英文姓名	中文姓名	职　位	性　别	选举时间	党　派
Dee Doocey	迪伊·杜斯伊	议　长	女	2008.5.1	自由民主党
Tony Arbour	托尼·阿尔布尔	成　员	男	2008.5.1	保守党
Jennette Arnold	詹尼特·阿诺德	成　员	女	2008.5.1	工党
Gareth Bacon	加雷思·培根	成　员	男	2008.5.1	保守党
Richard Barnbrook	理查德·巴恩布鲁克	成　员	男	2008.5.1	独立候选人
Richard Barnes	理查德·巴恩斯	成　员	男	2008.5.1	保守党
John Biggs	约翰·比格斯	成　员	男	2008.5.1	工党

---

[1]　http：//www. london. gov. uk/who - runs - london/mayor/mayoral - team, Feb. 20, 2013.

[2]　http：//www. london. gov. uk/who - runs - london/the - london - assembly/members, Dec. 1, 2011.

续表

英文姓名	中文姓名	职 位	性 别	选举时间	党 派
Andrew Boff	安德鲁·博夫	成 员	男	2008.5.1	保守党
Victoria Borwick	维多利亚·博威克	成 员	女	2008.5.1	保守党
James Cleverly	詹姆斯·克莱夫利	成 员	男	2008.5.1	保守党
Brian Coleman	布莱恩·科尔曼	成 员	男	2008.5.1	保守党
Steve O'Connell	史蒂夫·奥康奈尔	成 员	男	2008.5.1	保守党
Len Duvall	莱恩·杜瓦尔	成 员	男	2008.5.1	工党
Roger Evans	罗杰·埃文斯	成 员	男	2008.5.1	保守党
Nicky Gavron	尼基·加夫龙	成 员	女	2008.5.1	工党
Darren Johnson	达伦·约翰逊	成 员	男	2008.5.1	绿党
Jenny Jones	珍妮·琼斯	成 员	女	2008.5.1	绿党
Kit Malthouse	锴特·莫尔特豪斯	成 员	男	2008.5.1	保守党
Joanne McCartney	乔安妮·麦卡特尼	成 员	女	2008.5.1	工党
Caroline Pidgeon	卡罗琳·皮金	成 员	女	2008.5.1	自由民主党
Murad Qureshi	穆拉德·库雷希	成 员	男	2008.5.1	工党
Navin Shah	纳文·沙阿	成 员	男	2008.5.1	工党
Valerie Shawcross	瓦莱丽·肖克罗斯	成 员	女	2008.5.1	工党
Richard Tracey	理查德·特拉西	成 员	男	2008.5.1	保守党
Mike Tuffrey	迈克尔·塔夫里	成 员	男	2008.5.1	自由民主党

2012年5月，鲍里斯·约翰逊再次当选市长，伦敦议会的25名成员中，12名工党成员、9名保守党成员、2名自由民主党成员和2名绿党成员，仍为8位女性，占总数的32%。现任议会主席为珍妮特·阿诺德（Jennette Arnold）女士。[①]

2. 政党层面

英国是世界上最早出现资产阶级政党，并最先确立和实行两党制的国家。其主要政党有保守党、工党、社会自由民主党、社会民主党、共产党、绿党等。保守党和工党是其中最重要的两个政党。

---

① "Assembly Members", http://www.london.gov.uk/who-runs-london/the-london-assembly/members.

在 2008 年伦敦议会中，11 位保守党成员中有 1 位女性，占全部保守党成员的 9.1％；8 位工党成员中有 4 位女性，占全部代表的 50％；3 名自由民主党代表中有 2 名女性，占 66.7％；2 名绿党成员中，1 名是女性，占 50％；1 名独立候选人为男性。2012 年伦敦议会中，5 名女议员为工党，来自保守党、绿党和自由民主党的妇女各 1 名。可见，伦敦女性在不同的党派中所处的地位很不相同，妇女在保守党中当选比例最小，而工党中妇女的比例明显较高。①

表 1 - 3　2012 年伦敦市议会成员情况统计②

英文姓名	中文姓名	职　位	性　别	选举时间	党　派
Tony Arbour	托尼·阿尔布尔	成　员	男	2012.5.3	保守党
Jennette Arnold	詹尼特·阿诺德	议　长	女	2012.5.3	工党
Gareth Bacon	加雷思·培根	成　员	男	2012.5.3	保守党
John Biggs	约翰·比格斯	成　员	男	2012.5.3	工党
Andrew Boff	安德鲁·博夫	成　员	男	2012.5.3	保守党
Victoria Borwick	维多利亚·博威克	成　员	女	2012.5.3	保守党
James Cleverly	詹姆斯·克莱夫利	成　员	男	2012.5.3	保守党
Tom Copley	汤姆·科普利	成　员	男	2012.5.3	工党
Andrew Dismore	安德鲁·迪斯莫尔	成　员	男	2012.5.3	工党
Len Duvall	莱恩·杜瓦尔	成　员	男	2012.5.3	工党
Roger Evans	罗杰·埃文斯	成　员	男	2012.5.3	保守党
Nicky Gavron	尼基·加夫龙	成　员	女	2012.5.3	工党
Darren Johnson	达伦·约翰逊	成　员	男	2012.5.3	绿党
Jenny Jones	珍妮·琼斯	成　员	女	2012.5.3	绿党
Stephen Knight	史蒂芬·奈特	成　员	男	2012.5.3	自由民主党
Kit Malthouse	锴特·莫尔特豪斯	成　员	男	2012.5.3	保守党
Joanne McCartney	乔安妮·麦卡特尼	成　员	女	2012.5.3	工党
Steve O'Connell	史蒂夫·奥康奈尔	成　员	男	2012.5.3	保守党

① 此表为本文作者根据伦敦议会网站的数据总结而成，http：//www. london. gov. uk/who - runs - london/the - london - assembly/members，访问日期：2010 年 8 月 28 日。
② 此表为本文作者根据伦敦议会网站的数据总结而成，http：//www. london. gov. uk/who - runs - london/the - london - assembly/members，访问日期：2013 年 1 月 5 日。

续表

英文姓名	中文姓名	职　位	性　别	选举时间	党　派
Caroline Pidgeon	卡罗琳·皮金	成　员	女	2012.5.3	自由民主党
MuradQureshi	穆拉德·库雷希	成　员	男	2012.5.3	工党
Navin Shah	纳文·沙阿	成　员	男	2012.5.3	工党
Onkar Sahota	昂卡尔·萨霍塔	成　员	男	2012.5.3	工党
Valerie Shawcross	瓦莱丽·肖克罗斯	成　员	女	2012.5.3	工党
Richard Tracey	理查德·特拉西	成　员	男	2012.5.3	保守党
Fiona Twycross	菲奥娜·特怀克罗斯	成　员	女	2012.5.3	工党

3. 伦敦 33 个地方议会层面

根据 2008 年 5 月大选的当选情况，妇女在议会中的比例因地区不同有很大差异，这与当地的居民族裔构成、职业分布以及党派有密切联系。妇女占比例最少的地区为伦敦市，比例为 18.4%，比例最高的是伊斯林顿伦敦自治市，比例为 45.3%。33 个自治市的议员总数为 1982 人，女性代表人数为 668 人，女性占地方议员总数的 33.7%，这个比例稍高于妇女在大伦敦政府议会所占的比例（见表 1 - 4）。

表 1 - 4　大伦敦的 33 个区域以及当地女议员比例①

单位：人，%

英文名称	中文名称	议员人数	女性人数	女性所占比例
City of London②	伦敦市	125	23	18.4
London Borough of Barking and Dagenham③	巴金和达格纳姆伦敦自治市④	51	15	29.4
London Borough of Barnet⑤	巴尼特伦敦自治市	63	23	36.5
London Borough of Bexley⑥	贝克斯利伦敦自治市	63	21	33.3

---

① http：//www. london. gov. uk/who - runs - london/london - boroughs/list - boroughs.

② http：//www. cityoflondon. gov. uk/committees/member/memberSearch. aspx? qSearch = 0.

③ http：//moderngov. barking - dagenham. gov. uk/mgMemberIndex. aspx.

④ http：//moderngov. lbbd. gov. uk/mgMemberIndex. aspx.

⑤ http：//committeepapers. barnet. gov. uk/democracy/council/listcouncillorname. asp?intSubSection-ID = 13&intSectionID = 9.

⑥ http：//democracy. bexley. gov. uk/mgMemberIndex. aspx? bcr = 1.

续表

英文名称	中文名称	议员人数	女性人数	女性所占比例
London Borough of Brent①	布伦特伦敦自治市	63	19	30.2
London Borough of Bromley②	布罗姆利伦敦自治市	60	17	28.3
London Borough of Camden③	卡姆登伦敦自治市	49	20	40.8
London Borough of Croydon④	克罗伊登伦敦自治市	70	26	37.1
London Borough of Ealing⑤	伊令伦敦自治市	69	20	29.0
London Borough of Enfield⑥	恩菲尔德伦敦自治市	63	18	28.6
London Borough of Greenwich⑦	格林尼治伦敦自治市	51	16	31.4
London Borough of Hackney⑧	哈克尼伦敦自治市	58	22	37.9
London Borough of Hammersmith & Fulham⑨	哈默史密斯与富勒姆伦敦自治市	46	17	37.0
London Borough of Haringey⑩	夏灵基伦敦自治市	57	22	38.6
London Borough of Harrow⑪	哈罗伦敦自治市	63	21	33.3
London Borough of Havering⑫	伦敦黑弗灵自治市	54	13	24.1
London Borough of Hillingdon⑬	西陵敦伦敦自治市	65	19	29.2
London Borough of Hounslow⑭	亨斯罗伦敦自治市	60	22	36.7

---

① http：//democracy. brent. gov. uk/mgMemberIndex. aspx? bcr = 1.
② http：//cds. bromley. gov. uk/mgMemberIndex. aspx? bcr = 1.
③ http：//democracy. camden. gov. uk/democracy/committee? id = a561a59f - 91f4 - 11dc - a7d6 - 053846c0ef5a&sort = name&asc = true.
④ http：//www. croydon. gov. uk/democracy/elected/geninfo/.
⑤ http：//www. ealing. gov. uk/services/council/councillors/atoz_ councillors/.
⑥ http：//governance. enfield. gov. uk/mgMemberIndex. asp? FN = ALPHA&VW = LIST&PIC = 0.
⑦ http：//www. greenwich. gov. uk/Greenwich/YourCouncil/YourRepresentatives/Councillors/Councillors. htm.
⑧ http：//mginternet. hackney. gov. uk/mgMemberIndex. aspx? bcr = 1.
⑨ http：//www. lbhf. gov. uk//Directory/Council_ and_ Democracy/Councillors_ and_ MPs/Councillors/Homepage. asp? mgpage = mgMemberIndex. aspx% 26amp% 3BFN% 3DALPHA% 26amp% 3BVW% 3DLIST% 26amp% 3BPIC% 3D0.
⑩ http：//www. minutes. haringey. gov. uk/mgMemberIndex. asp? bcr = 1.
⑪ http：//www. harrow. gov. uk/www2/mgMemberIndex. aspx.
⑫ http：//www. havering. gov. uk/index. aspx? articleid = 18082.
⑬ http：//modgov. hillingdon. gov. uk/mgMemberIndex. aspx.
⑭ http：//democraticservices. hounslow. gov. uk/mgMemberIndex. aspx.

续表

英文名称	中文名称	议员人数	女性人数	女性所占比例
London Borough of Islington①	伊斯林顿伦敦自治市	48	22	45.8
Royal Borough of Kensington & Chelsea②	肯辛顿和切尔西皇家自治市	54	21	38.9
Royal Borough of Kingston upon Thames③	泰晤士河畔金斯顿皇家自治市	48	13	27.1
London Borough of Lambeth④	兰贝斯伦敦自治市	63	27	42.9
London Borough of Lewisham⑤	刘易舍姆伦敦自治市	53	24	45.3
London borough of Merton⑥	默顿伦敦自治市	60	21	35.0
London Borough of Newham⑦	纽汉伦敦自治市	61	20	32.8
London Borough of Redbridge⑧	雷德布里奇伦敦自治市	63	18	28.6
London Borough of Richmond upon Thames⑨	泰晤士河畔里士满伦敦自治市	54	22	40.7
London Borough of Southwark⑩	绍斯瓦克伦敦自治市	63	25	39.7
London Borough of Sutton⑪	萨顿伦敦自治市	54	21	38.9
London Borough of Tower Hamlets⑫	陶尔哈姆莱茨伦敦自治市	51	18	35.3
London Borough of Waltham Forest⑬	沃尔瑟姆森林伦敦自治市	60	19	31.7

① http：//www. islington. gov. uk/Council/political/Councillors/listcouncillorname. asp.
② http：//www. rbkc. gov. uk/councilanddemocracy/thecouncil/councillors/findyourcouncillor. aspx.
③ http：//www. kingston. gov. uk/information/your_ council/councillors/councillors_ ward. htm.
④ http：//www. lambeth. gov. uk/moderngov/mgMemberIndex. aspx? FN = WARD.
⑤ http：//www. lewisham. gov. uk/CouncilAndDemocracy/ElectedRepresentatives/Councillors/CouncillorsByParty/.
⑥ http：//www. merton. gov. uk/council/councillors. htm? view = allmembers.
⑦ http：//mgov. newham. gov. uk/mgMemberIndex. aspx? FN = ALPHA.
⑧ http：//moderngov. redbridge. gov. uk/mgMemberIndex. asp? bcr = 1.
⑨ http：//www. richmond. gov. uk/home/council_ government _ and _ democracy/democratic _ processes_ and_ events/who_ are_ my_ councillors. htm.
⑩ http：//moderngov. southwarksites. com/mgMemberIndex. aspx? bcr = 1.
⑪ http：//sutton. moderngov. co. uk/mgMemberIndex. aspx? bcr = 1.
⑫ http：//sps2ksrv. towerhamlets. gov. uk/meetYourCouncillor/.
⑬ http：//www. walthamforest. gov. uk/moderngov/mgMemberIndex. aspx? bcr = 1.

续表

英文名称	中文名称	议员人数	女性人数	女性所占比例
London Borough of Wandsworth①	旺兹沃思伦敦自治市	60	22	36.7
City of Westminster②	威斯敏斯特市	60	21	35.0
总　　数		1982	668	33.7

4. 公民层面

作为公民中的一员，伦敦妇女参与基层政治的情况又如何呢？这一层次已经超越了传统的"参与权力与决策"的定义，但从伦敦的实际情况来看，这一层次能够更好地反映当地妇女政治参与特点的部分。根据伦敦南部一个地方性别平等组织（South London Fawcett Group）2005年对439位当地妇女的调查发现（见表1-5），首先，70%的被调查者参加了2004年地方和欧盟议会选举；其次，尽管90%的被调查者签署了请愿书，但只有不足2%的妇女支持地方市政委员会选举；再次，2/3（66%）的被调查者是自愿团体或组织的成员。因此，调查结论是，当妇女认为议题与她们有切身关系的时候，她们是积极参与政治的。妇女在政治参与上是活跃的，但更喜欢非正式的、议题主导的或者社会的政治活动，而不是正式的或者"党派"的政治。③

表1-5　伦敦南部439名妇女调查数据④

单位：%

活　　动	全　　部	投票者	非投票者
以原因为基础			
签署请愿	90	93	86

① http：//www. wandsworth. gov. uk/moderngov/mgMemberIndex. aspx？VW＝TABLE&PIC＝1&FN＝WARD.

② http：//www. westminster. gov. uk/cttee/committee1/.

③ "Women's Political Activity, A Survey of Women's Involvement in Politics by the South London Fawcett Group（SLFG）", http：//www. slonfawcett. org. uk/userfiles/documents/womenspoliticalactivityreport. pdf.

④ "Women's Political Activity, A Survey of Women's Involvement in Politics by the South London Fawcett Group（SLFG）", http：//www. slonfawcett. org. uk/userfiles/documents/womenspoliticalactivityreport. pdf.

续表

活　动	全　部	投票者	非投票者
处于政治/道德原因购买	56	70	39
参加民主示威/集会/游行	53	58	40
市民社会为基础			
自愿团体/组织的成员	66	72	55
社区为基础			
工会成员	42	47	31
竞选为基础的	—	—	—
为一个政党工作	14	18	7

这份材料从地方层面或者说从基层展现了伦敦妇女对政治参与的态度，其与英国整体的男女平等与妇女政治参与的现状是直接联系在一起的。

（三）提高妇女地位的机制建设

英国中央政府在提高性别平等中担负着重要责任，本来就具有较大地方差异的英国在1997年以来权力下放运动的影响下，地区差异性更加明显。

1. 英国政府的性别平等机构

1997年，布莱尔（Tony Blair）担任首相后，在英国设立妇女部长（Minister of Women）职位，以推进性别平等。2007年，布朗（Gordon Brown）担任首相后，这个职位被改名为妇女与平等部长（Minister for Women and Equality），扩大了平等的议题。卡梅伦（David Cameron）担任首相后，这个职位再次改名为妇女与平等事务部长（Minister for Women and Equalities），凸显了平等的多样性。2007年10月，政府平等办公室（Government Equalities Office，GEO）① 成立，以支持妇女与平等部长的工作。

政府平等办公室下设妇女与平等单位（Women & Equality Unit）②，是一个小的政策部门，在政府内负责平等战略和立法，在政府的心脏部门推进平等。2010年5月，英国首相卡梅伦任命国会议员特丽莎·梅伊③ （Theresa May）

---

① http：//www. equalities. gov. uk/.

② http：//www. womenandequalityunit. gov. uk.

③ http：//www. tmay. co. uk/.

为妇女与平等部长。

1969 年，英国曾设立过"妇女国家委员会（Women's National Commission, WNC）"，这是一个国家级的、独立的组织，代表妇女的观点，是一个咨询性质的非部门的公共机构（Non Departmental Public Body）。但是，由于政府精简机构的需要，该机构于 2010 年 12 月 31 日被裁减，其主要职能由其监督部门——政府平等办公室接管。

成立于 2007 年的英国平等与人权委员会（Equality and Human Rights Commission）也是致力于性别平等的重要机构，主管社会性别平等与妇女工作。[①]该机构的法定的职权范围是，促进和监督人权状况；在年龄、残疾、性别、族裔、宗教和信仰、性取向与性别重整这七大"保护"领域内保护、实施和促进平等。它虽然不是大伦敦政府的专门机构，但该机构从国家的层面上促进性别平等举措，同样影响着伦敦。

2. 立法

英国最早的平等法案产生于 1970 年。到 2007 年，共有 9 个相关法律，其中包括《1975 年性别歧视法案》（*the Sex Discrimination Act 1975*）。2010 年制定了新一代的《2010 年平等法案》（*Equality Act 2010*），并于 2010 年 10 月生效。该法律在促进包括社会性别在内的平等议题中扮演着重要角色。

（四）司法体系中的妇女参与状况

英国的法院体系和诉讼程序都十分繁复，没有统一的司法体系。英格兰、威尔士所采用的司法体系相同，北爱尔兰和苏格兰分别采用不同的体系，所以形成了一个国家有三种司法体系的状况。英国的最后上诉法庭为高级法院，而事实上，最高法院是到 2005 年才设立的。

英国司法界的一个典型特点就是"pale and male"，也就是白种男性占主导地位。目前，英国最高法院有 11 位法官，其中一位是妇女（见表 1 - 6）。黑尔夫人（Lady Hale）于 2004 年 1 月成为英国的第一个常任上诉法官（Lords of Appeal in Ordinary），她也是英国历史上第一位最高法院女性大法官。[②]

---

① http：//www. equalityhumanrights. com/about - us/vision - and - mission/our - business - plan/ gender - equality/.

② http：//www. supremecourt. gov. uk/about/biographies. html.

表1-6 英国最高法院的大法官

菲利普斯勋爵	男	曼斯勋爵	男
厚朴勋爵	男	柯林斯勋爵	男
罗杰勋爵	男	科尔勋爵	男
沃克勋爵	男	克拉克勋爵	男
黑尔夫人	女	戴森勋爵	男
布朗勋爵	男		

在伦敦所处的整个英格兰和威尔士的43000人构成的司法团队中,绝大多数是男性。在上诉法庭中,只有8%为妇女;到地区法庭,妇女比例增加到23%。① 截至2011年2月10日,在英格兰—苏格兰司法体系中,巡回法院法官的人数为684人,其中102人为女性。②

在英格兰和威尔士,法律从业人员要经过10~20年的学习和实践,所以,现在的司法队伍所反映的是20年前的情况。近20年来,越来越多的女性和其他族群的成员开始进入相关学校进行学习实践,而且,司法界也开始注意设有灵活的工作方式,增加兼职工作的机会,所以这种由白种男性主导的状况正在发生变化。

(五) 伦敦的妇女组织

妇女组织是妇女参与政治的重要场域,也是提高妇女政治参与水平的主要渠道。伦敦的妇女组织数量繁多,类别各异。"伦敦妇女"网站主要的功能就是提供伦敦妇女团体和女性主义活动的名录,持续跟踪、更新伦敦妇女组织的发展与当地女性主义活动。根据该网站的统计,依据组织的宗旨与目的,伦敦的妇女组织可以分为:避难、残疾人、辅助服务、妇女权利、环境、健康、建议和信息、教育研究、老年妇女、难民、女同性恋、培训、青年妇女、特定的少数族群组织、托儿母亲、相互支持、艺术媒体文学、运动压力组织、针对妇女的暴力问题、住房、咨询等20余个类别,列入名录的共有近100个

---

① http://www.judiciary.gov.uk/about-the-judiciary/judges-magistrates-and-tribunal-judges/judges-career-paths/diversity-gender-age-ethnicity#headingAnchor1.

② http://www.judiciary.gov.uk/about-the-judiciary/judges-magistrates-and-tribunal-judges/list-of-members-of-the-judiciary/circuit-judge-list.

妇女组织。其中只有少数组织的目标单一，仅涉及 1 ~ 2 个方面的内容；多数组织的目标都是多重的。这些组织的特点可以概括为：妇女组织的目的宗旨多样、覆盖面广泛、涉及领域多样。

1. 伦敦妇女女性主义的旗舰网络：伦敦女性主义网络（London Feminist Network，LFN）①

伦敦的妇女组织很多。以数量众多的妇女与女性主义团体为基础，"伦敦女性主义网络"将其中的许多重要组织联系到一起。该网络是伦敦本地的女性主义组织和行动者的集合地与大本营，建立于 2004 年。网络支持各种女权运动，以便拓展女权运动，将反对一切形式的父权制、支持妇女权利的工作结合在一起。该网络的目标包括每月开会分享新闻，听嘉宾演讲，计划活动和示威，网络和相互支持，并有大量的机会去直接参与竞选和组织工作。

该网络每年召开一次年会，年会名为"伦敦的女性主义（Feminism in London）"，其巨幅标语上写着反对伊拉克战争、反对族裔主义、支持和平的内容。该网络每年 11 月还在伦敦组织"挽救夜晚（Reclaim the Night）"的游行，来纪念联合国倡导的国际消除对妇女的暴力日（International Day for the Elimination of Violence against Women）。

2. 英国争取男女平等的运动的引领者：福塞特协会（Fawcett Society）②

该组织在英国争取男女平等的运动中处于领导地位。其历史可以追溯到 1866 年。这一年，米利森特·福塞特（Millicent Fawcett）任妇女选举权协会全国联盟的主席，开始领导争取妇女选举权的和平运动。她的决心和勇气鼓舞了她的同伴们，并终于在 60 多年后为妇女争取到与男子平等的投票权。妇女选举权协会全国联盟几经更名，到 1953 年改为现名，用以纪念和褒扬米利森特·福塞特的贡献。

在妇女参政方面，福塞特协会专门定期发行相关的宣传材料。在指导妇女积极参与政治的时候，福塞特协会强调，妇女参与政治的形式是多种多样的，包括：投票、游说、使用媒体、做社区工作、加入政治党派以及加入福塞特协会本身。一方面，福塞特协会认为，参与政治的妇女的数量是非常重要的。从 1997 年开始国会中妇女人数大为增加，与妇女利益直接相关的托儿

① http：//www. ldnfeministnetwork. ik. com/home. ikml.
② http：//www. fawcettsociety. org. uk/index. asp? Pageid = 4.

问题、家庭暴力问题因此迅速进入政治日程。另一方面，政治上的性别平等问题绝不仅是妇女的参与决策的数量问题，任何男女平等政策、移民政策、住房政策等，都属于政治的范畴。① 而福塞特协会正是同时从各个方面共同推动妇女政治参与的发展。

3. 伦敦的"妇女权利"（Rights of Women）② 组织

伦敦的"妇女权利"（Rights of Women）组织是众多妇女组织中具有代表性的一个。该组织成立于 1975 年，是妇女志愿组织，致力于宣传、教育和赋予妇女权力，保护她们的合法权益。该组织的目标就是"通过法律帮助妇女"。其重要任务之一是咨询，提供免费保密的服务，通过咨询热线进行妇女的法律咨询；提供有关家庭法、离婚和关系破裂、儿童和接触问题、家庭暴力、性暴力、歧视和同性恋父母的专业意见。其另一个重要任务是培训。其通识课程开放给所有妇女，可以根据要求提供个性化培训。培训对象包括妇女组织、志愿组织、律师、社会工作者、雇主、工会代表、法律顾问等，通过培训使个人和机构能够有效地保护妇女权利。在政策层面，该组织为妇女权益政策的制定者提供指导，并努力把妇女的权利纳入伦敦政府的施政纲领。该组织还通过一些出版物提供关于妇女权利的教育。

这些妇女组织是伦敦妇女组织的缩影，体现出伦敦妇女组织的特点：既有历史悠久的传统组织，又有刚成立不久的新生力量，妇女组织的网络在逐渐扩大完善中，焕发出新的活力。

三 伦敦妇女参政的特点

英国妇女是世界妇女争取平等参政权利的先驱者，为世界性别平等运动做出了卓越贡献，但是英国妇女不仅获得选举权的时间较晚，她们目前的政治参与状况在发达国家中处于较落后的位置。伦敦作为英国的首都，其妇女参政状况既有与英国妇女参政状况较一致的方面，也有不同之处。

总的来说，伦敦妇女参政的特点可以总结为如下五个方面。

第一，伦敦妇女的参政情况整体高于英国的平均水平，在 2008 年、2012 年的两届伦敦议会中妇女比例皆为 32%，远高于英国平均值 22%。伦敦议长

---

① http：//www. fawcettsociety. org. uk/index. asp? PageID = 229.

② http：//www. rightsofwomen. org. uk/focusonwomen. php.

亦为女性。在伦敦市长及其团队的组成中，妇女占到 29.4%，但女性集中于传统的女性岗位上，并没有突破男女性别分工的局限。

第二，在伦敦地方自治市议会中，妇女所占比例不尽相同，但总体上高于英国与大伦敦的平均水平，平均为 33.7%。

第三，伦敦妇女具有参政热情和积极性，但这主要集中在与切身利益相关的问题上，而不是政党政治上。

第四，妇女政治参与情况根据党派不同有很大的差别，英国工党中妇女的参与权力与决策的比例明显居高，自由民主党中妇女的比例也处于高位。

第五，在政党重视妇女参政问题的同时，提高妇女政治参与水平这一问题在伦敦政府工作中并不处于非常重要的地位。

从目前掌握的研究材料来看，社会性别平等与年龄、族裔、残疾等平等议题一起，在伦敦治理、发展中处于重要地位。但以妇女参与权力与决策为中心的伦敦妇女的政治参与问题，并不是伦敦市的最重要的议题，很难在政府的文件中提及参政比例问题，以及提高妇女参政水平的内容。一些妇女组织中提到妇女参与决策问题，但内容也十分有限。对于目前的伦敦而言，住房问题、犯罪问题、筹备 2012 年奥运会等议题处于伦敦政府的议事日程的首要位置。具体到促进社会性别平等领域的重点问题，贫困、就业、暴力与安全、交通、住房、健康问题排在较重要的位置上，而很难找到专门促进妇女参政的内容。

四　伦敦促进妇女参政的经验和教训

在前文梳理、分析的基础上，本研究将分三个方面总结伦敦促进妇女参政的经验和教训。

（一）英国政党促进妇女参政的重要措施

在英国的政治体制下，妇女参与权力与决策的比例多少与效果如何，直接与其政党政治与各政党的选举制度、策略有密切关系。而迄今为止，英国工党是英国在选举中实行有效的肯定性行动的唯一政党。此政策直接影响了大伦敦政府和 33 个区域的选举结果，以及政府和议会的构成。

英国工党在历史上一直比较注意倾听妇女的声音，并为争取男女平等的权利而斗争。20 世纪 70 年代末 80 年代初的连续失败，使工党更加重视妇女选票和女党员的意见。1983 年全国执委会提出了"党内妇女平等宪章"。1987年工党承诺在执政后建立一个妇女部，1992 年工党第一次任命女性贝蒂·布什罗伊德（Betty Boothroyd）担任党的下院发言人，选举玛格丽特·贝克特（Margaret Beckett）为副领袖。妇女议会候选人的比例也开始大幅度增加，到1992 年，工党妇女候选人已达到 136 人，占工党候选人的 21.5%。1996 年，工党宣布 10 年内把议会工党中女议员的比例提高到 50%。[1]

英国工党党章中规定，"各选区工党成立一个妇女论坛，成员包括该选区工党的全体个人妇女党员。成立一个少数族群论坛，成员包括该选区工党内的全体非裔、亚裔和各少数族裔的个人党员。另可成立苏格兰、威尔士以及统计区的非裔、亚裔、少数族裔妇女委员会。""在全国范围内鼓励妇女论坛的创建，根据党的代表大会制定的规则定期举行全国妇女代表大会，以推动工党妇女组织的建设和发展。""任何党员不应因性别、性倾向、残疾和族裔等任何原因而受到任何形式的歧视或威胁。全国执行委员会应随时公布会议举办和妇女代表名额分配的指南。"[2]

1997 年，英国工党在其代表选举政策中实行了肯定性行动，与常见的配额制性质相仿，但具体做法上有所不同，工党将一定数量的妇女全部列入决选名单（all - women shortlists，AWS），形成一个专门的由妇女组成的决选名单。工党提出的 158 名女候选人中当选 101 人，占工党议员总数的24.2%，占议会妇女议员总数的 84.2%。工党政府还宣布，所有政策文件、行动纲领和计划以及立法变动都必须专门评估对妇女的影响，要将 1100 个准公共机构和公共机构中妇女代表的比例提高到 50%。在伦敦地区，工党的政策使妇女的当选率翻倍，1997 年，在威斯敏斯特，妇女代表从 62 人增加到 121 人。在 2005 年，工党继续采取这一政策，使其女性代表数远远大于其他政党。[3]

后因这种办法被认为违背法律原则，在 2000 年工党在伦敦地区的选举中，采取了将妇女纳入决选名单的另一种形式（Twinning），即有两个地方政党联合选举，则必须有一个男性和一个女性当选，以确保男女比例平衡。

---

① 刘靖北、张文成：《当代英国工党的组织变革及评价》，《中国浦东干部学院学报》2007 年第 1 期，第 33 页。

② 陈露译：《英国工党章程》，《当代世界社会主义问题》2008 年第 3 期，第 57～66 页。

③ http://www.fawcettsociety.org.uk/index.asp?PageID=51.

尽管人们对英国工党的做法多有争议，但其实行的具体措施确实保证了妇女参政的数量。英国的自由民主党也曾提到类似的措施，但并没有真正运用。当然，由于自由民主党一直重视男女平等参政，所以该党妇女的当选率也很高。英国的多数党派都为妇女参与竞选提供支持，包括开设培训课程，通过增加妇女的自信，鼓励更多妇女站出来参加竞选。

1997年，以托尼·布莱尔为首的英国工党在选举中获胜，实行了一系列提高妇女地位的措施，对妇女平等政治参与起到了很大的促进作用。

在司法领域，根据2010年2月的一项报道，英格兰和苏格兰司法体系所成立的、由司法机构的高级成员组成的"司法多样性独立顾问专家小组"提出了53项建议，以促进当地司法队伍成员的多样性。这些措施包括：司法职业的概念"根本转变的办法"，可以跨越角色定位，使法院和法庭成为统一的司法机构；不应该有多样性配额或司法任命的具体目标；法官和法律界人士应与学校和大学进行交流，以确保学生中的代表性低的群体了解司法事业是向他们开放的；律师事务所应把兼职作为司法服务的一部分，并应积极鼓励兼职服务；使那些几乎没有或根本没有司法管辖权经验的人有可能得到机会等。① 2003年，英国成立了女法官协会（The United Kingdom Association of Women Judges），鼓励女法官之间的合作，致力于保护妇女人权和性别平等，为妇女争取平等机会。②

（二）伦敦妇女参政水平偏低的原因

伦敦妇女组织福塞特协会将英国妇女参政水平低的原因总结为如下四个"C"：文化（culture）、照顾孩子（childcare）、金钱（cash）和信心（confidence）。事实上，这不仅是对英国妇女，也是对伦敦妇女政治参与情况的总结。③

第一，部分英国政治文化对妇女不友好，而许多英国妇女也不支持其政治文化，她们认为在国会工作，女人比男人更艰难。

第二，妇女比男人承担更多照顾孩子的责任，甚至在当选之前，照顾孩

① http：//www. judiciary. gov. uk/about – the – judiciary/judges – magistrates – and – tribunal – judges/judges – career – paths/diversity – gender – age – ethnicity#pageTitleContainer.

② http：//www. ukawj. org/index. html.

③ http：//www. fawcettsociety. org. uk/documents/The_ four_ Cs（1）. pdf.

子的责任就是妇女面临的一个大问题，而为了竞选日夜奔忙，很难协调照顾孩子问题，加上请人看孩子的花费不菲，这可能意味着，妇女在开始之前就已经决定放弃竞选。

第三，在各个领域和各个层次，妇女的收入都比男人少，因此更不愿意支付竞选的费用。候选人需要金钱来支付去各个选区的旅费、住宿费、宣传费，如果有孩子的话，还有照顾孩子的费用。

第四，参政面临的突出问题，首先是竞选，然后是成为议员，接着是要具备一个国会议员的文化形象，而一些妇女缺乏一直往前走的自信。此外，由于在 1997 年之前，英国妇女当选的人数很少，她们必须从男人的手中争得一席之地，这使其成功更加艰难；而且地方选举委员会往往存在直接和间接的性别歧视，甚至存在性骚扰的情况。

（三）对伦敦经验教训的思考

通过对伦敦妇女发展的概况、伦敦妇女政治参与的历程与现状、特点的梳理与阐述，可以总结出以下七个方面的思考。

第一，伦敦丰富的理论与实践资源：伦敦妇女曾经是世界参政运动的前驱，为妇女运动与妇女参政留下了大量理论著述和实践遗产，值得北京市妇女工作者认真研究总结。在伦敦妇女的参政运动由温和到激进，再由激进转向与政府合作的过程中，国际、国内环境与妇女运动策略选择的原因等问题也很值得深思。

第二，英国政党与政府的关系：目前伦敦妇女政治参与状况已达到了联合国 1990 年规定的 30%，但在欧洲和发达国家中并不处于领先地位。在英国的政党政治中，各政党的社会性别政策直接影响着妇女参政的比例，如工党的积极政策就有效地提高了英国妇女参政的整体水平。与此同时，提高妇女的参政水平在伦敦市相关工作中并不居于最重要的地位。在中国，政党与政府的关系和英国不同，但北京市可以通过分析比较英国和伦敦的政府与政党关系的例子，认真思考政府与政党在提高妇女地位中的作用，两者相互促进，切实提高妇女参与权力与决策的数量与质量。

第三，从英国工党的肯定性行动策略中吸取营养：如前所述，英国工党在提高妇女代表比例上采取了肯定性行动，最初实行的是全妇女决选名单，这个具体措施后来虽然有所调整，但整体上对促进妇女进入决策领域起到重要作用，收到良好效果。英国的多数其他政党也在不同程度上对妇女进行竞选培训，鼓励妇女参加选举。

第四，关注基层妇女的基层政治参与：通过第三节的调查可以看出，参与权力与决策的只是少数妇女，但这并不意味着多数伦敦妇女都与政治无关，或者不关心政治。调查发现，伦敦妇女政治参与的重点是非正式的、与其利益直接相关的问题，参与正式的、党派政治的比例小。但是，这些妇女是那些最终登上权力阶梯顶峰的少数妇女的基础和来源。在福塞特协会的网站上介绍了许多参与政治的途径，并且指出，加入福塞特协会就是政治参与的一种形式。[1] 因此，关注大多数妇女的参政行动，在细致调研的基础上切实提高基层妇女的参政意识，这是伦敦促进妇女参政的一个重要经验。

第五，伦敦的妇女组织形式多样，涉及问题广泛：如前文所说，伦敦的妇女组织包括了妇女权利、残疾人问题、环境、健康、运动压力组织、针对妇女的暴力问题、压力、住房等20余个类别。其中既有全局性的网络，又有专门性组织。

第六，从英格兰和威尔士在司法体系中促进性别平等的举措中，同样可以得到一定的启发：针对司法界对从业人员基本训练的长时段学习与实践要求，当地司法界从源头着手，在大学、求职、就业、职业的灵活性以及司法体系改革等多方面入手，共同促进司法人员的多样性，提高妇女参与比例。

第七，建立弱势群体的系统网络，综合不同议题的共同特点，整体消除各种社会不平等状况：在研究伦敦妇女参政的过程中笔者发现，该城市一方面把妇女、少数族群、老年人、残疾人、儿童等弱势群体面临的问题结合在一起讨论；另一方面，总是把权利平等问题与解决妇女的贫困、住房、交通以及安全问题联系在一起。与此同时，对伦敦妇女组织的研究也表明，很多妇女组织的目标都具有很大的综合性，希望通过一点一滴的努力，使妇女和各个群体面临的各种相互联系的问题可以得到逐步、全面的解决。

第三节　巴黎妇女参政状况

法国妇女在20世纪后半期获得了选举权和被选举权，较好地享受接受教

---

[1]　http：//www. fawcettsociety. org. uk/index. asp？ PageID＝229.

育、尤其是高等教育的权利，逐渐具备了参政议政的能力。经过半个多世纪的努力，法国妇女的身影已经出现在法国政治生活的各个层次上，并走向权力金字塔中更多的高端职位。2012 年法国大选后，社会党组建了男女比例平衡的内阁，表明了法国新政府对于政治参与中性别平等原则的重视。

那么，作为法国的首都，巴黎市妇女在巴黎的政治生活中的地位是否能够作为典型反映出法国妇女对政治的参与度？巴黎市政治生活中的妇女参与状况具有什么样的特点？巴黎市政府采取了什么机制来鼓励妇女参政议政？巴黎妇女参政水平受到什么样的因素影响和制约？巴黎机制对北京有什么样的启示？这些都是本节力求解答的问题。

一 法国妇女政治参与历史综述

巴黎妇女对男女平等的诉求早在法国大革命时期就得到了一定程度的显现。1789 年大革命爆发后，巴黎妇女曾向国民议会要求与男子平等的合法人权，包括参政权、教育权、财产权、离婚权等，并成立了争取男女平等的民间团体。她们的举动不仅大大推动了法国女权运动，某种意义上也带动了整个欧洲妇女运动的发展。但法国妇女并没有比其他欧洲国家妇女更早获得选举权和被选举权。德国妇女、美国妇女和英国妇女分别于 1919 年、1920 年和 1928 年就已经获得了选举权。而在法国，直到 1944 年第二次世界大战结束时，基于妇女在法国被占领期间的杰出表现以及她们在自由法国运动中发挥的作用，法律才最终赋予了妇女选举权和被选举权。

法国第一次男女共同参加的立法选举于 1945 年举行，结果是国民议会中女议员比例占到 6%。第五共和国成立后，在戴高乐（1958～1969）、蓬皮杜（1969～1973）、德斯坦（1973～1981）执政期间，这一比例仅维持在 2% 的水平上；密特朗时期有所提高，但直到 20 世纪 90 年代末才超过 10%。目前法国国民议会 577 名议员中，女议员约占总数的 20%，与位居欧洲第一位的瑞典女议员 44.7% 的比例相比[1]，还有相当的距离。[2] 根据联合国 2011 年《人类发展报告》，法国国民议会女议员比例在全球的排名仅为第 20 位。

---

[1] "Parité Hommes – Femmes au Parlement: la Route Reste Longue", http://fr. myeurop. info/2012/06/19/parite – hommes – femmes – au – parlement – la – route – reste – longue – 5592.

[2] 法国国民议会网站，http://www. assemblee – nationale. fr/。

妇女在 1944 年以前就开始进入法国中央政府任职。1936 年，曾有三名杰出妇女担任过副部长。1947 年，热尔曼娜·博安索夏普（Germaine Poinso - Chapuis）成为法国历史上第一位女部长，执掌卫生与人口部。第五共和国以来，法国妇女在内阁所占比例逐渐增长，但速度一直较为缓慢。戴高乐和蓬皮杜担任共和国总统时期，分别只任命了两名女性入阁。20 世纪 70 年代德斯坦任总统时期，女性部长、国务秘书的人数略有增加，但先后也只有 9 人。[1] 左派执政时期是妇女入阁人数有较大幅度增长的时期。密特朗大力推动妇女进入内阁和其他政府部门任要职，一度曾有 6 名女性同时入阁。1991 年，密特朗任命埃迪特·克雷松（Edith Cresson）为政府总理[2]，这是法兰西第五共和国历史上第一位、也是迄今为止的唯一一位女总理。1995 年，希拉克任总统期间，女部长的比例稳定在内阁总人数的 20% 左右。2000 年，法国立法保障妇女政治参与权。萨科奇执政期间，内阁妇女比例有所提高，2010 年 40 名内阁成员中有 13 名女性，比例提高到 32% 左右。而 2012 年奥朗德赢得大选后，成立了男女性别比例平衡的内阁，38 名内阁成员（不包括总理）中有 19 名女性，其中 16 名部长中包含 11 位女性。

二　巴黎妇女参政数据分析

观察巴黎妇女参政状况，一方面要看行政机构、立法部门和司法单位中的妇女参与情况；另一方面，也要重视政党、工会、女性主义组织中妇女的作用和地位。这些数据可以比较全面地反映巴黎妇女参政的广度与深度。

（一）巴黎立法、行政、司法机构中的妇女参与

由于法国行政体系和地方分权机制复杂，本节在考虑巴黎大区和巴黎市数据的时候将突出典型数据。

1. 大区议会与市议会女议员比例

目前，在巴黎大区议会 209 名议员当中，女议员为 104 名，所占比例约为 49.76%。巴黎大区覆盖的 8 个行政省议员名单均按一男一女的顺序排列，各

---

① 法国参议院报告 "Femmes et Pouvoir（XIXe – XXe Siècle）"，http：//www. senat. fr/colloques/ colloque_ femmes_ pouvoir/colloque_ femmes_ pouvoir. html。
② 埃迪特·克雷松任总理的时间为 1991 年 5 月至 1992 年 4 月，仅一年。

行政省女议员比例与总比例相似。① 在巴黎市议会163名议员当中，女议员人数为80名，所占比例约为49%。议会内部设有分管不同领域工作的委员会9个，其中有5个委员会的主席由女性担任。女性所担任的委员会的分管领域没有明显的传统性别色彩。②

法国大城市议会基本达到了这一水平。根据2008年的统计数据，法国市镇级议会中女性议员比例平均值为34.8%，其中3万人以上市镇的平均值为48.8%。③

2. 巴黎妇女在中央政府、国民议会以及欧盟议会中的参与

2007年当选的法国国民议会577名议员当中，21名议员来自于巴黎市，其中有7位妇女，占国民议会中巴黎议员人数的1/3。如果审视一下巴黎女议员在国民议会中人数的变化，就会发现，40多年以来，这个数字一直处于艰难而缓慢的攀升之中。事实上，这一比例与国民议会中女议员的整体比例处于相同的困境当中。

表1-7 国民议会中巴黎市女议员的人数变化（1967~2012）④

单位：人，%

年 份	巴黎议员人数	巴黎女议员人数	妇女比例
1967~1968	31	2	6.45
1968~1973	31	1	3.22
1973~1978	31	2	6.45
1978~1981	31	3	9.68
1981~1986	31	4	12.9
1986~1988	21	1	4.76

① 巴黎大区网站，http：//www. iledefrance. fr/les - dossiers/conseil - regional/regionales - les - resultats - du - second - tour/les - 209 - conseillers - elus - le - 21 - mars，访问日期：2012年11月12日。

② 巴黎市政府网站，http：//www. paris. fr/politiques/Portal. lut？page_ id = 6731&elected_ official_ directory_ id = - 1&document_ id = &portal_ component = 20&document_ type_ id = 6&seq = 0&actorlastname = &actorgender = &actormandate = &actorpoliticalgroupid = &actordistrictnumber = &detailed_ search = Afficher + les + r% E9sultats，访问日期：2012年11月12日。

③ 法国国家经济统计与研究所网站（INSEE），http：//www. insee. fr/fr/themes/tableau. asp？reg_ id =0&ref_ id = NATSOS05510，访问日期：2012年11月12日。

④ 数据采集计算自法国国民议会网站议员名录。

续表

年　　份	巴黎议员人数	巴黎女议员人数	妇女比例
1988～1993	21	3	14.26
1993～1997	21	3	14.26
1997～2002	21	4	19.05
2002～2007	21	5	23.81
2007～2012	21	7	33.33

3. 巴黎市政府与各区政府

因为法国大区管理体制与通常的行政体制不同，所以本节选择了巴黎市政府的数据进行阐述。

巴黎历史上尚未出现过女性市长，女性仅担任过第一市长助理。巴黎现任市长贝尔纳尔·德拉诺埃（Bertrand Delanoë）是社会党人，2001 年首次当选巴黎市长，2008 年再次当选任职至今。

巴黎市政府的行政机构以市长为核心，分为办公厅和市长助理两大团队。从这两大团队的性别构成来看，女性比例较高。

协助市长进行巴黎各项决策及其实施的市长办公厅由 34 名成员构成，其中有女性 12 名，约占 35%。她们分别担任办公厅副主任（1 人）、顾问（11 人）。从数据上看出，虽然女性比例较高，但是担任高级职务（主任、副主任、市长专门顾问）的比例明显低于男性。[1]

巴黎市长还有 36 名助理，负责巴黎各方面的具体事务的实施和操作。第一助理是一名女性。目前，巴黎市政府中女性市长助理共有 12 人，所占比例约为 37%。[2]

从分工上看，巴黎市政团队中女性成员负责的事务有：就业、人力资源、经济行动、创新、旅游、贸易、城市政策、反对歧视、青年事务、男女平等事务、卫生、中小企业、家庭、住房、文化、交通、巴黎发展等。从中可以看出，巴黎市政女性官员负责领域呈多样化趋势，包含了一些与女性传统角色

---

[1]　巴黎市政网站，http：//www. paris. fr/politiques/le－maire－et－ses－adjoints/cabinet－du－maire/p6772，访问日期：2012 年 11 月 12 日。

[2]　巴黎市政网站，http：//www. paris. fr/politiques/le－maire－et－ses－adjoints/cabinet－du－maire/p6772，访问日期：2012 年 11 月 12 日。

相关的领域，如家庭与男女平等、反对歧视等，但也涉及传统上属于男性专管的众多领域。应该说，这是值得欣赏的一个特点。

此外，巴黎 20 个区的区长中女性比例较低，目前只有第 7、12、17、20 区的区长为女性，仅占 20%。①

4. 巴黎司法机构中的妇女比例与参与度

巴黎最高法院共有法官 257 人，其中院长 1 人，庭长 6 人。女法官 110 人，占法官总人数的 42.8%，其中庭长 2 人，分管经济庭与社会庭。② 从中仍可看出与立法、行政界类似的问题，即虽然妇女比例较高，但仍然存在"看不见的天花板"的现象。

（二）法国政党在巴黎机构中的妇女参与

政党中妇女的参与无疑也是妇女参政的一个重要方面。

法兰西第五共和国轮番执政的两大政党是右派的人民运动联盟（UMP）和左派的社会党（PS）。在讨论妇女权利的时候，不得不提的还有法国绿党（les Verts）。本报告搜集了这三个党派在巴黎的领导机构中妇女的参与状况数据。为了叙述方便，本节把四个党派在巴黎的领导机构统称为支部。

人民运动联盟在巴黎的支部书记为男性。核心成员 12 人，女性 5 人，约占 42%。③

社会党巴黎支部第一书记为男性。核心成员 59 人，女性为 27 人，比例为 42%。④

绿党巴黎支部的两名书记，为一男一女。核心成员 10 人，其中 5 名女性，比例为 50%。⑤

---

① 巴黎市政网站，http：//www. paris. fr/politiques/arrondissements/les – maires – d – arrondisse-ment/rub_ 193_ stand_ 51682_ port_ 13098http：//www. paris. fr/politiques/le – maire – et – ses – adjoints/cabinet – du – maire/p6772，访问日期：2012 年 11 月 12 日。

② 巴黎高法网站，http：//www. courdecassation. fr/institution_ 1/organisation_ cour_ 56/，访问日期：2011 年 12 月 30 日。以及与法院公关部的邮件往来。

③ 法国人民运动联盟巴黎支部网站，http：//www. u – m – p – paris. org/? Nouvelle – organisati-on – de – la – Federation – de – Paris，访问日期：2012 年 11 月 8 日。

④ 法国社会党巴黎支部网站，http：//www. ps – paris. org/groupe/secretariat – federal，访问日期：2012 年 11 月 8 日。

⑤ 法国绿党巴黎支部网站，http：//paris. eelv. fr/le – bureau – executif – parisien/，访问日期：2012 年 11 月 8 日。

从上述数字可以看出，妇女在法国政党中比较活跃，但是承担最高职务者仍然以男性居多。绿党则表现出强烈的性别平等意识。

（三）法国工会中的妇女参与

工会在法国是非常有影响力的组织。目前法国有五大工会联盟，分别是法国总工会（CGT）、法国民主工联（CFDT）、法国工人力量总工会（CGT'-FO）、法国职员工会—企业行政管理和技术人员总工会（CFE－CGC）与法国天主教工联（CFTC）。总部均设在巴黎。

在不同工会中，妇女在领导层的比例有所不同。在法国总工会历史上，尚未出现过女性总书记。法国总工会 2010 年当选的执行委员会的 54 名委员当中，女性为 27 名，占半数。① 法国职员工会—企业行政管理和技术人员总工会的历史上先后有过两位女性总书记。目前该党主席为男性，总书记为女性。领导层 25 名成员中有 7 名女性。②

工会对于保护妇女在劳动方面的权益比较关注。比如，在 2010 年法国人争论不休的退休制度改革中，法国干部总联盟就积极呼吁改善妇女工作条件，缩小男女退休金差距。但是，工会在吸收妇女进入工会领导机构、促进男女在参与政治方面取得的进步一直比较缓慢。法国女性主义研究界对于法国工会决策机制中的女性低代表率批评也比较激烈。21 世纪初时甚至有法国学者认为："工会负责人阻止女性的加入，阻止女性的晋升，对女性的呼声装聋作哑。"③

（四）巴黎的女性主义组织

20 世纪 70 年代是法国妇女运动的高潮时期，但令人遗憾的是，当时的妇女运动并没有把妇女政治参与和政治权力纳入自己的纲领。90 年代中后期，法国妇女才开始成立或加入以政治参与为奋斗目标的民间组织。90 年代后半

① 法国总工会网站，http：//www. congres49. cgt. fr/Commission－executive－de－la－CGT. html，访问日期：2012 年 11 月 8 日。
② 法国职员工会—企业行政管理和技术人员总工会网站，http：//www. cfecgc. org/CFE－CGC/nos－elus/organigramme/，访问日期：2012 年 11 月 12 日。
③ Véronique Helft－Malz& Paule－Henriette Lévy, *Les Femmes et la Vie Politique Française*, Paris：Puf, 2000, p. 93.

期，法国以妇女政治参与为纲领的知名组织有：男女平等协会（Femmes et
hommes pour la parité）、妇女集会组织（Assemblée des femmes）、平等的明天
（Demain la parité）、妇女团结组织（Femmes solidaires）等。

首都巴黎是法国众多女性主义组织云集之地，其数目难以统计。其中有
人数相对较少的、以政治参与平等为核心奋斗目标的组织。他们的主要参与
者都是女性。从其宣传工具和影响力方面看，大多组织成员人数少、影响力
有限。

值得一提的是，在政治参与平等方面，可以看到法国女性主义组织已经
认识到联合的重要性，它们组成了一个"政治平等联盟（PARITÉ hommes –
femmes）"，有 100 多个女性主义团体参加。

同时，巴黎也是欧洲女性主义团体法国分支的常驻地。其中欧洲妇女院
外集团（European Women's Lobby）组织影响力较大，是欧盟机构与市民社会
进行对话的主要团体之一，能够与欧洲议会、欧盟委员会和欧盟部长理事会
进行沟通；还有成立于 1994 年的欧洲女性共创未来国际组织（Women in Eu-
rope for a Common Future）和欧洲女性主义论坛（European Feminist Forum）
等，它们都以促进欧洲女性之间的公开和多元的对话、促进欧洲的发展为
目标。

三 巴黎妇女政治参与有利因素分析

本节主要从政府与立法、政党、工会和女性主义组织这几个方面来分析
对巴黎妇女政治参与度产生影响的因素。

（一）政府层面的努力与机制

法国中央机构和巴黎市政及巴黎大区其他省份所采取的措施都从不同层
面影响着巴黎妇女参政的程度与方向。

1. 法国中央政府促进政治参与平等：法律与机制

2000 年以来，法国政府在法律的修订和制定方面加大了力度，来促进政
治参与方面的两性平等。2000 年《男女竞选公职平等机会法》（Loi sur la
parité）的出台，目的就是提高妇女担任选举性职位的比例。它规定，在大区
选举、市镇选举（3500 人以上的市镇）、参议员选举和欧盟议会选举当中，参
选政党应提交男女人数相同的候选人名单，否则将被课以罚款。2003 年，法

国议会就大区选举和欧盟议会选举的选举方式进行了修改。2007 年 1 月 31
日，议会再次对 2000 年的《男女竞选公职平等机会法》进行了修改，要求大
区和市镇两个层次上行政机构中男女比例平衡，并强化了针对政党的惩罚机
制，对男女平等参加选举并任职进行了规定。2008 年 7 月 23 日，宪法第一条
进行了修改，明确规定："法律促进男女平等参加选举并任公职。"①

中央政府还设立了一个促进男女平等的机构，即曾担任巴黎市长多年的
雅克·希拉克在 1995 年当选总统后所设立的性别平等观察所。该机构负责对
法国社会生活中的性别平等问题进行数据采集、分析、研究，对政府的立法
与实施进行评估并直接向总理提交立法或改革建议。其中一项重要的工作就
是促进两性平等参与政治生活、进入各个领域的决策部门任职。该所成员主
要来自于众议院、参议院、各级政府负责两性平等的机构等。

尽管法国政府做出了种种努力，但是法国政治生活中男女平等的推进并
不十分令人满意。性别平等观察所发布的题为《2009 年法国男女平等关键数
字》的报告提供了一组数据可以作为参考：欧盟议会女议员比例为 44.4%，
众议院女议员比例为 18.5%，参议院女议员比例是 21.8%，大区议会女议员
比例为 47.6%，行政省议会女议员比例为 12.3%，市议会女议员比例为
34.8%，女市长比例为 13.9%。② 这一组数据表明，除了在欧盟议会、大区和
市议会三个范围内，妇女比例有了显著的提升。但是，在相当大的范畴内，
法国妇女参与政治生活的水平仍然远远低于男性，两院议员比例、省议会议
员比例和女市长比例均远远低于联合国所推行的 30% 的临界量。

2. 巴黎市政府与妇女参政问题

巴黎大区包括 8 个行政省。此处仅以巴黎市（75 省）为例。巴黎市政十
分重视两性平等问题。但是通过观察发现，政治生活参与平等至少在表面上
并没有成为一个独立的议题和工作目标。这一缺失主要体现在三个方面。

其一，2008 年，专门负责男女平等事务的市长助理法提娜·拉莱姆（Fa-
tima Lalem）制定了五大工作目标，其中只有关于就业平等的内容间接涉及妇
女参政，没有得到明确的地位认可。

---

① 参见第五章第三节。
② Chiffres - Clés, *L'égalité Entre les Femmes et les Hommes*, 2009, http://www.egaliteenilede
france.fr/sites/www.egaliteenilede france.fr/files/Egalite_ - _ chiffres - cles_ 2009.pdf, p.7.

其二，2002 年，巴黎市政府设立了两性平等观察所。其主要行动框架中，政治参与平等仅仅是作为就业平等、机会平等的一部分暗含在其中。

其三，巴黎市政府为了鼓励市民积极参与城市的各项政策的制定与实施，制定了《巴黎参与宪章》，其中没有突出妇女主题，"妇女"一词甚至都没有在正文中使用，两性得到统一对待。政治生活参与没有作为分议题单独出现。

但巴黎市政在就业、教育、社会保障等方面促进两性平等的综合措施对于妇女参政的促进作用是不可否认的。

（二）法国政党在政治生活中促进性别平等的措施

政党对政治参与性别平等原则的贯彻首先体现在其各类候选人名单构成上。在法律规定了候选名单性别比例的情况下，法国各党派为了表现自己对法律的尊重，尽可能满足法律所要求的男女比例平衡，但各党具体表现尚存在差距。

各党在促进性别平等方面都采取了一些措施。此处仅以长期以来成绩突出的社会党和绿党为例。

社会党从密特朗时期开始就表现出了推动政界性别平等的高姿态并采取了具体行动。党内设有性别平等委员会，组织各种以保障妇女权利为目的的活动，包括宣传、游行、研讨等内容。社会党在地方上的分支机构中也有性别平等委员会在活动。2009 年，巴黎分部设立了性别平等委员会，实施了一些具体行动，包括：开设博客、创立电子杂志、组织有学术界和政界人士参加的主题会议、妇女节活动和相关竞选的宣传活动、组织请愿书的签字活动等。虽然活动主题主要分为职场平等和反暴力两大类，几乎没有专门促进妇女参政的活动，但是可以看到，社会党各级女议员能够参与其中，彰显政界女性对全社会性别平等的贡献，应该说有利于社会党的形象建设。

目前社会党提出的促进妇女参政的主要具体措施有：在地方选举中引入奖惩机制，鼓励妇女参加地方各级参选；督促性别平等方面成绩最为落后的20 个省的支部做出改进等。

以性别平等为纲领之一的绿党也非常重视妇女参政问题，其内部负责性别平等事务的是绿党女性主义委员会（Commission Féminisme）。该委员会于2006 年出台了《女性与城市》的文件，其包含三大主题，第一个就是"政府治理、机构民主运行"，是法国政党提出鼓励妇女从政措施较为具体的一份文件，主要建议措施如下：支持女性当选人，报销其雇用他人看管儿童的费用、报销其参加政治演讲培训的费用；修改市政相关会议的时间（改为周六上午、或者是18点至21点等时段）以方便女性成员的参加；在国家、地区、市政机构中各委员会主席副主席性别比达到1:1，各类机构领导人性别平衡；政府机构中男女干部负责的部门权责的平衡，避免将女性限制在一些社会工作部门，如幼儿园、住房等；对各类职务的任免进行性别角度评估；行政机构在组织论坛、研讨时注意参与者的性别平衡；设立更多的性别平等监测机构。

（三）女性主义组织与巴黎妇女从政问题

目前法国女性主义组织促进妇女从政的行动主要有如下几种：对政府的政策和措施发表评论并施加压力，就促进机制，如选举制度问题，组织学术研讨和面向妇女的培训、发表请愿书。下面围绕上文提到的政治平等联盟的行动进行一些观察和思考。

从2000年起，政治平等联盟不断发展自己的加盟组织，并逐渐形成了自己的一套工作机制。它批评2000年议会通过的参政平等法案无法保障妇女的参政机会，批评市镇选举的性别平衡原则只在3500人以上的市镇实施，还批评各党派没有很好地执行法律规定。它跟踪性别平等观察所的工作及其公报，搜集政界人士关于政治平等的主张，并将其发布在自己的网站上，让联盟成员和公众能够及时了解。除了组织联盟内部的研讨会以外，该联盟还关注学术界的研讨会的召开与著作的出版，并及时报道在自己的网站上。另外，联盟还对女性主义学者或知名人士的名录进行了一些整理，并标注了她们研究或关注的领域，期望构建各领域人士参与的网络，形成更大合力。

在该联盟的加盟组织中，"平等的明天网络"的活动值得关注，它实际上也由几个在不同领域和行业活动的成员组织构成，所以被称为"网络"。该网络于1994年成立，其缔造者是欧盟"决策女性网络"的法国专家弗朗索瓦兹·加斯帕尔（Françoise Gaspard），是现任联合国妇女委员会的法国代表。为了保障网络的形象和工作机制效率，网络宣称自己不受任何政党的影响。网络在需要联合行动的时候运行，否则网络成员各自在自己的领域中活动，并交流信息。该网络的特点是联系了国际、国内、基层三个层次的活动，能够使法国的政治平等推动运动与国际接轨。

从对政治平等联盟活动的观察中，也可以看到，法国促进妇女参政的民间组织虽然认识到了联合的重要性，但是其活动影响力相对较小，组织形式仍然比较松散。政治平等联盟和"平等的明天网络"拥有的网页规模很小，后者甚至是挂靠在其他网站上的，信息的更新也难以保障。这一方面反映了法国女性主义组织活动能力的局限，也反映了它们在宣传手段和经济能力方面所受到的限制。

（四）欧盟环境中的巴黎

法国是欧盟创始国之一。作为法国的首都，巴黎能够充分感受到欧盟性别平等政策推进的影响。同时，地处西欧中心地带的巴黎也是欧盟机构组织宣传活动时所青睐的一所城市。

1996 年，欧盟在第四个男女平等机会共同体行动项目中对社会性别主流化战略进行了解释与说明，认为其目标是"以一种连贯与系统的方式将性别视角纳入欧盟所有的决策进程之中"。也就是说，要将性别平等观念融入到欧盟机构以及成员国的体制、政策、项目、组织和文化当中。该战略的提出可被视为欧洲一体化进程中的一个突破，是"社会欧洲"建设中的一个重要组成部分，已进入法律措施、性别研究、人力资源管理、教育、宣传、生活等各个领域。1999 年，社会性别主流化得到《阿姆斯特丹条约》的确认。从 90 年代后期，欧盟开始重视推动妇女在政治生活与决策机制中的地位提升。欧盟在提高妇女在政府和议会体系中的比例方面，做出了相当大的努力。

2006 年，欧盟委员会制定了《2006～2020 男女平等计划》，提出要"促进两性在决策机制中的平等"，并且提出要把两性平等的原则融入欧盟的各项政策，包括发展政策中去。

无论是巴黎的官方机构，还是民间组织，都处在欧盟机构的网络促动之中。巴黎性别平等问题受到欧盟机制促进的最典型事例是：巴黎市议会在 2007 年 12 月 18 日决定，巴黎加入《欧洲当地生活中男女平等宪章》（la Charte Européenne pour l'égalité des femmes et des hommesdans la vie locale）。①

---

① 2006 年，欧洲市镇与地区委员会（Conseil des Communes et Régions d'Europe）推出该宪章，旨在呼吁欧洲地方各级政府用具体的战略和措施，促进地方层面上的性别平等。

除了跟随欧盟社会性别主流化潮流做出努力以外，巴黎市政也比较积极地参与和促进联合国等国际组织的性别平等活动。2004 年，联合国教科文组织在巴黎举办世界女性领导人论坛，邀请了来自各大洲的活动于经济、政治、文化各个领域中的女性领导人畅谈经验。会后，巴黎市政厅举行了有 1000 多名妇女参加的闭幕宴会，表现出巴黎市政对于世界男女平等事业的支持。

第四节　东京妇女参政状况

东京都位于日本本州岛东部，总面积为 2187.65 平方公里，包括东京都各区、多摩地区和东京都岛屿部分（伊豆群岛、小笠原群岛），包含 23 个特别区、26 个市、5 个町和 8 个村。东京都的基本决策机关是东京都议会，东京都议会由东京都民直接选举产生的议员组成，人数为 127 人，任期 4 年。执行机关为东京都厅，其长官为东京都知事。知事由东京都民直接选举产生，任期为 4 年，管理并执行东京都这个团体组织的事务，前任东京都知事是石原慎太郎。23 个特别行政区的区长和其他市町村一样由选民直接投票选出。

根据东京都总务局统计部人口统计科 2012 年 10 月 1 日的统计，东京都现有人口 13216221 人，其中男性 6528803 人，女性 6687418 人。从男女比例上来看男性比女性少，但相差不大。[①]

1925 年日本开始施行普选制度，但仅限于男性。从明治末期到大正民主运动时期，各大团体为推动女性参政权的取得，积极开展各项运动，促成了修正阻挠女性集会自由的《治安警察法》第 5 条第 2 项和产生女性律师制度等。1931 年众议院通过了带附加条件的妇女参政权法案，但由于贵族院的反对而失败。1945 年 10 月 10 日，币原内阁召开了关于妇女参政权的内阁会议，次日美国总统麦克阿瑟对币原内阁提出了五大改革指令，其中之一是"通过赋予参政权而带来的日本妇女解放"。同年 8 月 25 日，市川房枝等组成战后对策妇人委员会，向政府及主要政党提出改正众议院议员选举法、废除《治安警察法》等的五项要求。11 月 3 日，以市川房枝为会长的

---

① 东京都总务局网站，http://www.toukei.metro.tokyo.jp/index.htm，访问日期：2012 年 11 月 26 日。

新日本妇人同盟（后改称日本妇人有权者同盟）创立，再次展开妇女参政权运动。

1945 年 11 月 21 日，《治安警察法》被废止，女性的结社权得到认可。同年 12 月 17 日公布修改后的众议院议员选举法，认可了女性的国政参与权。1946 年 3 月 10 日战后首次举行了众议院选举，产生了日本史上最早的 39 名女性议员。经过有这些女性议员参与的特别议会审议，同年 10 月 7 日宪法修正案通过，11 月 3 日日本国宪法公布，于 1947 年 5 月 3 日起实施。

下面将从东京妇女参政现状、东京妇女政治参与与促进机制两大方面进行阐述。

一　东京妇女参政现状

首先来看一下东京妇女在议会、都政府、司法机构、工会中所占的比例，以及女性主义组织在东京都的发展现状。

（一）东京女性在议会中的参与情况

首先，来观察东京女性在议会中的参与，主要包括可分为其在日本参众两院中的参与情况和在东京都议会中的比例。

1. 东京女议员在参众两院中的参与情况

东京女议员在参议员中所占的比例如表 1-8 所示。①

表 1-8　参议员中的东京女性议员情况

单位：人，%

	总　数	女　性	所占比例
参议院选举区（东京）	10	4	40
参议院比例区（全国区）	96	21	21.8
总　计	106	25	23.5

东京女议员在众议院中所占的比例如表 1-9 所示。②

---

① 参议院网站，http：//www.sangiin.go.jp/japanese/joho1/kousei/giin/175/giin.htm，访问日期：2012 年 11 月 26 日。
② 众议院网站，http：//www.shugiin.go.jp/index.nsf/html/index_kousei4.htm，访问日期：2012 年 11 月 26 日。

表1-9 众议院中的东京女性议员情况

单位：人，%

	总　　数	女　　性	所占比例
众议院小选举区①（东京）	25	4	16
众议院比例选举区（东京）	17	4	23.5
总　　计	42	8	19.0

2. 东京都议会的女议员情况

为了推动男女共同参与社会建设，首相府曾在2000年2月实施了《关于男女共同参与社会的民意调查》，其中引用1999年的《地方公共团体的议会议员及议长的所属党派人员调查》指出东京都女性议员占都议会议员总数的12%，市议会的20.8%，町村议会的8.9%，合计19.3%，在日本全国范围内名列榜首。②

根据内阁府男女共同参与局《女性的政策决定参与状况调查》（2002年8月）所示，东京都女性议员比例超过全国平均值，市区议会女性议员达到21.3%。

根据东京都议会议会局管理部宣传科资料，目前的女性都议员数量如表1-10所示，占都议员总数的20%，可见女性在都议会中的比例比以前有所提高。③

表1-10 都议会中各会派的构成（2012年11月21日）

单位：人

党　　派	议员总数	女议员数
都议会民主党	45	9
东京都议会自由民主党	37	3
都议会公明党	23	3
日本共产党东京都议会议员团	8	5
都议会生活者组织·未来	3	3

① 小选举区是指从一个选举区选出一名议员的制度中的选举区。
② 东京都生活文化局，http：//www.seikatubunka.metro.tokyo.jp/index8files/genjyo3.PDF，访问日期：2012年11月26日。
③ 东京都议会网站，http：//www.gikai.metro.tokyo.jp/outline/factional.html，访问日期：2012年11月26日。

续表

党　　派	议员总数	女议员数
东京维新会	3	无
无党派（自治市民 '93）	1	1
无党派（平成维新会）	1	无
无党派（无党派会）	1	无
无党派（东京幸志会）	1	1
无党派（日本维新会 中野·涩谷）	1	无
现有人数	124	25

（二）女性政府职员的参与情况

东京女性在中央政府的决策和都政府的决策中亦有不同程度的参与。

1. 东京女性在中央政府中的参与

根据野田内阁中任职的大臣、副大臣以及政务官情况的统计，东京女性在大臣、副大臣以及政务官中所占的比例分别为 4.3%、4% 和 7.4%。[1] 但其中没有从东京都选区选出的女性。

中央机构各部门女性公务员以法务省所占比例最高，为 26%；最低为国土交通省，为 9%。担任科室长以上职务的女性以人事院最高，为 5.9%；会计检察院、内阁法制局、警察厅都为零。[2] 总体来看，中央政府中女性所占比例不高，女领导人的比例更低。

2. 东京都政府中的管理职位女性比例

东京都政府管理层中的女性比率稳步上升，从整体来看，1979～2011 年，除理事之外其他管理职位的女性比例都有所上升。1979 年，副参事（科长级）占 5.3%，参事（部长级）占 1.3%，到了 2011 年副参事（科长级）占 19.7%，参事（部长级）占 9.7%。[3]

---

① 民主党网站，http://www.dpj.or.jp/about/dpj/sanyaku，访问日期：2012 年 12 月 1 日。

② 男女共同参画局：「府省别女性国家公务员登用状况」，http://www.gender.go.jp/main_contents/category/mieruka/pdf/suisin2.pdf，访问日期：2012 年 12 月 1 日。

③ 东京都生活文化局：「東京の男女平等参画データ 2012」，http://www.seikatubunka.metro.tokyo.jp/index8files/nenjihoukoku.top/data2012/14_gender－equal－2012－1－5.pdf，访问日期：2012 年 12 月 1 日。

若山敏也在《都道府县公务员的女性管理职位比率》中指出，东京都公务员中女性所占比例2004年4月为12%，位居全国第一。东京都民生活部认为无论男女都可以参加管理职位考试是东京都拔得头筹的原因。这样的考试在全国范围来说十分罕见。考试分为"笔试""面试""勤务评定"和"适合度评定"四个项目。人事委员会并没有说明各项目的分值，但如果笔试所占分值高的话，比起重视工作实绩来女性显然会占优势。

（三）东京工会以及女性主义组织中的女性参与

日本的工会是企业工会、产业工会和全国中央组织的三层递进结构。日本工会总联合会是1989年成立的日本工会的全国中央组织，其下有47个地方联合会。日本工会总联合会东京都联合会是在东京工作的99万劳动者组成的工会，共有52个产业工会加盟。其组织机构里设有男女平等局和女性委员会。东京工会眼下的目标是提高女性理事的数量，使其所占比例符合女性工会会员的比例。

东京的女性组织按照日本内阁府公布的属于东京都地区管辖的、服务群体主要为女性、组织者也为女性的团体来看，有70余个。[①]

二 东京妇女政治参与的促进机制

从以上数据可以看出，东京都议员中女性议员所占比例全国最高，东京都公务员中女性所占比例全国最高，东京都女性管理职位占全体管理职位的比例全国最高，东京女议员在众议院和参议院中所占的比例都很高，东京的女性组织数量很多。这说明与日本其他地域相比，东京妇女有更突出的参政意识，政治参与度最高。

（一）市政机构促进妇女从政的措施

东京都市政机构为了促进妇女从政采取了以下措施。

首先，在法律法规方面，东京都产业劳动局制定了《职业女性与劳动法》（「働く女性と労働法」），在遵从日本宪法的前提下，规定女性有与男性平等的劳动权利；废除行业中对女性就业的歧视（其中包括一直由男性为主导的

---

① 内阁府NPO网站，http：//www.npo-homepage.go.jp/，访问日期：2012年12月4日。

政治领域），鼓励女性在多种行业就业；对职业妇女的结婚、生育给予相应的措施并保障其再就业；规定双职工家庭的夫妻共同承担家务及育儿的责任等。不仅如此，东京都23个区中大部分区都制定了鼓励男女共同参与的基本条例，并设立联络会和咨询办公室，将责任和政策细化，全面促进社会对于男女就业平等性的重视，也使女性能够更好地从政。这些法律法规为女性参政提供了稳定的环境，保障了其参政权利。

此外，制定规划也很重要。东京都生活文化局2002年制定的《为了男女平等参与的东京都行动计划》中提出到2004年东京都审议会中女性要占到35%以上。① 这个行动计划每五年都会进行一次修订。

其次，通过改善学校教育内容，提供多种学习机会，从以往的短期大学教育中对女性的主要内容为家政、护理、营养等生活基本知识中摆脱出来，使得女性能够在政治舞台上发挥更好的作用。各个区设置女性会馆，为女性提供学习交流的场所，丰富女性知识、提高女性素质。

通过出版刊物、举办展览以及利用媒体的力量等方式宣传男女共同平等参与的思想，鼓励女性从事不同职业并走上政治舞台。例如在女性参政60周年之际在众议院宪政纪念馆举办了"女性参政60周年特别纪念展"。

此外，东京都政府将促进男女共同参与计划的相关措施下发到各个相关部门。比如男女平等参与调查由产业劳动局管理，事业团体的联合会等由生活文化局和产业劳动局管理，男女平等教育归属教育厅管理等。这使各措施做到有专人和专门部署负责，各相关计划措施因此能落到实处。

（二） 日本政党在政治生活中促进性别平等的措施在东京的体现

各政党都在积极地以男女共同参与为目标，制定方针和采取具体措施。

现在的执政党——民主党专门设立男女平等参与局，在男女共同参与政策立案中提出了以下8条：安心与公正的年金制度；有自由选择权的中立、简单的税制；无障碍雇佣和劳动；支援下一代成长的社会；构建实现真正男女平等的基础；自立和自治的养老保障；女性一生的健康保障；站在男女共同参与视角的国际协力（指在外务省、财务省、内阁府和日本国际协力事业团

---

① 东京都生活文化局：「男女平等参画のための東京都行動計画」，http：//www. seikatubunka. metro. tokyo. jp/index8files/chancetop. files/chance2002. pdf，访问日期：2012年12月4日。

等团体组织中推进男女共同参与政策，即通过"性别主流化"促进女性积极参与到各个领域的整个过程中。这是对联合国相关决议的响应，包括了国际合作内容）。其中有 4 项体现了民主党对性别问题的重视。

构建支援下一代成长的社会指为了适应多种保育需要进行基础设施建设和完善保育服务。无障碍雇佣和劳动包括修改《雇佣机会均等法》，在禁止差别对待的同时，要求除了工作能力原因之外不得在工资和晋升方面男女差别对待，从父母双方休产假制度改革、要求共同照看孩子、缩短工作时间和给予看护孩子的假期等方面对工作和家庭兼顾进行支援。构建实现真正男女平等的基础主要有五个方面：其一，推进自立和自律的教育，对教育、司法、媒体、福利等行业从业人员进行男女平等教育；其二，从男女共同参与的视角来重视社会制度和社会习惯，改变"女性承担不了责任"的观点；其三，推进各个领域的男女共同参与，尤其是在决定政策方针的过程中要加大女性参与的力度，具体来说，在行政管理、审议会委员会中，要积极地纠正差别对待；其四，尤其要推进市镇村的男女共同参与，构建起相关的组织环境；其五，为了扩大党内女性议员的比例，对女性候选人进行援助，2002年设立了向新的地方女性候选议员借贷一定金额的选举基金。

在具体行动上，1999 年，基于实现男女共同参与社会的基本理念，为了促进女性的政治参与、支援女性候选人，民主党内设立了"民主党水与种子基金"。到 2006 年 12 月，共支持了 218 人，其中产生了 124 位新的女性议员。东京都涩谷区的大津广子当选东京都议会议员就接受了此基金的支持。东京都分部在 2005 年建立政治学校以促进男女共同参与。①

自民党设立党内女性局，其行动包括在东京建立各种女性团体联合会，从而加大各种女性团体的力量，以促进女性在政治生活中发挥更好的作用等。② 此外公明党在各地设有女性局分部，东京都分部 2011 年 9 月召开夏季研修会，站在女性视角讨论议会改革。此外还以本党女性议员为对象，召开一年一度的东京都预算说明会等活动。③

---

① 民主党男女共同参画局网站，http：//www1. dpj. or. jp/danjo/，访问日期：2012 年 12 月 6 日。

② 自民党女性局网站，http：//www. jimin. jp/jimin/wv2000/index. html，访问日期：2012 年 12 月 6 日。

③ 公明党女性委员会网站，http：//www. iwoman－net. com/index. html，访问日期：2012 年 12 月 6 日。

以上内容显示各政党都在积极努力地为女性创造更多的参政机会，并提高她们的参政议政能力。

（三）民间力量促进东京妇女从政的措施

民间组织促进东京妇女参政的措施大体来说可以分为两个主要方面：第一个方面是通过组织各种的讲座、展览、市民活动和出版来逐渐提高东京女性的参政意识；第二个方面就是通过组织一些集会活动或者是通过进行各种调查找出目前东京女性参政方面存在的不足，向政府提出建议来提高政府对妇女参政的重视程度。例如，市川房枝纪念会创办了《女性展望》杂志，并且成立了女性参政促进中心，为了促进东京女性参政的意识和积极性，还开设了参与选举的培训课程和参与政治协会的培训课程，并且设置了选举相关问题的咨询处。通过这些措施来提高东京女性的参政意识和能力。除此之外，市川房枝纪念会还在女性参政 50 周年纪念之际，对女性参政情况进行了详细的调查，并通过调查的结果，提出了目前女性参政存在的不足，对政府改善提高女性参政水平的措施，也具有很重要的指导意义。[①]

大众传媒促进东京妇女参政的措施可分为报纸和电视媒体两个方面。一方面，从报纸的报道来看，众多报社都有对妇女参政的相关报道。例如，2005年《每日新闻》刊登了关于女性参政权的特辑，通过对女性议员的问卷调查来加深日本人尤其是日本女性对于女性议员的真实情况的了解。2010 年 8 月东京的《读卖新闻》刊登了关于女性和战争的连载，其中对日本女性参政权的获得进行了详尽的描述和分析，通过普及女性参政权的相关知识来使东京女性认识到参政权的来之不易从而更加积极地参与进来。另一方面，从电视媒体方面来看，有很多关于女性如何处理就业、婚姻、育儿、心理、工作与家庭关系等方面的问题的节目，对于女性来说具有很好的教育意义，这些问题的解决也为女性参政提供了一个良好的条件和环境。

日本的民间力量在促进东京妇女从政方面的措施确实起到了积极作用，提高了女性对于参政权的理解和参与能力，为女性的参政创造了良好的社会氛围，并且对政府的政策起到了一定的监督和促进的作用。

---

① 市川房枝纪念会女性与政治中心网站，http：//www. ichikawa - fusae. or. jp/，访问日期：2012 年 12 月 6 日。

（四）以上三重机制的联合与互动

无论是市政机构、政党还是民间力量都在提供各种机会加强女性的参政意识，并创造各种条件解决女性参政所遇到的困难。政府制定建设男女共同参与社会的相关法律，并通过设立专门机构保障和推进这一计划，而各政党努力在其内部响应和推行，民间组织和媒体不仅在各个领域做出推动和补充，而且还起到了对政府和各政党的监督和敦促作用。三种力量虽然各自侧重面和影响力不同，但方向是一致的，良好的互动和促进是东京都女性参政意识较强的重要原因之一。

市政机构的大力宣传对东京妇女的政治参与起到很大的推动和促进作用，各政党的积极响应虽然有争取女性选民的目的在内，但也说明提高女性参政议政热情是大势所趋。民间组织在日本女性争取参政权的初期是占主导作用的，男女共同参与已经成为一句世人皆知的口号，政府的积极领导体现着大幅度提高女性地位的决心，但政府主导尽管能够加快女性参政的速度，却也隐含着掩盖民间声音的危险。而各政党的态度究其根本还是为了争取女性选民的支持率，并不必然意味着对男女平等的真正认同。

三 东京妇女政治参与特点

东京妇女在政府、议会中比例的提高得益于东京政府以及各政党、社会团体和大众传媒的分工合作。

第一，政府通过组织各种市民能够普遍参与的活动，如各种讲座、展览、居民活动等，来促进广大女性市民的参政意识。东京都政府制定的关于男女共同参与的东京都行动计划中，要求书籍出版协会要发挥舆论导向的作用，在协会的会报上呼吁各大出版社和杂志社对女性进行参政意识启发和引导，宣传女性参政议政。在促进女性在社会、地域活动中的参与这一项措施中，特别提出了要从民间组织中募集一些比较优秀的促进女性参政的想法和计划，然后由政府出资，通过政府和民间组织的合作开展各种学习班和研讨会来保证这些有利于促进女性参政的计划的实施。由政府出资，民间组织负责具体计划的制订和实施的合作机制，更有利于提高民间团体对于促进女性参政的积极性，也更能够集思广益，保证政府促进女性参政、男女平等的政策的顺利实施。东京都政府制订的关于男女共同参与的东京都行动计划中，还提出了要求地域妇女团体联盟对东京都妇女的参政状况及参政意识进行调查，通过对调查结果的分析，找出东京现阶段妇女参政存在的问题，以便下一步能够针对存在的问题提出更有效的措施。而政府也在积极开展调查分析工作，并定期公布结果。这样细致的工作方式北京政府同样可以借鉴。

东京都政府在各个区设置女性会馆，为女性提供学习交流的场所，丰富女性知识，提高女性素质。女性素质的提高为女性更好参政议政铺平了道路。因此，北京市的各个区甚至是街道也可以设立这样的女性机构，让广大女性市民有一个固定的可以进行学习和交流的场所，提高自身的素质，以便更好地参政议政。

第二，日本执政党对性别问题的重视对构建促进机制具有决定性的领导作用。通过执政党的主导力量，自上而下地采取措施，对推进政治生活中性别平等促进机制建设有很大的影响力。各主要党派也都积极投入构建"男女共同参与社会"的活动中，积极扩大参政女性的人数。虽然出于党派利益各自主张有所不同，但大方向保持一致，形成了良好的竞争与互相促进。有些女性组织也会对各党派的相关态度进行问卷调查，并公布其结果。比如"北京 JAC"在 2009 年 8 月众议院选举前向各党派发送问卷调查，提出的问题有"贵党是否将男女共同参与社会的实现视为最重要的课题"等。政党与非政府组织之间因而形成了有利于推动政治上性别平等的互动。

第五节　四大城市及北京妇女参政状况比较①

在纽约、伦敦、巴黎和东京四大城市中，妇女参政状况水平高低有别，促进机制各具特色。本节将首先对四大城市的妇女参政数据进行横向比较，梳理其促进妇女参政机制中的共性与特性，并在此基础上比照北京妇女参政数据，展现成绩，寻找问题，努力从四大城市经验中总结出对北京建设有中国特色的世界城市的有益元素。

---

① 本节部分内容作为项目阶段成果已经发表。（李洪峰、李英桃、张颖、顾蕾：《透视世界城市女性参政问题》，《妇女研究论丛》2012 年第 1 期，第 71~78 页。）

一 四大世界城市妇女参政数据比较

从本研究所调研的市议会女议员比例、市政府领导团队妇女比例、法院女法官比例三个指标对比可以看出,四大城市的水平并不整齐划一,甚至存在较大的差距。可见发达的经济条件远不是解决妇女政治地位问题的唯一条件。

(一) 四大城市数据对比

首先,从2012年市议会女议员比例来看,巴黎议会中妇女比例几乎与男性相等,接近50%;纽约、伦敦达到了联合国所提倡的30%~35%的临界量;而东京则尚未实现这一目标。具体数据见表1-11。

表1-11 四大城市议会女性议员比例对照

单位:人,%

城　　市	议会席位总数	女性人数	女性所占比例
巴　黎	209	104	49.76
纽　约	51	18	36
伦　敦	25	8	32
东　京	127	24	21.3

其次,在四大城市市政领导团队中,妇女角色增强的趋势是不争的事实。同时,"玻璃天花板"依然存在,表现为高级别官员和城市命脉部门领导岗位上妇女比例较低。四大城市现任市长均为男性,城市各区区长中男性比例占绝对优势。妇女所承担的工作内容虽然并不都局限于具有女性特质的如家庭、社会救助、青年、家庭、环境等事务,而是覆盖了更大范围,但是总体来看,分工的性别色彩仍然浓厚。

2012年,纽约政府主要官员89位,包括市长、副市长、委员会主席以及各城市机构和办公室主任。其中,女性官员34人,占总数的38.2%。在10位副市长级官员中,女性为4名,占40%。在78位政府委员会主席和主任级别的官员中,女性为30名,占38.5%。负责城市经济、金融、财政以及房地产等方面事务的委员会主席职务,大多由男性官员任职,如商业一体化委员会、小型企业管理委员会、经济发展合作委员会、金融委员会等。此外，纽约市下设的五个行政区中，除皇后区外，其余四个行政区的区长均为男性。

伦敦政府领导团队包括 1 名市长、3 位副市长、2 位行政主任、9 位顾问、体育专员和河流交通大使各 1 名，共 17 人。其中有女性 4 名，占总数的29.4%。从女性担任的职务看，主要是社会、文化、环境、青年等被认为具有女性特质的领域，在政府中的重要性相对较低。

从巴黎市政办公厅和市长助理两大团队的性别构成来看，女性比例较高。协助市长进行巴黎各项决策及其实施的市长办公厅由 34 名成员构成，其中有女性 12 名，占 35%。巴黎市长手下负责巴黎各方面的具体事务的实施和操作的 36 名助理当中，女性共有 12 人，所占比例约为 33%。巴黎市 20 个区的区长中女性比例较低，目前只有 4 个区的区长为女性，仅占 20%。

东京都最高领导为知事。目前知事和四位副知事均为男性，其领导的 28个不同职能部门的正职负责人均为男性，仅有少数女性担任副职。东京都除理事之外的其他管理职位上，女性比例有所上升。总体看，应该说东京都城市领导团队是四大城市中女性参与度最低的团队。

从分工上看，纽约和巴黎市政职务分工中的性别色彩比起其他两个城市相对要弱化一些。团队中女性成员负责的事务有：投资、就业、人力资源、经济行动、贸易、城市政策、卫生、中小企业、家庭、文化、交通等，呈多样化趋势，既包含了一些与女性传统角色相关的领域，但也涉及众多传统男性专属领域。这与市政体系中女性比例相对较高有一定关联。

最后，在司法体系方面，各城市所在国或地区司法体系区别较大，从采集到的数据来看，妇女进入司法体系高端岗位的比例总体上难以令人满意，城市间差别仍然明显。纽约和巴黎的女法官比例略优于伦敦和东京。

综合四大城市数据，巴黎和纽约的成绩相对比较突出。那么到底是什么原因造成了这样的差距？为此，有必要对四大城市妇女参政促进机制进行考察，从中总结出它们的异同。

（二）对四大城市妇女参政促进机制的考察

从城市调研结果来看，四大城市在妇女参政促进机制方面有三大共同特点，分别是：依托国家和地方的立法和法规建设，立法机制与政党内部促进机制相互呼应，民间机制与官方机制相互补充。因此，此处将在国家法律保障、政党促进机制和民间促进机制这三个层面进行比较和归纳。

1. 国家法律保障与市政促进机制

不论是在联邦制、共和制还是君主立宪制国家，法律保障是推进性别平等的首要推动力。对于城市行动来说，国家层面立法是最有力的支撑。英国于2010年制定并开始实施的《2010年平等法案》在促进包括社会性别在内的平等议题中扮演着重要角色。在政治参与平等立法方面，美国、日本和英国都尚未专门立法，法国则是世界上第一个就政治参与平等进行专项立法的国家。巴黎议会和政府体系中的妇女高比例的最直接原因就是该项法律所确立的明确而直接的选举机制及其实施。但即使如此，法国妇女参政水平仍然远远低于男性，两院议员比例、省议会议员比例和女市长比例均远远低于联合国所推行的30%的临界量。

在法律机制方面，巴黎和伦敦还受到欧盟的性别平等促进机制的影响。从20世纪90年代后半期，欧盟开始重视推动妇女在政治生活与决策机制中的地位提升，在政治领域社会性别主流化方面取得了一定的成绩。从1996年起，欧盟机构就政治敦促成员国通过立法手段增加妇女从政的人数比例。2007年，巴黎市议会决定加入《欧洲当地生活中男女平等宪章》。该宪章的三大原则之一就是保障女性和男性在所有决策机制当中的参与。但不论是巴黎还是伦敦，在女议员比例方面在欧洲都不是先进的典范，均落后于北欧国家。

四大世界城市结合国家宪法和相关法律制定了一些直接或间接促进政治上性别平等的措施。

从市政法规方面看，纽约、伦敦和东京均有相关文件促进妇女参政。这些文件首先是保障妇女在就业时免受性别歧视。如纽约市政府第8号文件《1999年大伦敦政府法案》和2002年东京都政府制定的《为了男女平等参与的东京都行动计划》。这些文件都没有单独就参政问题形成文件，有些只是将之纳入就业的大范畴当中。

从机构设置方面看，四大城市主管妇女问题的市政机构都会将参政问题纳入工作范围。如纽约市政府下设的妇女问题委员会就将促进妇女的政治参与列为自身的主要工作之一。

然而，可以看到，在四大城市市政工作框架中，社会性别平等与年龄、族裔、残疾等平等议题一起，在城市治理、发展中处于重要地位，但政治生活参与平等并未成为市政工作的独立议题和工作目标，间接涉及妇女参与政治生活的内容一般只涉及促进就业平等，未能提升到更高层次。

2. 执政党与主要党派的重要角色

西方民主制中，党派对于性别平等原则的贯彻直接影响其参选候选人名单的妇女比例，影响政治生活中的妇女参与。即便法律有原则性的规定，如果政党不配合，或者政党内部难以提出足够比例的妇女候选人，那么法律的实施必然会遭遇阻碍。纽约、伦敦、巴黎和东京都是所在国政党活动最为活跃的地区，所以更直接地受到政党机制的影响。

综合美、英、法、日四国情况来看，政党对于妇女参政的促进行动主要表现在如下几个方面。

首先，推动法律的制定。在本研究所考察的对象中，最为典型的是法国两大政党。法国人民运动联盟自1994年上台以来，采取了积极推动妇女参政的姿态。2000年以来，在国民议会推动政治参与平等法的制定与数次修改，并在市镇等若干层面上取得了实际效果。其女议员亦积极推动相关立法。但是人民运动联盟在各项选举当中的女性候选人比例近年来并未取得较大进展，落后了社会党。法国社会党比人民运动联盟更早呼吁推动妇女参政，在2012年5月赢得总统选举后，立即任命了男女性别比例平衡的政府，彰显了自身在推动性别平等方面的决心。

其次，西方政党内部制定促进妇女参与的措施。这主要包括设立性别平等机构、设立女干部培训机构、采取有利于妇女从政的促进措施等。

很多大党派内都设有性别平等工作部门，这些部门往往在重要城市都设有分支机构。如美国共和党和民主党的女性联合会、英国工党的妇女论坛、日本自民党的女性局、法国社会党的性别平等委员会等。它们在大城市中发挥着积极的作用。如共和党女性纽约联合会通过招募和培训候选人来增强共和党的力量，并增强来自不同年龄、族裔以及背景的女性共和党人的政治能力，从而促进女性在政治生活中的存在和意义。

对女性党员的培训是各党派的一项重要工作，培训内容包括制订竞选计划、募款以及预算技能、与媒体互动、组织志愿者、进行民意调查以及竞选信息传播和交流等各种技能。

为增加妇女比例，各党采取了各种其他涉及资金、研修、比例制度等内容的措施。如日本自由民主党的妇女支援基金，日本公明党东京都党的女议员研修会，英国工党就妇女参选名额采取的措施，法国绿党党内的推行 1∶1 的男女候选人比例制，等等。这些措施不仅带动了这些党派自身的妇女参政水平的提高，也促进了其他党派采取类似措施以赢得民意的努力，并在理念传播方面起到了良好的社会效应。

3. 民间组织的运行

纽约、伦敦、巴黎和东京都是大量女性主义组织会聚的城市。其各类活动无疑能为妇女参政从政创造良好的社会氛围。虽然各城市中专门以妇女参政为目标的民间组织数量并不多，但是一部分的民间组织都相当关注妇女参政问题。它们通过出版物、组织展览、讲座、培训和各种宣传活动来吸引公众的关注，向从政妇女提供支持，并向政党和政府施加一定压力。

通过对四个城市妇女组织活动的考察，有三大趋势值得关注。

第一，民间组织对培训的重视日趋增强。如，东京市川房枝纪念会成立的妇女参政促进中心，开设了参与选举的培训课程和参与政治协会的培训课程，并且设置了选举相关问题的咨询处。纽约市民间政治组织，如布法罗领导者组织、罗切斯特领导者组织及纽约克罗领导者中心等，都开展了面向男女性候选人的竞选政治培训项目，以提高候选人的竞选技能。

第二，民间组织与学术力量的结合日趋紧密。各国民间组织往往拥有一定数量的学者，而且力量日益突出，它们与学术机构保持联系，从而能够把自己的行动与学术研究结合起来，发挥更大作用。这一趋势在美国和法国非常明显。其中，大学的作用日益突出。一方面，大学学者具有较高的学术研究能力，他们在妇女组织中的活动具有积极的效果；而民间组织网络为大学的田野研究也提供了很好的平台。另一方面，大学开始拥有女性主义的组织和研究团队，并能够开设相关课程与研讨。

第三，国际非政府组织在世界城市的网络作用力增强。世界城市因其在全球的地位，成为大量国际组织、地区性组织和各类非政府组织的驻地。综合各方面因素来看，巴黎的个案比较典型。巴黎既是一个重要的世界城市，又是欧盟的中心城市之一，是国际女性主义网络和欧洲女性主义网络的会聚地。所以位于巴黎的女性主义组织比较多地受到二者的影响，并与之互相呼应。

二 四大城市经验的启示

从城市人文环境看，北京是人才会聚之地，妇女受教育水平较高，妇女从经济、文化、心态方面看，具有较高的独立能力与意识；党和政府对妇女工作的重视、市民社会对于妇女角色的认知、城市国际化的水平，都为妇女参政提供了良好的社会氛围。在推动性别平等方面，北京已经拥有一定的促进机制，包括独具中国特色的妇联体系。如果能够吸取纽约、伦敦、巴黎、东京的经验，对北京的性别平等建设也将有着重要的价值和意义。当然，北京现存的促进机制本身的优越性也值得其他城市参考。

（一）北京妇女参政数据综述

首先，有必要对北京妇女参政状况进行概述，以便与四大世界城市进行比照。

根据《北京市"十一五"时期妇女发展规划》[①]实施情况终期评估报告，北京市各级党政女干部、领导班子配备比例稳步提高。市委、人大、政府、政协领导班子都配备了女干部，区（县）政府领导班子中女干部配备率达到100%，街道、乡（镇）党、政班子中女干部的配备率分别达到96.3%和97.3%，分别比"十五"时期上升了34.3个和15.8个百分点。局级女干部比例达到20%；处级女干部比例为22%；局级后备女干部比例达到21.92%；处级后备女干部比例达到35.35%。

党的十八大北京市女代表比例为39.7%，比党的十七大提高2个百分点；北京市第十一次党代会、十四届人大、十二届政协的女代表、女委员比例分别为39.5%、33.3%、31%，居全国之首，与四大城市相比也并不逊色。

北京市委、市政府在《加强全市党政领导班子建设规划纲要（2009～2013)》和《北京市"十二五"时期妇女发展规划》对各层面上女干部的配备比例有明确的要求，并力求提高女干部进入经济、法律、科技、教育、文化、卫生、艺术等领域决策和管理层的比例。这些积极的政策制度规定，对于女性领导人才的成长起到了有力的推动作用。

（二）对策建议

促进妇女参政需要进行全方位的推动，要从以下几个方面重点加强推动

---

① 北京市妇女儿童工作委员会办公室编《〈北京市"十一五"时期妇女发展规划〉和〈北京市"十一五"时期儿童发展规划〉实施情况终期评估报告》，2011年7月。

妇女参与政治决策的工作。

第一，一个具有前瞻性的妇女参政促进战略能够保障机制的建设、完善和实施。此战略的目标应该是兼顾"量"与"质"，在增加女干部数量的同时提高女干部素质，优化女干部在各领域中的分布，并能够提供给女干部人性化的待遇，让她们能够兼顾自己的家庭角色，在事业与家庭之间寻找到平衡点。北京不仅要以中国国内性别平等目标为参照，更要以国际公认的妇女政治平等指数为参照，在性别平等领域成为具有国际水平与中国特色的世界城市。

在战略的制定中，妇联组织可以进一步凸显妇女研究机构的作用力，在调研、数据分析等方面为政府决策提供更多依据。同时，可以充分发挥工作网络优势，发动、联合行业女性组织和高校及研究机构，组建"妇女参与政治决策"专家顾问组，从而更好地支撑北京市妇女参政的工作并且形成妇联工作的特色。

第二，对四大世界城市的调研表明，执政党的性别平等意识对促进妇女政治话语权的提升发挥着至关重要的作用，促进妇女参政机制的顺利实施需要执政党提高性别平等意识并在党内强化相关机制。因此，应加快社会性别意识纳入党政日常决策的步伐。

在执政党内部采取更多措施促进、提高妇女在各个决策层上的比例，能够有效地推进政治生活中的性别平等。建议进一步加强选拔优秀女性党员干部工作。美、英、法、日四国政党及其地方分支的做法都有值得借鉴的地方，比如完善和建立针对女性干部特点的评估机制、选拔机制和培训机制等。

第三，营造一个更有利于性别平等政策实施的社会氛围。在北京发展建设的具体指标和项目中，应彰显社会性别主流化主题，在此基础上构建妇女参政文化。突出妇女参政主题亦可以作为妇联组织作为提升自身形象、扩大自身影响力的一个重要措施，或者说作为妇联工作创新的一部分内容。应该让全社会各阶层都认识到妇联和妇女在促进性别平等尤其是妇女参与政治决策方面所做出的努力。

为此，可通过组织展览、讲座、媒体报道等方式宣传妇女参政工作所取得的成绩，通过数据、事例来阐述妇女在北京市政决策、管理中的角色作用。另外，在北京妇女网及其他门户网站可设立妇女参政议政讨论专栏，与媒体联合介绍优秀的女性干部，增加国内女性主义研究学者的学术网站链接，组织国际学术研讨会，增加英文网页等。

第四，构建具有国际视野的各方合作机制，增加并彰显对妇女组织的关注与支持。相比于国外女性主义组织，我国的妇联组织具有政治性和群众性双重优势。妇联有党政支持，拥有覆盖市、区、县、街乡、村居的工作网络，与学术研究机构、大学研究机构合作密切，与市民社会联系紧密，在推动妇女参政方面完全可以发挥更大的作用。

第五，市政机构在与外国大城市的交流合作中，应表现出北京对保障全世界女性权利问题的更多关注，积极宣传第四次世界妇女大会后北京取得的成果。北京尤其可以成为妇女权利宣传促进活动的区域性中心，比如联合亚洲国家的大城市或发展中国家大城市举行相关主题的研讨或庆祝活动，亦可以更多地承办或参与联合国等机构的女性主义活动，提升北京作为世界城市的国际话语权和国际形象。

第六，媒体可以在促进妇女参政方面发挥更大作用。媒体一方面可以宣传优秀女性、人才女性领导者的作用力、影响力和个人风采，另一方面也可以引导市民关注和促进妇女参与政治决策。

第二章
世界城市妇女经济地位

英国著名女作家维吉尼亚·伍尔夫（Virginia Woolf）曾在《一间自己的屋子》中提到，一个女作家写作，至少需要两样东西，一间属于自己的屋子和每年 500 英镑的收入。对这句话最直接的理解即是经济状况是女性追求自我价值实现的基础。一直以来，妇女的经济地位都是衡量妇女社会地位及独立状况的重要指标。

国际上，早在 1979 年联合国大会就通过了《消除对妇女一切形式歧视公约》，并于 1981 年生效，确立规则以保障妇女权利。其中就提到应在所有领域，特别是在政治、社会、经济、文化领域，采取包括立法在内的一切适当措施，保证妇女得到充分发展和进步。1995 年 9 月 4～15 日，联合国第四次世界妇女大会在北京举行，其中妇女参与经济是次主题之一，会上发布《北京宣言》，指出要"促进妇女经济独立，包括就业"，大会还通过了《北京行动纲领》，纲领中关于经济部分的内容要求保障妇女的经济权利，增强妇女的经济能力、为妇女的经济参与提供服务。十年之后，2005 年根据联合国经社理事会"北京 +10"进程的要求，联合国在对各国政府工作进行评估的基础上，形成了对十年来《北京行动纲领》执行情况的评估，在这一评估中，妇女与经济部分内容仍然占据重要地位。

在中国国内，对女性发展状况进行评估的一大重要指标同样也是经济状况。从 1990 年开始实施的三期中国妇女社会地位调查均涉及妇女经济状况。1995 年中国政府发布第一份《中国妇女发展纲要》，在到 20 世纪末中国妇女发展的总目标中也提到了经济平等权利的落实。2001 年、2011 年国务院两次发布的《中国妇女发展纲要》中都将妇女与经济确定为优先发展的领域之一，足以看出经济状况对于衡量女性整体生活及发展状况的重要性。因此，要了解纽约、伦敦、巴黎、东京四大世界城市的女性的整体发展状况，就离不开对其经济地位的把握。

本章各节内容均将围绕一个统一的综合多指标体系，来考察四大城市女性的经济发展状况。该指标体系主要包括如下几方面内容（见图2-1）。

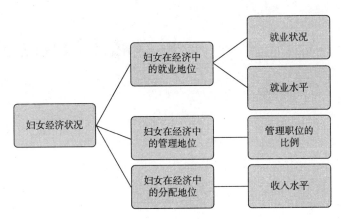

图 2-1 经济发展状况指标体系①

其中，妇女就业状况主要反映妇女的就业面，通过就业比率，可以看出女性在业人口相对于男性在业人口的比较状况。妇女就业水平主要反映的是妇女经济地位的较深层次，它直接决定了妇女作为社会财富的创造者在社会中的地位。可从妇女就业的行业分布上加以观察。妇女在经济中的管理地位反映的是妇女经济地位的高层次水平，可具体反映女性在技术管理领域中所处的职业地位和所具有的竞争力。最后，通过衡量收入水平和男女两性的收入差异体现妇女在经济中的分配地位。

第一节　纽约女性经济地位

作为一个世界城市，纽约市是世界上最重要的商业和金融中心之一，在全球经济中占据重要地位。它的金融业、零售业、全球贸易、交通运输业、旅游业、房地产业、保险业、传媒业、新兴技术行业、时尚行业、艺术产业等都十分发达，对于美国经济举足轻重。2011 年纽约市都市生产

---

① 对各类指标的详细说明，可参考单艺斌：《如何评价妇女经济地位》，《中国统计》1999 年第 8 期。

总值 1.28 万亿美元，位居全美各城市第一，约占 2011 年美国国民生产总值（15.32 万亿美元）的 8.4%。① 如果将纽约市的生产总值放到世界上与各国国民生产总值相比，纽约市将排在美国、中国、日本、德国、法国、英国、巴西、意大利、印度、加拿大、俄罗斯、西班牙、澳大利亚之后，位居第 14 位。

纽约市在全美，乃至全世界都占据十分重要的地位，对纽约市女性经济情况的分析有助于了解美国国际大都会的妇女发展状况，并为北京妇女发展提供借鉴作用。本节将重点考察纽约市女性就业水平、就业结构和男女两性的收入差距等相关情况，结合纽约市国际性、多族裔、多移民的特点，分析生活在这个城市中不同族裔女性的经济生活状况。

一　纽约女性就业和收入情况

在就业方面，这一部分主要考察三点：首先是通过分析纽约市女性的就业比率来看纽约市女性整体就业状况，其次将考察纽约市女性就业的行业分布来衡量该市女性就业结构，接着分析女性在技术管理领域中所处的状况以反映女性经济地位的高层次水平。在收入方面，结合纽约市多族裔、多移民的特点，分析不同族裔移民女性的收入水平以及和男性的收入差距。

（一）纽约市女性的就业情况

根据美国劳工部最新数据显示，2012 年 9 月纽约市的失业率为 9.5%，高于全美平均水平的 7.8%，相较于同年 8 月的 9.9%，经济形势显现出略有好转的迹象，但是与 2011 年 9 月的 9.1% 相比，2012 年的就业形势明显劣于 2011 年（见表 2-1）。2008 年金融危机爆发以来，纽约市的失业率就从 5% 左右上升到 10% 左右，到 2009 年 11 月经济才开始有复苏的迹象。进入 2012 年以来，纽约市的失业率就一直呈现上升趋势，7 月、8 月达到较高点，9 月开始下降，从就业率的变化上可以看出纽约市 2012 年整体经济状况不佳，这给纽约市女性就业无疑带来了困难。

---

① 美国经济分析局数据：http：//www.bea.gov/national/xls/gdplev.xls。

表 2-1　纽约市、纽约州、美国失业率①

单位：%

地　区	2012 年 9 月	2012 年 8 月	2011 年 9 月
纽约市	9.5	9.9	9.1
纽约州	8.9	9.1	8.3
美　国	7.8	8.1	9.0

结合 2012 年最新的纽约市女性就业数据，以及 2007 年至 2011 年等可参考数据，本节将从就业状况、行业分布、管理者比率等几方面对纽约市女性就业展开分析。

1. 纽约市女性的就业状况概述

霍华德·萨缪尔中心 2007 年的研究报告显示，2007 年纽约市女性全职工作的比例为 68.4%，兼职工作的比例为 22.9%，失业率为 8.6%，男性则分别为 78.2%、14.5% 和 7.3%。女性的失业比率和兼职比率都高于纽约市男性的相应比率。根据该报告，2007 年纽约市女性的失业率和兼职率均高于男性。为了进一步分析报告结果，还提供了不同族裔女性雇佣情况的对比信息，可以看出各类女性的全职雇佣比率都低于相应类别的男性全职雇佣比率，其中拉丁裔女性的全职雇佣率最低，仅为 60.2%，而白种女性和亚洲裔女性的全职雇佣率高达 71.3% 和 71.4%，这主要是受教育程度、家庭及社会环境不同所导致的结果（见图 2-2）。②

在兼职比率方面，女性的兼职比率基本都高于同类别的男性兼职比率，其中非洲裔女性的兼职比率最低，拉丁裔最高。拉丁裔女性在纽约市女性群体中是就业情况最差的族裔，考虑到拉丁裔移民的来源地、受教育程度，等等，她们的确面临着最大的挑战。

2008 年金融危机爆发，之后数年纽约市全市的失业率整体上升，女性的失业率以及兼职比率也不例外，生活陷入困窘的女性增加。根据一家非政府组织纽约市食物银行组织（Food Bank for New York City）2009 年在纽约市的调查数据显示，纽约市 20% 的女性生活在美国联邦规定的贫困线之下（全美

---

① 美国劳工部就业数据：http://www.labor.ny.gov/stats/pressreleases/pruistat.shtm。

② "The Economic Status of Working Women in New York"，http://www.howardsamuelscenter.org/reports/EconWomenAugust8.pdf。

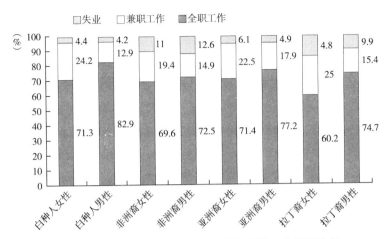

图 2 - 2　2007 年纽约市各种族女性与男性工作类型比例

总共有 15% 的人口生活在贫困线之下），约 46% 的纽约女性在 2009 年遇到了购买食物方面的困难，去食物分发处领取食物的纽约人中 64% 是女性，18% 的纽约女性在失去家庭收入后无法立即得到必需的食物。①

　　该组织在 2010 年的调查报告中又提及男性与女性在缺乏食物方面的差距，这种差距在 2008 年经济危机爆发之后被加剧了。获取食物比较困难的女性所占比例从 2003 年的 28% 上升到 42%，男性所占比例则从 2003 年的 22% 上升到 31%（见图 2 - 3）。这表现出在严峻的经济形势下，女性相较于男性而言，更容易遭受到来自缺乏食物等基本生活必需品的困扰，在遭遇经济危机时所受到的影响更大。②

　　金融危机之后，纽约市男性的就业率也受到很大的冲击，尤其是建筑业等行业大量的男性失去工作，加上政府为失业的低学历女性（高中肄业）提供就业帮助，帮助其在服务行业中找到就业机会，导致男性的失业率一度高于女性。然而随着经济危机的逐步缓解，男性从危机中恢复的速度远远快于女性。一项来自公益机构社区服务组织的调查结果显示，通过对 2009 ~ 2011 年的数据进行分析，女性的失业率从 8.4% 上升到 8.8%，而男性的失业率则

　　①　"NYC Hunger Experience 2009"，http：//www. foodbanknyc. org/go/policy - and - research/poli-cy - and - research - reports/nyc - hunger - experience#nychungerexperience.
　　②　"NYC Hunger Experience 2010"，http：//www. foodbanknyc. org/files//dmfile/NYCHungerExpe-rience2010LessFoodontheTableFullReport. pdf.

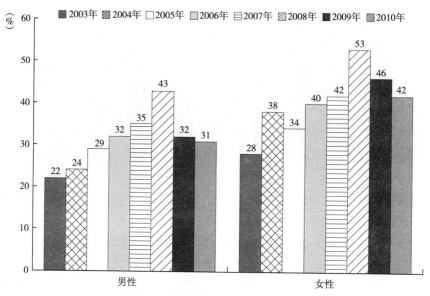

图 2-3　纽约市男性和女性难于购买食物的人口所占比例（2003~2010）

从 10.4% 跌到 9.1%。①

2. 纽约市女性的行业分布

女性的行业分布情况是分析女性就业结构的一个重要指标。本节将通过列举不同族裔分性别的十大就业行业以及年收入，介绍不同族裔女性从业比率最高的十大职业以及收入情况，与男性的十大行业进行对比，分析纽约市的职业隔离现象。表 2-2 至表 2-5 为纽约州的相关调查数据，用以作为纽约市的参考。② 从对比表中可以看出：

首先，女性的十大就业行业与男性的十大就业行业重合率并不高，像白人女性、非洲裔女性与男性只有三类职业有重合，这说明职业性别隔离现象在纽约州还是比较突出的。很多男性高收入行业并未对女性敞开大门，这是由长时间以来的社会环境及就业习惯等导致的，例如较高收入的电脑技术人

① "As Unemployment Rate for Men Goes Down, Women's Goes Up: Report", http://www. wnyc. org/articles/wnyc - news/2012/aug/15/mens - unemployment - rate - goes - down - while - womens - goes - study - says/.

② "The Economic Status of Women in New York State", http://www. nywf. org/pdf/Economic_ Status_ Report. pdf.

员、内外科医生等职业都未出现在女性的十大就业行业中。

其次，在相同行业中女性的收入大都低于同族裔男性的收入，例如从事销售主管和销售员的白人女性收入仅为一年40700美元，而同行业男性则能达到一年61100美元，这说明在各行业中同工不同酬的性别差异仍然存在且比较突出，存在一定的劳动力市场歧视。

再次，不同族裔的女性就业行业之间的重合率较高，但部分行业只在个别族裔中存在，说明族裔之间的差异还是比较明显的。例如白人女性的十大行业中有商业运作人员，收入较高，年收入为44800美元，在其他族群的十大行业中没有这一行业。亚洲裔女性的职业中有纺织行业员工和收银员这两大类别，都是低收入职业，并未出现在其他族裔中。此外相同行业不同族裔的收入差异也比较明显。

表2-2 纽约市白人分性别十大行业数据

单位：%，美元

白人女性			白人男性		
职　业	雇佣比率	收　入	职　业	雇佣比率	收　入
基层行政主管、仓库管理员、前台等行政支持类工作	6.5	32600	中层管理者	7	71300
秘书和行政助理	4.7	33600	销售主管和销售员	5.8	61100
中层管理者	4.6	56000	基层行政主管、仓库管理员、前台等行政支持类工作	3.2	40700
销售主管和销售员	3.5	40700	电器设备机械师、房地产经纪人、安装维修行业人员	3.0	50900
注册护士	2.2	56000	计算机技术人员	2.5	70300
幼儿园至中学老师	2.2	48900	生产制造业主管和员工	2.4	40700
商业运作人员	1.9	44800	律师、司法业	2.2	58100
卫生技术人员	1.5	33600	建筑和保洁	2.2	32600
社会工作人员	1.5	35800	司机	2.1	40700
会计、审计员	1.4	48200	工程师	1.8	71300

表 2－3　纽约市非洲裔分性别十大行业数据

单位：％，美元

非洲裔女性			非洲裔男性		
职　业	雇佣比率	收　入	职　业	雇佣比率	收　入
家居医护助理	9.4	27500	基层行政主管、仓库管理员、前台等行政支持类工作	5.9	33600
基层行政主管、仓库管理员、前台等行政支持类工作	8.7	31600	保安等安全保护性行业人员	3.9	25500
注册护士	4.2	65200	建筑和保洁	3.6	29500
秘书和行政助理	3.9	35700	销售主管和销售员	3.5	40700
中层管理者	3.5	50900	中层管理者	3.2	56000
社会工作人员	3.2	35700	电器设备机械师、房地产经纪人、安装维修行业人员	3.2	42800
卫生技术人员	2.7	40700	司机、卡车司机	2.7	40700
保姆	2.5	21400	售货员	2.2	29100
销售主管和销售员	2.2	38700	公交车司机	2.1	40700
生活服务人员	1.9	21400	律师、司法业	1.9	57000

表 2－4　纽约市亚洲裔分性别十大行业数据

单位：％，美元

亚洲裔女性			亚洲裔男性		
职　业	雇佣比率	收　入	职　业	雇佣比率	收　入
基层行政主管、仓库管理员、前台等行政支持类工作	5.3	39300	销售主管和销售员	6.9	30600
注册护士	4.1	71300	计算机技术人员	5.8	73300
收银员	3.8	19400	中层管理者	5.3	61100
会计、审计员	3.7	50900	基层行政主管、仓库管理员、前台等行政支持类工作	5.3	40700

亚洲裔女性			亚洲裔男性		
职　业	雇佣比率	收　入	职　业	雇佣比率	收　入
中层管理者	3.6	64200	机动车经营车（卡车和公交车除外）	3.2	26100
销售主管和销售员	2.2	40700	内外科医师	2.9	101900
秘书和行政助理	2.1	30600	餐饮业人员	2.8	28500
艺术设计人员	2.0	50900	生产制造业主管和员工	2.2	30600
纺织行业	1.8	17300	厨师、餐点师	2.1	20400
家居医护助理	1.7	25500	会计、审计员	1.8	61100

表2－5　纽约市拉丁裔分性别十大行业数据

单位：％，美元

拉丁裔女性			拉丁裔男性		
职　业	雇佣比率	收　入	职　业	雇佣比率	收　入
基层行政主管、仓库管理员、前台等行政支持类工作	7.4	30600	建筑和保洁	7.9	26500
保姆	3.1	11200	基层行政主管、仓库管理员、前台等行政支持类工作	4.2	29900
建筑和保洁	3.9	20400	中层管理者	3.9	46900
秘书和行政助理	3.9	34600	建筑工人	3.3	26500
卫生技术人员	1.3	34900	销售主管和销售员	3.0	39300
中层管理者	3.3	48900	厨师、餐点师	3.0	21200
销售主管和销售员	2.7	36700	生产制造业主管和员工	2.8	23800
生产制造业主管和员工	2.4	18300	司机、卡车司机	2.7	30600
社会工作人员	1.9	39700	电器设备机械师、房地产经纪人、安装维修行业人员	2.0	36700
幼儿园至中学老师	1.8	48900	木匠	1.8	26500

3. 纽约市女性管理者所占比例

许多世界级的知名大企业都将总部设置在纽约，许多杰出的女性领导者生活在这座城市。本节通过对100家公司董事会及管理层的数据进行分

103

析，重点考察纽约市女性的管理职位比率，以判断纽约市女性就业的层次问题。

根据 2007 年的数据统计结果，纽约市有私人企业 94.41 万家，其中只有 32.3% 为女性所有。① 美国纽约女性领导者协会（Women's Executive Circle of New York）2007 年与美国康奈尔大学女性与工作研究所合作出版了《2007 年纽约州女性领导者》调查报告，2009 年与哥伦比亚大学商学院合作出版了《2009 年纽约州女性领导者》调查报告。报告中将处于领导地位的女性定位为加入了董事会或者处于执行官层面的管理者。报告调查了总部位于纽约州的 100 家大型公司，其中大部分位于纽约市，计算了女性在其中处于管理层的比例。结果显示 2007 年女性在管理层的比例为 14.7%，并且 100 家公司中有 11 家公司的高层管理者中没有女性；2009 年这一比率上升至 15.5%，没有女性高层管理者的公司上升到 15 家。

2007 年，在纽约州 100 家公司的 1129 个董事会席位中，女性只占有 15.6% 的席位，14% 的公司董事会中没有女性，24% 的公司董事会成员只有 1 名女性，41% 的公司董事会成员有 2 名及以上的女性，21% 的公司董事会成员有 3 名及以上的女性。只有两家公司有 5 名女性成员，这两家公司一家是雅诗兰黛公司，一家是纽约时报集团。2009 年，在纽约州 100 家公司的 1063 个董事会席位中，女性占有 17% 的席位，上升趋势明显，16% 的公司董事会中没有女性，66% 的公司董事会成员有两名及以上的女性，有 5 家公司董事会主席为女性，包括雅芳公司、百事可乐公司等。

2007 年，100 家公司的 354 个执行官职位中，女性只有 11.9%，67% 的公司没有女性执行官，有 4 家公司的首席执行官为女性，分别为安·泰勒百货公司、雅芳公司、纽约时报集团以及百事可乐公司。2009 年，348 个执行官职位中，女性只有 10.9%，比率相比 2007 年有所下降，71% 的公司没有女性执行官，拥有女性首席执行官的公司只比 2007 年多了 1 家，除了之前的 4 家外，增加了国家金融伙伴公司（National Financial Partner Corp）。在这两年的报告中，都根据女性在管理层的比率做了一个排序，以下为 2009 年排名前 25 位的公司情况（见表 2－6），几家拥有女性首席执行官的公司

---

① 美国统计局纽约市相关数据：http://quickfacts.census.gov/qfd/states/36/3651000.html。

都处于其中，显示出女性首席执行官更愿意聘用女性担任管理者。①②

表 2 - 6　2009 年纽约州女性占执行官比率排序表（前 25 位公司）

单位：%，人，百万美元

	公司名称	女性执行官比例	女性管理者人数	管理者总人数	公司年收入	雇员人数
1	雅芳公司（Avon Products Inc）	46. 67	7	15	10690. 1	42000
2	国家金融伙伴公司（National Financial Partners Corp）	45. 45	5	11	1150. 4	3383
3	安·泰勒百货公司（Ann Taylor Stores Corp）	38. 46	5	13	2194. 6	18400
4	雅诗兰黛公司（Estee Lauder Co）	37. 50	6	16	7910. 8	32000
5	伊斯塔金融公司（iStar Financial Inc）	36. 36	4	11	1370. 6	270
6	纽约时报集团（New York Times Co）	31. 58	6	19	2948. 9	9346
7	百事可乐饮料公司（Pepsi Bottling Group Inc）	28. 57	4	14	13796. 0	668000
7	巴诺连锁书店集团（Barnes & Noble Inc）	28. 57	4	14	5121. 8	37000
7	颇尔公司（Pall Corp）	28. 57	4	14	2571. 6	10600
7	士林公司（Scholastic Corp）	28. 57	4	14	2205. 6	10200
11	百事公司（PepsiCo Inc）	26. 67	4	15	43251. 0	198000
11	Aéropostale 服装公司（Aeropostale Inc）	26. 67	4	15	1885. 5	14689
13	ABM 工业集团（ABM Industries）	25. 00	3	12	3623. 6	100000
13	国际香精香料公司（International Flavors & Fragrances Inc）	25. 00	4	16	2389. 4	5338
13	Annaly 资本管理公司（Annaly Capital Management Inc）	25. 00	3	12	2366. 3	65

① "2009 New York Census：The State of Women Business Leaders in New York State", p. 5, http：//www. wecny. com/ftpwecny/wecny_ census_ 2009. pdf.

② "2007 New York Census：The State of Women Business Leaders in New York State", p. 6, http：//www. wecny. com/ftpwecny/wecny_ census_ 2007. pdf.

	公司名称	女性执行官比例	女性管理者人数	管理者总人数	公司年收入	雇员人数
13	Warnaco 集团有限公司（Warnaco Group Inc）	25.00	3	12	2065.0	5200
13	慧俪轻体国际公司（Weight Watchers International Inc）	25.00	3	12	1562.3	52000
18	国际电话电报公司（ITT Corp）	23.08	3	13	11694.8	40800
18	PVH 集团（Philips – Van Heusen Corp）	23.08	3	13	2491.9	11100
18	露华浓公司（Revlon Inc）	23.08	3	13	1346.8	5600
18	纽约公司（New York & Co）	23.08	3	13	1139.9	8129
22	BGC 公司（BGC Partners Inc）	22.22	2	9	1228.9	2277
23	百时美施贵宝公司（Bristol – Myers Squibb Co）	21.43	3	14	20597.0	35000
23	Interpublic 集团公司（Interpublic Group of Companges Inc）	21.43	3	14	6962.7	45000
23	拉夫罗伦公司（Polo Ralph Lauren）	21.43	3	14	4880.1	15000

通过这一调查报告的相关数据，可以看出纽约州的女性在领导层面的比例依然较低，但即使是所占比率较低的女性领导者在纽约市的作用和影响力也是不容小觑的。"纽约市最有影响力的 50 位女性"从 2009 年开始评选，2011 年的当选者是玛丽·安·泰女士（Mary Ann Tighe），世邦魏理仕集团纽约大区首席执行官，首位纽约房地产管理局的女性领导者。2011 年的 50 位当选者中有 1/4 是新当选的成员，说明新的女性管理者正在不断成长。2011 年 6 月《纽约时报》任命吉尔·艾布拉姆森（Jill Abramson）为总编辑，她是《纽约时报》160 年来首名女性总编辑。《纽约时报》是美国最具影响力的报纸，被视为美国纸媒体的标杆，吉尔·艾布拉姆森的任职被视为女性打破男性垄断领导层的重大突破。这些都可看出纽约市女性的影响力正在逐步增加。

另外，女性管理者相较于男性管理者来说，更易失去职位，2007～2008 年的金融危机中，失去职位的女性管理者是男性管理者的 3 倍，这也从另一个角度说明了女性在管理层面的弱势地位。[1]

总而言之,纽约市女性在管理层面的比率依然偏低,女性管理者相较于男性管理者更易失去工作,积极的一面在于其影响力在不断提高。

(二) 纽约市女性的收入情况

如前所述,纽约市女性人口略占多数,但薪酬收入数据显示,400 多万女性的经济地位并不占据优势。

薪酬水平对于女性来说十分重要。首先,无论是夫妻双方都工作的双职工家庭还是单亲母亲为户主的单亲家庭,女性的薪酬收入都是家庭中的主要收入来源,直接关系到整个家庭的生活状况。研究结果显示,已婚夫妻中妻子一方对于家庭的贡献比重日益增长,1979 年的研究结果显示女性的收入为家庭收入总比重的 26%,2000 年的时候比重已经到了 34%。[2] 其次,薪酬收入水平还直接与女性的经济独立和社会地位相关,经济独立与自主能够使女性获得与之相应的生活水平,也会使得女性更加自信地投身于社区活动,参与地方自治性质的政治活动,并且积极地进行自我表达。纽约的许多女性都积极投身于各类社会运动与社会组织当中,这与她们能够独立工作,独立生活息息相关。因此,薪酬收入是衡量纽约市女性经济地位的一个十分重要的指标。从薪酬收入角度,结合纽约市独特的市情,本节将主要分析纽约市不同族裔女性的收入情况、移民女性的收入情况以及纽约市女性与男性的收入差距。

1. 纽约市不同族裔女性收入情况

由于纽约一直以来都是外来移民的入境点,有相当多外来族裔在此落地生根。19 世纪和 20 世纪早期,大量的移民进入美国,相当多的人进入纽约。这使得纽约市具有一大特点,就是族裔众多,并且会形成不同族裔的聚居区。1965 年移民法出台,主要来自亚洲及拉丁美洲地区的新移民进入纽约市。根据 2010 年人口普查数据显示,纽约市约有 36% 的人口是在国外出生的,主要移民来源国家有多米尼加、中国、牙买加、圭亚那、墨西哥、厄瓜多尔、海地、特立尼达和多巴哥、哥伦比亚和俄罗斯。纽约市目前主要的几大族裔主

---

[1] "Life at the Top for New York's Most Powerful Women", http：//www. crainsnewyork. com/article/20110626/SUB/306269989.

[2] Mishel, Lawrence, Jared Bernstein, and Heather Boushey, *The State of Working America 2002/2003*, Ithaca, NY：Cornell University Press, 2003.

要 为 白 种 人 （44%）、拉 丁 裔 （28.6%）、非 洲 裔 （25.5%）、亚 裔 （12.7%），此外还包括一些印第安裔以及阿拉斯加土著（0.7%）、夏威夷及太平洋岛国血统族裔（0.1%）、多族裔混血儿（4%），等等。①

2005 年的美国社区调查显示，整个纽约州白人女性的年收入最高，约为 39700 美元，亚裔女性其次，约为 39200 美元，非洲裔、拉丁裔和印第安裔女性则依次为 33800 美元、29000 美元、31800 美元，收入均高于全美境内该族裔的平均水平。

与全美国相似，纽约市各族裔的女性收入均低于相应族裔的男性收入，白人女性收入在几个族裔中最高，拉丁裔女性的收入最低。但纽约市两性收入差距低于全美平均水平，在全美处于优势地位，在纽约州也处于优势地位。（见图 2 - 4）

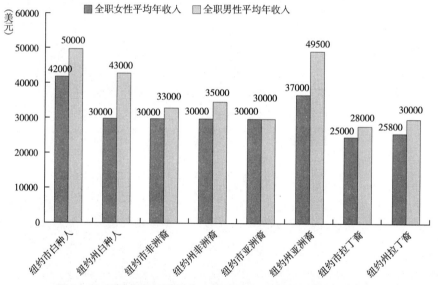

图 2 - 4　纽约市及纽约州各族裔女性年收入及男性年收入对比

将图 2 - 4 与表 2 - 2 至表 2 - 5 的不同族裔女性的就业表对应起来看，可以发现纽约市的白人女性无论是在就业还是在收入上都处于优势地位，非洲裔和拉丁裔女性在就业和收入上都处于劣势地位，而亚洲裔女性虽然在就业上显得比较突出，尤其是全职比率较高，但是她们的收入水平和非洲裔女性

① 美国统计局纽约市相关数据：http://quickfacts.census.gov/qfd/states/36/3651000.html。

持平，可见在收入方面其他族裔的女性都不及白人女性。

2. 纽约市女性移民的收入情况

由于纽约是一个国际性大都市，移民为纽约市的经济发展做出了重大贡献，其经济收入也体现着他们在纽约的地位。根据美国女性政策研究所的调查报告，得出了关于纽约州女性移民经济收入的三点结论，虽然没有具体到纽约市，但基本描述到了纽约市的相关情况。

首先，在移民中，不同来源地的女性移民收入都低于该来源地的男性移民，可见男性的优势地位十分明显。和之前的族裔分析结果一致，白种人女性移民的收入仍然最高，而拉丁裔女性移民的收入依然最低（见图2-5）。

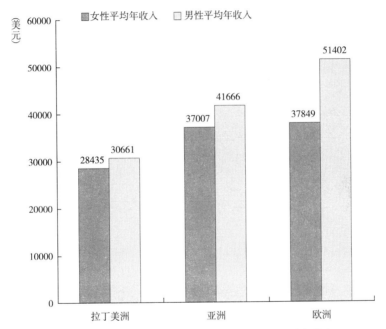

图2-5　纽约市不同来源地女性和男性移民平均年收入

其次，前来居住纽约州的年限也决定着女性移民收入的高低。以2000年为界限，2000年之后来到纽约州的女性移民年收入约为24388美元，男性移民约为26451美元；而2000年之前就已来到纽约，居住年限较长，例如1990~1999年的女性移民平均年收入约为28032美元，而1990年之前来到纽约的女性移民则可以赚到35086美元。造成这种情况的原因之一是根据美国的移民政策，同等条件下（例如学历、投资额等）居住年限越长的女性移民获得永久居住权甚至国籍的比例越大，而通常获得以上两者的移民在美国的就业生活等方面会更加具有优势，所享有的社会福利保障等等也会更加全面，其经济状况会明显优越于居住年限较短的女性移民；另一原因则是女性移民前来纽约时间愈长，生活愈趋于稳定，对城市方方面面的情况也更加熟悉，工作经验更加丰富，更易获取更好的职位，因此能得到更高的报酬。

此外，获取了美国公民身份的女性移民的收入优势更为明显。但无论是已获取还是未获取美国公民身份的女性移民，其收入都低于同类的男性移民。图2-6为美国移民研究机构针对全美的移民情况做的统计，可供参考。

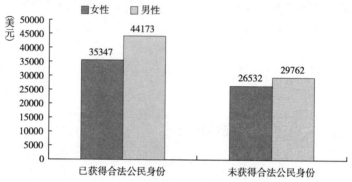

图2-6 美国移民分性别收入对比

3. 纽约市女性与男性的收入差距

美国女性的薪酬收入与男性的薪酬收入的差距虽然偶有起伏，但总趋势是一直在缩小的（见图2-7）。纽约市作为美国第一大都市，纽约市的女性们一直走在时代的前列，在提高自身地位方面自然也不逊色。

图2-7 美国女性收入占男性收入比例走势

在收入方面，纽约市女性的平均年收入在整个纽约州，以及全美范围内都是处于较高水平的，只是相较于男性而言仍有一定差距。2009年纽约州的统计数据显示纽约市劳动力总共有657.9万人，其中女性有301万人，约占劳动力总人口的45.7%，女性的收入约为男性的71.4%。纽约市的女性收入与纽约州相比要高，与男性的收入差别也较纽约州整体要小（见图2-8）。这与纽约市女性的受教育程度、工作选择倾向、个人生活方式等相关。

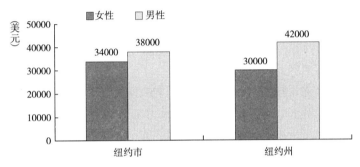

图2-8　纽约市与纽约州女性与男性收入差距

虽然纽约市女性的就业情况和收入情况在全美境内略好于其他城市，但纽约的消费水平也高于其他地区，从收支角度来看，这一优势体现得就不是那么明显了。

纽约市还有一个典型特点是贫富差距过大，这一点在曼哈顿区体现得最为明显。曼哈顿是富人的集中地带，富裕的家庭年收入可以达到几十万美元甚至几百万美元，而最贫穷的家庭年收入也就几千美元。在这些贫穷家庭中有许多都是单亲家庭，这些家庭中的女性更易因为收入的减少而失去生活保障。

二　影响纽约女性就业和收入的因素

迄今为止，对女性就业和收入的研究很多，涉及社会学、心理学、政治学等众多学科，从各自的角度解释了造成女性与男性之间收入差距的原因，例如工作时长、职业隔离、工作预期、性别偏见与歧视、婚育期影响、家庭收入和家庭地位、职业教育差异、性别差异与薪酬认知，等等。其中，教育因素和家庭因素的作用得到了一致认可。此处将简单分析教育因素和家庭因素对纽约市女性就业以及收入的影响，关于纽约市女性的教育状况及婚姻家庭状况可以详见书中相关章节。

（一）教育

纽约市女性接受教育的状况在不断地进步中，女性接受教育的机会越来越多，接受的教育程度也越来越高。在整个纽约州，25岁以上全职女性工作者在受教育程度方面比25岁以上的男性全职工作者还略有优势，然而大多数同等教育水平的女性仍然要比男性收入低。

首先来看纽约市女性的教育程度。总体而言纽约女性的受教育程度高于全美平均水平，尤其是副学士程度以上的高学历比率，研究生学历高出全美4.9%。女性与男性相比在教育程度上也占据优势地位，专科以上学历的女性所占比率都高于男性。[①]

通常来说，无论性别、族裔，更高的教育程度能够带来更高的收入，这点在纽约也同样如此。表2-7展示了2005年对不同教育程度不同族裔的纽约市全职工作者的收入调查。通过数据显示，拥有更高学历的女性平均收入更高，可见更高的学历是更高收入的保证之一。表2-8为女性政策研究所关于学历带给收入增益部分的统计，认为在纽约州女性从高中学历升到本科学历，可以增加约67.5%的收入。其中亚裔女性的收入中学历所起到的作用非常大，可以达到118.5%，从中可以看出教育因素在女性收入中的重要性。

表2-7 2005年纽约州及美国分性别分族裔、不同教育程度收入统计

单位：美元

学历	性别	全体		白人		非洲裔		亚洲裔		拉丁裔	
		纽约	美国	纽约	美国	纽约	美国	纽约	美国	纽约	美国
低于高中	女性	20400	19400	23200	21600	24400	20400	18800	20400	17300	17300
	男性	26800	26500	3700	32600	3060	25500	25500	25500	24400	22400
高中	女性	29500	26500	30600	27500	28500	24400	23300	25500	25500	23400
	男性	38700	35700	40700	39100	32600	30600	26500	30600	31400	28500
专科	女性	33600	30800	34600	32600	33600	30600	39600	32100	32600	30600
	男性	44800	42800	47000	45800	40700	36700	36700	38700	38700	36700

---

① "The Economic Status of Women in New York State", http：//www. nywf. org/pdf/Economic_ Status_ Report. pdf.

续表

学历	性别	全体 纽约	全体 美国	白人 纽约	白人 美国	非洲裔 纽约	非洲裔 美国	亚洲裔 纽约	亚洲裔 美国	拉丁裔 纽约	拉丁裔 美国
副学士	女性	35700	35700	36700	36700	34600	33600	36500	36700	32600	31600
	男性	46900	45800	50900	47900	42800	40700	35700	40700	40700	40700
学士	女性	49400	44800	50900	45800	45800	40700	50900	46700	43800	40700
	男性	61100	61100	68300	63200	57000	48900	56000	59100	42800	46900
研究生	女性	62100	56000	63200	57000	57000	53000	66200	63200	57000	50900
	男性	85600	81500	92700	86600	63200	61200	67200	81500	69300	65200

表 2-8　2005 年纽约州及美国分性别分族裔学历获得收入增益比例

单位：%

	性别	从低于高中到本科 纽约	从低于高中到本科 美国	从本科到研究生 纽约	从本科到研究生 美国
全体	女性	67.5	69.1	25.7	25.0
	男性	57.9	71.7	40.1	33.4
白人	女性	66.3	66.5	24.2	24.5
	男性	67.8	61.6	35.7	37.0
非洲裔	女性	60.7	6.8	24.5	30.2
	男性	56.1	59.8	24.2	25.2
亚洲裔	女性	118.5	83.1	30.1	35.3
	男性	111.3	93.1	20.0	37.9
拉丁裔	女性	71.8	73.9	30.1	25.1
	男性	36.3	64.6	61.9	39.0

纽约市女性的教育情况极大地影响着收入水平，但值得注意的是在同等学历条件下女性的收入均低于男性，再次验证了纽约市女性在就业方面与男性差距依然明显地存在。

（二）婚姻及家庭

家庭通常是与婚姻、生育联系在一起的，对纽约市女性而言亦不例外。每提及家庭，人们更多倾向于强调女性的家庭义务与责任。这些传统社会观念直到今天仍有着很大的影响，女性依然被认为是家务劳动的主要承担者，并应该担负起生儿育女的职责，这种观念对女性就业产生了一定消极影响。霍华德·萨缪尔中心 2007 年的研究报告对纽约市女性的婚姻家庭情况进行了一番调查，根据该中心的调查数据进行分析可以看出以下几点。

首先，婚姻与生育直接影响到纽约市女性的就业参与（参见图 2-9）。纽约市女性因结婚而退出劳动力市场是较为普遍的现象，其中包括许多高学历高技术含量工作的女性从业人员，也会为家庭责任而做出妥协，即使不退出也有可能进入非正式市场，从事兼职或弹性工作，因此导致了兼职比例的大幅度上升。另一方面，由于家庭负担的压力，已婚女性的无业比例降低，可以认为是家庭压力使得原先无业的女性部分走出家庭，创造收入。而男性则通常不会因为家庭责任而放弃全职工作，已婚男性的全职工作比率远远超过未婚男性，同时兼职率和失业率也远远低于未婚男性。

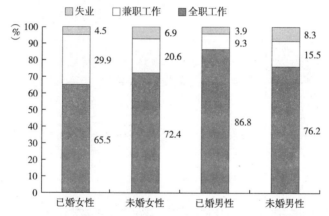

图 2-9 纽约市女性和男性按婚姻状态分类就业比率

孩子对于就业状态也有影响，但对男性和女性的影响却很不同。对于已婚女性而言，有孩子可能就意味着更低的全职就业率、更高的兼职率和无业率；而对于男性则意味着更高的全职就业率，因为有孩子的男性会给外界带来更为成熟、更有责任感的印象（见图 2-10）。

其次，当已婚女性选择继续工作时，其收入并不低于未婚女性；但是已婚女性的收入占已婚男性的收入比率，要远远低于未婚女性的收入占未婚男性的收入比率（见图 2-11）。女性的收入与同阶段男性相比，从未婚到已婚的相对收入差距扩大，意味着薪酬的上升速度及上升空间在婚后都远远低于男性。

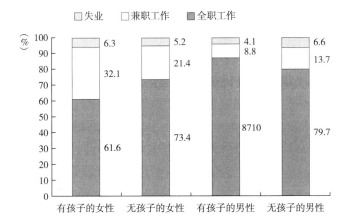

图2-10　纽约市女性和男性按有无子嗣状态分类就业比率

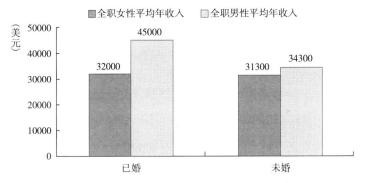

图2-11　纽约男性与女性按婚姻状态分类收入

最后，在分析家庭情况时也需要考虑族裔因素。以婚后收入差距最大的白人族裔为例，白人女性的收入在婚后并未降低，基本与婚前持平，但是白人男性的收入上升非常快，使得女性与同类男性的收入差距拉开最大。从这一点也可以看出白人男性在婚后有着极好的上升空间与发展前景（见图2-12）。

随着时代的进步，人们的思想观念也在发生着改变，尤其是在纽约这样一个国际性商业都会，各种艺术思潮和新思潮的会聚地，许多影响女性就业和收入的因素的重要性已经在逐步减退，例如许多女性不再因为婚姻家庭因素放弃工作，而选择无论是结婚与否，都做到经济上独立，等等。但教育和婚姻这两大因素仍然将在很长一段时间内影响着纽约市女性的经济状况。

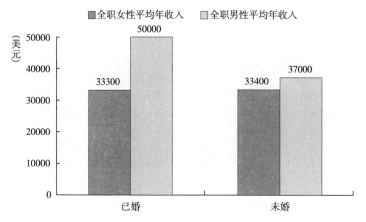

图 2-12　纽约白人男性与女性按婚姻状态分类收入

三　纽约市提高女性经济地位的措施

纽约市为促进女性就业，提高女性的经济地位采取了一系列的措施，这些措施的提倡者与实施者，既包括纽约市政府等政府机构，也包括企业、行业协会、各种社区组织、非政府组织，等等。这些措施从不同方面为提高纽约市女性的经济地位做出了贡献。

从政府机构来看，纽约市政府下设女性问题委员会、儿童服务委员会、人权委员会、经济发展委员会等机构，这些机构中的许多工作内容都服务于纽约市女性，其中即包括许多提高纽约市女性经济地位的措施，例如促进就业或者鼓励女性创业等等。以女性问题委员会为例，这一委员会于 1975 年在市长办公室的授权下设立，直接服务于市长，为其提出促进纽约市女性发展的政策建议。2011 年该机构协助纽约市政府推进名为"企业同盟"（Corporate Alliance）的项目，这一项目旨在推进少数族裔和女性设立或拥有的企业在私人领域获得更多的商机，同时也有名为"少数族裔和妇女拥有的企业"（Minority and Women-owned Business Enterprise，M/WBE）的项目，旨在帮助少数族裔和女性企业领导者获得在公众领域的商机。儿童服务委员会推出了许多旨在照顾儿童生活、改善儿童成长环境的措施，这些措施在很大程度上帮助了身为母亲的女性，解决了许多实际生活问题。人权委员会则为女性提供了社会保障方面的帮助，例如孕妇的保障计划等。纽约市政府还通过许多项目来激励女性进步，促进自身发展，例如从 2005 年开始设立的"领导者阶梯"（Ladders for Leaders）项目，为 16～21 岁的女性提供了在知名企业或政府机构带薪实习的机会，提供免费的 SAT 入学考试辅导课程，还有一些项目参与者能够获得大学提供的奖学金或学费优惠，等等，这一项目帮助年轻女性获得了深造的机会或者工作的实用技能，都对帮助女性的就业起到了作用。

此外，纽约市政府还积极促进就业，例如 2010 年年底，纽约市长布隆伯格（Michael Bloomberg）宣布推出名为"通向经济复苏和创造就业的六步骤"计划，这一计划着力重建信心、促进贸易、加强监管，为企业减税，加大就业培训投入以及改革移民法。2011 年将在纽约市新增 10 个就业服务中心，帮助 3.5 万人解决就业问题，并计划到 2012 年将这一数字增加到 4 万。这项计划可直接惠及纽约市的女性，帮助她们摆脱金融危机的阴影。①

从企业角度来看，纽约市的许多大型企业在人才培养方面都有着比较健全的机制，注重对员工的培养，这一机制惠及了众多女性员工，也培养出了许多优秀的企业管理者。同时，企业间建立的各种行业协会、商业协会等都为女性提供了良好的发展条件，例如为女性提供就业辅导，为女性提供机会认识更多的人，拓宽人脉，等等。例如，2008 年纽约华裔女性总商会成立，这一商会以帮助华裔女性的商业发展为己任，通过广泛而有益的社会活动，服务华裔商业女性，成立时即计划安排与大学合办定期的商业培训计划、举办成功企业家的经验讲座、与政府机构合作，促进女性就业服务以及各种家庭教育辅导计划，举办和华裔商业女性相关的国际研讨会和商业博览会等。②

此外，纽约市还有大量的非政府组织或者是各类基金会为提高女性经济地位服务，例如纽约市基督教女青年会（The YWCA of the City of New York）。该组织是纽约市最早的非营利组织之一，服务于纽约市女性的需要，为赋权女性，帮助她们在生活中、工作中获得成功。这一组织为女性提供职业训练、育儿辅导、商业合作机会，等等，下设许多分支组织，包括女性赋权网络组织等（The YWCA of the City of New York's Women's Empowerment Network，WEN），其服务内容中就包括帮助低收入女性、提供孩子的看护帮助，女性获

---

① 《美国纽约市长推出刺激就业"六点战略"》，http：//news. xinhuanet. com/2010 - 12/09/c_ 12861069. htm。

② 《推动女性商业发展纽约华裔女性总商会成立》，http：//news. sina. com. cn/w/2008 - 05 - 20/085713899572s. shtml。

得职业发展技能培训，等等。① 类似于这类的非政府组织或者基金会，在纽约还有许多，它们为提高纽约市女性的经济地位做出了巨大的贡献。

第二节　伦敦妇女经济地位

大伦敦政府的主要任务与发展目标是"经济发展、财富创造、社会进步、环境改善"，其核心理念是"机会平等"（Equality of Opportunity），包括不同性别、年龄、族裔、身体状况等的平等，是实现伦敦发展目标的首要保障。② 这也是世界城市发展与进步的重要考量指标。

根据联合国发布的《2011 年人类发展报告》，英国女性和男性的"劳动力市场参与率"分别是 55.3% 和 69.5%，女性比男性低 14.2 个百分点。③ 这个数据揭示了英国男女两性的经济地位和就业水平上的差距。作为英国的首都，伦敦的经济发展状况如何？伦敦妇女的经济地位和就业状况如何？本节将从经济、就业方面探讨伦敦的女性发展状况，分析伦敦的城市发展水平。

一　伦敦经济概况

伦敦是英国的经济中心，也是世界贸易与金融中心④。全球 500 强企业中，总部设在伦敦的最多，超过世界其他城市。伦敦拥有 500 多家外国银行，银行总数居世界之首。世界最大的国际外汇市场也在伦敦，这里每年外汇成交额超过世界总额的 1/3。伦敦是最著名国际保险中心，有保险公司 800 多家，其中近 1/4 为外国保险公司。伦敦股票交易所为世界四大股票交易所之一，伦敦还有众多的国际商品交易所，从事黄金、白银、有色金属、羊毛、橡胶和古玩等贵重或大宗的世界性商品买卖。

---

① "The YWCA of the City of New York", http://www.ywcanyc.org/wen/.

② http://www.london.gov.uk/who-runs-london/greater-london-authority/about-gla.

③ 关于女性和男性的"劳动力市场参与率"，美国为 58.4%、71.9%，女性与男性相差 13.5 个百分点；法国为 50.5%、62.2%，相差 11.7 个百分点；日本为 47.9%、71.8%，相差 23.9 个百分点。

④ Mark Yeandle, Michael Mainelli and Adrian Berendt, *The Competitive Position of London as a Global Financial Centre*, Z/Yen Limited, Corporation of London, November 2005, http://www.cityoflondon.gov.uk/NR/rdonlyres/131B4294-698B-4FAF-9758-080CCE86A36C/0/BC_RS_compposition_FR.pdf.

近年来，伦敦的经济发展主要是以大量的商业、服务业替代了原有的制造业。根据 2006 年的统计①，伦敦税收占英国政府收入的 17% ~ 19%（2004 ~ 2005 年）。尤其是伦敦财政金融服务业，每份工作的毛附加值为 26%，大大高于英国平均水平，行业年度总量占全英的 40% 以上，为全国 GDP 的直接贡献率是 9%。预计在 2007 年到 2031 年近 24 年的经济增长中，商务和金融领域增长的贡献率将是最大的；全伦敦新增的 92.1 万个就业岗位（或者 77.6 万个净增长就业岗位）中，将有 38%（42 万个）由这两大领域提供。而其他服务性产业，特别是创意性产业、休闲娱乐、零售、酒店、餐饮和旅游业等，也都将保持高速增长②。

伦敦在英国经济中处于领先地位，成为一个更公平的城市是伦敦发展的重要方向。2012 年，伦敦将最低工资（living wage）提高到每小时 8.55 英镑，伦敦之外地区的最低工资仍为 7.45 英镑。③ 无论过去还是现在、未来，伦敦都在有效引领和带动英国经济的发展。当然，伦敦在变得越来越富裕的同时，也面临越来越严重的两极分化、贫富差距加大等社会问题，所以和世界其他国际化大都市一样，伦敦也需要应对和解决这些问题，从而建设更为"公平""美好""国际化、多元化、有竞争力和社会凝聚力的城市"④。2012 年伦敦经济和最低工资收入的调查报告中就采用了"一个更公平的伦敦（A Fairer London）"这一标题。⑤

二　伦敦女性的经济参与

伦敦是一个名副其实的世界城市，它"为妇女提供世界级的机会，伦敦妇女比以前得到了更好的收入，更好的教育，健康状况比以往任何时候都好；

① Oxford Economic Forecasting, *London's Place in the UK Economy*, 2006 – 2007, City of London, http：//www. cityoflondon. gov. uk/economicresearch.

② Greater London Authority, July 2011, *The London Plan：Spatial Development Strategy for Greater London*, http：//www. london. gov. uk/sites/default/files/The%20London%20Plan%202011. pdf.

③ "A Fairer London：The 2012 Living Wage in London", November 2012, http：// www. london. gov. uk/sites/default/files/living – wage – 2012. pdf.

④ http：//www. london. gov. uk/priorities/equalities；Steven Edgson and Margarethe Theseira, *Working Paper 45：Women in London's Economy – Update 2010*, http：//www. london. gov. uk/sites/default/files/wp – 45. pdf, 本节数据主要建立在这份研究成果上。

⑤ "A Fairer London：The 2012 Living Wage in London", November 2012, http：// www. london. gov. uk/sites/default/files/living – wage – 2012. pdf.

犯罪率下降而使女性的安全感有所增加；更多的妇女受雇于高级和专业的工作"。① 但是，伦敦妇女也面临着诸多的不平等，阻碍其前进，其中带孩子的妇女面临的不平等状况尤为突出。此外，伦敦更高的生活成本使那些收入较低的妇女生活尤为艰难，特别是很难找到负担得起的住房。

（一）伦敦妇女在经济上的活跃程度

2010 年 12 月，大伦敦政府经济研究部（GLA Economics）发布工作文件《伦敦经济中的妇女——2010 年更新版》，概括了女性在伦敦经济中的最新统计状况。

英国把经济上活跃与否作为衡量男性和女性经济参与的重要标准。"劳动力调查"（The Labour Force Survey）将"经济上活跃"（economically active）界定为"受聘用者、无报酬的在家照顾家庭的人、和/或那些失业者"。换言之，"经济上不活跃（economically inactive）"者是指"寻找工作但不能工作，和不找工作的适龄人口"。

从 2008 年 7 月到 2009 年 6 月，处于工作年龄的男性和女性在伦敦和英国的经济活动比率显示（见图 2 - 13），伦敦女性可能就业的比率较男性低，女性可能就业的比率为 55%，男性是 61%。这与英国全国的统计数字相反，就全英而言，女性可能就业的比率要略高于男性，前者为 65%，后者为 64%。无论是男女，伦敦人自雇比率都高于英国其他地区。然而，性别的差异要大于地理区域差距。伦敦女性自雇比率是 6%，在全国范围内，此比率为 5%。这远远低于男性自雇的比率，伦敦男性自雇比率为 15%，在全国为 12%。②

在伦敦，处于经济不活跃而且也没有积极去寻求改变这种状态的女性占女性适龄人口总数的 24%，这大大高于英国全国的比例（19%）。事实上，一部分伦敦女性的经济不活跃状态已经持续多年，呈现逐年缓慢降低的趋势。比如 2005 年 1 月至 12 月的统计数据显示，伦敦女性经济不活跃比例为 32.6%，到 2009 年 6 月，这个比例略有下降，为 32.2%；降低了 0.4 个百分点。相应的男性比例分别为 18.5% 和 17.4%，降低了 1.1 个百分点。由此可

---

① "Women in London – capitalwoman 2008", March 2008, http：//static. london. gov. uk/mayor/e-conomic_ unit/docs/womenlondoneconomy2008. pdf.

② Steven Edgson and Margarethe Theseira, *Working Paper 45*：*Women in London's Economy – Update 2010*, http：//www. london. gov. uk/sites/default/files/wp – 45. pdf.

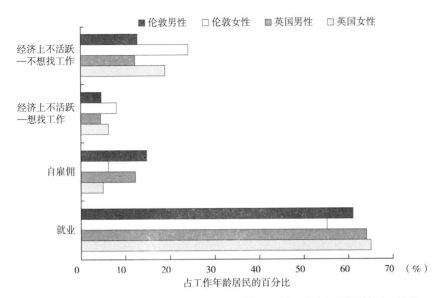

■伦敦男性 □伦敦女性 ■英国男性 □英国女性

图2-13 工作年龄居民经济活动状态：男性和女性工作年龄居民的经济地位

见，男性经济不活跃比例的降低速度要大大高于女性。

（二）伦敦妇女的就业分布情况

有35%的伦敦女性在公立机构就业，男性的这个比例为30%。也就是说，65%的女性（或低于此比例）在私营机构就业，男性为70%（或低于此比例）。可见，在私营机构的就业人口中，女性的代表性明显低于男性。

在商业领域，处在高级职位的女性人数很少。最近更新的富时100公司（《英国金融时报》等共同挑选的最优秀的100家公司）中女性董事的比例很低。2010年，100家公司中只有16家有女性执行董事，总共有5.5%的执行董事是女性。而且，有21家公司根本就没有女性董事（包括非执行董事）。这么低的比例在过去的一些年中都是如此，2005年至今，只增加了4名女性执行董事和10名非执行董事。目前，所有富时100的公司董事中，只有12.5%的公司董事为女性。①

总体早期企业活动（Total early - stage entrepreneurial activity，TEA）是指

① Steven Edgson and Margarethe Theseira, *Working Paper 45*：*Women in London's Economy - Update 2010*, http：//www. london. gov. uk/sites/default/files/wp - 45. pdf.

自己或者与他人一起尝试着开始一个独立的新生意，自己是这项工作的一部分，或者是老板或者是管理者。从图 2-14 中对商业中男女两性活动调查情况中可以看到，在早期的企业活动中，男性的比例要远远大于女性的比例。2007年，两性差距最大的是在东英格兰，9% 的男性参与了早期企业活动，而妇女还不到男子的一半。伦敦妇女从事早期企业活动的比例并不是英国最高的，低于英格兰西南部，也不及男性的一半。值得欣慰的是，与 2002 年相比，2008 年妇女自雇的比例有一定上升。①

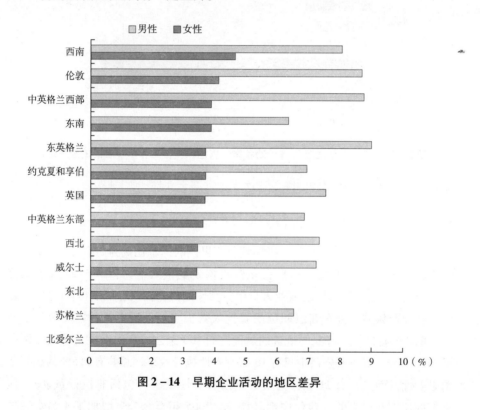

图 2-14 早期企业活动的地区差异

(三) 伦敦妇女的就业率

根据 2012 年的最新统计数据，在 2012 年第三个季度，伦敦适龄女性的就

---

① Peggy Causer and Neil Park, Office for National Statistics, "Women in Business", http://www. ons. gov. uk/ons/rel/regional-trends/regional-trends/no--41--2009-edition/women-in-business. pdf.

业率下降了 0.1%，为 62%。伦敦比英国低 4%，而在 20 世纪 90 年代，两者之间的差距平均只有 2.3%。①

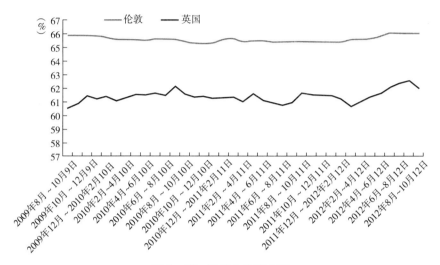

图 2 - 15　适龄女性就业率

总体而言，伦敦妇女的经济参与状况在英国范围内处于相对积极状态，但她们的就业率低于英国妇女的就业水平，而她们在经济上的活跃程度、就业比例、自雇比例以及参与早期企业活动的比例却远远小于男性。

三　影响伦敦女性收入与经济活动的因素

大伦敦政府的经济调查报告显示，伦敦女性的经济参与状况和所得报酬都大大低于男性，这不仅反映了经济上的性别不平等，而且也显示出在伦敦，有大量的优秀女性人才没有得到充分的有效的发挥。那么，影响伦敦女性经济活动的主要因素有哪些？影响男女报酬差距的因素有哪些？分析显示，这主要包括：家庭尤其是子女依附的影响；教育背景、行业分布的影响；以及不同族裔、不同身体状况的影响。

（一）影响男女两性报酬差距的主要因素

2000 年，英国伦敦经济学院的社会政策讲师凯瑟琳·瑞克博士代表英国

---

① "Working Age Female Employment Rate（%）"，http：//lseo. org. uk/data/london - data.

政府的妇女单位（Women's Unit）发布调查报告《妇女一生的收入》（*Women's Incomes over a Lifetime*）。这项研究将妇女分为三种类型："没有任何资格的低技术妇女"，"具有 O 级/GCSE 级资格的中等技术妇女"和"大学毕业的专业高技术妇女"。在各种级别的妇女中，研究分别展示了"妇女（即使没有孩子）一生比具有相同资历的男子少挣的金钱数额"，"母亲比没有孩子的妇女一生少挣的金钱数额"以及"妇女比具有相同资历的男子少挣的金钱数额"。该研究的结论是，首先，妇女要为"身为女人"而付出沉重的"赎罪金"，即使没有孩子，"一个妇女一生中平均要比男子少挣差不多 25 万英镑"。其次，做母亲的时间也是影响妇女收入的重要原因。再次，研究进一步证实了在劳动力市场分工中，妇女处于不利的地位。①

事实上，这种状况到 2010 年仍然没有实质性改变。对于全职工作者，伦敦人由于性别不同造成的报酬差距要比英国其他地区高，伦敦女性与男性的工作报酬比例为 87∶100。对于伦敦前 10% 的高收入者，因性别造成报酬差距甚至高达 31∶100。② 造成这一差距的主要因素除了上文提到的就业因素之外，主要还有公立机构与私营机构就业分布、教育背景，等等。

1. 公立机构与私营机构中的性别与报酬差距

2009 年，伦敦私营机构女性的工作报酬是每小时 12.41 英镑，男性是 15.81 英镑，比例为 78%。公立机构的女性和男性的工作报酬分别是每小时 15.36 英镑和 18.31 英镑，比例为 84%。也就是说，私营机构的男性每获得 1 英镑的工作报酬，女性只能得到 78 便士，在公立机构，女性得到的是 84 便士。

在伦敦，2006～2009 年，公立机构中男性的报酬涨幅最快，为 18%，相对应的女性报酬涨幅为 13%。在私营机构，情况正好相反，女性报酬的涨幅是 10%，男性是 7%。鉴于私营机构的工作岗位比公立机构多，女性这三年来的工作报酬涨幅总的计算下来是 13%，而男性是 11%。相反，全英范围内的男性工资报酬涨幅大于女性，分别是 12% 和 9%。③

---

① 参见李英桃《25 万英镑——英国妇女的"女性赎罪金"》，《妇女研究论丛》2000 年第 5 期，第 45 页。

② Steven Edgson, Margarethe Theseira, *Working Paper 45：Women in London's Economy – Update 2010*, http：//www. london. gov. uk/sites/default/files/wp – 45. pdf.

③ "Annual Survey of Hours and Earnings", in Steven Edgson and Margarethe Theseira, *Working Paper 45：Women in London's Economy – Update 2010*, http：//www. london. gov. uk/sites/default/files/wp – 45. pdf.

35%的伦敦女性在公立机构就业，男性的这个比例为30%。也就是说，女性的65%（或低于此比例）在私营机构就业，男性为70%（或低于此比例）。可见，在私营机构的就业人口中，女性的代表性明显低于男性。因为私营机构的年度报酬增幅要高于公立机构，整体看来，女性工资报酬增长的机会要明显少于男性。如果在未来几年内公立机构因经济危机的影响而停止工资增长，甚至会降工资，而私营机构却会像以往一样继续涨工资，那么，可以肯定，公立机构和私营机构之间工资报酬的性别差距会更加明显。①

2. 教育背景与性别报酬差距

无论在伦敦还是在全英，伦敦就业人口的受教育程度与其年龄呈负相关性。比如在 18~19 岁的伦敦女性中，95%具备相应的学历资质，而在 50~59 岁的伦敦女性中，这个比例却高达 78%。与此相似，这两个年龄段的伦敦男性不具备教育资质的比例分别为93%和83%。全国平等小组（National Equality Panel）的报告显示，女孩比男孩在学校里的学业成绩更好一些，所以更有可能接受高等教育并获得更高的学位。到 44 岁时，女性都比男性的受教育程度高②。进而，目前的经济衰退似乎并没有影响接受高等教育的学生的性别比例。在过去的 5 年里，这一群体里的女性就一直比男性多。比如，2005~2006 年接受高等教育的女性为 57.6%，男性为 42.4%。③ 这暗示着在未来的 20 年里，和女性比较起来，男性在任何一个年龄阶段，都会处于教育背景上的弱势位置。但是，在伦敦，女性的工作收入还是普遍低于男性。男女工作报酬差距最小或者最接近的是"无教育背景"群体。在其他的教育背景里，男性的工资收入普遍高于女性。

前期的研究表明，在英格兰，女性接受高等教育的比例大于男性。创新、大学和技能部公布女性人口中有 44.9%接受过更高层次的教育，而男性人口中的这个比例是34.8%④。但是，女性的平均报酬还是低于男性。伦敦的统计数据显示，越是在高学历背景的工作中，男女的报酬差距就越大。比如，拥有 NVQ4 级或更高教育背景的伦敦男性收入中值为每小时 17.96 英镑，而相应的女性收入中值为每小时 15.59 英镑，比男性少 2.37 英镑，相差 13%。这表

---

① IDS Pay Report July 2010 - 1053：Research and Analysis on Pay and Benefits，p. 24.

② Anatomy of Economic Inequality in the UK - Report of the National Equality Panel.

③ Equality in Higher Education：Statistical Report 2009 - Equality Challenge Unit，p. 38.

④ http：//www. dcsf. gov. uk/rsgateway/DB/SFR/s000780/sfrdius02 - 2008. pdf.

明，女性或是被某些行业隔离，或是面临着玻璃天花板。

那些需要行业训练的专业人群，男女收入差距就更明显。在伦敦，此类男性的工资报酬中值为每小时 13.3 英镑，比对应的女性工资报酬高出 5.53 英镑，即女性报酬中值为每小时 7.77 英镑，仅为男性的 58.4%。而且，从事低收入行业的女性较多。在 2005 年，理发师学徒每星期的工资收入只有 90 英镑，2006～2007 年有 91.7% 的理发师学徒是女性。相反，那些高收入的行业多为男性主导。比如，2006～2007 年，只有 2.6% 的工程师是女性，97.4% 都是男性。可见，无论教育背景如何，都存在明显的男女工作报酬不平等现象。

同时，根据伦敦政府的最新统计资料，88.6% 的全职工人收入高于 8.55 英镑，4.6% 低于最低工资；53.8% 的兼职雇员收入高于最低工资，但从性别差距来看，51.5% 的兼职工作的男子和 43.7% 的兼职工作的妇女的收入低于最低工资。这种情况存在的原因是，妇女在兼职部门工作的时间较长，且在领域和职业上分配得比男子好，整个职业生涯都从事兼职工作的妇女比例高于男性，伦敦从事兼职工作的妇女是男子的两倍。①

（二）家庭（子女）对女性就业的影响

2005 年版的《伦敦经济中的女性》② 显示出"子女依附"对伦敦女性经济生活不活跃的比例有很大的影响。同样，2009 年更新版的数据也显示出"子女依附"是很明显的影响因素。2008～2009 年③，在伦敦和全英国，很明显存在着妇女就业与子女依附之间的负向关系。有 4 个子女的女性在伦敦的就业率是 22%，在全英是 29%。其实，有子女依附（无论数量多少）的女性就业率一直低于没有子女依附的女性就业率。没有子女依附的女性就业率为78%，有子女依附的妇女就业率降为 53%（伦敦）和 65%（全英）。可是，就男性而言，这个比例正好相反，即有子女依附的男性就业率要高一些。有一个孩子的伦敦男性就业比例最高，峰值为 91%，就全英而言，有两个孩子

---

① "A Fairer London: The 2012 Living Wage in London", November 2012, http://www.london.gov.uk/sites/default/files/living - wage - 2012. pdf.

② For more information see *Women in London's Economy January 2005*, pp. 11 - 14, http://www.london.gov.uk/mayor/economic_ unit/docs/womenlondoneconomy. pdf.

③ "Annual Population Survey 2008 - 2009", in Steven Edgson and Margarethe Theseira, *Working Paper 45: Women in London's Economy - Update 2010*, http://www.london.gov.uk/sites/default/files/wp - 45. pdf.

的男性就业比例最高，峰值为91%。只有那些有4个或更多依附子女的男性
就业率（77%）低于无子女依附的男性就业率（81%）。而且，当没有子女依
附时，英国全国范围内的男女就业比例是接近的，大约都为78%。这个比例
也适用于伦敦女性。但没有子女依附的伦敦男性的就业率较高一些，为81%。
这表明子女依附对于女性的经济活动率的影响很大。

英国国家统计局办公室"聚焦性别"研究也显示基于子女依附问题，女
性比男性更可能留在家中照料孩子。此项研究报告显示38%的有子女依附的
女性从事兼职工作，而相应的男性比例仅为4%。不仅依附子女的数量对男女
就业率有影响，家中最小孩子的年龄对男女两性（除学生身份之外的就业年
龄人群）的就业率也有相关的影响。数据显示，无论最小年龄的孩子的年龄
多大，伦敦女性的就业率是最低的。在伦敦，当家庭中有新生儿时，女性的
平均就业率为47%，而相应的男性平均就业率为91%，两者差距为44个百分
点。随着最小子女的年龄的增加，这个差距也在缩小，但伦敦和全英都不存
在女性就业率高于男性的情况。当最小孩子的年龄达到10岁时，伦敦女性的
就业率（57%）比全英女性平均就业率（74%）低17个百分点。①

还有一点值得注意，全英男性总的就业率水平基本上是相似的，始终接近
90%左右。在伦敦情况也基本如此。女性群体的就业率与此相反，女性就业率和
最小依附子女的年龄有正向相关性，即家庭中最小子女的年龄越大，母亲的就
业率越高。女性就业率与子女依附和最小孩子的年龄这两个变量之间有很强的
相关性。这表明，为了照顾孩子，母亲比父亲更可能离开工作或者去从事兼职
工作。福塞特协会（Fawcett Society）的杰西卡·伍德罗夫（Jessica Woodroffe）
在《无法拥有：母亲身份如何减少了女性的收入和就业前景》报告中指出，"父
母在孩子的学校假期期间不去工作这件事情上，母亲的可能性是父亲的9倍"。②

上述数据并未包括单亲家庭。"聚焦性别"报告显示单亲家庭的母亲更有
可能是经济上不活跃的。有数据显示，全英单身母亲的平均就业率为56%③。
但是在伦敦，单身母亲就业率（53%）比英国其他地区（65%）要低。目前

---

① Data from ONS "Focus on Gender", http：//www. statistics. gov. uk/cci/nugget. asp？id = 1655.

② Jessica Woodroffe, *Not Having It All*：*How Motherhood Reduces Women's Pay and Employment Prospects*, Fawcett Society, July 2009, http：//www. fawcettsociety. org. uk/index. asp？PageID = 972.

③ Data from ONS "Focus on Gender" based on second quarter data from the 2008 Labour Force Survey, http：//www. statistics. gov. uk/cci/nugget. asp？id = 1655.

没有看到伦敦单身父亲就业率的统计数据。但在英国其他地区，单身母亲就业率比单身父亲高。

就伦敦双亲家庭的数据而言，对于子女的每个年龄段，父亲的就业率都高于母亲，尽管随着家庭中最小孩子的年龄的增长，这个差距在减小。如果最小的孩子年龄小于 5 岁，父亲就业率是 91%，母亲就业率为 52%。这个差距在最小的孩子长到 15 岁时会大大降低，父亲就业率为 79%，母亲就业率为 78%，只差 1 个百分点。

2005 年的《伦敦经济中的女性》报告也表明女性比男性更可能留在家里；而且最小孩子的年龄越小，这种状况越甚。所以我们可以说目前的经济环境对这个趋势并没有太大的影响。

（三）少数民族和残疾对就业性别差距的影响

伦敦是一个社会呈高度多元化的城市，除了传统的主导意义的欧裔白种人，还有来自世界各地各个民族和族裔的移民，讲着 300 多种语言。2005 年《伦敦经济中的女性》报告中显示，女性就业率随着族裔不同而变化。妇女的年龄、受教育程度、雇主的认可和期待、文化和宗教信仰等方面的不同，对其就业率都有潜在的影响。在伦敦，和 2005 年相似，白种女性就业率较高，在 70% 左右。印度裔和黑人妇女就业率紧随其后，分别为 61% 和 54%。巴基斯坦和孟加拉裔妇女就业率为 27%。但在性别对比中，男性就业率最低的不是巴基斯坦/孟加拉裔，而是黑人男性，其就业率为 66%。和女性相似，在伦敦，白种男性就业率最高，为 80%。可见，没有哪个族裔的女性就业率超过男性。性别与族裔就业率差别最大的是巴基斯坦/孟加拉裔，男性就业率高于女性 39 个百分点。[1]

另一个影响就业率的重要因素是"残疾"问题。大伦敦政府的《残疾歧视条例》（*Disability Discrimination Act*）对"残疾人（DDA disabled）"的定义是"在生理和心理上有对个人能力造成影响的重大而长期的负面缺陷，以致不能从事正常的日常活动的人"。[2] 除此之外，英国还有一种残疾人称为"工

---

① "Annual Population Survey 2008 – 2009", in Steven Edgson and Margarethe Theseira, *Working Paper 45: Women in London's Economy – Update 2010*, http://www.london.gov.uk/sites/default/files/wp – 45. pdf.

② *Equality Act 2010*, http://www.direct.gov.uk/en/DisabledPeople/RightsAndObligations/DisabilityRights/DG_ 4001069.

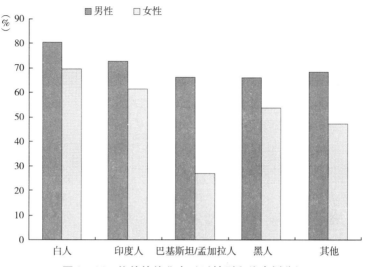

图 2 – 16　伦敦的就业率（以性别和族裔划分）

作受限者（work – limiting disabled）"。

残疾者和身体正常者的就业率一样，都存在性别差异，女性的就业率低于男性。《残疾歧视条例》规定的残疾女性的就业率为 66%，男性为 81%。因为身体问题而工作受限的残疾人的就业率要低一些，女性为 56%，男性为 71%。而同时符合两种残疾条件的伦敦人的就业率尤为低下，女性为 26%，男性为 32%。然而，就业数据本身不能显示就业市场上是否存在歧视，还需要针对性别和残疾对劳务市场的工作状况进行评估。

越是高级就业领域，受《残疾歧视条例》保护的残疾人和非残疾人的经济不活跃率就越低。在这两个群体中，男性的经济不活跃率大约 13%，低于女性残疾人的经济不活跃率（29%）和女性非残疾人的经济不活跃率（28%）。同时被归类为残疾和工作受限的残疾个体就业率低的一部分原因是，这些人中的很大部分根本没有积极找工作，此类人数比例为 61% 的男性和 67% 的女性。正如 2005 年报告中所提到的，较高的经济不活跃率大致反映了教育水平的差异，因为比起非残疾人，残疾人接受教育的可能性较小。①

---

① Steven Edgson and Margarethe Theseira, *Working Paper 45: Women in London's Economy – Update 2010*, http://www.london.gov.uk/sites/default/files/wp – 45.pdf.

四 伦敦促进女性就业的举措

现任大伦敦市长鲍里斯·约翰逊的愿景是把伦敦建成"更为公平"的"世界上最好的城市"。其施政目标是要"发掘并推动伦敦最好的一面：帮助这里的公司成长、社区繁荣、民众昌盛"。①

2010 年 5 月，伦敦市长发布了题为"为所有伦敦人的平等生活机会——社会性别平等：大伦敦政府 2010～2011 年社会性别平等规划"（Equal Life Chances for All Londoners – Gender Equality：Great London Authority Draft Gender Equality Scheme 2010 – 2011）的规划报告（以下简称《规划》）②。

《规划》指出，男子和妇女、男童和女童在很多方面都没有受到公平对待，并针对这些问题提出了施政纲领。在贫困问题上，《规划》指出，妇女比男子更贫困，特别是独自抚养孩子的妇女和独自生活的年长妇女。为消除贫困，伦敦开展了"了解你的权利"运动（"Know your rights" campaign），让那些没有申领救济的老人可以得到救济；③ 在就业领域，《规划》承认，工作和做生意的妇女比男子少，妇女收入比男子少，在从事高端工作的人群中妇女人数少；母亲外出工作，就需要付照顾孩子的费用，而这一费用在伦敦比英格兰要高。妇女要在伦敦找到高收入的工作，就需要接受进一步的教育和培训。伦敦政府承诺帮助人们找到工作或开始自己创业，为家长提供更便宜的日托机构，让母亲能够外出工作学习。同时，伦敦市长表示确保他的工作团队中有一半是妇女，确保在市府工作的妇女工作起来更容易，给予妇女学习机会，以使她们能够找到工作。伦敦有很多人没有工作，伦敦政府希望借 2012 年奥运会的东风，在奥运会建设与相关工作中为妇女提供更多的培训与工作。④ 伦敦市希望建立新的学校、学术机构，通过提供培训使年轻人能找到工作。

---

① B. Johnson, 2007, http：//www. london. gov. uk/who – runs – london/mayor/boris – johnson.

② "Equal Life Chances for All Londoners – Gender Equality：Great London Authority Draft Gander Quality Scheme 2010 – 2011", http：//www. london. gov. uk/gender – equality – scheme, Published by Greater London Authority, City Hall.

③ http：//www. london. gov. uk/media/press_ releases_ mayoral/mayor – increases – london – living – wage – four – international – employers – sign.

④ "International Women's Day 2010", http：//www. london. gov. uk/blog/international – womens – day – 2010.

伦敦建立了一系列促进妇女就业的机制。

第一，有明确的促进平等就业的法律机制。在国家层面，根据联合国《人权宣言》《经济、社会及文化权利公约》以及《消除对妇女一切形式歧视公约》，还有欧盟的有关公约与性别平等法案，比如《欧洲惯例标准：保护工作中男女尊严》（1994 年）。英国制定了本国的性别平等法律法规，包括 1974 年的《工作健康与安全法案》、1975 年的《性别歧视法》、1993 年的《歧视法和惯例》、1999 年的《工作场所健康和安全管理规定》等。最新出台的《2010 年平等法案》（*The Equity Act 2010*）中就明确提出确保公民不因族裔、年龄、性别、残疾、性取向、怀孕和哺乳、变性、地区与信仰、婚姻与同性婚姻等受到歧视。① 大伦敦政府与各区级地方政府层面，也有专门的促进性别平等的措施。《为所有伦敦人的平等生活机会》（Equal Life Chances for All）和《社会性别平等计划 2010~2011》（Gender Equality Scheme 2010–2011）等都为伦敦女性的平等就业与平等工作报酬提供了有力的法律保障。

第二，有各级调研、执行和监督机制。为了促进伦敦的性别平等，伦敦政府内部和各区级政府都有非常明确的调研机制，同时鼓励多方中介组织与研究机构长期、定期地进行调研，从学术和实践中获得最准确的情况，有的放矢地提出相应的规划与对策；并有专门的机构负责监督规划方案的实施与评估。这些机构包括大伦敦政府（GLA）、大伦敦市长、大伦敦议会（GLA Assembly）、伦敦发展署（London Development Agency，LDA）、大伦敦经济研究会（GLA Economics）、33 个区级政府、伦敦地方政府协会等。这些机构定期发布年度报告与季度报告与相应的成就评估报告（Measuring Success）②，从而有效推动伦敦女性的就业平等。

伦敦促进女性就业的举措还有很多，在很大程度上有利于女性的平等就业与享受平等的工作报酬。但大伦敦政府以及区级地方政府有些举措只是一种倡议，并没有法律的强制执行力。即便有法律强制力的范畴，由于历史传统、民族习俗与观念上的差异，在不同族裔、不同家庭状况、不同身体状况的女性就业问题上，也依然存在着性别不平等，这需要一个长期的教育和改

---

① The Government Equity Office，http：//homeoffice. gov. uk/equalities/equality – government/.

② http：//www. london. gov. uk/equalities – measuring – success.

善过程。

伦敦促进女性经济参与的措施值得借鉴之处在于以下几点：市长挂帅，大力推动性别平等；政府各部门与各级机构通力协作；成立并组织专门政府机构、中介机构、科研机构，长期、定期进行有关的调研，并发布调研报告；结合调研报告，提出相应的性别平等政策与规划方案；组织监督方案实施；并且对政策的执行与方案的实施按季度、年度进行评估、公开评估信息与成果；利用一切可能的机会促进性别平等，比如奥运会以及其他类型的国际、国内大型盛会等。总体来看，伦敦一方面把促进族裔平等、性别平等，消除贫困、年龄身体状况歧视结合起来，将其作为一个整体工程通盘考虑，强调消除贫困的意义；另一方面凸显性别差异本身对妇女经济参与和经济平等的影响，有针对性地采取措施，进一步促进性别平等。

第三节　巴黎妇女经济地位

作为欧洲最发达的城市之一，巴黎为妇女提供了较好的就业平台；同时，巴黎妇女良好的教育背景也是参与就业竞争的重要资本。巴黎在这方面取得的成绩是不可否认的，但尽管如此，性别因素导致的不平等仍然影响着女性的就业格局和收入状况。本报告将分为三个方面观察和探讨巴黎妇女的就业问题，这三个方面分别是：巴黎女性就业状况（包括巴黎女性在各行业中的分布问题），巴黎男女薪酬差距问题，巴黎促进就业性别平等的举措及其对于北京的启示。

一　巴黎经济状况概述[①]

巴黎大区经济发达，号称欧洲第一大区。它是欧洲第二大空港和河港，高速铁路网发达，是欧洲甚至是全球贸易中心之一。2007年，大区国内生产总值占法国国内生产总值的28.7%。亦是欧洲提供就业机会最多的地区之一。

2011年，巴黎大区人均生产总值为47000欧元，是世界500强企业落户最

---

① 巴黎大区网站：http：//www.iledefrance.fr/missions - et - competences/lile - de - france/panorama/panorama/，访问日期：2012年11月20日。

多的欧洲大区，在全球范围内仅次于日本东京。2010 年，大区出口总额为 676
亿欧元，进口总额为 1191 亿欧元。2010 年的企业总数为 789200 家。[①]

在吸引境外投资方面，2006～2010 年，巴黎大区吸收的国际投资总额
居全球第三，仅次于上海和伦敦。该地区 2010 年吸引的外资额占法国全国
吸引外资额的 39%，同年新入驻 243 家外企。外资企业为巴黎大区创造就
业岗位 542000 个，这有利于降低巴黎大区的失业率。虽然在 2011 年第三季
度巴黎大区的失业率有微幅增加，为 8.3%[②]，但是这一数字仍然低于法国平
均值。

旅游收入一直在巴黎大区经济收入中占有重要地位。2012 年 6 月，巴黎
地区的旅店入住率再创历史新高（90.6%）[③]，其中登记入住的游客最多来自
中国，其次是美国和英国。

二 巴黎女性就业状况

在巴黎发达的经济背景下，与其他地区相比，巴黎女性就业率较高，收
入也较高。但在工资收入方面，明显的性别差异依然存在，甚至高于法国其
他地区。

（一）巴黎女性的就业率与失业率

20 世纪后半叶，法国女性就业取得大幅度进展。在 30 年中，法国本土
25～49 岁女性就业率从 1975 年的 58.6% 上升到 2005 年的 81.1%。[④] 统计
数据同时表明，法国男女失业率之间的差距呈现出越来越小的趋势。但法国
女性就业率仍低于男性就业率，2011 年，法国女性就业率为 51.7%，法国男

---

① 法国地区商会网站：“Chiffres‐clés de l'Ile‐de‐France”，http：//www. paris‐iledefrance. cci. fr/economie‐regionale/chiffres‐cles，访问日期：2012 年 11 月 14 日。
② 法国国家统计与经济研究所网站：“Economie francilienne : le ralentissement se confirme”，http：//www. insee. fr/fr/themes/document. asp? reg_id = 20&ref_id = 18286，访问日期：2012 年 11 月 14 日。
③ 法国地区商会网站：“Paris Bref‐conjoncture”，http：//www. paris‐iledefrance. cci. fr/images/publications/pdf/conjoncture/bref/2012/bref_conjoncture_paris_2012_trimestre_2. pdf，访问日期：2012 年 11 月 14 日。
④ 法国国家统计与经济研究所，http：//www. insee. fr/fr/themes/document. asp? ref_id = 12245，访问日期：2012 年 11 月 20 日。

性为 61.8%。①

巴黎大区女性就业率早在 20 世纪 70 年代就远高于法国平均水平。巴黎大区女性就业率在 1975 年就达到了 61%，2009 年则为 69%。而 1975 年法国女性就业率只有 49%，2009 年为 63%。② 但是巴黎大区就业率仍低于男性。2008 年，巴黎大区女性与男性就业率分别是 63.8% 和 70.2%。③ 在失业率方面，根据巴黎大区发布的数字，2008 年，巴黎大区女性失业率首次低于男性失业率，分别为 6.6% 和 7.9%。④ 2009 年，巴黎大区女性失业率为 9%，仍然略低于男性失业率。⑤ 在巴黎市，20~49 岁年龄阶段的女性就业率几乎与男性相当，女性失业者人数也少于男性。

虽然两性失业率差距不大，但巴黎女性失业的时间往往长于男性。女性当中年轻女性失业率高于年长女性。

相比就业率，还有一些因素能够说明女性在就业方面与男性的差距问题，并能够用于解释两性收入差距。

首先，劳动合同性质的差异。从劳动合同性质看，拥有无限期劳动合同的女性和男性比例基本相等。巴黎大区 2010 年的统计数据是：90.8% 的男性拥有无限期劳动合同，89% 的女性拥有无限期劳动合同；7.2% 的男性拥有固定期限劳动合同，9.9% 的女性拥有固定期限劳动合同。⑥ 所以，拥有固定期限劳动合同的女性比例高于男性，她们就业的稳定性更缺乏保障。

其次，工作时间的差异。如果对比巴黎大区男性和女性从事全天制工作和非全天制工作的比例，就可以看出巴黎女性从事全日制工作的比例远远低于男性，从事非全日制的短期工作的女性更多。此外，求职者越年轻，职业越不稳定，非全日制工作者越多。表 2-9 显示的 2010 年巴黎大区的从事非全

① 法国国家统计与经济研究所，http：//www. insee. fr/fr/themes/tableau. asp? reg_ id = 0&ref_ id = NATnon03178，访问日期：2013 年 1 月 15 日。

② 法国就业局（Pôle d'emploi）报告："Les femmes sur le marché du travail, Comparaison entre l'Ile de France et la province"，http：//www. lobservatoiredelemploi. fr/media/44191/dossiers% 20pes% 20n% C2% B015. pdf，访问日期：2012 年 11 月 20 日。

③ 法国国家统计与经济研究所，http：//www. insee. fr/fr/insee_ regions/poitou - charentes/ themes/dossiers/dd/dd13. pdf，访问日期：2013 年 1 月 15 日。

④ *Les femmes en Ile - de - France*，2011，p. 28.

⑤ *Femmes actives en Ile - de - France*，2012，p. 2.

⑥ 法国地区商会网站，"Chiffres - clés de l'Ile - de - France"，http：//www. paris - ilede-france. cci. fr/economie - regionale/chiffres - cles，访问日期：2012 年 11 月 14 日。

天制工作的女性和男性比例差距则更大，分别为 5% 和 20%。

表 2 – 9　巴黎大区男性和女性工作时间对比

单位：%

劳动时间	男　性	女　性
全天制	94	78
非全天制	5	20
工作时间每周 30 小时以上	29	34
工作时间每周 15 ~ 29 小时	53	54
工作时间每周 15 小时以下	18	12
其他	1	2

根据 2007 年的数据，巴黎女性全年平均工作时间为 1441 小时，而男性为 1524 小时。统计还表明，女性和男性平均工作月份数是相同的，都是 10.4 个月。[1]

（二）女性就业行业分布情况

2007 年的地区就业调查按十大行业领域划分进行了数据统计。这十大领域分别是：工业，建筑业，商业，交通，金融，房地产，面向企业的运行服务，面向企业的其他服务，面向个人的服务、教育、健康和社会活动，行政管理。同时，该调查按工作性质，将各种工作岗位分成四大类：管理和高级脑力劳动岗位、居中岗位[2]、雇员和工人。下面将从这两方面考察女性就业数据反映的情况。

首先，从图 2 – 17 可以看出巴黎劳动妇女行业分布情况。需要指出的是：统计数据中不含企业主、实习生或学徒和补助岗位[3]。

---

[1] 法国国家统计与经济研究所巴黎城市化研究组调研报告："A Paris, les femmes ont des salaires plus élevés qu'ailleurs, mais très inférieurs à ceux des hommes"，http：//www. insee. fr/ fr/themes/document. asp？reg_ id = 20&ref_ id = 15921，访问日期：2011 年 12 月 12 日。

[2] 居中岗位包括两大类岗位：一是介于管理人员和执行人员（如工人、雇员）之间的工作岗位，比如说工长就是一种居中岗位；二是指教育（小学教师）、卫生（护士）和社会工作（社会福利工作人员）等工作岗位。除了某些技术性强的领域，居中岗位通常被认为是女性化程度非常高。

[3] 补助岗位指使雇主可以获得减免税费等待遇的工作机会，一般提供给就业有困难的人群或年轻人。

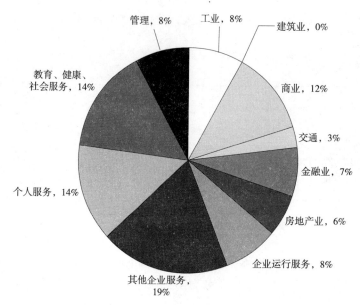

图 2-17　巴黎劳动女性行业分布①

　　从图 2-17 可以看出，50% 以上的巴黎女性集中在服务业的不同领域。2003 年的地区就业调查报告就曾指出，巴黎女性就业集中在服务业相关的各种行业。2007 年的数字则表明，这一现象在两次调查之间并没有发生变化。

　　图 2-18 显示的是十大行业中男性和女性各自所占的比例。"第二期中国妇女社会地位调查"中在研究职场性别隔离问题时，采用了以下的指标，将不同职业按女性从业者比例划分为：男性职业（30% 以下女性）、偏男性职业（30% ~ 40% 女性）、性别均势职业（40% ~ 50% 女性）、偏女性职业（50% ~ 60% 女性）、女性职业（60% 以上女性）。按此标准，巴黎十大行业中的男性行业只有建筑业。偏男性行业有交通行业。性别均势行业有：工业、金融活动、提供给企业的运行服务、其他企业服务、个人服务。偏女性行业为商业。女性行业有：房地产活动，教育、健康和社会活动，行政管理。总的来看，行业性别色彩仍然存在，但性别均势行业的数字亦表现出巴黎女性介入各行业的良好发展趋势。

---

① 法国就业局（Pôle d'emploi）报告："Les femmes sur le marché du travail, Comparaison entre l'Ile de France et la province"，http：//www. lobservatoiredelemploi. fr/media/44191/dossiers% 20pes% 20n% C2% B015. pdf，访问日期：2012 年 11 月 20 日。

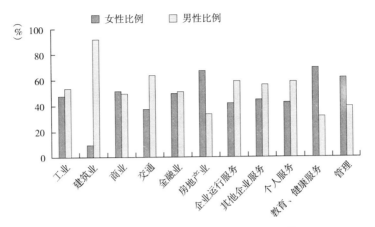

图 2-18　巴黎各行业中的男女比例对比①

从图 2-19、图 2-20 可以看出巴黎女性和男性工作性质的情况。男性和女性所占据的岗位性质仍然有很大区别。男性更多地集中在管理和高级脑力劳动职业与工人这两大类别，而更多的女性在雇员和居中岗位上工作。女性

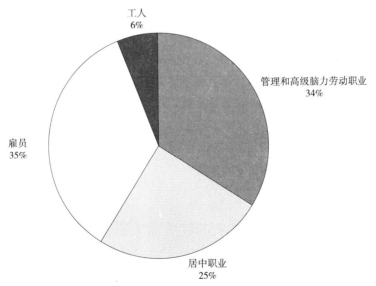

图 2-19　巴黎女性工作岗位情况

---

① 法国就业局（Pôle d'emploi）报告："Les femmes sur le marché du travail, Comparaison entre l'Ile de France et la province"，http：//www. lobservatoiredelemploi. fr/media/44191/dossiers% 20pes%20n% C2% B015. pdf，访问日期：2012 年 11 月 20 日。

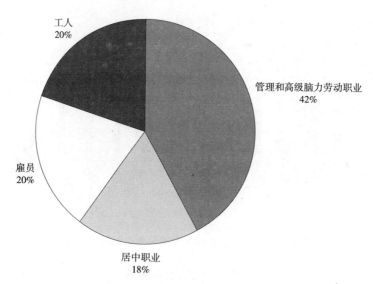

图 2 - 20　巴黎男性工作岗位情况

参与管理决策的人数比例仍然低于男性。

此外，独自创业的女性要少于男性。2009 年，自行开创公司的企业主中只有 30% 是女性，而女性开创的企业运行持续 3 年以上的比例是 62%，男性开创的企业持续 3 年以上的比例略高，为 64%。① 而且，女性开创的企业规模较小，往往不能够雇佣更多人手，甚至只有女老板一人单打独斗。②

（三）移民女性就业状况

在法国，近 30 年是移民女性在就业与家庭活动之间逐步实现平衡的重要时期。由于看护儿童、照顾老人等工作的需求增大，女性移民就业率越来越高。她们也努力协调好工作与家庭之间的关系。2006 年，巴黎大区的女性移民就业人数占就业女性总人数的 1/4。法国 47% 的就业女性移民人口生活在巴黎大区。但由于她们专业水平较低，移民女性比起法国女性，承担着较大的失业风险。她们中 60% 以上的人未获得高中会考毕业文凭，36% 的人没有任何文凭。因此，她们大都成为小职员（53%）或者工人（12.5%）。小职员中有近 20% 的人从事

① *Femmes actives en Ile - de - France*，2012，p. 2.
② Annie Fouquet，"Les Femmes Chefs D'entreprise：le Cas Français"，*La Découverte Travail*，*genre et sociétés*，2005/1 - N° 13，pp. 31 - 50.

的是保姆、幼儿看管、家政服务、清洁工以及超市收银员等工作。[1]

总体来看,巴黎大区移民女性多从事一些不需要文凭的服务性工作,而这些工作由于报酬低微、工作时间较长,往往使她们很难兼顾家庭需求。因而她们会选择兼职工作,1/10 的移民女性与雇方签订的是临时工作合同。据调查,巴黎大区的移民女性更容易遭受就业歧视。在 18~50 岁的就业女性中,14% 的移民女性表示在过去的 5 年之中曾受到不公正的就业待遇,而非移民女性中遭受同样待遇的仅有 8%。这一数据在男性中分别是 13% 和 7%。[2]

三 巴黎女性与男性薪酬差距状况分析

根据 2011 年达沃斯论坛的报告,在工资性别平等方面,法国排名第 131位。[3] 这对于法国来说,不是一个值得骄傲的数字。虽然巴黎女性工资高于法国其他地区,甚至高于法国其他地区男性的工资,但巴黎薪酬收入方面的性别差异比法国其他地区更为严重,这一现象值得深入思考。

(一) 就业结构与薪酬差距

根据 2007 年的统计数据,巴黎大区和巴黎市劳动女性收入高于外省女性。巴黎市劳动女性平均年收入为 24100 欧元,其中包括工资、奖金和失业金。这个数字比巴黎大区劳动女性收入高出 18%,比法国本土劳动女性收入则高出 47%。[4]但巴黎女性工资收入明显低于巴黎男性。2008 年的统计数据表明,巴黎大区女性年工资收入比巴黎男性低 26%。[5] 表 2-10、表 2-11 和表 2-12能够展示巴黎市、巴黎大区和法国本土男女工资收入的对比情况。从中可以看出,巴黎工资收入性别差异高于外地。

---

① *Femmes en Ile - de - France*, 2011, p. 20.

② *Femmes en Ile - de - France*, 2011, p. 20.

③ "Parité salariale: la France bonnet d'âne", Le JDD 网站, http://www.lejdd.fr/Societe/Actual-ite/Egalite - salariale - hommes - femmes - la - France - bonnet - d - ane - enquete - 426259, 访问日期: 2012 年 11 月 15 日。

④ 法国就业局 (Pôle d'emploi) 报告: "Les femmes sur le marché du travail, Comparaison entre l'Ile de France et la province", http://www.lobservatoiredelemploi.fr/media/44191/dossiers%20pes%20n%C2%B015.pdf, 访问日期: 2012 年 11 月 20 日。

⑤ *Femmes actives en Ile - de - France*, 2012, p. 2.

表 2-10　2008 年巴黎女性与男性平均年薪酬收入对比①

单位: 欧元, %

	女　　性	男　　性	差　　距
巴　黎　市	24070	33100	-27
巴黎大区	20470	27550	-26
法国本土	16350	21790	-25

表 2-11　2008 年巴黎女性与男性平均年净工资对比②

单位: 欧元, %

	女　　性	男　　性	差　　距
巴　黎　市	23400	32280	-28
巴黎大区	20030	26980	-26
法国本土	15940	21310	-25

表 2-12　2008 年巴黎女性与男性年平均失业救济金额对比③

单位: 欧元, %

	女　　性	男　　性	差　　距
巴　黎　市	670	820	-18
巴黎大区	440	570	-23
法国本土	410	480	-15

2005 年，巴黎市男性的平均时工资比女性平均时工资要高出 35.8%。④

---

① 法国就业局（Pôle d'emploi）报告: "Les femmes sur le marché du travail, Comparaison entre l'Ile de France et la province", http: //www. lobservatoiredelemploi. fr/media/44191/dossiers% 20pes% 20n% C2% B015. pdf, 访问日期: 2012 年 11 月 20 日。
② 法国就业局（Pôle d'emploi）报告: "Les femmes sur le marché du travail, Comparaison entre l'Ile de France et la province", http: //www. lobservatoiredelemploi. fr/media/44191/dossiers% 20pes% 20n% C2% B015. pdf, 访问日期: 2012 年 11 月 20 日。
③ 法国就业局（Pôle d'emploi）报告: "Les femmes sur le marché du travail, Comparaison entre l'Ile de France et la province", http: //www. lobservatoiredelemploi. fr/media/44191/dossiers% 20pes% 20n% C2% B015. pdf, 访问日期: 2012 年 11 月 20 日。
④ 巴黎市政府网站, http: //www. paris. fr/portail/politiques/Portal. lut? page _ id = 4990&document_ type_ id = 5&document_ id = 168&portlet_ id = 10710, 访问日期: 2011 年 1 月 22 日。

2007 年数据显示这一差距有所缩小，巴黎市男性平均时工资为 21. 2 欧元，而女性只有 16. 2 欧元，女性比男性低 23%。

这一差异的存在主要是就业结构和劳动时间的差异引起的。女性从事的职业技术要求水平和报酬都低于男性。相比于男性，巴黎女性更多在薪酬较低的教育、卫生、服务等偏女性和女性行业工作。如果综合图 2 – 19 和图 2 – 20，可以看到四大类工作岗位上的性别分布状况（见图 2 – 21）。

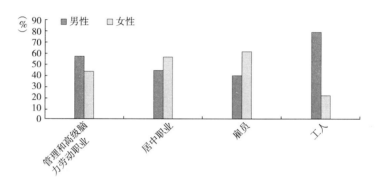

图 2 – 21 巴黎两性工作岗位分布对比

（二）同工不同酬的问题

行业分布、劳动时间都是造成在巴黎市存在薪酬性别差距的重要原因，但是并不意味着巴黎已经很好实行了男女同工同酬的原则。薪酬性别平等仍然是巴黎有待实现的目标。

2007 年统计认为，在同等工作条件下，即同样年龄段、同样的社会行业类别、同样的雇佣条件（全天制或非全天制）、同样的劳动合同性质（无限期劳动合同或固定期限劳动合同）、同等规模的同类企业，巴黎女性平均时薪比男性要低 18%。[1] 这一差距通常可以用工作经历、资历等因素来解释，而这些因素同时反映出的则是女性难以获得高级职位、难以进入高薪岗位等不平等问题。

（三）其他特点

根据法国官方统计，学历并不是造成巴黎女性与男性之间工资收入差距

---

① 法国就业局（Pôle d'emploi）报告："Les femmes sur le marché du travail, Comparaison entre l'Ile de France et la province"，http：//www. lobservatoiredelemploi. fr/media/44191/dossiers% 20pes% 20n% C2% B015. pdf，访问日期：2012 年 11 月 20 日。

的原因。巴黎女性劳动人口的受教育程度高于法国本土女性平均程度，实际上与巴黎男性相等，甚至略高于男性。

此外，巴黎男女工资收入差距还具有三个明显的特点。

首先，工资收入差距在高收入人群中十分突出。工资收入最高的 10% 的女性（平均 44400 欧元/年，2007）与工资收入最高的 10% 的男性相比（平均 60800 欧元/年，2007），收入要低 27%。法国本土平均数字为 - 25%。而工资收入最低的 10% 人群中，女性工资收入比男性仅低 14%，前者为 4800 欧元，后者为 5600 欧元，而法国本土平均数字是 - 32%。①

其次，私有行业工资收入的性别差异更大，特别是在私有企业、各类协会、医院等领域。但造成差异的原因却有所不同。在各类协会和医院中，男性收入高的原因主要是男性在这些部门担任着较高职务，比如各级负责人、医生等，而女性从事的多为级别较低的工作，比如行政管理、护士、护工等。在私有企业的情况则有所不同，在同样工作岗位上的男性和女性的工资收入存在着差异。

再次，两性之间工资收入差距随着年龄增加而递增。在 15 ~ 29 岁年龄段人群中，男女净时工资差距略高于 - 5%；30 ~ 39 岁年龄段人群中，男女净时工资差距约为 - 16%；在 40 ~ 49 岁年龄段人群中，男女净时工资差距约为 - 22%；在 50 岁及以上人群中，该数字为 - 23%。②

四　巴黎促进女性就业的举措与效果

在就业方面，对女性就业产生积极作用的因素主要包括政府的法律法规和地方层面的鼓励措施。

(一) 法国政府关于就业平等的立法和相关措施

法国促进就业性别平等的法律法规基本上都与欧盟相关法律法规一致。目标明确的立法及其实施是保证男性就业平等、男女薪酬平等的首要保障。

---

① 法国就业局（Pôle d'emploi）报告："Les femmes sur le marché du travail, Comparaison entre l'Ile de France et la province"，http：//www. lobservatoiredelemploi. fr/media/44191/dossiers% 20pes% 20n% C2% B015. pdf，访问日期：2012 年 11 月 20 日。
② 法国就业局（Pôle d'emploi）报告："Les femmes sur le marché du travail, Comparaison entre l'Ile de France et la province"，http：//www. lobservatoiredelemploi. fr/media/44191/dossiers% 20pes% 20n% C2% B015. pdf，访问日期：2012 年 11 月 20 日。

在市政层面上，采取各种具体措施保障女性就业和同工同酬原则的贯彻，也是保障女性享受平等的劳动权的重要方面。

法国政府在 1972 年将两性薪酬平等原则加入了《劳动法》，并分别在 1983年、2001 年和 2006 年进行立法，制定了一些更为详细的规定，包括企业必须编写年度就业与培训两性比较报告、在企业层面就就业平等进行磋商谈判等内容。

数据统计方面的工作也体现了法国政府对性别视角的重视。从 1975 年开始，法国经济统计数据中就纳入了分性别进行失业率统计和进行性别比较的内容。20世纪 90 年代以来，法国国家统计和经济研究所每隔 3～4 年在巴黎大区做一次"地区就业调查（ERE）"（最近几次分别在 1997 年、2000 年、2003 年和 2007年）。目的是按行业和地区统计国有及私有行业就业数据。该项调查可以保证掌握连续的数据统计，借此跟踪巴黎大区各省各市镇的情况变化。数据采集通过邮寄问卷的方式进行，对象包括 1500 个企业和 150 个国有或半国有机构。另外，社会性别视角也融入了"社会数据年度申报（DADS）"。进行申报的包括各类劳动者、所有企业和机构，涵盖所有经济活动，但不包括农业、家政服务业和国家行政管理部门（公共管理部门和教育部门）。

法国政府还设立了"企业创业、重启动和发展女性保障基金"，为希望创业和发展自己企业的女性提供银行担保。政府还与企业签订多元就业协议，如果企业承诺在传统男性专属岗位上雇佣女性，国家将予以补贴，用于相关女性员工的培训及其办公用品的使用。这些措施在各级地方政府层面上都得到了推行，巴黎也不例外。

（二）巴黎促进女性就业的部门及其措施

本节从三个方面来考察巴黎市政府对于就业性别平等和薪酬性别平等的推动措施。一是巴黎劳动就业部门的促进措施，二是巴黎两性平等观察所的行动，三是巴黎国有企业所采取的就业平等措施。

1. 巴黎劳动就业部门的促进措施

巴黎市涉及劳动就业的主要部门有：巴黎市政辖下的巴黎就业之家（la Maison de l'Emploi de Paris）、法国国家就业局巴黎分局（ANPE Paris）、工商业就业协会（Asséedic）、国家成人职业培训协会（ANFPA），等等。巴黎就业之家是联合其他各相关就业机构以及行业协会的一个协调机构。在其工作范围内，巴黎就业之家关注企业内部男女就业平等问题，从人力资源管理、企业内部对话和数据分析及行动干预等三个方面着手，促进企业员工雇佣中的性别平等。其他各机构均有女性就业培训、指导和促进方面的行动。

巴黎大区也提供各种相关职业培训。2008 年，接受大区职业培训的人员中有 55% 是女性，但是女性参加的培训往往时间较短而且获得的资格证书级别较低。① 此外，巴黎大区还为求职者们提供交通费用减免等福利措施，降低其生活成本。

2. 巴黎两性平等观察所的作用

法国有专家指出："女性受教育水平超过男性，而且法律规定禁止各种形式的歧视并推动就业平等。此外，1994 年父母教育补贴改革和 35 小时工作日，本应对两性薪酬平等产生重大影响。但是，以上种种对于两性的职业、职务、领域和工作时间的作用力却不尽如人意。薪酬差距只能通过改变观念、态度和职业选择来缩小。"② 这也是巴黎市政促进就业性别平等的思路：通过全面宣传性别平等的观念，来实现两性在社会生活各领域中的平等。2002 年巴黎市政设立的两性平等观察所（下称观察所）的主要作用是宣传、发动和教育，提高市民的性别平等意识，并从资金上支持女性主义组织的项目。该机构的四大主要行动之一就是支持巴黎女性就业平等，保障巴黎行政机制中女性就业平等。2011 年，观察所实际运行开支为 114 万欧元。③

巴黎市政府制定了《2010～2014 就业平等促进计划》，观察所负责性别平等方面的一些具体措施的协助执行；2011 年，观察所负责该计划的第二阶段内容，制定了关于两性就业平等的能力标准体系的初步内容。而在未来数年，观察所将负责跟踪两性就业平等计划实施的效果。

3. 巴黎辖下的国有企业就业平等促进——以巴黎自来水公司为例④

除了工会组织以外，很多国有和私有企业内部都设有维护女职工权益的部门。在国有企业中促进就业平等能够起到良好的社会效果，并且为私有领

---

① *Les femmes en Ile - de - France*, 2011, p. 14.

② Dominique Meurs & Sophie Ponthieux, "L'écart des salaires entre les femmes et les hommes peut – il encore baisser?", http://www. insee. frfrffcdocs_ ffces398 – 399f. pdf tpwww. insee. frfrffcdocs_ ff-ces398 – 399f. pdf，访问日期：2012 年 11 月 20 日。

③ *Rapport d'activité des services 2010*（《巴黎市政府各部门工作报告 2010》），http://ww. paris. fr。

④ 职业平等组织网站："Eau de Paris", http://www. egaliteprofessionnelle. org/maj/_ files/up-load/documents/type – 2/Eau_ de_ Paris_ %200205. pdf，访问日期：2012 年 11 月 20 日。

域做出示范。巴黎自来水公司的个案能够较好地表现出巴黎企业关于促进平等就业的一种思路。

巴黎自来水公司提供巴黎市和巴黎大区的公共用水，其最大股东是巴黎市政府。自来水公司一直是男性员工占绝对主导。

2001年，巴黎自来水公司开始采取措施，反对就业歧视和工作场所的精神骚扰。该公司成立了伦理委员会，其第一条工作原则就是男女平等。伦理委员会2002年提交的报告中包括了详细的两性平等状况内容。该委员会的三大工作重点是：

（1）将性别平等、就业平等纳入企业文化，提高职工的性别平等意识。

（2）在管理和人力资源领域中推动平等，贯穿聘用、晋升和培训。

（3）协助实现就业—家庭平衡，保障男女职工父母权益。

在每个要点上，巴黎自来水公司都采取了一些具体措施，来保障男女平等就业，并在职场平等发展。该委员会的工作取得了一些成果，其中最有说服力的是该公司女职工比例从1990年的10%提高到2004年的25%。2004年，在巴黎自来水公司中拥有会员的工会组织，包括法国总工会（CGT）、法国工人力量总工会（FO）、法国职员工会—企业行政管理和技术人员总工会（CFE‐CGC），都签署了《就业平等与多元化协议》。

（三）非官方机构的角色

在促进女性就业的过程中，非官方机构也扮演着重要的角色，其中一些专门以促进女性就业创业的女性主义组织表现活跃，并获得了巴黎市政府和各级区政府的支持。民间与官方的合作已经成为比较普遍的合作方式。通常民间机构的具体行动表现为论坛和培训的组织以及向一些女性项目提供资金协助。

2005年，一些女性企业家创办了"力量—女性（Forcefemmes）"协会，旨在为女性就业、再就业和创业提供辅导和促进。2010年，该协会与巴黎第11区区政府以及银行机构合作组织了一次女性就业论坛，主题是45岁以上女性就业问题。

成立于2006年的巴黎先锋组织（Paris Pionnières）是一家女性企业主组成的民间组织，其活动目标就是为女性自主创业提供协助，换言之，它扮演着女性创业孵化器的角色。其创立的背景是企业孵化器中女性数量少，而且企业孵化器首先支持的是科技类项目。目前该组织孵化中的项目约有275个，全部为女性承担的与个人服务与企业服务相关的项目。有志于自主创业的女性可以将创业计划提交给该组织的有关部门，该组织会安排面试。为了保证创业计划的成功，筛选十分严格。被挑选上的计划将经过 3～6 个月的个性化跟踪陪同服务，以确认其可信性和可行性。这被称之于"预孵化"阶段。通过"预孵化"的计划随之经过审查，进入孵化阶段。这种"孵化器"的作用越来越受到女性创业者（多为中小企业）和政府部门的关注。

（四）巴黎经验总结

应该说，巴黎女性享有的就业条件是相对比较优越的，法国相对完善的立法、巴黎大区发达的经济条件和她们自身良好的教育背景，使得她们有较多的就业机会和较高的工资收入。但是巴黎女性在就业问题上仍然遇到了重重问题：与男性之间的工资收入差距高于法国其他地区，两性行业分布与就业条件的不平等，雇佣关系中的观念问题，家庭、生育与就业问题，等等。

尽管如此，巴黎市政以及法国政府的一些举措仍然具有参考价值。

首先，政府对企业（包括国有企业和私有企业）中两性就业平等原则的实施的关注程度很高，跟踪、统计、监测体系比较完善，结合了企业自主统计与申报和官方对雇员状况的调查数据。政府在国有企业中很好地推广就业平等、收入平等原则有较好的示范效应。

其次，巴黎就业之家是涉及推动就业的部门组成的协调机制，有利于从市政层面统筹安排对女性就业以及薪酬平等的推动，与巴黎性别平等观察所的推动两性平等的综合行动形成很好的呼应。

再次，巴黎经验表明，法律保障、机制保障是解决男女就业平等和薪酬不平等问题的重要条件，但并非充分条件；从整个社会层面推动社会性别主流化，推进男女平等事业，改变深刻影响社会行业性别结构和雇佣理念的传统观念，才能从根本上解决男女就业与薪酬不平等问题。

第四节　东京妇女经济地位

东京是日本的经济、金融中心。其面积为 2188 平方公里，仅占国土面积的 0.6%，但产业高度集中，经济规模大，总生产额占全国的 17.6%，其中服务业占全国的 22.6%，个人平均所得是全国平均所得的 1.4 倍。东京更是日本的大门，全球化的据点，东京港、羽田机场、成田机场的输入输出总额占全国约两成。

东京的民营企业有 28 万家之多，占全国的 15.5%，99.1% 是中小企业，资本金高于 10 亿日元的企业有 48.3% 在东京，外资企业的 75.7% 扎根于此。信息通信业的集中是东京的一大特色，大学、研究所等的开发研究活动也受到瞩目。

近年由于世界经济的不景气，日本经济陷入低迷，但在 2011 年东日本大地震后缓慢回升。从东京的情况来看，2009 年东京的经济增长率为 - 3.9%，2010 年为 1%，2011 年再度下降。首都居民的收入在进入 21 世纪后一直处于低迷状态，在这种形势下消费者个人支出正在减少。在不动产方面，东京地价 2009 年以后连续三年下降，2011 年写字楼空置率超过 7%，新建住宅面积增加。受海外经济的影响，日元维持高位，股价低迷。在银行借贷方面，金融机构的贷款利率近年不高，企业贷款比率也不高。

虽然经济环境不好，但受到金融援助政策的支持，2011 年东京破产数量为 2506 件，连续两年下降。负债总额为 5895 亿日元，为 20 年来最低值，倒闭企业的职工总人数为 14840 人。如果分产业来统计，批发业和零售业破产数量最多，共占约 1/4，建筑业、制造业和信息通信业各占 10% 以上。破产企业中因为经营不善而破产的有 2205 件，连续两年下降。与前两年相比，东京的完全失业率有所好转，但仍然高出全国平均值。[①]

一 东京妇女的经济参与

当今日本面临的两大问题，一个是老龄少子化，另一个是从 20 世纪 80 年末泡沫经济破灭后开始的经济不景气。老龄少子化使日本出现劳动力的缺口，经济不景气则使男性收入减少和工作不稳定。在这样的背景下，女性在保持都市活力上所起的作用越来越得到广泛肯定，政府也认识到了推进男女平等的重要性。那么，东京女性是如何参与到东京的经济发展中的？其经济参与状况呈现出什么样的态势呢？本节将就女性的就业与失业状况、行业分布和

---

① 東京都産業労働局：「東京の産業と雇用就業 2012」，http：//www. sangyo－rodo. metro. to-kyo. jp/monthly/sangyo/sangyo－industry－and－employment/2012/，访问日期：2012 年 11 月 29 日。

经济收入来进行分析。

（一）妇女的就业与失业状况

妇女的就业与失业状况反映了妇女在就业市场的参与程度和所处地位。下面将观察这方面的详细数据。

1. 东京妇女的就业状况

1977 年劳动女性仅为 33.7%，到了 2009 年，东京 15 岁以上女性人口总数为 537.6 万人，其中劳动力人口是 291.7 万人，劳动力人口中已就业的为 277.0 万人，完全失业者为 14.7 万人，非劳动力人口为 281.6 万人，劳动人口比率为 50.9%，完全失业率为 5.0%。而同年男性劳动人口比率为 74.5%，完全失业率为 4.4%。[1] 2011 年东京 15 岁以上女性劳动人口中，25～34 岁所占比例比 2001 年减少了 5.1%，15～24 岁的女性劳动人口所占比例也有所下降，这是老龄少子化的结果。[2]

根据《东京的产业和雇佣就业情况 2011》[3] 的统计，日本全国劳动力人口从 2005 年开始增加，到了 2009 年转为下降，完全失业人口达到 6.1 万人，东京也是如此。东京 2009 年的劳动人口年龄段与 10 年前相比，可以看出 15～34 岁年龄段的人数在减少，而 55 岁以上的人数则在增加，可见劳动力的高龄化。而从性别角度看，除了 15～24 岁年龄段，其他年龄段的男性劳动人口都超过了女性。在东京，65 岁以上的女性劳动力还有 15.2% 在工作或者正在寻找工作。

从 2000～2005 年的劳动力比例来看，郊区女性劳动力比例有下降趋势，而城区则大致呈上升趋势。

东京的入职与离职率都是女性高于男性。男性波动不大，但女性的入职

---

① 東京都産業労働局：「東京の産業と雇用就業 2010」，http：//www. sangyo – rodo. metro. to-kyo. jp/monthly/sangyo/sangyo – industry – and – employment/2010/2010. html，访问日期：2012 年 11 月 29 日。

② 東京都産業労働局：「東京の産業と雇用就業 2012」，http：//www. sangyo – rodo. metro. to-kyo. jp/monthly/sangyo/sangyo – industry – and – employment/2012/，访问日期：2012 年 11 月 29 日。

③ 東京都産業労働局：「東京の産業と雇用就業 2011」，http：//www. sangyo – rodo. metro. to-kyo. jp/monthly/sangyo/sangyo – industry – and – employment/2011/2011. html#one，访问日期：2012 年 11 月 29 日。

与离职率每年都有较大起伏。

下面来看关于东京女性劳动者的具体数据。

（1）女性劳动者中正式员工所占的比例。东京女性劳动者中正式员工所占的比例如表 2 - 13 所示。[①]

表 2 - 13　东京劳动者正式员工所占比例

单位：%

	女性劳动者中正式员工所占的比例	男性劳动者中正式员工所占的比例		女性劳动者中正式员工所占的比例	男性劳动者中正式员工所占的比例
建筑业	86.3	98.0	学术研究、专门技术服务业	43.8	62.5
制造业	72.5	90.1	酒店餐饮服务业	11.0	39.1
情报通信业	82.6	96.5	日常生活相关服务业	11.9	52.8
运输邮政业	51.3	92.5	教育文化产业	69.8	67.8
批发零售业	28	79.2	医疗、社会公益事业	73.5	72.6
金融保险业	69.9	94.7	服务业（未分类）	46.7	83.8
房地产业	68.7	88.2			

由表 2 - 13 可以看出，除了教育文化产业以外，其他产业中男性劳动者中正式员工所占比例都要高于女性，特别是在运输邮政业、批发零售业。

女性劳动者中正式员工在日常生活相关的服务业所占的比例最低，其后是酒店餐饮服务业。而女性劳动者中正式员工所占比例最高的是金融保险业，其次是情报通信业。这是因为这两个行业需要的专业技能相对较高，需要熟知该领域的专业性的人才，这些行业的企业也希望能够长期雇佣这些有能力的人，因此正式员工所占的比例就较高，而与日常生活相关的服务业和酒店餐饮服务业等由于工作时间比较灵活，内容也比较简单，大多职位对学历、技术等没有较高要求，因此多采用机动灵活的非正式员工尤其是临时工。

（2）应届毕业生的录用中雇佣女性劳动者的企业所占的比例。根据东京都雇佣调查统计所得出的《2010 年度东京都男女雇佣平等参画状况调查结果报

---

① 東京都産業労働局：「平成 23 年度東京都男女雇用平等参画状况调查结果报告書」，ht-tp：//www. sangyo - rodo. metro. tokyo. jp/monthly/koyou/sankaku_ 23/pdf/all. pdf，访问日期：2012 年 11 月 30 日。

告书》，在应届毕业生的录用中男女的录用比例如表 2 – 14 所示①。

表 2 – 14　东京都应届毕业生录用比例

单位：%

	男女都录用	只录用男生	只录用女生
4 年制本科毕业生（经济相关专业）	67. 1	15. 6	17. 3
4 年制本科毕业生（理工科相关专业）	56. 2	36. 8	7. 0
短期大学专科学校毕业生（经济相关专业）	31. 7	9. 5	58. 7
短期大学专科学校毕业生（理工科相关专业）	40. 0	41. 7	18. 3
高中毕业生（经济相关）	44. 7	18. 4	36. 8
高中毕业生（理工科相关）	31. 3	53. 7	14. 9

从表 2 – 14 可以看出，所学专业是文科还是理科对公司的录取产生很大的影响，本科毕业生部分性别录取的比例较大。

（3）东京各个年龄段妇女从事职业的比例。根据《东京的产业和雇佣就业情况 2011》中雇佣就业篇的调查所得到的数据，东京妇女各个年龄阶层的不同就业类型比例如表 2 – 15 所示。②

表 2 – 15　东京各年龄段妇女就业类型

单位：%

年龄段	个体户	正式员工	钟点工	打工者	派遣工	合同工
15 ~ 19 岁	—	—	—	4. 9	—	—
20 ~ 24 岁	—	13. 4	—	8. 2	—	1. 7
25 ~ 29 岁	—	23. 4	2. 5	3. 0	2. 5	3. 1
30 ~ 34 岁	1. 3	18. 9	4. 7	2. 8	4. 1	2. 4
35 ~ 39 岁	1. 9	17. 4	6. 6	1. 5	2. 6	2. 0
40 ~ 44 岁	1. 8	12. 5	8. 3	2. 0	1. 9	2. 0

---

① 東京都産業労働局：「平成 23 年度東京都男女雇用平等参画状況調査結果報告書」，ht-tp：//www. sangyo – rodo. metro. tokyo. jp/monthly/koyou/sankaku_ 23/pdf/all. pdf，访问日期：2012 年 11 月 30 日。

② 東京都産業労働局：「東京の産業と雇用就業 2011」，http：//www. sangyo – rodo. metro. tokyo. jp/monthly/sangyo/sangyo – industry – and – employment/2011/2011. html#one，访问日期：2012 年 11 月 29 日。

年龄段	个体户	正式员工	钟点工	打工者	派遣工	合同工
45～49 岁	1.8	9.5	8.9	—	—	1.5
50～54 岁	1.9	8.2	8.8	—	—	—
55～59 岁	6.1	9.6	9.7	—	—	—
60～64 岁	5.5	3.5	6.7	—	—	—
65 岁及以上	13.1	4.4	5.8	—	—	—

由表 2－15 可以看出，女性在 15～19 岁时多采用打工的形式，而到了 25～34 岁时成为正式职员的比率迅速提高。但是在 35～49 岁时，钟点工、派遣工、合同工等非正式员工的雇佣形式开始增多。这主要是因为 15～19 岁的女性大多在上学，大学毕业之后进入公司成为正式员工。25～29 岁女性正式职员数量最多，而到了 30 多岁的时候女性劳动力比例大幅降低，仍然在工作的女性中主力为钟点工。这是由于结婚和生育所致。不少女性在结婚生子后希望重新回到社会从事工作，但由于要照顾家庭无法加班，所以只能从事短时间工作。40 岁过后女性从业者的近一半都是非正式职员。

由于结婚生育有一半以上的女性变换了工作，只有两成多的女性从结婚前开始一直坚持在工作。换了工作的女性中大半是辞过一次职，回到原岗位的只有两成。关于换工作的理由，有 1/3 的人回答说"孩子小的时候想待在家里"，另外还有 1/3 的人回答说"家庭和工作很难兼顾"以及"公司有这个惯例"等多种原因。

（4）管理职位上的女性。2011 年的数据显示，东京都占据管理职位的女性比例为 10.2%，其中女性比例最高的组长为 16.4%，董事为 5.3%。而管理职位无女性的企业所占比例为 15.9%。从总体来看，担任管理职务的女性比例在缓慢增加。从行业来看，管理职位女性所占比例最高的是医疗、社会公益事业，为 48.1%，最低的是建筑业，为 1.4%。

管理职位女性少于一成的企业的理由所占比例最高的是"没有具有必备经验和判断力的女性"（39.7%），其他理由依次为"没有或者女性员工太少"（35.3%）；"工龄短，还没做到管理职位就辞职了"（24.8%）；"未满升到管理职位的年限"（23.9%）；等等。[①]

2. 东京妇女的失业状况

根据2011年3月公布的《平成23年度东京劳动局雇佣施策实施方针》所示，2010年的东京妇女的完全失业率为5.1%，同比前年增长了1个百分点。各行业失业率具体数据详见表2-16。[②]

表2-16 2010年东京妇女完全失业率增减率（同比前年同期）

单位：%

	完全失业率增减率（同比前年同期）
建筑业	-5.4
制造业	-1.6
情报通信业	-2.0
运输邮政业	-1.5
批发零售业	2.1
学术研究、专门技术服务业	0
酒店餐饮业	6.6
与日常生活相关的服务业	5.1
教育文化事业	4.8
医疗社会公益事业	0
其他服务业	-7.7

至于失业原因，无论男女，年轻人多认为"没有想做的那种工作"，年纪大的则多因为"自己不符合企业招工的年龄"。另外，无论在哪个年龄段，女性因"工作时间和假日不符合自己的要求"的都多于男性，特别是35~44岁的女性有三成都是由于这个原因找不到工作。

综上所述，在日本社会女性劳动力率的年龄分布呈"M"形，即以20岁至30岁为中心的女性在结婚后或者生育期间暂时退出劳动力市场，之后在40

① 東京都産業労働局：「平成23年度東京都男女雇用平等参画状況調査結果報告書」，ht-tp：//www. sangyo - rodo. metro. tokyo. jp/monthly/koyou/sankaku_ 23/pdf/all. pdf，访问日期：2012年11月30日。

② 東京都労働局：「平成23年度東京労働局雇用施策実施方針」，http：//www. roudoukyoku. go. jp/profile/gyoumu/2011/summary_ employment. pdf#search = '平成23年度東京労働局'，访问日期：2012年11月26日。

岁左右重返职场。当然，因为女性有生育孩子这一特性，不仅仅是在日本，海外的一些国家也有相似的状况。但日本的"M"形曲线与欧美主要国家相比，中间的凹陷部分更为显著。

（二）东京妇女的行业分布

根据总务省的《就业结构基本调查》和东京都的《劳动力调查》，近年来越来越多的妇女积极地参与到社会活动中来，从过去30年的数据来看，女性从业者人数增加，占从业者总体的比重也在不断地攀升。从女性就业者的职业类型来看，以事务性的工作居多，大约占到了总数的1/3。另外，一些技术性的专门性的职业的女性从业者也不断增多。在2007年达到了54.5万人。

在各种职业中，从事事务性工作的女性这些年来一直稳居第一位，第二位的在1977年曾是生产、劳务，2007年变为专业技术职业。[1] 这说明劳动女性的学历水平有所提高。

表2-17显示的是2012年7~9月的东京都主要产业从业者人数的平均值。[2] 从产业类型来看，从事批发零售业的女性劳动力人数最多，但是女性从业者占比率最高的是医疗和社会公益事业，超过了70%。此外，教育文化、与日常生活相关的服务业以及酒店餐饮、酒店、娱乐行业中，女性从业者所占的比重均超过了50%，是女性从业者相对较多的行业。

表2-17 东京都主要产业从业者人数

单位：千人

	女性从业者人数	男性从业者人数
建筑业	76	362
制造业	192	519
信息通信业	186	436
运输邮政业	68	271

① 東京都産業労働局：「東京の産業と雇用就業2012」，http：//www. sangyo - rodo. metro. to-kyo. jp/monthly/sangyo/sangyo - industry - and - employment/2012/，访问日期：2012年11月29日。

② 東京都総務局：「第4表 主な産業就雇用者数」，http：//www. toukei. metro. tokyo. jp/rou-dou/2012/rd12ga0400. xls，访问日期：2012年11月28日。

续表

	女性从业者人数	男性从业者人数
零售业	576	629
金融保险业	120	132
房地产业	85	150
学术研究、专门技术服务业	155	288
酒店餐饮业	286	242
与日常生活相关的服务业	167	132
教育文化事业	161	132
医疗、社会公益事业	452	181
其他服务业	290	359

（三）东京妇女的经济收入

东京都女性从业者的平均月收入根据公司的规模而不同。从整体来看，公司规模越大收入也越高。2005～2010 年，500 人以下规模的公司收入上都有一定程度的减少，但 500 人以上规模的公司收入有所增加。各行业中，信息通信行业的收入最高，其次是金融保险业，最低的是酒店餐饮业（见表 2 - 18）。①

表 2-18　东京妇女平均月收入（按行业分类）

单位：日元

	现金收入总额	固定工资	特别工资
建筑业	302730	250826	51904
制造业	332110	261739	70371
信息通信业	403031	317227	85804
运输邮政业	302952	249492	53460
零售业	237046	199927	37119
金融保险业	396243	312160	84083

---

① 東京都総務局：「東京都の賃金、労働時間及び雇用の動き」，http：//www. toukei. metro. to-kyo. jp/maikin/2011/mk11q1nenp. htm，访问日期：2012 年 11 月 20 日。

续表

	现金收入总额	固定工资	特别工资
房地产业	267235	220361	46874
学术研究、专门技术业	370708	310219	60489
酒店餐饮业	106901	102122	4779
与日常生活相关的服务业	199711	179765	19946
教育文化业	330482	259304	71178
医疗社会公益事业	300349	245892	54457
其他服务业	303417	245089	58328

二 影响东京妇女经济活动的因素

影响东京妇女经济活动的因素主要包括教育背景、家庭影响和两性的报酬差距三个方面。

(一) 教育背景与就业的关系

因为日本大部分年轻人都接受了高中教育,所以在这里主要分析高中毕业生和大学毕业生的就业率变化。

1. 高中毕业生就业率的变化

图 2-22 所示的是东京都高中毕业生每年 3 月就业者比率的发展变化情况[1],可以看出东京都男女高中毕业生的就业率都有减少的趋势。1979~1993年妇女就业率一直高于男性,但从 1993 年开始男性的就业率超过了女性,之后持续高于女性。高中毕业的男性就业率从 1985 年的 24.6% 持续缓慢下降,2010 年为 7.1%。高中毕业的女性就业率从 1983 年的 32.9% 持续下降,2010年为 4.4%。

2. 大学毕业生就业率的变化

图 2-23 显示的是东京大学毕业生的就业率的发展变化情况[2]。从图

---

[1] 東京都生活文化局:「東京の男女平等参画データ 2011」,http://www.seikatubunka.metro.tokyo.jp/index8files/nenjihoukoku.top/data2011/2011top.htm,访问日期:2012 年 11 月 30 日。

[2] 東京都生活文化局:「東京の男女平等参画データ 2011」,http://www.seikatubunka.metro.tokyo.jp/index8files/nenjihoukoku.top/data2011/2011top.htm,访问日期:2012 年 11 月 30 日。

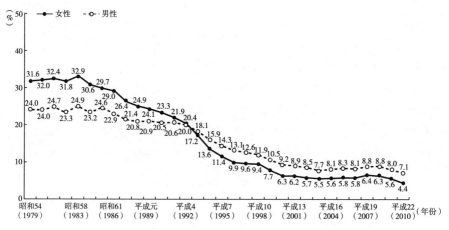

图 2 - 22　东京都高等学校毕业生的就业率变化

注：每年 3 月毕业者中就职者（包括升学者）所占比率。

2 - 23 来看东京都男大学毕业生的就业率在 1991 年达到 79.1% 的高峰后有下降的趋势，2003 年为 49.8%。之后又有上升的趋势，2009 年为 63.8%，但 2010 年则大幅减少到 55.7%。女大学生的就业率在 1980 年为 63.7%，1988 年达 76.7%，超过了男大学生的就业率。之后，在 1991 年一度进入 81.0% 的高峰后有下降的趋势，在 2000 年为 55.9%。之后再度有上升的趋势，2009 年达 73.1%，2010 年则大幅下降至 64.5%。2001 年以后男女就业率的起伏大致

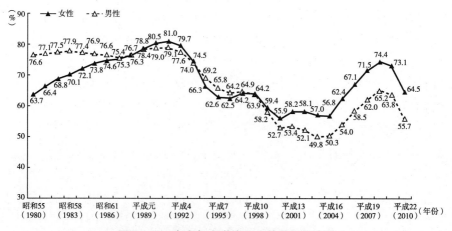

图 2 - 23　东京都大学毕业生的就业率变化

注：每年 3 月毕业者中就职者（包括升学者）所占比率。

呈相同格局。

从以上资料来看教育背景与就业的关系，会发现进入 20 世纪 90 年代后女性高中毕业生的就业率有明显下降的趋势，1992 年是一个转折点，这应该与日本 20 世纪 80 年代末泡沫经济的破灭所造成的经济不景气有关。虽然之后的女性高中毕业生就业率一直在缓慢下降，但从 2003 年以来连续几年都基本持平，甚至略有好转。随着 2008 年秋 "雷曼兄弟" 破产引起的全球性经济危机，再次使得女性高中毕业生的就业率下降，2010 年达最低点 4.4%。总体来看，女性高中毕业生就业率一直呈下降走势。而纵观 20 世纪 80 年代后女大学毕业生的就业率可以发现其变化起伏较大。女大学毕业生就业率在 80 年代末，即泡沫经济还未破灭之前到达高峰并在 1988 年一度超过男大学毕业生的就业率，90 年代初到达最高峰 81.0% 后进入持续下降的状态。2000 年女大学毕业生就业率仅为 52.7%，之后有回升的趋势。继 2008 年达 74.4% 后 2010 年的就业率再度下降，为 64.5%。但从以上分析可见，近年东京女大学生的就业率高于男大学生。综上可见就业率受到经济状况的影响，但总体来说学历越高就业率相对就越高。

（二）家庭对妇女就业的影响

家庭对妇女就业的影响主要表现在女性如何在工作与生活之间寻找平衡、如何兼顾婚姻家庭这两个方面。

1. 关于工作和生活的平衡

从图 2 - 24① 来看，东京都 36.3% 的女性希望 "工作、家务、隐私可以兼得"，在男性的回答中，希望 "工作和隐私能优先" 的为 29.7%，占最多数。但实际上男女都是最优先 "工作"。就全国范围来看，每年度都有 30% 左右的女性希望 "优先家庭生活"，男性的回答中希望 "优先工作和家庭生活" 的人为 30% 左右，在男性中所占比例最高。实际情况是 40% 以上的女性是优先家庭生活，30% 以上的男性优先工作。这一点从前面 "东京各个年龄段的女性所从事的不同职业的比例" 中可以得到印证。

---

① 東京都生活文化局：「東京の男女平等参画データ2012」，http：//www. seikatubunka. metro. tokyo. jp/index8files/nenjihoukoku. top/data2012/15_ gender - equal - 2012 - 1 - 6. pdf，访问日期：2012 年 11 月 15 日。

〈女性〉

■ 工作优先　　　　　　　　　　　▨ 家庭生活优先
▧ 个人生活优先　　　　　　　　　□ 工作和家庭生活优先
□ 工作和个人生活优先　　　　　　▨ 家庭生活和个人生活优先
▥ 都重要　　　　　　　　　　　　□ 不知道

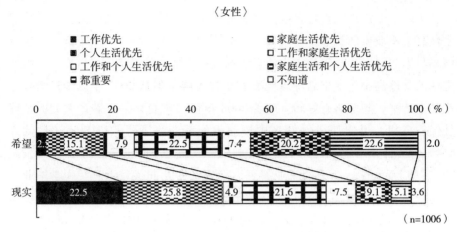

图 2-24　有关工作和生活平衡的希望与现实

注：n 为标本数。

2. 妇女就业与婚姻家庭的关系

从东京都产业劳动局公布的 2010 年度的《东京产业与雇佣就业》① 来看，65 岁以下的有配偶的妇女参加工作的比例比无配偶的妇女明显低了很多，特别是 25～40 岁的妇女尤其如此。另外 30 多岁的专职主妇中有不到三成有工作愿望，40 岁出头的专职主妇中有两成多有工作愿望。

从日本全国各地的育龄妇女（15～64 岁）整体来看，就业率越高的地方出生率越高。东京出生率虽然全国最低，但工作妇女的比率高于全国平均水平，属于例外。

为了解决少子化问题和确保劳动力，凭借育儿支援等措施来创造有利于男女双方的职场越来越重要。在东京，短时间勤务制度和免上夜班等劳动时间方面的制度实施率越来越高。妇女受惠于这些制度的比率在所有项目上都多于男性。

从 2009 年的数据来看，东京的双职工家庭占整体的 43.3%。②

① 東京都産業労働局：「東京の産業と雇用就業 2010」，http：//www. sangyo - rodo. metro. to-kyo. jp/monthly/sangyo/sangyo - industry - and - employment/2010/2010. html，访问日期：2012 年 11 月 29 日。

② 東京都産業労働局：「東京の産業と雇用就業 2010」，http：//www. sangyo - rodo. metro. to-kyo. jp/monthly/sangyo/sangyo - industry - and - employment/2010/2010. html，访问日期：2012 年 11 月 29 日。

（三）报酬差距问题

根据所属行业以及教育背景等，东京妇女得到的劳动报酬存在着差距。
以下就此进行分析。

1. 公共与私人机构中的性别与报酬差距

根据东京都总务局 2012 年 3 月 30 日公布的统计报告①，可以看出，私人
机构中男女月收入差距很大，这一点与企业规模无关（见表 2 - 19）。

表 2 - 19　东京劳动力月薪情况②

单位：日元

企业规模		5 ~ 29 人	30 ~ 99 人	100 ~ 499 人	500 人以上
现金收入总额	男	353787	473063	548339	705165
	女	196257	249991	321350	390702
固定收入	男	312094	384215	427388	521783
	女	174591	210828	256400	308229
基本工资		241016	294107	335284	413226
劳动时间外工资		10669	18255	26395	38133
特别支付	男	41693	88848	120951	183382
	女	221666	39163	64950	82473

从 2010 年各行业 5 ~ 29 人规模的企业男女平均月收入情况来看，无论是
哪个行业，男女报酬差距都很大，有的行业如食宿、餐饮业男女现金平均收

① 東京都総務局：「東京都の賃金、労働時間及び雇用の動き」，http：//www. toukei. metro.
tokyo. jp/maikin/2011/mk11q1nenp. htm，访问日期：2012 年 11 月 20 日。
② 【现金收入总额】指在扣除所得税、社保金、工会会费等之前的现金收入的总和。等于
【固定收入】与【特别支付】的总和。
　　【固定收入】指根据劳动合约、团体协约或者公司的薪资标准等事先规定好的依照支
付条件、薪资计算方法支付的收入，包括规定劳动时间外的收入。
　　【基本工资】固定收入中除规定劳动时间外的收入。
　　【劳动时间外工资】对超出规定劳动时间、休息日劳动、深夜劳动所支付的收入，即
加班补贴、早晚班补贴、休息日补贴、深夜补贴等。
　　【特别支付】事先合约及规则上未涉及的，基于临时或者突发理由事实上对劳动者支
付的收入、据新合约对过去算定收入的补发金、每过 3 个月而重新算定的住房补贴、交通
补贴以及奖金等。

入比甚至达到 2∶1。①

从企业从业者的平均年龄和平均工龄来看，2011 年东京女性劳动者的平均年龄比男性低 4 岁，平均工龄女性比男性短约 2.8 年。从妇女平均年龄和工龄的推移来看，女性劳动者的平均年龄在不断提高，平均工龄也在不断增长（见表 2-20）。②

表 2-20　从业者平均年龄和平均工龄

单位：岁，年

年　份	平均年龄	平均工龄
2011（男性）	42.7	11.5
2011（女性）	38.7	8.7
2009（女性）	37.9	8.3
1999（女性）	32.5	7.5
1990（女性）	32.2	6.2

女性工龄比男性短的原因主要是"女性因结婚而辞职"（47%）、"女性因怀孕或生产而辞职"（42.8%）、"女性因配偶的原因辞职"（31.5%）等。可见结婚、生育等人生各阶段的到来导致辞职的比例很高。

另外，日本公务员原则上男女同工同酬，所以在此不单独计算女性工资情况。

2. 教育背景与报酬差距

从图 2-25③ 可以看出，东京应届毕业生（本科毕业生、高等专科学校毕业生和大专毕业生、高中毕业生）的首份工资从 2007 年开始无论男女都有所增加。2009 年大部分学历拥有者的工资都比往年有所增加，唯有高中毕业女性的工资有所下降。可以看出经济状况恶化并没有大幅度影响到第一个月的

---

① 東京都総務局：「東京都の賃金、労働時間及び雇用の動き」，http：//www.toukei.metro.tokyo.jp/maikin/2011/mk11q1nenp.htm，访问日期：2012 年 11 月 20 日。

② 東京都産業労働局：「平成 23 年度東京都男女雇用平等参画状況調査結果報告書」，http：//www.sangyo-rodo.metro.tokyo.jp/monthly/koyou/sankaku_23/pdf/all.pdf，访问日期：2012 年 11 月 30 日。

③ 東京都産業労働局：「東京の産業と雇用就業 2012」，http：//www.sangyo-rodo.tokyo.jp/monthly/sangyo/sangyo-industry-and-employment/2012/，访问日期：2012 年 11 月 29 日。

工资。就 2009 年高等专科和大专毕业生的情况来看，女性的首月工资第一次超过了男性。2009 年男女首月工资差距以本科毕业生为最大。

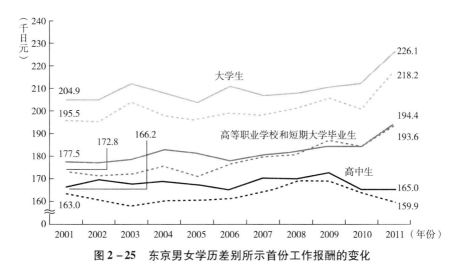

图 2-25　东京男女学历差别所示首份工作报酬的变化

总体来说，东京地区公务员普遍平均月工资较高，与通信业、金融、保险业及学术研究和技术服务行业等民间相对收入较高的行业中女性的平均月工资基本持平。但若将各种补贴等包含在内，东京地区公务员的收入远远高于这几个行业中的女性收入。

另外，关于教育背景与报酬的差距，从以上分析可以看出，东京地区应届毕业生首份工作的工资在 2010 年虽有下降，但在 2011 年除高中毕业生外都重新上升，而且学历越高首份工作的工资越高。

三　东京促进妇女就业的举措与效果

东京都为了促进妇女就业制定了相关法律法规，推出"男女共同参与"的理念，倡导工作与生活的协调，为女性就业提供各种帮助。

（一）促进妇女就业机制的举措

1997 年 6 月，日本对 1986 年 4 月生效的《男女雇佣机会均等法》进行了修订，以加速消除男女性别歧视的进程，保证男女两性在雇佣方面得到平等的机会和待遇。修订后的法规于 1999 年付诸实施，禁止在招聘、用工、岗位分配和晋级等方面的性别歧视，同时还要求用人单位采取必要的措施来防范性骚扰。

以上法律的制定和实施是为了保障妇女的工作权利。此外，1996 年 12 月，日本政府制定了《2000 年男女共同参与计划》，并在 1999 年通过了《男女共同参与社会基本法》。内阁于 2000 年 12 月批准了《男女共同参与基本计划》，2001 年 1 月，内阁府下设男女共同参与会议和男女共同参与局，全面推动男女平等和共同参与社会各项活动。各地方政府也纷纷成立专门机构使男女平等政策落实到位。政府的号召推动、媒体的宣传、学校的教育和企业的响应使"男女共同参与"这一理念广为人知，并得到逐步落实。

"男女共同参与"这一理念的推出在日本具有划时代的意义，其不再把妇女单独作为需要保护和照顾的对象，而是满足两性不同的需求。比如东京都生活文化局推出的口号是"本市致力于实现所有东京市民无论其性别都作为个体得到尊重、男女在对等的立场上参与一切活动、分担责任的男女平等参与社会"。①

2007 年以内阁府为中心制定了《工作与生活协调宪章》和《推动工作与生活协调的行动指南》，将"国民生活充实，能够在工作中成长，而企业能够引导职员发挥各自能力来保持持续发展，全社会充满活力"作为发展目标。企业被要求做到以下几点：完善育儿、护理方面的"休假休业制度"；在劳动时间方面，减少加班，设立可调整的工作时间段；在劳动地点方面，允许在家上班，完善"可以选择劳动方式的制度"；雇用因结婚、生子而辞职的妇女以及让这些妇女从小时工转为正式员工；帮助女性制定将结婚、生育考虑进去的职业规划等的"职业规划和生活设计支援"；给予包括保育服务费用补助、企业内保育所设置等的经济支援；等等。

"工作与生活协调运动"的目的是为了解决老龄少子化导致的劳动人口减少问题，所以将女性和男性都包括了进去。除了减少男性的工作时间之外，也提出了让男性享受原本只有女性能够得到的育儿、护理老人等方面的照顾，比如育儿假等。其重要意义在于让原本"照顾女性"的各项制度也惠及男性。这样一来，女性不再被"特殊照顾"，男性同样需要并且可以担负起对家庭以

---

① 东京都生活文化局，http://www.seikatubunka.metro.tokyo.jp/index8.htm，访问日期：2012 年 11 月 30 日。

及对孩子的责任，减少了以往因男女区别对待而造成的女性就业、晋升的困难。

具体来说，在妇女就业、工作问题上，东京采取了以下措施来帮助她们。①

首先，确保工作机会均等。东京实施如男女平等参与情况调查等各种促进男女平等的调查活动，召开以企业主为对象的均等法说明会等，发行《职业女性和劳动法》《雇佣平等手册》等出版物，将工作机会均等这一理念进行普及。

其次，对女性创业者和普通女性劳动者的支援。推动"积极行动计划"，鼓励女性创业或者进入管理层，比如给予创业贷款，专门为女性举办关于农业改良特别普及指导和各种相关研修。

东京都产业劳动局下属的公共职业安定所（ハローワーク）在 2006 年为女性求职者专门设立了"母亲们的职业介绍所"（マザーズハローワーク），主要提供合适的工作来解决希望一边工作一边照顾子女的女性们的求职难。而为所有人提供工作信息的东京工作中心除在为再次求职的女性传授求职技巧之外，还提供商贸知识、专业技术以及职场实习等综合支援。为了解决来中心求职时孩子无处安置的问题，中心还提供幼儿的托管服务。另外还有求职中心的女性再就业训练、针对各行业女性的各种训练和帮助以及制作相关知识普及的小册子等。

再次，经济上的帮助。将针对不工作期间生活困难的女性进行低利息融资的范围扩大到妊娠期的女性。另外，对单亲家庭的母亲采取种种措施给予经济上的帮助。比如发放儿童养育金，对独自抚养孩子而有求职意愿的女性给予一些补助金，来让她们得以接受教育培训和取得政府发放的从业证书等。

(二) 东京促进妇女就业的机制的成果和未来的课题

据东京都生活文化局 2011 年 3 月公布的《东京男女平等参与数据 2011》②

---

① 東京都生活文化局：「平成 23 年度東京都男女平等参画施策一覧」，http：//www. seikatu-bunka. metro. tokyo. jp/index8files/nenjihoukoku. top/data2011/24_ gender – equal – 2011 – 2 – 1. pdf，访问日期：2011 年 5 月 1 日。
② 東京都生活文化局：「東京の男女平等参画データ2012」，http：//www. seikatubunka. metro. tokyo. jp/index8files/nenjihoukoku. top/data2012/15_ gender – equal – 2012 – 1 – 6. pdf，访问日期：2012 年 11 月 15 日。

所示，2005 年东京女性劳动人口占全体的 41.1%，一直在上升。双职工家庭也在增加，1997 年以后超过了妻子一方无业的家庭数量，2009 年双职工家庭达到 995 万户。

从工资来看，男女间仍然有较大差距，但正在逐渐缩小。1989 年女性工资收入是男性的 60.9%，到了 2010 年变为 69.3%。2009 年年收入为 300 万以下的男性是 25.1%，女性为 67.7%，而超过 600 万日元的男性为 25.6%，女性只有 4.6%。可见低收入女性远远多于男性，而高收入女性则远远少于男性。

这些年来东京正式职工的比例无论男女都在大幅减少，2007 年女性正式职工只有 48.7%，而男性为 78.3%。女性职工连续工作超过 10 年的从 1985 年的 24.8% 上升为 2005 年的 33.4%，2009 年略减为 31.6%。连续工作 20 年以上的女性为 11.2%，男性则是 24.6%，远高于女性。而女性工作时间为 25 ~ 29 年，以及超过 30 年的都分别只有 3%。

从以上数据可以看出，政府为了提升妇女的地位做出了很大的努力，其结果是东京都妇女的工作机会、工作意愿有一定程度的提升，工作环境得到改善。但照顾家庭、抚育子女仍然被视为妇女的责任，虽然也允许男性休育儿假，但请到假的男性数量极少。妇女在职业的选择、工作时间的安排以及工作期间的长短上都不得不优先考虑家庭。这个问题不得到彻底解决则无法从本质上改变妇女在工作方面的两难处境，也就无法实现真正的男女平等。

（三）东京都的经验总结

东京政府将妇女工作方面问题的处理放在"男女平等参与"这一大课题之下，关注两性共同的需求，很好地解除了一部分男性的抵触心理，而大规模的知识普及让民众对男女平等的观念有了较深的认知。

在具体措施上，政府各部门都积极参与，对妇女劳动者进行支援。经济上有补助，求职有指导和培训，职业规划上有整体规划的帮助，再就业有对子女抚育问题的解决方案。不但有鼓励妇女就职、创业和晋升的具体措施，还对企业方也进行教育和相应补助来营造较好的职场氛围。

东京这些落到实处、细致周到而不流于形式的政策和做法值得思考和借鉴。

第五节　四大城市及北京妇女经济地位比较

本章前四节分别聚焦于纽约、伦敦、巴黎、东京四大世界城市的妇女经济地位状况，从多项指标数据中进行分析，描绘出四城市妇女经济地位的整体状况。

本节将首先通过对比四大世界城市妇女经济参与数据，概况归纳基本特征，其次将针对影响各城市妇女经济状况的共同因素进行分析，之后重点比较四城市在促进妇女就业机制方面的举措，最后结合北京市的相关数据及情况，提出相关建议，服务于北京市促进妇女经济地位的提升。

一　四大世界城市妇女经济数据比较

为了完整全面地分析四大城市妇女就业和收入的相关情况，此处仍然采用本章引言中的多指标综合体系，结合前四节各城市的相关数据，进行各城市情况的横向比较，主要包括妇女的就业状况、就业水平、管理职位比率和收入水平四方面。其中妇女就业状况主要通过就业比率来反映，妇女就业水平主要从妇女就业的行业分布上加以观察。

（一）就业状况

虽然妇女的就业状况正在不断改善中，但数据显示，四大城市妇女就业率仍低于男性。从各角度的比较数据来看，妇女均处在较为劣势的低位（见表 2 - 21）。

表 2 - 21　四大城市两性近年就业率与失业率对比

单位：%

	男　性		女　性	
	就业率	失业率	就业率	失业率
纽约（2010 年）	60.2	9.8	49.4	7.8
伦敦（2009 年）	65.2	7.1	58.1	7.2
巴黎大区（2008 年）	70.2	7.9	63.8	6.6
东京（2009 年）	74.5	4.4	54.3	5.0

纽约和巴黎女性失业率低于男性。纽约女性失业率较低情况的出现，主要是因为金融危机之后，男性就业受到很大的冲击，尤其是建筑业等行业大量的男性劳动力失去工作，同时政府大量为失业的低学历女性（高中肄业）提供就业帮助，帮助其在服务行业中找到就业机会。然而纽约市男性从危机中恢复的速度却远远快于女性。从 2009 年至 2011 年，男性失业率降低速度远高于女性失业率的降低速度。

伦敦市男性就业率高于女性，失业率低于女性，且经济上不活跃者比例远远低于女性，两者分别为 11.3% 和 28.6%。

东京市女性的就业情况类似纽约、伦敦，同时还受到老龄少子化的影响。2011 年东京 15 岁以上女性劳动人口中，25～34 岁年龄层所占比例比 2001 年降低了 5.1%，15～24 岁的女性劳动人口所占比例也有所下降。

四城市中巴黎的女性就业状况略好。2009 年末，巴黎女性失业者人数少于男性，失业率也低于男性。在巴黎市，20～49 岁年龄阶段的女性就业率几乎与男性相当。但值得注意的是，巴黎拥有固定期限劳动合同的女性比例高于男性，她们就业的稳定性更缺乏保障。此外巴黎女性从事全日制工作的比例远远低于男性，从事非全日制的短期工作的女性更多。

此外，在就业状况上，四个城市还有一些各自的特点，例如纽约市移民众多，不同族裔女性之间的就业差异较大。而伦敦作为英国经济最为发达的地区之一，经济上不活跃者比例女性远远高于男性，即是说女性本身的就业意愿与伦敦商业发达程度之间不成比例。东京女性就业方面的特点在于劳动力的高龄化以及"M"形模式突出①，因此老年女性的就业及生活是其一个关注重点。

（二）行业分布

四个城市在数据统计时对行业的划分稍有区别，有的根据具体的专业种类区分，有的根据企业性质划分。纽约、东京、巴黎的统计调查数据根据女性在不同行业的就职比例与男性进行横向比较，并体现出行业隔离程度的高低；伦敦则通过对女性就业是在公立机构还是私营机构的比例来说明就业水平的高低。

---

① 肖扬：《日本政府为促进妇女就业采取的对策》，《中国妇运》2001 年第 5 期，第 44 页。

在比较纽约市两性就业比率最高的十大职业时，可以发现不同族裔的平均重合率不到30%，很多男性高收入行业并未对女性敞开大门，例如较高收入的电脑技术人员、内外科医生等职业都未出现在女性的十大就业行业中。巴黎女性也有50%以上集中在服务业的不同领域。东京也不例外，从人数比例上来看，从事批发零售业的女性劳动力人数最多，女性从业者占比率最高的是医疗和社会公益事业，超过了70%。此外，教育文化、与日常生活相关的服务业以及酒店餐饮、酒店、娱乐行业中，女性从业者所占的比重均超过了50%，是女性从业者相对较多的行业，这些行业都具有很强的服务性质，也是传统观念认为女性适合的工作。这些数据表明城市女性自身发展受到行业隔离现象的制约，许多传统上被男性主导的行业不向女性开放，而女性依旧大量从事于服务行业等所谓的传统女性行业。

依据第二期中国妇女社会地位调查中的指标分类，这种传统女性行业属于偏女性职业与女性职业。性别均势行业的发展比较能够体现女性行业分布方面的变化。目前，巴黎的性别均势行业越来越多，目前已经有工业、金融活动、提供给企业的运行服务、其他企业服务、个人服务，等等。这表明巴黎女性具有介入各行业一定良性的发展趋势。

伦敦的数据则呈现出两性在公立机构与私营机构就业比例的差异。35%的伦敦女性在公立机构就业，男性则为30%。65%的女性（或低于此比例）在私营机构就业，男性为70%（或低于此比例）。可见，在私营机构就业人口中，女性明显低于男性。

此外，四大城市女性自主创业水平有待提高。伦敦市女性自主创业的比例尚不到男性的一半。巴黎女性个人创业方面也同样有这个特点：2009年，巴黎自行开创公司的企业主中只有30%是女性。

总体来看，四大城市妇女在就业水平方面还低于男性，进入传统的男性占优势的行业存在一定困难，她们仍然大量集中于传统的偏女性行业，性别隔离现象比较严重。同时女性创业的比例低、规模小，反映出女性在创业方面仍然受到一定的桎梏。

（三）管理职位比率

经济发达、文化先进的四大城市的数据显示，在用于衡量经济管理中地位高低的管理职位比例方面，女性普遍处于弱势地位。

纽约女性在管理层面总体处于弱势。2009年，总部位于纽约州的公司管理层中女性比例为15.5%，并且15%的公司的高层管理者中没有女性。

伦敦女性在商业领域高级职位上的人数很少。最近更新的富时100公司中女性董事的比例很低，2010年，只有16%的公司有女性执行董事，5.5%的执行董事是女性。

巴黎男性和女性所占据的岗位性质仍然有很大区别。男性比女性更多地集中在管理和高级脑力劳动职业上，多数女性在雇员和居中岗位上工作。由此能够看出，女性参与管理决策的人数比例仍然低于男性。

东京市占据管理职位的女性比例为7.6%，其中女性比例最高的组长为12.7%，董事为4.5%。而管理职位上无女性的企业所占比例为23.1%。从行业来看，管理职位女性所占比例最高的是"医疗、社会公益事业"，为45.2%；最低的是建筑业，为1.2%。

另外，女性管理者相较于男性管理者来说，更易失去职位。在2007～2008年的金融危机中，纽约市失去职位的女性管理者数量是男性管理者的3倍。

（四）收入水平

四大城市女性的年收入水平都高于所在国其他地区女性的年收入水平，说明四大城市女性在经济上都处于全国领先的地位。但是，她们的平均年收入仍然低于男性的平均年收入，四城市都面临着如何缩小两性收入差距的巨大问题。

纽约市各族裔的女性收入都低于相应族裔的男性收入，2009年女性收入约为男性的71.4%；伦敦女性与男性的工作报酬比例为87∶100；东京市男女报酬差距很大，在食宿餐饮业男女现金平均收入比甚至达到2∶1；巴黎市2007年的统计数据表明巴黎女性工资收入比巴黎男性低27%。

伦敦女性由于性别不同造成的报酬差距要比英国其他地区高，而纽约、巴黎则正好相反，均优于所在国的平均水平。这与伦敦女性经济不活跃程度高有一定关系。根据伦敦政府的统计资料，伦敦女性从事兼职工作的比例比较高，妇女是男子的两倍。在兼职妇女当中，有43.7%的女性收入低于最低工资。而在全职工作者中，95.4%的女性收入高于最低工资。

此外，不同行业间收入差异巨大，因此女性的行业分布有待改善。

综合以上四方面可以看出，四大城市女性经济状况的几个共同特点：女性就业率均低于男性；在行业分布方面，多数女性仍然处于传统的女性优势行业（服务行业、文化教育行业、社会卫生行业，等等）中，在高科技行业等领域中比例较低；管理层女性比例都低于男性；女性与男性的收入差距仍然存在。

二 四大城市影响女性经济收入的因素比较分析

本章前四节对四大城市影响女性经济收入的因素分别进行了分析，共性因素主要集中在教育、婚姻与家庭、就业结构与行业分布等方面；个性因素也因各城市市情的不同而存在，例如族裔和移民等因素。

（一）教育因素

教育因素对女性就业的影响普遍存在，即更高的教育程度能够带来更高的收入。四大城市女性接受教育良好，女性获得教育的机会更多，接受的教育程度更高。

整个纽约州 25 岁以上全职女性工作者在受教育程度方面比 25 岁以上的男性全职工作者还略有优势；伦敦女性接受高等教育的比例大于男性，女性人口中有 44.9% 接受更高层次的教育，而男性人口中的这个比例是 34.8%。巴黎女性劳动人口的受教育程度高于法国本土女性平均程度，实际上与巴黎男性相等，甚至略高于男性。

但是，同等教育水平上性别因素导致的收入不平等依然存在，女性的平均报酬还是低于男性。在伦敦，男女工作报酬差距最小或者最接近的恰恰是"无教育背景"群体；巴黎的数据也显示，学历并不是造成巴黎女性与男性之间的工资收入差距的原因。

因此，女性群体内部受教育程度越高，收入越高；而在对比两性差异时，虽然四大城市女性在受教育程度方面并不落后于男性，但收入依然低于同学历男性，可见学历并不是造成两性之间收入差距的原因。

（二）婚姻与家庭

婚姻与家庭对四大城市女性的职业选择、职业发展都具有重要影响力。

首先，一部分女性在婚后成为全职太太，生儿育女，照顾孩子。这是四大城市部分女性的共同选择。东京65岁以下的有配偶的女性参加工作的比例比无配偶的女性明显低了很多，特别是25~40岁的女性尤其如此。另外，30多岁的专职主妇中有不到三成有工作愿望，40岁出头的专职主妇中只有两成多有工作愿望。

其次，婚后选择继续工作的女性当中一部分会从事兼职工作，造成收入相对较低。此外，虽然已婚女性选择继续工作时，其收入并不一定低于未婚女性，但在薪资涨幅方面等要远远低于同年龄段男性。而且有子女依附关系的女性在就业市场上远不如同状况男性受欢迎。

再次，生育子女的数量影响到女性的就业情况。在伦敦，很明显存在着妇女就业与子女依附之间的负向关系。有4个子女的女性在伦敦的就业率是22%，在全英国是29%。有子女依附（无论数量多少）的女性就业率一直低于没有儿童依附的女性就业率。没有子女依附的女性就业率为78%，有子女依附的妇女就业率降为53%（伦敦）和65%（全英）。就男性而言，有子女依附的男性就业率反而要高一些。

（三）行业收入差距

正如前文所观察到的，四大城市女性在较低收入行业中的高比例影响到了女性的薪酬水平和收入水平。

纽约从事不同行业的女性收入差距很大，例如餐厅服务员的年收入约为18300美元，而法律行业从业人员可以获得107000美元。而许多收入高的行业进入门槛也相对较高，限制了许多低收入家庭出身女性的进入，例如许多拉丁裔移民女性。

伦敦市比较明显的是在公共机构和私人机构就业的差别，35%的伦敦女性在公立机构就业，65%的女性在私营机构就业，因为私营机构的年度报酬增幅要高于公立机构，整体来看，女性工资报酬增长的机会就明显不同。

东京市女性在金融保险行业的收入最高，在食宿餐饮行业的收入最低，收入差距高达21.5倍，此外东京市女性公务员收入要高于日本女性公务员全国平均水平，也远远高于企业女性劳动力平均收入，这也是行业差距的一大表现。

巴黎市女性从事的职业技术要求水平和报酬都低于男性。相比于男性，巴黎女性更多工作在薪酬较低的教育、卫生、服务等偏女性和女性行业，而收入较高的行业则多为男性主导。

（四）族裔和移民

在纽约、伦敦、巴黎影响女性收入的因素中都不能忽视族裔和移民问题。

纽约是一个传统移民城市，根据 2010 年人口普查数据显示，纽约市约有 36% 的人口是在国外出生的，外来人口的国籍种类多，各国籍的比例较为平均，各族裔之间的收入差异比较明显，白种女性的收入明显高于拉丁裔女性。不同族裔的移民，以及不同年限的移民在收入上都存在着巨大的差异。

法国 47% 的就业女性移民人口生活在巴黎大区，2006 年巴黎大区的女性移民就业人数占就业女性总人数的 1/4。她们多从事一些不需要文凭的服务性工作，报酬低微、工作时间较长。

2005 年《伦敦经济中的女性》报告中显示，女性就业率随着其少数民族的族裔不同而变化。在伦敦，白种女性就业率较高，在 70% 左右。印度裔和黑人妇女就业率紧随其后，分别为 61% 和 54%。巴基斯坦和孟加拉裔妇女就业率为 27%。

东京的移民问题不是特别突出，但作为世界城市，也需要面对移民问题。东京拥有大量外籍人口，其中有旅居性侨民，也有合法移民，其中中国籍占据很大比例。

部分移民女性由于受教育程度、生活环境等因素的影响，收入低于平均收入水平，在城市中无法得到应有的公民待遇，成为弱势的移民群体中更弱的一环，是各城市需正视的问题。

三 四大城市促进就业机制

四大城市依靠国家法律保障，为促进女性就业，提高女性的经济地位采取了一系列的措施，这些措施的提倡者与实施者，既包括政府机构，也包括企业、行业协会以及非政府组织，等等。这些措施均从不同方面为提高该市女性的经济地位做出了贡献。

（一） 政府机构措施

除了依靠国家法律保障以外（参见第五章），四大城市政府出台了多项政策措施，并设立了相关机构执行监督。

纽约市政府下设妇女问题委员会、儿童服务委员会、人权委员会、经济发展委员会等机构，这些机构中的许多工作内容都服务于纽约市女性，其中即包括许多提高纽约市女性经济地位的措施，例如促进就业或者鼓励女性创业，等等。

伦敦政府与各区级地方政府层面，也有专门的促进性别平等的措施，例如《为所有伦敦人的平等生活机会》和《社会性别平等计划 2010 ~ 2011》等文件的出台。另外，伦敦政府内部和各区级政府都有针对女性就业的调研机制，同时鼓励中介组织与研究机构长期、定期调研，从学术和实践中获得最准确的情况，有的放矢地提出相应的规划与对策；并有专门的机构负责监督规划方案的实施与评估；等等。

巴黎在促进女性就业方面最典型的措施在于 2002 年设立的两性平等观察所，这一观察所的主要作用是宣传、发动和教育，提高市民的性别平等意识，并从资金上支持女性主义组织的项目。此外巴黎各劳动部门也出台了许多措施用以保障女性就业，例如设立巴黎市政辖下的巴黎就业之家等机构。

东京政府实施了各种促进男女平等的调查活动，召开以企业主为对象的均等法说明会等，发行《职业女性和劳动法》《雇佣平等手册》等出版物；支援女性创业者和普通女性劳动者，推动"积极行动计划"，鼓励女性创业或者进入管理层，比如给予创业贷款、专门为女性举办关于农业改良的普及指导和各种相关研修等。

（二） 企业及行业协会

四大城市都以发达的商业而闻名，许多大型企业在人才培养方面有着比较健全的机制，注重对员工的培养，这一机制惠及女性员工，也培养出了许多优秀的女性企业管理者。同时，各种行业协会、商业协会等都会为女性提供就业辅导和发展机遇。

比如，在纽约市，2008 年成立的纽约华裔妇女总商会以帮助华裔女性商业发展为己任,安排与大学合办定期的商业培训计划,举办成功企业家的经验讲座,与政府机构合作促进女性就业服务以及各种家庭教育辅导计划,举办和华裔商业女性相关的国际研讨会和商业博览会等。

巴黎一些国有企业在企业内部推行性别平等措施,起到了良好的社会效果,并且为私有领域做出示范。例如巴黎自来水公司采取了措施反对就业歧视和工作场所的精神骚扰,保障男女平等就业。

作为女性就业最直接的雇主,无论是私人企业、国有企业还是外资企业,无疑在女性就业中扮演着重要角色。通过教育企业、约束企业、鼓励企业等方式,使企业在性别平等方面发挥主动性、积极性,无疑对于保障女性平等就业有着积极意义。

(三)民间组织

四大城市民间组织在促进女性就业、增加女性收入、促进男女平等几项工作中,做出了巨大的贡献。

纽约有大量的非政府组织或者是各类基金会为提高女性经济地位服务。如纽约市基督教女青年会、纽约市基督教女青年会赋权妇女网络组织等。

巴黎许多表现活跃的民间组织以促进女性就业创业为目标,还获得了巴黎市政府和各级区政府的支持。民间与官方的合作已经成为比较普遍的合作方式。通常民间机构的具体行动表现为论坛和培训的组织以及向一些女性项目提供资金协助。例如 2005 年成立的"力量—女性(Forcefemmes)"协会和 2006 年成立的巴黎先锋组织(Paris Pionnières)旨在为女性自主创业提供协助等。

四 四大城市措施的启示

(一)北京妇女经济参与现状

根据《北京市"十一五"时期妇女发展规划》实施情况终期评估报告,"全市城镇从业人员中女性达 256.5 万人,占全市城镇从业人员总量的 40%。'十一五'期间,随着我市经济发展方式的转变,女性的就业结构进一步调整,趋于合理,在第一、二、三产业的女性从业人员分别占女性从业人员总数的 0.5%、18.5% 和 81%，在卫生、社会保障和社会福利业、教育、居民服务和其他服务业、金融业以及住宿和餐饮业均在 50% 以上。"①

《第三期中国妇女社会地位调查北京市主要数据报告》显示出如下特点：首先，男性在业率超过女性。18~64 岁北京女性的在业率为 51.8%，其中城镇为 49.1%，乡村为 64.4%；男性在业率为 71.9%，其中城乡分别为 68.5% 和 90.1%。从这一数据对比中，可以清楚看出北京市女性的在业率低于男性。图 2-26 为北京不同户口类型、性别、年龄段的人口在业状况对比图，图中的调查数据显示，只有在 24 岁及以下这一年龄段中，非农业户口女性就业率小幅度超过非农业户口男性的就业率，在其他年龄段中无论是非农业户口还是农业户口，男性的就业率均高于女性。②

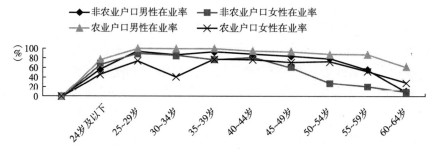

图 2-26　北京分户口类型、性别、年龄在业状况

其次，在就业领域和就业经济扶助方面，女性就业多集中在第三产业，获得的生成性经营贷款等也低于男性。北京在业妇女在第一、二、三产业的比重分别为 8.3%、28.3% 和 63.4%。第一、二产业就业比重显著低于全国平均水平，第三产业就业比重大大高于全国 11.6% 的平均水平。分别有 0.9% 的女性和 1.7% 的男性曾经获得过生产经营性贷款，在获得过生产经营性贷款的人中，女性和男性获得商业贷款分别占 36.4% 和 61.9%，其中，获得政府贴息、低息或其他形式的小额贷款分别占 63.6% 和 28.6%，农村女性获得政府

① 《〈北京市"十一五"时期妇女发展规划〉和〈北京市"十一五"时期儿童发展规划〉实施情况终期评估报告》。
② 北京市妇联、北京市统计局：《第三期中国妇女社会地位调查北京市主要数据报告》，2012 年 4 月。

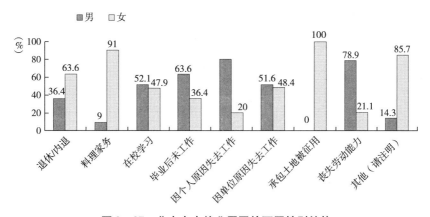

图 2-27　北京市未就业原因的不同性别结构

贴息、低息或其他形式的小额贷款的比例为 75%，城镇女性为 33.3%。

再次，在经济收入水平和管理者职位比率方面，北京和四大城市一样，都存在同样的问题，一是女性的年收入总体上是低于男性的，二是女性处于管理层的比例低于男性，尤其在中层管理人员及以上的比例显著低于男性。

与其他几大城市不同的一点在于，由于户籍管理制度、社保制度等因素，北京面对着庞大的外来人口问题。要提高女性的整体经济地位，必须考虑外来女性务工人员的工作生活等各方面问题。

（二）对提高北京妇女经济地位的建议

借鉴四大城市经验，有以下几点建议。

首先，从法律保障、机制保障方面促进女性经济地位的提高。

在 2011 年 8 月发布的《中国妇女发展纲要（2010~2020 年)》中，中国政府提出要针对妇女权益保障中的突出问题，推动制定和完善相关法律法规，保障妇女在政治、文化教育、人身、财产、劳动、社会保障、婚姻家庭等方面的权利。北京市也出台了"十二五"妇女发展规划及相关政策和文件来保障北京市女性的经济地位，从法律保障、机制保障的角度来促进女性经济地位的提高。

具体而言，一方面需要制定相关措施，保障法律的实施。如为女性制定生活保障工资标准线、适当的税收减免政策、更完善的社会保障制度等。要有效地帮助女性提高收入,减少低收入女性人数。在已有的北京市最低工资标准的基础上,考虑女性与男性的不同的生活状态和需求,进一步完善社会保障制度等,使女性获得经济上的安全感。另一方面应加大公共宣传力度,使得同工同酬观念深入人心,并且增强女性的就业参与意识。

其次,加大教育投入,帮助女性提高职业能力。

从教育抓起,保证女孩上学接受教育的权利,鼓励女孩接受更高层次的教育。目前社会上仍然有"学得好,不如嫁得好"的观念,需要进行正确引导。在职业教育方面,可联合各类公益组织、社会团体、高等院校等,加强面向女性的职业培训。采取措施使更多女性能够进入经济管理层,鼓励和帮助女性自主创业。

再次,积极发挥民间团体、社会公益组织的作用。

加强对民间团体、社会公益组织等团体的引导与帮助工作,使这些组织更好地服务于北京女性。目前部分妇女社会组织的工作尚处于初期发展期,缺乏稳定的资金支撑与成熟的管理体制,需要得到政府更多引导与帮助。在这方面,可以充分利用妇联组织联系政府与社会的桥梁作用,帮助社会公益组织等团体,为北京女性就业服务。

最后,建立针对女性的分性别统计数据体系。在统计薪酬收入、社会保障水平等方面进行分性别统计,建立一套有性别意识的统计体系,进一步了解北京女性的生活情况、收入情况,以便对不同群体施以不同的援助措施,使分性别数据的收集、分析和公布更加科学化、制度化、常规化。

北京在建设中国特色世界城市的道路上,应该吸取四大城市的经验和教训,积极结合自身的特点,摸索出具有北京特色的发展模式,推动女性提高经济地位,实现更好的自我发展。

第三章
世界城市妇女教育状况

教育是人类发展最重要的方面之一，在性别平等中占据重要地位，发挥着关键作用。根据联合国教科文组织统计，目前，全球大约有 7.59 亿成人文盲，其中 2/3 是妇女。对于仍是世界上贫困人口中最为贫困的女性群体来说，要想改变不平等状况，除了需要获得对财政和物资资源的控制权外，也需要通过教育获得机会。① 受教育权是一项基本权利，消除各级教育的性别不平等有助于提高妇女的地位和能力。女性教育也是经济发展的一个决定性因素。只有实现妇女的这一基本权利才能够实现性别平等；只有妇女得到更好的文化教育和技能培训，才有可能大幅度提高其生活水平。

识字教育，尤其是妇女识字，是可持续平等发展的最重要因素之一。受过教育的妇女一般收入较高，更有经济能力照料及支持家庭。妇女教育程度既是性别平等的表现，也是推动性别平等的重要动力；既是实现妇女可持续发展的重要途径，也是妇女实现经济发展的关键。鉴于教育领域性别平等的特殊意义，为了更好地实现教育性别平等，联合国在包括《取缔教育歧视公约》《消除对妇女一切形式歧视公约》《儿童权利公约》等在内的一系列公约中都规定了教育性别平等的内容。

《消除对妇女一切形式歧视公约》注重加强对教育作为基本权利概念的理解。公约郑重承认文化和传统的影响限制了妇女享受其基本权利，正是文化和传统的力量以陈规型的观念习俗及规范的形式出现，从而使妇女地位的提高在法律、政治和经济上受到限制。公约序言强调指出，"为了实现男女充分的平等，需要同时改变男子和妇女在社会上和家庭中的传统任务。"缔约各国必须努力改变个人行为的社会和文化模式，以消除"基于性别而分尊卑观念

---

① http：//www.un.org/zh/globalissues/women/education.shtml.

或基于男女定型任务的偏见、习俗和一切其他做法"（第五条），包括通过修订教科书、教程及教学方法，以消除教育领域的一些定型观念。公约还大力抨击了将公共领域定为男性世界而将家务事归为女性活动范畴的文化模式，申明并强调男女双方在家庭生活中责任平等，在教育和就业方面也具有平等的权利。《消除对妇女一切形式歧视公约》对造成并维护基于性别的歧视行为的种种势力提出了全面的挑战。而要想消除性别歧视，教育无疑是最好的方式。为此，《消除对妇女一切形式歧视公约》第十条对女性教育平等问题进行了一些具体规定。

建设世界城市，女性教育情况是其中的一个重要方面。《联合国千年发展目标》之一就是促进男女平等并赋予妇女权力，具体目标是争取到 2005 年消除小学教育和中学教育中的两性差距，最迟于 2015 年在各级教育中消除此种差距。指标之一就是初等、中等和高等教育中女生和男生的比例，初等、中等和高等教育中的男女学生比例指在公立和私立学校接受初等、中等和高等教育的女生人数与男生人数之比。因此，在研究四大城市的女性教育状况时，本章即采取这一指标进行分析，同时考察女性完成学业的相关数据以及女性在教育领域的参与情况。

第一节 纽约妇女教育状况

在美国历史上，教育一直被作为解决诸多社会问题的方法，其中当然也包括妇女问题。在妇女运动史中，女性应不应该有受教育的权利，应该受什么样的教育等都曾经成为争论的焦点。[①] 早期改革家和教育家更多是从教育对妇女家庭和社会功能的角度来认识，认为教育不仅在改善妇女地位中扮演着重要角色，也能够更好地发挥女性的家庭和社会功能，"妇女教育是社会发展的根基。受过教育的女性，通常更能够融入社会。""识字的母亲，才看得懂药瓶上的说明，才知道要如何降低孩子得到传染病的风险，无论是从养育还是教育的角度来看，她们所能发挥的家庭和社会功能都更大。"[②] 而高等教育

---

① 参见 http：//www.aizhi.org/book/book2/21.htm。

② 参见《劳拉·布什投身推广妇女教育计划》，http：//www2.tku.edu.tw/~tfstnet/index.php?
node = latest&content_ id = 88。

能使女性管理自身的脆弱性——在选择与谁结婚以及如何成为有价值的女性和主妇上做出理性选择①，到今天，女性享有与男性平等的受教育权利，女性接受教育不仅仅是为了发挥女性的家庭和社会功能，更是女性自身所享有的一种基本权利。

本节调查内容包括美国和纽约市教育基本情况、女性受教育情况、女性从事教育行业的情况、有关女子学校的设置、不同性别在教育领域的表现、支持女性教育的组织和项目以及有关女性受教育权的法律保护等。

一　美国与纽约市教育状况概述

美国教育属于各州事务，由各州管理，联邦无权直接干涉。直到 1979 年联邦才通过教育部门组织法建立教育部。② 各州一般都设有教育机构。当前美国 50 个州都规定小学和中学为免费教育，义务教育年限一般为 12 年，到 18 岁结束。接受义务教育的年龄各州不一样，最早从 5 岁开始，最晚从 7 岁开始。

（一）美国教育基本情况

美国教育体系主要包括学前教育、基础教育（小学、初中和高中）和高等教育，教育形式包括学校教育和在家教育，学校教育是美国教育的主要形式。美国学校分为公立和私立两套系统。学前教育主要由保育学校（招收 3 ~ 5 岁儿童）与幼儿园（招收 4 ~ 6 岁儿童）实施；初等教育机构为公立和私立小学。美国的中学包括初中和高中，以综合中学为主体，兼施普通教育和职业技术教育，也有单独设立的普通中学、职业技术学校、特科中学和其他中学。按照美国学制，中学主要有四年制、六年一贯制和三三制三种。

美国实施高等教育的机构主要分为综合性大学（university）、社区学院（community college）和专门学院（college）③，三者都有资格授予学位，但学院一般比大学规模小，通常只提供本科学位，大学还提供研究生教育。综合性大学学制通常为三至四年，颁授学士、硕士和博士三种学位。学院学制一

---

① http：//womhist. alexanderstreet. com/teacher/rowson. htm.
② 美国教育部官方网站，http：//www. ed. gov.
③ 美国高等教育体制比较复杂，有关历史发展可以参见张宝蓉《美国高等教育机构分类类型的分析及思考》，http：//www. sinoss. net/qikan/uploadfile/2010/1130/3667. pdf。

般为四年，颁授文学士、理学士或者专业学位。社区学院又称为两年制学院或专科学院，大部分为公立，多半为地方社区所举办。社区学院是美国的特色制度，是其中学后教育的重要组成部分，为学生进入四年制本科学习做准备，提供职业发展和技能培训以及提供英语作为第二语言的技能培训等项目。社区学院颁授副学士学位，在很大程度上发挥准职业教育的功能。

（二）纽约市教育基本情况

纽约市的教育是由一系列公共机构和私人机构来提供的。纽约市教育局管辖着美国最大的公立学校系统。同时，纽约也拥有着许多全球顶尖的图书馆、大学和研究中心，尤其是在医学和生命科学领域，纽约更是当之无愧的全球研究中心。在纽约，每年都诞生全美国最多的生命科学博士。此外，纽约还拥有 4 万名持证医师和 127 位诺贝尔奖得主。[①] 当然，纽约的公立学校系统中也存在着优劣差异，它拥有着一些美国最好的公立学校，同时也有一些最差的公立学校。因此，纽约已经在市长的带领下着手对主要学校进行改革。目前，纽约市公立学校系统约有 1700 所学校，其中 2002 年后建立的新学校有 528 所，教师有 75000 名，年度教育预算为 24 亿美元，为约 110 万名学生及其家庭提供服务[②]，其目标是为家庭提供其所需信息和途径，使他们及时了解学校情况和参与其子女的教育。

纽约市是一个大学城，有近 120 所高等教育机构。纽约市有两套公立大学系统，一是纽约州立大学，一是纽约市立大学。州立大学创建于 1948 年，两年制的学院有 3 所，截至 2011 年秋，在校学生人数达 467991 人。这些州立大学中由州管理的学校 40% 的资金来源于州直接拨款。市立大学创建于 1961 年，包括 11 个高级学院、6 个社区学院，目前服务于 243000 名攻读学位学生与 273000 名继续教育和专业教育学生，高级学院近 60% 的资金来源于州拨款，独立学院和大学是非营利机构，也部分接受州的直接资助，其中授予学位的两年制学院现有 13 所。而专有学院是以营利为目的的私立机构，不接受

---

① 参见纽约市政府网站，http：//home2. nyc. gov/portal/site/nycgov/menuitem. c0935b9a57bb4ef3d af2f1c701c789a0/index. jsp? pageID = mayor_ press_ release&catID = 1194&doc_ name = http% 3A% 2F% 2Fhome2. nyc. gov% 2Fhtml% 2Fom% 2Fhtml% 2F2004b% 2Fpr310 – 04. html&cc = un-used1978&rc = 1194&ndi = 1。

② http：//schools. nyc. gov/AboutUs/default. htm。

州直接资助，两年制学院现有 16 所。①

表 3 - 1   纽约市高等教育机构数目（2011 ~ 2012 学年）

层　　　级	州　　立	市　　立	独　　立	专　　有	总　　计
两　　　年	0	6	9	7	22
四年及以上	4	13	45	12	74
合　　　计	4	19	54	19	96

纽约市教育局②负责管理教育事务，纽约教育局的家庭参与及权益倡导办公室（Office for Family Engagement and Advocacy）由首席家庭参与主任负责，其首要职责是倾听家长的意见，并帮助家长获得有关信息，使他们能够成为其子女的教育中的积极合作伙伴。在地方上，每个学区有一名家庭权益倡导专员（District Family Advocate）在学区办公室工作，家长可以就近向其咨询，获得问题的解答。③

二　纽约市女性教育水平情况

从总体上来看，目前纽约市在获得高中毕业文凭和副学士的比例低于美国总体水平，接受高中以下教育人口比例高于美国总体水平，但获得学士及以上文凭的人数明显超过美国总体水平，接近 6 个百分点（参见表 3 - 2、表 3 - 3）。

表 3 - 2　美国教育成就（以性别分类）（25 岁及以上人口比例）（2010 年）④

单位：%

	五年以下基础教育		高中及以上教育		四年及以上高等教育	
	2009	2010	2009	2010	2009	2010
总	1.4	—	84.6	88.8	29.5	31.7
男	1.4	—	83.9	87.4	30.1	27.8
女	1.4	—	85.2	90.2	29.1	35.7

---

① http：//www. baruch. cuny. edu/nycdata/education/highereducation – structure. htm；http：//www. baruch. cuny. edu/nycdata/education/2 – yearcolleges. htm。

② 纽约市教育局的官方网站为 http：//schools. nyc. gov/default. htm。

③ 参见纽约市教育局网站：http：//schools. nyc. gov/Languages/Chinese. htm。

④ 数据来源于美国统计局 2010 年人口统计调查，U. S. Census Bureau, Current Population Survey, 2010 Annual Social and Economic Supplement，http：//www. census. gov/popfinder/，访问日期：2012 年 11 月 6 日。

这在相当程度上说明了纽约市作为世界城市的缘由，正是这些接受过高等教育的人群为纽约市的发展提供了动力。纽约市注意到了教育对纽约发展的支撑性作用，非常注重发展教育，包括对女性的教育。在接受教育的人群中（以在校生为例），女性基本与男性持平（参见表3-4）。

表3-3 美国及纽约市教育成就（2010年统计）①

人口总数	美　　国		纽约市	
	163855408	（%）	4550778	（%）
高中以下	20511954	12.5	801023	17.6
高中	44350497	27.7	1107473	24.3
学院或副学士学位	50041885	30.5	1015703	22.3
学士及以上	48951072	29.9	1626579	35.7

表3-4 纽约市学生统计②

学生总数	女　　性		男　　性	
	数　　目	（%）	数　　目	（%）
1044752	508436	48.67	536316	51.33

（一）义务教育

1. 义务教育年限

纽约州教育法规定"一名在任何学年的12月1日（纽约市为12月31日）或之前满6岁的未成年人，应被要求从该学年9月合适的公立学校开课首日起入学接受全时教育而且应被要求保持入学，直到该未成年人在其达到

---

① 数据来源于美国统计局2010年人口统计调查，U. S. Census Bureau, Current Population Survey, 2010 Annual Social and Economic Supplement, http：//www. census. gov/popfinder/，访问日期：2012年11月6日。文中数字节选自该统计表格B23006，比例由笔者计算。

② Data as of 16, Dec. 2011, provided by ATS and refreshed mid - month. 参见 http：// schools. nyc. gov/Common/Templates/MainTemplate/CommonMainTemplate. aspx？NRMODE = Published&NRNODEGUID = % 7b4C204CCF - 7E67 - 4F35 - 8AC4 - EB3CA7C68CBC% 7d&NRORIGINALURL = % 2fSchoolPortals% 2f04% 2fM610% 2fAboutUs% 2fStatistics% 2fregister% 2ehtm&NRCACHEHINT = Guest。

17 岁（在纽约市）年龄的那个学年之课程的最后一天"，而纽约市 2005 年修正后颁布生效的《总监条例》规定，"5 岁以上及 21 岁以下、还未获得高中毕业证书的人士，有权在其所居住学区内的公立学校就学，无须支付学费"。在纽约市，在 12 月 31 日或之前满 5 岁的儿童可在公立学校入学。纽约市将入学接受义务教育的年龄由纽约州的 6 岁降到 5 岁，最高年龄则由 17 岁升至 21 岁。与美国相比，纽约市的受教育权年限与预期受教育年限（16 年）相符，高于目前美国的平均受教育年限（12.4 年）。纽约市明确规定，"接受普通教育且在学年开始之前已满 17 岁的学生，只有学校与青年发展处首席执行官、总监指定的人或小区学监，才可将其从纽约市公立学校开除"①，这意味着在义务教育阶段，公立学校原则上不得开除学生。这也有利于保障女性就学。

美国学前教育年龄段一般为 3 岁至 6 岁，按照美国 2010 年统计报告（参见表 3 - 5），接受学前教育的女孩比例略高于男孩，差额比例为 0.1%。义务教育一般为 7 岁至 19 岁，在中小学校接受教育的男性比例略高于女性，初中及小学差额比例为 1%，高中差额比例则降至 0.5%。按照联合国人类发展指数标准以 25 岁以上人口统计，全美 25 岁以上人口总数约为 19992.8 万，其中女性人口约为 10360.3 万，占 51.8%，未接受过教育或只接受过基础教育的女性仅占女性人口总数的约 12.4%。②

2. 教育表现

女孩和男孩在入学前的能力基本相当，而且女孩在学前文化教育方面比男孩更有优势。到 4 年级、8 年级以及 12 年级的时候，女孩的阅读和写作能力明显超过男孩。在整个小学和中学阶段，相比于男孩，女孩留级的可能性比男孩要小，而且应对风险的能力也较强。美国国家教育进展评估对 12 年级的学生所做的评估结果表明，在数学和科学的考试成绩上，没有体现出很大的性别差异。

（二）高中教育

从总体来看，美国男性获得高中毕业文凭的比例（32%）略高于女性（30.7%），但从历史上来看女性完成高中教育的比例在不断提高。统计数据显

---

① http：//schools. nyc. gov/NR/rdonlyres/21AE7C7F - D7D9 - 4710 - B34B - F47B53DEEC28/0/
18047A125Formatted62909_ Chinese. pdf.

② http：//www. amny. com/urbanite - 1. 812039/women - outpacing - men - in - education -
1. 2840514.

表 3 - 5　美国 3 岁以上人口在校情况①

	人口	在校生										非在校生（高中毕业及以下）					
	数目	总数		学前教育		初等教育		高中		大学及以上		总数		高中毕业		非高中毕业	
	数目	数目	%	数目	%	数目	%	数目	%	数目	%	数目	%	数目	%	数目	%
总	292233	78519	26.9	9007	3.1	32663	11.2	16574	5.7	20275	6.9	213714	73.1	180755	61.9	32959	11.3
男	142999	38741	27.1	4592	3.2	16682	11.7	8461	5.9	9007	6.3	104258	72.9	87559	61.2	16699	11.7
女	149234	39778	26.7	4416	3.0	15981	10.7	8113	5.4	11268	7.6	109455	73.3	93196	62.4	16259	10.9

① 数据来源于美国统计局 2010 年人口统计调查，U. S. Census Bureau，Current Population Survey, 2010 Annual Social and Economic Supplement, http://www.census.gov，访问日期：2012 年 11 月 16 日。文中比例由笔者计算得出。

示，25 岁以上纽约女性获得高中及以上学位的约占其女性人口总数的 79.6%，与男性比例相同，而其中女性高中毕业率（30.7%）还略低于男生（32%）。从纽约市教育局统计的 2010 级（2006 届）纽约市高中毕业率报告①中可以看出，高中毕业率逐年稳步上升，其中女生毕业率甚至比同期男生毕业率还要高出 10 个百分点，其中获得高中毕业文凭的亚裔女性比例高达 87.4%，高于白人女性（82.4%）、黑人女性（67.3%）和西班牙裔女性（64%）。纽约市女性的高中毕业率（70.7%）远远超过美国女性的高中毕业率（30.7%），差额比例达到 40 个百分点。从教育表现来说，总体上在高中阶段，女孩一般比男孩展现出更强的学习欲望，也表现出比较良好的成绩。

表 3－6　美国 25 岁以上教育程度（性别）（2010）（高中及以下，不包括高中以上）②

	总　　数	8 年级以下		9 年级到 11 年级		高中毕业	
		人　数	%	人　数	%	人　数	%
女　性	103603	5240	5.1	7555	7.3	31774	30.7
男　性	96325	5211	5.4	7705	8.0	30682	32

表 3－7　纽约市高中毕业率③

单位：%

	2005 年	2006 年	2007 年	2008 年	2009 年	2010 年
男　生	39.6	42.7	46.0	54.3	56.6	59.6
女　生	53.9	55.5	59.6	67.0	68.9	70.7

（三）高等教育

自 20 世纪 70 年代起，无论从高等教育入学率还是从教育成果上看，女性

---

① http：//schools. nyc. gov/NR/rdonlyres/30D1B49C－D908－4FAA－BC3D－1F7CA246549E/0/ GRADRATE2010_ HIGHLIGHTS_ WEB. pdfgrad%20stats.

② 比例为占 25 岁以上总人口比例。数据来源于美国统计局 2010 年人口统计调查，U. S. Census Bureau, Current Population Survey, 2010 Annual Social and Economic Supplement, http：//www. census. gov，访问日期：2012 年 11 月 8 日。其中所占比例为笔者根据统计数据计算得出。

③ http：//schools. nyc. gov/NR/rdonlyres/30D1B49C－D908－4FAA－BC3D－1F7CA246549E/0/ GRADRATE2010_ HIGHLIGHTS_ WEB. pdfgrad%20stats.

都有长足的进展。从高中毕业后直接进入大学的女孩也比男孩多，本科录取人数和学士学位获得者中，女性占了大部分比例，很多大学校园女学生人数超过男学生。

表 3-8　美国 25 岁以上女性的教育程度①

女性总数	8 年级以下	9 年级到 11 年级	高中毕业	无学位的社区学院	副学位	学士学位	硕士学位	职业学位	博士学位
103603	5240	7555	31774	17753	10597	20110	8344	1213	1015
百分比	5.1	7.3	30.7	17.1	10.2	19.4	8.0	1.2	0.9

表 3-9　美国 25 岁以上男性的教育程度②

男性总数	8 年级以下	9 年级到 11 年级	高中毕业	无学位的社区学院	副学位	学士学位	硕士学位	职业学位	博士学位
96325	5211	7705	30682	15908	7662	18674	6859	1861	1763
百分比	5.4	8.0	32	16.5	8.0	19.4	7.1	1.9	1.8

美国 2010 年教育情况报告表明，全美 25 岁以上妇女中，接受过高等教育的女性约占 56.9%，有约 14.8% 的女性拥有学士学位。在 25~29 岁年轻人中至少 36% 的女性获得了本科学位，远高于男性比例（28%）。在所有已经工作的 25 岁以上的成年人中，37% 的女性拥有本科学位，而男性则为 35%。③ 在 25 岁以上女性中，女性获得硕士学位比例超过 25 岁男性中获得硕士学位的比例，分别为 8.0% 和 7.1%；男性获得博士学位的比例是女性的两倍，分别为 1.8% 和 0.9%。这表明，随着学位的增高，女性与男性的比例开始发生变化。

---

① 比例为占 25 岁以上总人口比例。数据来源于美国统计局 2010 年人口统计调查，U. S. Census Bureau, Current Population Survey, 2010 Annual Social and Economic Supplement。http://www.census.gov，访问日期：2012 年 11 月 8 日。其中所占比率为笔者根据统计数据计算得出。
② 数据来源于美国统计局 2010 年人口统计调查，U. S. Census Bureau, Current Population Survey, 2010 Annual Social and Economic Supplement, http://www.census.gov，访问日期：2012 年 11 月 8 日。其中所占比率为笔者根据统计数据计算得出。
③ http://www.amny.com/urbanite-1.812039/women-outpacing-men-in-education-1.2840514.

表 3 – 10　授予学位比例①

单位：%

学位及族裔/ 民族	数　量		比例分配		女性比例	
	1999 ~ 2000 年	2009 ~ 2010 年	1999 ~ 2000 年	2009 ~ 2010 年	1999 ~ 2000 年	2009 ~ 2010 年
副学位	554845	833337	100.0	100.0	60.3	62.0
白人	408772	552863	73.7	66.3	59.8	60.9
黑人	60221	113905	10.9	13.7	65.2	68.3
西班牙裔	51573	112211	9.3	13.5	59.4	62.4
亚裔	27782	44021	5.0	5.3	56.8	58.5
印第安人等	6497	10337	1.2	1.2	65.8	64.9
学士学位	1198809	1602480	100.0	100.0	57.5	57.4
白人	929106	1167499	77.5	72.9	56.6	56.0
黑人	108013	164844	9.0	10.3	65.7	65.9
西班牙裔	75059	140316	6.3	8.8	59.6	60.7
亚裔	77912	117422	6.5	7.3	54.0	54.5
美国印第安人/阿拉斯加原住民	8719	12399	0.7	0.8	60.3	60.7
硕士学位	406761	611693	100.0	100.0	60.0	62.6
白人	324981	445038	79.9	72.8	59.6	61.8
黑人	36595	76458	9.0	12.5	68.2	71.1
西班牙裔	19384	43535	4.8	7.1	60.1	64.3
亚裔	23538	42072	5.8	7.0	52.0	54.3
美国印第安人/阿拉斯加原住民	2263	3960	0.6	0.6	62.7	64.3
博士	106494	140505	100.0	100.0	47.0	53.3
白人	82984	104426	77.9	74.3	45.4	51.4
黑人	7080	10417	6.6	7.4	61.0	65.2
西班牙裔	5039	8085	4.7	5.8	48.4	55.0
亚裔	10684	16625	10.0	11.8	48.8	56.5
美国印第安人/阿拉斯加原住民	707	952	0.7	0.7	52.9	54.8

① http：//nces. ed. gov/fastfacts/display. asp？id = 72.

由表 3-10 可以看出，美国获得学位的女性比例在增长，其中获得硕士学位的女性比例最高（62.6%），其次是获得副学位的女性（62%），接着是获得学士学位（57.4%）和博士学位（53.3%）的女性[①]，但这并不意味着女性在这些方面超越男性。因为这些数据更多是获得学位的女性占据女性总数的比例。黑人女性在高等教育阶段获得学位的比例均高于平均比例及白人女性比例，亚裔女性获得博士学位比例仅次于黑人女性，位居第二，但在博士以下学位方面比例均处于最后。而西班牙裔女性和印第安族女性获得学位比例基本相同，位于黑人女性之后白人女性之前。这表明，在美国分析女性教育状况还要注意族裔因素的影响，甚至可以说在教育领域一定程度上族裔因素超过了性别因素。

由于数据收集方面的原因，并未发现纽约市授予学位性别比例的详细图表数据。但从相关数据得知，纽约市女性的受教育程度高于美国女性的平均受教育程度，统计数据显示，获得学士及更高学位的纽约女性比例在总体上高于男性比例，女性获得学士和硕士学位的比例均高于男性，而在博士学位上男性比例高于女性。总体上，随着女性在社会中的地位越来越受到重视，加之政策、环境等对于女性接受高等教育的鼓励，中青年纽约女性中拥有学士及更高学位的人数也越来越多。

表 3-11　2010 年纽约市 25 岁以上女性教育水平[②]

25 岁以上人口（两性）	总　数	女性数目	女性（%）
学士学位	1095464	588616	53.7
硕士学位	513661	304689	59.3
博士学位	69975	31732	45.3

（四）职业教育

社区学院因致力于为寻求不同项目和特殊利益机会的人们提供教育，受到广泛欢迎。社区学院为少数民族、低收入人群和继续教育（postsecondary education）学生提供入门教育。从 1985 年开始，超过半数以上的社区学院

---

① 数据比例因计算方式不同会有所不同。表 3-10 与表 3-8 和表 3-9 的计算方式不同。

② http://www.census.gov/compendia/statab/2011/tables/11s0229.pdf.

学生都是女性。而且，美国大多数黑人和西班牙裔的本科生都在这些学院学习。社区学院学生的平均年龄在 29 岁，2/3 的学生都是半工半读。据统计，全美在社区学院就读的学生中全日制学生为 41%，半工半读学生为 59%，而女性学生占到 61%。① 相较于女性学生占据研究生数量的 59%，其他大学生数量的 56%，一些两年制或四年制学院当前约有 60% 或 70% 的女生。在 65 岁以下的每个年龄阶段都有更多女性进入学院学习。而 2006 年大龄人士进入学院学习的男女比例持平。这表明女性选择接受高等教育更注重实际，更多出于就业的考量。但根据美国国家统计局数据，女性获得职业学位的比例低于男性。这表明，女性在社区学院就学数量上的优势并未完全转变为学位上的优势。目前，纽约州在社区学院就读学生中女性比例为 58%。

应该说，纽约市女性的受教育程度总体上仍然高于美国水平，尤其在高等教育阶段。在高中以下阶段，纽约市通过各种项目和措施为学生进入学院和大学学习做准备，保证了基础教育领域的性别平等；在高中阶段女性高中毕业率较高，性别平等也得到了保障。进入高等领域后女性虽然在总体数量上占据优势，但随着获得学位的增高，女性与男性的比例开始发生变化。此外，女性接受高等教育的总体比例虽高，但女性选择接受职业教育（在社区学院接受教育）的比例高于男性。此外，接受高等教育的男女比例也由于专业和课程而有所变化。在一些学院中某些课程有更多的男性或女性学生。在与自然科学有关的课程中女性数量相对较少。当然，有很多因素影响男女比例，如很多男性认为没有学位他们也能够找到高薪酬的工作。②

三　纽约市教育体系中的女性参与

教育体系中的女性参与主要可以从两个方面考察，一是女性教师的数量，一是女性在教育领域担任管理职务的数量。限于资料收集的原因，在此主要考察不同教育阶段女性教师的比例问题。

美国从事教育服务业的人口比例（占 16 周岁以上总人口的比例）由 2008 年的 9.1% 上升至 2009 年的 9.4%，其中女性由 13.5% 上升至 13.8%，

① http：//www. aacc. nche. edu/AboutCC/Trends/Pages/enrollment. aspx.
② http：//www. ehow. com/info_ 8143332_ male – female – ratios – colleges. html.

189

男性则由 5.2% 上升至 5.5%。男女增长比例虽然相同，但男性从事教育服务业的比例明显低于女性。在教育服务业中，女性比例高达 69.4%，不同阶段女性比例不同，其中在中小学就业女性比例高达 75.3%，但这些女性并不完全担任教师。如果以族裔为分类依据，白人女性就业比例最高（14.5%），接着分别是黑人女性（11.9%）、西班牙裔女性（10.2%）和亚裔女性（9.0%）。

表 3 - 12　2009 年女性在教育领域就业比例（占 16 岁以上总就业人口的比例)①

	人数（千人）	女性比例（%）
教育服务业	13188	69.4
中小学	8884	75.3
学院、大学，包括高级学院	3539	54.6
商业、技术和贸易学校和培训	83	59.9
其他学校、指导和教育服务	682	69.4

表 3 - 13　2009 年女性教师比例（占 16 岁以上总就业人口的比例)②

	人数（千人）	女性比例（%）
学院及大学教师	1321	49.2
学前和幼儿园教师	691	49.2
中小学教师	2862	81.9
高中教师	1212	54.9
特殊教育教师	385	86
其他教师	758	68.3

（一）中小学女性教师

根据美国劳动部劳动统计局统计，美国女性就业前 20 名的行业（2010 年）中，中小学教师位居第三位，仅次于秘书和护士行业。在中小学教师总数（2813000 人）中女性教师数量为（2301000 人），占全体教师数

---

① http：//www.dol.gov/wb/stats/stats_ data.htm，table 14.
② http：//www.dol.gov/wb/stats/stats_ data.htm，table 11.

目的 81.8% 。①

2010 年纽约市 16 岁以上在职人员中，女性占 49.0%。其中从事教育、训练和图书馆相关工作的纽约市民约为 229351 人，女性所占比例为 69.8%。尽管从事教育事业的女性所占比例远高于男性，但她们中半数以上主要在小学、初高中和特殊学校任职。② 纽约市中小学教师共有 70998 名，其中男性仅占 23.7%，并且大部分在高中教学。③ 数据显示，就教育工作而言，纽约女性的平均年收入约为 40742 美元，远低于男性的 50226 美元。④

（二）大学女性教师

总体来看，在社区学院任职的女性比例高于男性，其中以文员秘书类为最，但在服务维修类职位以及要求精湛工艺类（skilled craft）的岗位女性比例明显低于男性。虽然女性在社区学院大部分任职岗位上比例均高于男性，但具体在全职兼职以及不同岗位上比例分布不同。具体来看，全职行政人员中女性比例（58%）高于兼职行政人员女性比例（55%），全职教师女性比例（51%）低于兼职教师中女性比例（52%），全职从事文员和秘书工作的女性（91%）高于兼职女性（73%），全职从事行政和管理性事务的人员中女性比例（53%）低于兼职从事女性比例（58%），全职从事其他专业类人员中女性比例（64%）略高于兼职从事女性（63%），全职从事技术和准专业类的女性比例与兼职从事女性比例相当。从事工艺类和服务维修类的女性比例无论是全职还是兼职都明显低于男性，均不足 50%，其中全职女性从事精湛工艺类的比例仅为 9%，是所有比例中最低的。但是，虽然在社区学院中工作的女性比例总体高于男性，但担任 CEO 的女性比例仅为 28%⑤，远远低于男性。

---

① http：//www.dol.gov/wb/factsheets/QS – womenwork2010.htm.

② 以下数据参见 U.S. Census Bureau，Current Population Survey，2010 Annual Social and Economic Supplement（Internet Release）。

③ http：//www.nypost.com/p/news/local/talk_about_your_classy_ladies_XqrgmIeRqw2W4-RoWAQuJEN.

④ 以下数据参见 U.S. Census Bureau，Current Population Survey，2010 Annual Social and Economic Supplement（Internet Release）。

⑤ http：//www.aacc.nche.edu/AboutCC/Trends/Pages/ceocharacteristics.aspx.

表3-14 社区学院中女性教职员工比例①

单位：%

	全体	教师	行政	文员秘书	行政管理类	其他专业类	工艺类	服务维修类	技术和准专业类
全 职	58	51	53	91	53	64	9	26	60
兼 职	55	52	58	73	58	63	33	40	60

在大学教师中女性在聘任制教师中总体比例（32.2%）明显高于男性（19%），达到13.2%，而且在不同级别的教职上的比例也高于男性，这种情况具体在不同性质的学校基本呈相同态势。而在预备终身教职席位中，女性教师的总体比例（23.9%）也是高于男性（19%），但比例差额降至4.9%，女性在大部分级别教职上的比例都高于男性，但在助教这一职级上男性教师的比例已经高于女性。在终身教职席位中，男性教师的总体比例（62.0%）明显超过女性（44%），已经超过聘任制教师中女性对男性教师的差额比例（13.2%），男性对女性的这一优势体现在不同级别的教职上。

表3-15 不同职级教师比例分布（以性别分类）（2011~2012）②

单位：%

	级别	所有	公立	私立独立	宗教附属	所有	公立	私立独立	宗教附属	所有	公立	私立独立	宗教附属
			聘期制教职				预备终身教职				终身教职		
男性	教 授	4.8	3.5	7.7	7.0	0.8	0.6	0.9	2.3	94.3	95.8	91.5	90.7
	副教授	7.3	5.2	13.2	8.9	7.3	6.1	10.2	9.3	85.4	88.7	76.6	81.8
	助 教	19.5	16.7	23.5	27.4	74.7	76.9	72.9	65.6	5.9	6.4	3.5	7.0
	高级讲师	88.3	88.1	89.5	87.8	9.5	9.3	9.9	10.7	2.2	2.6	0.6	1.5
	讲 师	98.6	98.7	98.2	97.9	0.6	0.3	1.7	1.3	0.8	1.0	0.1	0.8
	无级别	67.6	58.3	91.8	96.5	5.1	6.2	2.0	1.2	27.4	35.4	6.2	2.2
	混 合	19.0	18.1	21.5	19.7	19.0	18.8	19.0	20.8	62.0	63.2	59.5	59.5

---

① http：//www. aacc. nche. edu/AboutCC/Trends/Pages/staffemploymentdistribution. aspx.
② http：//www. aaup. org/NR/rdonlyres/33D4FF44 - CEF5 - 45F7 - 8845 - 00E5D40525BB/0/Tab11. pdf，美国大学教师分级与中国不同，instrucor 与 lecturer 均可翻译成讲师，为区别在此将前者翻译为高级讲师。

续表

级别		所有	公立	私立独立	宗教附属	所有	公立	私立独立	宗教附属	所有	公立	私立独立	宗教附属
		聘期制教职				预备终身教职				终身教职			
女性	教　授	8.2	7.5	10.2	8.7	0.9	0.8	1.0	1.9	90.8	91.8	88.9	89.4
	副教授	10.5	8.9	15.4	11.1	7.4	6.3	9.6	9.8	82.0	84.9	75.0	79.1
	助　教	24.9	22.1	28.6	32.0	69.3	71.3	68.0	62.3	5.8	6.6	3.5	5.7
	高级讲师	90.1	90.0	91.2	89.7	8.3	8.2	7.6	9.7	1.6	1.8	1.2	0.6
	讲　师	98.9	98.9	98.6	98.8	0.5	0.3	1.2	0.3	0.6	0.7	0.2	0.9
	无级别	71.1	63.5	96.0	96.0	6.1	7.5	1.2	2.8	22.8	29.1	2.8	1.3
	混　合	32.2	32.5	32.1	30.2	23.9	23.1	24.6	27.0	44.0	44.4	43.3	42.8

　　总体上看，高等教育机构中男性教师的比例较之中小学有明显升高，只有 11.9% 的女性教师，而男性从事高等教育工作的比例达到 29.5%。而且男性员工的薪资水平比女性要高。一般来说男性的职位比女性高，并且更容易获得终身职位。男性也比女性更容易成为全职教授，并且 60% 的男性拥有终身职位，相比之下，拥有终身职位的女性只有 42%。男女之间的学历和经验也有所不同。大概 74% 的男性教师拥有博士学位或者第一专业学位，女性中有 54% 的人拥有上述学位。但是，完成硕士学位学习的女性却比男性多。公立的招收博士院校更多聘用男性，而女性教师常常在两年制的学院任教。男性与女性教师教授的课程也明显不同。有 70% 的男性教师正在进行某项学术研究活动，而这个数字在女性中为 60%。在 2011 年、2012 年两年中，男性学者的学术成果也较女性学者多。高等教育领域女性教师的比例还受到族裔等因素影响，白人男性教师数量超过白人女性，黑人女性比黑人男性更容易在社区学院获得职位，黑人男性更多教授自然科学和工程，而黑人女性更多教授健康科学、社会科学和教育。黑人和西班牙裔男性与其同类女性同行相比都担任高级职位，与亚裔、白人男性相似，这些男性也比同类女性同行受到更多教育。①

──────────

① http：//nces. ed. gov/search/? site = nces&showall = &client = nces&access = p&sitesearch = &q = female&ie = UTF − 8&output = xml_ no_ dtd&filter = &start = 20.

相较于女性教师的较低比例，大学中从事辅助工作的女性人员数量明显偏多，极大地增加了女性在教育领域的参与比例。女性教师参与的数量和质量表明女性在高等教育中的参与情况仍不乐观。

四 纽约市妇女教育情况分析

女性教育情况与就业直接相关。纽约市女性教育的良好情况为女性就业提供了良好的基础，为纽约市的繁荣做出了贡献。在这背后是纽约市为保障女性教育所做的众多努力。

（一）女性教育程度与就业

接受高等教育是职业发展的必要选择，但女性教育程度和女性就业状况虽然相关，但并不意味着受教育程度必然与其就业状况持平。相比于同龄的男性，25～34岁的美国女性在就业市场上处于劣势，但是具体的程度还不得而知。这种差距正在逐渐缩小，受教育程度更高的女性基本上与同龄男性的就业率旗鼓相当，而受教育程度较低的女性则不然。女性的收入也受到教育程度的影响，但是这也许跟劳动力市场的不同需求以及女性自己的职业选择有一定关系。[①]

在2007～2008年学院毕业生中，女性占据明显优势，女性在健康领域的比例达到88%，教育领域达到81%。而在理工科领域明显处于劣势，工程及工程科技领域女性毕业生仅占18%，计算机和信息科技领域仅为19%。而这一职业隔离是由于性别报酬差异造成的。在社会科学毕业生中，男性更愿意从事商业或管理职业，而女性更愿意从事社会服务或保健职业。男性女性毕业一年后工资差异由于毕业院校和院校有差异，通常私立学校毕业生收入更高，但无论女性从公立或私立学校毕业，一年后女性工资都低于同期的男性工资。女性比男性更乐于为上学进行贷款，比例分别为68%和63%。女性和男性贷款金额接近，2007～2008年的大学毕业生贷款都在两万美元左右。但是由于收入较低等原因女性在偿还贷款时往往比男性更为艰难。在大学毕业一年后全职工作的人中女性为偿还贷款支付工资的比例要高于男性，在2009年53%的女性和39%的男性要支付其大部分工资偿还贷款，而在2001年比例

---

① http：//nces. ed. gov/pubs2005/equity/Section11. asp.

分别为39%和27%。①

(二) 纽约市女性教育的保障

作为美国最大的城市和世界经济中心，纽约发达的经济给纽约妇女获得良好的教育提供了可靠的保障。

1. 纽约政府促进女性教育的机构与政策

除了联邦法律规定，近些年来美国教育部门制定了一系列规章和制度以保证每一个公民都能够获得良好适当的教育，各种保障女性权利的机构组织纷纷成立，这在一定程度上也促进了女性教育的发展。纽约市政府在妇女权利保障上也做出了努力，为妇女教育营造了一个良好的环境。纽约市女性问题委员会（原女性地位委员会）于1975年成立，是市长处理纽约市女性生活问题的顾问机构。现今，该委员会已成为联系女性及其所需城市服务的重要纽带。委员会通过市长基金这一非营利性机构对女性问题研究项目进行资助。此外，委员会也致力于与企业合作建立支持女性行动的公私合作关系，为纽约女性生活带来了改变。委员会参与并发起一些项目与活动，以提高女性社会地位、保障其平等权利，其中不乏与教育相关的内容。值得一提的是，2010年3月委员会与哥伦比亚大学巴纳德学院一同推行"传承计划"，在该活动中年轻女性可以接触到成功的职业女性，并从她们那里接受教诲。② 这既改变了传统的指导模式，打破时间、空间上的界限，也使新一代纽约女性的精神得以传承。

纽约市对女性教育的保护还体现在不歧视政策上。不歧视和平等保护是美国联邦宪法的重要内容，教育领域的性别歧视是法律的重要调整范围之一，女性的平等受教育权在美国已经取得了很大进展。纽约市各层级学校都严格遵循了不歧视政策。纽约市教育局明确规定，在其教育课程和教学活动中不得因族裔、肤色、宗教、原国籍、公民/移民身份、年龄、残障、婚姻状况、性别、性倾向或性别认同/表达而予以歧视，并须按有关法律的规定保持一个没有性骚扰的环境。

---

① http：//womensenews. org/story/equal – payfair – wage/121023/one – year – after – graduation – female – pay – lags – behind? utm_ source = email&utm_ medium = email&utm_ campaign = email #. UIifqrTVRRc.

② 参见纽约市妇女问题委员会网站，http：//www. nyc. gov/html/cwi/html/about/about. shtml。

2. 项目保障

针对传统上女性教育的困难以及女性在护理、教育等领域就业的状况，美国为女性接受教育提供了多种形式的奖学金，不仅鼓励女性接受教育，并且鼓励女性进入传统上男性处于主导地位的自然科学领域。① 在纽约，官方还开展相关项目支持女性，如学校免费膳食计划。在纽约市内，所有学生（不分男孩女孩）早餐免费，午餐可能需花费 1.50 美元、0.25 美元，或者免费，取决于学生的家庭收入。符合获得食品券或者现金帮助条件的家庭里的孩子会自动取得免费学校午餐。此外，纽约市还有妇女婴儿和儿童项目②（WIC），为低收入母亲、孕妇以及幼儿提供牛奶、果汁、配方奶以及其他健康食品，已领取食品券、公共医疗辅助或者现金援助的妇女自动获得该项目支持。这些项目虽然不专门针对女性，但都有利于女性节省出时间、金钱接受教育。

3. 非政府组织与学术机构

在纽约市，除了政府的官方支持外，还有很多支持妇女教育的非政府组织，政府与非政府组织开展了一系列鼓励妇女教育的项目和奖学金等，包括纽约妇女和女童慈善事业资助组织致力于对纽约市内妇女和女孩需要的认知和投资。③ 总部设在纽约的女性教育项目成立于 2002 年，致力于通过帮助年轻女性在高等教育和职业的成功减轻全球贫困，对学生提供学术、经济和社会支持以保证高中和大学毕业以及就业。④ 纽约市妇女通信基金对从事通信领域学习的少数族裔女性每学年提供总额一万美元的奖学金。⑤ 美国大学妇女联盟对有色妇女提供奖学金以提升她们在代表不足领域的就业，专门针对传统上女性较少的自然科学领域进行资助，如兽医学。⑥ 位于弗吉尼亚州的科学领域妇女联盟对科学、技术、工程和数学领域的妇女提供教育资助。合格申请人是有志于从事研究或大学教学的大二、大三学生以及计划攻读博士学位的

---

① http：//www. collegescholarships. org/women. htm.

② WIC program，即 Women，Infants，Children，http：//www. health. ny. gov/prevention/nutrition/wic/。

③ Funders of Women and Girls（FWG）http：//www. philanthropynewyork. org/s_ nyrag/sec. asp? CID = 10705&DID = 23879.

④ Womens Education Project（WEP），http：//www. womenseducationproject. org/? page_ id = 258.

⑤ New York Women In Communications（NYWICI），http：//www. nywici. org/foundation.

⑥ American Association of University Women，http：//www. aauw. org/index. cfm.

研究生。申请人可以是美国人也可以是外国人，但必须就读于美国中学①；设在纽约市的犹太妇女教育基金通过提供奖学金和职业发展机会帮助有经济需要的妇女满足其教育和职业目标。②

此外，纽约还有很多妇女研究组织，如巴纳德妇女研究中心成立于1971年，一直处于女性主义活动的前沿。致力于促进巴纳德学院社区的妇女和社会正义问题，促进纽约市学术和活动，并在全国进行跨国女性主义组织研究。③

（三）纽约市促进妇女教育的措施及启示

总体来看，纽约市女性素质很高，受过高等教育的比例甚至超过男性，以至于有媒体戏称纽约市为男性天堂。由于优秀女性数目很多，还有人建议优秀女性不妨考虑向其他城市发展，以便于寻找伴侣。这当然是玩笑，但从一个侧面反映了纽约市女性的受教育程度。纽约市妇女教育的情况固然有着纽约市本身作为国际大都会的原因，吸引着众多优秀女性前往，也与纽约市妇女教育的环境和氛围密不可分，在这个城市中女性所获得的教育使得女性在社会中的地位不断提高，而女性地位的提高又促进了女性教育的改善，从而对纽约市的发展做出了贡献。但纽约市女性在教育领域的参与情况还有待加强。

总之，女性教育是一项长期的系统工程。要在教育领域实现性别平等还需要政府、社会各界长期不懈的共同努力。

第二节　伦敦妇女教育状况

英式教育体制历史悠久，发展成熟，是世界许多国家教育体制的基础。英国拥有许多享誉全球的教育机构。例如，伊顿公学（Eton College）被公认是英国最好的中学，而牛津大学（University of Oxford）和剑桥大学（University of Cambridge）是全世界莘莘学子向往的著名学府。英国内部存在两种不同

---

① Association for Women in Science，http：//www. awis. org.
② Jewish Foundation for Education of Women，http：//www. jfew. org/.
③ The Barnard Center for Research on Women ，BCRW，http：//bcrw. barnard. edu/about/.

的体制，一种是英格兰、威尔士和北爱尔兰教育体制，另一种是苏格兰教育体制，伦敦隶属英格兰。1972 年起，英国对所有 6～16 岁的儿童实行 11 年义务教育。2007 年起，义务教育时间延长到 12 年。

伦敦的儿童和青少年比例较大，占全部人口的 22.9%。[1] 教育在伦敦的发展进程中占据重要地位。大伦敦政府认为，儿童教育对儿童福祉与民族福祉都至关重要[2]，而"给每个孩子成功的机会"是使伦敦成为世界上最好的首都城市的关键。[3] 伦敦有 2000 多所学校，125 万小学生在读。[4] 伦敦的教育投资在整个英国处于首位。在英国教育部的 6 亿英镑补充教育基金中，3.07 亿英镑是分配给伦敦的。

伦敦的文化和阶层、族裔差异都非常大，大量高端人才和大规模弱势群体并存，因此伦敦的教育特色集体表现为：基础教育方面倡导实施均衡发展，并大力推行素质教育，高等教育方面浓缩世界顶尖教育资源，发挥国际研究机构的创新推动作用。

一 伦敦基础教育与性别差异

根据《2011 年联合国人类发展报告》"性别不平等指数及有关指标"的统计，在"至少接受过中等教育的人口（占 25 岁以上人口的百分比）"中，英国妇女为 68.8%，男性为 67.8%，在发达国家当中的排名较落后，但其中妇女受教育比例比男性高。那么，伦敦妇女受教育的情况又如何呢？

（一）伦敦的基础教育

伦敦学校的社会、经济状况与英国的其他地方有很大不同，体现在四个方面：第一，伦敦的少数族裔人数众多，公立学校大约 2/3 的孩子来自各种族裔，而其他地区则少于 1/3；50% 的公立学校学生把法语作为第二外语，其他地区为 17%。第二，经济条件差的学生数量较多，在学校吃饭的孩子中有 1/4

---

① "London Councils", http：//www. londoncouncils. gov. uk/londonfacts/default. htm? category = 3.

② Theodore Joloza Office for National Statistics, "Measuring National Well – being – Children's Well – being, 2012", http：//www. ons. gov. uk/ons/dcp171766_ 283988. pdf, 26 October 2012.

③ "The Mayor's Education Inquiry：First Report", February 2012, http：//dera. ioe. ac. uk/13871/1/Education%20Inquiry%20First%20Report. pdf.

④ "London Councils", http：//www. londoncouncils. gov. uk/londonfacts/default. htm? category = 3.

可享受免费午餐（Free School Meal，FSM），比整个英格兰的比例高8%，而内伦敦比外伦敦高16%。第三，有超过50%在伦敦出生的孩子的母亲来自外国。而2010年出生在伦敦纽汉区的孩子的母亲有3/4来自海外，这个数字在威尔士和英格兰是最高的。[1] 因此，在讨论性别差异时，必须同时考虑族裔、贫穷的影响。第四，青少年人口比例大。据国家统计局办公室的人口数据[2]，2009年中期，伦敦人口为780万，比2004年增长4.6%。与此同时，英国全国的人口增长比例为3.3%，可见伦敦的人口增长速度高于英国其他地区。伦敦16岁以下的人口为19.3%，而全英的对应比例为18.7%。这表明伦敦青少年比例高于英国其他地区。

伦敦各行政区的学校数据中小学和中学并没有明显区分开，把3~16岁儿童的教育统称为基础教育。根据2011年英国统计局办公司的官方统计数据，这一阶段的男女学生及全职教师的人数统计汇总如表3-16所示。

表3-16　英国伦敦地区2010年各区级中小学学生人数（按性别）统计汇总[3]

	代　码	伦敦各区名称	学校数	女　生	男　生	学生总数	全职教师人数	生师比（%）
1	301	巴金和达格纳姆	59	16325	17335	33660	1837	18.3
2	302	巴尼特	152	27475	28810	56285	4191	13.4
3	303	贝克斯利	83	20315	20940	41255	2394	17.2
4	304	布伦特	104	22085	23085	45170	2983	15.1
5	305	布罗姆利	110	25595	25720	51315	3376	15.2
6	202	卡姆登	92	15160	14130	29290	2397	12.2
7	201	伦敦市	5	1000	1255	2255	251	9.0
8	306	克罗伊登	150	28975	29800	58775	3951	14.9
9	307	伊令	113	25540	26305	51845	3337	15.5

[1] "London Councils"，http：//www. londoncouncils. gov. uk/londonfacts/default. htm？category =3.
[2] http：//www. ons. gov. uk/ons/rel/regional – trends/regional – trends/no – – 43 – – 2011 – edi-tion/regional – profiles – – – summary – – – london. html.
[3] 表3-16中数据为2011年英国教育部和国家统计办公室联合公布的大伦敦33个行政区的中小学校全职学生（男、女）和教师的人数统计与计算，根据原来表格的注释，有些数据可能由于四舍五入而不完全准确。

续表

	代 码	伦敦各区名称	学校数	女 生	男 生	学生总数	全职教师人数	生师比（%）
10	308	恩菲尔德	100	25575	27345	52920	3380	15.7
11	203	格林威治	96	20100	20375	40475	2669	15.2
12	204	哈克尼	100	18290	15775	34065	2714	12.6
13	205	哈默史密斯与富勒姆	74	12885	11085	23970	1898	12.6
14	309	夏灵基	99	18705	20000	38705	2472	15.7
15	310	哈罗	82	17060	18020	35080	2557	13.7
16	311	黑弗灵	90	18210	18850	37060	2304	16.1
17	312	西陵敦	101	24175	24170	48345	3148	15.4
18	313	亨斯罗	85	18505	19430	37935	2429	15.6
19	206	伊斯林顿	72	10945	12220	23165	1627	14.2
20	207	肯辛顿和切尔西皇家自治市	75	11495	11650	23145	2212	10.5
21	314	泰晤士河畔金斯顿皇家自治市	62	13440	12780	26220	1845	14.2
22	208	兰贝斯	97	16955	16490	33445	2249	14.9
23	209	刘易舍姆	100	19280	19425	38705	2535	15.3
24	315	默顿	67	13735	15020	28755	1826	15.7
25	316	纽汉	102	26135	26060	52195	3303	15.8
26	317	雷德布里奇	96	25490	26910	52400	3328	15.7
27	318	泰晤士河畔里士满	76	13840	16265	30105	2307	13.0
28	210	绍斯瓦克	113	20190	21770	41960	3012	13.9
29	319	萨顿	71	16855	17030	33885	2209	15.3
30	211	陶尔哈姆莱茨	109	20085	20715	40800	2899	14.1
31	320	沃尔瑟姆森林	87	19250	20655	39905	2391	16.7
32	212	旺兹沃思	111	19145	20550	39695	3239	12.3
33	213	威斯敏斯特市	87	14090	14305	28395	2391	11.9
汇总		33 个区	3020	616905	634275	1251180	85661	14.6

资料来源：根据伦敦33个行政区的教育统计数据整理。①

---

① http：//www.education.gov.uk/inyourarea/gors/gor_ H. shtml.

伦敦的 33 个行政区，共有学校 3020 所，学生总数 1251180 人，全职教师总数 85661 人。其中女生为 616905 人，占学生总数的 49.3%；男生为 634275 人，占学生总数的 50.7%。从全国与伦敦的范围看，大致的人口性别构成为女性占 51%，男性占 49%。[①] 所以，似乎伦敦基础教育学校中的男女比例与伦敦及全国的性别比例不太一致。但此说法显然并不全面，因为两性人口的年龄分布可能会有一定的差异，而且在伦敦可能会有一些孩子在家接受教育，再加上伦敦人口的流动性，其具体数字无法统计，但不能因此简单认定伦敦青少年人口的性别比例与整个伦敦以及全国人口性别比的趋势不同。表 3 - 16 中还显示，伦敦基础教育的生师比为 14.6∶1。即大约每 15 个学生对应一位老师。

（二）"伦敦优势"与伦敦教育的性别差异

伦敦非常重视其在教育领域的优势，称之为"伦敦优势"（The London Advantage）。[②]

伦敦的学校教育拥有生源与成绩优势。英国有系统的国民教育评价体系，普通中学教育合格证（GCSE）是英国为 14～16 岁学生设置的资格考试，通过上课期间的学业评定以及课程结束时的考试来考核学生，是大伦敦政府评价教育成就的重要指标。2000 年以来，伦敦的学校教育已有显著改善，整体水平高于全国平均值，接受好学生的比例相对较高，在数学、英语资格考试中达到标准的学生比例正在持续增加。在 2006/2007 学年，英格兰学校有 46% 的学生达到标准，伦敦有 48% 的学生达标；到 2010/2011 学年，伦敦有 62% 的学生达标，比整个英格兰的平均值高 4%。

伦敦女生比男生学习好。在普通中学教育合格考试中，伦敦和整个英格兰学生的成绩上存在相同的性别差异，即女孩子达到国家标准的比例比男孩子高 7%。

伦敦少数族裔男生成绩最差。特定的群体——符合吃免费午餐的男孩和女孩，以及黑人学生仍然不选择学习科学，这可能与他们的家庭、文化预期以及他们所选择的学校有关系。族裔、性别和贫穷相互影响，使伦敦教育面

---

① Greater London Authority, July 2011, The London Plan: Spatial Development Strategy for Greater London, http：//www. london. gov. uk/sites/default/files/The%20London%20Plan%202011. pdf.

② "The Mayor's Education Inquiry: First Report", February 2012, http：//dera. ioe. ac. uk/13871/1/Education%20Inquiry%20First%20Report. pdf.

临的问题更加复杂。吃免费午餐的学生表现差，男孩子一般比女孩表现差；在少数族裔中，贫穷的男孩子表现更差。因此，从统计数据来看，伦敦的女孩的成绩在基础教育阶段总体上好于男孩，少数族裔、贫困家庭的男孩的表现差的比例最大（参见表3-17）。

与此同时，表3-17还展现出，享受免费午餐的华裔女生是所有分类中考试达标比例最高的群体，达到94%，甚至高于名列第二位的富裕华人女生7个百分点。因此，贫困华裔女生的学习成绩令人惊异。

表3-17 伦敦不同族裔学生达到数学、英语（GCSE A * - C）
资格考试标准比例的分性别统计①

单位：%

族　　裔	享受免费午餐情况	男　　生	女　　生
印度	无免费午餐	73	83
	免费午餐	51	62
孟加拉	无免费午餐	66	73
	免费午餐	60	64
巴基斯坦	无免费午餐	65	68
	免费午餐	50	56
其他亚洲	无免费午餐	63	78
	免费午餐	57	64
华人	无免费午餐	83	87
	免费午餐	66	94
非洲黑人	无免费午餐	61	72
	免费午餐	47	55
加勒比黑人	无免费午餐	47	59
	免费午餐	38	45
其他黑人	无免费午餐	55	66
	免费午餐	41	56
白人和亚洲人	无免费午餐	74	81
	免费午餐	56	57

① "The Mayor's Education Inquiry: First Report", February 2012, http://dera. ioe. ac. uk/13871/1/Education%20Inquiry%20First%20Report. pdf.

续表

族　　裔	享受免费午餐情况	男　　生	女　　生
白、黑非洲人	无免费午餐	64	69
	免费午餐	45	58
白、黑加勒比人	无免费午餐	54	61
	免费午餐	37	38
其他混合	无免费午餐	66	71
	免费午餐	51	55
爱尔兰人	无免费午餐	75	82
	免费午餐	50	33
白种英国人	无免费午餐	65	69
	免费午餐	33	37
其他白人	无免费午餐	57	65
	免费午餐	43	49
其他族裔	无免费午餐	56	66
	免费午餐	55	57
未分类族裔	无免费午餐	69	73
	免费午餐	58	52

但是，从整个英国和英格兰的情况来说，尽管伦敦享受免费午餐政策的学生比其他地区高，但是享受免费午餐和不享受免费午餐学生成绩之间的差距为19%，远比英格兰的平均值27%要小得多。可见，"伦敦优势"对当地相对贫穷的学生有很重要的帮助。

此外，"伦敦优势"还表现为，在关注"核心课程"的同时，伦敦各个学校非常重视学生高质量的体育、艺术和音乐活动，这是多数孩子家长重视的问题，也是培养儿童自律、自尊、自信的重要途径。

（三）"布罗迪计划"

伦敦基础教育的一个重要关注点是学生缺勤或逃课的情况。为此，大伦敦政府和伦敦理事会共同发起了"布罗迪计划"（Project Brodie）①，通过采取

---

① http：//www. london. gov. uk/priorities/crime－community－safety/time－action/project－brodie.

措施，尽可能使学生留在学校里。这些措施包括：减少学生因受欺负（bully）、被打而觉得学校不安全、不敢来上学的情况；通过早期干预和家庭支持来减少缺勤；如果预防措施失败，则由地方当局和城市警察局联合实行强制出勤。

为了提高出勤率，目前的工作方案包括：提供更安全和支持性的环境；加强更安全学校的合作伙伴；支持将反欺凌和打击暴力行动扩展到所有学校和继续教育学院；预防缺勤；分析长期缺勤的原因；为 8~12 岁的脆弱儿童和他们的父母提供专家支持；通过干涉提高出勤率；强制出勤；提高执法的一致性；更多运用技术提醒没出勤的家长注意；等等。

二 伦敦的继续教育、职业教育与高等教育

结束基础教育后，英国学生进入继续教育（Further Education，FE）。一些学生高中毕业后进入高等教育（Higher Education，HE）。一些学生在完成基础教育后进入职业教育（Vocational Education，Vocational Education and Training，VET）。

（一）伦敦成年人的受教育情况

伦敦 16 岁以上青少年的教育情况，同样可以用英国相关的教育评价体系来衡量。2009/2010 年，达到 3 级水平（Level 3，相当于 AS4 级，A 级 2 级）的 19 岁伦敦人数达到 56%，而英格兰整体数据为 53%，伦敦比英格兰高 3 个百分点。根据英国国家统计局的另一组数据，有 40.1% 的伦敦人具有各种考试级别的资质，高于全国平均水平 30.9%。表 3－18 中显示了英格兰获得各级别考试资格证书的男性和女性的人数以及伦敦的具体情况。[①]

（二）继续教育与职业教育

16~18 岁伦敦青少年未受教育、就业或培训（Not in Education, Employment or Training，NEET）的比例为 4.4%，低于英格兰的平均值 6.1%。2011 年，

---

① Department for Innovation, Universities & Skills, "Statistical First Release: The Level of Highest Qualification Held by Adults: England 2007 (Revised)", http://www.education.gov.uk/rsgateway/DB/SFR/s000798/dsfr05 – 2008.pdf.

表 3 - 18　英格兰 19 ~ 59/64 岁人群具有最高级别资格的水平①

单位: 千人

	19 ~ 59/64 岁人群具有各个级别资格的比例								
	所有年龄组 (19 ~ 59/64)	7 ~ 8 级	4 ~ 6 级	4 级 及以上	3 级	3 级 及以上	2 级	2 级 及以上	低于 2 级	没有 资质
以性别划分									
男　性	15.455	7.3	23.1	30.4	22.3	52.7	19.2	72.0	17.0	11.0
女　性	14.146	6.9	24.4	31.3	17.0	48.3	21.0	69.3	18.9	11.8
以地区划分									
伦　敦	4.796	11.3	28.8	40.1	15.1	55.2	16.4	71.5	16.9	11.6

16 ~ 24 岁的青少年中有 18% 未受教育、就业或培训, 而英国的平均水平为 19% 。但整个伦敦各自治市之间的差异很大。2012 年, 有 12.8 万 16 ~ 24 岁的伦敦青年人没有就业也没有上学、培训, 比例为 14.6% , 低于全国平均水平 (15.9%)。②

目前, 英国关于伦敦继续教育与职业技能教育的状况与成果③, 即教育对象为年龄在 16 ~ 18 岁和 19 岁 (含) 以上的伦敦人接受继续教育与职业技能培训的情况, 在 2011 年 4 月公布的按大伦敦 33 个行政区进行统计的数据汇总 (见表 3 - 19) 中可以体现。表 3 - 19 显示, 大伦敦青少年在完成基础教育后进入继续教育和职业技能教育的人数相对稳定, 在 125000 人左右。但这个统计中没有大伦敦地区按性别区分统计的数据。

但根据英国人接受职业培训的分性别统计数据 (见图 3 - 1④), 除 16 ~ 17 岁

---

① Department for Innovation, Universities & Skills, "Statistical First Release: The Level of Highest Qualification Held by Adults: England 2007 (Revised)", http://www.education.gov.uk/rsgateway/DB/SFR/s000798/dsfr05 - 2008.pdf. 统计数据中, 男性年龄为 19 ~ 64 岁, 女性为 19 ~ 59 岁。

② http://www.londoncouncils.gov.uk/londonfacts/default.htm? category = 3.

③ Overall FE and Skills Participation and Achievement by Geography and Equality and Diversity, http://www.thedataservice.org.uk/statistics/statisticalfirstrelease/sfr_ supplementary_ tables/further_ education_ skills/.

④ ONS, "Employees receiving job - related training: by age group (1)", http://ons.gov.uk/ons/dcp171766_ 268091.pdf.

表 3-19 大伦敦地区 16~18 岁以及 19 岁（含）以上接受
继续教育和职业技能教育的人数统计

地理区	行政区	2005/2006	2006/2007	2007/2008	2008/2009	2009/2010
内伦敦	卡姆登	1840	1800	1670	1730	1770
	伦敦市	30	30	50	50	40
	哈克尼	5080	5070	4810	4520	4290
	哈默史密斯与富勒姆	1930	2000	2000	1950	1880
	夏灵基	4560	4420	4230	4130	4080
	伊斯林顿	2850	2920	2790	2920	2970
	肯辛顿和切尔西皇家自治市	1250	1170	1120	1150	1040
	兰贝斯	5290	5280	5140	5080	4930
	刘易舍姆	4730	4560	4530	4460	4440
	纽汉	7870	7900	8070	8130	8070
	绍斯瓦克	4970	4970	4950	4530	4740
	陶尔哈姆莱茨	4790	4410	4320	4260	4170
	旺兹沃思	2840	2800	2840	2870	2600
	威斯敏斯特市	1770	1760	1630	1570	1570
	总　数	49810	49070	48160	47350	46590
外伦敦	巴金和达格纳姆	3260	3270	3520	3660	3750
	巴尼特	4110	3890	3780	3810	3730
	贝克斯利	3430	3580	3710	3630	3920
	布伦特	4670	4460	4500	4190	4400
	布罗姆利	3090	3150	3260	3120	3330
	克罗伊登	7250	7390	7470	7320	7230
	伊令	4790	4700	4890	4640	4520
	恩菲尔德	5190	5080	5380	5450	5530
	格林尼治	3190	3200	3110	3010	3270
	哈罗	4670	4710	4840	3930	3830
	伦敦黑弗灵自治市	5390	5350	5400	5520	5790
	西陵敦	3820	3820	3930	4070	4200
	亨斯罗	3780	3810	4300	4070	5390
	泰晤士河畔金斯顿皇家自治市	1740	1620	1700	1760	1750

续表

地理区	行政区	2005/2006	2006/2007	2007/2008	2008/2009	2009/2010
外伦敦	默顿	3010	3090	3340	3750	3020
	雷德布里奇	3750	3640	3690	3730	3720
	泰晤士河畔里士满	2540	2470	2460	2490	2550
	萨顿	2730	2870	2780	2810	2960
	沃尔瑟姆森林	5560	5610	5720	5730	5920
	总　　数	75970	75720	77770	76680	78790
大伦敦	总　　计	125770	124790	125930	124020	125380

　　资料来源：根据英国商务、创新与技能部的继续教育与技能培训网上统计数据整理。

阶段男子接受培训的比例较大以外，其他年龄段都是妇女接受培训的比例大于男子。

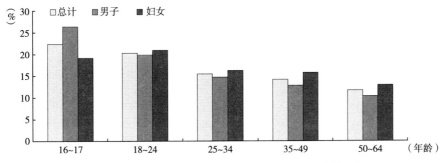

图3-1　英国接受与工作相关的培训的受雇用者的比例

（三）高等教育

　　根据2011年英国官方的数据统计①，2009～2010年全英高等教育机构有165所，其中大部分在英格兰，有131所。而伦敦地区的高等教育机构有40所，占英格兰的30.5%，全英的24.2%；伦敦高校的全职在校生的人数为407795人，分别占英格兰高校学生数量和全英高校学生总数的19.5%和16.4%（见表3-20）。同时，根据2011年6月23日英国《泰晤士报》推出

---

　　① 2009/10 Students by Institution，http：//www. hesa. ac. uk/index. php/content/view/1897/239/，2011.

的 2012 年世界大学排名①，跻身前列的英国前 10 所大学中有 4 所是伦敦的大学，它们是伦敦帝国理工学院、伦敦大学学院、伦敦政治经济学院和伦敦大学国王学院，占 40%。其中，伦敦帝国理工学院专精于科学技术和医学，享有国际声誉，有多位诺贝尔奖得主出自该校②；伦敦政治经济学院在社会科学研究方面处于世界领先地位，其研究和教学范围涵盖广泛的社会科学领域，包括经济学、政治学、法学和社会学、人类学、会计及金融，有 16 位诺贝尔奖得主为其教职人员或校友。③

可见，伦敦高等教育机构在数量和规模上在英格兰和英国全国都占有很大的比重，而且伦敦的多所著名大学的教育质量也位居英国乃至世界前列。遗憾的是，和继续教育相似，虽然有资料显示英格兰高等教育以性别区分统计数字，但并没有找到公开的伦敦地区高等教育数据中的性别区分数据。

表 3 - 20　2009 ~ 2010 学年伦敦高校数量与在校生人数

类　别	单　位	大伦敦地区	英格兰	英国全国④
高等教育机构	数量（所）	40	131	165
	比对英格兰（%）	30.5	100	—
	比对英国全国（%）	24.2	84.0	100
全职在校生	人数（人）	407795	2093635	2493415
	比对英格兰（%）	19.5	100	—
	比对英国全国（%）	16.4	79.4	100

资料来源：根据英国商务、创新和技能部的高等教育统计⑤的有关资料整理。

总的来说，伦敦在继续教育、职业教育和高等教育方面，在英格兰处于领先地位，未受教育、就业或培训者的比例略低于英格兰和全国平均水平。但是，大伦敦内部各区的差异很大。关于此问题，笔者找到的分性别统计资料极少，不能充分展现其中的两性差异，但根据基础教育部分的推算，并结

---

① 英国《泰晤士报·高等教育副刊》，2011 年 10 月 6 日，http://www. timeshighereducation. co. uk/world - university - rankings/2011 - 2012/europe. html。

② http://www3. imperial. ac. uk/aboutimperial.

③ http://www2. lse. ac. uk/aboutLSE/aboutHome. aspx.

④ 含英格兰、苏格兰、威尔士、北爱尔兰。

⑤ http://www. bis. gov. uk/analysis/statistics/higher - education.

合经济参与部分的研究成果，可以认为伦敦成年女性，主要指就业的女性群体，其受教育水平要普遍高出男性，尤其是在 40 岁以下的年龄段。

三　伦敦教育体系中的妇女参与

本部分主要讨论英国和伦敦高校教师的妇女参与和收入的性别差异问题。

（一）高校教师的男女比例

是全国范围内的高校教师人数的性别区分统计①（见表 3 – 21）和伦敦、英格兰、英国的高校教师的数量（见表 3 – 22），但很遗憾，没有找到伦敦地区中小学教师的分性别统计数据。

表 3 – 21　英国高校教师人数统计（按性别）

类　　别	高校全职教师			高校兼职教师			高校教师合计		
	女教师	男教师	小计	女教师	男教师	小计	女教师	男教师	总计
人数（人）	45195	72735	117930	34705	28955	63665	79900	101690	181590
比对同类别教师总数（%）	38.3	61.7	100	54.5	45.5	100	44.0	56.0	100

资料来源：根据英国统计网高等教育部分②的有关资料整理

与"伦敦经济中的女性参与"部分发现的结论相似，从表 3 – 21 可以看出，在英国的高校，全职女性教师为 45195 人，占全职教师总数的 38.3%，而男性占 61.7%。这表明越是到高层次的就业单位，女性比例与男性差距就越大。但在兼职教师统计中，女性比例（54.5%）要高出男性的比例（45.5%），表明女性比男性从事兼职工作的可能性要高很多。总体来看，英国高校教师中女教师占 44%，男教师占 56%，二者相差 12 个百分点。所以，尽管女性本身接受高等教育的比例普遍比男性高，但其在高校中的就业情况并非如此，处于明显的劣势地位。

从英国高等教育统计局 2011 年发布的数据来看，伦敦高校教师的人数在

---

① http：//www. hesa. ac. uk/index. php/component/option，com＿ datatables/Itemid，121/task，show＿ category/catdex，2/#inst＿ level＿ staff.

② http：//www. hesa. ac. uk/index. php? option = com＿ content&task = view&id = 1898&Itemid = 239.

英格兰地区和英国全国占有较高的比例，表 3 – 22 展现了伦敦、英格兰和英国高校教师人数的具体情况。[①]

表 3 – 22　伦敦、英格兰、英国高校教师统计

单位：人

	全职教师	兼职教师	合　计
伦敦高校教师合计	22490	16415	38905
英格兰高校教师总计	96285	56235	152520
英国高校教师总计	117930	63665	181595

资料来源：根据英国高等教育统计局 2011 年发布的数据整理。

（二）高校教师收入的性别差异

伦敦高校收入的性别差异如何呢？有关性别区分的高校教师统计中还有一份英国全国范围的年薪收入的统计[②]（见表 3 – 23）。

表 3 – 23　英国高校教师年薪、职称分性别统计（2010/2011）

单位：人

类　别	全　职			兼　职			合　计		
	女	男	小计	女	男	小计	女	男	小计
基本工资来源									
全部机构资助	31780	52890	84670	29745	26130	55875	61525	79020	140545
全部来自其他渠道	13860	19590	33450	4705	2480	7185	18565	22070	40635
学术聘用形式									
教学	3890	3970	7855	19405	17740	37145	23290	21710	45000
教学 + 科研	27230	48680	75910	10285	8560	18845	37515	57240	94755
科研	14330	19440	33765	4710	2265	6970	19035	21700	40735
非教学科研	190	395	585	55	45	100	245	440	685

① http：//www. hesa. ac. uk/index. php/component/option, com ＿ datatables/Itemid, 121/task, show＿ category/catdex, 2/.

② "Table B – Academic staff（excluding atypical）by source of basic salary, academic employment function, salary range, professorial role, terms of employment, mode of employment and gender 2010/11", http：//www. hesa. ac. uk/dox/dataTables/staff/download/staff1011. xls? v = 1. 0.

续表

类　别	全　职			兼　职			合　计		
	女	男	小计	女	男	小计	女	男	小计
合同年薪范围									
少于 17179 英镑	55	85	140	780	860	1640	835	945	1780
17179～22971（英镑）（不含）	330	385	715	1045	1115	2160	1375	1500	2875
22971～30870（英镑）（不含）	5270	5560	10830	7535	6160	13695	12805	11720	24525
30870～41489（英镑）（不含）	15100	18650	33750	16275	12705	28980	31375	31355	62730
41489～55758（英镑）（不含）	19205	29120	48325	7110	4685	11795	26315	33805	60120
55758 英镑以上	5680	18680	24360	1685	3055	4740	7365	21735	29100
不适用年薪工资	0	0	0	15	30	45	15	30	50
职称									
教授	2985	12295	15280	470	1715	2185	3455	14010	17465
非教授	42655	60185	102840	33980	26895	60875	76635	87080	163715
雇佣期	—	—	—	—	—	—	—	—	—
无截止日期/永久	32670	55315	87985	18810	14070	32880	51480	69385	120865
定期	12970	17165	30135	15640	14545	30185	28610	31710	60320
教师人员总数	45640	72480	118120	34450	28610	63060	80090	101090	181180

资料来源：根据英国高等教育统计局 2012 年发布的数据整理。

　　表 3 - 23 显示了高校男女教师在收入来源和收入等级以及职称等方面所存在的差距。在全职教师中，女性人数普遍比男性人数少。而在兼职教师中，这个情况基本相反。但是，值得注意的是，在较高年薪收入的高级职称（教授）方面，不仅全职教师中男女性别差距加大，而且同样适用于兼职教师，即在这两项数据中，兼职女性人数一改在其他类别的大比例趋势，远远低于男性人数。在年薪的最高级别，即多于 55758 英镑的统计中，全职女性教师为 5680 人，男性为 18680 人，男性是女性的约 3.3 倍。同样，在教授职称的统计中，全职男性是女性的 4.1 倍，远远高于其他类别。兼职教师中的情况通常是女性多于男性，但在这个类别中，高收入男教师的数量是女教师的 1.8 倍，具有教授职称的兼职男

211

教师是女教师的 3.6 倍。这虽然是英国全国的数据，但却与伦敦经济中的女性参与中的发现不谋而合，即工作越是高级的位置，男性比例越大；越是收入高的工作，男性比例越大；在较高级别的兼职领域，兼职男性的人数一改其在普通传统工作领域的小比例趋势，一跃成为大比例的人群。这些数据明显反映出，即便在高等教育这个理应最为民主开放的就业领域，男女报酬和各种待遇的差距还是很大，男女平等状况依然有待改善。

英国《2010 平等法案》中①设有针对教育者的部分，明确了法律对各个层次的教育参与者、教育机构、教育过程、教育资质等的平等保护。其中的同工同酬条款是女教师获得同等薪酬的重要保障。英国教师工会也在着力推动和促进教师的性别平等、女教师的人身保护以及应对贫穷与家庭暴力等问题。大伦敦政府的"促进性别平等"中的措施也都适用于在伦敦的教育者和受教育者。

四　伦敦面临的挑战

伦敦教育发展状况用在评价伦敦教育发展情况时，2012 年最新发布的《市长的教育询问》（The Mayor's Education Inquiry）② 中指出："假如伦敦学校有成绩单的话，上面可能写着'在朝正确方向前进，但还不足够好'。"③

（一）伦敦教育面临的挑战

伦敦教育面临的最大挑战是人口的增长和学校的不足。在未来 20 年，预计伦敦人口将增长 15%④。"随着伦敦人口的增长，伦敦显然没有为孩子们提供足够多的好学校。伦敦理事会预测，在今后 4 年中小学将严重缺乏，根据 2011 年 5 月的容量，到 2015/2016 年将有 9 万个空缺。"到 2015 年，伦敦需花费 23 亿英镑来补上这一缺口。而英国的其他地区的缺口更大。学校不仅需要金钱，更需要信息和有效的发展战略。

与此同时，针对伦敦辖下各区学校发展不平衡、水平参差不齐的情况，

---

① http：//www. legislation. gov. uk/ukpga/2010/15/pdfs/ukpga_ 20100015_ en. pdf.

② "The Mayor's Education Inquiry"，October 2012，http：//www. london. gov. uk/sites/default/files/The%20Mayor's%20Education%20Inquiry%20Final%20Report. pdf.

③ "The Mayor's Education Inquiry：First Report"，February 2012，http：//dera. ioe. ac. uk/13871/1/Education%20Inquiry%20First%20Report. pdf.

④ "The Mayor's Education Inquiry：First Report"，February 2012，http：//dera. ioe. ac. uk/13871/1/Education%20Inquiry%20First%20Report. pdf.

伦敦政府提出三个主题：促进伦敦所有学校的优秀教学，为伦敦青年人做好在全球城市生活和工作的准备，每一个伦敦孩子都能上好学校。伦敦鼓励各个学校激发优秀的教学实践，将建立好学校的"黄金俱乐部"，并利用"领先全球城市伦敦"会议的平台表彰学校成绩，分享经验；为此建立"伦敦学校优秀基金"，与"黄金俱乐部"一起推动教学发展。

（二）伦敦经验与教训总结

众所周知，伦敦高品质的教育为其成为具有绝对竞争力的世界城市贡献了巨大力量，这也凝聚着教育领域中的女性的贡献，其经验可归纳为以下三点。

第一，从伦敦世界城市发展的角度讲，伦敦教育目标设定清晰明确，着眼于"如何培养适应世界最大城市之一的人才"，"通过教育，将伦敦由英国的领导者变为全球领导者"。从伦敦人的角度来说，"让年轻人做好在世界城市生活和工作的准备"。伦敦强调，"伦敦学校的孩子将来不仅要与其他英格兰孩子竞争，而且要在全球市场中竞争，需要与全世界其他大城市的成果相比较。"[1] 这种教育理念是值得借鉴的。

第二，伦敦学校教育政策的具体措施具有可参考性。伦敦教育十分重视平衡族裔差异，向低收入家庭提供免费午餐，以实现教育公平。大伦敦政府强调培养学生的创造性思维能力，"新伦敦需要可以'在盒子之外思考'的年轻人"。[2] 对不同人群的受教育程度，英国有非常详尽具体的评价体系，不仅是学位标准，而且有各种资格考试，能够较全面地衡量人们的受教育程度。同时，伦敦非常重视学生的缺勤问题，尽力消除学校中存在的学生以大欺小、以强欺弱现象与各种暴力事件，制定了详尽的应对措施，包括与警务部门的合作。

第三，伦敦教育领域妇女参与不平等状况有待解决。伦敦女童的受教育水平高，成绩相对优于男性。在工作领域，较高教育背景的女性越来越占更大的比例，但其就业状况却显示，越是在较高级别的就业领域中，女性的学术潜力越没有得到充分的发挥，她们的收入也明显少于男子。这不仅是一种人力资本的浪费，也反映出了明显的性别不平等问题。为了建设更为公平、

---

① "The Mayor's Education Inquiry", October 2012, http：//www. london. gov. uk/sites/default/files/The% 20Mayor's% 20Education% 20Inquiry% 20Final% 20Report. pdf.

② "The Mayor's Education Inquiry", October 2012, http：//www. london. gov. uk/sites/default/files/The% 20Mayor's% 20Education% 20Inquiry% 20Final% 20Report. pdf.

213

和谐的可持续发展的世界大都市，伦敦还需要更有针对性地对女性在教育中的参与给予更多的重视，进行全面的统计分析，发现问题，并采取相应措施，促进教育领域的两性平等。

第三节　巴黎妇女教育状况

20 世纪后半期，法国女性基本能够享受与男性同等的受教育权，尤其是在高等教育层面。这项权利的获得使女性能够更多地进入社会生活的各个领域，大大扩大了女性进入职场并获得重要职务的几率，并有效地支持着女性获得更高的经济地位和政治影响力。

与全国水平相比，巴黎教育水平较高，集中了相当一部分的法国高等教育顶尖资源，巴黎女性可以获得良好的教育机会，并有更多机会进入教育这个被认为是具有一定女性特质的领域工作。但实际上，虽然巴黎女性学历水平高，但并不意味着巴黎女性在教育领域中获得了与男性同样的就业和晋升机会。

受到数据搜集渠道的制约，本节将较多地结合法国全国的统计数据来考察巴黎女性的教育水平和问题所在。本节分为三个部分来观察巴黎地区女性与教育问题。首先，系统分析各级教育层面上的女性受教育状况和教育水平；其次，考察女性作为教育者在教育体系中的比重和作用以及性别平等问题；最后，根据前两个部分的分析结果，总结归纳出巴黎地区女性教育现状对于北京提高女性教育水平、促进两性教育平等事业的启示。

一　法国教育体制简介

法国的教育体制分为幼儿教育、基础教育、中等教育以及高等教育。小学（基础教育）为五年制，初中和高中共同构成中等教育，分别是四年制和三年制。

法国的幼儿园分为小、中、大班。2010～2011 年，法国共有 16056 所公立幼儿学校、133 所私立幼儿学校。[1]2010 年，13.6% 的两岁儿童和几乎

---

[1] "L'école maternelle, organisation, programme et fonctionnement"，法国教育部网站，http://www.education.gouv.fr/cid166/l-ecole-maternelle-organisation-programme-et-fonctionnement.html，访问日期：2012 年 11 月 13 日。

所有的 3 ~ 5 岁儿童均已入园。① 由于幼儿教育在儿童早期语言学习以及学前知识积累方面有着至关重要的作用，法国政府对幼儿学校建设的投入也在增加。

法国的基础教育针对 6 ~ 11 岁的适龄儿童。法国的小学只有 5 年，注重培养学生能力的多样性，除了理性的思维、敏锐的观察力，还注重发展他们的实验能力以及天马行空的想象。2010 ~ 2011 年，法国共有 32466 所公立小学、5143 所私立小学。②

法国初中是四年制。初一是适应阶段，初二和初三是重点学习阶段，侧重培养学生掌握知识的能力，并为学生设立一些选修课，让他们根据兴趣进行学习。初四开始，学生面临中考，并开始思考未来的发展方向。他们主要面临两种选择：一是进入一所普通高中进行学习；二是进入技术中学或职业高中学习。2009 ~ 2010 年，法国共有 5261 所公立初中，1756 所私立初中。③

法国普通高中为三年制，和中国一样，高三毕业生也要通过全国统一考试。一般在高一结束时，高中生可以选择继续在普通高中学习或是进入技术高中学习。不过无论选择如何，高三毕业时都要参加全国统一会考（BAC）。普通高中会根据学生的兴趣爱好分三个学习方向，分别是经济和社会方向（ES）、文学方向（L）和理科方向（S）。2009 ~ 2010 年，法国共有 1571 所公立普通和技术高中、990 所职业高中、1056 所私立普通和技术高中、663 所私立职业高中。④

法国的高等教育历史悠久，现有 80 余所大学和 300 多所专业高校和研究

① "L'école maternelle, organisation, programme et fonctionnement"，法国教育部网站，http://www. education. gouv. fr/cid166/l – ecole – maternelle – organisation – programme – et – fonctionnement. html，访问日期：2012 年 11 月 13 日。

② "L'école, élémentaire, organisation, programme et fonctionnement"，法国教育部网站，http://www. education. gouv. fr/cid213/l – ecole – elementaire – organisation – programme – et – fonctionnement. html，访问日期：2012 年 11 月 13 日。

③ "Le collège, enseignements, organisation et fonctionnement"，法国教育部网站，http://www. education. gouv. fr/cid214/le – college – enseignements – organisation – et – fonctionnement. html，访问日期：2012 年 11 月 13 日。

④ "Le lycée, enseignements, organisation et fonctionnement"，法国教育部网站，http://www. education. gouv. fr/cid215/le – lycee – enseignements – organisation – et – fonctionnement. html，访问日期：2012 年 11 月 13 日。

中心。法国大学于 2004 年开始实行与国际接轨的 LMD 教育制度，分三阶段：第一阶段（Licence）三年，毕业后获大学基础文凭，相当于我国学士文凭；第二阶段（Master）两年，毕业后获硕士学位；第三阶段（Doctorat）三年，毕业后可获博士学位。法国的高等教育主要有三大类教学机构。综合大学招收持有法国高中会考证书或同等学力的学生；大学校，即重点高等院校，入学要求严格，除了递交材料择优录取之外，被选拔的学生需在 2 年预科班的学习之后参加国家统一考试，被录取者继续学习 3 年，而落选者可进入综合大学学习；其他高等院校，专攻艺术、建筑等创作型领域，大部分学校自行组织考试。

2011 年法国（本土及所有海外领土，不包括海外领地马约特①）对教育的资金投入达到 1374 亿欧元，占国内生产总值的 6.9%。其中，幼儿教育投入为人均 5670 欧元、初等教育为 5920 欧元、初中阶段为 8370 欧元、普通和技术高中阶段为 11470 欧元、职业高中为 11840 欧元。② 在高等教育方面，法国高等教育及研究部还曾宣布 2012 年高等教育预算增加 7.69 亿欧元。③

二 法国及巴黎女性教育现状④

根据联合国《2011 年人类发展报告》，法国至少接受过中等教育的女性和男性占 25 岁及以上人口的百分比分别是 79.6% 和 84.6%，在世界各国排名中位列第 19。巴黎由于其首都地位，女性受教育水平高于外省。

法国学术界和教育界十分重视男女学生的学科分布和就业前景，重视性别观念所产生的影响。所以在本节会关注法国方面的相关研究成果。

---

① 法国拥有多处海外省和海外领地。
② "L'éducation nationale en chiffres"，法国教育部网站，http://www.education.gouv.fr/cid57111/l-education-nationale-en-chiffres.html，访问日期：2012 年 11 月 13 日。
③ "Projet de loi de finances 2012, un budget de rigueur pour l'enseignement supérieur"，法国大学生联合会（UNEF）网站，http://unef.fr/wp-content/uploads/2011/11/111123-PLF2012-Un-budget-de-rigueur-pour-lenseignement-sup%C3%A9rieur-UNEF.pdf，访问日期：2012 年 11 月 13 日。
④ "Filles et garçons sur le chemin de l'égalité de l'école à l'enseignement supérieur"，法国教育部网站，http://media.education.gouv.fr/file/2011/38/2/Filles_et_Garcons_2011_170382.pdf，访问日期：2012 年 11 月 13 日。

（一）基础教育

在法国，6岁至16岁为义务教育阶段。根据法国官方统计，在2008～2009和2009～2010两个学年中，3～12岁儿童入学率为100%。因此，巴黎的基础教育阶段（6岁至11岁）女童入学率也是100%。[①]

在基础教育阶段，女生入学情况与男生没有表现出差异。从学习能力上看，存在两大特点。首先，小学里女生所表现出的学习能力不亚于甚至超过男生。法国教育部的官方统计有说服力地表现出了这一事实。此外，家庭出身并非是影响女生通过率的因素。图3-2显示的是各种家庭出身的学生的留级率。无论出身工人家庭或是知识分子家庭，女生留级人数比例都低于男生。

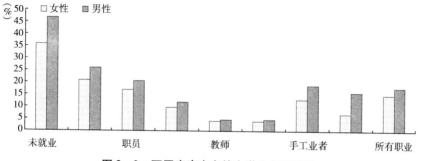

图3-2　不同家庭出身的小学生留级情况

观察男女生文理科学习倾向是法国教育界分析男女生学习特点的一个重要考察项目。从学科特长角度看，小学女生在语言方面表现的能力明显高于男生，但在数学学习中则表现出同等水平。图3-3的数据显示，在小学学习的最后阶段，女生法语语言基础知识通过率比男生高出6%，而在数学方面，男女通过率比例都是91%。这说明女性在学习语言方面比男性略胜一筹，而在数学等理科方面，男女生表现出了同样的学习能力和效果。

（二）中等教育

在中等教育阶段，法国年轻人入学率较高。

---

① "Taux de scolarisation par âge"，法国国家统计与经济研究所网站：http：//www. insee. fr/fr/themes/tableau. asp? reg_ id = 0&id = 146，访问日期：2012年11月8日。

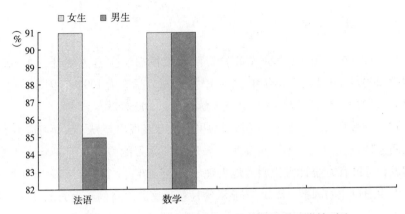

图 3 – 3 法国小学四年级男女生法语和数学学习成绩对比

表 3 – 24 法国 13 ~ 18 岁年轻人的入学率①

单位：%

年　　龄	2008 ~ 2009 年	2009 ~ 2010 年
13	98.6	98.4
14	98.3	98.0
15	97.9	97.7
16	94.2	94.5
17	90.4	90.1
18	76.5	79.2

　　法国中等教育分为初中阶段和高中阶段。初中阶段之后会出现普通高中和职业技术高中的分流。从表 3 – 24 可以看出，法国初中阶段入学率较高。但在 18 岁年龄段上入学率出现了明显降低。

　　法国的研究表明，在初中阶段结束时女生在法语语言方面优势依旧明显，而男生数学课程通过率高出女性 1 个百分点。应该说，女生轻理重文的趋势有所出现，但到了高中阶段这一趋势变得十分明显。通过对表 3 – 25 中 2008 年入学的高一男女学生课程选修人数比例的观察，可以发现，在非技术类课程里，各项中女生比例均高于男生，特别是在"第二和第三外语"和"第二外

---

① "Taux de scolarisation par âge"，法国国家统计与经济研究所网站，http：//www. insee. fr/fr/themes/tableau. asp? reg_ id = 0&id = 146，访问日期：2012 年 11 月 8 日。

语 + 艺术类"这两种课程选择上，女生比例比男生分别高出 4.9 个和 4.4 个百分点。这表明，女生对语言的兴趣以及在语言学习方面的优势持续保持到高中阶段，并有明显体现。而在技术类的课程中，女生总体比例低于男生，在具体课程的选择中，除了"实验室生物和医疗辅助 + 实验室化学和物理（非必选）"和"医疗社会科学 + 实验室化学与医疗辅助（非必选）"这两类课程，女生比例略高于男生以外，其他课程均低于男生比例。尤其在"工程学入门 + 普通选修课"这门课程选择上，女生低于男生 10.6 个百分点。这说明，与男生相比，女生在理工科方面的学习兴趣和动力表现出一定差距。

表 3 – 25　2008 年法国高一男女生选修课程情况①

单位：%

各种选修课组合	女生选修比例	男生选修比例
普通类课程	68.6	47.0
经济和社会科学 + 第二外语	41.3	34.0
经济和社会科学 + 第二外语 + 拉丁语或希腊语	2.1	1.3
经济和社会科学 + 第二外语和第三外语	1.8	0.9
经济和社会科学 + 第二外语 + 艺术类	3.0	1.3
第二外语和第三外语	8.3	3.4
第二外语 + 艺术类	7.5	3.1
第二外语 + 拉丁语或希腊语	4.5	2.9
技术类课程	31.4	53.0
管理和交流信息技术 + 普通选修课	6.2	6.4
物理测定 + 信息技术 + 普通选修课	10.6	17.6
物理测定 + 信息技术 + 工程学入门或实验物理与化学	0.3	1.9
工程学入门 + 普通选修课	3.2	13.8
信息学与生产系统 + 工程学入门（非必选）	0.5	8.3
实验室生物和医疗辅助 + 实验室化学和物理（非必选）	1.8	1.0
实验室物理与化学 + 普通选修课	2.1	2.3
医疗社会科学 + 实验室化学与医疗辅助（非必选）	5.4	0.5
其他组合	1.3	1.3
全部	100.0	100.0

---

① "Filles et garçons sur le chemin de l'égalité de l'école à l'enseignement supérieur"，法国教育部网站，http：//media. education. gouv. fr/file/2011/38/2/Filles ＿ et ＿ Garcons ＿ 2011 ＿ 170382. pdf，访问日期：2012 年 11 月 13 日。

根据法国教育部统计数据，在高中文理分科时，如果法语语言课程取得较好的成绩，则 10 名女生之中会有 3 名选择学习文科，而 10 名男性中，只有 1 名选择文科；而如果数学课程成绩较好，10 名女性中有 6 名会选择理科，而有 8 名男性会选择理科。这进一步表现出女生偏文男生偏理的趋势。①

（三） 高等教育

从表 3 - 26 可以看出法国高等院校中，年轻人的入学及阶段分布情况。

表 3 - 26　法国 19 ~ 25 岁年轻人的入学率②

单位：岁，%

年　　龄	2008 ~ 2009 年	2009 ~ 2010 年
19	62. 6	65. 1
20	49. 9	52. 2
21	39. 1	41. 7
22	30. 6	33. 5
23	22. 4	24. 6
24	15. 6	17. 0
25	10. 1	11. 1

高中毕业后继续学习的学生，分别进入三类院校：高等专科班（两年），普通高校（本科、硕士和博士）和高等预科班。总体来讲，从相对于自身人口的比例来看，法国女性在高等院校就读的比例要高于男性。

高等预科班是法国教育体制的一个与众不同之处。该体系是专门为报考精英制的大学校系列院校（Les Grandes Ecoles）的学生而设立的，分理工类、人文类高等预科班和经济类高等预科班，学制均为两年，是进入法国高等专科学院大门的必经之路。2008 年，高等预科班女生比例为 42.7%，低于男生。

---

① "Filles et garçons sur le chemin de l'égalité de l'école à l'enseignement supérieur"，法国教育部网站，http：//media. education. gouv. fr/file/2011/38/2/Filles＿et＿Garcons＿2011＿170382. pdf，访问日期：2012 年 11 月 13 日。

② "Taux de scolarisation par âge"，法国国家统计与经济研究所网站，http：//www. insee. fr/fr/themes/tableau. asp？reg＿id＝0&id＝146，访问日期：2012 年 11 月 8 日。

表 3 - 27　法国 2008 ~ 2009 学年在高校就读的女性和男性人口比例①

单位: 岁, %

年　　　龄	女　　生	男　　生
17	2.7	1.9
18	34.5	24.7
19	45.1	35.2
20	45.8	36.6
21	39.5	31.8
22	31.9	25.9
23	23.5	19.3
24	16.2	13.5
25	10.5	8.9
26	7.4	6.3
27	5.1	4.4
28	3.9	3.5
29	3.2	2.9

女生偏文的倾向继续加强。在高等预科班中，理工类方向女生比例大幅度低于男生，仅占总人数的 30.3%；经济方向女生比例略高于男生，占 55.3%；文学方向女生则占绝对优势，占 75.5%。

表 3 - 28　2008 年法国高等预科班不同科别女生比例②

单位: %

	女生人数	男生人数	女生比例
理工科	15020	34259	30.3
经济科	10530	8672	55.3
文　科	8629	2893	75.5

①　"Taux de scolarisation des filles et des garçons dans l'enseignement supérieur en 2009 - 2010", 法国国家统计与经济研究所网站，http: //www. insee. fr/fr/themes/tableau. asp? reg_ id = 0&ref_ id = NATSOS07124，访问日期: 2012 年 11 月 13 日。

②　"Filles et garçons sur le chemin de l'égalité de l'école à l'enseignement supérieur"，法国教育部网站，http: //media. education. gouv. fr/file/2011/38/2/Filles _ et _ Garcons _ 2011 _ 170382. pdf，访问日期: 2012 年 11 月 13 日。

女生在文科中的高比重趋势在大学阶段进一步加强。在法国本科、硕士以及博士三个阶段各专业的女生比例的统计中，文学及人文方面，女生比例明显较高。典型表现在语言文学、人类社会学和外语文学等学科方面，女生比例均超过65%。在自然科学、基础科学和应用科学等学科中，女性比例较低，并且随着阶段的上升而有所降低。在博士阶段，根据相关数据，2007年毕业生中，语言文学和人文科学方面博士毕业生有56%都是女生，而科学专业博士生中仅有36%是女生。①

在巴黎市，高中以上文凭的女性拥有者数字多年来一直高于全国平均水平。根据1999年法国国家经济统计署统计数据，41.6%的巴黎女生可获得大学基础教育文凭（DEUG），而全国平均比例仅为16.1%，这说明当时巴黎女性的受教育程度就已经远高于全国平均水平了。② 根据同一机构2006年1月发布的统计数据，巴黎60%以上的女性拥有高中以上学历。45%的劳动女性拥有大学学士或硕士、博士文凭，16%的女性拥有大学大专文凭，14%的女性拥有高中文凭或同等学力，12%的女性拥有各类职业技术文凭（CAP，BEP ou BEPC）。③

此外，巴黎大区的统计数据表明，巴黎大区44岁以上女性拥有高等学历的比例低于男性，但是44岁以下的女性学历均不同程度高出男性。这表明，在过去的数十年中，巴黎女性在教育方面取得了显著进步。④

（四）职业教育

学生在初中毕业后可选择就读高中和技术类院校。女生的去向选择影响到女生在高等教育体系中的比例以及成年女性在就业领域、岗位层次上的分

---

① "Taux de scolarisation des filles et des garçons dans l'enseignement supérieur en 2009 – 2010"，法国国家统计与经济研究所网站，http：//www. insee. fr/fr/themes/tableau. asp？reg_ id = 0&ref_ id = NATSOS07124，访问日期：2012年11月13日。

② "Quelques chiffres significatifs"，巴黎市政府网站，http：//www. paris. fr/politiques/citoyennete/egalite – femmes – hommes/quelques – chiffres – significatifs/rub_ 4990_ stand_ 177_ port_ 10710，访问日期：2012年11月13日。

③ "A Paris, les femmes ont des salaires plus élevés qu' ailleurs, mais très inférieurs à ceux des hommes"，法国国家统计与经济研究所网站，http：//www. insee. fr/fr/themes/document. asp？reg_ id =20&ref_ id =15921，访问日期：2012年11月13日。

④ Les femmes en Ile de France, 2011, p. 13.

布比例。根据巴黎大区 2011 年统计数据，在职业高中和技术学校中女生比例明显低于男生，职高中女生占 47%，技术学校中女生占 39%，她们主要学习与服务业相关的专业。[①] 大部分女生选择进入高中继续学习，因此在一定程度上可以解释法国以及巴黎女性高学历现象。

职业教育方面，女性集中在服务行业的特点不容否认。根据 2008 年入学的数据，90% 以上的女生集中在社会工作、卫生专业、美发美容、秘书和办公自动化等专业中。而生产领域的专业中女性集中的是服装专业和各种技术软材料专业等。[②]

三 法国及巴黎教育体系中的女性参与和女性发展

上一部分观察了法国及巴黎女性作为受教育者的状况。这一部分将观察法国及巴黎教育体系中女性作为教育者的参与状况和发展状况。

(一) 女教师比例

在法国教育体系中，女性扮演着重要的角色。整体来讲，女性教师人数高于男性。然而数据表明，正如女性比例随学历阶段增加而减小一样，女教师的比例也随着教育阶段的升高而减少（见表 3-29）。

表 3-29 法国公立学校女教师比例[③]

单位：%

女教师比例	2010 年	2011 年
小学阶段	81.5	81.7
中学阶段	57.6	57.9
大学阶段	36.7	36.4
总 比 例	65.7	66

---

① *Les femmes en Ile de France*, 2011, p. 12.

② "Filles et garçons sur le chemin de l'égalité de l'école à l'enseignement supérieur"，法国教育部网站，http: //media. education. gouv. fr/file/2011/38/2/Filles ＿ et ＿ Garcons ＿ 2011 ＿ 170382. pdf，访问日期：2012 年 11 月 13 日。

③ 法国国家统计与经济研究所网站，http: //www. insee. fr/fr/themes/tableau. asp? reg ＿ id = 0&ref ＿ id = NATTEF07115，访问日期：2012 年 11 月 13 日。

一组1999年的数据就能反映出高校教师队伍的部分常态性特点。数据显示，文学和健康卫生专业女讲师的比例接近半数，而文学这一女教授比例最高的专业中，女性比例也仅为26.8%。[1] 无论是讲师还是教授，女性比例都低于男性，并存在较大差距（见表3－30）。

表3－30 法国高校部分学科的女教师比例[2]

单位：%

	法 律	文 学	科 学	健康卫生	总 数
女讲师	34.6	46.6	28.9	48.0	36.5
女教授	14.1	26.8	9.6	10.7	14.2

巴黎地区的大学女教师的比例高于全国平均水平。比如，巴黎地区科学专业女讲师比例为40%，而全国平均比例为30%，巴黎地区女教授的比例为15%，而全国为10%。但是，例外屡屡发生：女教授的比例在以下几所高校甚至低于全国水平：巴黎一大和巴黎四大的文学学科、巴黎二大的法律专业、巴黎六大的健康卫生专业等。[3]

另外，值得重视的是，在大学的决策部门，女性比例低是一个不争的事实。在法国大学的三大决策机构（大学理事会、学术委员会、大学学习和生活委员会）中女性比例不足20%。[4]

（二）高校教学和管理体系中女教师比例问题

早在2000年，法国女性主义组织"平等明天（Demain la partié）"受法国

---

① "Les enseignants – chercheurs à l'université : la place des femmes"，"平等明天"组织网站，http：//demain – la – parite. it – sudparis. eu/pdfexposes/expoenseigsup. pdf，访问日期：2012 年 11 月 13 日。

② "Les enseignants – chercheurs à l'université : la place des femmes"，"平等明天"组织网站，http：//demain – la – parite. it – sudparis. eu/pdfexposes/expoenseigsup. pdf，访问日期：2012 年 11 月 13 日。

③ "Les enseignants – chercheurs à l'université : la place des femmes"，"平等明天"组织网站，http：//demain – la – parite. it – sudparis. eu/pdfexposes/expoenseigsup. pdf，访问日期：2012 年 11 月 13 日。

④ "Où sont les femmes? Pas dans les universités françaises en tout cas"，《解放报》网站，http：//www. liberation. fr/societe/01012341996 – ou – sont – les – femmes – pas – dans – les – universites – francaises – en – tout – cas，访问日期：2012 年 11 月 13 日。

高教科研部高教司的委托，由法国学者伍格特·德拉芙（Huguette Delavault）牵头，就高校女教师比例低下问题进行了一次调研。[①]

调研认为高校女教师比例低下的原因主要有以下几点。

第一，来自于机构的制约限制了女性获得职位和晋升。雇佣机构认为女性的生育问题是一个重要因素。30～40 岁的女性通常会因为育龄而得不到教师岗位和晋升教授的机会，而 40 岁之后，女性又受到家庭束缚被认为无法从事研究工作。相反，男性的年龄越大资历越得到认可。女性一般拥有更高的学历这一点经常被忽视。女性在行政管理方面担任一些工作，但重要的战略岗位通常被男性占据，如专家委员会的主席和实验室的负责人均以男性居多。

第二，社会和家庭制约普遍存在。比如人们很少追问一位男性他的私生活，而对于一名女性，却很容易问出"是否结婚""有几个孩子"这样的问题。这一现象在世界各国均存在。

第三，关于职业发展的主观性制约仍然存在。有一些人，包括部分女性，把女性在大学职业生涯中获得的晋升看做运气，而非努力的结果。在遇到挫折时，男性会用种种外因来解释，而女性会认为自身是导致失利的原因。当然在不同学校、学科和个体之间有差异，但这种心理现象还是普遍存在。

（三）女教师权益保护

关于女教师权益的保护，法国各类学校都有相关部门，负责国家相关法律法规的实施，维护女教师的福利和权益。

1. 政府措施

法国政府设有女性权利部，致力于维护女性的各种权益。该部门与教育部特别是高等教育和科研部通力合作，为维护女教师的发展和教育领域的性别平等采取了一些措施。

这些措施主要集中在两个方面。第一，促进男女在研究活动领域的平等。据统计，2010 年，法国大学中的女性讲师占总数的 42.4%，女教授占

---

① "Les enseignants – chercheurs à l'université：la place des femmes"，"平等明天"组织网站，ht-tp：//demain – la – parite. it – sudparis. eu/pdfexposes/expoenseigsup. pdf，访问日期：2012 年 11 月 13 日。

总数的 22.6%。① 这些数字的上升空间较小。女性权利部强调，除了男女人数均等之外，还要注意女性在研究中的地位问题。目前在研究中，特别是科学研究中，男性的观点始终被看做一种中立和绝对的参照，而女性的观点往往被边缘化。因此，女性权利部建议在科学研究中引入两性的不同观点，真正实现男性和女性在研究方法和研究运用方面的平等。第二，促进女性在高校管理机构中的数量和地位。男女均等观察所（Observatoire de la parité）2010年的数据显示，法国大学董事会中女性所占比例仅为 27.7%。② 女性权利部希望政府和社会关注女性在高校管理机构中的地位问题，增加女性人数。

女性权利部强调为了促进女性在教育领域的地位，主要工作可以集中在四个方面：①从领导层入手，增加女性在董事会等领导机构的人数；②从高中选文理科开始着手，促进女性选择方向的多样化，鼓励女性进入科学、工程、信息技术等领域进行深入学习和研究；③反对性暴力，反对职场性骚扰，保护女教师；④鼓励全社会进行性别研究，研究两性的关系是消除对女性刻板印象的基础。

2. 关于女教师权益保护的社会运动和学术研究

在教育领域，女性教师联合起来，从促进教育领域女性发展和促进性别平等研究两个方面开展了一系列行动。

目前大学中具有典型意义的是巴黎第七大学的个案。巴黎第七大学是一所传统理科大学，开设有女性主义研究教学、文学和研究中心（CEDREF），成员包括 20 余名各学科的女教师。2005～2006 年，巴黎七大开展了一项大学内部性别平等的项目，由该中心负责。该项目涉及大学生活的各个方面：女教师的发展和晋升、理工科女生的发展、教学管理人员的工作等。项目从性别平等角度在巴黎七大进行数据采集，进行了大量的访谈，并分为管理决策者和数学、物理和生物科学的女教师/研究人员两个类别。同时，项目还在大学圈子中进行了促进两性平等意识的活动，包括对大学行政管理人员和教师进行关于科学领域中女性发展的培训，面向学生的大学性别平等宣传活动以及在欧洲范围内组织了一次关于科学领域女性发展的研讨会。经过一系列的

① 法国女性权利部官网，http：//femmes. gouv. fr/assises - de - lenseignement - superieur - et - de - la - recherche/，访问日期：2012 年 11 月 13 日。
② 法国女性权利部官网，http：//femmes. gouv. fr/assises - de - lenseignement - superieur - et - de - la - recherche/，访问日期：2012 年 11 月 13 日。

推动活动，2007 年，巴黎七大成立了性别平等观察所。

在从事教育领域性别平等的学者当中，成就比较突出的要数巴黎十大教师妮可·莫斯古尼（Nicole Mosconi）。她的研究主题包括：教育体制中的男女均等、知识的性别差异、成年女性的知识联系、关于女性教育和两性平等的哲学思考等。在教育性别平等中，妮可·莫斯古尼教授有着自己独特的见解。在其 2004 年发表的《谈教育中男女人数均等的作用和限制》[1] 一文中，她认为，在女性大量入学后，学校中男性和女性的比例差距越来越小。而越来越多的女性获得学历文凭后，参加工作，这使得女性经济上更加独立。但是，"男女比例均等"并不意味着"男女平等"。在现代教育体制中，很多专业招收男性和女性的条件有很大差别，致使男女受教育权利并没有达到真正的平等。真正的平等是让女性可以自由选择自己感兴趣的专业进行学习和研究，而不用承受社会对于女性的偏见的压力。她在教育学领域的成就证明了女性在教育学领域的贡献；其研究重心偏重于研究女性在教育中的地位，从女性的视角来研究女性，并为女性受教育权利进行着不懈的努力，这是其对于性别平等事业的贡献。

四　巴黎女性教育状况特点

巴黎女性教育水平高与巴黎市政以及巴黎大区良好的教育环境密切相关，巴黎性别平等观察所就是一个很好的推动力量，它每年发布数据调查和研究，这对于监督各级教育机构保护女性权益、积极发展女性的优势专业起到了一定的推动作用。可以说，巴黎女性的受教育权得到了很好的保障，在欧洲亦居于相对领先的地位。

巴黎女性的高教育水平与法国政府的相关立法和重视成正比。法律章节对于法国关于性别平等的立法已经有所提及，此处不再赘述。但法国国家经济与统计研究所对于各种统计数据的性别化处理非常值得关注，这些数据直观地表现出巴黎女性在自身教育过程上投入大而其经济地位甚至是在教育领域中也没有能够享受到平等对待的问题，而这一问题是一个全世界特别是在发达国家普遍存在的问题。

---

① Nicole Mosconi, "Effets et limites de la mixité scolaire ", *Travail*, *genre et sociétés* 1/2004（N°11），pp. 165 – 174. 下载自 Cairn 数据库。

巴黎女性教育状况及其问题中有以下几点值得关注和思考。首先，法国及巴黎有关部门对于男女生学习特点的调研启示我们，在教育方面，应该建立起一整套从儿童到青少年再到成人的学习特点性别分析模式。从小学阶段起，帮助学生建立全面的好奇心和兴趣，减少学生对于"男理女文"的角色定型。教育机构应该加强对学生的专业方向指导，考虑女性的兴趣和优势，从而指导她们选择最适合自己的专业方向。在传统上女性比例较少的专业，如数学、物理、化学等理科专业，不应忽视女性的发展。无论在巴黎还是在北京，近年来女性在理工科的表现越来越引人注目，教育机构也应该考虑到这一现状，积极引导女性提高自身创造力、组织技巧和专业能力。其次，在教育者队伍中，应考虑在教育机构和科研机构（特别是传统的男性强势领域）设立促进性别平等部门，对于机构内部的体制进行改革和改良，为女性提供更好的发展平台，令女性尽可能在事业和家庭之间实现适度的平衡，并应鼓励女性进一步介入决策圈，更好地发挥作用。虽然在科技、数学等领域中，女性学者比例需要时间逐渐提高，但对于优秀的女性学者应该给予更多的鼓励和支持，令她们减少因为家庭负担而放弃事业机会的可能，或者是因为事业而放弃家庭以及生育的可能。巴黎七大曾经有过一个内部统计数据：69%的男教师拥有子女，而只有57%的女教师拥有子女，这说明女性为了事业的发展而影响或舍弃家庭和生育的个案不在少数。[①] 巴黎七大的经验具有很好的借鉴意义，它提醒人们有预见性地采取一些措施，减少女性在事业成功中付出的代价。最后，要真正维护女性在教育方面的权益，从官方到民间，从机构到个体，各方面人士对于女性地位的意识和认识高度，以及对于女性作用的深入理解，仍然是解决问题的关键之一。很好地解决女性与教育的关系，将成为社会和谐持续发展的重要推动力量。

第四节　东京妇女教育状况

日本的教育主要分小学教育、中学教育、高等专门学校教育和大学教育

[①] "Où sont les femmes? Pas dans les universités françaises en tout cas"，《解放报》网站，http://www.liberation.fr/societe/01012341996 – ou – sont – les – femmes – pas – dans – les – universites – francaises – en – tout – cas，访问日期：2012 年 11 月 13 日。

（短期大学、本科和研究生院）。除此之外还有以初中毕业生为招生对象培养中等科技人才的高等专门学校和主要以高中毕业生为招生对象、以培养学生职业或实际生活能力及修养为目的的专修学校。1947 年日本政府公布了《教育基本法》和《学校教育法》，开始实行小学六年、初中三年、高中三年、大学四年的学制。之后短期大学相继成立，学制为两年。日本实行的是包括小学和初中阶段的九年义务教育制，就学率基本上能达到 100%。由于少子化，从 20 世纪 80 年代开始日本小学、初中和高中就读生人数开始逐渐下降。

日本的大学分为四年制的综合大学、单科大学和两年制的短期大学。同时还有专收女生的女子大学。大多数大学内设研究生院，硕士课程两年，博士课程三年。医科和牙科学的博士课程为四年。原本日本的大学分为公立大学（各地政府出资兴办的大学）、国立大学（日本政府出资兴办的大学）和私立大学，在法人化改革后国立大学成为国立大学法人，国立大学的教职员工从此不再是公务员。四年制大学学生数量有缓慢增长，而短期大学学生人数则维持在低水平并有下降。

文部科学省作为日本教育的最高行政机关管理日本的学校教育。东京都政府设有东京都教育厅，其核心机构是东京都教育委员会，负责管理东京都内的教育相关事务，由六名委员构成，各区下设区级委员会。东京都教育厅管理的是都立小学和中学，公立大学不在其管辖范围，而是由文部科学省管理。除了普通教育外，东京政府也重视幼儿教育、家庭教育和为残障儿童准备的特别支援教育。东京都 2007 年的教育费为 14060 亿日元，为全国首位。①

除了学历教育，也有很多社会上的学校提供考试补习、针对不同需求的外语教学以及各种职业从事资格的培训等，政府也会对求职者提供相应培训。对于刚进入职场的员工而言，各大企业都有为新人准备的入职培训，也鼓励员工自行参加各种课程以取得相关证书。

以下从女性教育水平状况和教育体系中的女性参与两个方面对东京女性教育相关问题做一个梳理，通过分析教育方面女性与男性状况的异同来审视当代东京女性的地位。

---

① 总务省统计局：「都道府県別地方教育費（平成 19 年度）」，http：//www. stat. go. jp/data/nenkan/zuhyou/y2227000. xls，访问日期：2011 年 7 月 15 日。

一 东京女性教育水平

教育水平在很大程度上影响着个人在社会中的经济地位。作为日本的首都，东京都投入的教育经费以及大学数量都在日本首屈一指。那么东京女性接受了何种程度的教育，又与男性有何区别？

（一）东京各教育阶段的女性比例

为了理清东京女性的受教育程度，在此将教育过程分为基础教育、中等教育和高等教育以及其他教育方式，按照阶段进行男女性别的比对。

1. 基础教育和中等教育

根据东京都 2011 年公布的《学校基本调查速报》①，2011 年东京市小学、初中以及高中的学生分布具体情况如表 3-31 所示。

表 3-31　东京市中小学学生数量（2011 年）

单位：所，人

		学校数量	学生人数	男生人数	女生人数
小　学	国　立	6	4292	2143	2149
	公　立	1308	561328	290049	271279
	私　立	53	26612	10698	15914
	总　数	1367	592232	302890	289342
初　中	国　立	6	2799	1519	1280
	公　立	626	229483	120635	108848
	私　立	187	79705	35118	44587
	总　数	819	311987	157272	154715
高　中	国　立	6	3378	1932	1446
	公　立	191	134863	66854	68009
	私　立	237	175455	85532	89923
	总　数	434	313696	154318	159378

注：函授高中、特别教育学校、专科学校等学校的男女学生数等数值在此省略。

---

① 文部科学省：「平成 23 年度学校基本调查速报　总括表」，http：//www.toukei.metro.tokyo.jp/gakkou/2011/gk11pa0101.xls，访问日期：2012 年 11 月 1 日。

由表3-31可见，东京的小学共有就学儿童59万余人，其中女生近29万人，所占比重约为48.9%；初中学生总数为31万余人，其中女生15万余人，所占比重为49.6%；高中学生总数为31万余人，其中女生近16万人，占全体的50.8%。从总体来看，在小学阶段女生所占比重略低于男生，初中时两者大致相当，高中时女生所占比例超过了男生。一部分男生进入专科学校是男生人数减少的原因之一。

2. 高等教育

根据2012年8月文部科学省的统计结果，东京共有大学（不包括短期大学）138所，其中国立大学12所、公立大学2所、私立大学124所。在校生总数为730750人，其中男生411919人、女生318831人。① 2012年东京都高等教育机构本科及研究院学生数量具体数据见表3-32。②

表3-32 东京都高等教育机构学生人数

单位：人

		学生人数	男生人数	女生人数
大学本科	国 立	46374	31191	15183
	公 立	7069	4503	2566
	私 立	589947	320172	269775
	总 数	643390	355866	287524
研 究 生	国 立	27167	18361	8806
	公 立	2546	1864	682
	私 立	41674	27212	14462
	总 数	71387	47437	23950

从表3-32可以看出，无论是大学本科阶段还是研究生阶段男生数量都多于女生。在大学本科阶段，私立大学的男女生人数差距远远小于国立和公立大学，研究生阶段公立大学男女生人数差距最大。从整体来看，选择继续攻读研究生的女性远远少于男性。

① 文部科学省：「大学·大学院」，2012年8月27日发布，http://www.e-stat.go.jp/SG1/estat/List.do? bid=000001040920&cycode=0，访问日期：2012年11月10日。
② 文部科学省：「大学·大学院」，2012年8月27日发布，http://www.e-stat.go.jp/SG1/estat/List.do? bid=000001040920&cycode=0，访问日期：2012年11月10日。

另外，根据 2012 年的统计数据，东京都有短期大学即大专共 44 所，都是私立大学，学生总数为 19071 人，其中男生 1707 人、女生 17364 人。① 可见在短期大学就读的女生远远多于男生。短期大学的学制是 2 年或 3 年，其主要学科为英文、日本文学、护理、保育、教养等，这些学科的特点以及很多短期大学为女校导致女生比例大大高于男生。

3. 继续教育、职业教育、培训等

日本社会上有私塾和各种培训学校。私塾存在于日本的义务教育体制之外，目的是为了让学生能够在一系列的升学考试中获得更好的成绩。从小学阶段到高中阶段，私塾都能够提供全面而有针对性的辅导。而各种培训学校是为了让学生取得从事各行业需要的资格证书，比如外语、会计、电脑以及公务员资格等。在这样的学校的学习时间一般在一年以上。

东京很多企业都比较重视员工的教育。有对新员工的培训，也有根据员工职务而展开的各个阶段的培训，包括公司内部培训和海外培训，很多公司都支持员工去取得与工作内容相关的证书以及学习外语和专业知识，并愿意在一定期间内给予一定的资金支持，这也是公司招聘时重点强调的地方。因为希望女性能够在公司中发挥更大的作用，以女性为对象的研修活动也日益增加。比如索尼集团制定了《索尼股份公司女性活跃推进宣言》，通过开办针对女性员工的研修班、座谈会等培训女性员工。

东京都产业劳动局下属的公共职业安定所为求职者提供再就业训练，也考虑到女性面临的困难而专门为其制定相应的免费培训。

另外有一些相关的非政府组织和财团也为女性开办讲座，帮助女性制定职业规划。

(二) 东京成年女性受教育程度

东京各年龄阶段居民就学人数和未受教育人数具体数据如表 3 - 33 所示。②

---

① 文部科学省：「短期大学の都道府県別学校数及び学生数」，2012 年 8 月 27 日发布，http://www.e-stat.go.jp/SG1/estat/List.do? bid = 000001040921&cycode = 0，访问日期：2012 年 11 月 10 日。
② 东京都総务局：「平成 12 年国勢調査 第 2 次基本集計結果（東京都分）」，［教育］，http://www.toukei.metro.tokyo.jp/kokutyo/2000/kt-00index2.htm，访问日期：2011 年 10 月 9 日。

表 3 - 33 中 5 ~ 9 岁年龄段的未受教育者中绝大多数尚在幼儿园和托儿所里，还未进入小学。

从整体来看，东京女性基本上得到了与男性平等的教育机会。30 岁以前男性就学人数和未受教育人数都多于同年龄段女性，其中从 20 岁开始男性与女性就学人数差距变大，30 岁以上年龄段女性就学人数略多于男性，而未受教育女性人数则大大多于男性。

表 3 - 33　东京都居民就学情况

单位：人

年龄段	就学女性	就学男性	未受教育女性	未受教育男性
5 ~ 9 岁	155055	162756	70628	73614
10 ~ 14 岁	235705	245846	128	168
15 ~ 19 岁	274078	275084	172	254
20 ~ 24 岁	147917	211750	219	240
25 ~ 29 岁	13645	23743	222	226
30 岁以上	8705	8533	4970	2838

东京都居民各教育阶段毕业人数相关数据如表 3 - 34 所示。[①]

表 3 - 34　东京都居民学历情况

单位：人

	小学、初中	高中、旧制中学	短大、高专	大学、研究生院
男　性	600392	1668309	379271	1623576
女　性	707147	2041524	1029289	704088
总人数	1307539	3709833	1408560	2327664

从表 3 - 34 可以看出，2000 年时东京都男女受教育程度有明显差别。高中毕业或以下学历的女性多于男性，但相差并不悬殊，短期大学或高等专科毕业的女性几乎是男性数量的三倍，而取得四年制大学及以上学历的男性数量则是女性的两倍以上。可见 2000 年以前东京都女性在高中毕业后选择四年

---

① 東京都総務局：「平成 12 年国勢調査　第 2 次基本集計結果（東京都分）」，［教育］，ht-tp：//www. toukei. metro. tokyo. jp/kokutyo/2000/kt - 00index2. htm，访问日期：2011 年 10 月 9 日。

及以上高等教育的远低于男性。

除了以上学校，2008 年度东京都面向女性的社会教育机构共有 250 所。①

二 东京教育体系中的女性参与

分析东京教育体系中女性所处的地位，需要观察女教师所占比例和权益保护问题。

（一）女教师的比例

根据 2010 年东京劳动力调查结果显示，教育、补习业中女性的就业人数为 181000 人；学术研究、专业和技术服务业中的女性就业人数为 146000 人。表 3 - 35 和表 3 - 36 分别为 2008 ~ 2010 年的相关具体数值。②

表 3 - 35　东京都教育、补习业女性就业情况

单位：千人

性　别	年　份	教育、补习业
男女合计	2008	302
	2009	321
	2010	329
女　性	2008	173
	2009	178
	2010	181

从表 3 - 35 可以看出，从事教育补习业的女性比例略高于男性，但差距不大，且该差距三年间没有发生明显改变。

从表 3 - 36 能够看出，从事学术研究、专业和技术服务业的女性比例低于男性，该差距三年间没有明显改变。

---

① 東京都総務局：「東京都統計年鑑 平成21年　17 教育・文化・スポーツ」表「17 - 8　社会教育施設数及び社会教育事業数」，http：//www. toukei. metro. tokyo. jp/tnenkan/2009/tn09qa170800. xls，访问日期：2012 年 11 月 9 日。

② 東京都総務局：「第 4 表　主な産業別就業者数」，http：//www. toukei. metro. tokyo. jp/roudou/2010/rd10qa0400. xls，访问日期：2012 年 11 月 2 日。

表 3–36　东京都学术研究、专业和技术服务业女性就业情况

单位：千人

性　别	年　份	人　数
男女合计	2008	380
	2009	387
	2010	396
女　性	2008	139
	2009	143
	2010	146

1. 各阶段教育机构

表 3–37 显示的是关于 2010 年东京都中小学教师数量的具体数据。①

表 3–37　2010 年东京都中小学教师数量

单位：人

学校类型/设立者类型	教职员数（专职）		
	总人数	男　性	女　性
幼儿园	10705	703	10002
国立	19	1	18
公立	878	23	855
私立	9808	679	9129
小学	31447	11446	20001
国立	173	123	50
公立	29896	10601	19295
私立	1378	722	656
中学	18749	10896	7853
国立	142	91	51
公立	14404	8306	6098
私立	4203	2499	1704
高中	18672	12838	5834

---

① 文部科学省：「総括表」，http：//www. toukei. metro. tokyo. jp/gakkou/2010/gk10qa0111. xls，
访问日期：2011 年 8 月 20 日。

续表

学校类型/设立者类型	教职员数（专职）		
	总人数	男 性	女 性
国立	208	155	53
公立	9284	6212	3072
私立	9180	6471	2709
函授高中	311	226	85
国立	—	—	—
公立	47	33	14
私立	264	193	71
初高中一贯制学校	401	268	133
国立	96	61	35
公立	305	207	98
私立	—	—	—
特殊教育学校	5613	2301	3312
国立	225	108	117
公立	5295	2153	3142
私立	93	40	53
高等专科学校	7616	4306	3310
国立	9	4	5
公立	147	3	144
私立	7460	4299	3161

从表 3 - 37 可以看出，在学前教育阶段女教师数量远远大于男性，小学阶段在总数上女教师的人数几乎是男教师的两倍，但私立与国立小学男教师数量已经超过了女性。到了初中阶段，男教师的总人数开始多于女教师，高中阶段女教师数量继续下降，而男教师数量持续上升，超过女教师一倍。

2. 高等教育研究机构

表 3 - 38 显示为东京都高等教育研究机构中专职教师的数量。①

---

① 文部科学省：「短期大学の都道府県別教員数（本務者）」，http：//www. e - stat. go. jp/
SG1/estat/List. do？ bid = 000001040921&cycode = 0，「大学の都道府県別教員数（本務
者）」，http：//www. e - stat. go. jp/SG1/estat/List. do？ bid = 000001040920&cycode = 0，2012
年 8 月 27 日发布，访问日期：2012 年 11 月 10 日。

表 3 - 38　东京都高等教育研究机构专职教师

		教师总数	男教师人数	女教师人数	女教师比例（%）
短期大学		1034	479	555	53.68
大学本科、研究生院	国　立	8107	6949	1158	14.28
	公　立	722	609	113	15.65
	私　立	40027	30486	9541	23.84
	总人数	48856	38044	10812	22.13

从表 3 - 38 的数据来看，高等教育研究机构中，大学、研究生院中的男性教师总人数远远多于女性。无论国立、公立还是私立学校都是如此。而短期大学中女教师的人数多于男教师。原因是很多短期大学都是女校，其课程针对女性的需求而设置，有一些生活技能方面的课程安排，这些都导致女教师数量的增加。

表 3 - 39　2012 年东京都高等专科学校专职教师数量①

总　　数	男教师人数	女教师人数	女教师比例（%）
268	250	18	6.72

从表 3 - 39 可以看出，高等专科学校的男性教师人数远高于女性教师人数。

（二）女教师的权益保护问题

女教师的权益保障问题可分为福利保障和研究上的支持，以下就这两方面分别进行分析。

1. 福利保障

东京都教育委员会负责管理都立小学和中学，公立大学不在其管辖范围。在教育委员会支持下建立了东京都教职员互助会，会员以东京都除公立大学以外的公立学校教职员工为主。东京都教职员综合健康中心针对乳腺癌、子宫癌等女性特有疾病进行综合体检。在其他业务方面有医疗互助、互助年金

---

① 文部科学省:「高等専門学校の都道府県別教員数（本務者）」，2012 年 8 月 27 日发布，http://www.e - stat.go.jp/SG1/estat/List.do? bid = 000001040923&cycode = 0，访问日期：2012 年 11 月 10 日。

等，平等对待所有教职员工。

全国规模的公立学校互助组合在东京教育委员会设有支部，为公立学校的教职员工提供福利方面的支援。自成为公立学校的教职员时起即获得公立学校互助会东京支部成员的资格，退休的时候失去该资格。一旦成为互助会成员，在享受互助会的各种福利支付的同时，也承担分期支付的义务。

公立学校的教师享受职员住房（福利住房）和各种补助金。互助组合成员在结婚时，可获得 8 万日元的结婚补贴。生孩子的时候，互助组合成员或者其抚养者在分娩时，可以从互助组合获得分娩费或家属分娩费、分娩附加费或家属分娩附加费、分娩补贴、育儿休业补贴。另外在生病或者受伤，遭遇交通事故、灾害、停职、退休、死亡时都会得到相应的补贴。

私立学校的教职员工可以加入私立学校互助会，能够得到一定的补贴。

2. 研究支持

根据《2010 年男女共同参与白皮书》所示，日本女性研究者数量少的原因中最多的回答依次为"家庭与事业难以兼顾""育儿期结束后回归困难""评价业绩时没有考虑育儿和护理老人等情况"，说明女性谋求能够改善劳动环境，帮助她们兼顾事业与家庭。

各大高校根据自己的实际情况响应国家号召为促进女性教师的活跃采取了各种措施。如御茶水女子大学、东京大学等高校都有各自相应的支援女性研究者的方案。

东京大学 2002 年开设男女共同参与室，制定政策来鼓励支持女性研究者的研究工作。2009 年制定"东京大学男女共同参与加速"女性研究者培养计划，目标是在 2010 年 3 月前将全职女性研究员所占比例提高到 25% 以上；专门为女性职员开讲座以促进女性职员的发展；2007 年设立男女共同参与办公室，创建了女性研究者联络网，培养女性研究者的国际性，设置了女性研究者谈话室等，在各校区配置托儿所等。其目的是为了向女性研究者提供更好的发展空间，也以此鼓励女学生日后走上研究之路。

三 东京都妇女教育状况总结

东京都居民教育程度普遍较高，特别是大学以前的入学率男女差别不大。但高中毕业后是选择短期大学还是四年制大学，男女间存在较大差异。长期以来女性选择短期大学的人数远高于男性，其根本原因在于女性的社会性别定位。早毕业早就职，工作几年后因结婚而辞职回家是长期以来社会和公司对女性的期待，而学校教师被视为男女同工同酬的堡垒，也受到女性的青睐。但日本泡沫经济破灭后，男性工作开始不稳定，老龄少子化使政府和公司开始鼓励女性更长时间地参与社会经济活动。在这样的状况下，越来越多的女性选择四年制大学以期得到正式员工的地位并长期工作，短期大学学生数字因此开始减少，但就读研究生的女性在数量上仍然远少于男性。

从受教育程度来看，男性要高于女性，但其差距近年来正在缩小。

东京都幼儿园和小学阶段女教师人数都远远多于男性，但到了初中开始发生逆转，到了高中男教师数量超过了女性一倍。高等教育研究机构中，四年制大学、研究生院中的男性教师总人数远远多于女性。而短期大学中女教师的人数多于男教师。

总体来看，女性教师在福利方面的待遇与男性并无较大落差，近年来更由于日本政府对男女共同参与社会的大力宣传而得到了比以往更好的对待。考虑到男女教师的性别差异，高校特别针对女研究者制定保障措施以创造更好的研究环境，解决她们生活上的后顾之忧并且提供研究上的支持，为提高女研究者所占比例以及做出成绩付出了努力。

第五节　四大城市及北京妇女教育状况比较

世界城市纽约、伦敦、巴黎和东京在促进妇女教育事业发展的过程中都取得了一定的成就。

从四大城市所在国妇女教育水平看，英美两国妇女受教育的程度均高于男性，法日两国女性受教育程度均低于男性。法国和日本女性与男性受教育比例相差不大，分别为5%和2.3%（参见表3－40）。

本节将在前四节的基础上，结合《联合国人类发展报告》等文件的指标，通过比较总结出各城市的共性和个性。然后根据联合国有关公约尤其是《消除对妇女一切形式歧视公约》以及比较研究的结论，结合北京的妇女教育情况，提出有针对性的建议和意见。同前四节中一样，在未搜集到城市数据时，参照国别数据进行比较。

表 3 - 40　四大城市所在国至少接受过中等教育的人口比例

	至少接受过中等教育的人口 （占 25 岁及以上人口的百分比）	
	女　性	男　性
美　国	95. 3	94. 5
英　国	68. 8	67. 8
法　国	79. 6	84. 6
日　本	80. 0	82. 3

一　四大城市女性教育状况比较

下面将依据本章引言中的各项指标，从女性教育状况和女性参与教育状况两个方面对四大城市进行横向比较。

（一）四大城市女性教育状况

1. 学前教育

由于数据采集困难，此处仅以四大城市所在国学前教育数据进行比较。根据世界银行对 2007 年至 2010 年的各国教育情况统计[①]，法国学前班入学率最高，美国学前班入学率最低，但这并不能说明美国学前教育落后，因为美国人非常注重在家教育。在这一阶段世界银行并未区分性别统计。

表 3 - 41　美、英、法、日、中学前班入学率（占总数的百分比）[②]

单位：%

国　别	2007 年	2008 年	2009 年	2010 年
美　国	63	59	57	69
英　国	73	81	81	—
法　国	114	111	110	109
日　本	89	90	90	88
中　国	42	45	49	54

---

① http：//data. worldbank. org. cn/indicator/SE. ENR. PRSC. FM. ZS/countries.

② 学前班总入学率是指，无论年龄大小接受学前教育的人口与官方规定教育水平年龄段总人口的比值。总入学率可能超过 100%，因为包含了较早或较晚入学及复读的超龄和小龄学生。

2. 基础教育和中等教育

在义务教育年限方面，纽约与伦敦的义务教育年限相同（12 年），均高于巴黎（10 年）和东京（9 年），纽约和东京的义务教育入学年龄（5 岁）则低于伦敦和巴黎（6 岁）。四大城市所在国中小学女生与男生的入学比例基本持平，基本达到完全入学。总体来看，四大城市在基础教育和中等教育阶段入学比的性别差异均不明显。小学阶段女生和男生在不同学科领域的学习表现差异不大。某些城市女生在这两个阶段表现优于男生，如在普通中学教育合格考试中，伦敦和整个英格兰学生的成绩上存在相同的性别差异，即女孩子达到国家标准的比例比男孩子高 7%。到中等教育阶段，某些国家女生偏重文科的趋势开始加强。法国数据表明，女生对语言的兴趣以及在语言学习方面的优势持续保持到高中阶段，但在技术类的课程中，女生总体比例低于男生。这说明，与男生相比，女生在理工科方面的学习兴趣和动力表现出一定差距。

3. 高等教育

四大城市所在国高等院校入学率总体上均呈增高趋势，但增幅不大。美国的高等院校入学率最高，在 2010 年达到 95%，比 2009 年上升了 6%，其次是日本和英国，法国位居末位（见表 3 - 42）。在高等院校女生与男生入学比例中，美国、英国和法国的女生入学比例明显高于男生入学比例，仅有日本女生入学比例低于男生入学比例。但这一数据仅考虑入学比例，并未考虑女性完成学业、获得不同学位与男性的比例情况，不能由此得出这些国家的女性高等教育的完整情况。

表 3 - 42 高等院校入学率（占总人数的百分比）①

单位：%

国　　别	2007 年	2008 年	2009 年	2010 年
美　　国	83	85	89	95
英　　国	59	57	59	—
法　　国	55	54	55	—
日　　本	58	59	59	60
中　　国	22	22	24	26

① 总入学率：大学（ISCED 5 和 6）入学百分比，是指不论年龄大小，大学（ISCED 5 和 6）在校生总数占中学之后 5 年学龄人口总数的百分比。

四大城市的高等教育体系都非常发达，有为数众多的大学，为女性接受高等教育提供了良好的硬件和软件。纽约市接受高等教育的女性总体比例高于男性，女性获得学士学位和硕士学位的比例与男性持平甚至超过男性，但在博士学历比例上仍是男性占优势，但差距并不大。伦敦成年女性，主要指就业的女性群体，其受教育水平要普遍高出男性，尤其是在 40 岁以下的年龄段。巴黎 45% 的劳动女性拥有学士、硕士或博士文凭，女性在高等院校就读的比例要高于男性；在大学阶段，女生在文学及人文方面比例明显较高，在自然科学、基础科学和应用科学等学科中比例较低，并且随着层次的上升比例有所降低。东京短期大学或高等专科毕业的女性数量明显超过男性，取得四年制大学及以上学历的男性数量则明显超过女性。

4. 职业教育及继续教育等

美国女性接受职业教育的比例远远高于男性，纽约市女性接受职业教育的比例高于男性，但男性获得职业学位的比例高于女性。在巴黎由于大部分女生选择进入高中继续学习，在职业高中和技术学校中女生比例明显低于男生。东京女性接受职业教育的比例高于男性。伦敦方面，虽然笔者未能找到关于伦敦在继续教育、职业教育的分性别统计数据，但总体来看，伦敦在该领域中处于领先地位，未受教育、就业或培训者的比例略低于英格兰和全国平均水平，至少可以看出女性拥有较好的接受继续教育和职业教育的条件。

此外，世界城市女性教育状况还受到族裔等诸多因素的影响，这一点在纽约、伦敦、巴黎均有体现。不同族裔的女性在教育水平上的差异很难确定有多少是性别因素，多少是族裔因素。二者往往交织在一起，使得女性教育情况更为复杂。

（二）四大城市妇女的教育参与情况

女性在教育领域从业率较高，尤其在学前教育和基础阶段。但是随着教育阶段的提高，女性教师所占比例呈现明显减少的趋势，女性不论是人数比例还是在管理方面的参与度都逐渐减小。此外，在教育领域，男女报酬和待遇的差距仍然存在。下面将分析四大城市的具体情况。

1. 中小学女性教师比例

美国中小学教师中女性教师占据绝对优势，比例高达 81.8%。纽约市中小学教师中女性教师比例也明显高于男性，男性仅占 23.7%，并且大部分在高中教学。此外，女性的平均年收入远低于男性。

法国公立小学中女教师占据绝对优势，比例高达 81.7%；中学女教师比例稍高于男性，为 57.9%。

东京在学前教育阶段女教师数量远远大于男性，小学阶段女教师比例明显高于男性。初中男教师总人数开始多于女教师，高中阶段女教师数量继续下降，而男教师数量持续上升，超过女教师一倍。总体上女性教师在中小学阶段比例高于男性，但这一比例随着教育阶段的增长而降低，逐渐从小学阶段的绝对优势到初中阶段的相对优势再到高中阶段的均势甚至相对劣势。

2. 大学女性教师比例

总体来看，四大城市高等教育体系中，女性教师比例较低，晋升方面不具有优势，参与决策的水平也有待提高。

在美国，大学教师中女性在聘任制教师中总体比例（32.2%）明显高于男性（19%），达到 13.2%，而且在不同级别的教职上的比例也高于男性，这种情况具体在不同性质的学校基本呈相同态势。而在预备终身教职席位中，女性教师的总体比例（23.9%）也是高于男性（19%），但比例差额降至 4.9%，女性在大部分级别教职上的比例都高于男性，但在助教这一职级上男性教师的比例高于女性。在终身教职席位中，男性教师的总体比例（62%）明显超过女性（44%），达到 18%，已经超过聘任制教师中女性对男性教师的差额比例（13.2%），男性对女性的这一优势体现在不同级别的教职上。

虽然女性本身受高等教育的比例普遍比男性高，但女性在高校就业中却处于弱势。包括伦敦在内的英国高校中，全职女性教师的比例只有 38.3%。在教授职称的统计中，全职男性是女性的 4.3 倍，远远高于其他类别。兼职教师中的情况通常是女性多于男性，但在这个类别中，高收入男教师的数量以及具有教授职称的兼职男教师的数目都远远高于女教师。

巴黎市大学女性教师的比例为 36%，明显低于男性，但该比例总体上高于法国国家平均水平，而部分院校部分专业女性教师比例则低于全国水平。巴黎女教师参与决策水平也偏低，在各类决策机构中的比例不足 20%。

东京女性受高等教育程度相比其他三个城市较低，在高等教育机构任职的女性教师比例也较低。整个高等教育男性教师的人数也远远高于女性教师，即使是在女性就读比例远高于男性的短期大学，男性教师数量也高于女性教师。

（三）四大城市促进教育平等的措施

尽管存在着一定的问题，但四大城市的妇女教育状况总体上是良好的，这有着多方面的原因。

第一，多年来，四大城市所在国在立法方面加强了在教育性别平等方面的努力（参见第五章）。纽约依托《有教无类法案》《教育法》和《女性教育平等法案》等联邦法律和相关州法在消除性别歧视、促进性别平等方面进行了努力。法国《教育法典》中有关于教育权和受教育权的规定，政府还通过一系列政策促进男女受教育平等。英国的《2010 平等法案》针对教育者明确了法律对各个层次的教育参与者、教育机构、教育过程、教育资质等的平等保护。日本的《基本教育法》规定所有国民均享有平等接受教育的权利，不分人种、信仰、性别、社会地位、经济地位以及出身。

第二，四大城市政府注重关于教育领域的性别化数据统计。如，巴黎性别平等观察所每年发布数据，进行调查和研究，监督各级教育机构保护女性权益，积极发展女性的优势专业。这些数据不仅包括学生和教师的性别比例，还从学科分布角度进行统计，探讨深层次的教育不平等现象和解决方法。

第三，工会在促进教育性别平等方面发挥着一定的积极作用。英国教师工会着力推动和促进教师的性别平等、女教师的人身保护以及应对贫穷与家庭暴力等问题。

第四，四大城市采取了一些个性化措施，促进高校女教师的发展。政府通过与企业、民间组织、大学合作，采取设立奖学金等方式，鼓励女性接受教育，进入传统上男性处于主导地位的自然科学领域。纽约和巴黎积极鼓励女性接受更高的教育，采取措施鼓励女性涉足更多元的领域，东京也鼓励女性从事研究之路。

二 北京女性教育状况与相关建议

北京女性受教育水平与全国平均水平相比较高，30 多年来在教育平等方面取得了长足的进步，但是也存在一些问题，如城乡差异问题等。

（一）北京数据分析

《第三期中国妇女社会地位调查北京市主要数据报告》显示，18～64 岁北京男性的平均受教育年限为 11.2 年，北京女性平均受教育年限为 11.1 年，比全国平均水平高 2.3 年。其中，城镇女性为 11.5 年，农村女性为 8.7 年。北京女性中接受过高中阶段及以上教育的占 67.0%，城乡分别为 75.7% 和 26.5%；接受过大学专科以上高等教育的占 34.1%，城乡分别为 39.8% 和 7.8%。接受过高中阶段及以上和大学专科及以上教育的比例明显上升，分别比 2000 年提高了 17.2 个和 14.4 个百分点，比全国平均水平高出 33.3 个和 19.8 个百分点。近 3 年来，有 27.6% 的女性参加过各类培训和进修，比 2000 年提高了 4 个百分点。在 18～64 岁北京女性中，有 27.3% 的人通过继续教育的方式获得自己的最高学历。农村女性与城镇女性相比，平均受教育年限少 2.8 年，接受过高中及以上阶段教育的比例低 49.2 个百分点，接受过大学专科以上高等教育的比例低 32 个百分点。[1] 总体来看，北京女性受教育状况主要指标均高于全国平均水平。

关于教育领域的女性参与情况，男女差异体现在职称、收入等各个方面。在职称评定方面，女性获得的职称多为初级职称，随着职称等级提高，男性的比例越高，获得正高级职称的男性的比例甚至是女性的 4.2 倍。高层人才中，女性就任现任职务的平均年龄为 53 岁，男性为 49 岁。女性高层人才就任现任职称的平均年龄为 45 岁，男性为 44 岁；女性晋升一级职称所需的平均年限为 8 年，男性需要 7 年。男性受访者更换工作单位的平均次数为 1.2 次，女性为 0.8 次。

总体来看，与纽约、巴黎、伦敦和东京一样，北京女性受教育程度整体上也高于全国平均水平，而且北京女性高层人才的学历情况基本与男性持平。女性受教育的数目和比例总体上也随着教育阶段的升高而降低，在高中阶段女性就学数量和毕业率也高于男性，但以高中阶段为分水岭，女性受教育比例开始降低，尽管这个比例较之过去有所提升。北京还存在着城乡差异对不同性别教育情况的影响，这是有别于四大城市的特点。

---

[1] 北京市妇联、北京市统计局：《第三期中国妇女社会地位调查北京市主要数据报告》，2012 年 4 月。

北京中小学教师中以女教师为主要力量，而北京高校中教师男女比例在各院校有不同特点。此次研究未采集到北京各教育阶段男女教师比例以及女性学者在自然科学和社会科学领域不同表现的相关数据。

（二）对北京推动教育领域性别平等的建议

尽管北京女性教育工作已经取得了很大成就，但与四大城市相比，仍然存在着需要消除城乡差距、提高妇女整体教育水平的课题。北京可以在以下方面采取措施。

第一，采取积极措施，细化立法。北京市已经根据《中华人民共和国妇女权益保障法》制定了实施办法，但该实施办法更多是禁止性规定，缺乏鼓励性措施；更多强调男女性别平等，缺乏针对女性的特殊办法。建议通过细化立法的方式强调教育领域的性别平等和不歧视原则，规定相应的措施促进女性教育发展，如设立女性教育基金、开展专门针对女教师的项目资助等等。还可以进一步考虑针对贫困家庭女童的教育援助。

第二，设立专门机构，强化数据采集和统计，监督法律法规实施。可以借鉴纽约和巴黎经验，设立专门机构负责有关女性教育数据的搜集分析等工作，对教育领域的性别平等问题进行观察，对北京各教育阶段男女教师比例以及女性学者在自然科学和社会科学领域的不同表现进行深入调研；在政府和教育机构或科研机构层面设立专门的性别平等部门，监督学校等机构是否为女性提供平等甚至更好的发展平台。

第三，促进女性在多学科领域的发展。北京与其他城市一样都面临着女性在理科或自然科学领域参与不足、成就不大的情形，这主要受到女性传统家庭角色的影响，政府、学校等应采取措施为女性提供发展机遇。从基础教育阶段开始，推动性别意识在儿童、青少年当中的培养，帮助女生加强对自我能力的信心和对不同学科的认知，鼓励她们平衡发展，可采取如为女生提供奖学金等方式鼓励女生在自然科学领域有所兴趣和发展。在自然科学等传统男性领域中，鼓励女性研究者和女性教师努力发展，并帮助她们解决好家庭与事业平衡的问题。教育机构应积极引导女性提高自身创造力、组织技巧和专业能力。

第四，提升女性参与教育的质量。在教育领域，女性高层人才的自身发展和对学校政策决策的参与作用应该得到更多重视。建议在出台相关教育政策措施时更多听取女性意见；在不同层次的教育阶段、各级学校管理层、不同职称层面中重视提高女性比例。

第五，在私有领域与公共领域的合作中推进性别平等意识。促进妇女教育的发展固然是政府的职能，但政府需要同高校、研究机构、民间组织等多种主体进行合作。可以探索建立常态沟通机制，听取各方人士在女性教育方面的意见和建议；支持教育性别平等，鼓励社会各界设立专门面向女性的基金或者项目；对民间机构有利于女性教育的行为予以宣传和奖励。

第六，针对具体性别问题采取相应措施。在解决女性教育问题时，不仅要注重男女平等，强调两性的平等受教育机会，也应针对女性的特殊情况采取专门措施。如采取提供育儿帮助等措施为女性开展研究工作提供便利，强化女性教师学者组织的作用，完善教育研究者与相关机构的对话机制等。

第四章
世界城市女性婚姻家庭与生活方式状况

婚姻家庭和生活方式都是衡量女性地位与性别平等发展情况的核心指标。走入婚姻组建家庭是各国绝大多数妇女的必然选择，生育也被认为是女性必须承担的家庭和社会责任。应该说，"女主内男主外"是各国家庭责任划分与男女两性社会分工的重要特点，性别不平等在婚姻家庭中根深蒂固地存在着。

联合国一直关注已婚妇女的权利与地位问题。1957 年，联合国通过《已婚妇女国籍公约》，给予妇女保留或改变国籍的权利，而无须考虑其丈夫的选择。1962 年，联合国大会通过《关于婚姻的同意、结婚最低年龄及婚姻登记的公约》。联合国 1979 年 12 月通过的决议《消除对妇女一切形式歧视公约》（Convention on the Elimination of All Forms of Discrimination Against Women, CEDAW）第 4 部分第 16 条明确规定，消除在有关婚姻和家庭关系的一切事项上对妇女的歧视，并保证她们在男女平等的基础上，在婚姻存续期间以及解除婚姻关系时有相同的权利和义务，在子女事务上有相同的权利和义务。①

多年来，各国妇女都在为获得婚姻中真正的两性平等而奋斗，政府和民间组织为提高女性地位也做出了努力。在子女的抚育责任、家庭与工作的平衡、家务上的分工等方面，女性的地位都得到明显提升。随着时代的进步和性别观念的改变，越来越多的女性进入社会参加工作和政治活动，这反过来影响到女性在家庭中扮演的性别角色，也必然会作用到其生活方式的方方面面。

时代的变化不仅在一定程度上改变了婚姻家庭中的女性地位与生活方式，甚至撼动了婚姻制度本身。越来越多的女性选择晚婚晚育，相当数量的女性

---

① 联合国官方网站：http：//www. un. org/chinese/esa/women/cedawtext. htm，访问日期：2012 年 12 月 8 日。

不再走入婚姻家庭，而是选择独居或同居的方式，有人独身到老，有人未婚生子。也有众多女性因为离异或丧偶而构成单亲家庭。越发多样化的家庭模式推动各国政府推出新的措施来维护不同处境中女性的权益，这就是一种进步。而婚姻原本的内涵也在改变，认可同性婚姻的城市和国家不断增加，家庭原有的定义也随之模糊。有的国家虽然不承认同性婚姻，也制定法律为同性伴侣提供保障。

现代女性得到了更大的自由来选择自己想要的生活，世界城市由于其多元化程度提供给女性的选择面也更为宽广。科技和经济的发展让女性拥有更多的闲暇，如何休闲也体现出女性的生活态度。

本章将从婚姻模式、生育年龄、家庭分工、生活方式特点这几个主要方面，分析纽约、伦敦、巴黎和东京四大世界城市中女性的婚姻家庭和生活方式的共性与差异，希望为北京在世界城市建设过程中构筑和谐家庭提供有益的参考。

第一节　纽约女性婚姻家庭与生活方式状况

纽约市是全美人口最多的城市。婚姻家庭是妇女生活的重要组成部分，直接影响着她们在生活方式上做出的选择。本节将着重分析当下纽约市女性的婚姻家庭状况以及她们的生活方式，以便于更好地对纽约市女性地位状况做整体把握。本节将梳理纽约市妇女婚姻状况、家庭地位状况和生活方式，主要通过数据等展示当下纽约国际大都市女性的生活状况。在此基础上，借鉴纽约经验，提炼出对北京市提高妇女地位、建设世界城市的建议。

一　纽约女性婚姻状况

近年来，纽约市女性婚姻状况呈现出多样化的特点：同性婚姻逐渐被接受，家庭模式更加丰富，除异性双亲家庭、单亲家庭外，还出现了同性双亲家庭等。这一部分将分三个方面进行分析，首先从结婚率、离婚率、生育率、非婚生子女等方面介绍纽约市女性的基本婚姻情况；其次从纽约市多族裔聚居的特点出发，分族裔进行分析；最后介绍纽约市同性婚姻合法化的情况。

（一）纽约女性婚姻基本情况

纽约市女性的婚姻情况总体可以概括为：第一，初婚年龄越来越晚，保持未婚状态的女性增多，结婚率下降；第二，女性的离婚比率逐年下降，低于全美平均水平；第三，女性的生育率下降，未婚母亲所占的比例大，非婚生孩子占的比例高；第四，纽约市女性比男性更易陷入贫困状态。具体分析如下。

从初婚年龄来看，2009 年美国社区调查数据显示，当年纽约州女性的平均初婚年龄为 28.1 岁，排在哥伦比亚特区的 29.7 岁、康涅狄格州 28.2 岁、马萨诸塞州 28.2 岁之后，排在全国第四位，而这一初婚年龄还在逐步推迟中。这构成了美国女性婚姻状况中的一大特点，即初婚年龄越来越晚，并且保持单身状态的女性越来越多。

从婚姻状况来看，2009 年纽约州 15 岁以上女性约为 8199242 人，其中未婚女性约为 2722786 人，占 33.2%；已婚女性约为 3551570 人，占 43.3%；处于分居状态的女性约为 283968 人，占 3.5%；孀居状态的女性约为 846325 人，占 10.3%；离异状态的女性约为 794593 人，占 9.7%。对纽约州 15 岁以上女性进行抽样统计，已婚女性的比例为 14.8%，低于美国平均水平 17.6%；离异女性的比例为 7.3%，也低于美国平均水平 9.7%。纽约州女性目前初次婚姻的平均持续年限为 12.8 ~ 20 年，低于美国女性的平均持续年限 20.8 年；二次婚姻的平均持续年限为 10 ~ 14 年，低于美国女性的平均持续年限 14.5 年。[①] 可以看出无论是已婚率还是离婚率，纽约州均低于美国的平均水平。

而根据纽约市的相关数据，2010 年 15 岁以上女性约为 3583695 人，其中未婚女性约为 1493353 人，占 41.7%；已婚女性约为 1292273 人，占 36.1%；处于分居状态的女性约为 142972 人，占 4.0%；孀居状态的女性约为 318054 人，占 8.9%；离异状态的女性约为 337043 人，占 9.4%。[②] 可以明显看出，

---

① 美国统计局纽约州数据统计，http：//factfinder. census. gov/servlet/ADPTable？ _ bm = y& - geo_ id = 04000US36& - qr_ name = ACS_ 2009_ 5YR_ G00_ DP5YR2& - ds_ name = ACS_ 2009_ 5YR_ G00_ & - _ lang = en& - _ sse = on。

② 2010 American Community Survey 1 - Year Estimates，http：//www. nyc. gov/html/dcp/pdf/census/boro_ socia_ 2010_ acs. pdf.

纽约市女性的未婚率要高于纽约州以及美国平均水平，已婚率则低于纽约州以及美国平均水平，离婚率同样低于纽约州以及美国平均水平。从表4－1中可以看出无论是美国、纽约州还是纽约市女性在婚姻家庭面临着的首要问题是结婚率的下降，初婚年龄的不断推迟。而困扰着其他城市的离婚率上升问题，在纽约市反而成了次要问题。

表4－1　1990～2009年纽约与美国已婚及离异人数比例①

地点	已　婚						离　异					
	数　量			比例（‰）			数　量			比例（‰）		
	1990	2000	2009	1990	2000	2009	1990	2000	2009	1990	2000	2009
纽约	1548000	1620000	1201000	8.6	7.1	6.4	579000	628000	461000	3.2	3.0	2.8
美国	2443000	23290000	20770000	9.8	8.3	6.8	1182000	—	—	4.7	4.1	3.4

　　从生育率来看，2010年纽约市15～50岁女性，在过去一年（自调查日往前一年）中生育的人数约为11.67万人，其中非婚的女性（包括未婚、离异、媾居）比例占到37%，约为4.02万人。按照年龄段比例来划分，则是每1000名非婚女性中有29人生育，每1000名15～50岁的女性中有52人生育，每1000名15～19岁的女性中有23人生育，每1000名20～34岁的女性中有78人生育，每1000名35～50岁的女性中有31人生育。②

　　纽约市生育状况有两大特点，一是15～19岁女性生育率所反映出的少女母亲问题，涉及未婚先孕或者是过早怀孕成婚，这一点在纽约州许多低收入移民群体中比较突出。纽约市相较于纽约州而言，这一点更加突出。2010年纽约市的未婚母亲比例上升到37%，2006年该比例还是34.2%。纽约市政府对2000年至2009年出生的孩子母亲情况进行了统计，非婚生的孩子占的比例一直维持在40%以上，2009年达到了44%（见表4－2）。

---

① Marriages and Divorces – Number and Rate by State：1990 to 2009，http：//www.census.gov/compendia/statab/cats/births_deaths_marriages_divorces/marriages_and_divorces.html.

② 纽约市美国社区调查数据，详见 http：//factfinder2.census.gov/faces/tableservices/jsf/pages/productview.xhtml？src=bkmk。

表4-2 2000~2009年纽约市新生儿按母亲婚姻状况分类比例①

	2000 年		2001 年		2002 年		2003 年		2004 年	
	人数	%	人数	%	人数	%	人数	%	人数	%
出生数	125563	100	124023	100	122937	100	124345	100	124099	100
根据母亲婚姻状况分类										
已　婚	70007	55.8	69299	55.9	69880	56.8	71455	57.5	70773	57.0
未　婚	55556	44.2	54724	44.1	53057	43.2	52890	42.5	53326	43.0
	2005 年		2006 年		2007 年		2008 年		2009 年	
	人数	%	人数	%	人数	%	人数	%	人数	%
出生数	122725	100	125506	100	128961	100	127680	100	126774	100
根据母亲婚姻状况分类										
已　婚	69236	56.4	70316	56.0	72519	56.2	71573	56.1	71006	56.0
未　婚	53489	43.6	55190	44.0	56442	43.8	56107	43.9	55768	44.0

　　二是高龄女性生育问题，高龄女性占的比例并不低，并且有逐渐增加的趋势，这一方面反映出女性自主选择权的增加，很多女性不再被迫为家庭放弃事业，可以选择较晚生育以支持事业发展，或者保持自己所钟爱的生活方式；但另一方面高龄产妇所面临的医学风险也是不得不考虑的问题，而使得女性成为高龄产妇背后的部分原因是工作环境对女性的制约，例如因生育无法得到提升，等等，因此高龄产妇趋势既说明女性经济越来越独立，也表示出女性事业发展仍旧受到性别因素的影响。

　　根据2010年的美国社区调查结果，纽约市有16.2%的家庭收入在贫困线之下，其中包括双亲家庭，也包括单母亲家庭。双亲家庭中有9.4%的家庭收入在贫困线之下，其中有18周岁以下孩子的家庭占了12.4%。单母亲家庭中则有高达30%的家庭生活在贫困线之下，其中有39.7%的家庭有18周岁以下的孩子。② 可见单母亲家庭收入较低是个突出的问题，需要纽约市投入大量的社会援助力量。

---

① 纽约市非婚生新生儿调查数据，详见 http：//www. nyc. gov/html/doh/downloads/pdf/ms/bimt - marital - status. pdf。
② 纽约市美国社区调查数据，详见 http：//factfinder2. census. gov/faces/tableservices/jsf/pages/productview. xhtml？src = bkmk。

（二）纽约市女性婚姻分族裔分析

在历史上，纽约是外来移民的入境点，19 世纪和 20 世纪早期，大量来自欧洲的移民进入纽约，1965 年之后来自亚洲及拉丁美洲地区的移民进入纽约，使得纽约市成为一个族裔众多的移民城市。

根据 2010 年人口普查数据显示，纽约市约有 36% 的人口是在国外出生的，主要移民来源国家有多米尼加、中国、牙买加、圭亚那、墨西哥、厄瓜多尔、海地、特立尼达和多巴哥、哥伦比亚和俄罗斯。从人种角度划分，纽约市目前的几大种族主要为白种人（44%）、非洲裔（25.5%）、亚裔（12.7%）、印第安裔以及阿拉斯加土著（0.7%）、夏威夷及太平洋岛国血统种族（0.1%），以及其他人种（13%）。从来源地角度划分，来自拉丁美洲的拉丁裔族群目前占纽约市人口总数的 28.6%，增长速度呈逐年上升的趋势，影响力亦逐年增加，其重要性不容小觑。[1]

纽约市不同族裔女性在婚姻上表现出不同的特点，例如非洲裔女性的未婚比例远高于其他族裔。2010 年的调查数据显示纽约市高达 51% 的非洲裔女性未婚，54% 的非洲裔男性未婚[2]，在几大族群中是最高的，这一较高的未婚比例在全美都较为突出。而且调查数据显示，这一比例在不断增长（见表 4 – 3）。非洲裔女性高居不下的未婚比例，甚至导致一些美国媒体问出是否婚姻只适用于白人女性的问题，可见这一失调比例带来的巨大影响。

表 4 – 3　全美各族裔女性未婚比例[3]

单位:%

	25 ~ 29 岁	30 ~ 34 岁	35 ~ 39 岁	40 ~ 44 岁	45 ~ 49 岁	50 ~ 54 岁	55 岁及以上
白　人							
1986	23.8	11.2	8.2	4.3	4.1	3.0	4.9
1996	30.8	14.8	11.2	7.7	6.0	4.6	3.8

---

① 美国统计局纽约市相关数据，详见 http：//quickfacts. census. gov/qfd/states/36/3651000. html。

② Arun Venugopal，"New York Leads in Never – Married Women"，http：//www. wnyc. org/blogs/wnyc – news – blog/2011/sep/22/new – york – never – married – women/.

③ "Number, Timing, and Duration of Marriages and Divorces：2009, Household Economic Studies", Issued May 2011, pp. 70 – 125, http：//www. census. gov/prod/2011pubs/p70 – 125. pdf.

续表

	25~29岁	30~34岁	35~39岁	40~44岁	45~49岁	50~54岁	55岁及以上
2001	33.1	16.6	12.7	9.1	6.9	6.3	3.4
2004	36.7	18.2	12.5	10.4	8.3	7.3	4.5
2009	41.6	22.6	13.8	11.2	9.7	8.2	5.0
不含拉丁裔白人							
1986	24.0	11.3	8.2	3.8	4.2	2.6	4.8
1996	31.1	14.3	10.9	7.7	5.9	4.6	3.6
2001	34.1	17.1	12.3	9.0	7.1	5.9	3.1
2004	38.3	18.6	12.3	9.9	8.4	7.4	4.4
2009	43.3	22.0	13.5	10.3	9.4	7.8	4.7
非洲裔							
1986	44.3	34.8	23.9	13.3	12.7	6.3	3.5
1996	57.7	39.4	33.6	25.0	15.9	11.7	6.6
2001	59.4	49.5	34.0	31.3	23.9	16.3	9.4
2004	66.3	47.0	39.0	30.3	28.5	18.0	10.9
2009	70.5	53.6	39.2	33.1	28.5	24.5	13.0
亚 裔							
1986	29.3	16.4	3.9	—	—	5.6	9.7
1996	41.5	18.4	4.6	3.1	7.8	7.9	5.7
2001	38.6	17.4	7.9	10.3	5.6	2.8	5.0
2004	39.0	25.7	19.7	16.2	8.4	9.8	4.4
2009	51.6	11.8	10.2	5.9	7.5	5.8	4.8
拉丁裔							
1986	23.8	14.8	8.7	12.8	1.5	8.1	8.9
1996	30.5	19.5	13.3	9.0	8.9	7.5	7.2
2001	28.0	15.9	15.1	11.8	4.8	11.7	8.0
2004	32.0	16.7	14.7	16.3	8.6	6.6	6.7
2009	36.8	27.2	15.1	15.2	12.9	11.8	8.9
总 计							
1986	26.9	14.0	10.0	5.3	4.9	3.5	4.8
1996	35.3	18.7	14.1	9.8	7.3	5.5	4.1
2001	37.3	21.7	15.6	12.1	8.9	7.3	4.0
2004	41.3	22.3	16.2	13.0	10.8	8.5	5.1
2009	46.8	26.7	17.3	14.2	12.0	10.1	5.8

其次，亚裔女性未婚比例较低。亚裔女性的家庭观念受其生长环境、家庭教育的影响，更为保守，更看重传统的家庭价值，所以在婚姻的选择上较其他族裔更易走入婚姻殿堂。在分析纽约市女性的婚姻情况时非常有必要区分各族裔进行分析。

再次，白人女性更倾向于少要孩子或不要孩子。2010 年美国人口数据显示，以 44 岁为年龄上限，20.6% 的白人女性没有孩子，远远高于 17.2% 的黑人女性、15.9% 的亚裔女性以及 12.4% 的拉丁裔女性。统计结果还显示，在国外出生的女性生育率（87%）高于美国本土出生女性的生育率（80%）。[①]

此外，族裔婚姻的另一大关注点是跨族裔婚姻增多。2011 年最新的统计数据显示，约 450 万美国夫妻是跨族裔的结合。根据康奈尔大学的调查数据，1980 年跨族裔夫妻约占夫妻总数的 6.7%，而这一比例在 2008 年达到了 14.6%。同时美国人对跨族裔婚姻的开放程度也越来越高，今日美国的一项调查显示，在 18 ~ 37 岁的美国人中有 97% 认同非裔和白人的结合，这一比例在 1991 年的时候只有 48%[②]，可见美国人在族裔意识方面的进步。而亚裔女性和其他族裔男性的结合，就更加普遍了。跨族裔婚姻在纽约市这样一个移民城市越来越多，这也是纽约市女性婚姻状况呈现出的一大特点。

（三）纽约市同性婚姻合法化

纽约市女性的婚姻制度的另一大特点在于，纽约市承认同性婚姻。在美国，公民的婚姻事务由各州政府自行管理。美国联邦法律仍不承认任何同性伴侣的结合，移民局也拒绝合法登记的同性伴侣获得移民权。目前，美国有 6 个州及华盛顿特区承认同性婚姻，部分行政区承认民事结合（Civil union）[③]

---

① Sharon Jayson, "White Women More likely to be Childless, Census Says", http：// yourlife. usatoday. com/parenting – family/story/2011/05/White – women – more – likely – to – be – childless – Census – says/46992416/1.

② Sharon Jayson, "Interracial Marriage：More Accepted, Still Growing", http：// yourlife. usatoday. com/sex – relationships/marriage/story/2011 – 11 – 07/Interracial – marriage – More – accepted – still – growing/51115322/1.

③ 民事结合，是指由法律，即民事法，所确立并保护的等同或类似婚姻的两人结合关系。民事结合作为新造的民法术语，主要用于为同性恋伴侣提供与异性恋伴侣相同的权利。

（详见表4-4），但是有超过一半的州立法禁止同性婚姻。① 2011 年 7 月 24 日，纽约州成为美国第六个允许同性恋婚姻合法化的州。

表4-4 美国承认同性婚姻合法或确认其民事地位的州

婚姻状况	州 名	生效日期（年）
同性婚姻（7 个）	马萨诸塞州	2004
	康涅狄格州	2008
	艾奥瓦州	2009
	佛蒙特州	2009
	新罕布什尔州	2010
	华盛顿哥伦比亚特区	2010
	纽约州	2011
民事结合（12 个）	新泽西州	2007
	伊利诺伊州	2011
	夏威夷州	2012
	加利福尼亚州	2005
	内华达州	2009
	俄勒冈州	2008
	华盛顿州	2009
	特拉华州	2012
	罗德岛州	2011
	科罗拉多州	2009
	缅因州	2004
	威斯康星州	2009

纽约市在支持同性恋者权益方面行动更早。早在 1998 年，当时的纽约市长鲁道夫·朱利亚尼（Rudolph Giuliani Ⅲ）签署法案，规定两人未婚同居一年后，就可以登记为"家庭伙伴"，享有与已婚夫妇同等的待遇，无论同性恋或异性恋。据统计，当时共有 1.7 万多人通过这种方式结成了"家庭伙伴"，其中有约 1/3 是同性恋者。从那时起，纽约市同性恋者的权利才得到法律的保

---

① 除已将同性婚姻合法化的州之外，美国仅新泽西州、罗德岛州、马里兰州和新墨西哥州没有立法禁止同性婚姻。

护，但作为"婚姻"仍不被社会认可。

2002 年纽约市地方议会批准了一项法案，正式确立了同性恋伴侣的"婚姻"地位，使同性恋伴侣在纽约市地界内能够享有同异性婚姻一样的权利。例如，同性恋可以以配偶身份到医院去探望伴侣，甚至可以继承对方的房产，以家庭成员的身份为对方争取各种权益。纽约市公务员中的同性恋伴侣也能享受到已婚福利。并且这项法案承认来自外州的同性恋者地位，只要一个同性恋家庭在其他地方被承认，其家庭成员在纽约的权益也能够得到保障。

2011 年，在纽约州承认同性恋婚姻合法化之后的短短几个小时内，就有数百名同性情侣在纽约市结为夫妻，其中包括许多女同性恋情侣，有一对老年女性情侣年龄达到了 76 岁和 84 岁。同性婚姻合法化对于女性而言，女同性恋者直接受益，婚姻的合法化使得生养孩子、领养孩子成为可能，而女性同性恋家庭也成为一种新的家庭模式。由于法律通过时间不长，缺乏相应的最新数据，在此引用 2010 年美国全国人口调查的数据来展示美国及纽约州的大致情况，2010 年美国共有同性恋伴侣 646464 对，其中夫妻型为 131729 对，占全美夫妻型伴侣数量的比例为 2.3%；伴侣型为 514735 对，占全美伴侣型比例的 70%。纽约州有同性恋伴侣 48932 对，其中夫妻型为 10125 对，伴侣型为 38807 对，平均每 1000 户家庭中有 6.69 户为同性恋家庭。[①] 虽然目前同性婚姻合法化仍在不断遭到抗议，也有很大的争议，但这一举措相信会得到更多人的认同，此后受惠于此的同性恋人士会越来越多，合法夫妻型伴侣数量会大大增加。

总体而言，纽约市女性婚姻整体状况呈现出四"高"特点，即较高的未婚率、较高的初婚年龄、较高的未婚少女比例以及较高的高龄产妇比例。这四"高"特点与纽约市开放的社会环境、发达的商业环境以及移民环境密不可分。此外纽约市多族裔的特点在婚姻状况中也应得到关注，而同性婚姻合法化则是纽约市走在了许多城市、地区及国家的前面，亦是其婚姻制度的一大特点。

二　纽约女性在家庭中的地位变化

女性是否应该回归家庭，直到现在仍然是大众争议的话题。众所周知，

---

① Gary J. Gates，Abigail M. Cooke，"United States Census Snapshot：2010"，the Williams Institute，http：//williamsinstitute. law. ucla. edu/research/census - lgbt - demographics - studies/us - census - snapshot - 2010/.

女性在家庭中的地位高低在一定程度上由薪酬收入的高低决定，这导致了女性就业渴望的迅速增加，纽约市女性的独立自主意识尤其强烈。纽约市采取了包容性的态度迎接愈加经济独立的女性，社会对两性家庭角色认识发生了变化，给予了女性更高的宽容度。内外因结合导致了纽约市家庭中的两性分工发生了变化。这些即是本节将要详细分析的内容。

（一）女性自我就业渴望增长迅速

根据"美国年轻男性和女性渴望承担更好工作的比例调查"[①]，曾经渴望就业的女性在进入家庭后就呈现出较低的参与率，家庭责任的重担以及参与工作可能面临的巨大压力等是其主要原因。但是，这种情况已经发生了变化。女性渴望在家庭责任之外承担更多的工作责任，渴望有更好的工作，这一趋势近年来在美国一直呈现上升趋势，上升速度远远超过男性（见图 4 - 1）。2002 年以来，女性渴望承担更好工作的比例从 56% 上升到 65%，而男性的比例则从 66% 上升到 68%。

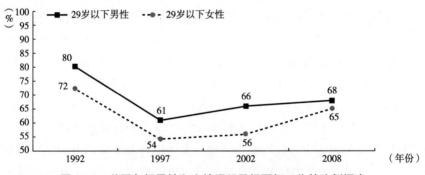

图 4 - 1　美国年轻男性和女性渴望承担更好工作的比例调查

另一数据可以证明这一趋势。当比较 29 岁以下有孩子的女性和没有孩子的女性渴望承担更好工作的数据时，可以发现有孩子的女性渴望在照顾孩子的同时承担更好工作的比例呈现大幅上升趋势，在 2008 年已经超过没有孩子的女性（见图 4 - 2）。这说明，女性的家庭责任已经不是她们的全部，她们更

---

① Ellen Galinsky, Kerstin Aumann and Jaems T. Bond, "Times are Changing: Gender and Generation at Work and at Home", Families and Work Institute 2008 Report, http: //familiesandwork. org/site/research/reports/Times_ Are_ Changing. pdf.

加渴望在家庭之外实现自我价值，同时自我价值的实现也说明了女性自主选择权的上升、家庭地位的提高。这种渴望体现到具体行动上，就是美国女性参与工作的比例呈现整体上升的趋势，而男性参与工作的比例则呈现整体下降的趋势（见图4-3）。其中有18岁以下孩子的女性参加工作比例上升最快。

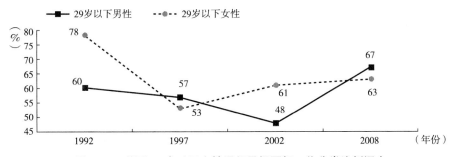

图4-2　美国29岁以下女性渴望承担更好工作分类比例调查

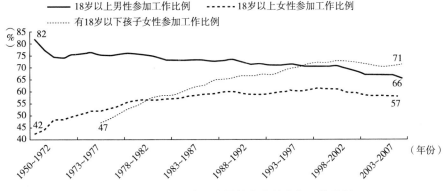

图4-3　美国18岁以上男性和女性参加工作比例

（二）社会对两性家庭角色认识发生了变化

人们对于男性与女性传统的家庭角色与社会角色的认识在近年来发生了很大的变化，一方面是因为美国女性越来越活跃在各类工作岗位上，而不仅仅是在家庭内相夫教子，另一方面也是因为女性权益观念的普及越来越深入人心。在纽约市这样一个更加开放、更加国际化的都市中，人们对于女性传统角色的认定更为模糊，回归家庭早已不是纽约市女性的唯一选择了。

对于男性赚钱养家、女性照顾家庭和孩子的传统角色定位，在1977年美国有74%的男性和52%的女性认同这一观点，但是到了2008年，仅有40%的男性和37%的女性认同这一观点。调查还区分了不同年龄段的受众，得出的结论是最为支持传统性别角色定位的是年龄较大的受众，而年轻人支持者的比例很低（图4-4）。从年老的代际保守、年轻的代际开放这一角度来看，传统的性别定位会被越来越开放的社会观念改变，使得女性在社会环境中不再被局限于家庭，能够在更广阔的天地中实现自我价值。

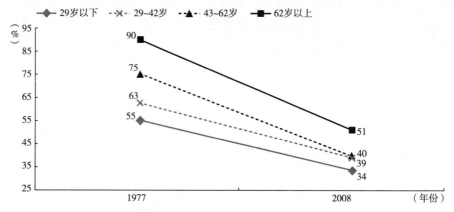

图4-4　美国不同年龄段支持传统社会性别角色定位的比例

（三）家庭中的两性分工变化

如上文所述，认为女性应该承担家务工作的传统观念在美国已经发生了变化，具体表现在三个方面：一是承担家务的分工发生了变化，二是照顾孩子的责任发生了变化，三是女性和男性都开始同样面对家庭与工作冲突的困境。

首先来看承担家务的分工。美国社会传统上认为女性应该承担更多的家务劳动，并且因为家务劳动不计薪酬，导致女性付出的劳动价值常常被忽略。近年来这种观念正在发生改变，一方面，家务劳动不再只被认为是妻子单方面的责任；另一方面，家务劳动被计入工作量、进行重新衡量价值的呼声越来越高。

以烹饪食物和清洁工作为例，1992年美国接受调查表示对半分担烹饪工作的男性仅占34%，而这一比例在2008年上升到55%；表示由妻子来烹饪食物的男性在1992年占56%，2008年仅占35%；而女性自己烹饪食物的比例在

1992 年为 75%，到 2008 年下降到 67%；表示丈夫会分担烹饪工作的女性在 1992 年为 15%，到 2008 年为 26%。1992 年接受调查表示对半分担清洁工作的男性仅占 40%，而这一比例在 2008 年上升到 53%；表示由妻子来清洁工作的男性在 1992 年占 51%，在 2008 年仅占 36%；而女性自己清洁的比例在 1992 年为 73%，到 2008 年仅下降到 71%；表示丈夫会分担清洁工作的女性在 1992 年为 18%，到 2008 年为 21%。

这两组数据的对比反映出两点，第一，美国男性对于承担家务劳动的认识提高了，意识到家务劳动不仅仅是妻子的责任；第二，男性和女性对于承担家务劳动的工作范围等存在很大差别，例如，男性认为烹饪食物的工作包含食物准备等内容，所以一旦自己从事了食物采购，就认为自己也分担了烹饪食物的责任，但女性不这么认为，这就导致了调查数据中男性认为自己分担责任的比例高，而女性认为自己单独完成工作的比例高。但总的来说，美国家庭劳动的分工已经发生了很大的变化，并且朝有利于女性的方向发展。

其次，来比较一下照顾孩子的责任分工。从整体上来看，父亲承担照顾孩子的责任越来越多，1977 年父亲每周工作日陪伴 13 岁以下孩子的平均时间为 2 小时，到 2008 年上升到 3.1 小时，母亲 1977 年为 3.8 小时，到 2008 年为 4 小时。父亲方面的上升趋势明显。根据不同年龄段的调查数据显示，年轻的父亲比年长的父亲更愿意花时间照顾孩子，承担家庭责任（见图 4-5）。

1992 年接受调查表示对半分担照顾孩子的工作的男性仅占 41%，而这一比例在 2008 年上升到 46%；表示由妻子来照顾孩子的男性在 1992 年占 58%，在 2008 年仅占 36%；表示由其他人来照顾孩子的男性在 1992 年占 1%，到了 2008 年占 4%。而女性自己照顾孩子的比例在 1992 年为 73%，到 2008 年下降到 66%；表示丈夫会分担照顾孩子的女性在 1992 年为 21%，到了 2008 年为 30%；表示有其他人来照顾孩子的比例在 1992 年为 6%，到了 2008 年为 4%。这说明男性在家庭中承担照顾孩子责任的比例上升，照顾孩子不再被认为仅仅是女性的责任。两方面的数据都说明了女性家庭地位的提升。

最后，来看一下美国双职工家庭中男性和女性面临的家庭和工作冲突变化趋势。1977 年双职工家庭中（孩子 18 岁以下），男性认为自己遇到了家庭和工作冲突问题的比例为 35%，到了 2008 年这一比例上升到了 60%。女性在 1977 年的比例为 41%，2008 年的比例为 48%。男性比例的快速上升，说明了男性更多承担家庭责任，所以才引发了越来越多的家

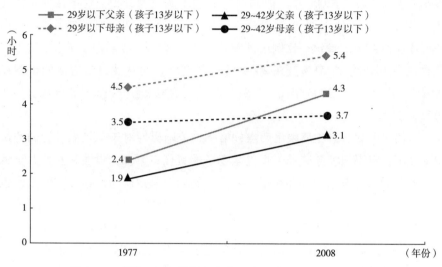

图4-5 美国不同年龄段父母亲工作日陪伴孩子的时间变化

庭和工作冲突。

可以说，美国对于两性家庭角色的认识发生了巨大的变化，女性不再被认为应束缚于家庭，男性也被认为应承担更多的义务。纽约市大量职业女性的存在正好验证了这一观点。虽然目前女性在家庭分工中整体仍然处于劣势地位，需要承担更多的家务劳动，花费更多时间照顾孩子，但是这一情况正在不断朝有利于女性的情况发展。

三 纽约女性生活方式

生活方式是一个内容相当广泛的概念，它包括人们的衣、食、住、行、劳动工作、休息娱乐、社会交往、待人接物等物质生活和精神生活的价值观、道德观、审美观以及与这些方式相关的方面，一般指人们的物质资料消费方式、精神生活方式以及闲暇生活方式等内容。它通常反映个人的情趣、爱好和价值取向、具有鲜明的时代性和地域性。这里将简要考察纽约市女性的生活方式，主要集中于考察纽约市女性的消费方式和在业余时间的活动方式。

（一）纽约市女性的物质资料消费方式

2011年8月，根据瑞银财富管理公司的研究，不包括物业租金，纽约市位列全球城市消费水平排行榜的第 14 位。① 可见，纽约市的消费水平在全球处于前列。

早在 2002 年，纽约市女性占总劳动力市场的比例就超过了 50%，女性在消费方面的地位牢不可破。同时，女性在家庭消费中也常常占据着主导地位，因此女性成为商家非常重要的招揽对象。女性的消费方式包括个人和家庭消费两方面。2002 年，纽约市家庭的总体消费支出比例见图 4 - 6、表 4 - 5。②

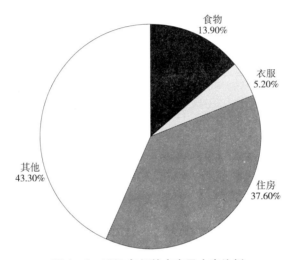

图 4 - 6　2002 年纽约市市民支出比例

表 4 - 5　2002 年纽约市市民平均家庭支出详情

单位：美元，%

类　　别	支出费用	比　　例
食　　　物	7006	13.9
酒 类 饮 料	469	0.9
住　　　房	18919	37.6
服 装 服 务	2638	5.2
交　　　通	7729	15.4

① 《瑞银评出全球三大消费最高城市：挪威奥斯陆居首》，腾讯财经新闻：http://finance. qq. com/a/20110817/007676. htm。

② Elaine L. Chao and Kathleen P. Utgoff, "100 Years of U. S. Consumer Spending: Data for the Nation, New York City, and Boston", http://www.bls. gov/opub/uscs/report991.pdf.

续表

类　　别	支出费用	比　　例
健　　康	2235	4.4
娱　　乐	2350	4.7
个人护理用品	643	1.3
阅读和教育	1426	2.8
烟　　草	266	0.5
杂　　项	771	1.5
现金承担额	949	1.9
个人保险	4918	9.8

从表 4-5 可以看出，住房、食物、服装等仍然是家庭支出的大额部分，健康和娱乐在纽约市家庭支出中的比例也不低，教育和阅读是维护女性个人发展，提高自身修养的需要，也包括家庭中为孩子支出的部分费用，这部分在家庭支出中也占到了 2.8%。另外就是保险类费用的支出，为女性提供更好的经济保障。

纽约市女性物质消费方式中有一个特点需要特别指出，即女性通过直邮方式、网络方式购物的比例逐年增长，这一点与互联网的发展紧密相连。

（二）纽约市女性的业余活动时间和方式

2011 年针对美国人时间使用安排的调查显示，美国人平均每天有 5 个小时可以用于业余活动，在时间分配上，大致为 2.8 小时用于看电视、37 分钟用于社交、26 分钟用于玩游戏、18 分钟用于读书、18 分钟用于运动娱乐、17 分钟用于放松思考，还有 18 分钟用于其他的业余活动。[1] 而如果是 25~54 岁有孩子的美国人，那么他的业余活动时间平均只有 2.5 小时；如果是全职工作的母亲，则她的业余时间常常只有 2.3 小时。[2] 可见全职母亲的辛苦（见图 4-7）。

纽约市的生活节奏之快和工作压力之大在全美是数一数二的，生活在其

---

[1] 美国人时间使用安排调查数据，详见 http：//www.bls.gov/tus/charts/leisure.htm。

[2] 美国人时间使用安排调查数据，详见 http：//www.bls.gov/tus/charts/childcare.htm。

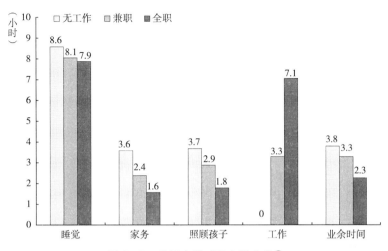

图4－7　美国女性时间安排分类①

注：数据2011年为25～54岁，家中有6岁以下儿童的已婚女性非节假日的工作日数据平均值。

中的全职女性业余时间相对美国其他地方更短，若有孩子，则将更加忙碌，这也是纽约市许多女性选择兼职工作的原因。正因为如此，在工作和生活之间平衡，是纽约市女性进行业余活动时首先需要考虑的问题。针对纽约人业余时间的调查显示，男性比女性享有更多的业余时间，以工作日为例，工作日时，除工作和家务之外，有38%的纽约人的业余时间不足2小时，男性的比例为31%，而女性的比例高达45%。

在业余活动方式的选择上，纽约市女性的活动方式多种多样，包括购物、宗教活动、电话聊天、志愿者活动、文化艺术休闲活动，等等。②表4－6展示了美国男性和女性选择不同业余活动的人数比例，从人数比例上可以看出相较于男性，更多的女性愿意参加宗教活动、志愿者活动、社交活动以及打电话、发邮件等互动性活动，男性则更多参与体育活动、看电视，等等。从活动花费时间上可以看出，女性花在业余活动上的时间除了打电话等几项，其他几乎都少于男性。这是因为女性的平均业余时间少于男性，尤其是全职女性。

---

① 美国人时间使用安排调查数据，详见 http：//www. bls. gov/tus/charts/childcare. htm。

② 纽约人业余活动时间调查，详见 http：//www. siena. edu/uploadedfiles/home/parents_ and_ community/community _ page/sri/independent _ research/Leisure% 20release% 202009 _ Final. pdf。

表4-6　2011年美国两性业余时间活动参与人数比例及参与时间对比①

	每日平均参与该项活动的人数比例（%）			每日参与该项活动人员的所用时间（小时）		
	总计	男性	女性	总计	男性	女性
宗教和精神娱乐活动	9.1	7.0	11.0	1.71	1.76	1.69
志愿者活动及社会活动	6.1	5.6	6.6	2.47	2.4	2.45
支持管理活动	2.2	1.9	2.5	1.83	1.96	1.73
社区服务活动	1.6	1.3	1.9	2.13	2.17	2.11
户内外清洁活动	0.4	0.6	0.3	2.14	2.25	1.94
参加表演和文艺活动	0.4	0.4	0.4	2.60	3.07	2.17
参加集会和培训	0.8	0.5	1.0	2.11	2.23	2.04
社交、娱乐活动	94	95	93.6	4.95	5.17	4.74
社交活动	35.6	32.3	38.8	1.97	1.95	1.98
社交互动、交流（社交活动除外）	34.1	31.1	36.9	1.80	1.82	1.78
参加或举办社交活动	2.6	1.9	3.3	3.30	3.29	3.31
休闲娱乐活动	89.8	90.5	89.0	4.31	4.61	4.02
看电视	78.3	79.7	77.0	3.51	3.75	3.28
艺术活动	2.9	2.7	3.0	2.85	2.85	2.84
体育、健身活动	19.4	21.2	17.7	1.74	2.04	1.40
体育锻炼活动	18.6	20.4	16.9	1.63	1.92	1.30
观看体育赛事	1.1	1.3	1.0	2.90	2.95	2.83
打电话、发邮件、写信	21.2	16.5	25.7	0.73	0.66	0.78

　　虽然纽约市女性的业余时间较男性少，但在休闲方式的选择上，纽约市良好的配套设施建设以及在文化艺术方面的投入，为女性的休闲生活提供了较其他城市更为便利的条件。

　　先看体育健身，在纽约市，即使是在寸土寸金的曼哈顿岛，小型运动场所也比比皆是。在每一个街区，几乎都有一座小型的免费开放的活动场所。这些体育场所都安装了篮球架、壁球墙、网球场、儿童游戏场，等等，供附近社区的女性携带孩子运动。在纽约市的中央公园，每天的清晨和傍晚都可

---

① 美国人时间使用安排调查数据，详见 http：//www.bls.gov/tus/tables/a1_2011.pdf。

以看到许多慢跑者，其中有许多上班族女性。另外，在纽约市郊区很多独立住宅的院后，都会设有一个运动角，放置一副篮球架等运动设施，周末大人和孩子就在一起练习投篮，母亲们也常常参与其中。

再看文化设施，纽约市为女性获取各类精神生活方式提供了条件。纽约市是美国文化最为繁荣和发达的地区，有很多世界著名的文化设施，如百老汇、林肯艺术表演中心、美国大都会博物馆、美国自然历史博物馆，还有2000多家非营利文化艺术机构，出版发行4种日报、2000多种周报和月报，拥有数百种国家级杂志出版社、80多种有线新闻服务、4个国家级电视网总部。至少25家有线电视公司，全球大多数著名的媒体集团在纽约都设有总部，纽约市每年制作大量影视节目满足人们的需求，纽约市女性能够获得相当丰富的精神娱乐产品。

图书馆也是纽约市女性精神生活方式的一大组成部分。纽约公共图书馆系统和布鲁克林公共图书馆系统、皇后图书馆系统一起组成纽约市的三大公共图书馆系统。图书馆的工作除了书刊之外，还提供大量录音带、录像带、DVD、音乐CD等娱乐产品，三大公共图书馆系统都有自己的放映厅和声像视听设备。这三大公共图书馆还设有专门的培训教育部门，各个分馆会根据本社区居民的构成特点举办各种有针对性的语言培训或职业培训。公共图书馆还经常举办社会公益活动，例如为家有幼儿的全职妈妈们举办各种活动、为老年人成立老年活动中心等。①

除了良好的配套设施之外，纽约市社区文化、民间团体组织的发达也为女性提供了多样的休闲方式。宗教是纽约市精神生活方式的重要部分。纽约市作为一个典型的移民城市，有许多宗教团体和大量的女性信徒。多元的宗教文化在此共存，基督教、伊斯兰教、犹太教、佛教、印度教，等等，教徒均享有宗教自由。这些宗教团体为女性信徒在精神生活方面提供帮助。纽约市还有大量的自我发起的民间团体，例如以戏剧为共同爱好而凑在一起的戏剧爱好者小组、年轻妈妈在一起组成的互助小组，等等，这些自发组成的小组织也是纽约市女性丰富的精神生活的一部分。

此外，旅游同样是纽约市女性热衷的休闲方式。不同于以往多结伴出

---

① 中国新闻网：《纽约市图书馆成为"社区文化中心"》，http：//www.chinanews.com/cul/news/2009/06 - 17/1737801.shtml。

游或者家庭举家出游，现在女性单独旅游的比例也大大上升。另外，上网冲浪也是非常受欢迎的休闲方式，脸谱网（facebook）、推特（twitter）等社交网站及社交工具的流行，极大地推动了女性网上冲浪的热情。还有许多女性是坚定的网络游戏爱好者，在网络世界中寻找到了自己的乐趣。

总而言之，纽约市女性虽然在休闲时间方面少于男性，但丰富多彩的休闲方式也为她们带来了充实的业余生活。随着女性经济独立性的提高、自主意识的增强、收入的增加以及获得了更为广阔的自由度，纽约市女性生活方式的选择范围会更加宽泛。纽约作为一个开放性很强的城市，为女性坚持自我生活方式提供了良好的社会基础。

第二节　伦敦女性婚姻家庭状况与生活方式状况

1700 年，英国第一位女性主义者玛丽·艾斯泰尔（Mary Astell）受邻居马扎然公爵夫人（Duchess of Mazarine）不愉快婚姻生活的触动，写出《反思婚姻》（*Some Reflections upon Marriage*）① 一书。她的主要观点是：女人虽然要服从丈夫，但并不一定要承认他高于自己；对男权的服从不可以延伸到单身女人身上；受过教育的女人应当避免家庭奴役，也就是避免结婚。在艾斯泰尔看来，婚姻家庭是奴役妇女的机制，她提出应当建立妇女自己的社区，过一种摆脱了男人的生活。

在 400 多年后的今天，英国妇女虽并没有像艾斯泰尔所提议的那样摆脱与父权制直接相连的婚姻的束缚，但女权运动和各种社会发展变化已经在很大程度上改变了英国的婚姻家庭形态和妇女的生活方式。

伦敦是英国首都，属于英格兰地区，如本研究前文所述，英国有三种司法体系，英格兰、威尔士所采用的司法体系相同，由于直接与伦敦相关的资料不多，所以本节通过对英国或英格兰的考察来展现伦敦妇女婚姻家庭与生活方式的变化。

---

① Mary Astell, *Some Reflections upon Marriage*, *Occasion'd by the Duke and Dutchess of Mazarine's Case*; *Which is Also Consider'd* (First Edition), London: Printed for John Nutt, near Stationers – Hall, 1700. http: //digital. library. upenn. edu/women/astell/marriage/marriage. html.

一 关于"亲密关系"的制度变化与婚姻家庭现状

根据英国国家统计局办公室（Office for National Statistics）的数据，2010年，英国有 2530 万个家庭（household），比 1960 年增加了 900 万个，比 2001 年增加了 140 万个家庭。家庭规模从 1961 年的 3.1 人降低到 2010 年的 2.4 人。有孩子的家庭越来越少，家庭中孩子的数量也越来越少。① 目前，在伦敦，成年男女的家庭生活方式可大致概括为已婚（Married）、同居（Cohabiting）、民事伴侣（Civil Partnership）、单身（Single）、离异（Divorced）、丧偶（Widowed）、分居（Separated）等多种形态，或许"亲密关系（intimacy）"② 能够更好地表达对本部分标题中"婚姻家庭"的含义。

对伦敦妇女与婚姻家庭的研究，有助于了解她们的社会、家庭地位与日常生活状况。

（一）婚姻与民事伴侣关系

2004 年，伦敦玛丽大学玛丽女王学院的一项研究表明：持久的第一次合作伙伴关系可以带来良好的心理健康，同居对男人的心理健康有利，而婚姻则对妇女更好。③ 无论大家如何看待这一研究结论，它都说明"亲密关系"与人们的生活息息相关。

在大伦敦的伦敦市和各个自治市，都设有登记处（Register Office），或登记与国民服务处（Registration and Nationality Service）等不同名称的登记处，婚姻和民事伴侣关系需要去登记处登记，由注册官和注册员（a Superintendent Registrar and a Registrar）负责。人们可以选择宗教仪式结婚，也可以采取没有宗教意义的民事婚礼，由注册官或副注册官主持。

2004 年 11 月 18 日，英国国会通过《2004 年民事伴侣关系法案》（*Civil Partnership Act 2004*，*CPA*），英国正式允许包括大伦敦在内的英格兰和威尔士

---

① "Social Trends 41 – Household – and – Families", http：//www. ons. gov. uk/ons/rel/social – trends – rd/social – trends/social – trends – 41/social – trends – 41——household – and – families. pdf.

② 此处借用了英国学者安东尼·吉登斯的用法。〔英〕安东尼·吉登斯：《亲密关系的变革——现代社会中的性、爱和爱欲》，陈永国、汪民安等译，社会科学文献出版社，2001。

③ "Cohabiting Better for Men's Mental Health；Marriage Better for Women's", 9 January 2004, http：//www. qmul. ac. uk/qmul/news/newsrelease. php? news_ id＝7.

的同性伴侣从 2005 年 12 月 21 日起登记，建立合法的民事伴侣关系。北爱尔兰和苏格兰的同性伴侣开始登记的时间是 12 月 19 日和 20 日。① 在该法案下。希望建立关系的同性伴侣需要在当地政府登记，以享受和异性恋同等的权利，如税收、社会安全、居住和工作场所的福利。该法案只适用于 16 岁以上的没有其他民事伙伴关系、未婚的同性，其中规定十分详尽，如 16 岁以上 18 岁以下，需要监护人的同意等。②

但整体来说，结婚仍然是英国人最普遍的伴侣关系。

（二）妇女婚姻关系变化的趋势与现状

据 2010 年对英国的生活方式调查③，在英国男子中，已婚者占 51%、同居者占 10%、民事伴侣占 1%、单身占 28%、丧偶 3%、离异 5%、分居者 2%；在妇女中，已婚者 49%、同居者占 10%、民事伴侣占 0%、单身占 22%、丧偶 10%、离异 7%、分居者 2%。（参见表 4 - 7）

表 4 - 7 以性别统计的婚姻状况

单位:%，人

婚姻状况	男 子	妇 女
已婚	52	49
民事伴侣	1	0
同居	10	10
单身	28	22
丧偶	3	10
离异	5	7
分居	2	2
加权计算基数（000s） = 100%	23632	24792
未加权样本	7020	7820

注：统计对象为 16 岁以上所有人（含 16 岁），英国，2010。

---

① "'Gay Weddings' Become Law in UK", http：//news. bbc. co. uk/2/hi/uk_ news/4493094. stm.

② http：//www. legislation. gov. uk/ukpga/2004/33/enacted.

③ "Sex by Marital Status," http：//www. ons. gov. uk/ons/rel/ghs/general - lifestyle - survey/2010/marriage - and - cohabitation. xls. 原表注释包括：1. 2010 年结果包括纵向的数据（见附录 B GLF 技术：样本设计和回应）；2. 婚姻状况是指在年初的采访记录的状况；3. 自 2005 年 12 月以来，同性夫妇已获得法律上的认可，注册为民事伴侣；4. 同居者的数目非常小。所有未加权基数都四舍五入为最接近的 10。

这表明，在各自的群体中，男女两性已婚、同居比例相似，但单身男性所占比例明显多于单身女性的比例；女性丧偶和离异者比例则明显高于相应男性的比例。调查显示，男女同居者均占到自己所在群体的10%。

英国国家统计局办公室2010年对英格兰、威尔士婚姻状况的调查显示，1930~2010年的结婚离婚数量曲线表明，包括大伦敦在内的英格兰、威尔士的结婚人数在第二次世界大战初期达到最高，后急剧下降；战争结束前又迅速上升并相对平稳发展；1969年《离婚改革法案》通过，自20世纪70年代初，结婚人数一路减少，2000年后稍有回升，但旋即创下历史新低，并在2010年略有回升。目前，英国的结婚数量仍处于历史低点。

2000年婚姻家庭的数量增长了3.7%，达到了244400个。16岁以上（含16岁）人口中，每1000名未婚人口，有8.7人结婚，超过了2009年的8.5人；举行民事仪式者占全部结婚数目的68%，而在2000年，这个比例为64%。结婚数量最大的男子和妇女的年龄段是25~29岁。2009~2010年，结婚数量增长最快的是45~49岁的男性和30~34岁的女性，两者都增长了6%（见图4-8）。

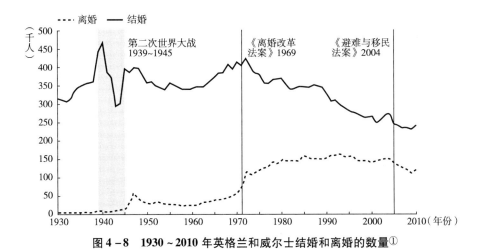

图4-8　1930~2010年英格兰和威尔士结婚和离婚的数量①

---

① ONS, "Marriages in England and Wales, 2010", http://www.ons.gov.uk/ons/dcp171778_258307.pdf.

1970~2010 年，英国男女结婚的年龄普遍增加，但在 2008 年和 2010 年有轻微下降。1970 年，新郎、新娘的平均年龄是 27.2 岁、24.7 岁，2010 年是 36.2 岁、33.6 岁。1970 年，男性初婚年龄为 24.4 岁，女性为 22.4 岁。2010 年，男性初婚年龄为 32.1 岁，女性为 30 岁。①

从历史趋势来看，到 2010 年，包括伦敦在内的英格兰和威尔士地区的结婚数量在创下历史最低后重新抬头，开始显示出回升态势；而离婚数量在 21 世纪最初几年缓慢达到高点后逐渐回落的趋势中又开始回升。整体来说，英格兰和威尔士的结婚数量仍然处于历史低位，而离婚数量在向上反弹。这个统计也同时说明，战争、重大政策变化等在很大程度上影响着婚姻状况的发展变化。

到 2011 年，英国民事伴侣的数量比 2010 年增加了 6.4%，达到 6795 对，在英格兰，民事伴侣中男性的平均年龄为 40.1 岁，而妇女的平均年龄是 38.3 岁。②

从图 4-9 中可以看到，在 39 岁之前，女性同性恋数量比男性多，但之后，男性同性恋数量较大，且在 65 岁以上组，这种情况更为明显。

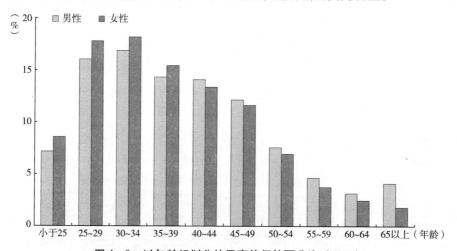

图 4-9　以年龄组划分的民事伴侣的百分比（2011）

---

① ONS, "Marriages in England and Wales, 2010", http://www.ons.gov.uk/ons/dcp171778_258307.pdf.
② ONS, "Civil Partnerships in the UK, 2011", http://www.ons.gov.uk/ons/dcp171778_274464.pdf.

二 妇女、子女、工作与家务劳动取向

在讨论包括大伦敦的英格兰和威尔士的"亲密关系"种类、具体数据、男女两性结婚、离婚的变化趋势后，本部分将进一步讨论当地妇女的"亲密关系"与拥有子女的情况，以及她们工作、从事家务劳动的现实与心态。

（一）妇女的婚姻、生育与子女数目

第二次世界大战后，英国和世界上许多国家一样都经历了婴儿潮。但婴儿潮之后，英国的一个显著特点就是妇女生育数量减少，无子女妇女显著增加。根据英国国家统计局办公室对整个英国以及对英格兰和威尔士 1956 ~ 1960 年出生妇女的多组统计数据，可以发现一些很有代表性和很有意思的现象。

根据英国国家统计局办公室 2010 年对英国 16 ~ 59 岁妇女的统计：在已婚妇女中，有受供养子女者占 55%，只有不受供养子女者 16%，无子女者 29%；在分居者中，有受供养子女者占 53%，只有不受供养子女者 16%，无子女者占 31%；在同居妇女中，有受供养子女者占 46%，只有不受供养子女者 5%，无子女者占 49%；在丧偶妇女中，有受供养子女者占 31%，只有不受供养子女者 12%，无子女者占 57%；在离异妇女中，有受供养子女者占 38%，只有不受供养子女者 21%，无子女者占 41%；而在单身妇女中，有受供养子女者占 20%，只有不受供养子女者 4%，无子女者占 76%（见表 4 - 8）。

笔者认为，统计数字一方面加强了人们对孩子与婚姻关系的某些思维定式性：首先，已婚妇女中有孩子的比例大于无子女的比例；这种情况也存在于分居妇女中，笔者甚至猜想，孩子可能是部分家庭选择分居而不是离异的原因之一；与此同时，离异妇女有孩子的比例相应少些。其次，绝大多数单身妇女选择不要孩子。另一方面，调查也有一些引人注意的发现：第一，同居妇女选择要孩子的比例较大，仅次于已婚和分居妇女；第二，丧偶妇女中有子女者的比例远小于无子女者的比例；第三，单身妇女有受供养和不受供养孩子的比例之和为 24%，意味着有比例不低的单身妇女选择要孩子。

表 4 - 8　不同婚姻状况妇女家中是否有受供养子女①

16~59 岁妇女			子女数量			加权基数 (000s) = 100%	英国 2010
婚姻状况		百分比	受供养子女	只有不受 供养子女	无子女		未加权 样本
已　婚		%	55	16	29	6989	2110
未　婚		%	—	—	—	—	—
其　他	同居	%	46	5	49	2280	640
	单身	%	20	4	76	4135	1070
	丧偶	%	31	12	57	163	60
	离异	%	38	21	41	892	290
	分居	%	53	16	31	364	120
总　计		%	43	11	46	14828	4290

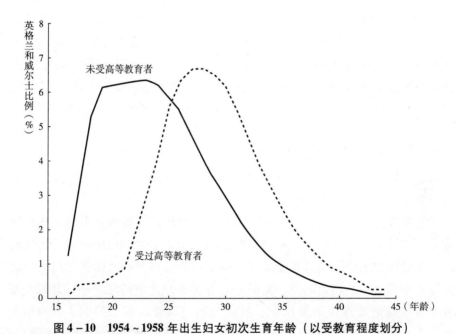

图 4 - 10　1954~1958 年出生妇女初次生育年龄（以受教育程度划分）

① "Sex by Marital Status," http：//www. ons. gov. uk/ons/rel/ghs/general – lifestyle – survey/
2010/marriage – and – cohabitation. xls. 原表注释包括：1. 2010 年结果包括纵向的数据（见附
录 B GLF 技术：样本设计和响应）；2. 婚姻状况是指在年初的采访记录的状况；3. 自 2005
年 12 月以来，同性夫妇已获得法律上的认可，注册为民事伴侣；4. 同居者的数目非常小。
所有未加权基数都四舍五入为最接近的 10。

根据 2010 年对英格兰和威尔士生育情况的统计，48% 出生婴儿的母亲年龄在 30 岁以上，64% 出生婴儿的父亲在 30 岁以上（除了只登记了母亲的孩子）。妇女生育的平均年龄为 29.5 岁，初次生育的平均年龄为 27.8 岁。[1]

妇女的受教育水平与生育年龄有直接联系。一份对 1954～1958 年出生妇女的生育年龄的研究发现，受过高等教育的妇女的初次生育年龄比未受高等教育的妇女大 5 岁左右。[2]

妇女所处的社会阶层对她们是否要孩子的选择有一定的影响。通过表 4－9 可以发现，在英格兰和威尔士，所有被调查妇女中有 5.1% 的专业妇女，在无子女妇女中她们却占到 5.8%，17.8% 的管理和技术妇女在无子女妇女中占 21.2%。相反的，熟练工占全部妇女的 39.6%，无子女者却低于这个比例，为 37.2%，非熟练工为 6.0%，在无子女妇女中占 5.2%（见表 4－9）。

表 4－9　2005 年无子女妇女和母亲[3]

单位：%

社会阶层	无子女	母　亲	所有妇女
专业人士	5.8	4.9	5.1
管理和技术人员	21.2	17.1	17.8
熟练非体力	10.9	10.3	10.4
熟练工	37.2	40.0	39.6
半熟练工	15.3	17.2	16.9
非熟练工	5.2	6.2	6.0
其他	4.4	4.2	4.3
总　计	100	100	100

① ONS, "Live Births in England and Wales by Characteristics of Mother", October 11, 2010, Coverage: England and Wales, http://www.ons.gov.uk/ons/dcp171778_239220.pdf.

② "Higher Qualifications, First - birth Timing, and Further Childbearing in England and Wales", 2003, http://www.ons.gov.uk/ons/rel/population - trends - rd/population - trends/no - 111 - spring - 2003/higher - qualifications - first - birth - timing - and - further - childbearing - in - england - and - wales.pdf.

③ Martina Portanti and Simon Whitworth, "A Comparison of the Characteristics of Childless Women and Mothers in the ONS Longitudinal Study", Office for National Statistics, *Population Trends*, 136 Summer 2009, "Table 12 Childless Women and Mothers in 2005: Percentagedistribution by Social Class of LS Member's Main Economic Supporter in 1971", p.15.

显然，知识和专业技术水平、社会分层较高的妇女无子女的比例相对大些。

在英格兰和威尔士，通过男女双方的年龄差来考察子女情况发现，男性伴侣年轻或年长 1 岁，以及年长 2~5 岁的妇女，做母亲的比例较大，为 37.3% 和 31.4%，高于她们在所调查妇女中所占比例 36.2% 和 30.9%。相反，如果男性伴侣年轻 2~5 岁，甚至 5 岁以上，或者年长 6~10 岁甚至超过 10 岁，无子女的比例则大一些（参见表 4-10）。

表 4-10　2005 年无子女妇女和母亲①

单位:%

年龄差距	无子女	母　亲	所有妇女
伴侣年轻 5 岁以上	4.8	2.7	3.0
伴侣年轻 2~5 岁	13.4	12.3	12.4
伴侣年轻 1 岁或年长 1 岁之间	27.8	37.3	36.2
伴侣年长 2~5 岁	26.6	31.4	30.9
伴侣年长 6~10 岁	16.6	12.0	12.5
伴侣年长超过 10 岁	10.8	4.3	5.1
所有夫妻或伴侣	100	100	100

可见，男女两性年龄相差较小的伴侣要孩子的比例大于年龄相差较大的伴侣。

研究发现，没有伴侣的单身妇女是没有孩子的主要人群，同居妇女也比已婚妇女没有孩子的比例低。同时，妇女及其伴侣的社会地位、年龄差异等都或多或少影响着是否有孩子的情况。

（二）妇女、孩子、工作与家务劳动

根据英国国家统计局办公室 2008 年的统计数据，2/3 的母亲是职业妇女（68%），但没有孩子的妇女更容易就业。最小孩子的年龄影响着母亲的就业率。在有 5 岁以下孩子的母亲当中，有 57% 有工作。最小孩子为 5~10 岁的

---

① Martina Portanti and Simon Whitworth, "A Comparison of the Characteristics of Childless Women and mothers in the ONS Longitudinal Study", Office for National Statistics, *Population Trends*, 136 Summer 2009, "Childless Women and Mothers in 2005: Percentage Distribution by Age Gap between Partners, 1991", p. 17.

母亲的就业率为71%，如果最小孩子为11～15岁，母亲的就业率则为78%。而有孩子的父亲的就业率约为90%，最小孩子的年龄对他们影响不大。妇女更可能从事非全职工作，尤其是在她们有孩子的情况下。38%有受供养孩子的妇女、22%没有受供养孩子的妇女从事非全职工作，而仅有4%有孩子的男子和7%没有孩子的男子从事非全职工作。[①]

日常生活与家务劳动如影随形地联系在一起，在有子女的家庭更是如此。在世界各国，妇女一直都是家务劳动的主要承担者。

2010年11月13日的《每日邮报》报道了敏特信息咨询公司在英国范围内对25000名成年人进行的关于家庭主妇与家务劳动的调查。调查发现，70%的妇女承认自己从洗衣、拖地中获得满足，并指出21世纪的妇女与20世纪50年代的妇女拥有的共同点比她们自己设想的更多。"当超过30%的男人承认其他人负责清扫的时候，只有10%的妇女说同样的话。""超过一半妇女说全部家务都落在自己身上，无论她们是否有工作。"[②] 不过，从该文章下面的评论，可以看到"70%的妇女是撒谎者"的评语。显然，妇女做家务多于男子是事实，是不是有70%的妇女都能从中获得满足感，则需要进行更深入的研究。

根据2004年的统计数据，2000/2001年度，英国妇女比男子做更多的家务活："整体来说，妇女每天花2小时30分钟做家务，做饭、刷碗、清洗和熨烫衣物等，比男性多1小时30分，两性在整理花园、照顾宠物上花的时间差不多。自己动手做一些东西和汽车保养是仅有的男性花时间多于女性的家务。"同一份报告显示，男子和妇女每年旅行的次数相同，但是，男人主要目的是工作，而女人主要目的是购物。在妇女的每4次旅行中，就有1次是购物。[③]

双重负担是伦敦妇女面临的巨大挑战。为了减轻家务劳动负担，伦敦应

---

① http：//www.ons.gov.uk/ons/rel/social－trends－rd/focus－on－gender/september－2008/focus－on－gender.zip.

② Paul Bentley，"How 70% of Women Say They LIKE Doing Housework"，http：//www.dailymail.co.uk/news/article－1329246/How－70－women－say－LIKE－doing－housework.html#ixzz24TTxe35z.

③ "'Focus on'－a New on－line Series Comes to Life"，8 January 2004，http：//www.ons.gov.uk/ons/rel/social－trends－rd/focus－on－gender/january－2004/focus－on－gender.zip.

运而生了一些家政公司，如"伦敦家庭清洁工"① 等。

三 伦敦妇女的生活方式

"生活方式指特定的个人或一群人常做的事情。生活方式取决于个人的选择、特点和个人的喜好、环境。在他们的自由休闲时间里，许多人选择从事艺术和文化活动，读书、去剧院、度假和做运动。"② 伦敦大约有300 个剧院、500 个电影院和12000 个饭店③，为伦敦居民提供了很好的娱乐条件。而在英国国家统计局办公室2012 年出版的《2010 年综合生活方式调查报告》中包括吸烟、饮酒、家庭与人、住房与耐用品、结婚与同居、职业与个人养老计划、健康这七个方面，体现了一种更广义的生活方式。④ 本部分主要讨论前一种狭义的生活方式以及妇女的吸烟、喝酒问题。

（一）英国人生活方式的整体状况

对于英国人生活方式的整体状况，英国国家统计局办公室2011 年出版了最新的《社会趋势：生活方式和社会参与》报告，但该报告缺乏性别视角，对两性差异的分析极为有限。故此处主要以该报告为基础，总体介绍英国人和英格兰人的生活方式。

在休闲和娱乐活动方面，英国成年人每天平均有3 个半小时看电视——英国人的首要休闲方式，2 个半小时使用电脑，1 个小时听收音机。2009 年，15～24 岁的青年人是最经常去剧院的人群，一年有610 万人次。在2009 年，几乎98%的音乐单曲是购买的数字产品，比2007～2009 年增加了91.9%。由于市场需求变化，英国出版社出版的书籍从2007 年的49200 万本降到2009 年的46300 万本，下降了5.9%。在2010 年，41%的15 岁以上成年人阅读一种全国性日报，自1981 年，阅读全国报纸的百分比每10 年降10 个百分点。

---

① http：//www. london － domestic － cleaners. co. uk/.

② Carla Seddon，"Lifestyles and Social Participation"，In *Social Trends* 41，2011，The Office for National Statistics，http：//www. ons. gov. uk/ons/rel/social － trends － rd/social － trends/social － trends － 41/lifestyles － chapter. pdf.

③ "Londoncouncils"，http：//www. londoncouncils. gov. uk/londonfacts/default. htm.

④ "Lifestyle Survey Overview：A Report on the 2010 General Lifestyle Survey，"http：//www. ons. gov. uk/ons/rel/ghs/general － lifestyle － survey/2010/general － lifestyle － survey － overview － report － 2010. pdf.

对于英格兰人，2009/2010 年度，89% 的 16 岁以上的成年人在闲暇时间看电视；在 2005/2006 年度到 2009/2010 年度，成年人去图书馆的比例从 48% 降到了 39%。

在度假和旅行方面，出国度假的人数从 2008 年的 4550 万降到 3850 万，减少了 15%，这是自 2000 年的最低水平。2009 年，西班牙仍然是英国人最热门的出国度假地（假期旅行的 26%），爱尔兰共和国是英国居民出国访问朋友和亲属最常去的地方（假期旅行的 14%）。2009 年，45 ~ 54 岁的英国居民绝大多数出国度假，达 7600 万人次。国内旅行的次数增加了 12%，从 2008 年的 7500 万次增加到 2009 年的 8400 万次。

在 2008/2009 年度，在英格兰，大约有 563000 个家庭有第二处住所，物业达 651000 处，其中 58% 位于英国以外。在英格兰，成年人最喜欢游览的地方是历史名城，55% 的人会访问这些地方。

在体育运动方面，2009 年，不参加运动的英国成年人中有 40% 说没有时间是主要原因。在过去 4 周内至少进行 30 分钟运动的，英格兰成年人因年龄增长而减少，16 ~ 24 岁的人中有 75%，75 岁以上的人只有 18%。在 2009/2010 年度，55% 的英格兰在校学生，从 1 年级到 13 年级，每周至少有 3 个小时的高质量体育课。

在宗教方面，2008/2009 年度，在英格兰和威尔士，信仰基督教的成年人中有 32% 积极参与宗教活动，相较之下，积极参与宗教活动的穆斯林达到 80%。30% 有宗教信仰的成年人说宗教信仰会影响到他们为子女选择的学校类型。[1]

（二）男女两性的生活方式差异

在前文提到的 2010 年《社会趋势：生活方式和社会参与》的最新报告中，涉及性别差异的内容包括以下几方面。

在 2009/2010 年度，英格兰妇女比男子更经常去图书馆：在过去 12 个月内，43% 的妇女和 36% 的男子去图书馆。在 45 ~ 64 岁参观历史遗迹的男子（71%）稍多于妇女（68%）。在体育运动方面，存在一定的性别差异。在接

---

[1] Carla Seddon，"Lifestyles and Social Participation"，In *Social Trends 41*，2011，The Office for National Statistics，http: //www. ons. gov. uk/ons/rel/social – trends – rd/social – trends/social – trends –41/lifestyles – chapter. pdf.

受采访之前的 4 周内，59% 的男子和 48% 的妇女做运动，说明常参加运动的妇女少于男子。

2009/2010 年度的调查表明，妇女比男子更倾向于慈善捐献，61% 的女性和 52% 的男性捐献。但在捐献的数量上，前几年都是男子稍多于妇女，但在 2009/2010 年度，男女捐赠的平均数量相似（31 英镑）。

在宗教方面，妇女比男子更倾向于说她们积极参与宗教活动，信教妇女中的 42% 说自己积极参与宗教活动，男性信徒只有 31%。男子比妇女更倾向说他们的宗教影响着自己选择居住地（男性 19%，女性 16%）和朋友（男性 15%，女性 12%）。[①]

（三）伦敦妇女饮酒与抽烟的情况

根据前文提到的 2010 年《综合生活方式调查》，英国男性的饮酒量是女性的 2 倍以上，在不同的年龄组中，数量略有不同。首先，45～64 岁组是男女两性饮酒最多的年龄段，分别为 17.8 杯和 8.8 杯；其次，16～24 岁组，两者最为接近，为 14.1 杯和 8.4 杯；再次，65 岁以上年龄组，男性为 12.5 杯，女性为 4.6 杯（见表 4－11）。

表 4－11　英国人平均每周饮酒量（以性别和年龄统计）[②]

单位：杯

年　龄	平均每周饮酒量			加权基数（000s）＝100%			未加权样本		
	男子	妇女	总数	男子	妇女	总数	男子	妇女	总数
16～24	14.1	8.4	11.1	2438	2701	5139	560	620	1180
25～44	16.6	8.1	12.2	6864	7582	14446	1610	2090	3690
45～64	17.8	8.8	13.1	6747	7306	14053	2170	2510	4680

[①] Carla Seddon, "Lifestyles and Social Participation", in *Social Trends* 41, 2011, The Office for National Statistics, http://www.ons.gov.uk/ons/rel/social-trends-rd/social-trends/social-trends-41/lifestyles-chapter.pdf.

[②] "Drinking tables 2010", *General Lifestyle Survey*, http://www.ons.gov.uk/ons/rel/ghs/general-lifestyle-survey/2010/drinking.xls. 原表的注释为："1. 结果包括纵向数据（见附录 B－样品设计和回应）；2. 样本未加权数字经四舍五入，故各部分之和加起来不一定等于综合组件项目的总和。"此调查对饮酒量的计量单位为"杯"，指一般的葡萄酒酒杯（an average wine glass size）。

续表

年　龄	平均每周饮酒量			加权基数（000s）＝100%			未加权样本		
	男子	妇女	总数	男子	妇女	总数	男子	妇女	总数
65 以上	12.5	4.6	8.1	4149	5104	9253	1710	1970	3680
总　数	15.9	7.6	11.5	20197	22694	42891	6050	7190	13240

资料来源：《综合生活方式调查》，国家统计局办公室。

注：统计对象为 16 岁以上所有人（含 16 岁），英国，2010。

　　表 4－12 中显示，2010 年伦敦男子在所有被调查者中有 61% "上周喝醉了"，比例低于英国人和英格兰人（67%、68%），在"上周醉了 5 次或更多次"这个选项上，伦敦男子为 16%，仅低于英国和英格兰平均值（17%）1 个百分点。伦敦妇女在所有被调查者中有 45% "上周喝醉了"，低于英国人和英格兰人（53%、54%），在"上周醉了 5 次或更多次"这个选项上，伦敦妇女为 10%，等于英国和英格兰平均值（10%），高于苏格兰（5%）和威尔士（8%）。

表 4－12　上周饮酒情况（以性别和地区划分）

单位:%，人

地　区	上周饮酒		加权基数（000s）＝100%	未加权样本
	上周喝醉了	上周醉 5 次或更多		
男　人				
伦　敦	61	16	2456	510
英格兰	68	17	17249	5130
威尔士	64	17	1069	350
苏格兰	62	11	1924	590
英　国	67	17	20242	6070
妇　女				
伦　敦	45	10	2705	600
英格兰	54	10	19610	6130
威尔士	50	8	1099	380
苏格兰	49	5	2029	680
英　国	53	10	22739	7200
所有人				
伦　敦	53	13	5160	1110
英格兰	61	14	36860	11260

续表

地 区	上周饮酒		加权基数（000s）=100%	未加权样本
威尔士	57	13	2168	740
苏格兰	55	8	3953	1270
英 国	60	13	42981	13270

资料来源：《综合生活方式调查》，国家统计局办公室。

注：统计对象为 16 岁以上所有人（含 16 岁），英国，2010。

可见，首先，伦敦男子、妇女醉酒的情况低于其所在的英国和英格兰的平均值，但严重醉酒的比例却接近平均值。其次，伦敦妇女醉酒和频繁醉酒的比例低于伦敦男子，但伦敦妇女严重醉酒的比例在妇女中并不低，而是处于平均水平。

在吸烟方面，1998 年，伦敦男子和妇女的吸烟者比例在英国和英格兰都处于高位（34%、27%），仅次于苏格兰（35%、29%），男子吸烟比例大于妇女。之后，整个英国人的吸烟比例都呈现下降趋势，到 2010 年，伦敦男子和妇女的吸烟率已经处于最低水平（19%、16%），低于各自的全国平均值（21%、20%），以及英格兰平均值（20%、19%）。当然，伦敦妇女的吸烟百分比仍低于男性（见表 4 - 13）。

表 4 - 13　1998 ~ 2010 年吸烟的流行趋势（以英格兰的性别、地区划分）[①]

单位：%

地 区	加 权											
	1998	2000	2001	2002	2003	2004	2005	2006	2007	2008	2009	2010
男 人												
英 格 兰												
伦 敦	34	31	29	29	28	26	25	24	22	21	26	19
整个英格兰	29	29	28	27	27	26	25	23	22	21	22	20
威 尔 士	29	25	27	27	29	24	24	19	21	20	21	24
苏 格 兰	35	30	32	29	35	29	28	25	24	23	25	25
英 国	30	29	28	27	28	26	25	23	22	22	22	21

[①] "Smoking tables 2010", *General Lifestyle Survey*, http：//www. ons. gov. uk/ons/rel/ghs/general - lifestyle - survey/2010/smoking. xls.

续表

地　区	加　权											
	1998	2000	2001	2002	2003	2004	2005	2006	2007	2008	2009	2010
妇　　女												
英　格　兰												
伦　　敦	27	24	26	21	20	19	20	19	17	18	19	16
整个英格兰	26	25	25	25	24	23	22	21	19	20	20	19
威　尔　士	27	24	26	27	26	22	21	20	20	21	24	26
苏　格　兰	29	30	30	28	28	22	25	25	24	24	24	24
英　　国	26	25	26	25	24	23	23	21	20	21	20	20
所　有　人												
英　格　兰												
伦　　敦	31	27	27	24	24	22	22	21	19	19	22	17
整个英格兰	28	27	27	26	25	25	24	22	21	21	21	20
威　尔　士	28	25	27	27	27	23	22	20	21	21	23	25
苏　格　兰	31	30	31	28	31	25	27	25	24	24	25	25
英　　国	28	27	27	26	26	25	24	22	21	21	21	20

1. 这项调查在 1997/1998 年度、1999/2000 年度没有进行。

2. 由于调查从财年转为公元计年，2005 年度的数据包括 2004/2005 年度第四季度的数据。

3. 从 2006 年以后的结果包括了纵向数据（见附录 B － 样品设计和回应）。

注：统计对象为 16 岁以上所有人（含 16 岁）。

（四）妇女与体育运动

2012 年 8 月，伦敦举办了第 54 届夏季奥林匹克运动会，在伦敦奥组委主席塞巴斯蒂安－科（Sebastian Coe）2012 年 2 月发表的题为《2012 年伦敦奥运会妇女团体》的演讲中指出，"我领导的组委会 3000 人中有 50％ 的成员是女性"[1]，表达了体育改变妇女生活的重要意义。

但整体来看，伦敦妇女参加运动的时间和次数都少于男子。从表 4 － 14 中可以看到，根据 1998 年的统计，无论哪个年龄段，每周运动 5 天的男子各个年龄组的比例都多于妇女，每周运动少于 1 天的各个年龄组妇女的比例都高于

———————————

① 《体育改变女性生活　伦敦奥组委妇女占据半边天》，http：//sports. qq. com/a/20120222/000817. htm。

男子；每周运动 2~3 天的 55~64 岁妇女比例高于男性（13%、10%），每周运动 1~2 天的 44 岁以下妇女人数大于同年龄组男子（见表 4-14）。

表 4-14　以性别和年龄分列的体育运动情况（1998）

英格兰① 　　　　　　　　　　　　　　　　　　　　　　　　单位：岁，%

男　　性	16~24	25~34	35~44	45~54	55~64	65~74	75 及以上	所有年龄（16 岁及以上）
每周少于 1 天	15	16	21	28	33	45	64	27
每周 1~2 天	20	24	23	26	28	29	22	24
每周 2~3 天	13	14	16	12	10	10	7	12
每周 5 天以上	53	46	40	33	29	15	7	36
所有男性	100	100	100	100	100	100	100	100
女　　性	16~24	25~34	35~44	45~54	55~64	65~74	75 及以上	所有年龄（16 岁及以上）
每周少于 1 天	34	21	22	30	36	51	72	35
每周 1~2 天	33	30	31	27	31	30	20	29
每周 2~3 天	12	16	14	12	13	8	4	12
每周 5 天以上	21	33	33	32	21	11	4	24
所有女性	100	100	100	100	100	100	100	100
全　　体	16~24	25~34	35~44	45~54	55~64	65~74	75 及以上	所有年龄（16 岁及以上）
每周少于 1 天	24	18	22	29	35	48	69	31
每周 1~2 天	36	27	27	26	29	30	21	27
每周 2~3 天	13	15	15	12	11	9	5	12
每周 5 天以上	37	40	37	32	25	13	5	30
所有成人	100	100	100	100	100	100	100	100

注："运动"是指 30 分钟以上中强度运动。
　　"成人"是指 16 岁及 16 岁以上人口。
　　表 4-14 中数据有比例数相加超过或低于 100% 的情况，为英国国家统计局办公室发布的原始数据情况。——编者注

① *Social Trend 30*, http：//www. ons. gov. uk/ons/rel/social - trends - rd/social - trends/no - 30 - 2000 - edition/social - trends - full - report. pdf，p. 126.

尽管这一统计数据距今已有10余年，但英格兰两性参与运动的整体情况并没有发生太大变化。2009/2010年度，在接受采访之前的4周内，英格兰59%的男子和48%的妇女做运动，说明常参加运动的妇女少于男子。[①]

四 伦敦妇女婚姻家庭状况与生活方式特点

在婚姻家庭关系与生活方式方面，伦敦（英国、英格兰）妇女状况可简要总结为以下几个要点。

第一，在婚姻家庭方面，伦敦妇女和英国、英格兰妇女的整体发展趋势是一致的：结婚人数在达到历史最低点后在2010年稍有回升；离婚数量也在历史最高点上下浮动。同时，妇女要孩子数量减少；初婚年龄和生育子女年龄都有提高，妇女的受教育程度直接影响其初次生育的年龄；无子女妇女显著增加，妇女承担的家务劳动多于男子。

第二，英国在婚姻家庭制度和现状上有一些个性特点。首先是年龄，英国将16岁视为成年与否的分界线，当然16~18岁的年轻人在结婚和做民事伴侣登记时需要监护人的意见。其次是婚姻状况的种类，在英国除了未婚、已婚、离婚、丧偶这四种类型外，存在民事伴侣这种合法的同性恋关系，同居、分居也在讨论的范围内，社会调查中的分类丰富多样。再次，在英国的统计数据中，可以清楚地看到从"二战"之前到现在的统计曲线，统计数据系统而完整。

第三，在生活方式方面，伦敦（英国、英格兰）妇女的生活方式多姿多彩。值得注意的是，在其休闲生活中，去图书馆、阅读报纸曾经是重要指标，但现在的发展趋势是，读书、去图书馆人数减少，看电视、使用网络和各种数字产品的人数增加。近年来的金融危机无疑影响了英国人的生活，出国度假的人数减少，但国内旅行人数增加。男女两性在休闲方法上存在一定差异，女性参加运动、外出度假人数明显少于男性。而且，有很大比例的英国人在国外买房置业。

第四，在吸烟喝酒方面，研究发现，伦敦男子比妇女的吸烟、喝酒比例高。伦敦人吸烟者的比例近年来一直呈下降趋势，老年人喝酒、吸烟少了，运动也少了。

[①] Carla Seddon, "Lifestyles and Social Participation", In *Social Trends* 41, 2011, The Office for National Statistics, http：//www. ons. gov. uk/ons/rel/social – trends – rd/social – trends/social – trends –41/lifestyles – chapter. pdf.

第五，慈善捐赠是英国人生活方式的一个重要方面，女性在其中的积极参与具有相当的社会价值。

第三节　巴黎女性婚姻家庭与生活方式状况

随着受教育权、选举权以及劳动权的获得和女性社会地位的提高，巴黎妇女对婚姻家庭的理念发生了一定的变化，而现代生活方式也逐渐改变了婚姻家庭中妇女的作用和两性关系模式。另外，在当代经济背景下，巴黎妇女面临着更多的职业机遇和就业挑战，所以职场生活也影响了她们的日常生活内容。巴黎女性受教育年限长，就业率高，所以结婚和生育的年龄都在推迟，造成了巴黎社会一些新现象的出现。本节将探讨巴黎妇女的婚姻家庭状况，并观察她们的生活方式特点。

一　巴黎妇女婚姻与家庭状况

从 20 世纪 90 年代至今，巴黎妇女的结婚率逐渐降低，离婚率和独居率则逐渐上升，这其中有观念变化的因素、生活方式的选择原因，也存在法国立法方面的一些影响作用。

（一）巴黎妇女的婚姻与生育状况

传统婚姻模式不再是巴黎女性唯一的选择，伴侣模式在法国社会中走向多元。但是这并不影响她们对一些传统价值的重视，比如伴侣间的忠诚和子女的养育。

1. 传统婚姻形式的弱化趋势

对于法国人来说，结婚的形式已经不再像从前一样重要。从 20 世纪 90 年代到 21 世纪前 10 年，法国注册结婚的绝对人数呈下降趋势。1990 年，法国全国注册婚姻287100 例；到 2009 年，法国全国注册婚姻下降到 251478 例。根据 2011年发布的最新数据，巴黎市 2009 年登记结婚人数为 9654 对，巴黎大区登记结婚人数为45703 对。[①] 从结婚率方面看，2008 年法国人口结婚率为 4.1‰。巴黎

[①] "Mariages enregistré"，法国国家统计与经济研究所网站，http：//www. insee. fr/fr/themes/tableau. asp? reg_ id = 20&ref_ id = poptc0231，访问日期：2012 年 11 月 16 日。

市人口结婚率为5.7‰，巴黎大区为4.7‰，都高于全国水平。[①] 从中可以看出，虽然巴黎现代化程度高于外省，通常人们会认为巴黎人的传统婚姻观比外省人要弱，而实际上他们在两性结合模式上却并没有因此比外省更多地背离传统。

在法国城市地区，妇女初婚年龄逐年增大。"二战"后的1946年，法国城市妇女平均初婚年龄是24.3岁。1990年，该数字增加到25.6岁，到2009年，该数字为29.8岁。[②] 与男性相比，妇女平均结婚年龄仍然较低。2009年，法国城市男性初婚平均年龄是31.7岁。[③] 虽然未能搜集到巴黎大区的相应数据，但在整个巴黎大区，从1999年到2005年，该地区居民平均初婚年龄推迟了1年多。应该说，初婚年龄推迟也是巴黎妇女婚姻状况的一个特点。

巴黎地区的离婚率普遍高于法国其他地区。根据法国国家统计与经济研究所在2006年、2007年和2008年做出的调查，巴黎市离婚率最高，1000个结婚的人中有20.5个人离婚。该数字是法国离婚率最低的洛泽尔省（Lozère）的三倍。[④]

伴随着传统婚姻形式的弱化趋势，单亲家庭的数目和独居人数也随之增加。

首先，1999～2005年的6年间，巴黎大区单亲家庭数目增长了11.5%。2005年初，整个巴黎大区有402000户单亲家庭，占家庭总数的8.4%。而在法国其他地区，单亲家庭所占比例为7.3%。在巴黎大区，平均每户单亲家庭养育1.6个孩子。在大多数离婚情况下，孩子由女性抚养。巴黎大区孩子在

---

① "Nuptialité: comparaisons régionales"，法国国家统计与经济研究所网站，http://www.insee.fr/fr/themes/tableau.asp? reg_ id =99&ref_ id =t_ 0602R，访问日期：2012年11月16日。

② "Mariage et nuptialité"，法国国家统计与经济研究所网站，http://www.insee.fr/fr/themes/detail.asp? ref_ id = bilan – demo&page = donnees – detaillees/bilan – demo/pop_ age3b.htm，访问日期：2012年11月16日。

③ "Mariage et nuptialité"，法国国家统计与经济研究所网站，http://www.insee.fr/fr/themes/detail.asp? ref_ id = bilan – demo&page = donnees – detaillees/bilan – demo/pop_ age3b.htm，访问日期：2012年11月16日。

④ France Prioux et Magali Mazuy, "L'évolution démographique récente en France: dix ans pour le pacs, plus d'un million de contractants"，http://www.ined.fr/fichier/t_ publication/1489/publi_ pdf1_ evolution_ demographique_ recente_ pop3.pdf，访问日期：2012年11月20日。

父母为 25 岁以下的单亲家庭中，85% 的家庭由女性独自承担经济压力。而且，离婚后独自抚养孩子女性的再婚率比离异男性也要低得多。[①]

一般来说，单身母亲比单身父亲更容易受到经济问题的困扰。根据法国 2005 年的一项调查，在巴黎大区，有 20% 的单亲家庭处于贫困线以下（法国政府 2005 年规定，法国人均收入的 50% 即为贫困线）；在由一名女性支撑的单亲家庭中，22% 的家庭处于贫困线以下。[②] 2006 年，巴黎市有妇女和孩子组成的 59573 个单亲家庭。根据巴黎住房补贴中心（CAF）的数据，2009 年 43% 的妇女单亲家庭生活在低收入线以下。[③]

其次，在巴黎大区有 170 万人独居。独居人数在 1999 ~ 2005 年增长了 8.6%。在独居人群中，妇女比例高于男性，所占比率为 58%。[④] 独居的妇女数量随年龄的增长而增加，尤其是 50 岁以上人群中，独居妇女人数远远高于男性。巴黎大区 75 岁以上的妇女独居比率最大，她们是 75 岁以上的独居男性人数的 4 倍。[⑤] 根据 2002 年的调查数据，该地区 60% 以上 80 岁以上妇女独居；而 80 岁以上的男性中，只有不到 25% 的人独居。[⑥]

究其原因，主要有两点。第一，这关系到社会观念问题，离婚或分居后的男性比妇女更容易再次找到伴侣，因此年龄较大的独居男性少于妇女。第

① "Enquêtes annuelles de recensement de 2004 à 2006, en Ile – de – France, davantage de familles monoparentales et de personnes seules qu'en 1999"，法国国家统计与经济研究所网站，http：//insee. fr/fr/themes/document. asp? reg_ id = 13&ref_ id = 12028，访问日期：2012 年 11 月 20 日。

② "Les inégalités sociales et territoriales de santé dans l'agglomération parisienne"，法国公共健康研究院网站，http：//www. iresp. net/docs/files/Projet% 20Chauvin% 20 – % 20article% 203% 202009. pdf，访问日期：2012 年 11 月 20 日。

③ "Egalité femmes – hommes, quelques chiffres significatifs"，巴黎市政府网站，http：//www. paris. fr/politiques/citoyennete/egalite – femmes – hommes/quelques – chiffres – significatifs/rub_ 4990_ stand_ 177_ port_ 10710，访问日期：2012 年 11 月 20 日。

④ "Les inégalités sociales et territoriales de santé dans l'agglomération parisienne"，法国公共健康研究院网站，http：//www. iresp. net/docs/files/Projet% 20Chauvin% 20 – % 20article% 203% 202009. pdf，访问日期：2012 年 11 月 20 日。

⑤ "Plus de personnes seules, moins de couples avec enfants"，法国国家统计与经济研究所网站，http：//www. insee. fr/fr/themes/document. asp? reg_ id = 20&ref_ id = 4785，访问日期：2012 年 11 月 20 日。

⑥ "A Paris, plus de six femmes sur dix vivent seules après 80 ans"，法国国家统计与经济研究所网站，http：//www. insee. fr/fr/themes/document. asp? reg_ id = 20&ref_ id = 5256，访问日期：2012 年 11 月 20 日。

二，妇女平均寿命比男性长，老年独居妇女中很多是孀居。

2. 巴黎妇女生育时间推迟、子女人数减少

妇女生育年龄推迟现象在法国十分普遍。一方面，结婚时间的推迟部分导致了生育时间的推迟；另一方面，女性对自身职业发展、自我价值实现的重视是其推迟生育年龄的主要原因，尤其是在女性就业率较高的巴黎地区。当劳动力市场上仍然存在男女不平等的现象，女性生育势必对其职业发展造成阻碍，因此，很多职业女性倾向于选择推迟生育。

在过去的 30 多年中，女性的生育年龄不断推迟。1978 年法国女性初次生育平均年龄为 24.2 岁，到 1998 年，推迟至 27.6 岁。[1] 巴黎地区女性初次生育的平均年龄往往高于法国全国女性的平均年龄。2008 年，巴黎市女性的初次生育平均年龄为 32.2 岁，巴黎大区的女性初次生育平均年龄为 30.9 岁，而法国女性初次生育平均年龄为 30.1 岁。[2] 根据 2008 年的统计，巴黎市平均每 10 名当年出生的儿童中有 1/5 儿童的母亲年龄在 25~29 岁，有 1/3 的巴黎儿童出生时母亲年龄在 35 岁以上。[3]

巴黎市平均每名妇女生育的子女数也低于全国平均水平。2008 年，巴黎市平均每名妇女生育 1.6 个子女，法国全国平均每名妇女生育子女数为 1.9个。但是巴黎大区的数字却略高于全国水平，为 2.01 个。[4]

3. 非婚生子女人数的增加[5]

近年来，法国非婚生子女的比率呈逐年增加趋势。巴黎大区非婚生子女的增长率低于法国其他地区。这一比较结果可以用巴黎大区结婚率高于外省的现象来解释。从 1990 年到 2005 年，巴黎大区婚外生子女增长了 32.2%，为法国 22 个行政大区中增长率最低的区域。2005 年，巴黎大区 73600 名儿童属

---

[1] "Pourquoi tant de grossesses tardives"，E – sante 网站，http：//www. e – sante. fr/pourquoi – tant – grossesses – tardives/actualite/955，访问日期：2012 年 11 月 20 日。

[2] "Fécondité et natalité"，法国国家统计与经济研究所网站，http：//www. insee. fr/fr/in-see.../femmes_ 1_ 05. pdf，访问日期：2012 年 11 月 20 日。

[3] "Fécondité et natalité"，法国国家统计与经济研究所网站，http：//www. insee. fr/fr/in-see.../femmes_ 1_ 05. pdf，访问日期：2012 年 11 月 20 日。

[4] "Fécondité et natalité"，法国国家统计与经济研究所网站，http：//www. insee. fr/fr/in-see.../femmes_ 1_ 05. pdf，访问日期：2012 年 11 月 20 日。

[5] "Les naissances hors mariage augmentent moins vite en Ile – de – France qu'en province"，法国国家统计与经济研究所网站，http：//www. insee. fr/fr/themes/document. asp? ref_ id = 10291，访问日期：2012 年 11 月 20 日。

于婚外生子女，占同年出生儿童总数的42%，在法国22个大区中排名倒数第二。根据法国国家统计与经济研究所2005年的数据，当年在巴黎大区有50%的第一胎婴儿为非婚生，在外省该数字为60%。有一部分的非婚生婴儿父母在孩子出生后办理了结婚手续，不过近年来，越来越多的女性在第一次生育的时候仍然是未婚的状态。

在居住在巴黎的女性中，婚外生育子女的法国女性（45%）比率高于外来移民女性（33%）。非婚生育子女的女性年龄往往较低。在25岁以下生育子女的巴黎大区女性中，60%的人是非婚生育。在年龄低于30岁的巴黎大区女性中，48%的人在生育子女时没有结婚，而在30岁以上的女性中，这个数字则降到了35%。

在巴黎大区的职业女性中，35%的女性管理干部在生育子女时没有注册结婚，而在女性职员中则有48%的人在生育子女时未婚。

非婚生子女现象给女性带来的经济压力和综合压力的增加也引起了法国官方的更多重视。

（二）影响结婚率和非婚生子女现象的法律机制原因：民事同居契约

民事同居契约（PACS）是民事结合的一种形式，介于婚姻与同居之间，是法国社会生活中的一个特色现象。

1. 民事同居契约的内容

1999年法国左右共治时期，社会党若斯潘（Lionel Jospin）政府推出了这种新型家庭形式。它是介于婚姻和自由同居之间的一种民事结合形式，签订契约的双方可以享受婚姻机制所拥有的一些权利，也须对对方承担一些相应的义务。但是，与婚姻不同的是，婚姻中双方的义务是由法律规定的，但在民事同居契约中，双方的义务可以在契约中由当事人双方进行具体的约定。解除民事同居契约的法律程序也比离婚简单得多。总的说来，民事同居契约既为双方规定了具体的权利和义务，又有很大的自由度。

民事同居契约双方与婚姻双方关系的主要异同点表现在以下几个方面。

在民事同居契约当中，契约当事人和结婚一样，需要年满18周岁。不同之处在于，双方可以是异性的，也可以是同性的。契约登记机构是法院，而婚姻登记机构是市政府。在婚姻机制中，夫妻之间有相互救济、相互帮助的义务；在民事同居契约当事人之间，则存在物质上相互帮助的义务。在家庭债务方面，两种机制的规定基本类似：凡维持一般家庭生活需要所发生的债务，属共同债务，即使是一方所欠，另一方也有偿付义务。在家庭财产方面，对婚姻而言，由于存在明确的家庭财产制度，故婚后添置财产的归属一般不会有问题。在民事同居契约下，法律对此没有明确的规定，财产的归属视作当事人之间的约定。在遗产继承方面，在婚姻情况下，未亡人对亡者的遗产拥有 1/4 的继承权，而民事同居契约的当事人就没有这样的法律保护，需要通过遗嘱进行确认。在解除契约时，离婚需要通过法院，法官可以进行一定干预以保证各方合法权益。而民事同居契约的解除，只需履行行政申报手续即可。另外，民事同居契约期间双方所生的子女属于非婚生子女。

2. 民事同居契约的社会接纳度

这种新结合形式一经推出，在法国立刻受到了许多年轻人的青睐。从 1999 年到 2009 年民事同居契约推出的第一个十年间，法国共有 70 万对情侣注册登记。根据法国司法部调查显示，民事同居契约在法国城市地区以及受教育较高人群中最受欢迎。在巴黎大区，民事同居契约签订率是法国全国数字的两倍。根据法国司法部 2005 年公布的数据，法国全国每 10000 名居民中有 59 个民事同居契约，而在巴黎大区，每 10000 名居民中有 133 个民事同居契约。① 巴黎市签订民事同居契约的人数位居全国城市之首。根据法国司法部的统计，1999 ~ 2008 年，巴黎市平均每万人签订民事同居契约 184.1 个。②

在法国，由于同性恋不能注册结婚，因此，民事同居契约制度为同性恋情侣提供了一个维持长期关系、共同分享权利、彼此承担义务的平台。巴黎市也是法国同性恋人士签订民事同居契约最多的城市。根据调查，从 1999 年到 2008 年，巴黎市一共有 8000 例同性恋民事同居契约，为这一期间巴黎市民

---

① Nadine Ruelland, "Le pacte civil de solidarité: importante progression en 2005 (archive)", http://www.justice.gouv.fr [archive], Direction de l'Administration générale et de l'Équipement, Juin 2006.

② Emmanuel Jaurand et Stéphane Leroy, "Pacs des villes et pas des champs?", *Données Urbaines 6*, D. Pumain et M. – F. Mattei (Ed.), 2011, pp. 123 – 132.

事同居契约签订总数的 17%。巴黎同性恋民事同居契约签订者中，女性同性恋数量远低于男性同性恋。根据 2007 年的数据显示，巴黎签订民事同居契约的女性同性恋仅占 22%，而男性同性恋占 78%。[①]

（三）巴黎妇女工作和家庭的平衡

在职业与家庭之间，巴黎妇女努力寻求平衡，但相比于男性，妇女面临的困难仍然更多。

首先，有子女的妇女就业率仍然低于有子女的男性。"二战"以来，当母亲的职业妇女在法国劳动力市场上所占比例越来越大，但根据法国国家统计与经济研究所 2006 年的调查，法国全国有子女的妇女就业率为 82.4%，有子女的男性就业率为 92.3%。在巴黎市，有子女的妇女就业率比全国高出 1 个百分点；孩子在三岁以下的妇女就业率为 81%，高于整个巴黎大区（79%）以及全国水平（77%）。[②] 在巴黎市已有子女并且仍然工作的人士中，不做全职工作的妇女比率高于男性：18% 的有子女的妇女不做全职工作，而只有 6% 的有子女的父亲不做全职工作。

其次，在需要夫妇其中一人放弃工作照顾孩子的时候，往往是妇女承担家庭任务。巴黎市孩子在 25 岁以下的夫妇或同居男女组成的家庭中，75% 的家庭中男女双方都有自己的工作。在巴黎市，这样的家庭有 139400 户。在有孩子的家庭中，孩子数量越多，父母需要有一方留在家中照顾孩子的可能性就越大。在巴黎市，有一到两名子女的家庭中父母都工作的占 78%，有三名子女的家庭中，这个数字则下降到 65%，留守家庭的主要是妇女。[③]

再次，生育子女对妇女的职业影响比对男性大得多。根据一项针对巴黎大区的调查，拥有年幼子女的职业妇女很少会更换工作，因为她们要把大量精力投入照顾孩子身上，而更换工作会花费大量精力。此外，由于一

---

① Emmanuel Jaurand et Stéphane Leroy, "Pacs des villes et pas des champs ?", *Données Urbaines 6*, D. Pumain et M. – F. Mattei（Ed.），2011，pp. 123 – 132.

② "Paris gagne à nouveau des familles"，法国国家统计与经济研究所网站，http：//insee. fr/fr/ themes/document. asp? reg_ id = 20&ref_ id = 15800，访问日期：2012 年 11 月 20 日。

③ "Paris gagne à nouveau des familles"，法国国家统计与经济研究所网站，http：//insee. fr/fr/ themes/document. asp? reg_ id = 20&ref_ id = 15800，访问日期：2012 年 11 月 20 日。

些雇主不愿意雇佣有年幼子女的妇女，这也是阻碍妇女寻找新的职位的因素。①

最后，大部分家务劳动和照看孩子的工作仍然由妇女承担。妇女在家务劳动上所用的时间是男性的两倍。②巴黎大区职业妇女平均日工作时间长于外省，她们的日平均工作时间为 6 小时 50 分钟，而法国外省职业妇女平均日工作时间为 5 小时 47 分钟。而巴黎大区职业妇女每天在外工作和做家务的时间加起来要比职业男性多 20 分钟。

不过近 15 年来，有子女的职业妇女花费在家务和照看孩子上的时间有所减少。27%在公共行业工作的法国妇女更倾向于把孩子送到幼儿园等机构，37%的妇女愿意把孩子交由私人照看；而在私有行业工作的妇女把孩子送到幼儿园的比例是 18%，把孩子交由个人照看的比例为 39%。在大城市，由于幼儿园等负责集体照顾儿童的机构比较发达，为职业妇女提供了很多便利。在巴黎市，有 29%的职业妈妈把孩子送到这些机构照看，而在法国农村地区，这个数字只有 13%。③

二 巴黎妇女的生活方式

就业和婚姻家庭是生活方式的重要内容，在时间上占据主导地位。妇女在工作和家庭以外的生活内容往往体现着女性对自我的关注和对生活质量的追求。生活方式涉及很多方面，无法一一尽述。本节选取了出行方式和休闲方式两个方面来考察巴黎妇女的生活方式特点。交通出行方式影响到女性日常生活的节奏，而休闲方式则主要体现了在工作与家庭的双重负担之外，女性追求健康、自我放松、自我调节和在文化等方面自我完善的方式的特点。

---

① "La mobilité professionnelle: facteurs structurels et spécificités de l'Île-de-France", Persée 网站: http://www.persee.fr/web/revues/home/prescript/article/estat_0336-1454_2010_num_431_1_8073，访问日期: 2012 年 11 月 20 日。
② "Parité femmes-hommes en Ile-de-France: des avancées notables, des différences persistantes"，法国国家统计与经济研究所网站，http://www.insee.fr/fr/themes/document.asp?ref_id=7303&reg_id=20，访问日期: 2012 年 11 月 20 日。
③ "Faire garder ses enfants pendant son temps de travail"，法国国家统计与经济研究所网站，http://www.insee.fr/fr/themes/document.asp?ref_id=ip1132&reg_id=0，访问日期: 2012 年 11 月 20 日。

（一）交通出行

城市规模和城市交通网络状况影响到人们花在路上的时间长短，并间接影响到人们的健康状况和幸福感受。巴黎大区妇女为前往工作地点花在路上的时间要比外省妇女长。根据法国国家统计与经济研究所 2011 年的最新数据，巴黎大区的职业妇女从家到工作地点的平均距离为 9.3 公里，平均用时 33 分钟；而外省职业妇女从家到工作地点的平均距离为 10 公里，平均用时只有 19 分钟。[①]

同在外省一样，巴黎大区职业妇女从家到工作地点的平均距离短于职业男性，因为妇女有更多来自家庭的牵绊，职业妇女也不例外，因此她们会更倾向于选择离家近的工作。然而工作地点离家近并没有帮助这些职业妇女节省时间。在巴黎大区，即使妇女的工作地点与家之间的距离比男性的要近，但是男性和妇女在路上花费的平均时间却没有多少差别，因为妇女选择了相对速度较慢的公共交通或者是靠步行。

巴黎大区和城区居民更倾向于选择公共交通工具出行。妇女比男性更偏好选择公交出行。因为巴黎大区拥有便捷的公交地铁网络，不仅巴黎市内部地铁网十分密集，更有 5 条城铁以及郊区火车线路构成大区快速交通网。因此，与自己开车出行相比，46% 的巴黎大区妇女选择公共交通工具出行，只有 36% 的男性选择公交。选择开私家车出行的男性和妇女比率分别为 47% 和 39%。[②]

在私家车的拥有方面，巴黎市 40.6% 的家庭拥有私家车。在拥有私家车的家庭中有 35.3% 拥有一辆私家车，5.2% 的家庭拥有两辆以及以上的私家车。[③] 巴黎大区的数字分别是：46.4%、35.3% 和 21.5%。[④] 巴黎市拥

① "Les Franciliens utilisent autant les transports en commun que la voiture pour se rendre au travail"，法国国家统计与经济研究所网站，http：//insee. fr/fr/themes/document. asp？reg＿ id ＝ 20&ref＿ id ＝17224，访问日期：2012 年 10 月 30 日。

② "Les Franciliens utilisent autant les transports en commun que la voiture pour se rendre au travail"，法国国家统计与经济研究所网站，http：//insee. fr/fr/themes/document. asp？reg＿ id ＝ 20&ref＿ id ＝17224，访问日期：2012 年 10 月 30 日。

③ 法国国家统计与经济研究所网站，http：//www. insee. fr/fr/themes/tableau. asp？reg＿ id ＝ 99&ref＿ id ＝t＿ 1501D，访问日期：2012 年 11 月 20 日。

④ 法国国家统计与经济研究所网站，http：//www. insee. fr/fr/themes/tableau. asp？reg＿ id ＝ 99&ref＿ id ＝t＿ 1501R，访问日期：2012 年 11 月 20 日。

有两辆以及以上私家车的家庭比例相当低，部分原因是巴黎市空间小而地铁网络又十分密集。当一对男女组成的家庭中只有一辆私家车时，通常主要由男性使用车辆。这也部分解释了乘坐公交的妇女比例高于男性这一现象。

（二）妇女休闲方式

巴黎拥有丰富的文化休闲娱乐设施和人文景观，巴黎妇女的休闲方式也比较多元。

1. 巴黎妇女的休闲时间

在观察巴黎妇女休闲方式之前，有必要先关注一下巴黎妇女的休闲时间，因为这是休闲活动的必要前提。根据法国国家经济统计与研究所 2003 年调查显示，法国南部地中海区域的居民平均每天休闲时间居全国之首（约 5 小时），而巴黎地区居民休闲时间最少（不到 4 小时），体现出大都市人的快速生活节奏。总体来看，法国妇女的休闲时间普遍比男性少。职业妇女比职业男性平均每天休闲的时间少 42 分钟，女大学生比男大学生平均每天休闲的时间少 52 分钟，退休妇女比退休男性少 52 分钟，而不工作的妇女则比不工作的男性少 1 小时 45 分钟。[①] 所以综合考量起来，巴黎地区妇女的休闲时间相比之下会更少。在巴黎大区，有子女的职业妇女平均每天只有 40 分钟左右可以用来休闲。这些需要兼顾工作与家庭的母亲休闲的方式主要是看电视和阅读。[②]

2. 巴黎妇女的休闲方式

在巴黎大区，居民的休闲方式主要为观看文艺演出，参观文化场所（展览、博物馆等），进行体育运动、阅读，等等。总体来看，巴黎大区的妇女比男性参与体育运动的时间少（参见第六章第三节），但是妇女比男性更多地选择文化活动和阅读，表现出对文艺的更多爱好。

文化休闲活动与体育类活动略有区别，一方面它体现生活质量方面的需

[①] "Le temps libre"，法国国家统计与经济研究所网站，http：//www. insee. fr/fr/insee_ regions/pays – de – la – loire/themes/infostat/infostat81. pdf，访问日期：2012 年 11 月 20 日。

[②] "Parité femmes – hommes en Ile – de – France：des avancées notables，des différences persistantes"，法国国家统计与经济研究所网站，http：//www. insee. fr/fr/themes/document. asp? ref_ id = 7303&reg_ id = 20，访问日期：2012 年 11 月 20 日。

求；另一方面，它也密切联系着人口的文化素养、艺术素养和兴趣爱好。妇女的文化休闲方式对于子女的文化素养和家庭生活模式也会产生一定的影响，所以应该得到政府和社会的更多重视。

2006 年，法国国家统计与经济研究所就文化娱乐休闲活动根据家庭状况分类在全国进行了调查，调查人群为 16 岁以上人群。从中可以看出，总体来看，妇女对于文化休闲娱乐活动的爱好要超过男性（见表 4 - 15）。

表 4 - 15　法国民众文化休闲生活方式①

单位:%

家庭状况	看电影		话剧或咖啡馆话剧		音乐会和其他音乐表演		参观博物馆和展览	
	女性	男性	女性	男性	女性	男性	女性	男性
单身	43	49	19	17	29	35	33	36
单亲家庭	55	62	16	13	33	31	30	24
无子女夫妇	43	38	19	16	33	28	37	32
至少有一名子女的夫妇	64	59	19	13	37	29	37	30
其他类型家庭	47	44	15	10	29	27	26	17
合　计	52	50	19	15	34	30	35	31

巴黎地区文化场所集中，因此居民参加文化活动的机会也相对较多。仅博物馆一项，巴黎大区拥有 137 家博物馆，位居法国本土 22 个大区之首。②巴黎地区女性参与文化活动的比例比男性高。2009 年，38% 的巴黎大区女性经常参观博物馆或展览，男性比例则为 34%；34% 的女性经常观看戏剧和音乐会，男性比例则为 31%；54% 的巴黎大区女性经常去电影院，而男性比例为 51%。③

---

① "Sorties culturelles selon la situation familiale"，法国国家统计与经济研究所网站，http://www.insee.fr/fr/themes/tableau.asp? reg_ id = 0&ref_ id = NATCCF05414，访问日期：2012年 11 月 20 日。

② "Patrimoine culturel en 2010：comparaisons régionales"，法国国家统计与经济研究所网站，http://www.insee.fr/fr/themes/tableau.asp? reg_ id = 99&ref_ id = t_ 1803R，访问日期：2012 年 11 月 20 日。

③ "Pratiques culturelles à l'âge adulte selon l'âge et le sexe en 2009"，法国国家统计与经济研究所网站，http://www.insee.fr/fr/themes/tableau.asp? reg_ id = 0&ref_ id = NATTEF05443，访问日期：2012 年 11 月 20 日。

巴黎大区居民比法国其他地区的居民阅读量更大。这与巴黎大区人口教育水平和丰富的图书馆资源及书店网有一定关系。根据法国国家统计与经济研究所 2004 年的调查，73% 的巴黎大区居民声称每年至少读一本书，这个数字在法国外省为 68%。在这个地区，21% 的居民在图书馆注册并拥有图书证，而在外省，15% 的居民会在图书馆办理读者卡。在巴黎大区，女性的阅读量要大于男性。2004 年的这项调查显示，在巴黎大区 80% 的女性每年至少阅读一本书，而在男性中，这个数字降至 67%。而且 28% 的女性每年读书 20 本以上，男性只有 18%。这些爱读书的女性往往都受过较好的教育：91% 的有本科以上学历的女性每年至少读一本书。[1]

巴黎大区居民看电视的时间也比外省居民少：20% 的巴黎大区居民不会每天收看电视，他们每周看电视的时间少于 20 小时，而在外省，这个数字为 14%。在看电视上花费时间多的往往是家庭主妇，老年人以及失业者，他们也是收入相对较低的人群。[2]

根据 2004 年的调查，巴黎大区居民的业余爱好主要为戏剧、陶艺、唱歌、写作、乐器、摄影以及绘画。从性别来看，喜欢戏剧、陶艺、唱歌、写作和绘画的女性比男性比率高。[3]

除此以外，法国人每年有 5 周的带薪假期。所以外出度假也成为社会生活的一个重要内容。女性作为家庭成员，在度假方式、地点等方面都有一定决策权。遗憾的是，在这方面，本研究没有能够找到巴黎大区的统计数据。

休闲开支在家庭开支中所占比重能在一定程度上体现法国人对休闲活动的重视。根据 2005 年发布的统计数据，法国人花费于休闲产品设备方面的支出占家庭总支出的 4.2%，花费在与旅游相关的服务上的支出占总支出的

① "Les Franciliens lisent davantage que les provinciaux mais regardent moins la télévision"，法国国家统计与经济研究所网站，http：//insee. fr/fr/themes/document. asp? reg_ id =20&ref_ id = 15405，访问日期：2012 年 11 月 20 日。

② "Les Franciliens sont aussi sportifs que les provinciaux et fréquentent davantage les équipements culturels"，法国国家统计与经济研究所网站，http：//www. insee. fr/fr/insee.../idf/.../alapage237. pdf，访问日期：2012 年 11 月 20 日。

③ "Les Franciliens lisent davantage que les provinciaux mais regardent moins la télévision"，法国国家统计与经济研究所网站，http：//insee. fr/fr/themes/document. asp? reg_ id =20&ref_ id = 15405，访问日期：2012 年 11 月 20 日。

1.7% 。整个休闲开支则占家庭总支出的 9.7% 。①

三 巴黎女性婚姻家庭和生活方式的特点

通过对数据的分析，可以总结出巴黎女性对待婚姻家庭和生活方式的一些特点。

首先，西方社会中，婚姻观念的淡化趋势加强，而总体来看，巴黎女性既表现出对传统婚姻家庭模式一定程度的忠实，同时也表现出对于民事同居契约的较大接纳程度。

其次，在巴黎妇女就业率高的情况下，离异、单亲家庭、非婚生子女、妇女（尤其是老年妇女）独居都是婚姻家庭模式变化和社会观念变化的副产品。比起法国外省妇女，更多的巴黎妇女面对着这些问题，但是法国政府和社会正努力就这些问题提供相关的解决措施，而这些措施中有很多值得其他发展中国家的城市借鉴与参考。

再次，在完成工作、履行家庭责任的同时，巴黎女性也比较关注自己的健康，同时追求着高品质的文化生活。这与法国尤其是巴黎的浓厚文化传统和背景密切相关。反过来，巴黎女性对文化和艺术的爱好也影响着她们的生活质量，更影响着她们对于生活的理解和精神上的自由。如何丰富都市女性的文化精神生活，鼓励女性具有高尚的文化品位，尤其是处于工作与家庭双重压力下的女性，这也是城市建设中需要考虑的问题之一。

第四节　东京女性婚姻家庭与生活方式状况

日本和中国历史渊源悠久，共属儒教圈，自封建时代起就有很多相同的性别认识，例如男尊女卑、女性的三从四德。"二战"后，随着传统的家庭制度被废除，日本在 20 世纪 60 年代的经济高速增长期逐渐形成了新的性别分工意识，即"丈夫出去工作，妻子从事家务、育儿、购物"，也就是我们并不陌生的"男主外，女主内"的性别意识。男性外出工作、女性成为家庭主妇这

---

① "Poids des loisirs dans les dépenses des ménages"，法国国家统计与经济研究所网站，http：//www. insee. fr/fr/themes/tableau. asp? reg_ id = 0&ref_ id = NATTEF05467，访问日期：2012年 11 月 20 日。

种"单方工作"的家庭形态也成为日本社会的主流。随着社会环境和经济的变化，晚婚化和不婚化逐渐流行，夫妻双方同时工作的家庭、老龄单身家庭等多种家庭形态涌现并有所增加。本文将分析多种家庭形态并存的当今日本社会中的东京女性的婚姻状况、在家庭中的地位、生活方式以及对中国女性的借鉴意义。

一　东京女性婚姻状况

本部分将对东京女性的初婚初育年龄、结婚率及离婚率进行调查，并对"二战"后以来这些数据的变化进行分析，进而对东京女性婚姻现状及发展历程进行梳理。

（一）东京女性初婚与初育年龄

据日本"2010 年人口动态统计"① 数据显示，东京女性 2010 年的平均初婚年龄为 29.9 岁，这一数字从 20 世纪 50 年代以来一直呈现递增态势，相比1950 年的 24.3 岁已经提高 5.6 岁。而东京男性的初婚年龄为 31.8 岁，比女性稍高（见图 4 - 11）。

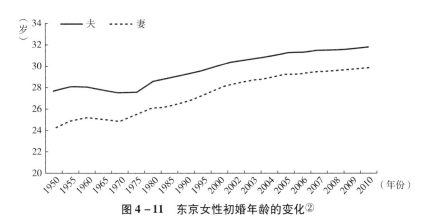

图 4 - 11　东京女性初婚年龄的变化②

关于结婚至首次生育所隔的平均年数，东京在日本排名第一，为2.69 年（日本平均值为 2.19 年）。也就是说，东京女性的平均初育年龄

---

① 由日本中央省厅厚生劳动省统计信息部实施的关于人口动态方面的调查。
② 图 4 - 11 由作者根据日本 2010 年人口动态统计的数值制作而成。

为 31.3 岁，居日本首位。由此可见，东京女性晚婚晚育的情况在整个日本都比较突出。

"东京男女平等参与数据 2011"调查了东京女性初育年龄的变化。如自 2000 年以来，20 ~ 24 岁和 25 ~ 29 岁进行初次生育的女性逐渐减少，而选择在 30 岁以上进行初次生育的女性却呈现递增趋势。2009 年，东京女性在 30 ~ 34 岁进行初育的比率最高，为 37.7%，而这一数据也明显高于全国的数据（31.9%）。（见图 4 - 12）

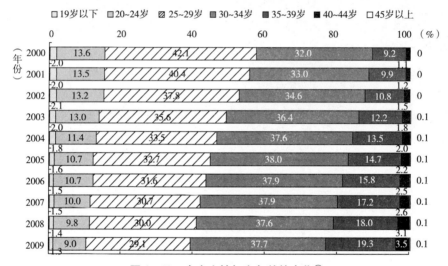

图 4 - 12　东京女性初育年龄的变化①

（二）东京女性的结婚率和离婚率调查

据日本 2011 年东京人口动态统计年报数据显示，2011 年日本全国的结婚率的概数为每千人 5.2 对，而东京超出了这一平均数值，为每千人 6.8 对，比 2010 年的数值 7.1 对有所下降。

在离婚率方面，2011 年，东京都每千对夫妇的离婚率为 1.94 对，略高于日本全国平均数字 1.87 对。东京女性的离婚率位居日本第七。日本离婚率最高的三个地区为冲绳、大阪和北海道。图 4 - 13 为 1950 年以来东京女性离婚

---

① 引自「東京の男女平等参画データ 2011」，详见东京都政府网站，http://www. seikatubunka. metro. tokyo. jp/index8files/ nenjihoukoku. top/data2011/2011top. htm。

率的变化，我们可以看出，自1960年日本经济飞速增长以来，离婚率总体上呈上升趋势，在1985年到1990年进入一个平稳期。而在1990年泡沫经济破灭之后至2000年又呈现直线上升状态，2000年最高点时已经超过1960年的2倍多。而在2000年之后又进入一个相对平稳期，呈现微减趋势。

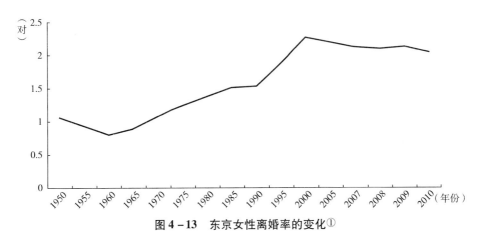

图4-13 东京女性离婚率的变化①

二 东京女性在家庭中的地位

本部分将介绍日本社会通行的"男主外，女兼顾工作和家庭"的性别分工意识，在此基础上，将着重分析东京女性在家庭中的地位，分析将从女性参加工作的比例、女性在选择外出工作还是回归家庭方面的自主权、家庭的劳务分工、家庭的财产归属权、女性对家庭生活的满意度等方面进行。

（一）日本"男主外，女兼顾工作和家庭"的性别分工

谈到日本女性的地位，首先必须提到现代日本社会的性别分工意识。日本和中国自封建时代起就有很多相同的性别认识，例如男尊女卑、女性的三从四德。"二战"后，随着传统的家庭制度被废除，日本在20世纪60年代的经济高速增长期逐渐形成了新的性别分工意识，即"丈夫出去工作，妻子从事家务、育儿、购物"，也就是我们并不陌生的"男主外，女主内"的性别意

---

① 图4-13由作者根据日本2010年人口动态统计的数值制作而成。

识。男性外出工作、女性成为家庭主妇这种"单方工作"的家庭形态也成为日本社会的主流。日本的税收制度、社会保障制度都是以这种"单方工作"的家庭为标准进行设计的,至今没有太大的变化。

之后,日本在经历了70年代的经济增长平稳期和80年代的泡沫经济期之后,进入经济低增长乃至停滞期,被广泛地称为"失去的十年、二十年"。随着社会环境和经济的变化,晚婚化和不婚化逐渐流行,夫妻双方同时工作的家庭,老龄单身家庭等多种家庭形态涌现并有所增加。另外,少子化趋势与日俱增,日本社会面临缺少劳动力的危机。为了应对社会形势的变化,日本政府开始推进"男女共同参与社会"的理念。在此种理念的主导下,女性劳动力逐渐增加,到1998年,夫妻双方同时工作的家庭比率已经超过"单方工作"的家庭。但是,男性分担家务的脚步却未及时跟上,使得"男性外出工作,女性兼顾工作和家务、生儿育女"成为日本新的性别分工意识。

在日本政府的积极推进下,女性走出家庭、参与社会的程度已经有所提高。但是,生儿育女和家务对女性来说仍然是两座大山,很多女性在结婚或者生子时选择辞去工作。另外,很多女性为了继续工作而不得不延迟生子时间,这也成为日本少子化的原因之一。据统计,日本整体有六成左右的女性以结婚或生子为契机辞去工作,她们需要在人生的重要节点上做出关于工作和家庭的非此即彼的选择。而在日本现有的公司体制下,非正式员工休完产假再继续回到工作岗位是很难实现的。

在这种情况下,如本研究就业与收入章节所提到的,东京的女性参与工作的比率呈"M"形曲线(图4-14),也就是说,部分东京女性在结婚或者生子时离开劳动市场,因此,35~44岁年龄段的女性比其他年龄段的女性参加工作的比率要低。虽然选择离开劳动市场的女性的比率有所下降,但是,考虑到这一年龄段的潜在的劳动率①为80%左右,这就说明,有一部分想工作的女性还没能踏出家门。据"2010年东京都男女雇佣平等参与现状调查"显示,设立了明确的制度重新招收因生子或照顾老人而辞职的员工的单位只有不到一成。也就是说,女性一旦因为生儿育女或照顾老人辞职进入家庭,很难再重新回到自己中意的工作岗位。

---

① 自愿参加工作的女性占全体女性劳动力人数的比率。

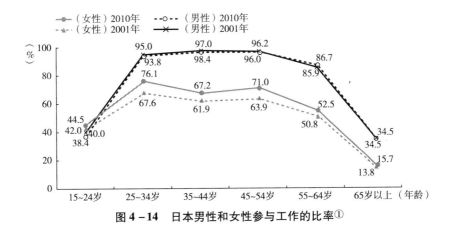

图 4-14　日本男性和女性参与工作的比率①

在东京男女是否平等的认知方面，据东京都政府 2011 年进行的"关于男女平等参与的舆论调查"② 结果显示，对"在社会的普遍观念、习惯和规矩方面男女是否平等"这一问题，有六成左右的男性、八成左右的女性认为"男性受到了优待"。与 10 年前的调查结果相比，认为"男性受到了优待"的男性下降了两成左右，但是女性的认识却基本没有改变。另外，关于"在法律和制度方面男女是否平等"，认为"男性受到了优待"的男性有三成左右，女性则有六成左右，与 10 年前的调查结果相比分别下降了两成和一成左右。另外，东京都政府 2009 年进行的"关于支援培育下一代的舆论调查"结果显示，无论男性抑或女性，反对"男主外，女主内"这一传统想法的比率均超过了赞成的比率。

（二）东京女性关于继续工作或回归家庭的选择决定权和自主权

基于如上所述的日本性别分工意识和女性参与工作的特点，在这里将分析的焦点集中在东京女性关于工作和家庭的选择决定权和自主权方面。东京都政府 2009 年进行的"关于支援培育下一代的舆论调查"对东京女性是否在结婚和生子时改变了工作方式进行了调查，结果如图 4-15 所示。我们可以看到，55.3% 的女性改变了生活方式。有 22.5% 的女性继续从事着结婚前的工作，有 7.2% 的女性结婚前至今从未工作，结婚、生子后首次参加工作的只占 2.3%。

---

① 引自东京都总务局进行的「東京の労働力（労働力調査結果）」，详见 http://
www.seikatubunka.metro.tokyo.jp/index8files/shingikai/4th/danjo/dan1019tm2 - 1.pdf。

② 详见东京都政府网站，http://www.metro.tokyo.jp/INET/CHOUSA/2011/05/60l5n101.htm。

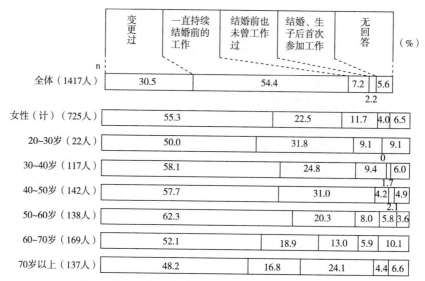

图 4 – 15 　各年龄段东京女性改变工作方式的比率①

　　从各年龄段的情况分析，"二战"后整体的倾向为，因结婚、生子改变了工作方式的女性比率略有下降，但即使现在，处于 20～30 岁的东京年轻女性还有近一半左右会有所改变。而婚后继续工作的比率在 30～40 岁的女性中只占 24.8%。

　　那么，东京女性改变工作方式的原因是什么呢？主动权是否在女性自身？抑或是迫于配偶的压力？图 4 – 16 给出的答案是，因为配偶希望自己改变而改变的只占 5.5%。比例最多的原因为 "希望孩子小的时候全身心照顾家庭"（33.7%），其次为 "家庭和工作难以二者兼顾"（23.4%）。其他的基于女性自身的主观判断的理由还有 "想专心照顾家庭"（10.5%）、"结婚或怀孕前就打算辞职"（7.2%）；其他的客观原因还有 "工作单位里有结婚即辞职，或者生子即辞职的不成文规定"（7.2%）、"没找到保育所"（2.0%）、"没能休育儿产假"（0.7%）。

　　也就是说，从调查结果来看，在日本女性做关于人生的重大决定时，很少是因为配偶的要求而被迫放弃工作回归家庭。更多的是整体的社会环境

<hr />

　　① 引自东京都政府 2009 年进行的「次世代育成に関する世論調査」，详见 http：//
　　www. metro. tokyo. jp/INET/CHOUSA/2009/05/60j5m114. htm。

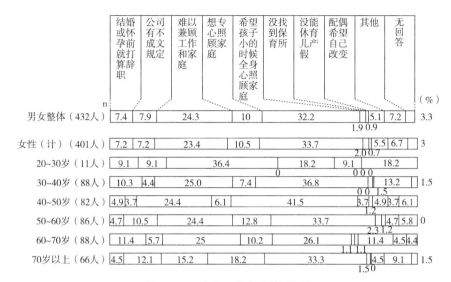

图 4 - 16　改变工作方式的原因①

潜移默化地造就了东京女性的主观意识——她们的自我人生设计就是担当家庭主妇角色，抑或是大学毕业后参加工作，在结婚、生子后就辞职回归家庭。当然，相应的制度建设并未完善也是因素之一。很多公司有不成文的规定，结婚或者生子需要辞职，育儿休假制度并未完善等。这些因素综合到一起，使得东京女性辞掉工作进入家庭的选择看似完全"理所应当"。但是，这看似握在东京女性手中的主动选择权，实则是其他选项被社会文化和制度之手去除之后的余项。

（三）东京家庭的劳务分工——以育儿为中心

根据日本总务省②进行的"2008 年社会生活基本调查"显示，在夫妻双方工作且有小孩的家庭，男性从事家务时间为 30 分钟左右，而女性则超过 4 小时。也就是说，在日本，男性和女性的家庭劳务分工存在着明显落差。日

① 引自「次世代育成に関する支援」，详见 http：//www. metro. tokyo. jp/INET/CHOUSA/2009/05/60j5m114. htm。

② 日本中央省厅之一，是在 2001 年中央省厅再编中诞生的政府机关，是由总务厅、邮政省、自治省"三合一"而来的部门。其主要管理范围包括行政组织、公务员制度、地方行财政、选举制度、情报通信、邮政事业、统计等。

本在家庭的劳务分工上，离真正的男女平等还有很遥远的距离。在关于家庭的劳动方面，由于育儿任务重还是改变日本女性生活轨迹的重大因素之一，在这里将以育儿为重点讨论东京家庭的分工。

东京都政府在 2007 年对 500 人进行的抽样调查表明，只有约一成的被调查者认为父亲在养育子女方面充分发挥了作用；有 67.2% 的被调查者认为父亲对养育子女的参与度并不高。①

关于父亲不能充分参与到子女养育工作中的原因，有约七成的被调查者表示因为"工作太忙，没有时间照顾孩子"，有 66% 认为工作单位的氛围比较难请育儿假；认为"照顾孩子就是母亲的责任"的占 37.1%。可见，东京家庭的父亲还是以工作为主，甚至有近四成的父亲还有固定的性别意识，认为养育子女就是母亲的责任。另外，工作单位的制度不允许父亲请相关的假期也是一个不小的影响因素。

另外东京都政府 2007 年进行的《福祉保健基础调查——东京的孩子和家庭》对夫妻双方以何种比例承担家务和育儿进行了调查。从总体上来看，"丈夫分担一成、妻子分担九成"的比率最高，为 34%；其次为"丈夫二成妻子八成"，为 30.2%；"丈夫三成妻子七成"的为 13.5%；夫妻平均分担的只有 3.3%。另外，在妻子有正式工作的情况下，比率最高的是"妻子八成丈夫二成"为 29.5%；"妻子七成丈夫三成"占 20.3%；比起其他情况的丈夫分担的比率要高一些。但是，我们也不得不注意到，即使妻子有正式工作，夫妻平均分担家务和育儿的家庭也不足一成（7.5%）。这也间接证明，东京职场女性需要兼顾工作和家庭。

另一方面，我们也注意到，东京的男性对家务和养育子女的活动有进一步参与的愿望。东京政府 2007 年进行的《福祉保健基础调查——东京的孩子和家庭》显示，无论是夫妻双方工作的家庭，还是丈夫单方工作的家庭，都有近七成的男性打算进一步参与到家务和育儿活动中。另外，据 2010 年的"东京都男女雇佣平等参与现状调查"显示，在东京工作的男性有五成以上的男性都希望能取得育儿假。但是，与美好的愿望相反，男性实际取得育儿休假的比率只有 1.49%，这个比率在女性中为 92.5%。

---

① 回收问卷共 485 份，回收率为 97%。http：//www. metro. tokyo. jp/INET/CHOUSA/2008/02/DATA/60i27100. pdf。

（四）财产归属

1947 年，日本民法典第四编《亲属法》和第五编《继承法》全面修订，规定日本的夫妇财产关系的原则为个人主义和夫妇平等，夫妇的财产分别归属本人。也就是说，丈夫和妻子对各自的财产持有所有权和管理权。另外，旧的家庭制度被废除，在继承遗产时，配偶和第一继承人拥有同等地位。而且配偶的继承份额在 1980 年被提高，在与子女共同继承时占 1/2，在与直系亲属共同继承时占 2/3，在与兄弟姐妹共同继承时占 3/4。

但是，日本现行的民法也同时规定"双方共同分担婚姻产生的费用"，也就是说生活所需金钱不管是夫妻双方哪方的收入，都归双方所有。这也间接表明，在日本的家庭财产所有制方面，双方共有和夫妻分别持有各自财产两种制度并存。[①] 而且，因为家务劳动属于无偿劳动，在女性主要承担了家务的前提下，即使对家庭有所贡献，也不能体现在财产上，在产生离婚纠纷时，女性在某种意义上处于被动等待被分配的状态。

根据东京女性财团 1997 年对东京夫妻进行的"家庭生活调查"表明，在住宅的归属权上（见图 4 - 17），归丈夫所有的比率为 75.6%，归妻子所有的占 23.6%，二者之间有很大的落差。另外，按不同的年龄段分析的话，女性越年轻，拥有住房财产的比率越高，这也是一个有趣的现象。

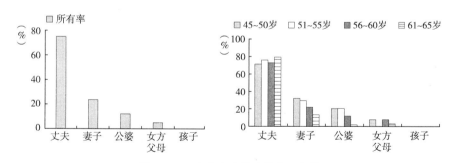

图 4 - 17　东京家庭住宅的归属权[②]

---

① 引自日本民法（明治二十九年四月二十七日法律第八十九号，最终修改：平成二十三年六月二十四日法律第七十四号）第四编第三节第二款第 760 条、第 761 条、第 762 条，详见 http：//law. e - gov. go. jp/htmldata/M29/M29HO089. html。

② 引自东京女性财团进行的「財産・共同性・ジェンダー――女性と財産に関する研究」，1998，详见 http：//home. u01. itscom. net/uemura/activity/event/kaken - a. pdf。

另外，东京女性财团的调查中有一个很有特色的调查项目，就是对丈夫和妻子分别进行意识调查，以分析男女双方对家庭财产所有权的意识差异。1997 年的调查结果显示，丈夫和妻子得到的调查结果惊人的相似，都是丈夫占 7.1 成，妻子占 2.9 成。也就是说，东京的丈夫和妻子在财产归属上认识几乎相同，都认为丈夫拥有家庭财产的七成左右，而妻子拥有家庭财产的三成左右。

那么实际上家庭财产是如何构成的呢？是丈夫继承的部分多，还是妻子继承的部分多？婚后丈夫和妻子对家庭财产的贡献比例又是多少？表 4-16 显示，家庭总财产的约一半来自于丈夫的工作收入。由于妻子的家务劳动通常被认为是无偿的劳动，所以妻子收入只占家庭财产的 1.2% 左右。而拥有自家住房的家庭，丈夫继承家产的比率要比租房或者住单位公房的高一些。这表示，丈夫继承收入的多少，是影响购买住房的因素之一。

表 4-16 丈夫和妻子对家庭财产的贡献比率（按住宅类型分）[1]

单位:%

	比率	妻婚前财产	夫婚前财产	妻继承	夫继承	妻收入	夫收入
租 房	10	0.8	0.7	0.7	0.3	1.5	5.9
单位公房	10	0.3	1.2	0	0.4	1.2	6.9
自家住房	10	0.4	0.8	0.7	1.6	1.2	5.2
总 数	10	0.5	0.8	0.7	1.3	1.2	5.4

（五）东京女性对婚姻生活的满意度

东京都 2008 年 5 月进行的"关于平衡工作和生活的舆论调查"，也包含了对东京女性的生活满意度调查，调查共分四个项目：①是否对家庭生活感到满足；②对自己的兴趣、运动、学习等休闲时间是否满意；③对与朋友、邻居的交往是否满意；④是否对自己参与社区志愿者等活动满意。

首先，对于家庭生活的满意度如表 4-17 所示。整体上有超过 85% 的人

---

① 引自「財産・共同性・ジェンダー——女性と財産に関する研究」，详见 http://home. u01. itscom. net/uemura/activity/event/kaken - a. pdf。

对自己的家庭生活表示满意。分年龄段来看，40～50岁的女性对家庭生活的满意度偏低，这可能与这一年龄段的女性面临子女成人和照顾老人的双重压力有关。在"满足"里面，选择"非常满足"的比率最高的为70岁以上，其次为20～30岁和30～40岁的女性，比率分别为28.5%和28.3%，这表明日本青年女性对家庭生活的满意度比中年女性要高，而70岁以上的老年女性对生活的满意度也较高。

表4-17　东京女性对家庭生活的满意度①

单位:%

	满　足	不　满
整体	85.9	14.1
20～30岁	88.5	11.5
30～40岁	85.4	14.6
40～50岁	79.2	20.8
50～60岁	86	14
60～70岁	89.2	10.8
70岁以上	88.2	11.8

关于对自己的兴趣、运动、学习等休闲时间是否满意，调查结果如表4-18所示。整体上66.9%的女性表示满意，有33.1%左右的女性表示不满。而分年龄段来看，20～30岁的年轻女性因为还没有过多地被家庭牵涉精力，所以有近七成的人对自己的休闲时间的度过方式表示满意。与对家庭生活满意度相同，年龄介于30～40岁的女性对休闲时间的度过方式满意度最低，这也间接表明了来自家庭的重担或多或少地影响了东京女性的休闲时间。随着年龄增大，满意度数据又逐渐增高。

三　东京女性的生活方式

据日本总务省统计局每隔五年进行一次的"社会生活基本调查"显示，从1976年到2006年的30年间，日本工作的男性和女性的睡眠时间和工作时

---

① 引自东京都政府2008年进行的「仕事と生活の調和に関する世論調査」，详见 http://www.metro.tokyo.jp/INET/CHOUSA/2008/05/60i5s106.htm。

309

表 4-18 东京女性对自己的兴趣、运动、学习等休闲时间的满意度①

单位:%

	满 足	不 满
整体	66.9	33.1
20~30 岁	69.9	30.1
30~40 岁	57.7	43.3
40~50 岁	56.7	30.5
50~60 岁	69.5	30.5
60~70 岁	75.7	24.3
70 岁以上	74.2	25.8

间均有所减少,而生活里时间明显增加的有以下三项:上班上学之外的花在路上的时间,兴趣学习爱好和娱乐运动,自我装扮。三项之和男性共增加了42 分钟,女性则增加了 62 分钟,填补了睡眠和工作减少的大部分时间。②

2001 年关于日本各省市职场女性在装扮自己上所花时间的对比调查显示,东京的职场女性和千叶县、宫城县并列第一,每天平均花 1 小时 29 分钟在装扮上。千叶县毗邻东京,很多在东京工作的女性家住千叶县。这项调查表明,东京的职场女性重视自己的外在美,"追求美丽和时髦度"在日本首屈一指。另外一项调查也可以证明这一结论。在东京,每 10 万人中有 435 人从事美容师行业③,远远超出日本的第二大城市大阪的数字(345 人)。据分析,其原因是因为东京作为时尚前沿阵地,对美容美发的市场需求较大。比如,东京的女性染发的比率很高,其中的原因之一是东京女性更容易接触到歌手、艺人等比较前锐的风格并广泛效仿。

关于休闲方式,东京政府在 2008 年 2 月进行的"关于平衡工作和生活的舆论调查"里,对东京市民更想花更多时间从事的事情进行了调查(见表 4-19)。结果显示,选择旅行的女性最多,为 61.6%;其次为兴趣和娱乐,为 45.6%;再次为运动,占 34.7%;选择"自我充电、进修和考取证书"的为 28.8%。相反,选择家务、生儿育女的最低,在 6% 以下。选

---

① 引自「仕事と生活の調和に関する世論調査」,详见 http://www.metro.tokyo.jp/INET/CHOUSA/2008/05/60i5s106.htm。

② 详见 http://www2.ttcn.ne.jp/honkawa/2320.html。

③ 详见 http://www2.ttcn.ne.jp/honkawa/3550.html。

择"社区活动和志愿者活动"的比率也较低，为6.6%。可见，东京女性平时被家务和生儿育女占据了较多精力，她们希望将更多的时间花在自我的兴趣爱好或运动中。

表4－19　东京女性想花更多时间从事的事情①

	人数	旅行	兴趣和娱乐	运动和体育	自我充电的进修和考取证书	一个人放松休息	和家人一起度过	睡眠	和朋友或者恋人一起	社区活动和志愿者活动	家务	育儿	其他	无
整　　体	2063	58.0	46.9	39.2	27.5	18.6	17.7	14.2	9.4	6.7	3.8	1.3	0.9	7.0
20～30岁	113	65.5	59.3	40.7	35.4	16.8	11.5	28.3	18.6	0.9	4.4	0.9	—	—
30～40岁	213	60.1	41.8	41.3	39.9	24.4	18.8	17.8	9.4	6.6	8.5	3.3	0.9	1.4
40～50岁	178	65.7	46.6	43.8	37.1	20.8	15.7	18.0	6.2	6.2	7.3	2.2	1.1	0.6
50～60岁	164	63.4	51.8	34.1	34.8	22.6	15.2	12.2	9.8	9.1	8.5	—	—	1.8
60～70岁	185	65.4	45.9	29.7	18.4	26.5	14.1	7.0	9.2	9.7	4.3	—	0.5	8.6
70岁以上	186	51.6	34.9	20.4	9.1	17.2	19.4	2.7	8.1	5.4	1.6	—	1.6	22.0
女性(合计)	1039	61.6	45.6	34.7	28.8	21.8	16.2	13.5	9.6	6.6	5.9	1.2	0.8	6.2

按年龄段来看，选择"兴趣和娱乐"的在20～30岁的女性中约占60%。而超过30岁之后，东京的女性约有40%选择"自我充电的进修和考取证书"，这也间接说明，因为结婚或者生儿育女辞去工作的女性有潜在的愿望为自己充电，重返工作岗位。

四　东京女性婚姻家庭状况和生活方式特点

通过以上分析，可以看出，在家庭地位、家庭劳务分工、家庭财产归属等方面，东京的男性和女性之间还存在很大的性别差异，距离实现真正的男女平等还有很长的路要走。日本和中国在封建社会时期有很多关于性别相似的价值观，而在实现现代化的过程中，女性在社会中的地位却呈现了不同的

---

① 引自「仕事と生活の調和に関する世論調査」，详见 http：//www.metro.tokyo.jp/INET/CHOUSA/2008/05/60i5s106.htm。

状态。如果只聚焦女性是否更多地走出家庭融入社会，无疑中国的女性更胜一筹。原因之一是，日本没有经历新中国成立初期的妇女解放运动，而是以一种缓和的方式从传统价值观进行改良和发展，使得日本在经济高速发展时期形成了男方工作、女方主妇的家庭模式。基于这些背景差异，对东京女性家庭地位、生活方式中经验和教训做如下总结。

第一，制度设计需针对多种价值观和多样生活方式。日本在经济高速增长期，形成了男方工作、女方主妇的家庭模式，很多社会保障和养老金制度以此家庭模式为模板设计。也就是说，日本很多公司为女性的配偶支付家属补贴、医疗保险以及养老金补贴，为婚后专门从事家务和养育儿女的女性提供了一定的物质基础。但是随着日本经济衰退和劳动力不足，女性的生活方式开始逐渐多元化，在晚婚化和不婚化比率增高的同时，选择婚后或者育儿告一段落后重返工作岗位的女性也在增多，但是相应的社会保障制度以及公司内部男性参与育儿的制度却有待完善。

第二，发展"工作、家庭、社区生活的和谐发展"理念。2000年，东京在日本率先制定了《东京都男女平等参与基本条例》，依据这一条例和具体的实施方案，东京为了实现男女共同参与社会，切实推进了一些相关工作。其中的三个重点是促进雇佣方面的女性参与、工作、家庭、社区生活的和谐发展、防止配偶的家庭暴力。同时，东京政府也通过一些行政手段，使东京市民和公司等开展一些相应的活动。另外，2007年12月，日本大举"官民一体、实现工作和生活的和谐发展"的旗帜，出台了《工作生活协调发展（Work Life Balance）宪章》，制定了"推进工作生活协调发展的行动指针"。也就是说，在提高女性地位时，日本及东京政府并未选择将女性单独列为对象。而是将男性和女性作为整体，强调整体实现生活和工作的和谐发展。这种理念既避免了在推进性别平等时"为什么是女性"的悖论式尴尬，又照顾了工作和家庭的平衡关系，更人性化，也更符合日本很多员工"过度工作"的国情。

第三，在考虑提高女性家庭地位的同时，增加对保育、老年看护设施的投入。在东京政府2011年进行的"关于男女平等参与的舆论调查"中，希望政府加大力度推进"男女平等参与社会"的具体工作里，选择最多的一项为"加大对保育、老年看护设施的投入"（67%），其次为"对在育儿和看护老人的同时继续工作加以支援"和"帮助因为育儿和看护老人辞职的人实现再就业"（61%）。也就是说，养育孩子和看护老人是一个家庭面临的核心问题之一。如果能在这方面加大投入力度，会让家庭的中坚力量（包括男性和女性）省去很多后顾之忧，实现工作和生活的和谐发展。

第四，在生活方式方面，东京的女性有三成左右选择投入更多的时间去"充电、进修和考取证书"，特别是中年女性为了重返职场或者进一步提高自身价值，需求较高。为此，东京的各区政府每年都会组织一些讲座，供市民免费参加。比如东京的品川区在 2010 年共举办了 11 次讲座，大约保持了每月一次的频率。讲座的题目为"将梦想实现——创业家入门讲座""和爸爸一起折纸吧！""开始动手做家务吧！""创造契机开始女性的社会活动""考取资格证书入门""身心密切接触的亲子活动""体验全部的生活，让心灵更坚强！""金融计划和生活计划""女性和暴力""面向高中生的家庭内暴力讲座"和"自我护身术"。讲座的题目涵盖广泛，包括亲子活动、男性参与育儿及家务、支持创业、家庭暴力等，在对政府的政策起到相关的宣传作用之外，也能让市民就近参与到促进家庭事业和谐发展的活动中。

第五节　四大城市及北京妇女婚姻家庭和
生活方式状况比较

婚姻与家庭对社会和个人而言都十分重要，影响着多数女性的就业与幸福感，女性的家庭地位也显示出她们的社会地位和婚恋意识的时代变迁。本节对纽约、伦敦、巴黎和东京四大城市妇女婚姻家庭状况和生活方式进行综合比较，并为北京提供有益的参考。

一　四大城市妇女婚姻家庭状况比较

随着时代的变迁，女性在教育、工作、选举等诸多重要领域获得越来越大的权力，这使女性有关婚姻、生育的观念发生了变化。与此同时，婚恋家庭方面的改变反过来又影响到女性在家庭外部的活动方式。这样的变化显示着妇女地位的提高。

（一）婚姻

随着女性社会和经济地位的提高，纽约、伦敦、巴黎和东京的妇女婚姻状况都呈现出多样化的趋势。四大城市的共同点包括女性初婚年龄的推迟和家庭模式的多样化。

首先来看女性的初婚年龄。2009 年纽约州女性的平均初婚年龄为 28.1 岁，2010 年英国女性的平均初婚年龄为 30 岁，2009 年法国女性的初婚年龄为 29.8 岁，2011 年东京女性的平均初婚年龄为 30.1 岁。各城市女性初婚年龄都在推迟，一方面因为女性将精力更多地放到了工作上，并享受单身生活，另一方面也说明社会对女性晚婚容忍度的增加。

再看家庭模式的多元化。虽然由男女组成的婚姻家庭仍然是社会的主流，但家庭模式的多元化在世界城市已成为一种现实。其根本原因在于人们越来越重视个人的感受和自由，这导致结婚率的下降和离婚率的上升，婚姻不再是必然的选择。

纽约州 2009 年 15 岁以上女性中未婚女性占 33.2%，已婚女性占 43.3%，分居者占 3.5%，丧偶女性占 10.3%，离异女性占 9.7%。英国妇女 2010 年 16 岁以上女性中，单身女性占 22%，已婚女性占 49%，分居者占 2%，丧偶女性占 10%，离异女性占 7%，同居者占 10%，民事伴侣占 0%。巴黎注册结婚绝对人数呈明显下降趋势，但其结婚率还是高于法国全国平均水平，只是离婚率居法国首位，这导致单亲家庭的增多。在巴黎大区，离婚后，孩子大多由女性抚养。东京 2010 年 15 岁以上女性中未婚女性占 29.3%，已婚女性占 50.1%，丧偶女性占 10.3%，离异女性占 5.1%。东京现今的离婚率比 20 世纪 60 年代要高出很多，但与另外三个世界城市相比则较低。

婚姻制度本身的性质也发生了改变，其中最大的变化当属同性婚姻的出现。四大世界城市中，纽约承认同性婚姻，因此两名女性可以组成家庭，享有与之相应的法律保障。纽约、伦敦和巴黎都给予了同性伴侣一定的法律保护（见表 4-20）。

表 4-20　四大世界城市认可的婚姻外同性伴侣形式

	纽约	伦敦	巴黎	东京
婚姻制度以外的同性伴侣形式	家庭伙伴	民事伴侣	民事同居契约	无

由于这些新的伴侣形式也适用于异性伴侣，因此纽约、伦敦和巴黎的女性在婚姻制度以外有了其他选择，这也是结婚率有所下降的原因之一。

除了以上共同点，各城市也有各自的特色。纽约白种人、拉丁裔、非洲裔、亚裔等不同族裔并存，各族裔女性在婚姻上显示出不同特点。举例来说，非洲裔女性未婚比率最高，亚裔女性结婚率较高。这构成了纽约婚姻家庭结构的复杂性。英国同居者所占比例不低，巴黎独自抚养孩子的女性再婚率很低，经济条件也较差。东京由于经济形势的恶化和"男主外，女主内"这一观念的影响，寻找不到经济条件符合自己要求的女性选择单身的越来越多，2010 年东京女性终身不婚的比率为 17.37%，高于日本其他城市，也远高于1950 年的 1.99%。

（二）生育

四大城市女性的生育年龄及生育数量也随时代变迁而产生了变化。从整体来看，越来越多的女性推迟了生育，生育的孩子数量也有所减少，这与女性的晚婚出自同一原因，即自主选择权的增加。在具体情况上四大城市又有所不同。

纽约女性生育状况具有三个特点。一是女性低龄怀孕成婚。这一点主要反映在低收入的移民女性中。二是未婚怀孕。2010 年纽约市的未婚母亲比例上升到 37%，2009 年非婚生的孩子比例达到了 44%。三是高龄女性生育问题，越来越多的女性用晚育来维护自己的事业或原来的生活方式。

英国 2010 年的统计表明，英国无子女的女性数量增多，而且知识和专业技术水平、社会地位较高的妇女无子女的比例相对大些。英国女性初次生育的平均年龄为 27.8 岁。

巴黎大区女性初次生育平均年龄为 30.9 岁。巴黎大区的女性平均生育子女数略高于全国水平。

东京女性初次生育年龄为 31.3 岁，居日本首位。由此可见，虽然东京女性的结婚率高于其他世界城市，但其晚婚晚育状况说明她们在享受个人自由和结婚生子之间艰难地寻找着平衡。

二 女性在家庭中的地位

以下从性别分工传统、家庭与工作的关系处理两大方面来观察四大城市女性在家庭中的地位。

（一）性别分工传统

人们对于男性与女性传统的家庭角色与社会角色的认识在近年来发生了很大的变化，这一点在四大城市都很明显。越来越多的女性活跃于各界，而非专注于家庭，这也是因为两性平等观念越来越深入人心，女性传统角色的定位开始模糊。生活于世界城市的女性受到的影响大于国内其他地区。

性别分工意识体现在家务由谁负责这样的具体问题上。四大城市的男性，特别是年轻男性都比以往更多地参与家务劳动，"男主外，女主内"的意识已经有所改变。但不同城市在程度上仍然有所不同。

在美国，传统角色定位是"男性赚钱养家、女性照顾家庭和孩子"，1977年有74%的男性和52%的女性认同这一观点，但2008年，仅有40%的男性和37%的女性认同这一观点。这说明传统的性别定位会越来越被开放的社会定位改变，使得女性在社会环境中不再被局限于家庭，能够在更广阔的天地中实现自我价值。这反映在三个方面：一是承担家务的分工发生了变化，二是照顾孩子的责任归属发生了变化，三是女性和男性都开始同样面对家庭与工作冲突的困境。比如在做饭和打扫卫生方面，越来越多的男性参与进来，愿意和妻子共同承担。而在照顾孩子的责任分工上，父亲承担的责任越来越多，1977年父亲每周工作日陪伴13岁以下孩子的平均时间为2小时，到了2008年上升到3.1小时，母亲1977年为3.8小时，到了2008年为4小时。父亲方面的上升趋势明显，越是年轻的男性越愿意亲自照顾孩子。

在英国，2000/2001年度，英国女性比男性做更多的家务活。2010年，在一次对英国25000名成年人进行的关于家庭主妇与家务劳动的调查中发现，超过一半的受访女性称全部家务都落在自己身上，无论她们是否有工作。法国有子女的女性就业率很高，但是半数以上法国人（53%的男性和49%的女性）仍然认为，母亲离家工作不利于学龄前儿童的成长。这就解释了为何法国女性在家务劳动上所用的时间是男性的两倍。不过近15年来，有子女的职业女性花费在家务和照看孩子上的时间有所减少。

日本在经历了20世纪70年代的经济成长平稳期和80年代的泡沫经济期之后，进入经济低成长乃至停滞期。高龄化和少子化等使日本政府开始推进"男女共同参与社会"的理念。在此种理念的主导下，女性劳动力逐渐增加，到1998年，夫妻双方同时工作的家庭比率已经超过单方工作的家庭。但结婚和生育仍然是女性离职的重要原因。据统计，日本整体有六成左右的女性因结婚或生子辞去工作。

根据日本总务省 2008 年的调查，在夫妻双方工作且有孩子的家庭，男性从事家务时间为 30 分钟左右，而女性则超过了 4 小时。也就是说，在日本，男性和女性的家庭劳务分工还存在着明显的落差。

从以上数据可以看出，东京女性承受的家务和育儿压力最大。其他城市虽然也因旧有性别观念的影响而没有真正实现两性在家庭分工上的平等，但两性间的差异较小，因结婚或生育暂时或永久离开职场的女性比例也较低。但无论在哪个城市，家庭劳动的主要承担者仍然是女性，她们需要从幼儿园和家政公司获得帮助。可见观念的改变和现实之间仍然存在不小的差距。

（二）家庭与工作

美国女性渴望在家庭责任之外承担更多的工作责任，渴望有更好的工作，这一趋势近年来在美国一直呈现上升趋势，上升速度远远超过男性。自 2002 年以来女性渴望承担更好工作的比例从 56% 上升到 65%，而男性的比例则从 66% 上升到 68%。2008 年，有孩子的女性渴望在照顾孩子的同时承担更好工作的比例呈现大幅上升趋势，已经超过没有孩子的女性。这说明，女性的家庭责任已经不是她们的全部，她们更加渴望的是在家庭之外实现自我价值。这也说明了女性自主选择权的增加和家庭地位的提升，其结果是美国女性参与工作的比例呈现整体上升的趋势。

美国双职工家庭中男性和女性面临的家庭和工作冲突变化趋势也证明了性别观念的改变。1977 年有 18 岁以下孩子的双职工家庭中，男性认为自己遇到了家庭和工作冲突问题的比例为 35%，到了 2008 年这一比例上升到了 60%。女性在 1977 年的比例为 41%，2008 年的比例为 48%。男性受困扰比例的快速上升，正好说明了男性承担家庭责任的比例上升，所以面临着越来越多的家庭和工作冲突。

英国 2008 年的统计数据表明，2/3 的母亲是职业妇女（68%），但没有孩子的妇女更容易就业。女性更可能从事非全职工作，尤其是在有孩子的情况下。38% 需抚养孩子的女性、22% 不需抚养孩子的女性从事非全职工作。

在法国，"二战"以来当母亲的职业女性在劳动力市场上所占比例越来越大，但是她们的就业率仍然低于当父亲的男性。根据法国国家经济统计与研究所 2006 年的调查，在巴黎市已有子女并且仍然工作的人士中，不做全职工作的女性比率高于男性，18% 的有子女的女性不做全职工作，而只有 6% 的有孩子的父亲不做全职工作。这说明，女性承担家庭劳动影响就业的比例仍高于男性。

东京的女性参与工作的比率呈"M"形曲线，也就是说，部分东京女性在结婚或者生子时离开劳动市场，因此，35～44 岁年龄段的女性比其他年龄段的女性参加工作的比率要低。据 2010 年的调查数据显示，只有不到一成的单位设立了明确的制度，重新招收因生子或照顾老人而辞职的员工。其后果是，女性因为生儿育女或照顾老人一旦辞职进入家庭，就很难再重新回到原来的工作岗位。

四大城市女性对家庭和工作的取舍说明，婚后女性没有得到和男性同等的就业机会，这导致相当数量的女性不得不放弃全职工作，从而影响到自己的职业前景。东京女性受到家庭的影响更大一些，而其他城市女性能相对较好实现工作的连续性。

三 四大城市女性生活方式

"生活方式"是一个内容相当广泛的概念，体现了人们的休息娱乐、社会交往、待人接物等物质生活和精神生活的价值观、道德观、审美观以及与这些方式相关的多个方面。具有鲜明的时代性和地域性。

通过比较四大城市女性生活方式，可以看出存在以下几个共性。

第一，四大城市生活节奏快，因为家庭和工作负担重，女性所拥有的休闲娱乐时间都少于男性。以巴黎为例，巴黎居民的休闲时间每天不到 4 个小时，在法国最少，而女性又少于男性。在巴黎大区，有子女的职业妇女平均每天只有 40 分钟左右可以用来休闲。

第二，在休闲时间少的情况下，女性仍然注重自身的文化生活品质，通过丰富的文化生活维护个人发展，提高自身修养。四大城市女性的休闲方式多种多样，包括购物、美容、体育健身、阅读、上网冲浪、旅游、参加派对等。纽约有大量的民间团体，如戏剧爱好者小组、年轻妈妈互助小组等等，是纽约市女性精神生活的一部分。数据还显示，英国女性比男性更爱阅读，巴黎大区的女性比起男性也更多地选择阅读这种休闲方式。2004 年的调查结果显示，该地区 80% 的女性每年至少阅读一本书，而在男性中，这个数字降至 67%。

第三，女性也需要各种休闲娱乐方式来关怀自我，调整心情。纽约和东京女性更为爱好美容，即使是在金融危机期间，美容业也保持了稳健的发展势头。旅游同样是纽约市女性热衷的休闲方式，不同于以往多结伴出游或者是家庭举家出游，现在女性单独旅游的比例也大大上升。另外，上网冲浪和购物也是非常受欢迎的休闲方式。

第四，对健康的重视也表现在休闲娱乐方式当中，但是女性运动量低于男性。2002 年巴黎大区有 67% 的女性经常参与体育运动，而经常参与体育运动的男性为 78%。但巴黎大区的女性经常参加体育运动的比率则高于全国平均水平，且比男性更愿意参加培训和体育课程。伦敦女性参加运动的时间和次数都少于男性。无论哪个年龄段，每周运动 5 天的男性各个年龄组的比例都多于女性，每周运动少于 1 天的各个年龄组女性的比例都高于男性，尤其是年轻女性运动次数较少。

第五，女性文化和精神生活的品质与城市自身的文化氛围和设施具有密切关联。各大城市提供着丰富多彩的选择项，女性也在利用这些资源。四大城市有着丰富的文化内涵和文化设施，如纽约的大都会博物馆、伦敦的大英博物馆、巴黎的卢浮宫和歌剧院、东京的国立博物馆等都是各大城市的象征性设施。这些都为女性文化生活提供了良好的基础设施条件。

四 四大城市妇女婚姻家庭状况和生活方式对于北京妇女的启示

与四大城市相比，北京女性婚姻家庭状况和生活方式特点有所不同。因为统计方式差异，所以数据无法呈现完全对等。

（一）北京妇女婚姻家庭状况和生活方式

先来看《第三期中国妇女社会地位调查北京市主要数据报告》在婚姻家庭状况方面的数据。

首先，北京妇女初婚年龄相比于四大城市要早一些。18 ~ 64 岁北京女性的平均初婚年龄为 24.8 岁，男性为 26.4 岁；城乡女性的初婚年龄分别为 25.0 岁和 23.3 岁。同时，独居、单亲等问题也需要得到更多关注。

其次，在家庭财产拥有方面，总体来看，女性拥有财产的程度要低于男性。北京女性拥有机动车的比例是 10.1%，拥有存款的比例是 81.3%，男性分别为 24.7% 和 80.5%。包括与配偶联名在内，北京女性拥有房产的比例为

36.6%，男性为 55.7%；已婚女性中，自己名下有房产的占 28.3%，与配偶联名拥有房产的占 8.8%，已婚男性相应比例分别为 52.8% 和 9.0%；未婚女性拥有自己房产的比例为 8.6%，未婚男性为 11.6%。90.5% 的女性对自己的家庭地位表示比较满意和很满意，男性这一比例为 90.8%。

再次，女性参与家庭财产经营决策比例较高。北京已婚女性参与家庭生产经营、买房盖房和投资贷款决策的比例分别为 75.3%、75.7% 和 76.9%，分别比全国平均水平高出 2.7 个、1.3 个和 2.1 个百分点。[①]

在生活方式方面，与四大城市妇女一样，北京妇女的休闲时间少于男性，家务劳动时间多于男性。统计表明，在休息日，北京在业女性的休闲时间为 276 分钟，在业男性的休闲时间为 295 分钟；在工作日，北京在业女性从事家务劳动的时间为 99 分钟，在业男性从事家务劳动的时间为 50 分钟。在体育锻炼方面，87.3% 的女性进行体育锻炼，经常锻炼的占 36.9%。此外，旅游、上网也是女性的主要休闲娱乐活动。

（二）四大城市妇女婚姻家庭状况和生活方式对于北京妇女的启示

第一，北京应更好地应对婚姻家庭模式的变化。离异、单亲家庭、非婚生子女、女性（尤其是老年女性）独居都是婚姻家庭模式变化和社会观念变化的产物。无论是纽约、伦敦还是巴黎都采取了宽容和有弹性的政策来应对女性的多种人生选择，使女性在婚姻制度之外也能获得保障。

北京面对女性婚龄的推迟和女性对自我的进一步追求导致的去婚姻化、少子化以及老龄化，应该考虑如何为选择不同生活方式的女性提供相应保障。

第二，注重"工作、家庭、社区生活的和谐发展"理念的推行。东京的努力尤其值得参考。2000 年制定的《东京都男女平等参与基本条例》，重点在于促进女性社会参与、工作、家庭、社区生活的和谐发展、防止配偶的家庭暴力。此外，2007 年日本出台的《工作生活协调发展（Work Life Balance）宪章》，制定了推进工作生活协调发展的行动指针。

---

① 北京市妇联、北京市统计局：《第三期中国妇女社会地位调查北京市主要数据报告》，2012年4月。

第三，进一步丰富北京妇女的休闲生活。北京是一座历史悠久、文化资源丰富的大城市。在博物馆、图书馆、剧院等公共设施上拥有丰富资源。巴黎女性对文学艺术的追求证明高品质的文化生活除了缓解女性的工作生活压力外，还能够带来女性整体素质的提升和城市素质的提升。纽约、伦敦和东京也都做出了相应的努力。伦敦女性热衷于慈善捐赠，这种生活方式体现了城市的进步。北京在此方面可以为女性的休闲生活提供更多帮助，一方面加强文化设施的建设，尤其应该进一步做好社区文化建设，为女性提供更加便利的服务。

第四，关注保育养老问题。虽然一直在倡导男女平等，但四大城市女性在婚后投入家庭的精力都比男性更多，无论是育儿还是家务都属女性负担最重。北京女性同样如此。如果能在育儿机构、养老机构方面加大投入力度，会让家庭的中坚力量（包括男性和女性）减少后顾之忧，能更自由地选择自己的生活方式，从而真正实现工作和生活的和谐发展。

第五章

世界城市女性权利法律保护

进入近代社会以后，随着生产力的提高和社会经济的发展，社会的进步使各国妇女的自我意识开始觉醒。无论是广大妇女还是一直在社会上扮演统治者角色的男性都逐渐认识到了妇女对社会的贡献及妇女社会地位的不合理性。关于妇女权益法律保护的问题一直是世界范围内反复探讨和争论的焦点。在本研究中，对女性权利法律保护无疑是不可或缺的一个部分。

1991 年，世界人权大会在维也纳召开。会议通过《维也纳宣言》和《行动纲领》，承认妇女的权利是普遍人权不可剥夺、不可分割的一个组成部分。1995 年第四次世界妇女大会《北京宣言》中再次重申"妇女的权利是人权"。

妇女权利是一个多元概念，各国保护的角度虽然有所不同，但基本上都涉及宪法、民法和劳动法等，妇女享有的法律权利涉及社会生活各方面。本章将世界城市女性权利的法律保护从结构上分为两部分阐述：第一部分为一般的女性权利法律保护，包括女性政治权利的法律保护、女性文化教育权利的法律保护、女性财产权利的法律保护、反性骚扰、反家庭暴力等方面；第二部分主要是女性劳动与社会保障权利的法律保护，包括平等就业权、女性的劳动报酬权、女性休息休假权、女性获得劳动安全卫生保护的权利、女性接受职业培训的权利、女性的生育保险权等。

由于每个国家关于立法权的规定不同，各大城市的立法权限也有所区别，因此关于世界城市女性权利保护的报告更多体现了世界城市所在国家的法律制度，同时尽可能突出世界城市的特有制度。

第一节　纽约女性权利的法律保护

美国非常注重法治，这也体现在有关性别平等方面的法律体系。以联邦宪法第十四条修正案的平等保护为基础，美国制定了一系列致力于在政治、教育、就业等领域保证或促进性别平等的联邦法律，包括《高等教育法》《妇女教育法》《同工同酬法》《妊娠歧视法》等。除了立法外，美国政府还采取了一系列行动以落实联邦宪法和法律，如采取肯定性计划①等措施促进女性在就业和教育领域的平等。此外，美国法院还通过一系列判决肯定了妇女在美国的平等地位，使得美国女性在性别平等的道路上不断行进。

纽约市在女性权利保护方面是美国的先驱城市。纽约市女性法律保护是多层次多方面的，在联邦和州法的基础上形成了较为全面的法律保护。从法律保护的规范体系来说，包括联邦宪法及法律、州宪法及法律以及纽约市地方规定；在法律保护的内容方面，包括性别平等保护的原则性规定、政治权利、经济权利、教育文化权利、婚姻家庭权利、社会保障权利等。为了更好地呈现纽约市女性法律保护的全貌，在介绍美国法律概况的基础上，本节从法律保护的具体内容出发，从联邦、纽约州和纽约市三个层面加以介绍。需要指出的是，基于美国的法律体制，有关性别平等的法律不限于成文法，还有大量的判例法存在；成文法不限于联邦、州和市立法机关所制定的法律，也有联邦、州和市行政机关所制定的法规和行政规章等。纽约市的地方规定都是在州法和联邦法的基础上制定的，鉴于篇幅，在此主要介绍有关女性保护的成文法，在对纽约市女性保护的成文法进行介绍时，也会对联邦法律加以介绍。此外，对性别平等的法律保护，不仅涉及立法保护，还涉及执法保护和司法保护问题，专门执法机构的设置、行政机构所采取的措施如美国的肯定性行动计划以及法院对相关案件的审理都直接关系着女性平等权利的实现，在很大程度上推动了美国女性权利的进步。因此，本节也会涉及行政执法机构和一些重要的司法判例。

---

① Affirmative Action，也称反歧视法案或平权措施、纠偏行动，由 1964 年《民权法案》衍生而来，目的是帮助在美国历史上长期受到集体性和体制性歧视的群体更快改变在教育和经济方面的劣势地位，该行动在美国一直存有争议。可以参见 http：//plato. stanford. edu/entries/affirmative – action/。

一 平等权保护立法

美国联邦宪法第十四条修正案（1868 年）的平等保护条款、第十九条修正案（1920 年）的选举权条款构成包括纽约市在内的整个美国女性平等保护的基础，因为美国宪法具有最高法律效力，任何州宪法或法律都不能与之相抵触。

（一）联邦宪法第十四条修正案与性别平等保护

联邦宪法第十四条修正案第一款所确定的平等保护条款通常被作为性别平等保护的宪法依据。该款规定："凡在合众国出生或归化合众国并受其管辖的人，均为合众国的和其居住州的公民。任何一州，都不得制定或实施限制合众国公民的特权或豁免权的任何法律；不经正当法律程序，不得剥夺任何人的生命、自由或财产；对于在其管辖下的任何人，亦不得拒绝给予平等法律保护。""平等保护"条款是私法审查最经常诉诸的依据，甚至可以说是"宪法的心脏"。[1] 有关性别歧视案件通常援引第十四条修正案作为依据。只是在 20 世纪 70 年代后该修正案才被用来对女性权利进行平等保护。[2] 法院对有关行为是否构成性别歧视的审查标准通过案例也在不断地变动，一般来说对涉及性别平等行为并不实行与族裔相同的严格审查，而是实行中等程度的审查。在这一标准下，该立法或政府行政行为所要达成的目的虽然不是实质重要的利益，但至少必须是重要的利益，而该立法或行政行为所选择的手段，则必须和该利益之间具有充分的重要关联。与"性别"以及非婚生这一社会地位接近弱势群体有关的案件大多适用这一标准，该标准实际允许政府在有正当理由的情况下进行性别考量。[3]

实际上，美国历史上曾经有过专门针对性别平等提出的宪法修正案——《平等权利修正案》："在法律之下权利平等，美国或任何一州均不得由于性别关系予以否定或限制。国会有权采取适当的立法以实施本条的规定。本修正

---

[1] V. Earle, ed., *Federalism*, Peacock Publishers, 1968, p. 10.

[2] 有关历史可以参见郭延军《发展中的美国女性就业权平等保护》，华东政法大学博士论文，2010。

[3] 有关案例可以参考里德案、佛龙迪诺案、克雷格案。也可以参见刘娜《影响美国男女平等进程的三个案例》，http://bjtlzy.chinacourt.org/public/detail.php? id = 1819。

案自批准之日起两年后生效。"① 该修正案自 1923 年被提出，在 1972 年美国国会两院以 2/3 以上票数通过，但在待批期限延长两年之后的 1982 年仍未获得 3/4 州议会批准，最终历经十年而以三州之差失败。② 但纽约州是 1972 年最先批准该修正案的 22 个州之一。③ 此后，纽约州曾试图在州宪法第一条第十一款有关法律平等保护以及民权歧视禁止条款中加入有关性别平等的因素，增加规定禁止因"性别"理由产生的歧视，但至今仍未成功。④

（二）联邦宪法第十九条修正案与女性选举权

1848 年 7 月，美国第一届妇女权利大会在纽约州举行，会议通过了《妇女权利宣言》，它以《独立宣言》为蓝本，指出男女平等应是美利坚合众国的基本精神，并明确地将妇女选举权作为妇女运动的目标。在联邦宪法第十九条修正案通过以前，纽约州已经在 1917 年赋予了女性选举权，成为美国首批肯定妇女选举权州之一。美国 1970 年为争取女性平等权而举行的罢工运动就发生在美国妇女获得选举权 50 周年之际。由美国全国妇女组织领导的这场罢工运动在纽约开始，很快席卷全国，在纽约有两万名以上妇女参加了该运动。罢工主要关注工作领域的平等机会、妇女的政治权利以及在诸如婚姻等关系中的平等地位。同时也提出了妇女有堕胎和免费婴儿托管服务的权利，但这些权利带有争议。

美国妇女虽然和奴隶与印第安人不同，在建国初期就被认定为美国公民，但是其宪法地位直到 1920 年才真正得到肯定。在此意义上来说，虽然第十四条修正案产生在前并且被作为当今女性平等保护的宪法基础，实际上该修正案真正发挥作用是以妇女平等选举权的第十九条修正案为基础的。1920 年美

① Equal Rights Amendment（ERA），http：//www. united4equality. com/.
② 有关历史可以参见张爽、宋尧玺《"男女平等"未载入美国宪法之原因初探》，《法制与社会》2006 年第 12 期；俞彦娟《从男女平权修正案的争议看男女平权和母亲角色》，《浙江学刊》2007 年第 3 期。
③ 参见 http：//womenshistory. about. com/od/equalrightsamendment/a/When - Did - States - Ratify - ERA. htm。
④ 参见 Linda J. Wharton，State Equal Rights Amendments Revised：Evaluating Their Effectiveness in Advancing Protection Against Sex Discrimination，http：//org. law. rutgers. edu/publications/lawjournal/issues/wharton_ 36 _ 4. pdf；以及纽约州宪法第一条第十一款，http：//www. dos. ny. gov/info/constitution. htm。

国宪法第十九条修正案终于肯定了美国妇女享有与男子同样的选举权："合众国公民的选举权，不得因性别而被合众国或任何一州加以剥夺或限制。国会有权以适当立法实施本条。"①

（三）纽约市《人权法》

纽约市作为美国妇女运动的先驱城市，一直重视性别平等问题。纽约市《人权法》② 包括了自 1991 年以来所有的修正内容，是全美最具广泛性的民权法案之一。该法规定，纽约市禁止在就业、住房和公共设施以性别理由（包括性别身份和性骚扰）、性取向、婚姻状态和合伙状态加以歧视。此外，该法律还对家庭暴力、跟踪和性犯罪的受害者因逮捕、定罪记录和状态在就业领域歧视提供保护。在住房领域，法律还对合法职业、家庭情况以及其他合法收入来源提供了额外保护。该法还禁止打击报复与偏见有关的骚扰（包括欺凌）。③ 2002 年纽约市政厅通过第三号地方立法，修正了有关人权法律，将性别界定为"实际或感知的性别、性别认同、自我形象、外观、行为及表达，无论是否与传统上出生时的法律性别是否相联系"。因此包括变性人在内的各种人群应该受到保护，在住房、就业和公共设施利用方面不受歧视。④ 2010 年纽约市通过地方立法修正该市行政法典，识别、消除和预防歧视以促进政府运行中的人权。⑤ 在该地方立法中纽约市强调正义和平等是美国所建立的参与式民主的核心，这些原则在美国建国文件、独立宣言、宪法和人权法案中都加以体现。纽约市也禁止歧视。现行法律为法定的歧视行为提供救济，但并没有将措施制度化来识别或预防歧视。

---

① "19th Amendment to the U. S. Constitution：Women's Right to Vote"，http：//www. archives. gov/ historical – docs/document. html? doc = 13&title. raw = 19th% 20Amendment% 20to% 20the% 20U. S. % 20Constitution：% 20Women's% 20Right% 20to% 20Vote.

② 纽约市行政法典第八章（Title 8 of the Administrative Code of the City of New York）为纽约市人权法（The New York City Human Rights Law）。

③ http：//www. nyc. gov/html/cchr/home. html.

④ 纽约市行政法典第八编第一章第 8 ~ 102 节，参见 N. Y. ADC. LAW § 8 – 102：NY Code – Section 8 – 102，http：//codes. lp. findlaw. com/nycode/ADC/8/1/8 – 102 以 及 http：// legistar. council. nyc. gov/LegislationDetail. aspx? ID = 853101&GUID = C75051F3 – 5C87 – 4B28 – AA88 –41A9AF30BFA8&Options = ID%7cText%7c&Search = gender + equality.

⑤ http：//legistar. council. nyc. gov/LegislationDetail. aspx? ID = 679918&GUID = 960F221E – C810 –40E9 – AF16 – 2EC4547ED586&Options = ID ┃ Text ┃ &Search = gender + equality.

2002 年纽约州通过了《禁止性取向歧视法案》。[1] 纽约州自 2003 年以来曾经多次讨论《禁止歧视性别表达法案》[2]，州议会也获通过，但并未获州参议院支持。而在此期间纽约市政厅通过第 706 号决议，要求纽约州立法机关通过《禁止歧视性别表达法案》，禁止依据性别表达或身份加以歧视并将州仇恨犯罪法规[3]扩大至依据性别表达或身份的基础上所犯罪行。该决议主要针对变性人提供保护。

二　纽约女性的人身权利

美国包括纽约市女性的人身权利保护主要体现在人身自由、免遭奴役与暴力以及堕胎权利等方面。

(一) 女性免于奴役的权利

当代奴役主要受害者是女性和儿童，为维护正义、有效打击贩卖者、保护受害者，2000 年联邦公布了《人口贩运受害者保护法》，致力于打击贩卖人口行为，尤其是有关性贸易及性奴役行为，以及强迫性服务，重新授权给联邦采取措施防止针对女性的暴力犯罪。[4] 其中，"人口贩运"作为广义的词汇被用来涵盖所有为了强迫劳动或卖淫而通过暴力、欺骗或强迫手段对一个人的招募、窝藏、输送、提供或获得的行为。人口贩运以各种伪装的形式出现，可能是强迫商业性剥削、未成年人卖淫、债务奴役或强迫劳动。美国政府将"人口贩运"视为对所有形式的现代奴役进行判罪的罪名。[5] 同年，美国采纳

---

[1]　Sexual Orientation Non – Discrimination Act，简称 SONDA。

[2]　The Gender Expression Non – Discrimination Act.

[3]　美国 1990 年制定了联邦《仇恨犯罪统计法》(Hate Crime Statistics Act of 1990，HCSA)，各州也有反仇恨犯罪法。根据联邦法律规定，仇恨犯罪 (hate crime) 是指"全部或部分由于行为人在族裔、宗教、种族/国籍、性取向等方面的偏见引起的对人身或财产的犯罪"。有些学者将仇恨犯罪定义为"全部或部分由于行为人对族裔、移民身份、宗教、残疾 (包括艾滋病等疾病)、性别、性取向的偏见而导致的针对他人 (包括企业、机关、社会组织、特定群体) 的人身或财产的犯罪"，有时也被称为"歧视与敌意犯罪" (discrimination & hostility)、"偏见犯罪" (bias crime)、"因偏见引起的暴力犯罪" (bias motivated violence)。纽约市决议建议纽约州扩大州仇恨犯罪法与性别有关的规制范围表明了纽约市的性别保护立场。

[4]　参见 Victims of Trafficking and Violence Protection Act of 2000，全文可以参见 http://www.state.gov/documents/organization/10492.pdf。

[5]　参见美国国会人口贩运问题报告，http://www.state.gov/documents/organization/195800.pdf。

了《联合国关于预防、禁止和惩治贩运人口特别是妇女和儿童行为的议定书》
（也称《巴勒莫议定书》）。

（二）反对家庭暴力

家庭暴力是女性面对的重要问题之一。不分年龄、族裔/民族、收入、学
历、移民身份或性取向，任何人都有可能受到伴侣的暴力侵犯。虽然男性也
可能成为受害者，但大多数受害者是女性。

针对家庭暴力问题，1994 年通过的《反对针对妇女的暴力法案》[1] 是美
国预防和制止家庭暴力方面最重要的一部联邦法律。该法基于性别平等和保
护人权，将针对妇女的家庭暴力视为犯罪，鼓励各州通过立法对施暴方实行
强制逮捕，允许执法人员跨州追查施暴方，要求各州尊重并协助执行其他州
法庭颁发的保护令。该法要求政府每年为反家庭暴力拨出 10 亿美元，以用于
对警察、检察官、法官的培训等。《反对针对妇女的暴力法案》对家庭暴力的
概念作了一个原则性规定，即"家庭暴力"是指依据接受赠款的司法区的家
庭中由配偶、前配偶、共同育有子女的人、以配偶身份正在同居或者曾经同
居的人、或者与配偶身份相当的人，对另一方或者儿童实施的受家庭或家事
法律所规定的暴力犯罪行为。实施逮捕是警察干预家暴的首选方式。据了解，
《反对针对妇女的暴力法案》实施后，美国的家庭暴力大幅度减少。该法先后
在 2000 年和 2005 年[2]修订。修订后的法案保护公共房屋申请人与居民，避免
成为家庭暴力、约会暴力、跟踪骚扰等案情受害者，并因案情被驱逐或被拒
绝房屋援助。

2005 年《反对针对妇女的暴力法案》的重要条款之一就是容许房屋局把
家暴犯案者的居住租约终止，并保护合法居民兼受害者之权益。这项法例要
求公共房屋计划及租约的某些更改。按照法例规定，租约补例立即生效。[3] 纽
约市房屋局长期致力于帮助家庭暴力受害者，为遭受家庭暴力者提供住房保

① Violence Against Women Act，简称 VAWA。有关评论可以参见 David M. Fine，"The Violence Against Women Act of 1994：The Proper Federal Role I Policing Domestic Violence"，http://www. lawschool. cornell. edu/research/cornell - law - review/upload/fine. pdf，还可以参见《美国反家庭暴力立法考察报告》，《中国妇运》2012 年第 4 期。
② 参见 "Violence Against Women and Department of Justice Reauthorization Act of 2005"。
③ 有关修正内容，可以参见 http：//www. endabuse. org/vawa/display. php? DocID = 34001。

障。依据该法例，纽约市房屋局不可因受害人之受害者身份而歧视其入住权；纽约市房屋局可以因受害人之受害者身份以外之原因，而拒绝其入住；纽约市房屋局不可因受害人之受害者身份而终止其居民身份或居住权；纽约市房屋局可以分开处理，终止施暴者之居民身份或居住权，但保护受害人与其他家庭成员，以免受驱逐；纽约市房屋局可以因受害人之受害者身份以外之原因，而终止其居民身份或居住权。①

家庭暴力包括所有在家庭范围内所发生的暴力，包括儿童滥用、同伴暴力等。亲密伙伴暴力②即家庭暴力，是指某人对亲密伙伴所实施的任何暴力或者强制行为，包括亲密伙伴暴力以及其他形式的家庭暴力都与权力和控制有关。纽约市在家庭暴力方面态度非常明确，强调暴力总是错误的、违法的，并且非常注重对受害者的保护，强调暴力永远不是受害者的过错。亲密伙伴暴力涉及行为模式，其中一方对另外一方建立和保持权力和控制关系。这些行为包括在异性或同性关系中现在或以前伙伴（包括普通法上的丈夫/妻子、男友、女友、爱人以及约会伙伴）所实施的身体、性以及心理（情感）滥用。亲密伙伴暴力会导致严重的短期和长期健康问题，包括身体伤害（如淤青和骨折）以及心理伤害（如焦虑和绝望）。

《亲密伙伴暴力法》专门规定了妊娠期间的亲密伙伴暴力问题。为此，纽约市在政府网站上均公布了相关机构的联系方式以帮助市民处理家庭暴力问题。③ 此外，纽约市也对被遗弃的女童提供了保护，如《遗弃婴儿保护法》④。

（三）女性生育权利

鉴于堕胎属于各州规定的事项，联邦并没有统一立法，但最高法院通过案例表明了态度。1973 年最高法院在"罗伊诉韦德案"（Roe v. Wade）中最终以 7：2 的表决判决得克萨斯州的反堕胎法违反了宪法第十四条修正案正当程序条款，从而使堕胎合法化。根据该判决，妊娠被分为三个阶段，即三个

---

① 参见 http：//www. nyc. gov/html/cchr/html/dv_ er. html；http：//www. nyc. gov/html/nycha/html/residents/vawa. shtml。更多资料可以参见 http：//www. nyc. gov/html/ocdv/html/fjc/fjc. shtml；http：//www. nyc. gov/html/doh/downloads/pdf/public/dohmhnews7－07－ch. pdf；http：//www. nyc. gov/html/doh/downloads/pdf/public/dohmhnews5－06－ch. pdf。

② 亲密伙伴暴力为 Intimate Partner Violence，简称 IPV。

③ http：//www. nyc. gov/html/doh/downloads/pdf/public/dohmhnews7－07－ch. pdf。

④ The Abandoned Infant Protection Act。

月、三个月至可存活阶段和可存活之后阶段。在头三个月孕妇具有完全的堕胎自由，在三个月至可存活阶段以后，孕妇的堕胎自由受到部分限制，而在可存活之后阶段，则禁止堕胎，除非为保护母亲的生命或健康所必需。这个判决的实质部分在平衡胎儿和母亲之间的利益，为州法在多大程度上可以干预公民权利划出了界限，从根本上限制了公权力，保护了女性的私人权利。[1]但是，"罗伊诉韦德案"并未最终消除有关堕胎的争议，至今女性是否应当享有堕胎权仍然是美国争论不休的问题。

纽约市女性有权决定是否怀孕、何时怀孕以及是否继续妊娠。女性可以采取避孕措施。纽约市提示妇女不要因为收入太低而不敢怀孕。不论妇女的收入和移民身份如何，避孕、孕期护理以及堕胎的费用都可以得到某项社会服务计划的偿付。妇女接受生育健康服务不需要丈夫、伴侣或者父母的同意，这一点也适用于18周岁以下的女性。青少年包括18岁以下者有权获得保密的生育健康保健服务，包括避孕及堕胎资讯和服务，无须父母允许或知道。[2]

（四）已婚女性的姓名权

纽约市《家庭关系法》对有关婚后姓名权做了规定。纽约州法允许女性因为结婚改变姓氏，但不允许通过婚姻改变名字。结婚时如果决定改名，姓氏并不因为结婚而自动改变，除非当事人选择变更。法律未对婚姻中的姓名改变作任何要求，强调姓名变更与否纯粹是个人选择，并不要求妇女同配偶的姓氏一样。[3]

（五）特殊场所女性的人身权利

此处出于保护女性的角度，纽约市《行政法典》对监狱里的女性矫正官专门加以规定：由女性矫正官负责并监督所有女性囚犯。只要女性囚犯在押就应该由女性矫正官负责管理。除非有上级命令，女性矫正官应该检查所有

---

[1] 有关"罗伊诉韦德案"判决参见 http：//www. law. cornell. edu/supct/html/historics/USSC_ CR_ 0410_ 0113_ ZS. html。有关内容，也可以参见郭延军《发展中的美国女性就业权平等保护》，华东政法大学博士论文，2010。

[2] 参见纽约市健康与心理卫生局（New York City Department of Health and Mental Hygiene）网站，http：//www. nyc. gov/html/doh/html/home/home. shtml/。

[3] http：//www. cityclerk. nyc. gov/html/marriage/name_ change. shtml.

在押女性。未经监督负责专员的允许，只有女性矫正官员允许进入女性监所的走廊或房间。纽约市监狱专员应该为市内受拘留和监禁的女性指定一个或更多处所。专员应该为被逮捕的妇女提供充分的住宿，使其同被逮捕的男性分开。未经主管官员的同意，男性和女性羁押人员不应有交流。除了女性职员之外，未经主管官员的同意，其他官员或职员一律不得进入女性囚犯的走廊或房间。并且，纽约市行政法典还规定应为女性职员提供完全独立并与囚犯和男性职员相分离的包括卫生间在内的住所。①

三　纽约女性的经济和社会保障权利

女性经济权利包括女性选择职业的权利、已婚女性的财产权利等问题。女性为获得与男子平等的就业权利经历了长期的过程。联邦最高法院曾在1872 年布拉德韦尔诉伊利诺伊州②和 1894 年洛克伍德案中③禁止女性从事法律职业。当前，美国在就业领域法律明确规定禁止性别歧视，就业领域包括雇用、开除、报酬、工作分配、晋升、解聘、培训以及其他与就业相关的情形。④ 任何用人单位的政策即使并未考虑性别因素而适用于所有的人，如果对就业领域中某一性别的人群产生消极影响，且该政策与工作无关或者并非进行该工作所必要的条件，都属于违法行为。⑤

（一）女性的就业权利

1963 年美国国会颁布了专门的《同工同酬法》，这是美国历史上第一部由联邦制定的禁止就业领域性别歧视的民权立法。该法规定任何雇主都不能因为性别对雇员进行歧视，如果他们做了同样的工作，需要同样的技术、努力和责任，并且是在同样条件下完成的，则付给一种性别的雇员的工资比率不能低于另一性别的雇员，在遵守该规定时，不能减少任何雇员的工资比率。该法确保了男女同工同酬的原则。⑥

① 参见 NY Code – Section 9 – 115：Correction officers（women）in prisons for women，http：// codes. lp. findlaw. com/nycode/ADC/9/1/9 – 115。

② Bradwell v. State of Illinois，参见 83 U. S. 130，1873。

③ In re Lockwood – 154 U. S. 116，1894.

④ 参见 http：//www. eeco. gov/laws/types/sex. cfm。

⑤ 参见 http：//www. eeco. gov/laws/types/sex. cfm。

⑥ 参见郭延军《发展中的美国女性就业权平等保护》，华东政法大学博士论文，2010。

1964 年《民权法案》禁止以族裔或性别为由进行就业歧视，组建了平等就业机会委员会解决歧视问题。法案第七项明确规定：雇主由于个人的族裔、肤色、宗教、性别或国别的原因，不雇用或拒绝雇用、或解雇任何人，由于个人的族裔、肤色、宗教、性别或国别的原因，在工作补偿上、工作期限、条件或待遇方面对任何人实行歧视，均属非法。由于个人的族裔、肤色、宗教、性别或国别的原因，对雇员或申请人进行任何限制、隔离或者被分类，以任何方式剥夺或倾向剥夺任何人的工作机会，或由于个人的族裔、肤色、宗教、性别或国别的原因不利地影响到任何人的雇员身份，亦属非法。

《妊娠歧视法》① 对 1964 年《民权法案》第七项的修正，凡是基于妊娠、生产或者相关医疗情况而进行的歧视都构成该条款下不合法的性别歧视，该规定适用于包括州和地方政府在内的雇佣 15 人及以上员工的雇主，也适用于雇佣机构、劳工组织和联邦政府。怀孕的妇女或者受到相关情况影响的妇女必须受到与其他具有类似能力或限制的申请人或雇员同等方式的对待。②

纽约市受市、州和联邦有关就业平等法律的规范和约束。平等就业实践委员会③指导纽约市相关机构服从联邦、州和市这三套有关制度以保证在纽约市内平等就业得以贯彻实施。该委员会是经纽约市宪章授权的机构，负责指导、评估纽约市内所有就业项目、实践、政策和程序以保证为在纽约市内已就业或正在寻找就业的人群提供有效的保护。依据三级法律规定，纽约市机构都充分知悉所有已就业和正在寻找就业的受保护人权在联邦、州和市法的保护之下在就业领域不受歧视，其中性别正是重要一环。纽约市平等就业机会政策同联邦和州以及地方法律一致，包括市反歧视政策以及申诉和调查程序。平等就业机会政策包括对政府机构领导、管理者和监督者的有关培训、责任和报告要求。

纽约市政府章程规定每一行政机关首脑必须保障其所在机构不得以任何联邦法律、州法律和地方法律禁止的方式在就业领域对员工或申请人进行歧视。此外，宪章还要求行政机关首脑确定措施、项目和年度计划，在不同机关之间进行交流，以便为市政府范围内就业的员工或申请人提供平等的就业

---

① Pregnancy Discrimination Act.
② http：//www. bchaolaw. com/pregnancy_ discrimination. shtml.
③ Equal Employment Practices Commission，EEPC.

机会，明确要求市行政服务局①确定统一的程序和标准以支持市行政机关确立年度计划以及其他保障就业机会平等的措施和项目。该行政服务局已经制定了相应的政策、程序和标准来执行市宪章以及其他联邦、州和地方法律所确定的市所负有的义务。② 该政策取代了纽约市先前的 1996 年平等就业机会政策。③

（二）女性公平获取报酬的权利

2009 年 1 月 29 日，奥巴马签署了总统任上的第一份法案——《2009 年莉莉·丽贝塔公平酬劳法》。该法旨在消除薪酬歧视，取消了目前雇员对雇主提出诉讼的 6 个月时限，允许雇员在因性别、年龄、族裔而遭受不公待遇后的任何时间对雇主提出起诉。④

2012 年 6 月，奥巴马呼吁参议院通过《公平薪酬法》。根据法案，美国政府规定男女之间必须同工同酬，如果男女雇员职位相同但男性员工待遇较好，企业必须证明，这是基于工作经验、学历等其他因素，与性别无关。此外该法案又规定，如果员工之间互相讨论薪酬，企业不得惩罚涉事雇员。⑤ 但该法目前尚未得到国会批准。而据美国国家统计局 2009 年统计，全职女性员工与同职级的男同事相比，收入只有对方的大约 77%。⑥

（三）女性的财产权利

已婚女性是否能够独立地享有财产权利曾经是美国历史上争论的问题。

---

① Department of Citywide Administrative Services，DCAS.

② http：//www. nyc. gov/html/dcas/html/resources/eeopol. shtml.

③ http：//www. nyc. gov/html/dcas/html/resources/eeopol. shtml.

④ 参见李增新《奥巴马签署第一份法律》，http：//www. caijing. com. cn/2009 – 01 – 30/110051617. html；宋冰《美国的男女同工同酬》，2009 年 2 月 9 日，"透明中国"首发，ht-tp：//www. ogichina. org/newsinfo. asp？ newsid = 2919。有关莉莉·丽贝塔（Lily Ledbetter）诉固特异（Goodyear）橡胶轮胎公司案可以参见该文。

⑤ 《奥巴马呼吁支持男女同工同酬》，《北京商报》，2012 年 6 月 7 日，http：//news. ifeng. com/world/special/usa2012/content –3/detail_ 2012_ 06/07/15101687_ 0. shtml？ _ from_ ralated。

⑥ http：//www. aclu. org/womens – rights/equal – pay – equal – work – pass – paycheck – fairness – act，有关分析，可以参见 Joni Kletter，Paycheck Fairness：A Report from NELA – NY's Gender Discrimination Committee，http：//www. msek. com/publications – media/paycheck – fairness – epa – nela – ny – gender – discrimination – committee. php。

对此，纽约州《家庭关系法》专门规定了已婚妇女的财产问题。财产（不动产或者是动产）只要目前归已婚妇女所有，或者在结婚后归妇女所有，或者是按照该法规定由该已婚妇女获得，由此财产所产生的租金、利益及收益都与其未婚相同，将继续为该妇女个人所有的独立财产，不受其丈夫控制或处理，也不对其丈夫的债务负责。[①] 有关婚姻住所问题，该法第 61 条明确规定，性别不在婚姻住所考虑的因素之列。

（四）女性的社会保障权利

美国对女性的保障经历了三个时期：早期在工资保护和工时方面州立法实施面为女工和童工，"一战"前所有州都立法规定了女工的最高工时，有的州还规定了女工不得从事夜班劳动。在形成时期，1943 年除五个州外都立法规定了女工和童工的最高工时，具体有差异，但一般都限制在每周 40～48 小时以内。在社会救济制度方面，从 1934 年开始除亚拉巴马州、佐治亚州和南卡罗莱纳州外，都颁布法律给家中有幼小的孩童而无力抚养的寡妇和被遗弃的妻子发放母亲津贴。全面推进时期以 1963 年《对孕妇和儿童进行照顾的法案》[②] 为标志。

在联邦 1964 年《民权法案》实施前，纽约州曾经对女性采取保护性立法，包括限制工作时间、职业领域（禁止女性从事电磁铁磁芯制造工作）以及特别的劳动保护。面对州法和权利法案的冲突，联邦平等就业委员会最终在 1969 年发布的性别歧视指导意见中宣布州保护性立法与民权法第七章冲突，明确了州雇佣法的效力："①许多州制定了与女性就业相关的法律或行政规章。在这些法律或规章中有一些禁止或限制雇佣女性的规定，比如，限制女性举起或搬运物体的最大限量，禁止雇佣女性担任夜班工作，每天或每周的最高工时限制，禁止雇佣生育前后的某个时间的女性。委员会认为基于性别差别对待的法律和规章并没有考虑女性个人的能力、喜好和才干。委员会的结论是，这样的法律和规章与 1964 年民权法第七章相抵触，应被第七章取代。因此，这样的法律和规章不能作为已成立的非法雇佣实践的抗辩理由和

---

① N. Y. DOM. LAW § 50：NY Code－Section 50：Property of married woman，引自 http：// codes. lp. findlaw. com/nycode/DOM/4/50。

② 顾俊礼主编《福利国家论析——以欧洲为背景的比较研究》，经济管理出版社，2002，第 246～252 页。

真实职业资格例外的依据。②……（雇佣未成年人也不能基于性别差别对待，相关保护性立法与第七章抵触，被第七章取代。同上）③一些州法规定对女雇员的最低工资和加班费。一个雇主在以下情况下会被认为实施了非法的雇佣实践：（i）为避免支付州法要求的最低工资或加班费拒绝雇佣或对女性求职者或女性雇员的就业机会造成相反的影响；（ii）没有为男性雇员提供同样利益。④其他一些类型的性别倾向的州法，比如要求工间休息、进餐时间或体育锻炼设施的，仅对某类性别提供这样的利益也是违反第七章的。一个雇主在以下情况下被认为实施了非法的雇佣实践：（i）为避免提供这样的利益而拒绝雇佣或对女性求职者或女性雇员的就业机会造成相反的影响；（ii）没有为男性雇员提供同样利益。如果雇员能够证明事业必要性可以对男性和女性排除这样的利益，那么州法对于雇员来说是与第七章相冲突的，要被第七章取代。在这种情况下，雇主应该对两性都不提供这样的利益。⑤一些州要求为每个性别提供独立的卫生间。一个雇主如果为避免为两性分别提供独立的卫生间而拒绝雇佣或对求职者或雇员的雇佣机会造成相反的影响，它就被认为实施了非法的雇佣实践。"①

美国没有面向全民的社会福利制度。其社会福利按发放形式分成"现金福利"和"非现金福利"两类，前者主要包括"家庭补助"和"补充性保障收入"两个项目，后者主要由六类项目组成：医疗补贴、食品券、儿童营养、住房补助、就业与培训、贫困家庭子女教育。美国"家庭补助（TANT）"是针对有"需抚养的儿童"的贫困家庭的现金补助，这类家庭的户主多数是女性。"儿童营养"项目面向达到贫困标准的养育婴儿的母亲、婴儿、5岁以下的幼儿和学生。纽约市除了按照联邦有关法律对妇女提供保障外，还按照州和地方法律规定设置了相应的社会保障项目。

1. 纽约市的公众健康保险项目

纽约市按照纽约州的规定设置了相应的公众健康保险，为纽约市女性提供了有力的社会保障。符合条件的按家庭和个人可以申请纽约州的免费或者低收入健康保险项目。纽约州完整的公共医疗保险计划包括儿童健康保险、家庭健康保险和医疗补助。这些计划根据收入、财产、移民情况和其他因素

---

① 顾俊礼主编《福利国家论析——以欧洲为背景的比较研究》，经济管理出版社，2002，第256～257页。

有所不同。健康保险非常重要，它为医疗保健、定期检查支付费用；能够预防或治疗糖尿病或哮喘，避免疾病更加严重，并且可以支付下列费用：定期检查、急诊室护理、住院和门诊、医疗用品和设备、专科护理、处方药以及可用的健康保险计划。其中有专为妊娠妇女和育龄女性男性的健康保险。具体包括：

（1）家庭计划生育利益计划。① 这是纽约州一个免费并完全保密的计划，为符合一定收入条件和居住要求的且未参加医疗补助或者家庭健康计划的青少年、女性和男性提供家庭计划生育服务。②

（2）免费和低费用的健康保险计划。该保险计划包括：第一，医疗补助（Medicaid）项目。该项目为低收入家庭及成人提供免费健康保险。通过儿童/青少年健康项目，21 岁以下的子女还可以享受所有必要的检查、医疗、预约帮助和接送服务。65 岁及以上和未满 65 岁的残障人士和肾脏病人可以申请医疗照顾。第二，家庭保险计划（Family Health Plus）为低收入、不符合医疗补助条件而没有任何医疗保险的成人（19～64 岁）提供免费的健康保险。第三，儿童健康保险（Child Health Plus）为 19 岁以下不符合医疗补助条件的子女提供免费或低费用的健康保险。按照这些保险项目许多有工作的家庭和个人也可以有条件地参加免费或低费用健康保险。如无子女的单身成人月收入在 903 美元以下、无子女的成人夫妇月收入在 1215 美元以下、父母或单亲（四人之家）月收入在 2757 美元以下、孕妇所在四人之家的家庭月收入在 3675 美元以下均可申请上述保险项目。且上述健康保险项目并不要求一定是纽约公民才可获得。大多数的成年人移民以及所有的儿童和孕妇只要符合健康保险计划的其他要求就可以加入。无资格获得保险的移民也可以得到紧急医疗费用的资助。③

2. 保健服务

纽约市还有一种专门针对孕产妇的产前保健服务的医疗补助④。该服务是一个综合性的产前保健项目，为住在纽约州和符合收入准则的妇女和青少年

---

① The Family Planning Benefit Program，简称 FPBP。

② http：//www. nyc. gov/html/hia/downloads/pdf/family_ planning_ benefit_ brochure. pdf。

③ 参见纽约市健康与心理卫生局（New York City Department of Health and Mental Hygiene）网站，http：//www. nyc. gov/html/doh/html/home/home. shtm/。

④ Prenatal Care Services through Medicaid.

提供完整的孕期保健和其他卫生保健服务。只要是怀孕妇女，无论其移民地位如何都可以获得健康保险。孕妇接受诸如实验室测试、艾滋病病毒抗体测试、营养保证以及与怀孕有关的其他产前保健服务。婴儿出生后接受至少一年的健康保健服务。[①]

3. 护士家庭合作计划

护士家庭合作计划（Nurse Family Partnership）[②] 是专为初为人母的妇女而设计的。一旦妇女加入本计划，从妇女怀孕期间一直到宝宝满两岁前，就会有一名受过专门训练的护士到家里探访。该计划不收任何费用。只要符合低收入条件，任何初次怀孕的女性都可参加；不论任何年龄或移民身份都可参加；只要怀孕不超过 28 周，妇女可以在怀孕期间尽早参加。护士会依据孕产妇的需要提供协助。护士会倾听产妇的需求及顾虑，为产妇提供初为人母所需的支持。从妇女怀孕期间一直到宝宝满两岁为止，护士大约每 1~2 个星期会拜访一次。详细的时间表由妇女和护士协商订定。护士家庭合作计划不止适用于孩子的母亲。由于母亲是第一个照顾宝宝的人，因此加入这个计划以及护士的主要拜访对象都是母亲。当然，该计划也鼓励孩子的父亲、其他家庭成员甚至朋友参与。其他人的参与程度可由孕产妇和护士一起决定。护士将和孕产妇一起确保顺利的怀孕过程以及健康的宝宝；协助建立起家庭和朋友间强有力的援助网络；协助为宝宝创造一个安全的居家环境；协助制定生活目标，提供再进修及求职辅导；提供医疗、儿童照护、心理健康、职业培训及其他小区服务的转介或推荐。

四 纽约女性的教育权利

1818 年，美国高等教育的先驱者埃玛·威拉德呈给纽约州州长的《改进妇女教育方案》，要求州政府为创办女子教育学院投资，并让女子与男子获得相同的受教育权利。州长敦促议会通过了该方案。美国联邦政府为保证女性的教育文化权利制定了众多法律。其中 1972 年教育第九编修正案、1974 年妇女教育平等法和 1976 年职业教育法等联邦法案成为美国保障和促进教育性别平等的基石。

---

① http：//www. nyc. gov/html/hia/html/public_ insurance/pregnant. shtml.

② Nurse – Family Partnership，http：//www. nyc. gov/health.

（一）女性平等接受教育权利

1972 年美国国会通过的教育第九编修正案①专门就教育领域的性别平等予以规定，这是美国最早制定的有关教育性别平等的法案。该修正案根据 1964 年《民权法案》制定，禁止教育中的性别歧视，规定"任何人在美国均不应在接受联邦政府经费补助的教育课程或教育活动中，因为性别被排除参加、拒绝利益或遭受歧视"。该法规定学校不得基于学生的性别、婚姻及怀孕状况对招生、入学许可、课程及教育活动的设计，教育福利（提供宿舍、卫生、洗浴等设备），参与课程的权利（特别是体育、音乐、家政等课程），辅导，学生活动经费，就业辅导，运动（设施、机会等），教科书与教材，工作备用等事项设置限制。法案同时规定，任何接受联邦政府赞助的机构、计划或活动都应该设置专人来落实。一旦歧视行为经检举且调查属实者，将被停止联邦政府的赞助。为更好实现该法案的目的，联邦政府又出台了一系列与修正案有关的条例与文件。1975 年又颁布了教育第九编修正案的执行标准，禁止教育中基于性别的歧视、排斥、拒绝、隔离或限制，并从课程提供、学校职业教育、咨询、财政拨款、学生健康、保险、服务、体育课与体育活动等各个方面进行了详细规定。其中涉及体育运动的规定，要求各个机构必须有效地容纳两种性别成员的兴趣和能力，同时还规定了必须在平等的基础上为男性和女性提供体育设施和支持性服务。

纽约市教育局颁布了《全市干预及纪律措施标准（纪律准则及学生权利和责任法案）（幼儿园至 12 年级）》，于 2012 年 9 月生效。② 该政策规定，在其教育课程和教学活动中不得因族裔、肤色、宗教、原国籍、公民/移民身份、年龄、残障、婚姻状况、性别、性倾向或性别认同/表达而予以歧视，并须按有关法律的规定保持一个没有性骚扰的环境。为了更好地保护女性权利，纽约市还制定了就业和学生学术研究以及校园生活的反歧视和骚扰政策，对植根于性别的不当行为（包括性袭击、性骚扰以及以性别为基础的骚扰政策

---

① Title IX, The Education Amendments Act of 1972, http://www.dol.gov/oasam/regs/statutes/titleix.htm. 有关内容，还可以参见张修慧《美国学校教育中性别平等法律保护研究》，沈阳师范大学硕士论文，2011。

② http://schools.nyc.gov/NR/rdonlyres/E2A2AFE9 - 8F09 - 4A67 - 9346 - 269FD0B188E5/0/DiscCodebooklet2012Revised_ Chinese_ LowRes. pdf.

和程序）加以规制①。

（二）促进性别平等教育

1974 年美国国会通过《妇女教育平等法》②，该法以争取经费资源、发展各种性别平等教育的教育模式为宗旨，致力于通过各种联邦经费补助鼓励各级教育机构履行 1972 年教育第九编修正案的要求，发展和评估课程与教材，研发对教师、行政人员、辅导员等教育工作人员的培训方案，开发提高职业教育、体育和教育行政培训中的性别平等机会，推动防治性骚扰与暴力的计划与政策；发展无歧视的成就测验工具，增加低收入女性的教育培训机会，增加各级教育行政女性席位；提高那些由于性别、族裔、宗教信仰、语言障碍、能力低下或者年龄等原因承受多重歧视的妇女和女孩的教育公平处境等。

1976 年联邦通过教育修正法，扩充《高等教育法（1965 年）》，扩充并修改《职业教育法（1963 年）》。后者要求各州政府必须设置性别平等教育的专职人员，审核所有职业教育方案中的性别歧视措施。该法与《妇女平等教育法》一样都是采取支援性的运作方式，以提供经济与技术援助来推动教育中的性别平等保护。

保障每个儿童平等受教育权是美国促进性别平等教育的一个重要方面。2001 年联邦通过《不让一个孩子掉队法》。③ 该法适用于从幼儿园到 12 年级的所有教育，虽没有关于性别公平教育的专门条款，但基本精神就是保障处于不利地位儿童的平等教育权利，强调在美国不能让一个孩子掉队，每个孩子都应该受到发挥其全部潜能的教育。该法目的在于让各州和学校为所有学生的学习成绩承担更多的责任，以确保教师达到高标准，并为家长提供获得信息和做出选择的途径，而联邦通过提供教育拨款以达成这一目的。

五　纽约女性权利法律保障经验总结

纽约市作为世界大都市之一，非常注重女性权利的法律保护，通过法律

---

① Policy Against Discrimination and Harassment in Employment Practices and in Student Academic and Campus Life, 可以参见 https：//barnard. edu/general – counsel/titleix/antidiscrimination – policy。
② The Women's Educational Equity Act of 1974, 简称 WEEA, 有关该项目评估报告还可以参见 1994 年 12 月提交给国会的报告：http：//www. gao. gov/assets/230/220651. pdf。
③ No Child Left Behind Act, 简称 NCLB, 也翻译为《有教无类法》。

制度保障女性权利的实现。纽约市女性地位与从联邦到州和市一级严密的立法保护体系、立法、执法和司法机构的共同保障是分不开的。从政治权利、人身权利、经济权利、社会保障权利到教育文化权利，纽约市不仅肯定女性在各个领域享有与男子同等的权利，强调不歧视，还基于传统上女性的弱势地位，采取一些专门针对女性的措施以保证女性的平等权利。现将其经验归纳为以下几点。

第一，在立法指导思想上明确性别平等意识。美国联邦及纽约州和纽约市虽然都没有专门的性别平等保护法案，但在其各个层面都有权利法案的存在，都强调了性别平等保护的原则，性别平等已经成为一种社会共识。而正是这种在各个层面法律都加以肯定性别平等意识才使得性别平等观念深入人心，才能培育社会性别主流化意识。

第二，在立法制度构建上推进多个领域立法。仅仅在立法指导思想上明确性别平等观念是不够的，要想真正保证女性权利，必须在各个领域加强立法，采取切实措施。美国联邦及纽约州和市层面性别平等的法律制度等涉及经济、教育、婚姻家庭等多个领域。而且，这些立法都具有很强的操作性，既规定了相应的实施机构和体制，又规定了相应的执法手段和法律责任，或给予奖励或实施惩戒或加以引导，同时还有法院作为最后一道防线，使得法律真正能够得以实施，女性权利能够真正得以保护。

第三，在具体制度措施上探索地方特色体制。在联邦立法之外，纽约州及纽约市也采取了众多积极措施争取联邦支持；在联邦没有法律规定的情况下，纽约州及纽约市主动采取了措施，保护女性权利。

第二节　伦敦女性权利的法律保护

英国共有三个法律系统：英格兰与威尔士（England & Wales）、苏格兰（Scotland）、北爱尔兰（Northern Ireland）。位于伦敦的英国议会（Parliament）是全英国最高的立法机关。上议院（House of Lords）是英国最高的上诉法院（但不包括苏格兰的刑事案件）。英国宪法不同于绝大多数国家的宪法，它并不是一个独立的文件，它是由成文法、习惯法、惯例组成。主要由大宪章（1215 年）、人身保护法（1679 年）、权利法案（1689 年）、议会法（1911 年、1949 年）以及历次修改的选举法、市自治法、郡议会法等。

1782 年，英国法官弗朗西斯·布勒（Sir Francis Buller）做出一项声明：丈夫有权用不超过拇指粗细的木棍惩罚自己的妻子。这项声明被称为"拇指法令（Rule of Thumb）"，虽然它并没有真正进入英国的普通法，但"拇指法令"体现出丈夫与妻子的不平等关系和丈夫具有对妻子使用有限度暴力的权利。经过两个多世纪的努力，英国妇女地位发生了巨大的变化，目前英国和伦敦的妇女权利法律保障的情况怎么样？

在英国法律框架下，伦敦政府采取了一系列措施保障伦敦妇女享受到相应政策，并且根据女性特点在特定领域内进行了政策性保护和倾斜。本节将英国和伦敦女性权利的法律保护分为"一般的女性权利法律保护"和"女性劳动与社会保障权利的法律保护"两个部分，讨论女性的政治权利、文化教育权、财产权、反家暴、反性骚扰和平等就业权、劳动报酬权、休息休假权、安全卫生保护权、职业培训权、生育保险权，分析伦敦市对女性权利的法律保护工作，并试图挖掘、总结经验教训，以求为北京世界城市建设提供借鉴和帮助。

一　一般的女性权利法律保护

一般的女性权利法律保护，包括女性的政治权利法律保护、女性文化教育权利法律保护、女性财产权利法律保护、反性骚扰、反家庭暴力等方面的内容。

（一）妇女政治权利法律保护

英国妇女在很长一段时间内都没有选举权。在 19 世纪，英国前后进行了三次议会选举改革，选民人数不断扩大，但是妇女一直被排斥在选民范围之外。当时的社会观念认为，女人一旦结婚就完全附属于丈夫，听从丈夫的指令，而且男人在体质上和智力上均优于女人，能为女人提供足够的保护，因此没有必要给予女人选举权。[①]

1868 年，全国妇女选举权协会（NSWS）成立，关注女性权利问题的理论家穆勒担任主席，成员以女性为主。该组织成功地把地方上的各妇女选举权运动组织整合到一起，形成统一战线，成为英国历史上第一个全国性组织的

---

① 陆伟芳：《第一次世界大战中的英国妇女选举权运动》，《世界历史》2011 年第 2 期。

妇女选举权运动组织。从此，英国妇女选举权运动开始具有了全国影响力。1897 年，NSWS 被全国妇女选举权同盟（NUWSS）取代。1903 年，妇女社会与政治同盟（WSPU）从 NUWSS 中分离出来，成为独立组织，由著名的社会活动家艾米琳·潘克赫斯特（Emmeline Pankhurst）担任主席。

"一战"期间，妇女走到生产第一线，承担起原本由男性扮演的社会角色①，很多原来不雇用女性的工作和营业场所也开始雇用妇女。当然，也有一些女性直接参与到战事中，妇女们的卓越表现使英国社会重新认识了妇女的社会作用，有利于最终解决妇女选举权问题。② 1918 年，英国通过《人民代表法》（The 1918 Representation of the People Act），规定 30 岁及 30 岁以上的女业主或男业主的配偶可享有选举权。该法并非给予全体妇女投票权，而且规定了最低财产要求，但仍然是妇女获得投票权的重大突破，是英国妇女选举权运动的里程碑。③

1928 年，英国又进行了一次选举改革，通过《1928 年人民代表法（平等选举权）》〔Representation of the People（Equal Franchise）Act 1928〕，标志着妇女最终获得与男子平等的选举权。这项法案扩展了《1918 年人民代表权法》的内容，首次给予特定女性在国会的投票权。同时通过给予女性和男性一样的选举权从而扩充了选举权的含义。它给予向地方政府交税的女性和男性一样的投票权。这意味着，超过 21 周岁，不论家庭的富裕程度如何女性都可以投票④。自此，英国妇女获得了平等的选举权。

（二）文化教育权

文化教育权是一项基本人权，是指在接受文化、科学、品德等方面教育训练的权利。对女性文化教育权的保护要求在入学、升学、培训、授予学位等各个方面维护女性权益。在参加文化生活、享受科技进步及其应用所产生的利益方面也同样尊重女性，为女性提供同样的平台和机会。

---

① 刘秀红：《第一次世界大战对英国妇女解放运动的影响》，西北大学硕士论文，2003。

② 张赳：《英国妇女社会政治同盟参政运动研究》，华东师范大学博士论文，2007。

③ "History Learning Site: The 1918 Representation of the People Act", History Learning Site, http: //www. historylearningsite. co. uk/1918_ representation_ of_ the_ peopl. htm, Retrieved 28, January 2009.

④ Hansard, *House of Commons*, fifth edition, Vol. 219, Col. 1035.

英国法律中对女性文化教育权保护做出了明文规定。早在《1975 年反对性别歧视法案》（Sex Discrimination Act 1975）中就认定对女性接受教育的歧视是英国法律不允许的，因此英国政府向女性提供义务小学教育。① 同时规定，女性公民在接受教育期间享有政府补助，公共设施和公共服务的获取权，反对将女性排除于上述权利或者损害其权利（单一性别学校例外）。② 《1998 年人权法案》（Human Rights Act 1998）规定，任何人都有不被剥夺的教育权。国家应该尊重任何人在保证自己宗教信仰和哲学价值的前提下，受到良好的教育和教学的权利。教育权利的自由和享受应该给予保证，不应因为性别、族裔、肤色、语言、宗教信仰、政治观点、社会来源、与少数国家群体的联系、贫富地位、出生状况或其他地位情况而遭受歧视。③ 2006 年出台的《2006 年平等法案》（The Equality Act 2006）规定，公共机构包括学校和其他高级教育机构有推广男性和女性、男孩和女孩平等的法定义务，并且消除针对性别的歧视和骚扰行为。学校必须推进性别平等的项目，并且以此考核学校是如何完成促进男女平等的义务的。这些项目必须受到监管、评估，并且上交年度性的评估报告。④

（三）妇女的财产权保护

财产权是女性权利的重要组成部分，与女性的个人进步和整个社会的发展不可分割地联系在一起。女性只有拥有财产权，才能拥有独立的人格、思想和生存方式。女性财产制度包含女性对财产的归属、管理、使用、收益、处分的法律制度。这些法律制度不仅保障了女性的财产权，而且维护了女性人格独立、生命安全、自由意志和行为自由等关乎女性生存和发展的基本权利。⑤

1. 夫妻财产制

夫妻财产制度决定着婚姻期间夫妻的财产模式，也是夫妻离婚时分割财产的重要依据。英国的夫妻财产制度实行分别财产制。所谓"分别财产制"

---

① http：//www. legislation. gov. uk/ukpga/2002/2/contents.
② http：//www. csie. org. uk/inclusion/gender – discrimination. shtml.
③ http：//www. right – to – education. org/node/570.
④ http：//www. legislation. gov. uk/ukpga/2006/3/contents.
⑤ http：//wenku. baidu. com/view/e57598abd1f34693daef3e99. html.

是指夫妻双方婚前和婚后所得财产归各自所有，对自己的财产享有独立的占有、使用、收益和处分的权利。

英国历史上，英国法律对于妇女的定义是"feme covert"，意为"已婚女子"或"受婚姻保护的女子"。这种用法凸显了女性相对于丈夫的附属地位，并将女性置于"国王和丈夫的影响和保护下"。在英国历史上对婚姻的法律定义中，丈夫和妻子是一个人，妻子的财产是丈夫的，妻子由丈夫合法地位的存在而存在，已婚妇女不能订立遗嘱，也不能在未经丈夫的肯许下处置任何财产。① 直至《1882 年已婚妇女财产法案》（The Married Women's Property Act 1882）的出台，才给予了英国已婚妇女合法持有自己财产的权利。英国《1882 年已婚妇女财产法案》规定："凡是 1883 年 1 月 1 日以后结婚的妇女，有权以其婚前所有或婚后所得的动产及不动产为个人财产，单独行使所有权包括处理权。"从法律上肯定了夫妻分别财产制。② 1935 年颁布的《1935 年法律改革法案》（The Law Reform Act 1935）则去除了最引人注目的已婚妇女和未婚妇女之间关于财产权的区分，规定："已婚妇女有取得、占有和处分任何财产的能力，有对任何侵权行为、契约、债务和义务主动地或被动地承担责任的能力。"③

这是一种纯粹、完全的夫妻分别财产制，也确立了现代意义上的夫妻分别财产制。

除了上述法案，《1949 年已婚妇女法案》删除了关于已婚妇女财产和义务的限制条例，《1973 年定居法案》（The Domicile Act 1973）改变了已定居的妇女非独立的地位，使她们成为独立主体。《2004 年民事伴侣关系法案》中表明，婚姻财产制在同性婚姻之间也仍然适用。④

2. 离婚妇女财产权

在决定离婚财产的划分时，英国法律主要参考《1973 年婚姻诉讼法案》（Matrimonial Causes Act 1973）。该法案内容细致，是在婚姻破裂前提下离婚

---

① Bridget Hill, *Women, Work and Sexual Politics in Eighteenth-century England*, London: Blackwell, 1989, p. 196.

② http://baike.baidu.com/view/448483.htm.

③ http://www.legislation.gov.uk/ukpga/Geo 5/25 – 26/30/contents.

④ http://www.step.org/pdf/Richard%20Frimston%202011031001.Final%20Matrimonial%20Property%20Regimes.

时，法庭审理离婚案件、划分家庭财产时所依据的主要法案。该法案认定离婚财产的判决首先应考虑到受监护儿童的福利和需要，并且还需考虑到双方的需求、收入、婚姻的持续时间、现有和未来拥有的资源、他们各自对于家庭的贡献和非经济上的共性，主要体现在女性对于家庭的照顾、对于子女的看管，等等。①

除该法案之外，《1996年家庭法法案》（Family Law Act of 1996）也是涉及婚姻和家庭的重要法律。② 该法规定无财产的配偶所享有的权利，使得他们可以获得婚后住房，并且以"住房法令"来强化这项规定。认定在特殊情况下，一方配偶的住房权可以由房地产等不动产支付，并且给予登记记录，并且可以结合第三方一起执行，如承受抵押人。另外，这项法案还规定了一系列程序性条款，旨在保护无财产伴侣在抵押等行为中的住房权利。

（四）反对家庭暴力

在英国，家庭暴力和虐待是指"现有或者曾经有密切关系的人对另一方实施身体的、心理的虐待或暴力，包括逐渐损害对方的自信心、实施性暴力"；也包括"破坏配偶或者伴侣的财产，将对方与其朋友、家庭或其他潜在的支持资源相隔离，威胁包括孩子在内的其他人，控制另一方接近金钱、人身事务、食物、交通工具、电话及蹑手蹑脚地走近另一方"。③ 家庭暴力现象在整个英国都颇为严重，家庭暴力占据了整个英国暴力行为的1/4。家庭内部的虐待不仅包括身体暴力，也包括性暴力、心理上的暴力、情感上的暴力、经济上和社会生活中的不平等。④

从20世纪70年代开始，英国法律系统地介入和干预家庭暴力。1976年《家庭暴力与婚姻诉讼法》赋予民事法庭发布制止家庭暴力命令的权力，并授权警察未经法庭批准而进行的逮捕违背禁令者的权力，"这标志着社会对家庭暴力的态度发生了根本变化"。⑤ 同年起，从法院获得判令的法律程序变得非

---

① http：//www.howto.co.uk/family/how‐to‐do‐your‐own‐divorce/matrimonial‐causes‐act‐1973/.

② http：//www.legislation.gov.uk/ukpga/1996/27/contents.

③ Domestic Violence：A Guide to Civil Remedies and Criminal Sanctions，L. C. D.，2003，p. 3.

④ http：//www.cityoflondon.gov.uk/scripts/htm_hl.

⑤ 中国法学会、英国文化委员会编《防治家庭暴力研究》，群众出版社，2000，第58页。

常简单。① 《1996 年家庭法》第 4 章 "家庭住宅与家庭暴力" 则是法律干预家庭暴力的主要体现，它建立起了一个相互紧密联系的制定法体系，赋予法庭对家庭暴力事件的审判权及建立了单独的救济体系。

《1997 年免受骚扰保护法》《1998 年儿童法》和《2004 年家庭暴力和犯罪及其受害人法》补充发展了这方面的法律干预措施。如《1996 年家庭法》赋予法院下达命令禁止 "一个人骚扰他人"② 的 "互不妨害令"。根据该法第 42 条规定，"互不妨害令" 是指包括下列任何一项或两项规定的命令：禁止被告妨害与其共同生活的另一方、有关子女。"占有令" 也是家庭暴力受害者可申请的法令之一，是调整对家庭住宅占有的法院命令。"占有令" 可以要求当事人一方离开家庭住所的部分或者全部，或者只能在规定区域内活动；也可以要求当事人一方允许另一方在家生活，还可以包括修理和维护家庭住所的义务，支付租金、贷款及其他费用。相关人均可依法申请 "占有令"。③ 此外还有 "禁止骚扰令"。根据《1997 年免受骚扰保护法》第 1 条规定，除法律另有规定，凡知道或应当知道其一系列行为是一个理性人在占有相同信息下会认为是骚扰而仍为之的，构成骚扰，可申请 "禁止骚扰令"。违反禁止骚扰规定，构成犯罪，可处以六个月以下监禁，或处以第五级标准以下罚款，或二者并罚。前伴侣或前配偶的现伴侣等类型的人虽未被包括在 "关联人" 概念之中，但依据《1997 年免受骚扰保护法》仍可以提出保护请求。④

（五）反性骚扰

性骚扰是一种基于性目的的不受欢迎的行为，它的本质不是友情或者娱乐。从根本上来说，性骚扰是权力的滥用。由于对于性骚扰没有一个特别明确的定义，因此关键的问题是受害者的自身感受。关于性骚扰的绝大部分投诉都是女性投诉男性。据调查，在伦敦的工作场所中有近 50% 的女性遭受过性骚扰的困扰。这种情况不仅发生在办公室或者工作场所中有大群男性的地方，在伦敦有女性存在的每个行业、每个年龄段、每个社区都有这样的情况发生。

---

① 蒋月：《英国法律对家庭暴力的干预及其对中国的启示》，《太平洋学报》2008 年第 11 期。
② 蒋月：《英国法律对家庭暴力的干预及其对中国的启示》，《太平洋学报》2008 年第 11 期。
③ 蒋月：《英国法律对家庭暴力的干预及其对中国的启示》，《太平洋学报》2008 年第 11 期。
④ 蒋月：《英国法律对家庭暴力的干预及其对中国的启示》，《太平洋学报》2008 年第 11 期。

早在 1975 年，英国就颁布了《反对性别歧视法案》，这项反性别歧视法案适用于英格兰、苏格兰和威尔士，同时适用于男性和女性。该法案规定：任何人因为自身性别而遭受到不同于其他人的待遇都被视为直接的性别歧视。性骚扰是直接的性别歧视的一种。① 1994 年《刑事审判与公共程序法》（Criminal Justice & Public Order Act 1994）也定义了任何带有故意目的的骚扰行为。它涵盖所有形式的骚扰行为，其中也包括性骚扰。如果某人有故意的威胁、虐待或者侮辱性的语言和行为，那么他就是有罪的，定罪的要素包括以下两个方面②：使用威胁性、虐待性、侮辱性的语言和行为、妨碍治安的行为或者展示任何带有威胁、虐待、侮辱性质的文字、标志以及其他可视的事物，由此可能带来他人的恐慌和惊惧的行为。《1997 年免受性骚扰法案》（Protection from Harassment Act 1997）被视为当前英国关于性骚扰的主要法律政策。这项法案认定了两项主要的犯罪性质的侵犯性行为并且授权民事法庭在类似的性骚扰案件中裁决具体伤害并且授予扣押犯人的权力。③

除此之外，英国还设立了一系列保护少数族裔和弱势群体免受性骚扰侵害的法律。如《1976 年族裔关系法案》（Race Relations Act 1976）、《2000 年族裔关系法案的修正案》（The Race Relations Amendment Act 2000）、《1995 年反对歧视残疾人法案》（Disability Discrimination Act 1995）和针对现代科技进步下的性骚扰行为的《1998 年恶意交际法案》（Malicious Communications Act 1998）等。

二 妇女劳动与社会保障权利的法律保护

女性劳动与社会保障权利的法律保护，包括平等就业权、女性的劳动报酬权、女性休息休假权、女性获得劳动安全卫生保护的权利、女性接受职业培训的权利、女性的生育保险权等。

（一）平等就业权

英国早在 1919 年就有《排除性别无资格法》[Sex Disqualification（Re-

---

① http：//www. mybusiness. co. uk/YVc1L09oc2BfBw. html.
② http：//www. lboro. ac. uk/admin/personnel/harassmentandb/what_ does_ the_ law_ say. htm.
③ http：//www. homechoicecare. co. uk/documents/Racial%20&%20Sexual%20Harassment%20Policy.

moval）Act]，该法禁止特定行业基于性别因素和婚姻状况而认为其无资格、能力胜任该工作，而拒绝其加入该职业，但该法涵盖的内容不广，效力有限。"二战"结束后，随着经济逐渐复苏，越来越多的英国女性投入就业市场。但在 20 世纪 70 年代之前，英国的反性别歧视立法相当有限。70 年代之后，权利平等观念受到重视，各种妇女团体组织的平权运动不断涌现，导致了英国反性别歧视的立法也逐渐开始兴起。

从英国反性别歧视的立法体系来看，其大致包括五个层次：一是国际公约或区域公约，如联合国、国际劳工和欧盟的立法等；二是宪法性文件，规定就业权利平等保护和反性别歧视的原则性条款，如 1998 年通过《人权法》；三是在普通法律（劳动法、刑事法等）中规定有关反性别歧视的条款（尤其是性骚扰）；四是专门针对就业以及社会生活其他领域歧视现象的特别法律，如《性别歧视法》《同工同酬法》等；五是反歧视的统一法，主要对歧视的概念和适用范围做出统一规定，设立专职反歧视的平等委员会等，如 2006 年通过的《平等法》。其中，反就业歧视的专门法和统一法在整个反性别歧视法律体系中发挥着核心作用。英国的反就业歧视形成一个严密的法律体系，在欧盟国家相关立法中走在前列。①

2008 年伦敦的金融危机对于英国经济的影响巨大，英国经济的持续低迷不振使得劳动力市场的状况一直处在大众关注的焦点下。截止到 2008 年 12 月，整个英国领取再就业津贴（Jobseekers Allowance，JSA）的人数超过 100 万人，伦敦达到 15 万人。根据伦敦市政府最新的统计数据显示，整个英国领取再就业津贴的人数已经超过了 120 万人，伦敦市领取再就业津贴的人数也超过了 17 万人。② 在这一时期，强化妇女的"平等就业权"就具有了更重要的意义。

（二）休息休假权

现阶段，伦敦女性雇工的法定休息休假权的法律来源是《1998 年工作时间规范》（The Working Time Regulation 1998）。该法案中关于最少工作时间的规定来源于欧盟的《欧洲工作时间指令》（European Working Time Directive），其他额外的休息休假权来源于英国政府独立颁布的一些指令。在英国，除了

---

① 饶志静：《英国反就业歧视法研究》，上海交通大学宪法与行政学系博士论文，2009。
② http：//www. london. gov. uk/.

武装部队或者警察等特例外，任何雇工都拥有以上权利。承包商和个体经营者的雇工可以根据工作环境向他们的工作单位提出要求。一些具体条文也适用于农业工人。①

根据《1998 年工作时间规范》的规定，英国雇工每年最少有 4 周的带薪假期。这项假期不能由薪水支付来代替，除非终止雇佣关系②；并且不能结转到下一个假期年。除了最低 4 周的带薪休假，从 2007 年 10 月 1 日开始，工人有权享受额外年假 0.8 周。2009 年 4 月 1 日上升到 1.6 周。因此，工人的 2009 年 4 月 1 日前总的法定权利为 4.8 周的年假，2009 年 4 月 1 日开始便是 5.6 周。总法定权利不得超过 28 天。③ 此外，曾有一些过渡性条款允许用薪水替代这些额外的法定休假。但是从 2009 年 4 月 1 日开始，国家规定的额外假期也不能由薪水替代，除非终止雇佣关系。④

此外，对在职妇女产期前后的休假待遇，也有相关规定。伦敦女性在怀孕后享有休产假的权利，现有的关于产假的政策主要是执行 2008 年 10 月的关于怀孕产假政策的修正案。该政策主要是针对已经怀孕的女性雇工，或即将生产、或需要进行产前护理的患有与怀孕相关的疾病的妇女。⑤ 伦敦市的女性雇工有权利休 26 个星期的普通产假和 26 个星期的额外产假，总共 1 年。这 52 个星期被称为法定产假。同时，英国的男性也可以申请"家长假"，陪伴初为人母的妻子和新出生的孩子。所谓家长假是指从孩子出生到孩子第 5 个生日（如果孩子有残疾，可以延长到孩子第 18 个生日）的期间照顾孩子和安排孩子生活的无薪假期。家长假可由孩子的父亲或者母亲申请，负有正式看护孩子义务的家长也可以申请。⑥

（三）安全卫生保护

针对职业健康和安全问题，国际劳工组织出台了一系列的条款，这些条款是针对职业健康和安全问题的基本国际惯例和制度。伦敦市对女性健康和

---

① http：//www. hse. gov. uk/contact/faqs/workingtimedirective. htm.

② http：//www. gov. uk/employment – status.

③ http：//www. acas. org. uk/CHttpHandler. ashx? id = 955&p = 0.

④ http：//www. bllaw. co. uk/pdf/EMP_ 0209_ CIS_ holidays.

⑤ http：//www. london. gov. uk/search/google_ appliance/holiday%20entitlement%20women.

⑥ http：//www. dwp. gov. uk/publications/specialist – guides/technical – guidance/ni17a – a – guide – to – maternity/introduction – to – maternity/.

身体安全的保护首先遵守这些国际制度和条款的相关规定。从 1919 年至 2000 年，国际劳工会议讨论的 183 份协议和 192 份提案，有将近半数直接或者间接地被国际劳工组织采用。主要条款如见表 5 - 1 所示。

表 5 - 1　国际劳工组织出台的关于职业健康和安全问题的主要条款①

《防止工业事故伤害的提案》，1929 年（第 31 号）
《工人健康保护提案》，1953 年（第 97 号）
《职业健康和安全协议》（第 155 号）和提案（第 164 号），1981 年
《职业健康服务协议》（第 161 号）和提案（第 171 号），1985 年
《防止主要工业事故的协议》（第 174 号）和提案（第 181 号），1993 年

根据负责英国健康和安全的最高部门健康安全行署（Health and Safety Executive，HSE）的计算，1995 ~ 1996 年英国的工伤损失高达 150 亿 ~ 225 亿美元，大概占当年国内生产总值的 2%，而英国 1986 ~ 1996 年的国内生产总值每年的增长率仅为 2.6%。②

1974 年，英国通过了《1974 年工作安全和健康法案》。同时，伦敦市政府也实施了一系列旨在提高伦敦女性健康水平、促进女性平等发展的项目：如伦敦健康委员会（London Health Commission，LHC）进行的健康平等发展的项目；正在进行"好伦敦战略"（Well London Strategy）的规划和宣传；伦敦政府"更好的健康工作组"（for Better Health Work）则设立项目，为雇佣单位和企业来宣传更健康和适合的雇佣方法，以增进伦敦妇女健康等。

（四）职业培训权

据对整个英国的劳动力市场调查，59.3% 的英国女性和 56.5% 的英国男性都曾经在现有的岗位上接受过职业培训（无论现在是否仍在其岗位或者已经离开）。表 5 - 2 就显示了英国和伦敦男性和女性在公共和私营部门接受培训的具体数据。

---

① http：//www. ilo. org/wcmsp5/groups/public/@ dgreports/@ dcomm/@ publ/documents/publication/wcms_ 093550. pdf.

② http：//www. london. gov. uk/mayor/economic_ unit/docs/womenlondoneconomy2008.

表 5 – 2　在英国和伦敦男性和女性接受职业培训的情况[1]

单位:%

	私人	私人	公共	公共	总共	总共
	女性	男性	女性	男性	女性	男性
英国	51.3	53.1	76.8	74.4	59.3	56.5
伦敦	54.5	53.5	74.7	73.5	60.4	57.2

一般来讲，英国的职业培训起步于 16 世纪伊丽莎白一世时代的学徒工制度。1798 年诺丁汉成人学校的诞生，被认为是英国职业培训正式创立的标志。但英国最早的职业培训立法可以追溯到 1563 年颁布的《学徒法》（Statute of Artificers and Apprentices）、1601 年颁布的《济贫法案》（Poor Law Act of 1601）和 1802 年颁布的《工厂法》。《学徒法》是世界上第一部带有职业培训性质的法案。这部法律把存在很久的师傅带徒弟的做法确立为一种正规的学徒制，统一了英国全国的学徒训练。1964 年，英国针对当时职业培训缺乏法律依据的问题，又及时制定了《产业培训法》，使英国首次有了国家培训计划。该法对职业培训，特别是对职业培训控制协调机构的设置、职业培训的财政制度以及职业培训的设施等都做出了明确的法律规定。该法案有三个主要目标：提高英国职业培训的水平，改进职业培训的质量，在企业之间更公平地分配职业培训的费用。但在职业培训方面，英国政府 1982 年颁发的《新培训方案》、1984 年颁布的《工作培训白皮书》及 1986 年颁布的《1986 年工业培训法》等，应当视为更全面、更周到的立法。1991 年英国政府发表的《九十年代的教育和培训》白皮书，更是站在回顾过去、展望未来的高度上，重点总结 20 世纪 80 年代后五年的培训实施情况，着力强调 1990～2000 年的培训焦点、热点。可以这样说，英国政府对于职业培训的立法，是英国职业培训顺利开展的保证及基石，对于英国职业教育的发展居功至伟。[2]

（五）生育保险权

生育保险（maternity insurance）是国家通过立法，在怀孕和分娩的妇女劳动者暂时中断劳动时，由国家和社会提供医疗服务、生育津贴和产假的一种

---

[1]　http：//www. london. gov. uk/mayor/economic_ unit/docs/womenlondoneconomy2008.
[2]　宋孝忠：《英国职业培训立法初探》，《成人教育》，2009 年 5 月，总第 268 期。

社会保险制度。伦敦市政府保障女性生育权利和相关津贴补助的法律基础是《1992 年社会保险缴纳与福利法》（Social Security Contributions and Benefits Act 1992）①。

伦敦市对女性雇工生育保险权的保护具体体现在产妇权利、给予产妇津贴补助和产假三个方面。

伦敦市政府规定孕妇在怀孕期间享有以下基本权利②：带薪的产前以及孕期检查，产假、产假工资和津贴、不因怀孕而遭受歧视和免职。

立法同时规定，在怀孕期间工作雇主有义务让女性雇工避免工作环境带来的危险③，包括：搬抬重物、站立或者坐立长时间、暴露在有毒的环境中或长时间工作。雇主必须通过调派其他工作来让女性雇工脱离上述危险环境，或者防止女性雇工暴露在上述危险环境中。如果上述皆无法实现，雇主应付全额工资。除此之外，伦敦市政府为了避免女性因为怀孕而遭受到歧视，规定如果女性雇工因为怀孕被认为工作价值减低，可先和雇主进行沟通和协调，如无效，女性雇工可以使用雇工申诉程序④来保护自身合法权利。

因怀孕遭受的性别歧视包括以下情况⑤：未曾经过女性雇工的允许而减少工作时间；突然间给予不佳员工评估报告结果（poor staff report）；给女性雇工一个其不合适的工作；因为怀孕而被解雇（或者以其他借口解雇）；将病假时间归到产假中。

为了保障女性生育安全，伦敦市在法律和社会安全框架下为女性发放产妇津贴和补助。分为法定产妇津贴（SMP）和产妇补助（MA）两种，由就业与养老金事务部（DWP）或者职业介绍所发放。两种类型的补助都是帮助产妇从正式休产假开始到孩子出生的补助。伦敦市法定产妇津贴每周一付，女性雇工可以从雇主那里领取。但是必须符合条件，并且根据女性雇工的工龄

---

① http：//www. dwp. gov. uk/publications/specialist – guides/technical – guidance/ni17a – a – guide – to – maternity/about – this – guide/#law.

② http：//www. direct. gov. uk/en/Parents/Moneyandworkentitlements/WorkAndFamilies/Pregnancy-andmaternityrights/DG_ 10026556.

③ http：//www. direct. gov. uk/en/Parents/Moneyandworkentitlements/WorkAndFamilies/Pregnancy-andmaternityrights/DG_ 10026556.

④ http：//www. direct. gov. uk/en/Employment/ResolvingWorkplaceDisputes/DG_ 10027991.

⑤ http：//www. direct. gov. uk/en/Parents/Moneyandworkentitlements/WorkAndFamilies/Pregnancy-andmaternityrights/DG_ 10026556.

和工资来决定可以领取的金额。领取的总量由女性雇工工资的多少决定。

三 结语

经过 200 多年的发展，英国妇女地位已经有大幅度提升。英国是经济发达的高福利国家，其法律体系在长期发展和不断完善下拥有了英国的鲜明的英国特色。在"福利国家"的理念下，英国政府尊重女性权利，重视女性价值。在英国，立法机关在立法时特别重视突出性别因素以发挥女性在英国社会不可或缺的社会职能。英国政府保障女性权利的举措和立法，对英国社会保障事业的发展和英国人口的身体素质有着重要的作用。伦敦妇女得益于这些法律的保护。北京市在建设世界城市的过程中，可借鉴英国和伦敦市的有益经验。

第三节 巴黎女性权利的法律保护

1789 年法国大革命时的政治家们并没有把妇女权利作为主要问题进行考虑。尽管妇女们积极参与了这次革命，但仅有少数妇女进入决定革命政策的国会、团体及其他统治实体。欧林普·德·古热（Olympe de Gouge）于 1791 年发表了《女权宣言》（Declaration of the Rights of Women），首次倡导关注妇女权利，作为对 1789 年《人权宣言》的补充。

法国 1946 年宪法序言规定了男女平等的原则，而该序言正是法国现行宪法 1958 年宪法的组成部分。作为一个高度中央集权国家的首都，巴黎对妇女劳动和社会保障权利的保护主要体现在法国的国家立法中。

在法国政府健康与社会事务部、司法部、内政部、国防部、就业部等部委的支持下，1997 年成立了妇女与家庭权利信息中心（Centre national d'information sur les droits de femmes et des familles）以更好地保障妇女权益。

为方便研究，本节将妇女权利的法律保护，分为两部分：第一部分，一般的妇女权利法律保护；第二部分，妇女劳动与社会保障权利的法律保护，包括平等就业权、妇女的劳动报酬权、妇女休息休假权、妇女获得劳动安全卫生保护的权利、妇女接受职业培训的权利、妇女的生育保险权等。

一 一般的女性权利法律保护

一般的妇女权利法律保护，包括妇女政治权利法律保护、妇女文化教育权利法律保护、妇女财产权利法律保护、反性骚扰、反家庭暴力等方面。

（一）妇女政治权利法律保护

妇女的政治权利法律保护主要体现在妇女在政治领域的平等权，包括投票权和选举权。法国妇女平等权在法国宪法中赋予了根本确认，但这种确认并非是一帆风顺的。

如果把现代女权理论运用到法律当中，"平等权"的出现会与权利普遍性原则相矛盾。[①] 平等权的出现源于这样的事实，即国家主权并不意味着每个人都代表国家行使权力，因为有关机构中的代表不是真正的百姓，他们其实是宪法上的一种虚构体——"国家"。根据这种理论，投票活动的存在不是为了实现个人权利，而是为国家选举代表的一种工具和手段。同样，"能力"（以财富为基础）不足的男女公民就被排除到投票活动之外。在第三共和国期间（1875～1940），当投票权成为一种"普遍性"权利时，它仍旧保留了关于国籍、年龄、身份和性别方面的限制：妇女还是被排除在投票活动之外。尽管反对的呼声（主要来自于女权主义者、法学家、律师和宪法学者）很高，但直到1944年妇女才取得了投票权和竞选权。这种努力是通过强烈宣称权利普遍性原则才最终实现的，并且否定了公民之间的所有差别，最终1958年宪法第3条规定："无论何种性别的公民，达到法定年龄并且享有政治和民事权利，可以依法参加投票。"

但在现实生活中，妇女平等权的实现差强人意。起初，某些政治家希望通过不修宪的方式来实施平等。第一个旨在结束这种局面的法案起草于1994年。此后与科西嘉议会选举相关的一次法案指明："每份候选人名单应当保障男女候选人之间享有平等权。"[②] 但是，宪法委员会在1999年1

---

① Eric Millard 著《法国妇女平等权和普遍人权研究》，孙振栋译，http：//www. worldpublaw. sdu. edu. cn/zhuanti/index. php? modules = show&id = 2651，访问日期：2013 年 1 月 10 日。

② Eric Millard 著《法国妇女平等权和普遍人权研究》，孙振栋译，http：//www. world-publaw. sdu. edu. cn/zhuanti/index. php? modules = show&id = 2651，访问日期 2013 年 1 月 10 日。

月 14 日所作的 98 – 407 DC 号决定中指出，上述条款有悖于宪法。对于宪法委员会来说，除非宪法得到修改，否则一切以性别为基础进行的分类都是非法的。

因此，修宪成为当务之急，在 1999 年 6 月 28 日终于通过了相关的宪法修正案。这只是一个小小的改革。国会并不是将平等原则直接加到宪法中，而是仅仅删掉了宪法中的某些障碍，在第 3 条中增加了这样的内容："法律应当改善男女竞选公职时的平等机会"，并且在第 4 条结尾指明："不同政党应当协助法律规定的这一平等原则的实现"。

2000 年 6 月 6 日法国通过了《男女竞选公职平等机会法》。这份法案主要涉及的政治选举有：大区选举、市镇选举（3500 人以上的市镇）、参议员选举和欧盟议会选举，但不涉及总统选举、省议会选举和 3500 人以下的市镇选举。

根据新法案所进行的选举，选举名单中男女候选人各占 50%。而且，妇女不能被列到名单的末尾部分，这样很可能导致她们不能获选，所以候选人按一男一女的顺序依次排列。选举名单中人员的变化必须与有关性别的规定相符合，任何不符合要求的名单都不会在选举活动中被公布。无法依法提出选举名单的政党会被要求缴纳罚金。

（二）妇女文化教育权利法律保护

妇女的文化教育权利主要包括妇女在入学、升学、毕业分配、授予学位、派出留学等方面的权利，适龄女童、少年接受义务教育的权利，妇女接受高等教育的权利等。

对于妇女的教育权利主要体现在法国的教育法体系中。[①] 法国的教育法体系分为纵向和横向结构。纵向法律体系包括由宪法或议会委托行政当局制定的具有法律内容和法律效力的规范性文件。法国教育法律的横向结构，一般是以教育活动的类别为依据，根据实际需要分别制定涉及教育活动各个领域的教育单行法。

在这些法律中，确定的教育原则之一就是教育的平等权利，包括男性与女性的教育平等权。例如，法国的《教育法典》第一部分关于教育权和受教育权的一般规定。第 L131 – 1 条规定："凡年满 6 周岁的儿童，不论性别与是

---

① 高如峰：《简论法国的教育法制》，《教育研究》1996 年第 12 期，第 53 ~ 57 页。

否法国国籍，应接受义务教育。"不过，1968 年的《法国高等教育方向指导法》直到 1971 年才确认法国女性享有与男性上大学的同等权利。

此外，法国政府还通过一系列政策促进男女受教育平等。例如，要求理工大学改变女性所占比例远低于男性的现状。

（三）妇女财产权利法律保护

在法国，以共同财产制来规范夫妻的财产关系有着悠久的历史。在法国《民法典》颁布前法国北部的习惯法地区曾实行共同财产制，而受罗马法影响的南部成文法地区则实行嫁资制。基于尊重传统习惯的考虑，在 1804 年的法国《民法典》中，把共同财产制确定为了法定财产制，开创了法国以共同财产制为法定财产制的先河。由于当时《民法典》规定的共同财产主要以动产为主，除极个别的情形外，夫妻的不动产并不包括在共同财产的范围内，因而学者们将这一财产制又称为"动产后得财产共有制"。进入 20 世纪以后，由于在"动产后得财产共有制"之下，一方面对夫妻的财产权利采取了区别对待的态度，另一方面又把动产看做一种不重要的财产，认为其价值较不动产为低，因而这一财产制已不适应妇女社会地位日益提高和动产价值增大的社会现实，故立法者对有关夫妻财产的规定作了部分的修改，并于 1907 年引入了英国的特有财产制度，承认妻子对于自己的劳动所得有管理的权利，打破了拿破仑法典成立百年来由丈夫单独管理的传统，对提高妻子的地位有着重大意义。在 1932 年的政府法案中，曾以所得参与制为法定财产制，但在 1959 年又改为采用所得共同制。在这期间还曾发生过究竟应采用以分别财产制为基本形态的所得参与制还是应采用以共同财产制为基本形态的所得共同制的激烈讨论，最后确定采用所得参与制的时机尚不成熟，而国民又习惯了共同财产制的原理，故在 1965 年的法律修改中最后采用了以婚后所得共同制为法定财产制，并沿用至今。[①]

在法国《民法典》中，夫妻财产制单列一编，规定在第三卷"取得财产的各种方式"的第五编"夫妻财产契约与夫妻财产制"中，而有关婚姻家庭制度中属于人身关系的内容则规定在第一卷人法部分。该民法典以 4 章 134 个条文对夫妻财产制做出了全面、系统的规定。第一章"通则"，规定了夫妻财

---

① 林秀雄：《夫妻财产制之研究》，中国政法大学出版社，2001，第 122~123 页。

产制的一般性规则，内容包括夫妻财产协议不得违反的规则、为健在的配偶设定的权利及行使、夫妻财产制类型的选择、财产协议的形式、效力和变更以及夫妻财产选择适用的法律等；第二章"共同财产制"，分为法定的共同财产制与约定的共同财产制两部分，并分别对两种共同财产制下夫妻共同财产的范围、双方的权利义务、责任及共同财产制的解除等问题做出规定；第三章"分别财产制"，规定了这一财产制下夫妻对财产的权利、债务的负担、家庭生活费用的分担方式、婚姻关系终止时财产的清算等；第四章"夫妻分享婚后取得的共同财产的财产制"，该章规定了这一财产制的含义、夫妻的权利、原有财产与最后财产范围、计算方式、婚姻关系终止时财产增值的分配等。

1965 年的法令强调只有丈夫才能管理家庭财产和子女的财产。为了改变这种不平等现象，妇女部通过努力，迫使议会颁布了几项有关的法令。1983年的财政法规定，夫妻双方在纳税时申报收入的签名都是合法的。1984 年的法令规定，如果双亲中一方提出完全放弃对子女的权利，另一方可以取而代之。1986 年 3 月的法令指出妻子有权负责管理家庭的日常生活，在财产事务上，夫妻双方必须共同处理与家庭财产有关的事宜。这些法令逐步打破了传统的家长制观念，建立了一种新的家庭关系。

（四）反性骚扰

性骚扰行为直到 20 世纪 90 年代初在法国尚不构成犯罪行为，妇女遇到这类问题时不能指望得到法律保护。性骚扰导致受到骚扰的妇女在身心健康两方面受到严重伤害，有的只好提出辞职，有的被解雇。为了维护自身的人权和劳动权，很多法国妇女在 70~80 年代开始求助于法律。据一个致力于职业妇女免受暴力行为伤害的欧洲妇女组织统计，全法国在 1972~1989 年有十起关于工作场合性骚扰的案件得到法院判决，所有案件涉及的都是骚扰者或被骚扰者的劳动合同中止问题。有五个判决认为性骚扰行为构成一种"严重错误"（当时刑法中没有关于性骚扰的条例），从而对骚扰者被解雇予以肯定。有一个判决虽确认骚扰者被解雇有正当理由，但未构成"严重错误"。上述案件中的骚扰者都是男性被雇佣者，而非雇佣者。对三起案件做出的裁决认为，解雇受害者没有真正的充分理由。只有在一起案件中，法院判定受害者没有提供充分的证据证明雇佣者进行性骚扰，从而不足以把中止劳动合同的责任归咎于雇佣者。

官方数据显示，法国每年登记的性骚扰案件有 1000 件之多，只有少数能通过法律得到解决。2005～2010 年的 5 年间，只有 80 例性骚扰案件宣判。很多女性权益保护组织多年来持续倡导修改法律条款，他们认为，法规不明确是造成维权不力的重要原因。

法国议会 2012 年 7 月 31 日通过《反性骚扰法》，认定性骚扰为犯罪行为。新法规定了性骚扰的三个级别。最严重的情况下，即性骚扰者对受害者强行实施性侵犯，且受害者年龄小于 15 周岁，或者多人实施性骚扰，将被判处入狱两年。这项法律适用于多个场合，包括在大学、超市以及工作面试中的性骚扰行为。另外，单一的性勒索也将被视为性骚扰，而此前只是被认定为重复性行为。

该法在刑法中注明了性骚扰的新定义，它以更广泛的方式考虑了所有的情况。新的法律规定："一方对另一方使用任何形式严重施加压力的行为，即使不是重复行为，其实际目的或明显目的是为了获得与对方的一次性关系，都被视作是性骚扰。"

性骚扰是一项轻罪，新法律对这类行为的惩罚加重，可能被处以两年徒刑和 3 万欧元罚金。该法还对性骚扰罪提出加重情节，如对特别处于弱势的弱者犯下性骚扰行为可加重处罚，可能被处以三年徒刑和 4.5 万欧元罚金。

（五）反家庭暴力

家庭暴力和虐待是指"现有或者曾经有密切关系的人对另一方实施身体的、心理的虐待或暴力，包括逐渐损害对方的自信心、实施性暴力"；也包括"破坏配偶或者伴侣的财产，将对方与其朋友、家庭或其他潜在的支持资源相隔离，威胁包括孩子在内的其他人，控制另一方接近金钱、人身事务、食物、交通工具、电话及蹑手蹑脚地走近另一方"。[1]

在巴黎及其近郊，1990～1999 年 652 位被谋杀的妇女中，一半是被其丈夫或伴侣杀害。[2] 2008 年，156 名女性被杀害，均为其伴侣或者前伴侣的受害

---

[1] Domestic Violence: A Guide to Civil Remedies and Criminal Sanctions, L. C. D. , 2003, p. 3.

[2] http://www.sosfemmes.com/violences/violences_ chiffres. htm，访问日期：2012 年 8 月 29 日。

者；而同期之内，约有 27 名男性被其伴侣或前伴侣杀害，而其中大部分是出于对方的正当防卫。[①]

法国国家妇女与家庭权利信息中心（Centre national d'information sur les droits de femmes et de familles）在 1999 年 12 月至 2000 年 3 月的调查显示，法国 43.9% 的妇女是暴力的受害人，而 78.4% 的被调查者认为对妇女的暴力主要发生在家庭；84.1% 的被调查妇女认为家庭暴力是身体暴力；而在导致家庭暴力的主要原因中，62.7% 是为了彰显权威，54.3% 是酗酒，46.6% 是施暴者的童年阴影。[②]

除了家庭范围内发生的暴力问题，2006 年，法国 18～59 岁妇女有 6% 曾经被性侵犯，2.5% 曾经被身体袭击，1.5% 曾经被强奸或者差点被强奸。[③]

为了应对类似状况，法国加快了反对家庭暴力的立法进度。2010 年 7 月，法国国民议会通过了《反家庭暴力法》，对处在家庭肢体暴力、强制婚姻以及性骚扰阴影下的妇女予以立法保护。该保护条例包括强制隔离受害者及其男伴、向被家庭暴力所困扰而离开住所的妇女提供临时住所以及为她们安排照料子女，等等。其中还包括 3 项创新内容，即准许法官使用"保护裁定"，确立"精神暴力"罪名以及批准进行"电手镯"试验。"保护裁定"是指当遭遇家庭暴力、强迫婚姻或性暴力的受害者向司法机构请求帮助时，法官可即时裁定受害者与施暴者分开生活，并裁定孩子的临时抚养权。"保护裁定"期限为 4 个月，如受害者在此期间决定离婚，则"保护裁定"期限还可获得延长。此外，这项法律还批准进行为期三年的"电手镯"试验，即给家庭暴力的施暴者佩戴"电手镯"。"电手镯"大小与一般手表无异，施暴者将被要求把它戴在手腕上，潜在受害者拥有一个感应器。这套设备通过 GPS 和一个控制中心连接：当潜在受害者有可能受到暴力侵害时，感应器便可发出报警信号。[④]

---

① La Santé des femmes en France, 2010, p. 15, http：//www. ladocumentationfrancaise. fr/var/storage/rapports‑publics/104000510/0000. pdf, 访问日期：2012 年 8 月 29 日。

② http：//www. sosfemmes. com/violences/violences_ chiffres. htm, 访问日期：2012 年 8 月 29 日。

③ La Santé des femmes en France, 2010, p. 15, http：//www. ladocumentationfrancaise. fr/var/storage/rapports‑publics/104000510/0000. pdf, 访问日期：2012 年 8 月 29 日。

④ 《法国通过针对家庭暴力的法律草案，批准"电手镯"》, http：//www. wanglu88. com/Html/law/201007/539. html, 访问日期：2012 年 6 月 27 日。

二 女性劳动与社会保障权利的法律保护

妇女劳动与社会保障权利的法律保护，包括平等就业权、妇女的劳动报酬权、妇女休息休假权、妇女获得劳动安全卫生保护的权利、妇女接受职业培训的权利、妇女的生育保险权等。除专门的法律法规外，1973 年颁布并经过几次修改于 1981 年定案的法国《劳动法典》（Code de travail）对上述权利进行了不同程度的保护。《劳动法典》共有 990 条，其中除了一般的原则性规定，还有许多具体量化的可操作性规定。这样能够非常明确地保障劳动者的权益，也增强了执法监督的可操作性。

（一）平等就业权

为了保障妇女享有与男性平等的就业权，法国《劳动法典》规定了数条禁止性条款，以对妇女进入劳动力市场给予保护。

1973 年的一个判例就已确定了禁止解雇怀孕女工是法国劳动法上保护妇女的一项基本原则。此后，1977 年 7 月 12 日的《妇女保护和儿童教育法》专门对妇女妊娠及其就业问题作了规定：雇主不得因妇女怀孕而拒绝招聘该妇女或在试用期解除其劳动合同，或擅自宣布调动其工作，除非雇主证明当事人犯有与其怀孕状态无关的严重过错。禁止雇主查询有关当事人妊娠的情况。申请求职的妇女或受薪女雇员并无公开其妊娠状况的义务（《劳动法典》法律篇第 122 - 25 条）。如果出于女工身体状态要求，由雇员本人或雇主提议，可以临时变更该雇员的工作，但是，这种变更不得引起任何报酬的降低。1983 年 7 月 13 日发布的第 83 - 635 号法律明确规定：招聘启事或任何形式的公开招工广告中都不得指明招聘对象的性别和家庭状况，招聘单位也不得以性别或家庭状况为由拒绝聘用（《劳动法典》法律篇第 123 - 1 条）（性别构成决定性条件的职业或专业活动除外，由法令明确规定）。另外，在《劳动法典》法律篇中，全面体现法国劳动法中的平等原则，经常被引用的第 122 - 45 条进一步规定："任何人不得因为其出身、性别、家庭状况、籍贯、习俗、族裔、政治观点、宗教信仰、工会活动等，被拒绝在招聘程序之外、被惩罚或被解雇。"[1]

---

① 郑爱青：《法国劳动法对女性劳动权益的保护》，《人权》2005 年第 5 期，第 54～55 页。

根据法国《民法典》第 9 条的规定："每个人都享有私生活被尊重权。"
雇主不得在招聘启事中载明应聘人的家庭状况或在招聘过程中要求应聘人提
供家庭状况：已婚、未婚、分居、离婚、同居或是否已怀孕、将怀孕，等等。
司法判例表明，以女性为由而拒绝招聘的案例很少，而大量发生的是，雇主
在招聘时不知道应聘者已经怀孕，聘用之后，该女工才表现出妊娠状态，雇
主这时解雇该女工。例如，在 2001 年 9 月 15 日巴黎大区凡尔赛劳动法庭判决
的一起案件中，一家公司招聘了一名女工，双方签订了一份一年期限的劳动
合同，但在该女工仅工作了 2 个月后，该公司以其怀孕为由将其辞退。[①] 法庭
依法判决公司的辞退决定无效，虽然，事实上，该女工在招聘之时就已经怀
孕，而且，公司是为一个短期的、紧急的岗位空缺招聘，但是，根据法律，
应聘者没有义务将自己的妊娠状况告知招聘方。

2001 年 5 月 9 日第 2001 - 397 号法律涉及关于男女平等就业权的法律。该
法律通过设立协商的义务来发展社会对话。该法律在男女平等就业以及工作
环境比较等方面规定进行年度协商。同时也规定应进一步设立条例来保障劳
资调解委员会中男女选举的平衡。[②]

（二）妇女劳动报酬权

在职业方面的保护，法国法律对女性劳动者在劳动报酬、晋升机会、工
作调动、享受有关待遇等方面享有与男性同等权利的保护。因为职位性质与
个人个性的不同，女性每年的平均工资大约是男性的80%。从 20 世纪 90 年
代中期开始，男女工资的差异不再缩小。[③] 虽然近 20 年来有所改善，但是不
论在公共企业还是私营企业中，女性进入管理高层的人数都十分有限。这种
情况也反射到退休金的数额中：就直接权益而算，女性退休金的平均数额只
有男性的44%。[④]

1983 年 7 月 13 日发布的第 83 - 635 号《男女职业平等法》中规定：

---

① *Revue de Jurisprudence Sociale*（RJS），11/2001.

② Sandrine Dauphin，*L'État et les Droits des Femmes*，Presses Universitaires de Rennes，2010，
p. 87.

③ Marie - Thérèse Letablier，*Politique Familiale et Emploi*，Une Conquête inachevée：le droit des
femmes à disposer de leur corps，Edition Syllepse，2008，p. 30.

④ Marie - Thérèse Letablier，*Politique Familiale et Emploi*，Une Conquête inachevée：le droit des
femmes à disposer de leur corps，Edition Syllepse，2008，p. 31.

"雇主在采取任何措施，尤其是在涉及报酬、培训、任用、授予资格、定级、晋升或调动工作方面所采取的措施时，不得出于性别的考虑"（载入《劳动法典》法律篇第123－1条）。① 该法明确提出了男女平等待遇的法律原则。不仅如此，该法还规定：这一平等原则并不妨碍完全是为了有利于妇女、旨在使男女机会均等，尤其为弥补妇女事实上的机会不均等的状况而采取的临时性的措施（《劳动法典》法律篇第123－3条）。即该平等待遇原则一方面防止对女性的差别待遇，另一方面也允许某些倾向于女性的优惠待遇，通常是通过签订行业集体合同或协议的方式来规定，尤其是在那些女性就业比例不高的行业中，规定女性享有一定的优惠待遇，如晋升、休假等方面。

待遇平等原则具体体现为同工同酬、同工同待遇（《劳动法典》法律篇第140－2条），违反这一原则就构成性别歧视。例如，凡尔赛劳动法庭1985年4月15日的判例认为，对于同一项工作，雇主支付一个新招聘的男性雇员的工资高于一个已经干了几年的女性雇员，就构成性别歧视，虽然雇主的理由是该男性雇员的知识层次高于同一工作岗位上的其他女雇员。② 再如，根据1992年2月19日最高法院的一项判例，夫妇两人同时被招聘为看楼人，应得到同等的报酬。③

"同工"不仅仅指"同一工作"，而且包括"具有同等价值的工作"。因此，检查企业中男女雇员是否享有平等待遇，最为微妙的就是判断哪些属于"具有同等价值的工作"。虽然立法的规定有利于女性，但从司法判例来看，往往会有相反的例证。例如，巴黎上诉法院1994年2月15日"普拉黛尔诉马尼奥尔"（A. Pradel vs. S. A. Magnol）一案中，在判断人事行政、职位管理负责人的职位和供销部门负责人的职位是否属于"具有同等价值的工作"上，法官认为后者比前者"更有价值"，因而，没有维护负责人事和职位管理工作的女雇员所要求的与供销部门负责的男雇员的同等待遇。

2006年3月通过的第2006－340号法律的内容是男女劳动报酬平等。该

---

① 法国最高法院社会庭在后来的一系列判例中强调平等待遇不仅是一项法律规范，还是一项法律原则（如1999/5/18、1999/6/29、2004/1/13等判决）。
② Juri－Social, 1985, F. 60.
③ 转引自郑爱青《法国劳动法对女性劳动权益的保护》，《人权》2005年第5期，第55页。

法律的目标主要是两点：一方面缩小男女工资差距，另一方面协调职业活动与家庭生活。在缩小男女工资差距问题上，该法律要求各企业及行业，在2010年12月31日之前，每年必须通过协商制定并规划缩小男女工资差距的措施。

（三）妇女休息休假权

法国《劳动法典》第 L1225 - 16 条规定职业女性在怀孕期间以及生产后，根据公共健康法典第 L2122 - 1 条规定的情况（涉及怀孕生产的医学监督）可以请假去医院检查。该请假期间，不得缩减其工资。

《劳动法典》第 L1225 - 17 条规定职业妇女的产假从生产前6个星期开始到产后10个星期为止。在劳动者自己的申请下并获得医生肯定后，生产前的产假至多可以缩减3个星期，产后休假相应延长。第 L1225 - 18 条规定在多胞胎的情况下，产假应相应延长。

值得指出的是，《劳动法典》只是规定了职业妇女产假的基本时间。各个公司或行业工会可根据自身情况制定集体协议（convention collective）来延长产假的时间。

（四）妇女获得劳动安全卫生保护和接受职业培训的权利

《劳动法典》第 L4612 - 1 条指出，劳动条件卫生与安全委员会（Comité d'hygiène, de sécurité et des conditions de travail）应致力于改善劳动条件以方便女性劳动者的加入。

《劳动法典》第 R4433 - 5 条规定，在劳动环境等有危险时，雇主应特别考虑该风险对怀孕女性的影响。

《劳动法典》第 L1142 - 4 条规定应保障男女劳动者在接受职业培训方面的平等权利。第 L2323 - 33 条规定企业委员会（le comité d'entreprise）每年都应在职业培训方面接受咨询包括培训项目男女平等的问题。

除这些基本条款外，《劳动法典》中还有更多其他条款保障不同情况或不同类型企业在接受职业培训方面男女的平等权利。但是，从表 5 - 3 至表 5 - 5 可以看出，女性接受职业培训的比例总体低于男性，但大趋势是差距逐渐缩小。

表5-3 1995年接受职业培训的男女比例统计①

单位:%

职业类型	男 性	女 性
高级工人	16.4	10.7
普通工人	25.5	16.4
普通雇员	24.0	23.9
技 工	46.1	42.5
干 部	43.4	42.7

表5-4 2006年接受职业培训的男女比例统计②

单位:%

职业类型	男 性	女 性
干 部	59	53
中层管理人员	56	58
雇 员	37	35
工 人	30	21

表5-5 2006年企业男女雇员参加职业培训的比例统计③

单位:%

企业规模	男 性	女 性
总员工人数10~19人的企业	12.3	15.1
总员工人数20~49人的企业	20.5	21.7
总员工人数50~249人的企业	35.9	32.4
总员工人数250~499人的企业	46.2	41.2
总员工人数500~1999人的企业	53.5	46.6
总员工人数2000人以上的企业	60.7	54.1

---

① L'accès des femmes salariées à la formation continue et ses effets sur leur carrière, La Documentation Française, 2002, p. 15.
② http://www. femmes - egalite. gouv. fr/IMG/pdf/ORSE - 17 - formation. pdf, 访问日期: 2012年6月27日。
③ http://www. femmes - egalite. gouv. fr/IMG/pdf/ORSE - 17 - formation. pdf, 访问日期: 2012年6月27日。

（五）妇女的生育保险权

1993 年 8 月 24 日的《社会保障法典》①（Code de la sécurité sociale）第 L351 - 4 条规定，社保体制内的女性，每生一个小孩可以获得因照顾小孩，尤其是怀孕和生产而对其职业生涯造成影响的最长为四个季度的保险期。

《社会保障法典》第 L330 - 1 条至第 L333 - 3 条规定了女性的生育保险权。第 L331 - 2 条规定生育保险包括怀孕及生产期间（包括生产后一段相关时间）的医疗费用、药品费用、检查以及住院费用。第 L333 - 3 条规定从生产前 6 个星期开始到产后 10 个星期止，被保险人若停止任何薪酬工作则将获得不少于 8 个星期的生育补贴。若生育多胞胎，则补贴也相应延长。

《社会保障法典》第 L613 - 19 条规定了非雇佣职业女性（公司创立人，自由职业人等）因怀孕而休假期间的社会保险补贴。

三 巴黎女性权利法律保护机制的可借鉴之处

在法国，对妇女权利的法律保护源于妇女享有平等权的理念，从基本法宪法到具体的部门法，均体现了非歧视的法律原则。另外，针对女性在社会和家庭中的特殊作用和地位，在部门法中也制定了仅适用于女性的法律条款。

法律对妇女权利的保障具有至关重要的作用。通过对法国的考察，有以下几个因素值得借鉴。

第一，要建立相对完备的法律体系。目前，就外部结构而言，我国现行由宪法、专门法、行政法规和地方法规等构成的保障体系相对完整。但在专门法保障上，目前只有《中华人民共和国妇女权益保障法》，对于社会生活中侵害妇女权利的突出现象还缺乏专门性立法，而许多国家或地区在反就业歧视、反对家庭暴力、抗击性骚扰等方面多颁布有专门性法律。专门立法的意义不在于其他国家有中国就必须有，而是因为它能够立足各类侵害妇女权利现象的特点，针对现行法过于原则和有所疏漏的不足，采取具有可操作性的专门防治措施，并且在诉讼程序、证据规则、法律责任等方面具有不同于一

---

① 现代意义上的法国社会保障法是伴随着法国第五共和国于第二次世界大战后的 1945 年颁布重建社会保障制度的法令而逐步脱离传统劳动法范畴，发展成为适用主体更广泛的社会保险法，包括适用于工商业雇员、农业雇员、个体雇员的社会保险制度和社会救济等内容组成庞大复杂的法国社会保障法体系。目前最新版本是 1993 年 8 月 24 日《社会保障法典》。

般法律规则的特别规定。

第二，巴黎地方层面为保障法国法律在本市的实施，建立了一些保障机制。此处仅以巴黎市政府措施为例进行观察。

2002年，巴黎市政府设立了两性平等观察所。其主要行动框架是保障巴黎妇女权利和支持巴黎妇女就业平等，保障巴黎行政机制中妇女就业平等。2008年，专门负责男女平等事务的市长助理法提娜·拉莱姆（Fatima Lalem）制定了五大工作目标，其中就包括反对针对女性的暴力、维护女性权益，促进巴黎妇女就业，进行面向青少年的关于尊重妇女权利、男女平等的教育行动等。

巴黎市政府建立了法律服务点，帮助市民了解自己的权利和义务，免费获得专业人士提供的法律方面的信息和建议，在司法和行政事务中得到帮助和指导，如有必要则引荐求助者至相关机构以便更好地行使自己的权力等。所有这些服务都是免费且保密的。每个法律服务点都安排有面向大众的专业化法律服务，主要涉及家事法、劳动法、消费与过度负债法、住宅法、外国人法、预防驱逐、反歧视和妇女暴力等方面。①

要建设世界性大都市，一定要在从法律上保护妇女权利的过程中，除在国家框架内的妇女权利保障机制内运作外，根据地区的特点尝试制定地区性的法律法规，为其他地区创建引领作用。

第四节　东京女性权利的法律保护

日本保护女性权利的法律大多是在"二战"之后颁布的。比如女性的选举权与被选举权方面，日本从1925年引入选举制，但当时只有男性才有参政权。女性为了获得参政权，开展了请愿、成立妇女参政同盟等一系列运动。但这些运动都没有达到实现女性完全参政的目的。直到第二次世界大战之后的1945年，在美国主导下，日本才实施了"普通选举"制度，规定了凡是20岁以上的日本国民均享有选举权。另外，1948年制定的《基本教育法》规定了男女学生间应彼此敬重，相互合作，必须允许男女同校。而1947年颁布的

---

① http://www.paris.fr/pratique/aides–allocations–demarches/aide–juridique–gratuite/p6918，访问日期：2012年11月30日。

民法也规定了女性的财产权利。同年，日本也颁布了《劳动标准法》，规定了日本女性在就业方面的一系列权利。本文将从东京（日本）女性的政治权利保护、文化教育权利保护、财产权利保护、反性骚扰、反家庭暴力及就业权、劳动报酬权、休息休假权等劳动和社会保障权利方面进行总结和分析东京（日本）如何通过立法来保护女性的权利。

一 东京女性权利的法律保护

本节将从对东京（日本）女性的政治权利法律保护、文化教育权利法律保护、家庭财产权利法律保护、反性骚扰法律保护、反家庭暴力法律保护五个方面，对东京（日本）女性权利的法律保护做出阐述。

（一）女性的政治权利法律保护

女性的政治权利法律保护主要体现在选举权与被选举权方面。自 1945 年起，日本采取"普通选举"制度，即日本国民的选举权不受其纳税金额及性别的限制，凡是 20 岁以上的日本国民均享有选举权。

日本女性获得选举权，经历了长期的斗争过程，自明治末年前开始，就开展了长时间的艰苦卓绝的斗争。日本从 1925 年引入选举制，但是和法国大革命时期的欧美一样，只有男性才有参政权。女性为了获得参政权，开展了请愿、成立妇女参政同盟等一系列运动。但这些运动都没有达到实现女性完全参政的目的。在这个过程中，要求得到平等政治权利的意识得以生根发芽并壮大。直到第二次世界大战之后，在美国主导下，实施了包括"赋予妇女参政权，实现妇女解放"的改革，日本女性才获得了完全的参政权。同时，因"二战"暂时搁置的日本妇女组织谋求参政权的运动也重整旗鼓。1946 年，"二战"后日本的首次众议院选举产生了日本史上首批女性议员共 39 名。同年 9 月 27 日，日本妇女的地方参政权也在法律中得以确认。

与日本国家层面的选举权相比，在地区议员的选举权方面增加了一条限制，即需要在行使选举权的地区持续居住三个月以上。也就是说，东京的女性享有与男性平等的选举权，需要满 20 岁，并在东京地区连续居住三个月以上。而被选举权，也就是参选东京地区议员候选人的条件也不存在性别差异，即年龄满 25 岁，并在东京地区连续居住三个月以上的男性女性均享有被选举权。①

（二）女性文化教育权利法律保护

日本的《基本教育法》规定了日本国民的文化教育权利。《基本教育法》是日本关于教育的基本法律，规定了日本教育的目的和理念及实施教育的基本原则。该法制定于 1948 年，于 2006 年修订。

"二战"前的日本，一些关于两性的旧观念还没有完全去除，比如男尊女卑、男女七岁之后不得同席等。"二战"前的旧制高中不允许女性入学，旧制官立大学的女性入学人数也十分有限。另外，中学教育分男校和女校，男女接受教育的年限也有所差异。因此，1948 年的旧《基本教育法》第 5 条规定，男女学生间应彼此敬重，相互合作，必须允许男女同校。

随着时代变迁和两性观念变化，旧《基本教育法》关于男女平等并允许男女同校的条文得以修订，在新《基本教育法》中并入第 2 条"教育的目标"，成为第 3 项，即重视正义与责任、男女平等、自我和他人的敬爱和合作，在公共的精神的基础上，主动参与社会，培养为社会发展做贡献的态度。

另外，新《基本教育法》第 4 条（旧《基本教育法》第 3 条）也明确规定了日本教育的机会平等原则，即所有国民均享有平等接受教育的权利，不分人种、信仰、性别、社会地位、经济地位以及出身，在教育上不可差别对待。

如上所述，日本《基本教育法》对女性教育权利的保护，经历了半个多世纪，取得了明显的进步。从战后的明文规定男女需彼此敬重、允许男女同校，到近年来将加强男女平等意识作为教育的目标。这一进步也说明，通过改革和教育事业的发展，日本在教育领域基于性别的明显差异逐渐缩小，男女平等更多地作为一种理念成为教育目标之一。

（三）女性财产权利的法律保护

1. 夫妻财产制

1947 年，日本《民法典》第 4 编《亲属法》和第 5 编《继承法》全面改

---

① 引自网站"東京都選挙管理委员会"，详见 http：//www. senkyo. metro. tokyo. jp/qa/ qa01. html。

订，规定日本的夫妇财产关系的原则为个人主义和夫妇平等，夫妇的财产分别归属本人。也就是说，丈夫和妻子对各自的财产持有所有权和管理权。具体法律条文如下：民法亲属法第三节夫妇财产制第二款法定财产制第762条规定：夫妻一方婚前自属财产或婚后个人所得财产，为其独有财产；归属不明的财产，则判定为夫妻共有财产。

但是，日本现行的民法也同时规定"双方共同分担婚姻产生的费用"，也就是说生活所需金钱不管是夫妻双方哪方的收入，均属双方共有。具体法律条文如下：民法亲属法第三节夫妻财产制第二款法定财产制第760条规定，夫妻考虑其资产、收入等其他一切相关情况，共同分担婚姻产生的费用。同时，第761条规定，夫妻一方关于日常的家事与第三者产生法律行为时，另外一方对此行为产生的债务负连带责任，事先声明对第三者不承担责任的情况除外。

综上所述，在日本的家庭财产所有制方面，夫妻分别持有各自财产和双方共有两种制度并存。① 夫妻分别持有各自财产制度体现了男女作为个体的独立。双方共有制度也体现了婚姻中的夫妻平等原则。

2. 离婚妇女财产权保护

据上所述，婚姻中的财产一般分为以下三种：①独有资产：包括婚前各自持有的资产、婚后继承或者接受的赠与、各自的首饰等；②夫妻共有资产：经夫妻双方的同意，以共同的名义取得的财产、购入的共同生活所需的家具等；③实质上的共有财产：财产名义属夫妻一方，但属于婚后夫妻互相协作取得的财产。

在日本，离婚时需要进行财产分割的对象为夫妻共有资产和实质上的共有财产。也就是说，即使是名义上属于某一方的财产，如果这一财产是在对方协作的基础上所得，也要计入"实质上的共有财产"。这种情况不仅适用于双职工家庭，也适用于全职太太家庭。② 在日本，全职太太家庭婚后的财产多归于丈夫名下。但根据法律，如果实质上妻子对此财产的获得付出了贡献的话，在离婚时也将按照妻子贡献的比例对财产进行计算和分割。

① 引自日本民法（明治二十九年四月二十七日法律第八十九号，最终修改：平成二三年六月二四日法律第七四号）第四编第三节第二款第760条、第761条、第762条，详见http：//law.e-gov.go.jp/htmldata/M29/M29HO089.html。
② 自平成九年起，日本双职工家庭的数量超过了全职太太家庭的数量，两者的数量在2010年分别是1012万户和797万户。

另外，在日本的离婚案件中，将财产分割和对妇女的精神损失费共同计算的情况较为普遍。普通的公司职员，在离婚时平均将支付妻子财产分割和精神损失费共计200万~500万日元（约折合16万~40万元人民币）。①

3. 妇女的财产继承权

"二战"前，日本民法规定日本的家庭实行"家长制"，由长子进行宗祧继承，次子与女儿不得继承宗祧。宗祧继承是指继承家庭户主这一身份和属于户主的财产。宗祧的被继承人可以指定继承人。另外，如果户主死亡必须进行宗祧继承时，而此家庭没有直系子孙，或者宗祧继承人没有被指定时，该家庭则不得不选出一名继承人成为新户主。

"二战"后，日本对旧的家庭制度进行改革，1948年颁布的新民法规定，自1949年起，废除家庭的宗祧继承制，配偶和第一继承人拥有同等地位，并将子女的继承权由"二战"前的长子单独继承制改为儿女均分制。1980年，日本的民法再次修订，规定配偶的继承份额提高，具体为，在与子女同时继承时占1/2，在与直系长辈亲属同时继承时占2/3，在与兄弟姐妹共同继承时占3/4。而女儿也与包括长子在内的儿子一样，在法律上拥有均等的财产继承权。1981年3月，日本冲绳县的当地法院判决当地女性没有财产继承权的风俗为违反宪法的行为。

但是，需要注意的是，虽然法律上明确规定了配偶的继承权和儿女平等的继承权，但是长子继承家业这一风俗在日本人的观念中仍然相对根深蒂固，并非一朝一夕就能根除。如果家里没有男孩，那么纳入"上门女婿"，让其继承家业的做法在日本并不少见。这些做法是社会风俗和道德层面的"残留"，但并不意味着在法律上是被认可的行为。而法律上虽然规定了长子以外的兄弟姐妹继承父母财产的权利都是均等的，但事实上，有一位子女继承家业，向其他兄弟姐妹支付一定的金额这一做法还是很普遍的。

（四）反性骚扰

在日本，根据1985年颁布、1986年4月开始实施的《男女雇佣机会均等法》第21条条文，性骚扰分为两种，一是"报复型性骚扰"，另一种是"环

---

① 引自日本的离婚法律网站"離婚の法律、税金と離婚相談掲示板"，笔者译，详见 http://www. rikon. to/contents4 - 2. htm。

境型性骚扰"。前者是指在工作场合，因为女性对涉及性方面的言行的反应，而相应地对女性的劳动条件做出不利的行为。比如在工作场合，女性被要求发生性关系或者身体接触后，因女性加以拒绝而导致的被解雇、降职、减薪、调动职位、提前解除工作合同等情况。而第二种"环境型性骚扰"是指，职场上与性相关的言行使得女性劳动者的就业环境恶化，比如职场上的上司不停地向客户讲某女性员工的涉及性的信息或者谣言，使得女性情感上感到痛苦，妨碍或者使其无法继续正常工作。

2007 年《男女雇佣机会均等法》修订时，企事业单位的负责人的义务由"必须考虑采取相关措施防止性骚扰的发生"，改为"必须采取措施防止性骚扰发生"，也就是说企事业单位的负责人在此方面的法律义务得以强化。

企事业单位负责人的"必须采取措施防止性骚扰发生"的义务具体包括：必须将不得发生性骚扰这一方针在企事业内部加以明确；必须设定一个咨询窗口及负责人；如果出现相关的投诉要对事实进行确认；确认了事实之后要采取适当的措施。①

另外，根据日本人事院②第 10－10 号法规"关于防止性骚扰的规定"③，性别决定工作的范围和种类这一意识及相关言行均属于"性方面的言行"，均有可能列入违反《男女雇佣机会均等法》的范围。而性骚扰的加害方和受害方的界定，则不只是男性对女性，女性对男性以及同性之间都是要考虑的范围。这也体现了在当今的日本社会，在性别平等这一意识的主导下，不仅要保护女性避免受到性骚扰，所有关于给劳动环境或者劳动者本人带来不良影响的有关性方面的言行都将被追究法律责任。

关于性骚扰的法律责任，首先，性骚扰违反人权这一日本宪法规定的国民的基本权利。其次，要追究实施性骚扰一方的民事责任，索取赔偿，情节严重的还要追究刑事责任。另外，还要对企事业单位的负责人是否采取了防止性骚扰的措施进行清查和追究。④

---

① 引自 2008 年 8 月 24 日日本「朝日新聞朝刊」，广岛第 11 版，笔者译。
② 根据日本公务员法设立的日本中央人事管理行政机构。
③ 1998 年 11 月 13 日公布、2007 年 2 月 9 日最终修订，详见 http：//law. e－gov. go. jp/htmlda-ta/H10/H10F04510010. html。
④ http：//www13. plala. or. jp/S－Kawamura/roudo/sekuhara. html.

（五）反家庭暴力

长期以来，日本存在着"法律不干涉家庭内部事务"的通行做法，所以很长时间内，并没有以法律的形式明文禁止家庭暴力。直到 2001 年，日本制定了《关于防止配偶的暴力行为以及保护被害者的法律》（日本简称为《防止 DV 法》），家庭暴力才成为法律上被禁止的行为，如果被认定是家庭暴力行为，警方则可以马上拘留施暴方（多数为丈夫）。

在日本，家庭暴力有着详细的分类①，具体有身体暴力、精神暴力、经济暴力、隔离社会型暴力、性暴力。身体暴力是指赤手或者使用凶器对配偶进行的殴打、威胁等。精神暴力是指并没有直接动用身体的力量，而是大声叫嚷、谩骂、无视等冷暴力，毁坏珍视的物品，在外人面前污辱对方，使用命令的语气，虐待孩子等。经济暴力是指不让妻子工作、不给妻子生活费、将家里的存款取走、在外不断地借钱、不断命令对方买东西、不允许对方使用信用卡等。隔离社会型暴力是指阻止配偶和父母、朋友等联络或者见面，一一查看电话、信件、短信等记录，不允许配偶外出等。而性暴力是指强行发生性行为、强行要求进行人工流产、强行要求对方观看黄色影碟及杂志、不采取避孕措施等。可以说，家庭暴力的详细分类有助于因家庭暴力而遭受痛苦的人比对自己的经历，寻找法律武器加以解决。

日本 2001 年颁布《防止 DV 法》，旨在规范一系列程序，保障婚姻一方在受到来自配偶的家庭暴力后，进行举报、咨询、自我保护和自立方面的法律支援，从而防止家庭暴力的发生、保护家庭暴力的受害者。而《防止 DV 法》规定，日本各级省、市、县、乡、村的地区政府必须建立"配偶暴力咨询帮助中心"，以保护家庭暴力的受害者、建立帮助受害者的体制以及执行法院的保护命令等手续。此中心的具体业务为：接受来自家庭暴力受害人士的咨询、暂时保护家庭暴力的被害人士以及为家庭暴力受害人士提供自立援助。另外，还有一些地区政府的福利局等机关也可提供相应的咨询服务。

日本内阁府②设有"男女共同参画局"，此局的网站上登有"配偶暴力咨

---

① 引自日本家庭暴力网站「DV 克服法と对处法」，笔者译，详见 http://www.heroinefilms.net/dv/otto03.php。

② 辅佐日本首相进行政策制定等行政事务的机构，功能相当于中国的国务院。

询帮助中心"的机关单位一览表,可以让遭受家庭暴力困扰的群体方便地查找电话号码和工作时间等信息①。另外,内阁府为了掌握家庭暴力的实际情况,提高日本社会对家庭暴力的认识,制定与实际情况相符的反家庭暴力的政策,还定期地进行关于家庭暴力的调查。

二 东京女性的劳动和社会保障权利

关于东京(日本)女性的劳动和社会保障权利,在此将从平等就业权、女性的劳动报酬权、女性休息休假权、女性获得劳动安全卫生保护的权利、女性接受职业培训的权利、女性的生育保险权、女性的三险权(养老保险、医疗保险、失业保险)七个方面加以论述。

(一)平等就业权

日本为了保护女性的平等就业权颁布了《男女雇佣机会均等法》(以下简称《均等法》)。此法旨在保障职场男女的平等关系,保障女性不受到差别对待,可以兼顾工作和家庭。此法具体规定了招聘、聘用时的男女平等对待原则,即不得在工作分配、晋升、教育训练、福利、退休、辞职、解雇方面将女性和男性进行区别对待。

此法的出台,大大地改善了职场的性别不平等状况,但是因为还存在一些内容不完善的地方,此法于1997年全面修订,2007年再次被修订。修订的内容主要有:由规定男女机会均等改变为禁止基于性别的区别对待;禁止在工作权限、业务划分、降职、就业性质、劝说离职、终止合同方面进行性别差异对待;禁止间接的差别对待(即表面上不属于性别差异对待的例行制度,但实际上会对某一性别造成不利影响);禁止因怀孕、生产、休产假而对女性做出性别差异对待;国家支持企业公示消除男女性别差异方面的积极措施;将男性也列为性骚扰对象,规定企事业的负责人有义务采取具体措施预防、解决性骚扰事件;将性骚扰也列为调停的对象等。②

日本政府2010年出台的"第三次男女共同参与基本计划"规定在平等就

---

① 具体可参考 http://www.gender.go.jp/dv/center.pdf。
② 引自《日本大百科全书2012》,笔者译,详见 http://kotobank.jp/word/男女雇用機会均等法。

业领域的目标为，日本企业的科长以上职位的女性比例由 2011 年的 6.5% 提高到 2017 年的 10% 左右，另外将采取措施消除男女性别差异的公司比例由 2011 年的 30% 提高到 2016 年的 40% 以上。①

（二）女性劳动报酬权

据 2011 年《日本男女共同参与白皮书》显示，在劳动报酬方面，日本的男性和女性有很大的差异，如果假定 2010 年男性一般劳动者的工资水平为 100，那么女性一般劳动者的工资水平为 69.3。② 另外，据日本国税厅 2009 年实施的"民间工资实际情况统计调查"结果显示，在 2009 年全年参加了工作的员工中，年薪在 300 万日元（约 18 万元人民币）以下的约占男性的 25.1%，而年薪在 300 万日元以下的却占女性的 62.7%。另外，年薪超过 700 万日元（约 56 万元人民币）的约占男性的 17.6%，而女性只有 2.9%。这一切表明，尽管日本规定了"就业领域的男女机会均等及平等待遇"，但是男性和女性劳动报酬之间还存在着较大差异。③

分析其原因，一个很重要的因素在于日本男女工作形式的差异。日本的员工有多种工作形式，最稳定的职业即全职正式员工，传统上讲，在日本这一类形式的员工会被"终身雇用"；除此之外还有按小时计工资的打工族、合同工、派遣工等。在经济持续低增长的时代，日本企业为了节约成本，采用了如上所述的多种用工方式，而最新数据显示，2011 年，女性劳动者中非正式员工的比例已经达到历史最高值，为 54.6%④。非正式员工工作年限短、工作职位低，因此，与正式员工的工资报酬有着很大的差距，而这也是造成日本男性劳动者和女性劳动者报酬差距的原因之一。

针对此种情况，日本多年来采取了一系列消除男女报酬及待遇差异的措施。比如，1993 年，《兼职劳动法》出台，但是，需要注意的是，此法律规定的是尽量使兼职和全职员工的待遇"均衡"，而并非"平等"。"均衡"可以

---

① 引自日本政府 2010 年颁布的《第三次男女共同参与基本计划》，笔者译。
② 引自日本内阁府男女共同参与局发布的 2011 年《日本男女共同参与白皮书》，笔者译，详见 http：//www. gender. go. jp/whitepaper/h23/gaiyou/... /h23_ gaiyou. pdf。
③ 引自日本国税厅 2010 年公布的「民間給与の実態調査結果」的调查概要，笔者译，详见 http：//www. nta. go. jp/kohyo/tokei/kokuzeicho/minkan2009/minkan. htm。
④ 引自日本社会实情数据图录中的"非正规雇佣者比例的推移表"，笔者译，详见 http：//www2. ttcn. ne. jp/honkawa/3250. html。

被理解为允许有一定浮动范围的"平等",而并非完全消除两者间的差异。而且,此法律在企业的责任及义务方面,也并未规定得十分清楚。

2008年6月,日本的厚生劳动省①成立了研究小组,来研究"变革中的工资雇佣制度及男女报酬差异",以掌握近年来的日本男女工资报酬差异,分析日本的工资雇佣制度给男女报酬差异带来的影响,并研究消除男女工资差异的对策,该研究小组于2010年4月出版了相关的报告。

另外,厚生劳动省于2010年8月出台了"以消除男女报酬差异为目标的劳资相关活动的支援政策",以此来鼓励劳资双方自主地采取相关措施,改革一些工资雇佣管理方面的制度,里面还涵盖了一些实用性的调查表格,比如掌握男女工资报酬差异实际情况的调查表等。现在,厚生劳动省正致力于此政策的推广。②

(三)女性休息休假权

随着1985年日本《均等法》的出台,规定日本劳动标准的《劳动标准法》也得到相应的修订,关于女性特殊劳动时间限制以及工种限制的保护措施原则上都被废除,而保护女性作为母亲权利方面的条文得以增加③。现有的相关法律条文如下:

首先,《劳动标准法》第65条规定了日本女性的产前产后休假权,具体为:怀孕女性在预产期6周前可申请休产假(多胎为14周前),产后的休假原则上为8周。其次,《均等法》第26条、第27条规定了孕产妇的产检休假的权利,并允许孕产妇减少上班时间。产检休假为怀孕23周前,每4周一次;怀孕24周至35周,每2周一次;怀孕36周至生产,每周一次。而女性在产后1年内,除产假时间外,可以申请一天两次至少30分钟的照顾小孩的休假时间。再次,《劳动标准法》第68条规定,因月经导致工作困难的女性,可以申请必要天数的休假。

保护女性作为母亲的权利,不仅可以使女性更好地兼顾家庭和工作,在

---

① 是日本中央政府负责医疗卫生和社会保障的主要部门。
② 引自日本内阁府2010年颁布的《第三次男女共同参与基本计划》,笔者译,详见http://www. gender. go. jp/kihon - keikaku/3rd/index. html。
③ 引自奥津眞里(2002),「女性雇用政策の現状と課題」,労働政策研究·研修机构,详见http://www. jil. go. jp/institute/kokusai/documents/okutsu. pdf。

应对当今日本社会的少子化问题上，也有一定的积极意义，值得正在走上少子化道路的国家借鉴。

另外，值得注意的是，日本 1991 年出台了关于育儿休假的法律，而这部法律于 1997 年得以修订，更名为《关于劳动者在育儿休假、看护老人休假方面的福利的法律》。这部法律的出台意味着，企事业单位的员工，不分职业、不分性别，均可依法享有育儿休假和看护老人方面的休假。也就是说，日本不仅仅是让女性拥有育儿休假权，还在法律上规定，男性和女性一样，享有育儿休假和看护老人休假的权利，这对于改变日本男女性别分工的意识方面有着重大意义。

2005 年，《关于劳动者在育儿休假、看护老人休假方面的福利的法律》再次修订。原法律规定打工人员不享有育儿休假权和看护老人休假权，而新修订的法律规定，被雇主持续雇用一年以上等一定范围内的员工同样享有育儿休假权和看护老人休假权。而儿童在未能顺利进入保育园等情况下，员工可以在孩子 1 岁 6 个月之前进行育儿休假①。

（四）女性获得劳动安全卫生保护的权利

随着日本《均等法》的出台，规定日本劳动标准的《劳动标准法》也得以相应的改订，关于女性特殊劳动时间限制以及工种限制的保护措施原则上都被废除，而保护女性作为母亲权利方面的条文得以增加，此方面关于劳动安全卫生保护领域的规定如下：

首先，《劳动标准法》第 64 条第 3 款规定，限制怀孕中的女性进行危险有害的工作，具体包括与重物有关的工作，在散发有毒气体的工作地点的工作，其他对怀孕、生产、照顾儿童有害的工作。其次，《劳动标准法》第 66 条规定，禁止怀孕及产妇进行深夜作业。最后，《劳动标准法》第 66 条规定限制孕产妇 8 小时之外的劳动（包括周末、平时的加班）。

（五）女性接受职业培训的权利

关于职业培训，1958 年，日本颁布了《职业训练法》，1985 年，此法更

---

① 引自日本厚生劳动省「育児、介護休業法のあらまし」，详见 http://www.mhlw.go.jp/general/seido/koyou/ryouritu/aramashi.html。

名为《促进职业能力开发法》。此法律旨在充实及强化职业培训、职业能力测试的内容，保证两者的顺利实施；确保就业人员有参加本行业职业培训、职业能力测试的机会，提高就业人员工作所需的能力，并加以提高，促进职业的稳定、提高就业人员的地位、对经济和社会的发展做出贡献。

《促进职业能力开发法》保护对象为所有"就业人员"，并没有将女性和男性区别开来。近年来，随着日本少子化问题的日益严峻，日本负责就业的厚生劳动省在探讨法律改革时，对促进青年、女性、退休人员的就业有一些政策上的考虑，但具体还没有只针对女性的法律出台①。

另外，日本《劳动标准法》第 70 条规定了"职业培训的特例"，规定了儿童、孕产妇等在进行《促进职业能力开发法》所认定的职业培训时，可以由厚生劳动省另行制定法条，规定其时间及内容等②。

具体来讲，日本主要有以下机构进行女性职业培训。首先，日本独立行政法人"国立女性教育会馆"，立足于将女性的活动与社会相连接，从长远角度帮助女性进行职业生涯方面的专业及实践性培训。

其次，厚生劳动省也积极开展职业培训，并采取相关其他措施帮助女性选择适合自己的职业，提供相关的信息，促进女性在此方面的意识进步和相关能力的提高。

再次，遍布日本全国的与女性相关的机构也不断开展促进女性就业的工作，而日本的厚生劳动省对这些机构进行后援，后援工作包括受理相关业务的咨询，派遣负责培训的老师等。

最后，在日本有一些专门为生育完孩子的女性介绍工作的机构，被昵称为"Mothers Hello Work"，也有一些类似的沙龙，在此，负责人将为妈妈们进行详细的职业设计和分析，他们还与当地的政府合作，提供一些保育所的信息，同时也开展一些托儿服务方面的相关培训③。

---

① 具体可参考「職業能力開発促進法及び中小企業における労働力の確保及び良好な雇用の機会の創出のための雇用管理の改善の促進に関する法律の一部を改正する法律案概要」http：//www. mhlw. go. jp/houdou/2006/02/h0209－6c. html。

② 引自日本「労働基準法」第 70 条，具体可参考 http：//www. soumunomori. com/column/article/atc－214/。

③ 引自日本内阁府 2011 年「男女共同参画社会の形成の促進施策」，详见 http：//www. gender. go. jp/whitepaper/h23/zentai/pdf/h23_ 011. pdf。

（六）女性生育保险权

日本的《健康保险法》规定了日本女性的生育保险。《健康保险法》第101 条规定，参加日本健康保险法的女性在分娩时可一次性获得 39 万日元（约折合人民币 3.2 万元）的补贴。另外，《健康保险法》第 102 条规定，在婴儿出生 42 天至婴儿出生后的 56 天，即使劳动者没有参加相关劳动，企事业单位也要支付标准日工资的 2/3。另外，日本的各大商业保险公司还提供生育商业险。

（七）女性三险权（养老保险、医疗保险、失业保险）

1961 年，日本开始实施国民养老保险制度，规定除了参加其他养老金法规定的养老保险的国民（比如企事业单位的正式员工），男女都可加入国民养老保险制度。而参加其他养老金制度的配偶（妻子）可自行选择。在这种情况下，如果企事业单位员工的配偶没有加入国民养老保险制度，没有缴纳相应的养老保险的话，到达一定的年龄时则不能领取满额的养老金。

1985 年，日本的国民养老保险制度实施改革，此次改革对企事业单位的配偶相对有利。具体的改革措施是：①规定日本的企事业单位员工的配偶可以用自己的名字开立养老保险，享有以自己名义获得养老金的权利；②开始实施"第 3 号被保险制度"，企事业单位员工的配偶被单独列为"第 3 号被保险者"，他们不需要负担任何养老金，即可加入日本的国民养老保险①。

在医疗保险方面，日本 1958 年制定了《国民健康保险法》，1961 年起在全国的各级地方开始推行国民医疗保险，此法的出台使日本实现了"国民皆保险"，即全体日本国民无论是谁，无论在哪里，无论何时，都可以享受保险医疗。也就是说，在医疗保险方面，日本已经基本不存在性别上的差异，在缴纳医疗保险费的前提下，日本国民在生病或者受伤时均可享受医疗保险。2002 年，日本修订了《国民健康保险法》，日本国民负担的份额从两成上升到了三成。

---

① 第 1 号被保险者为个体户、学生、无业人员，每个月需缴纳 14660 日元的养老保险，缴纳年限为 20 岁至 60 岁。第 2 号被保险者为企事业单位职员、公务员，他们参加以单位为单位的养老保险，每个月的养老保险从工资里扣除，缴纳年限至 70 岁。

失业保险方面，日本的《雇佣保险法》规定了失业保险方面日本政府采取的制度。1947 年日本曾出台过《失业保险法》，此法于 1974 年被废除，取而代之的是《雇佣保险法》。此法规定雇佣保险的保险人为国家，由日本的"公共职业安定所"处理相关业务，保险费由企事业单位和劳动者各负一半。日本的《雇佣保险法》并没有单独提到女性，即在对劳动者的失业保险方面，男劳动者和女劳动者的权利应该是平等的。

三　东京女性权利法律保护的经验总结

日本与中国一样，"男尊女卑、男女不平等"的观念贯穿在漫长的封建社会时期，传统观念中，女性的社会地位较低。而"二战"后，日本于 1946 年颁布了《日本国宪法》，从根本上保障了男女平等以及在家庭生活中女性作为独立个体的尊严。同时，东京（日本）对妇女权利的法律保护又针对了日本的国情，在促进女性就业、保障女性在工作中获得公平公正的待遇以及育儿休假权等方面出台了一系列法律。

法律对妇女权利的保障具有至关重要的作用。通过对日本的考察，有以下三个因素值得重视与借鉴。

第一，要建立完备的法律体系，并针对国情在专门法保障上做细、做深。日本 1946 年从宪法上保障了男女平等，相应地，在经济关系方面，《劳动标准法》保障了男女平等以及对女性相应的权利保护，在促进男女平等就业、公平公正的待遇方面，1985 年又出台了《男女雇佣机会均等法》等；在社会及家庭关系方面，除了民法制定了一系列条文保障男女平等，及女性作为独立个体的尊严之外，还有一些相应的专门法，如《关于防止配偶的暴力行为以及保护被害者的法律》等，可以说保护妇女的法律体系相对完善。同时，东京对妇女权利的法律保护又针对了日本的国情，即针对男女不平等在日本社会最突出的体现领域——就业领域，重点出台了一系列法律。"男主外，女主内"这一传统观念使得"男性工作、女性作为家庭主妇照顾家庭"成为日本典型的家庭模式，日本女性在就业领域遇到一系列的不公正待遇。对此，尤其是从少子化进程日益加剧的 20 世纪 80 年代开始，日本出台了一系列法律以促进女性就业、保障女性在工作中获得公平公正的待遇以及育儿休假权等。比如 1985 年出台的《男女雇佣机会均等法》、1991 年出台的《关于劳动者在育儿休假、看护老人休假方面的福利的法律》、1999 年出台的《男女共同参与社会基本法》等。我国也可以在完善保障妇女权利法律体系的同时，针对我国现阶段男女不平等最突出的领域，进行有重点的、深入的立法探讨及研究。

第二，立法时用"性别平等"意识取代"保护女性"意识。日本人事院第 10 – 10 号法规"关于防止性骚扰的规定"指出，性别决定工作的范围和种类这一意识及相关言行均属于"性方面的言行"，均有可能列入违反《男女雇佣机会均等法》的范围。也就是说，性骚扰的加害方和受害方的界定，不只是男性对女性，女性对男性以及同性之间都是要考虑的范围。这也体现了在当今的日本社会，在性别平等这一意识的主导下，不仅要保护女性避免受到性骚扰，所有关于给劳动环境或者劳动者本人带来不良影响的有关性方面的言行都将被追究法律责任。

而《男女雇佣机会均等法》在 2007 年被修订时，规定男女机会均等的条文也被更改为禁止基于性别的区别对待；另外还规定国家支持企业公示消除男女性别差异方面的积极措施；将男性也列为性骚扰对象等。另外，关于育儿休假的法律《关于劳动者在育儿休假、看护老人休假方面的福利的法律》规定，企事业单位的员工，不分职业、不分性别，均可依法享有育儿休假和看护老人方面的休假。

也就是说，日本在立法保障女性的就业权利时，经历了从"保护女性"到"消除性别差异"的思维的转变。这不仅有助于消除对女性的不公平待遇，同时还对改变男女性别分工意识、促进性别平等意识的普及有着重大意义。

第三，在保障法律实施层面对网络等新媒体的应用。比如，在反家庭暴力方面，日本有很多的官方及民间团体设立了网站，提供家庭暴力方面的咨询和援助服务。因为家庭暴力往往需要当事人，即受害人鼓起勇气寻找相关的人士或者单位进行法律咨询及援助，而网络媒体大大提供了这方面的方便。受害人可以不出家门，利用网络寻找举报、控诉以及咨询窗口的途径，比如日本内阁府下属的"男女共同参画局"的官方网站即是其中一例。

另外，东京都负责男女平等的政府部门"东京都生活文化局都民生活部的男女平等参画科"也开设了网站，网站上除刊登了东京都政府制定的《东京都男女平等参与基本条例》《为实现男女平等参与的东京都行动计划》《东京都防止家庭暴力基本计划》等条例内容外，还提供了相关链接，包括"妇女广场（women's – plaza）"这一可供男女平等方面的讲座、会议等使用的场地预约服务，以及"家庭暴力受害者的网络援助站"等。未来北京市在进行法律宣传及法律援助方面，也可以借鉴日本及东京的经验，更有效地利用新媒体，将现有的保护妇女权利的政府、民间资源加以更好地整合，发挥更大的效用。

第五节　四大城市及北京女性权利法律保护比较

由于法律体系的特殊性，前四节主要讨论了四大城市所在国关于女性权益保护的法律和法规的内容与特点，涉及城市层面的法律法规比较有限。此外，由于各国法律体系不同，地方政府和中央政府的关系和立法权限存在差异，四大城市因此表现出一些差异，纽约地方法规表现出较大作用力。

本节将对四大城市女性权利法律保护进行综述和比较，并对北京相关工作提出建议。

一　四大城市女性一般权利法律保护的比较

依照本章引言中的指标体系，此处首先对四大城市女性一般权利法律保护进行比较。

（一）女性政治权利法律保护

纵观四国的法律，女性政治权利在法律中的确认都经历了漫长的过程。目前，四国均在宪法中赋予了女性平等权。同时，各国又制定了相应法律，以保护女性在政治权力方面的平等权。

尽管 1848 年美国第一届妇女代表大会通过了《女性权利宣言》，但直到1920 年美国联邦宪法第十九条修正案才从法律上确定了美国女性选举权。

在英国，女性选举权从无到有经历了百年历史。目前，英国对女性政治权利的法律保护主要包括：《1918 年人民代表法》和《1928 年人民代表法（平等选举权）》。

1944 年法国女性才取得投票权和竞选权。1999 年 6 月 28 日议会通过女性平等权的宪法修正案，推动了女性参政权力保护。宪法中增加了以下内容："法律应当改善男女竞选公职时的平等机会"，并且在第四条结尾指明："不同政党应当协助法律规定的这一平等原则的实现"。2000 年 6 月 6 日法国通过《男女竞选公职平等机会法》，涉及所有的政治选举，尤其对市镇（3500 人以上）选举、大区选举、欧盟议会议员选举等选举中的女性候选人比例进行了规定。

日本女性获得选举权也经历了长期的斗争过程。直到第二次世界大战之后，日本女性才获得了完全的参政权。1946 年，"二战"后日本的首次众议院选举产生了日本史上首批女性议员共 39 名。同年 9 月 27 日，日本女性的地方参政权也在法律中得以被承认。

（二）女性教育权利法律保护

在对女性文化教育权利法律保护上，各国的法律基本上体现在禁止性别歧视的法律方面。

在美国，女性的文化教育权利保护主要得到以下法律的保障。1975 年，美国教育修正案正式生效，为女性获得平等的教育权利奠定了法律基础。教育修正案第九编明文规定："今后不准以性别为由，排斥、剥夺和歧视美国公民参与政府资助的任何计划或活动"。纽约州及纽约市的性别歧视禁止也延伸至教育领域。纽约市教育局颁布了《全市干预及纪律措施标准（纪律准则及学生权利和责任法案）（幼儿园至 12 年级）》，于 2012 年 9 月生效。[1] 为了更好地保护女性权利，纽约市还制定了就业和学生学术研究以及校园生活的反歧视和骚扰政策[2]，对植根于性别的不当行为（包括性袭击、性骚扰以及以性别为基础的骚扰政策和程序）加以规制。

在英国，女性的文化教育权利通过以下的法律得到保护：《1998 年人权法案》《1975 年反对性别歧视法案》和《2006 年平等法案》。

法国对于女性的教育权利的保障主要体现在法国教育法体系中。相关法律确定的教育原则之一就是教育的平等权利，包括男性与女性的教育平等权。如，法国《教育法典》第一部分关于教育权和受教育权的一般规定。此外，政府还通过一系列政策促进男女受教育平等。例如，要求理工大学改变女性所占比例大大小于男性的现状。

日本的《基本教育法》规定了日本国民的文化教育权利。该法制定于

---

[1] http：//schools. nyc. gov/NR/rdonlyres/E2A2AFE9 - 8F09 - 4A67 - 9346 - 269FD0B188E5/0/DiscCodebooklet2012Revised_ Chinese_ LowRes. pdf.

[2] Policy Against Discrimination and Harassment in Employment Practices and in Student Academic and Campus Life，可以参见 http：//barnard. edu/general - counsel/titleix/antidiscrimination - policy.

1948 年，于 2006 年修订。新《基本教育法》第 4 条规定了日本教育的机会平等原则，即所有国民均享有平等接受教育的权利，不分人种、信仰、性别、社会地位、经济地位以及出身，在教育上不可差别对待。

（三）女性财产权利法律保护

女性财产权利的法律保护包括夫妻财产制、离婚女性财产法律保护、财产继承权等几个方面。四国的法律强调女性的独立地位，从而保护女性的财产权利。

在美国，已婚女性财产权的法律制度由各州制定。目前，大多数州已经制定了《已婚女性财产法》，分别财产制成为主要的夫妻财产制度。分别财产制结束了丈夫因结婚取得妻子的财产的传统做法，保证了已婚女性独立的财产权，并赋予了已婚女性独立的法律地位。对此，纽约州《家庭关系法》专门规定了已婚妇女的财产问题。

英国《1882 年已婚女性财产法案》保护了已婚女性的财产权，给予女性合法持有自己财产的权利。《1935 年法律改革法案》（The Law Reform Act 1935）删除了最引人注目的已婚女性和未婚女性之间关于财产权的区分，而关于已婚女性财产和义务的限制条例直到《1949 年已婚女性法案》才得以移除。《1973 年定居法案》（The Domicile Act 1973）改变了已定居的女性的非独立地位，使她们成为独立主体。[①] 在离婚女性财产法律保护方面，英国法律主要参考 1973 年《婚姻诉讼法案》《1996 年家庭法法案》。在财产继承方面，1833 年的《继承法》、1925 年的《遗产管理法》等继承方面的相关法律实现了配偶性别继承上的平等。

在法国，以共同财产制来规范夫妻的财产关系有着悠久的历史。1804 年的《法国民法典》以 4 章 134 个条文对夫妻财产制做出了全面和系统的规定。1983 年的财政法规定，夫妻双方在纳税时申报收入的签名都是合法的。1984 年的法令规定，如果双亲中一方提出完全放弃对子女的权利，另一方可以取而代之。1986 年 3 月的法令又指出，妻子有权负责管理家庭的日常生活，在财产事务上，夫妻双方必须共同处理与家庭财产有关的事宜。这些法令逐步

---

① http：//www. step. org/pdf/Richard%20Frimston%202011031001. Final%20Matrimonial%20Property%20Regimes. pdf.

打破了传统的家长制观念，建立了一种新的家庭关系。

在日本，1947年，日本《民法典》第4编《亲属法》和第5编《继承法》全面改订，规定日本的夫妇财产关系的原则为个人主义和夫妇平等，夫妇的财产分别归属本人。在日本的家庭财产所有制方面，夫妻分别持有各自财产和双方共有两种制度并存。在离婚财产保护中，离婚时需要进行财产分割的对象为夫妻共有资产和实质上的共有财产，但根据法律，如果实质上妻子对此财产的获得付出了贡献的话，在离婚时也将按照妻子贡献的比例对财产进行计算和分割，从而充分考虑了女性在家庭中的作用。而在财产继承方面，虽然法律上明确规定了配偶的继承权和儿女平等的继承权，但是长子继承家业这一风俗在日本人的观念中相对根深蒂固，并非随着法律改变就能一朝一夕根除。

（四）反性骚扰

美国将性骚扰行为界定为性别歧视，并建立了一套行之有效的反性骚扰法律体系。其中，美国根据1964年《民权法案》成立的美国平等就业机会委员会在反性骚扰的立法和执法过程中发挥重要的作用。[①] 纽约市人权法也专门就基于性别歧视的反性骚扰行为进行了规制。

在英国，关于保护女性免受性骚扰或者受性骚扰后的救济制度的法律众多，其中包括《1975年反性别歧视法案》《1976年族裔关系法案》《1994年刑事审判与公共程序法》《1995年反对歧视残疾人法案》《1997年免受性骚扰法案》《1998年恶意交际法案》《1998年人权法案》和《2010年平等法案》。这些操作性较强的法律使得女性更好地进行反性骚扰的保护。

在法国，性骚扰行为直到20世纪90年代初尚未构成犯罪行为。随着此类案件越来越多，也随着很多女性权益保护组织的推动，法国议会2012年7月31日通过了《反性骚扰法》，认定性骚扰为犯罪行为。新法规定了性骚扰的三个级别并加重了相应的刑罚。

日本《男女雇佣机会均等法》具体规定了性骚扰的类别、企事业单位的责任和性骚扰者的法律责任。

[①] 王留彦、郭俊卿：《美国平等就业机会委员会在反性骚扰法中的作用与启示》，《法制与社会》2009年第10期（下），第219~220页。

（五）反家庭暴力

在美国，在联邦层面，国会先后制定了《儿童虐待防治及收养改革法》《家庭暴力预防和服务法》《援助遗弃婴儿法》《针对女性暴力法》等。通过一系列立法，美国加强了对家庭暴力的公权力干预和民事权利救济，为预防和制止家庭暴力提供了有力的法律保障。

从 20 世纪 70 年代开始，英国法律系统地介入和干预家庭暴力，《1976 年家庭暴力与婚姻诉讼法》和《1996 年家庭法》是法律干预家庭暴力的主要体现。《1997 年免受骚扰保护法》《1998 年儿童法》和《2004 年家庭暴力和犯罪及其受害人法》补充发展了这方面的法律干预措施。

在法国，家庭暴力现象严重。为了应对类似状况，近年来法国加快了反对家庭暴力的立法进度。2010 年 2 月 25 日，法国国民议会通过了法律草案，对处在家庭肢体暴力、强制婚姻以及性骚扰阴影下的女性将予以立法保护。该保护条例包括强制隔离受害者及其男伴，对于被家庭暴力所困扰而离开住所的女性提供临时住所，以及为她们安排照料子女，等等。

2001 年，日本制定了《关于防止配偶的暴力行为以及保护被害者的法律》，家庭暴力才成为法律上被禁止的行为，如果被认定是家庭暴力行为，施暴方（多数为丈夫）则可以马上被警方拘留。

二　女性劳动与社会保障权利法律保护的比较

下面主要比较四大城市女性在劳动、就业、社保方面所得到的法律保护。

（一）平等就业权

在美国，1963 年国会颁布了《同工同酬法》，这是美国历史上第一部由联邦制定的禁止就业领域性别歧视的民权立法。美国根据 1964 年《民权法案》成立了美国平等就业机会委员会，专门执行规制就业歧视的联邦立法，处理涉及就业歧视事件的申诉、调解和诉讼。纽约市受市、州和联邦有关就业平等的法律调整。平等就业实践委员会指导纽约市相关机构服从联邦、州和市这三套有关制度以保证在纽约市内平等就业得以贯彻实施。该委员会是经纽约市宪章授权的机构，负责指引、评估纽约市内所有就业项目、实践、政策和程序保证，为在纽约市内已就业或正在寻找就业的人群提供有效的保护。

依据三级法律规定，纽约市机构充分知悉所有已就业和正在寻找就业的受保护人权在联邦、州和市法的保护之下在就业领域不受歧视，其中性别正是重要一环。纽约市平等就业机会政策同联邦和州以及地方法律一致，包括市反歧视政策以及申诉和调查程序。平等就业机会政策包括对政府机构领导、管理者和监督者的有关培训、责任和报告要求。

在英国，通过反性别歧视的立法体系保障女性获得平等就业权。其中《性别歧视法》《同工同酬法》是针对就业以及社会生活其他领域歧视现象的专门法律。

为了保障女性享有与男性平等的就业权，法国《劳动法典》规定了数条禁止性条款，以对女性进入劳动力市场给予保护。2001 年 5 月 9 日第 2001 - 397 号法律也是关于男女平等就业权的法律。该法律通过设立协商的义务来发展社会对话，规定在男女平等就业以及工作环境比较等方面要进行年度协商，也规定应进一步设立条例来保障劳资调解委员会中男女选举的平衡。[①] 2007 年 1 月 31 日第 2007 - 128 号法律针对选举产生的职位上男女比例的平衡问题。2008 年 5 月 27 日第 2008 -496 号法律包含了欧盟法律中在男女平等对待并反对歧视等方面的法令全文。

为了保护女性的平等就业权，日本于 1985 年颁布了《男女雇佣机会均等法》。此法旨在保证职场男女平等，保障女性不受到差别对待，可以兼顾工作和家庭。此法具体规定了招聘、聘用时的男女平等对待原则，即不得在工作分配、晋升、教育训练、福利、退休、辞职、解雇方面和男性进行区别对待。

（二）休息休假权

休息休假权主要涉及孕产假、因流产等原因的病假等。

在美国，1993 年开始实施的《家庭与医疗假期法》（The Family and Medical Leave Act）规定，雇主必须给予新生儿父母不带薪产假各 12 周，但这个假期还附设了一些限制，比如之前必须受雇于 50 人以上的企业 12 个月，其间至少工作 1250 个小时等。由于缺少给产妇提供带薪产假的法律保障，美国有超

---

① Sandrine Dauphin, *L'État et les Droits des Femmes*, Presses Universitaires de Rennes, 2010, p. 87.

过半数的新妈妈在生育后 6 周即恢复工作。

在英国，2008 年 10 月的关于怀孕产假政策的修正草案具体规定了女性的孕产假、病假。

法国《劳动法典》第 L1225 – 16 条规定职业女性在怀孕期间以及生产后，根据《公共健康法典》第 L2122 – 1 条规定的情况（涉及怀孕生产的医学监督）可以请假去医院检查，其工资发放不受影响。《劳动法典》第 L1225 – 17 条规定，职业女性的产假从生产前 6 个星期开始到产后 10 个星期为止。在劳动者自己的申请下并获得医生肯定后，生产前的产假至多可以缩减 3 个星期，产后休假相应延长。第 L1225 – 18 条规定，在多胞胎的情况下，产假应相应延长。值得指出的是，《劳动法典》仅规定了职业女性产假的基本时间。各公司或行业工会可根据自身情况制定集体协议（convention collective）来延长产假的时间。

随着 1985 年日本《男女雇佣机会均等法》的出台，规定日本劳动标准的《劳动标准法》也得以相应的修订，关于女性特殊劳动时间限制以及工作限制的保护措施原则上都被废除，而保护女性作为母亲权利方面的条文得以增加。值得注意的是，日本 1991 年出台了关于育儿休假的法律，该法 1997 年被修订，更名为《关于劳动者在育儿休假、看护老人休假方面的福利的法律》，这意味着，企事业单位的员工，不分职业、不分性别，均可依法享有育儿休假和看护老人休假。

（三）女性获得劳动安全卫生保护的权利

在英国，1974 年英国通过《工作健康安全法》，规定了管理工作健康安全的基本原则。在伦敦，市长做的关于健康平等发展规划的评估过程中，性别平等和其他因素一起被融入健康平等发展规划的草案中[1]。伦敦健康委员会及其进行的健康平等发展的项目中包括"好伦敦战略"的规划和宣传。"好伦敦战略"是社区用来联系和组织最贫困的女生和女性邻居们一起活动，旨在保持女性的身体活力、健康饮食、精神健康、开阔心胸和传统文化、习俗的社区活动[2]。伦敦政府"更好的健康工作组"（for Better Health Work）则设立项

---

[1] http：//www. london. gov. uk/promoting – gender – equality.

[2] http：//www. london. gov. uk/promoting – gender – equality.

目，为了通过雇佣向企业宣传健康和适合的雇佣方法，例如适当的、灵活性的工作，以求增进伦敦女性的健康。①

在美国，很早就有保护女性劳动安全的相关法律。例如，1963 年《对孕妇和儿童进行照顾的法案》。②

在法国，《劳动法典》第 L4612－1 条指出劳动条件卫生与安全委员会应致力于改善劳动条件以方便女性劳动者的加入。《劳动法典》第 R4433－5 条规定，在劳动环境等有危险时，雇主应特别考虑该风险对怀孕女性的影响。

在日本，《劳动标准法》第 64 条第 3 款规定，限制怀孕中的女性进行危险有害的工作，具体包括跟重物有关的工作，在散发有毒气体的工作地点的工作，其他对怀孕、生产、照顾儿童有害的工作；其次，《劳动标准法》第 66 条规定，禁止怀孕及产妇进行深夜作业；最后，《劳动标准法》第 66 条规定限制孕产妇 8 小时之外的劳动（包括周末、平时的加班）。

（四）女性接受职业培训的权利

2010 年英国政府发布了一项关于工作培训的政策。该政策的出台背景是为了让雇工为新的雇主工作时胜任新的工作岗位，提高工作效率。由伦敦市市长主持伦敦技术和工作董事会。这项计划旨在与用人单位合作，让其为伦敦市民提供更多的工作岗位和技术培训机会，来保证伦敦市民在工作时得到提高，并得到更多的技术知识和学习机会。

在法国，《劳动法典》第 L1142－4 条规定保障男女劳动者在接受职业培训方面的平等权利。第 L2323－33 条规定企业委员会每年都会在职业培训方面接受咨询回答，包括培训项目男女平等的问题。除这些基本条款外，《劳动法典》中还有其他条款保障不同情况或不同类型企业在接受职业培训方面男女的平等权利。

在日本，1958 年颁布《职业训练法》，此后于 1985 年更名为《促进职业能力开发法》。该法规定了女性接受职业培训的相关权利。此外，日本《劳动标准法》第 70 条规定了"职业培训的特殊情况"。

---

① http：//www. london. gov. uk/promoting－gender－equality.
② 顾俊礼主编《福利国家论析——以欧洲为背景的比较研究》，经济管理出版社，2002，第 246～252 页。

（五）女性的生育保险权

在美国，关于女性生育保险没有联邦统一立法，各州也主要是通过各类社会服务计划得以实施。不论女性的收入和移民身份如何，避孕、孕期护理以及堕胎的费用都可以得到某项社会服务计划的偿付。在纽约设立了家庭计划生育利益计划，为符合一定收入条件和居住要求的且未参加医疗补助或者家庭健康计划的青少年、女性和男性提供家庭计划生育服务。

在英国，伦敦市政府保障女性生育权利和相关津贴补助的法律基础是《1992年社会安全建设和福利法案》。

在法国，《社会保障法典》第L351-4条规定，社保体制内的女性，每生一个小孩可以获得因照顾小孩，尤其是怀孕和生产而对其职业生涯造成影响的最长为四个季度的保险期。《社会保障法典》第L330-1条至第L333-3条规定了女性的生育保险权。法国《社会保障法典》第L613-19条规定了非雇佣职业女性（公司创立人、自由职业人等）因怀孕而休假期间的社会保险补贴。

在日本，《健康保险法》规定了日本女性的生育保险。《健康保险法》第101条规定，参加日本健康保险法的女性在分娩时可一次性获得39万日元（约折合人民币3.2万元）的补贴。另外，《健康保险法》第102条规定，在婴儿出生42天至婴儿出生后的56天，即使劳动者没有参加相关劳动，企事业单位也要支付每天标准日工资的2/3。另外，日本的各大商业保险公司还提供生育商业险。

三　四大城市经验的启示

各国对女性权利的法律保护都经历了漫长的历史，是伴随着女性地位的提高而逐步加以确认的。作为女性权利基础的平等权在各国宪法中得以确立，避免性别歧视是立法的基本原则。构建一个全面、协调、可持续发展的和谐社会，必须注重男女平等，消除性别歧视。在现实生活中，男女两性在政治权利、文化教育权利、人身权利、劳动和社会保障权利、财产权利等方面的差异，需要通过不断完善相应的法律而保护女性的权利。

自1949年新中国成立以来，经过60多年的努力，我国已经建立了保障女性权利、促进性别平等法律体系的立法结构。然而，在我国女性权利保障方面，现行法律体系的内部结构与外部结构还有进一步完善的空间。

就内部结构而言，我国已经实现了男女法律上的形式平等。为实现男女事实上平等，还需进一步将联合国《消除对女性一切形式歧视公约》第4条第1款确立的暂行特别措施贯穿于教育、经济、参政和就业等领域。这应当成为我国完善女性权利法律保障体系内部结构的主要方面。

就外部结构而言，现行由宪法、民法、劳动法、女性权益保障法以及行政法规和地方法规等构成的保障体系相对完整。但在专门法保障上，目前只有《中华人民共和国妇女权益保障法》，对于社会生活中侵害女性权利的突出现象还缺乏专门性立法。从四国的实践来看，在反就业歧视、反对家庭暴力、反对性骚扰等方面多颁布有专门性法律。对于北京来说，要完善女性保护法律体系，除在国家框架内的女性权利保障机制内运作外，北京市可以根据本地区的特点，尝试制定地区性的法律法规，为其他省市做出示范作用。此外，还需进一步加大北京市法制教育与宣传工作力度，让妇女了解和维护自身合法权益。北京还可以借鉴伦敦、巴黎等城市的经验，在现有基础上进一步完善法律服务点，更好地为女性提供相关服务。

第六章
世界城市女性健康状况

在城市妇女地位评价指标中，仅仅注重政治、经济、文化等各方面是不够的，健康问题也是不容忽视的一个方面。女性健康在世界城市的建设中具有重要作用。一方面，健康是每个公民的权利，女性的健康不仅关系到女性自身的生活质量，也关系到她们对城市建设和发展的贡献能力。同时，女性作为繁衍、培养下一代的重要力量，她们的健康还会关系甚至影响到下一代人的健康与成长，进而影响到城市人口目前和未来的整体健康水平。因此，政府必须投入更多的人力、财力采取预防措施，降低女性健康风险，完善女性健康保障机制。

根据世界卫生组织重新修订的健康定义，妇女健康指的是妇女在生命不同时期的身体、心理以及社会适应性的状态。传统观点中的妇女健康通常涉及最多的是关于女性的生殖健康问题，但是这种认识在一定程度上低估了女性在健康问题上的脆弱性，也掩盖了其他女性健康问题。事实上，在女性的整个生命周期中，每个阶段都会伴随着各种各样的生理和心理健康问题。本章在讨论世界城市女性与健康问题时，注重指标的典型性和完整性，主要参考了世界卫生组织指标体系和《联合国千年发展目标》中涉及女性健康的部分，选取了以下主要指标：平均预期寿命、生育健康、乳腺癌和子宫癌、性暴力以及心理健康。

第一，寿命是指一个人从出生到死亡的整个时间段，通常以年龄作为衡量寿命长短的尺度，有平均预期寿命和平均寿命两种统计方法。联合国一般将平均预期寿命作为指标。平均预期寿命是指"假若当前的年龄别死亡率保持不变，人们预期能继续生存的平均年数"[①]，它一般分为全体人口、男性人

[①] "预期寿命"，http://www.who.int/topics/life_ expectancy/zh/。

口和女性人口三个具体指标。平均预期寿命不仅是国际上用来评价一个国家人口的生存质量和健康水平的重要参考指标之一，也是反映一个国家或一个城市的医学、经济、文化等方面的发展状况和男女两性寿命差异的指标。由于各城市统计时采取的指标差异，本章会出现平均预期寿命和平均寿命两种指标，但二者之间仍然具有可比参照性。

第二，生育健康是指女性从怀孕到分娩整个时期的健康状况。本章主要观察四大世界城市的孕产妇死亡率、婴儿死亡率、流产、未成年人生育等方面的内容。其中，孕产妇死亡率指的是每 100 万例活产儿中母亲的死亡率；新生儿死亡率（Neonatal Mortality）指的是每 1000 例活产儿中在出生 28 天内死亡的比例；婴儿死亡率（Infant Mortality）指的是每 1000 例活产儿中从出生到 1 岁死亡的比例。由于数据采集差异，各城市呈现的数据略有不同。

第三，乳腺癌和子宫癌是女性的高发疾病，尤其是前者。基于两癌筛查的重要性，本章将重点观察四大城市妇女乳腺癌筛查方面存在的问题。

第四，性暴力是一种非自愿性的、被迫性的性活动。这不仅包括来自陌生人的性暴力，也包括来自亲密伴侣或家庭成员的性暴力。多数性暴力的受害人都是妇女。

第五，心理健康是指人的认识、情感、意志、行为、人格完整和协调，能适应社会，与社会保持同步。

性暴力和心理健康方面，由于问题的特殊性，官方数据采集有很大难度。完善数据统计，加强预防措施，这是四大城市面临的共性问题。

第一节　纽约女性健康状况

在纽约市成为世界政治、经济、时尚文化聚焦点的今天，女性健康问题也备受关注。一方面，纽约在城市发展过程中产生的环境和社会问题正日益威胁着女性的健康；另一方面，纽约城市发展带来的先进的医学、科技、城市管理、教育理念和成熟的社会运作又为女性健康提供了可能和保障，促进了纽约女性健康。同时，城市的发展也将女性逐渐从幕后推向台前，她们成为社会活动中的积极活跃分子和社会发展的中坚力量。教育的普及和自我意识的觉醒增强了女性的健康意识，她们积极推动政府和社会对女性健康的关注，争取平等权利捍卫女性健康。纽约的城市发展离不开千千万万纽约女性的健康发展。

一 纽约城市发展与女性健康

纽约城市发展为女性提供了更多的机会与保障，但也对女性的健康带来了很大的隐患和危害，女性健康状况面临着多重威胁。

（一）纽约城市发展对女性健康的消极影响

第一，社会定位的改变使女性面临着新的社会角色和传统角色的双重压力。纽约城市发展使女性地位不断提高，社会对女性的期望也不断提高，更多的女性需要出去工作才能满足自我价值的实现和负担起家庭的开支。另外，女性还要继续承担起传统的家庭角色，强大的工作和生活负荷造成的身心疲惫和压力会增加女性患上各种疾病的风险，如乳腺癌、抑郁症等，也会使女性染上抽烟、酗酒等不良习惯，严重的甚至会有吸毒、自残和自杀的倾向。

第二，纽约城市发展带来的各种环境和社会问题危害女性健康。首先，城市发展常常伴随着较为严重的环境污染问题，也会危及女性健康；其次，纽约城市发展带来的各种社会问题危害女性健康，竞争激烈和充满压抑的城市生活往往使人烦躁不安且具有暴力倾向，而弱势的女性群体自然成为暴力的主要受害者，家庭暴力、亲密伴侣暴力屡见不鲜，早熟和纵欲已成为普遍的社会现象，青少年怀孕、堕胎、同性恋、性疾病等都严重危害着女性的身心健康；此外，在诸如医疗保险和就业等方面，仍存在对女性的性别歧视，无形当中增加了女性的生存压力，也逐渐拉大了性别之间的贫富差距，使女性获得社会保障和提高生活质量更加困难。

（二）纽约城市发展对女性健康的积极影响

虽然纽约在城市发展中给女性健康带来了不可避免的不利影响，但同时也为促进女性健康提供了可能和保障。

第一，纽约城市发展促进女性自我健康意识的增强。城市的发展为女性提供了更多受教育和自我发展的机会，随着女性自我意识的增强和社会地位的不断提高，女性开始在各个领域争取和捍卫自己的权利，健康问题也是女权主义者关注的一个重要问题。从 20 世纪 70 年代开始，一些女权主义者就开始编写关于女性健康的书籍，以引起社会对女性健康的关注。30 多年来，纽约市女性健康已经有了很大的改善，政府和社会都在持续关注女性健康问题，如癌症、家庭暴力、性骚扰和性疾病传播，等等。

第二，纽约城市发展为促进女性健康提供了可靠的保障。女性健康并不是一个单纯的性别和健康问题，而是一个涉及社会发展方方面面的综合性问题，如医学、科技、教育、政治博弈以及社会学和心理学，等等。和美国其他城市比起来，纽约市政府管理权力和范围都比较大。政府可以通过立法、医保、教育宣传活动来促进女性健康，且政府的措施往往具有可靠性、强制性、宣传广泛且具有有效性等特点；另外，高度发达的纽约市民社会有各类女性健康组织和研究机构致力于女性健康事业，是纽约女性健康发展的推动者和主力军。

二 纽约女性健康现状

根据美国人口普查局统计数据，2010 年纽约市女性为 4292589 人，占纽约市人口比例的 52.2%，略高于男性比例。女性健康受到女性年龄、族裔/民族、学历、收入、居住和工作环境等内外因素的影响。本部分主要从平均预期寿命、疾病、性暴力、心理健康等几方面说明纽约妇女的健康状况。

（一）平均预期寿命

2009 年，纽约市人口平均预期寿命（Life Expectancy）达到 80.6 岁的历

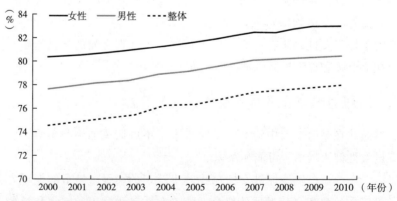

图 6 - 1　纽约市平均预期寿命趋势（2000~2010 年）

资料来源：纽约市健康与心理卫生局：《2010 年重要人口数据统计摘要》（Executive Summary of the Annual Summary of Vital Statistics, 2010, Department of Health and Mental Hygiene）。

史最高水平。从 2008 年到 2009 年增长了 0.5%，其中男性人均预期寿命为 77.8 岁，增长了 0.4%；女性人均预期寿命为 83 岁，增长了 0.5%。

2010 年，纽约市女性平均预期寿命高达 83 岁，居全美之首。纽约女性平均预期寿命如此之高主要得益于近些年来政府在这方面的相关政策和措施，例如加强健康卫生宣传以提高女性健康意识，引导女性改变不良饮食习惯；大力倡导禁烟运动，鼓励和资助女性进行乳腺癌、宫颈癌等癌症和艾滋病筛查降低了疾病死亡率。

（二）纽约女性生育健康

1. 孕产妇死亡率和初生儿死亡率

孕产妇死亡率是指从妊娠开始到产后 42 天内因各种原因（除意外事故外）造成的孕产妇死亡率。由于比例较小，单位多为万或 10 万，即每万例或每 10 万例活产儿中孕产妇的死亡数为孕产妇死亡率。[1]

2010 年，纽约市共有 30 名孕产妇死亡，死亡率从 2001 年的 33.1/10 万人降至 2010 年的 24/10 万人，但仍高于 2010 年全美国的 21/10 万人的比率。[2] 尽管与 2001 年相比孕产妇死亡率总体有所下降，但起伏波动较大，有些年份死亡率仍呈上升的趋势。

表 6-1　2001～2010 年纽约市孕产妇死亡人数和死亡率

年　份	2001	2002	2003	2004	2005	2006	2007	2008	2009	2010
死亡人数	41	31	22	28	21	29	32	39	31	30
死亡率（10 万分之一）	33.1	25.2	17.7	22.6	17.1	23.1	24.8	30.5	24.5	24.0

初生儿死亡率是指婴儿出生后不满周岁死亡人数同出生人数的比率。一般以年度为计算单位，以千分比表示。初生儿死亡率是反映一个国家和民族居民健康水平和社会经济发展水平的重要指标，特别是妇幼保健工作水平的重要指标。[3]

2011 年纽约市初生儿死亡率为 4.7‰，比 2010 年的 4.9‰有所下降，达到

---

① http：//www.cia.gov/library/publications/the-world-factbook/rankorder/2223rank.html.

② Summary of Vital Statistics 2010, the City of New York：Population and Morality, NYC DOHMH, http：//www.globalhealthfacts.org/data/topic/map.aspx? ind=95.

③ http：//www.cia.gov/library/publications/the-world-factbook/rankorder/2091rank.html.

了历史最低水平。与孕产妇死亡率有所差别，纽约市初生儿死亡率总体呈稳步下降趋势，而且低于同期美国初生儿平均死亡率（6.06‰）。①

表6-2 2001~2011年纽约市初生儿死亡人数和死亡率

年 份	2001	2002	2003	2004	2005	2006	2007	2008	2009	2010	2011
死亡人数	760	742	807	760	732	740	697	698	668	609	577
死亡率（‰）	6.1	6.0	6.5	6.1	6.0	5.9	5.4	5.5	5.3	4.9	4.7

2. 未成年少女怀孕与堕胎问题

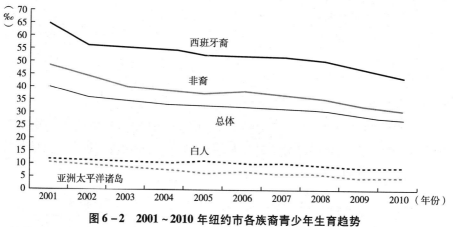

图6-2 2001~2010年纽约市各族裔青少年生育趋势

资料来源：Executive Summary of The Annual Summary of Vital Statistics, 2010, NYC DOHMH。

从2001年到2010年，纽约市青少年生育率整体下降了29.8%，从8.4%降到5.9%。虽然一直呈下降趋势，但不同族裔人群之间仍存在差异。同白人和亚裔青少年相比，西班牙裔和非裔青少年生育率仍处于相对较高的水平，均高出纽约市青少年生育率的平均水平。2010年，西班牙裔青少年生育率高达亚裔的7倍，白人的5倍。

生育率下降最多的是亚裔和太平洋岛屿青少年女性，为53.3%，也是生育率最低的族裔，为每千人5.8个（见表6-3）。

---

① Summary of Vital Statistics 2011, the City of New York: Infant Mortality, NYC DOHMH, http://www.indexmundi.com/g/g.aspx? c=us&v=29.

表6-3　2010年纽约市青少年（15~19岁）生产、自然流产、
人工流产和怀孕率（按族裔划分）①

	生产	自然流产	人工流产	怀孕总人数	女性总人数	生育率（‰）	怀孕率（‰）	堕胎率（‰）
纽约市（总数）	7207	847	12139	20193	264018	27.3	76.5	46.0
西班牙裔	4053	325	4347	8725	93723	43.2	93.1	46.4
亚裔太平洋诸岛	172	18	336	526	29486	5.8	17.8	11.4
白人	481	57	607	1145	59471	8.1	19.3	10.2
非裔	2206	305	5547	8058	72830	30.3	110.6	76.2

（三）乳腺癌和子宫癌

乳腺癌是美国女性最常见的癌症之一，所有女性都有患乳腺癌的风险。据统计，每八位女性中就有一位女性会有被诊断为乳腺癌的风险。乳腺癌至今仍是造成美国40~59岁女性死亡的主要原因之一。2008年，美国大约有260万女性被诊断患有乳腺癌。估计2012年，全美大约有226870位女性将被诊断为乳腺癌，大约39510位女性将死于乳腺癌。平均每10万名女性中就有124.3人患有乳腺癌，23人死于乳腺癌。②

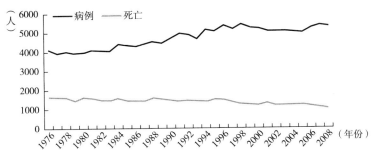

图6-3　1976~2008年纽约市女性乳腺癌病例及死亡人数趋势

资料来源：New York State Cancer Registry：Female Breast Cancer Incidence and Mortality by Year, New York City, 1976-2008。

在纽约市，乳腺癌是第二大导致女性死亡的癌症，仅次于肺癌。乳腺癌每年大约带走1260位女性的生命③，2010年有1068名纽约市女性死于乳腺

---

① Summary of Vital Statistics 2010：Pregnancy Outcomes，Bureau of Vital Statistics，NYC DOHMH.

② National Cancer Institute，http：//seer. cancer. gov/statfacts/html/breast. html#incidence-mortality.

③ http：//www. nyc. gov/html/doh/html/cancer/cancerbreast. shtml？ b=11.

癌。[1] 1976~2008 年，由于癌症筛查的普及和治疗水平的提高，纽约市女性被筛检出患乳腺癌的人数不断增加，但死亡率总体呈下降趋势（见表 6-4）。

表 6-4　纽约市 2004~2008 年女性乳腺癌病例和死亡率[2]

单位：例/10 万

年均病例	得病率	年均死亡人数	死亡率
5167.4	110.9	1115.8	23.0

表 6-5　2010 年纽约市各族裔女性乳腺癌死亡率[3]

族　　裔	西裔	白人	非裔	亚太裔	其他	总人数
死亡人数	162	531	324	47	4	1068
比率/每 10 万人	15	26.2	28.2	9.3	—	22

从表 6-5 可以看出，死于乳腺癌的女性中，白人女性数量最多，非裔女性比例最高，亚太裔女性数量和比例都最低。

宫颈癌是女性常见恶性肿瘤之一，是目前世界上第二大最常见的女性癌症。宫颈癌是由人类乳头瘤病毒（Human Papillomavirus，HPV）引发的。

1976~2008 年，纽约女性宫颈癌病例最多的是在 90 年代，然后总体呈下降趋势，但宫颈癌的死亡人数变化并不明显。

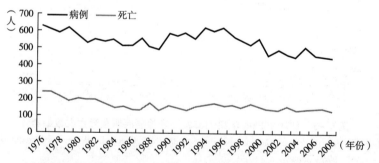

图 6-4　1976~2008 年纽约市宫颈癌病例及死亡人数趋势

资料来源：New York State Cancer Registry：Cervical Cancer Incidence and Mortality by Year, New York City, 1976-2008。

---

[1]　Summary of Vital Statistics 2010, the City of New York：Population and Morality, NYC DOHMH.

[2]　New York State Department of Health, http：//www. health. ny. gov/statistics/cancer/registry/vol1/v1 rnyc. htm.

[3]　Summary of Vital Statistics 2010, the City of New York：Population and Morality, NYC DOHMH.

2004～2008 年，平均每年有 467 位纽约市女性被诊断患有宫颈癌，年均死亡人数为 140.8 人。平均每 10 万人中大约 10200 人被诊断患有宫颈癌，有 3000 人死于宫颈癌。①

表 6 - 6　2010 年纽约市各族裔女性宫颈癌死亡率

族　　裔	西裔	白人	非裔	亚太裔	其他	总人数
死亡人数	30	41	48	10	—	129
比率/每 10 万人	2.9	2.2	4.2	1.8	—	2.7

各族裔女性宫颈癌的死亡率也各有差异，2010 年纽约市社区健康调查数据显示，西裔和非裔女性的死亡率均高出纽约市女性的宫颈癌整体死亡率，其中非裔女性的死亡率最高，其次是西裔女性。死亡率最低的是亚洲和太平洋岛屿裔女性。②

（四）性暴力和性传播疾病

在美国，性暴力（Sexual Violence）是一个非常重要的公共健康问题。全国所有被调查的高中生中，有 8% 的学生曾经被迫发生性行为。被调查女生中被迫发生性行为的比例为 11%，男生比例为 5%。

在对大学女性的调查中发现，20%～25% 的女生在大学期间遭遇过强奸或强奸未遂。

在纽约州，纽约市的性暴力问题相对其他城市更为严重。纽约市的强奸案例几乎占整个纽约州的一半。③ 其中，布朗克斯、布鲁克林和曼哈顿的性暴力问题较为严重。近年来，纽约市强奸投诉案有所增加。在这些投诉中，大部分被告者都是受害人的亲人或熟人。目前，获取性暴力数据的主要途径是通过医院、诊所等救治的性暴力受害者人数、警察局的犯罪投诉统计和一些社会调查等。

---

① http：//www. health. ny. gov/statistics/cancer/registry/vol1/v1rnyc. htm.
② Summary of Vital Statistics 2010, the City of New York：Population and Morality, NYC DOHMH.
③ Crime in New York State：2011 Preliminary Data, New York State Crime Report, Division of Criminal Justice Services, Office of Justice Research and Performance.

表 6 - 7   2005～2011 年纽约市警察局性暴力犯罪投诉统计①

单位：起

年份 犯罪类型	2005	2006	2007	2008	2009	2010	2011
强奸	1858	1525	1351	1299	1205	1373	1420
重罪性犯罪②	1162	1096	1031	909	914	1053	1028
轻罪性犯罪③	3973	4803	4393	4289	4459	4512	4632
总　计	6993	7424	6775	6497	6578	6938	7080

性传播疾病（Sexually Transmitted Disease）在美国是对公共卫生的主要挑战之一，对纽约公民的健康、安全和福利产生了重大的持续性影响。美国疾病预防控制中心预计每年全美大约新增性传播疾病感染 1900 万例。在纽约州，性传播疾病是所有传播疾病中比例最大的。2009 年，纽约州（包括纽约市）报告性传播疾病 113805 例，占当年传播疾病总数的 55%；其中，衣原体、淋病和梅毒是目前纽约市女性中最主要的性传播疾病。

衣原体是纽约市和全美国最常见的性传播疾病之一。2010 年，纽约市报告的感染衣原体的女性人数为 42972 人，平均每 10 万女性中就有 980.95 人感染该病毒，比 2009 年的 39888 人增长了 7.7%。纽约市五大区中比率最高的是布朗克斯区（1623.7 人/10 万人）、布鲁克林区（978.1 人/10 万人），其次是曼哈顿区（776.0 人/10 万人）和皇后区（610.9 人/10 万人）

淋病是纽约市女性的第二大性传播疾病，纽约市得该疾病的女性少于男性（2009 年，男性的比率为 155.2/10 万人，女性比率为 107.4/10 万人）。2010 年，全美和纽约州整体感染淋病的比率都有所下降，但纽约市仍呈上升趋势。女性得病人数为 5423 人，比 2009 年的 4691 人增长了 15.6%。该疾病的高发人群是 20～24 岁的男性（2009 年比率为每 10 万人中有 642.7 人）和 15～19 岁女性（2009 年比率为每 10 万人中有 648.6 人）。

梅毒是纽约市女性的另一种常见性传播疾病。2010 年，大约有 629 名女

---

① Historical New York City Crime Data, Police Department of NYC, http：//www. nyc. gov/html/nypd/html/analysis_ and_ planning/historical_ nyc_ crime_ data. shtml.
② 重罪性侵犯包括：罪恶的性行为、性虐待、持续性侵害、激进性虐待、对小孩的性行为、女性生殖器损毁、药物辅助的性行为、猥亵、乱伦、对未成年人传播淫秽资料信息等。
③ 轻罪性犯罪包括：性虐待、不端性行为、猥亵等。

性被报告患有梅毒，男性为 3570 名，男性是女性的 5 倍多。无论男女，一期、二期梅毒的感染者比率最高的是 20~24 岁的青年人，潜伏性梅毒感染比率较高的是 35~44 岁的中年人。

表6-8　2000~2010 年纽约市女性衣原体和淋病比率

单位：例/10 万

年　　份	衣原体	淋　　病
2000	537.3	143.5
2001	593.4	157.6
2002	645.6	152.3
2003	640.5	157.7
2004	621.3	130.5
2005	631.5	118.4
2006	657.9	106.2
2007	800.5	101.6
2008	879.0	108.3
2009	913.1	107.4
2010	980.95	123.79

资料来源：2000-2009：New York City Sexually Transmitted Disease Query；2010：Bureau of Sexually Transmitted Disease Control Quarterly Report，Second Quarter，2011，NYC DOHMH。

（五）肥胖

肥胖在纽约市乃至整个美国都是一个普遍的问题。过去 20 年，美国肥胖人数大幅增加，肥胖比例仍保持在较高水平。超过 1/3 的美国成年人（大约35.7%）和17%（1250 万人）2~19 岁的儿童和青少年都有肥胖症。[1] 在纽约州，过去 15 年的肥胖人数几乎翻了一番，成年人的肥胖率达到 24.7%。[2] 在纽约市，有超过一半的成年人和40%的儿童都有体重过重或肥胖问题，特别是在贫困人口中问题更为严重。

肥胖会给女性带来许多健康问题。女性体重过重和肥胖会增加许多慢性

[1]　http：//www.cdc.gov/obesity/data/adult.html.
[2]　http：//www.belly-fat-health-news.com/obesity-in-New-York.html.

401

疾病的患病风险，如糖尿病、癌症、心脏病、中风、关节炎、高血压、子宫内膜癌、乳腺癌和结肠癌、睡眠问题和其他身心疾病，而这些疾病中许多都是导致女性死亡的主要原因。其中，心脏病、癌症和糖尿病是目前导致纽约市女性死亡的第一、第二和第四大主要原因。

在纽约市，体重过重和肥胖的女性加起来超过所有女性人数的一半。女性比男性更容易肥胖。2010年纽约市卫生局社区健康调查数据显示，有大约1/4的纽约女性有肥胖症（25.1%），男性肥胖比例约为1/5（21.2%）。

2002～2010年，纽约市男女肥胖比例均呈上升趋势，肥胖人数不断增加。除了2005年有所下降外，女性肥胖比例逐年攀升，从2002年的19.9%增加到2010年的25.1%（见图6-5）。

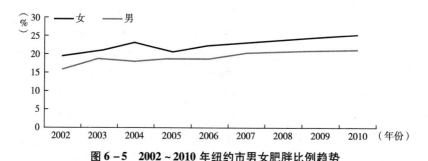

图6-5 2002～2010年纽约市男女肥胖比例趋势

资料来源：Community Health Survey, 2002-2010, NYC DOHMH。

在纽约市，不同族裔、年龄、收入和社区的女性肥胖比例存在一定差异（见表6-9～表6-12）。

表6-9 各族裔女性肥胖比例

单位:%

白 人	非 裔	西 裔	亚裔/太平洋	其 他
16.9	36.5	31.3	7.5	15.7

表6-10 各收入女性肥胖比例

单位:%

最低	低	中等	高	最高	未知
29.1	29.8	26.1	18.2	13.9	25.9

表 6-11　18 岁以上女性肥胖比例

单位:%

18~24 岁	25~44 岁	45~64 岁	65 岁以上
14.6	21.9	33.2	26.6

表 6-12　各社区女性肥胖比例

单位:%

布朗克斯	布鲁克林	曼哈顿	皇后区	斯塔滕岛
34.5	30.4	15.9	20.1	29.7

资料来源：Community Health Survey, 2010, NYC DOHMH。

（六）心理健康

心理健康问题的症状包括：对什么事情都没有兴趣；感觉悲伤、焦虑、内疚或者无助；睡眠太多或太少；很难集中注意力；有伤害自己的趋向；等等。

纽约市社区调查数据显示，纽约市女性比男性更容易有心理困扰和抑郁的倾向。2010 年，有 4.9% 的女性和 3.9% 的男性有非特异性心理困扰（non - specific psychological distress）问题，这类人群中，有 38.2% 的女性和 31% 的男性在过去一年接受过心理咨询或治疗；另外，有 14.8% 的女性和 10.5% 的男性曾被诊断患有抑郁症。纽约女性的生理困扰随年龄、收入、族裔、婚姻状态等呈现差异。45~65 岁女性、西班牙裔女性、低收入女性和独居的女性更容易产生非特异性心理困扰。女性特殊的生理结构、社会角色和生活压力等都是造成心理困扰的重要原因。但是，2002~2010 年纽约市社区健康调查数据显示，无论是男性还是女性，心理困扰的比例总体都有所下降（见表 6-13、表 6-14）。

表 6-13　2002~2010 年纽约市女性和男性心理困扰比例

单位:%

	2002	2003	2004	2005	2006	2007	2008	2009	2010
女性	7.4	5.7	—	7.5	7.4	—	6.3	6.0	4.9
男性	5.3	4.3	—	5.0	5.2	—	5.4	3.8	3.9

表6-14　各年龄段、各收入人群、各族裔和不同婚姻状态心理困扰比例

单位:%

18~24岁	25~44岁	45~64岁	65岁以上	
2.5	4.2	7.3	4.1	
最低收入	低收入	中等收入	高收入	最高收入
10.3	5.5	3.5	2.0	2.1
白　人	黑　人	西　裔	亚洲/太平洋	其　他
4.0	3.8	8.1	4.5	0.8
已婚（夫妻一起生活）	离婚、丧偶和分居	未　婚		
3.2	7.9	6.6		

资料来源: Community Health Survey 2002 - 2010: Non - specific Psychological Distress, Mental Health Counseling or Treatment, History of Depression。

三　影响纽约女性健康的因素

尽管纽约市女性的整体健康状况有所改善，平均预期寿命也比男性高，但由于与男性存在诸多的健康差异，影响女性健康的因素因此也相对较为复杂，如女性特殊的生理结构、社会经济地位相对低下以及缺乏足够的锻炼等。

（一）女性生理结构的特殊性

生理结构的特殊性是影响女性健康的重要原因。女性与男性生理结构之间存在的差异使女性健康比男性更需要经常性呵护。例如，乳房健康是女性普遍关注的健康问题，由于乳房结构的不同，女性比男性更容易患上乳房疾病甚至乳腺癌。不良的生活习惯，如吸烟酗酒、熬夜，缺乏锻炼、长期生活压力大等因素都会增加女性患乳腺癌的几率。

其次，男性和女性生殖器存在较大差异，女性生殖器的复杂和易被感染使女性容易患上各种妇科疾病。女性相对于男性更容易感染性病，诊断起来也比较困难，而且造成的后果也比男性更加严重。性病还会引起一系列并发症，会不同程度影响女性的生活，如影响生育，导致子宫外孕、自然流产、早产等，也会增加患其他疾病的机会。

此外，由于女性生理结构的特殊性，导致女性经常成为各种暴力和犯罪的主要受害者，如家庭暴力、性暴力、抢劫等。

（二）女性的经济地位低下

随着女权运动的兴起和发展，女性的自我意识不断增强，社会地位也不断提高。女性已逐渐参与更加广泛的社会建设，并取得了一定的成就。但是，由于特殊的家庭角色以及历史和现实原因，目前，纽约市女性的经济地位与男性仍有一定差距。教育、劳动力技能和资格、工作经验、薪水不平等、性别特殊对待以及性别歧视等都是造成女性经济地位低下的原因。

经济地位低下在一定程度上影响了纽约女性的健康，特别是低收入女性。2009 年，纽约市贫困人口的 77% 是女性和儿童，2/3 的贫困家庭是单亲母亲家庭。贫困让女性没有足够的经济条件满足其基本儿童保育、住房、健康食品和医疗保健的需求。不稳定的工作和长期低质量的生活都给女性的身心健康造成了巨大的影响。[1]

（三）女性缺乏足够的锻炼

相对男性而言，纽约市女性缺乏足够的身体锻炼，从而导致肥胖和其他健康问题。据统计，纽约市体重过重和肥胖的女性超过女性总人数的一半，各年龄段女性普遍比男性缺乏体育锻炼。女性缺乏足够的锻炼一方面是由于女性锻炼意识不强，另一方面也受经济条件和环境因素影响。不同族裔的女性经常锻炼的比例也不一样，白人女性比其他族裔女性比例高，西裔女性经常性锻炼比例最低。另外，高收入女性比低收入女性人群更经常锻炼身体，最高收入女性比最低收入女性经常锻炼的比例高 25%（见表 6-15）。

表 6-15　各收入群、各族裔女性经常锻炼比例

单位:%

最低收入	低收入	中等收入	高收入	最高收入
63.6	62.9	70.3	79.6	88.6
白　人	黑　人	西　裔	亚裔/太平洋	其　他
77.6	68.6	65.4	69.8	75.7

资料来源：Community Health Survey 2010：Weight，Exercise，Nutrition，NYC DOHMH。

---

[1] Groundbreaking New Report Reveals Disproportionate Economic Burden Placed on Low – Income Women and Children Governor Cuomo's Proposed Budget，New York Women's Foundation and Fiscal Policy Institute.

四 纽约市政府促进女性健康的举措

几十年来,纽约市女性健康整体取得了很大的进步,2010 年纽约女性平均预期寿命比 1990 年增长了 6 岁。纽约市政府一直致力于促进纽约市民包括女性的身体健康,缩小因性别、收入、族裔因素导致的健康差异。

(一) 制定健康政策和有利于女性健康的法规条例

2004 年,纽约市出台了第一个长期的综合性健康政策议程"纽约人,请注意身体"(Take Care, New York)。该政策列出了卫生局帮助纽约人活得更健康更长寿的计划,为个人如何改善身体健康和组织如何帮助他们改善健康提出全面的建议。该政策的做法是设定 10 个重要和普遍关切的健康目标,这些目标的实现有可能对纽约人的健康带来重大的影响。在每个优先目标方面,通过跟踪实现每个目标进度的核心指标来衡量成功与否。该计划的框架采用以事实为基础的计划和政策,以逐个处理这 10 个重要健康改善方面的问题。目前,该计划已经进入第二个阶段,2009 年制定了"纽约人,请注意身体 2012"的目标。2004 年以来,已有 400 多家各类组织成为该项目的合作伙伴。

在该政策的指引和启示下,2005 年,纽约市健康与心理卫生局和联邦基金、纽约公共卫生基金合作发布了《纽约市女性健康风险报告》("Women at Risk")。这份报告从影响健康的行为、获得医疗保健的情况以及身体健康状况等方面,对纽约市不同经济条件和族裔的女性群体做了概述。这份报告是围绕纽约市健康政策"纽约人,请注意身体"的十大重要内容而展开。该报告由联邦基金拨款,以纽约市 18 岁及以上的女性健康状况数据的综合回顾为基础,并参照了来自市、州和联邦的其他各种有关少女的健康状况资料。该报告指出,过去十年,纽约市女性的健康状况有了很大改善,但是有一些女性群体健康状况依然不佳,尤其是黑人女性、西裔女性以及低收入女性;许多纽约女性没能接受足够的预防性医疗保健服务,包括定期的癌症筛查和免疫接种服务;在预防心脏病的努力方面女性落后于男性,例如女性比男性更疏于定期体育运动并维持健康体重。该报告的内容对关键事项、干预策略以及特别容易出现健康问题的女性群体做了明确的说明。该报告得出纽约市女性面临的最大风险是没有接受结肠筛查、没有及时诊断和治疗的途径。这些报告内容强调了确保医疗护理的健康保险的关键性和重要性。有太多的女性因为没有医疗保险而承担着患上本来可以预防的疾病的风险。该报告向全市各个社区组织、民选官员、大学、医疗机构以及其他单位分发，引起社会对女性健康的广泛重视。

纽约市议会还通过制定和完善法律条例的方式为市民营造更加健康的氛围，保护女性在健康领域的合法权利等。例如，纽约在保护青少年和成年人远离烟草和二手烟危害方面是全球的引领者。纽约市和纽约州循序渐进地颁布了多项法律法规以降低吸烟率。如1995年《纽约市室内清洁法案》、2002年《纽约市无烟空气法》、2009年《无烟空气法修正案》、2009年《禁止销售风味烟产品法案》，以及2011年最新生效的法律《无烟公园、海滩和步行广场法案》，规定在全部五个行政区内的公共公园和公共海滩禁止吸烟，以确保纽约市民在户外休闲时不会接触到二手烟。① 2009年和2010年，通过与社区合作，向市民发放超过68000件尼古丁替代治疗药品。纽约市禁烟的举措极大减少了与吸烟相关的疾病导致的死亡，如心血管疾病、癌症和呼吸道疾病等。2006年，纽约市在餐厅禁止了导致心脑血管的反式脂肪酸；为保护女性自由选择堕胎的权力和尊严，2011年市议会颁布相关法案的修正案，要求一些反堕胎中心公开他们提供和不提供的服务，以及它们是否有专业医生等。用真正医疗机构的保密标准来要求这些中心。这点非常重要，因为这些反堕胎中心有时会联系怀孕女性的家人以威胁她们不要堕胎。该法案保护了纽约市女性堕胎权，免遭反堕胎中心的欺骗和羞辱；通过一系列修正案要求纽约市警察局在官网上公布各种犯罪数据，如报告大众公共运输中的骚扰投诉和部分家庭暴力数据、部分针对女性的犯罪数据等，禁止任何形式的家庭歧视，比如暴力、性犯罪和跟踪等。

（二）提供更好的医疗保健服务，积极开展促进女性健康的各类项目

为降低女性患癌症和性传播疾病的几率以及减少这些疾病造成的死亡率，市政府大力支持女性进行各种癌症筛查，如乳腺癌、宫颈癌、直肠癌等以及

---

① "Existing Legislation"，http：//www. nycsmokefree. org/existing‐legislation，访问日期：2013年1月18日。

性传播疾病的筛查。女性可以免费或只需要花很少的钱就能负担起这些筛查项目。目前，纽约市女性的癌症筛查率超过 70%。纽约市有许多针对艾滋病的服务项目，如对市民进行免费和匿名的 HIV 测试、分发免费的避孕套，等等。女性 HIV 测试达 60% 多。为缩小健康差异，纽约市卫生局与当地的社区合作伙伴合作，包括社区组织、卫生中心、医院等，先后在较为落后的布朗克斯区和布鲁克林区启动了 HIV 检查计划（The Bronx/Brooklyn Knows HIV Testing Initiative）。其目的是增加自愿的 HIV 检查，让每一位居民都了解自己是否感染 HIV 病毒，提供高质量的保健和预防服务。在卫生局的免疫诊所和学校健康中心推进了超过 18000 次 HPV 疫苗接种。13 ~ 17 岁女孩 HPV 疫苗接种率提高了 104%。允许医疗服务提供者为患者的性伴侣提供处方或药物，而不需要该伴侣另行前往医生诊所，等等。总之，政府推进的各种筛查项目使癌症和艾滋病导致的女性死亡率大大下降。

针对性暴力，纽约市已成立了一系列反对性暴力和保护性受害者的计划和机构，如医院开展的强奸危机计划、儿童保护中心等。另外，纽约市设立了专门和有针对性的咨询与求助保密热线，纽约市警察局强奸与性侵犯举报热线、全国青少年约会暴力求助热线等。还有更多帮助排解性暴力的组织和网站，如市长反家庭暴力办公室、安全地平线等。

针对肥胖问题，市政府努力增加市民获取健康食品的渠道，减少垃圾食品和含糖饮料的消费以及鼓励身体锻炼等。另外，市政府积极鼓励市民进行身体锻炼，免费开展健康教育和健身培训课程；通过与其他城市机构合作，利用"夏季步行街""游玩步行街"和"周末步行街"等计划来鼓励市民进行健身活动。纽约市女性事务委员会一直关注女性的健康状况，承诺在各种项目中，把纽约女性的健康作为首要考虑，例如在"走出纽约"（Step Out New York）项目中，鼓励女性更积极地参加体育运动，改善自身身体状况。纽约市政府的努力已初见成效，在全国女性肥胖比例大幅上升的情况下，纽约市女性肥胖比例相对稳定。

针对青少年怀孕和青少年性疾病传播问题，纽约市正在努力改善学校健康中心和社区诊所的避孕药具供应情况。纽约市教育局规定，从 2011 ~ 2012 学年起，纽约市公立学校 6 ~ 7 年级和 9 ~ 10 年级学生将上一学期性教育课。

卫生局还资助一些计划，如"访问新生儿家庭计划"（Newborn Home Visiting Program）和"护士家庭合作计划"。此类计划旨在通过提高育儿能力，来强化家庭功能，并打破长期贫困和疾病的状况。

另外，市政府还加强对女性健康的宣传、教育和培训。通过官方网站，以及与媒体、学校、社区组织、医疗保健机构、企业等合作开展各种宣传教育活动，加强公众对女性健康的关注，如通过媒体、城市海报、网络等公众平台进行禁烟、低糖低盐、反暴力、锻炼身体等教育宣传；在学校开设性教育课程，向学生和家长发放宣传资料正确引导青少年健康性行为；通过召开健康教育会议、论坛和研讨会等形式呼吁对女性健康的关注；向市民发放健康小册子；向个人和医疗保健服务者提供各种培训项目；等等。总之，在纽约市，政府的健康宣传教育无处不在，人们也越来越关注自己的身体健康。越来越少的女性吸烟、饮用高糖饮料、进食高盐食品，越来越多的女性进行癌症筛查、身体锻炼、在遭遇性暴力对待后积极寻求帮助，这些都和纽约市政府的健康宣传、医疗保障密不可分。

第二节　伦敦女性健康状况

女性健康与世界城市有着密不可分的联系，女性的健康状况影响世界城市的经济发展，而世界城市的繁荣与发展又决定着政府对女性健康的改善。本节主要根据女性与健康的相关指标分析伦敦女性的健康状况和伦敦市政府为改善女性健康所采取的各种积极措施。

一　女性与健康的指标分析

本部分将首先通过平均预期寿命、生育健康、乳腺癌和子宫癌、性暴力和心理健康等指标，分析伦敦女性的健康状况。

（一）平均预期寿命

平均预期寿命是衡量健康的重要标准之一。伦敦女性的平均预期寿命比英格兰要高出许多，在伦敦内部，女性的平均预期寿命同男性相比也较长，往往超过男性4年左右。对此，聚焦伦敦健康的数据可以显示出更加明显的差异（见图6-1）。2007~2009年，伦敦男性的平均预期寿命为78.6岁，女性寿命为83.1岁。从全国水平来看，男性的平均预期寿命为78.3岁，女性为82.3岁。但是在伦敦各自治市中，每个地区的男性与女性的平均预期寿命也

存在着差异，寿命高的地区与寿命低的地区能相差 8 岁之多。例如，2006 ~
2008 年男性的平均预期寿命从伊斯灵顿地区 75.4 岁到肯辛顿切尔西地区的
84.4 岁不等。而女性平均预期寿命最高地区是肯辛顿切尔西地区，为 89.0
岁，比纽汉地区女性的 80.8 岁大 8 岁多。[①]

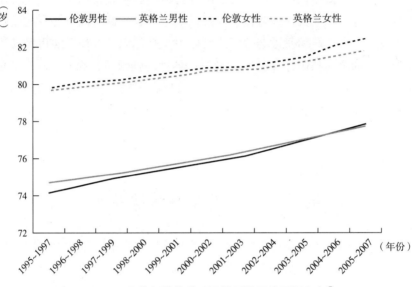

图 6-6　伦敦与英格兰不同性别的平均预期寿命[②]
(1995 ~ 1997，2005 ~ 2007)

　　然而，并不是居民的平均预期寿命长，城市的整体健康状况就一定
好。比如，虽然伦敦的平均预期寿命比英格兰其他地区要长，但伦敦市长
曾表示，"伦敦的人均寿命高于英格兰的平均水平，但另一方面，伦敦的
健康状况相对于国家的整体水平来说则比较差。"[③] 同理，男女两性在平
均预期寿命上的差异也并不能表明女性比男性更健康。通过对女性健康的

---

①　Health: Children and Young People, 1 November 2010. *Focus on London: Health*, 2010, p. 13,
　　http://www.london.gov.uk/who-runs-london/mayor/publications/society/facts-and-figures/
　　focus-on-london/health.
②　*Focus on London: Health*, 2009, p. 152, http://www.london.gov.uk/sites/default/files/fol09-
　　full.pdf.
③　*Focus on London: Health*, 2009, p. 146, http://www.london.gov.uk/sites/default/files/fol09-
　　full.pdf.

重新认识发现，女性在整个生命周期中会面临或者承受各种各样的健康问题，同时长期以来社会以及传统文化对她们的束缚等因素也使她们遭受更多的健康问题。她们寿命长也可能会从另一个方面说明女性所承受的健康问题更多。因此女性比男性寿命长并不意味着女性比男性更健康或者女性在健康领域处于相对优势的地位。事实上，男性和女性在健康问题上存在着决定性的差异，包括对疾病的易感程度、生存率和耐药性等。女性由于其相对脆弱的生理结构、较低的社会地位等原因使她们的健康水平也相对低于男性。

（二）生育健康

生育是大多数女性必经的过程。在生育的过程中，女性的免疫力、抵抗力降低，而女性的生理结构往往也易引发各种健康问题。伦敦市经济发达，为产妇保健做出积极努力，取得了非常好的效果。但对于伦敦女性的生育健康来说，比较常见而又严重的是青少年怀孕问题。

1. 孕产妇死亡率和初生儿死亡率指标

对于发达国家英国来说，孕产妇的死亡率、新生儿死亡率以及婴儿死亡率一直保持相对较低的趋势（见表6－16、表6－17）。

表6－16 英国孕产妇死亡率[1]（每100万例活产儿）

单位：例/100万

1990 年	2000 年	2010 年
10	12	12

表6－17 英国新生儿死亡率与婴儿死亡率[2]（每1000例活产儿）

单位：例/千人

新生儿死亡率		婴儿死亡率		
1990 年	2010 年	1990 年	2000 年	2010 年
5	3	8	6	5

---

[1] WHO, *World Health Statistics*, 2012, p. 78, http：//www. who. int/gho/publications/world_ health_ statistics/EN_ WHS2012_ Full. pdf.

[2] WHO, *World Health Statistics*, 2012, p. 59, http：//www. who. int/gho/publications/world_ health_ statistics/EN_ WHS2012_ Full. pdf.

对于伦敦来说，2006～2008 年每 1000 例活产儿中婴儿死亡率为 4.6‰，这与英国的平均水平没有太大差异。然而，这个数据在整个伦敦自治市却有较大的差异。2006～2008 年，金斯顿、肯辛顿、切尔西、里士满地区都有较低的婴儿死亡率，为 2.2‰，而萨瑟克区高达 7.3‰。

除此之外，伦敦的婴儿死亡率在不同族裔间也存在较大不同，2005～2006 年的数据显示（见图 6－7），伦敦白人的婴儿死亡率为 3.5‰，远远低于伦敦 4.8‰的整体水平和全英国白人 4.4‰的水平。伦敦的亚洲人或者亚裔英国人也远远低于全国水平，尽管与伦敦的整体水平相近。而伦敦的黑人或者非裔英国人的婴儿死亡率为 7.9‰，这个数据与国家水平相近，但远远高于伦敦的整体水平，同时这个数据是伦敦白人群体的两倍以上。

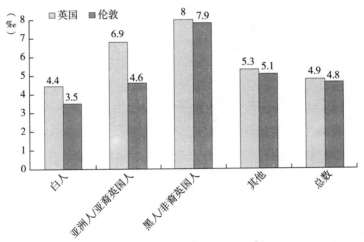

图 6－7　英国、伦敦不同族裔的婴儿死亡率①（2005～2006）

2. 流产

1966 年世界卫生组织规定，女性妊娠于 20 周前终止且胎儿体重少于 500 克，称为流产。随着女性对堕胎权利的争取，作为世界城市的伦敦，流产也随之成为生育健康中的一个常见问题。流产可能造成严重的大出

---

① 此图及伦敦婴儿死亡率的数据均来自 Health：Children and Young People, 1 November 2010. *Focus on London*：*Health*, 2010, p. 6, http：//www. london. gov. uk/who－runs－london/ mayor/publications/society/facts－and－figures/focus－on－london/health。

血、腹痛等健康问题，也可能会引起女性不孕不育等严重后果。"2006 年，有超过 51000 名的伦敦人合法堕胎，这代表了年龄在 15 ~ 44 岁的妇女流产率达到 28‰，高于英格兰和威尔士的 18‰，最高的人群为 18 ~ 24 岁的年轻女性。在英格兰和威尔士，低于 10 周流产的比例一直在持续增加。1996 年，少于 10 周发生的比例为 56%，但是到了 2006 年，这一数字增加到 68%。从全国水平来看，2006 年 24 周或超过 24 周流产的发生率少于 0.1%。而在 2006 年，伦敦有 70% 的流产发生在怀孕 10 周内，90% 发生在怀孕 12 周内。"[1]

由上述数据可以看出，在伦敦女性流产的发生率要高于英国其他一些地区，大多发生在怀孕初期。除了流产问题，伦敦市女性的生育健康问题还存在较严重的青少年怀孕问题。

3. 青少年怀孕

青少年怀孕主要是指年龄在 18 岁以下的女性由于缺乏正确的性知识、生殖健康知识或者遭受性暴力等因素导致的怀孕。在伦敦，由于人们思想观念的改变，对婚姻和性也处于相当开放的情况。青少年怀孕在英国一直是持续存在的生育健康问题，但已呈现出下降趋势。伦敦健康署公布的数据显示 1995 ~ 1997 年，18 岁以下女性的受孕比例为 50‰，而内伦敦相对要高于外伦敦（见表 6 – 18）。

表 6 – 18　18 岁以下伦敦女性怀孕情况（1995 ~ 1997）[2]

	怀孕人数	年龄为 15 ~ 17 岁女性的千分比（‰）	终止怀孕的百分比（%）
伦　敦	17040	50	51
内伦敦	7912	65	50
外伦敦	9128	41	52

《伦敦女性——首都女性》报告中分析了 1998 ~ 2005 年 15 ~ 17 岁年轻女性怀孕千分比，并做出发展曲线图（见图 6 – 8）。图 6 – 8 显示，不管是伦敦还是英格兰，青少年怀孕的比率都在逐渐下降，但仍然处于较高的水平。

---

[1]　Women in London – Capitalwoman 2008，Greater London Authority，May 2008，p. 30，http：//legacy. london. gov. uk/gla/publications/women/WomeninLondoncapitalwoman2008. pdf.

[2]　Teenage Pregnancy and Young Mothers，p. 3，http：//www. london. gov. uk/lhc/publications/lhs/.

"2005 年年龄在 15 ~ 17 岁之间的受孕率是 44.6‰，而这个比例在内伦敦为 52.6‰，外伦敦为 40.1‰。"①

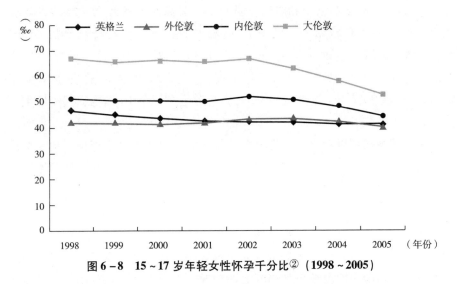

图 6 - 8　15 ~ 17 岁年轻女性怀孕千分比② （1998 ~ 2005）

图 6 - 8 明确显示出，1998 ~ 2005 年，伦敦青少年怀孕比率一直高于英格兰地区的平均水平，虽然 2005 年相对于 1998 年已有所下降，但仍处于相对较高的水平。而对于最近几年的数据也有相关部门统计，青少年怀孕的比率没有太大的变化。伦敦市政府的聚焦健康问题的数据显示，"2007 年，伦敦年龄在 18 岁以下的女孩中有大约 5700 个怀孕，其中年龄在 15 ~ 17 岁中的比例是 45.6‰。但外伦敦和内伦敦的数据又有所不同，其中内伦敦为 56‰，内伦敦为 40‰。"③ "2008 年的年龄在 15 ~ 17 岁的女性中怀孕人数达到 45‰。青春期少女怀孕的百分比直接导致了伦敦 2008 年的堕胎率达到 61%"④；等等。除了伦敦与英格兰的比较，对于伦敦自治市内部来说，青少年怀孕也存在着差异（见图 6 - 9）。

①　Women in London – Capitalwoman 2008, Greater London Authority, May 2008, p. 31, http：// legacy. london. gov. uk/gla/publications/women/WomeninLondoncapitalwoman2008. pdf.

②　Women in London – Capitalwoman 2008, Greater London Authority, May 2008, p. 31, http：// legacy. london. gov. uk/gla/publications/women/WomeninLondoncapitalwoman2008. pdf.

③　Focus on London：Health, 2009, p. 152, http：//www. london. gov. uk/sites/default/files/fol09 – full. pdf.

④　Health：Children and Young People, 1 November 2010. Focus on London：Health, 2010, p. 12, http：//data. london. gov. uk/documents/FocusOnLondon2010 – Health. pdf.

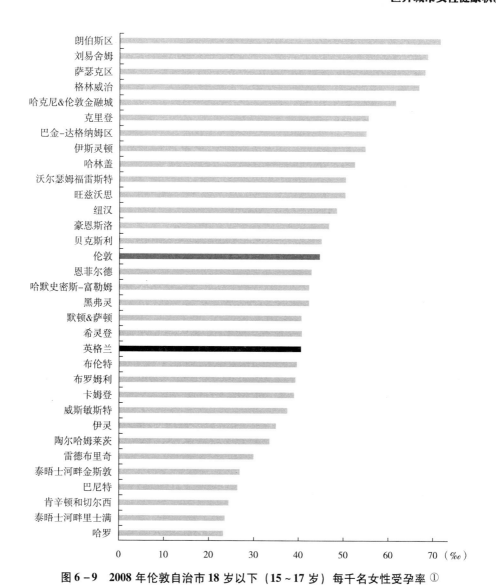

朗伯斯区
刘易舍姆
萨瑟克区
格林威治
哈克尼&伦敦金融城
克里登
巴金-达格纳姆区
伊斯灵顿
哈林盖
沃尔瑟姆福雷斯特
旺兹沃思
纽汉
豪恩斯洛
贝克斯利
伦敦
恩菲尔德
哈默史密斯-富勒姆
黑弗灵
默顿&萨顿
希灵登
英格兰
布伦特
布罗姆利
卡姆登
威斯敏斯特
伊灵
陶尔哈姆莱茨
雷德布里奇
泰晤士河畔金斯敦
巴尼特
肯辛顿和切尔西
泰晤士河畔里士满
哈罗

0　　10　　20　　30　　40　　50　　60　　70（‰）

图6－9　2008年伦敦自治市18岁以下（15～17岁）每千名女性受孕率①

　　由于青少年还没有独立的经济能力或者尚未做好为人父母的准备，毫无
准备的怀孕往往会促使女性做出堕胎的决定。而且青少年时期一般都还处于

① Health：Children and Young People，1 November 2010. *Focus on London*：*Health*，2010，p. 12，
http：//www. london. gov. uk/who － runs － london/mayor/publications/society/facts － and － fig-
ures/focus － on － london/health.

求学阶段，怀孕面临的心理压力也是巨大的。因此，青少年怀孕对女性的身心健康往往会带来一系列的健康问题。首先，青少年女性虽然身体发育已经达到一定程度，但并未到成熟的生育期，这个时期怀孕往往会导致自然流产、婴儿早产、体重轻等各种问题。其次，由于青少年女性自己本身还是孩子，因害怕受到同学嘲笑、家长责备、社会歧视等，会选择一些非正规的医院或者诊所去进行人工流产手术或购买药物流产。如果卫生条件和医疗技术都不达标，会给女性健康带来较大的隐患，比如患慢性盆腔炎、月经异常、继发不孕和子宫内膜异位症等疾病。

（三）乳腺癌和子宫癌

乳腺癌和子宫癌是女性常见的恶性肿瘤。

1. 乳腺癌

对于女性来说，乳腺癌是最为常见的恶性肿瘤，对英国女性来说同样如此。乳腺癌发病较早，一般从 20 岁左右开始出现，在绝经期即 45～50 岁之前保持快速上升势头，随后发病率逐渐上升直至绝经期后会出现缓慢下降。英国国家统计局在 2012 年 9 月 28 日发布了《乳腺癌：发生率、死亡率和生存率——英格兰女性乳腺癌：发生率、死亡率》的报告称，"2010 年有 41259 例新诊断病例，比 2009 年增加了 1.8%（731 例）。2010 年每 10 万女性中有 126 例新病例，2009 年为 125 例。乳腺癌的发生率已经在 1971 年和 2010 年间增加了 90%。"[①]

虽然发病率居高不下，但由于医疗技术和人们意识的增强，乳腺癌的死亡率在逐渐下降。2011 年在英格兰有超过 9700 名女性死于乳腺癌，即每 10 万女性中就有 24 个死于乳腺癌。从 1971 年到 2011 年死亡率降低了 37%（见图 6-10）。

对于女性来说，乳腺癌是第二大死亡原因，仅次于肺癌。早期检测和治疗可以提高乳腺癌患者的生存率，乳腺癌的生存率比女性其他癌症如宫颈癌、结肠癌、卵巢癌高。"在 2005～2009 年诊断为乳腺癌的女性中，存活 5 年的已

---

① Office for National Statistics, *Breast Cancer*：*Incidence*，*Mortality and Survival*：*Female Breast Cancer in England*：*Incidence and Mortality*, 28 September 2012, p. 2, http：//www. ons. gov. uk/ons/rel/cancer - unit/breast - cancer - in - england/2010/sum - 1. html.

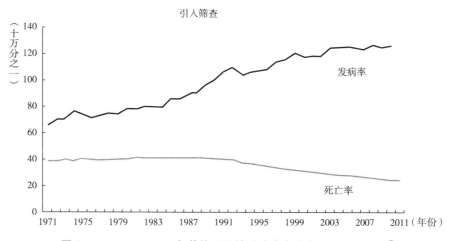

图6-10 1971~2011年英格兰女性乳腺癌发病率和死亡率趋势①

经达到85%,相比2000~2004年的81%和1993~1995年的76%有所提高。
2010年,乳腺癌占女性所有癌症的31%,每8个女性中就有1个将在生命
中某个阶段发展为乳腺癌。而除了性别因素外,年龄也是乳腺癌的高发原
因。每5个新诊断病例中几乎有4个都是年龄在50岁及以上,而60~64岁
年龄组为高峰。由于近年来环境恶化,工作压力等因素的影响,男性发生乳
腺癌的比例也在上升,在2010年诊断出353个男性乳腺癌新病例,相当于
每10万男性中有1位。2011年,有64名男性死于乳腺癌,男性乳腺癌病例
从1971年至2010年增加了60%,而死亡率从1971年至2011年下降
了44%。"②

伦敦女性患乳腺癌的人数同样远远多于其他癌症。根据伦敦健康署提供
的数据显示,"2001年伦敦女性的乳腺癌病例数为3956,而死于乳腺癌的人数
为1332。而其他形式的癌症如结肠癌为885例,肺癌为1454例。"③

上述数据显示,不管是英格兰还是伦敦,女性患乳腺癌的比例在上升,
但由于医疗技术和生活条件的提高,死亡率却呈现下降趋势。

① WHO, *World Health Statistics* 2012, p. 1, http://www.who.int/gho/publications/world_
health_statistics/EN_WHS2012_Full.pdf.
② WHO, *World Health Statistics* 2012, p. 2, http://www.who.int/gho/publications/world_
health_statistics/EN_WHS2012_Full.pdf.
③ http://www.lho.org.uk/LHO_Topics/Health_Topics/Diseases/Cancers.aspx.

2. 子宫癌

由于女性生理结构的特殊性，子宫癌成为女性特有的疾病之一。但相对于乳腺癌，子宫癌的现状明显要乐观一些。子宫癌也称为子宫内膜癌，通常发病人群为 60 岁以上绝经后的女性。女性患子宫癌的高风险因素包括年龄、肥胖、未生育、多卵巢综合征等。相对于乳腺癌来说，子宫癌的发病人数不是特别高，2001 年的数据显示子宫癌是女性其他癌症中最低的，发病人数为 526 例。虽然从乳腺癌和子宫癌的发病人数来看，仍然具有较高的比例，但已经有所降低。伦敦健康署的数据显示，"从 1998 年至 2001 年，乳腺癌降低了 5%，宫颈癌降低了 14%。"①

（四）家庭暴力与性暴力

在英国范围内，家庭暴力每周会夺去 2 名女性的生命，每年夺去 30 名男性生命。在家庭暴力受害者中，女性占 89%（图 6 - 11 左），远远大于男性。而且，大多数的暴力事件都是发生在异性关系中。伦敦家庭暴力的发生率比英格兰和威尔士都要高。"2007 年，伦敦大都会警察局共报道了 52000 起家庭暴力犯罪案件。"② "在整个 2009 年，伦敦共报告了 53000 起家庭暴力犯罪。在 2006 年至 2009 年，破案率从低于 27% 升至高于 48%。"③

家庭暴力可能是性暴力，但性暴力不仅仅是家庭暴力。作为一种严重的暴力形式，性暴力是危害被害者意愿的强制性行为，强奸就是一种严重的性暴力。由于体力或者社会地位等原因，女性往往处于性暴力、强奸受害者的地位。强奸不仅对女性的生理还有心理健康造成巨大的伤害，也会导致相关的社会问题影响城市的健康发展。伦敦是一个强奸案件相对高发的城市，受害者大部分都是女性。在 2007 年，"首都警察局共记录了 2022 起强奸案件，平均破案率超过了 33%。超过 90% 的受害者是年轻女性。贝特西·斯坦科（Betsy Stanko）教授在对 2005 年 4 月至 5 月强奸诉讼案件的回顾中发现，23%

---

① http：//www. lho. org. uk/LHO_ Topics/Health_ Topics/Diseases/Cancers. aspx.

② Women in London – Capitalwoman 2008，Greater London Authority，May 2008，p. 21，http：//legacy. london. gov. uk/gla/publications/women/WomeninLondoncapitalwoman2008. pdf.

③ *Equal Life Chances for All Londoners – Gender Equality：Great London Authority Draft Gender Equality Scheme 2010 – 2011*，Greater London Authority，May 2010，p. 40，http：//www. london. gov. uk/sites/default/files/Draft%20Gender%20Equality%20Scheme%202010%202. pdf.

的受害者低于 16 岁，35% 的受害者年龄在 16 ~ 25 岁，30% 在 26 ~ 40 岁，12% 是 41 岁以上。大多数的受害者知道攻击她们的人是谁，其中 1/4 案件的行凶者是前伴侣或前男友。"① 2010 年伦敦市政府对促进社会性别平等的框架中也给出了 2009 年的强奸受害者的性别结构图（见图 6 - 11 右），图 6 - 11 清楚地显示，强奸受害者中绝大多数是女性，两性之间存在巨大的性别差异。

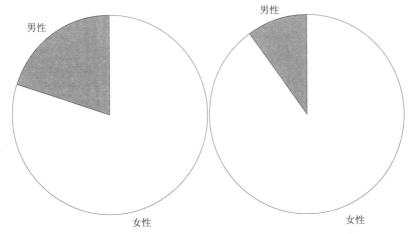

图 6 - 11　伦敦家庭暴力（左）/强奸受害者（右）的性别结构②（2009）

强奸本身不仅会给女性的身心健康带来危害，更是对女性人权的侵犯。首先，强奸会造成女性的生理健康问题，由于性暴力是一种受害者非意愿性的行为，在与犯罪人挣扎、搏斗的过程中会造成女性的生殖器受损、性虐待、阴道炎等各种问题。另外，性暴力罪犯得逞后，会带来一系列的后续问题，比如青少年怀孕、流产以及异位妊娠等。其次，强奸对女性心理健康的影响是巨大的。根据强奸受害者的年龄分布来看，受害人群往往是年轻女性居多，而 16 岁以下也占了一定的比例。对于她们来说，人生才刚刚开始，而这种阴影将在她们的生命中持续很长时间。当她们遭到蹂躏后，往往会产生自卑感，

---

① *Women in London - Capitalwoman* 2008, Greater London Authority, May 2008, p. 22, http://legacy. london. gov. uk/gla/publications/women/WomeninLondoncapitalwoman2008. pdf.

② *Equal Life Chances for All Londoners - Gender Equality*: *Great London Authority Draft Gender Equality Scheme 2010 - 2011*, Greater London Authority, May 2010, p. 40, http://www. london. gov. uk/sites/default/files/Draft%20Gender%20Equality%20Scheme%202010%202. pdf.

其而抑郁成疾。有些受害者如果得不到家庭、朋友还有社会的宽容，往往会遭受到歧视，从而引发更多更严重的心理健康问题。

（五）心理健康

两癌是可以通过早期检测与治疗避免发生或降低死亡率的女性健康问题，但还有一种疾病心理健康问题往往被人们忽视，但它又是一种越来越常见的疾病，尤其在快速发展的今天，人们的生活和工作压力都与日俱增的情况下。心理健康问题包括需要方面的内容，对其也没有较为一致的量化标准，但通常有过度的焦虑、低沉、严重者出现精神障碍等情况都被认为是心理健康问题。"在伦敦，有超过 100 万的伦敦人有心理健康问题"①，该种疾病伦敦比英国的其他地区更普遍，"数据显示有 18% 的伦敦人存在普通心理健康问题，而全国的水平为 16%。"② "对于严重的心理健康问题，在 2003～2004 年，超过 26500 名伦敦市民入院接受精神治疗，这远远高于全国水平。伦敦也存在着相当高比例的具有精神障碍的住院患者，而这个数据也高于全国水平，伦敦为 23%，而全国为 14%。"③

就业可以增加自信和自尊，从而保护心理健康，但是长期有心理健康问题的成年人的就业率却较低，在整个英格兰存在心理健康问题的人大概只有 24% 能获得就业机会。伦敦有心理疾病的人拥有比整个英格兰更低的就业率。失业人员比有工作者存在更高比例的心理健康问题，比如因焦虑、消沉而失业的男性更可能会产生心理问题。但导致男性与女性产生心理问题的原因则有所差异，男性的心理健康问题往往是由于工作原因引起的，而女性的心理健康问题则多源于婚姻、家庭等方面。

二 影响伦敦女性健康的因素

女性在生命周期中都要承受各种健康问题的困扰，而导致这种想象产生的因素也是多方面的，比如女性特殊的生理结构，女性的经济、社会地位以

---

① *Psychiatric Morbidity among Adults Living in Private Households*, 2000, National Statistics; London Health Observatory website.

② *Psychiatric Morbidity among Adults Living in Private Households*, 2000, National Statistics.

③ London Health Observatory Briefing, "Mental Health in London: What are the special issues?", November 2005.

及女性缺乏锻炼，等等。

首先，女性的生理结构是导致女性患各种生殖系统疾病的因素之一。比如，女性阴道的生理结构特点是短而直，阴道内壁是一层极薄的黏膜，这不仅使阴道较为容易感染病菌，也会容易影响到整个生殖系统。另外，诊断困难也是女性性传播疾病患病率高的原因。有些性传播疾病初期并没有什么症状，而且即使是对人体的损害或其他迹象已经存在，这些症状隐匿在阴道里面，不容易被发现。而子宫癌和乳腺癌这类女性高发疾病也与女性的生理构造有直接关系。虽然男性也会患乳腺癌，但大约80%的患病人群是女性。

其次，女性的经济地位低下，也是产生各种疾病的原因之一。虽然伦敦女性的经济地位已有大幅度提高，获得了更多的就业机会，整体上就业率有所上升。但对于已婚女性来说，她们需要肩负家庭生活的主要责任，就业机会不仅没有男性高，还没有未婚或者没有孩子的女性多。另外，根据伦敦男女两性职业分布来看，女性多从事低职低薪工作，如秘书、行政、销售、清洁工等。经济地位的高低与健康水平有着直接的关系。收入水平较高，对健康的投资也可能会增加，患各种疾病的风险也会有所下降。反之，如果经济水平较低，尤其对于伦敦的单亲妈妈来说，不仅需要独自承担支付房屋、抚养孩子的花费，而且由于需要照顾孩子，她们无法进行全日制工作，只能选择工资水平较低、时间灵活的非全日制工作，这不仅使女性的经济地位相对较低，也影响她们对健康的投入。一些女性高发的疾病如乳腺癌和子宫癌，这类疾病在早期经过筛查是一种可以治疗的疾病。"在英国女性乳腺癌筛查的平均水平为75%，但在伦敦2005～2006年只有62%、年龄在50～70岁的女性完成乳腺癌筛查。"[1] 可见，伦敦女性的经济地位也是她们产生许多健康问题的主要原因。

再次，伦敦女性缺乏适当的锻炼。身体锻炼或体育活动是保持健康的关键途径，也是预防各种疾病如肥胖、心血管疾病的关键。但根据伦敦市政府以及伦敦与健康有关的相关部门的统计数据显示，伦敦女性，不管是女孩，还是成年女性都缺乏足够的体育活动。根据最近几年关于伦敦人参加体育活

---

① "Proposal for an investigation into breast cancer screening and treatment", 13 September, 2007. http：//www. london. gov. uk/moderngov/Data/Health% 20and% 20Public% 20Services% 20Committee/20070913/Agenda/5% 20Proposal% 20for% 20an% 20investigation% 20into% 20breast% 20cancer% 20screening,% 20treatment% 20and% 20care% 20PDF. pdf.

动的数据显示，伦敦男性的锻炼人数大于女性。比如伦敦健康观察（London Health Observation，LHO）提供的数据显示，"2005 年，伦敦人的体育锻炼水平从整体上来说，低于英格兰的平均水平。而对于伦敦内部来说，有 2/3 的男性和 3/4 的女性，另外有 1/3 的男孩和一半的女孩缺乏维持健康所需的足够的体育活动。"① 而伦敦市政府在聚焦健康问题的调查中发现，"2007 年，年龄在 16 ~ 64 岁的成年人中，有超过 3/4 的男性（78%）、2/3 的女性（66%）进行身体锻炼。"② 伦敦健康观察在对生活方式和行为的研究中指出，"2008 年，年龄在 16 岁以上的人中只有 38% 的男性与 29% 的女性达到体育活动的最低要求。而对于儿童来说同样是如此。英格兰的一项健康调查发现，2008 年，年龄在 2 ~ 15 岁的小孩中有 33% 的男孩和 24% 的女孩体育活动达标。③ 伦敦年度调查（Annual London Survey）的数据显示，2009 年，通过英格兰运动所提供的关于人们活动水平的最新数据发现，超过 17% 的伦敦人一周会做 3 次中等强度的锻炼，然而，国家数据也显示，只有 12% 的女性会定期参加锻炼，而男性则达到 19%。"④ 从以上伦敦不同部门提供的数据显示，关于体育锻炼，女性锻炼的频率和次数都少于男性。因此，可以说，缺乏身体锻炼也是女性出现健康问题的因素之一。

三 伦敦政府促进女性健康的措施

健康是人的一项基本权利，保持健康是女性的基本人权。同时，作为城市发展的重要人力资源，女性的健康关乎城市现在和未来的发展与繁荣；女性的健康也关乎一个城市下一代人口的生命质量。因此，女性健康是一个城市必须优先考虑的事情。

作为一个世界城市的居民，一方面，伦敦女性对健康状态的自我认知似

① *Choosing Health*：*A Briefing on Nutrition*，*Physical Activity*，*and Obesity in London*，2005，http：//www. lho. org. uk/Download/Public/9044/1/LHO_ Down_ Obesity_ Briefing_ 4. pdf.

② *Focus on London*：*Health*，2009，p. 148，http：//www. london. gov. uk/focusonlondon/docs/fol09 – 10 – health. pdf.

③ http：//www. lho. org. uk/LHO_ Topics/Health_ Topics/Lifestyle_ and_ behaviour/PhysicalActivity. aspx.

④ *Equal Life Chances for All Londoners – Gender Equality*：*Great London Authority Draft Gender Equality Scheme 2010 – 2011*，Greater London Authority. May 2010. p. 43. http：//www. london. gov. uk/sites/default/files/Draft% 20Gender% 20Equality% 20Scheme% 202010% 202. pdf.

乎比英格兰和威尔士女性的平均水平更乐观。比如，在《伦敦女性报告》中提到，"根据 2001 年女性对健康状态的自我评估显示，63% 的伦敦女性认为自己健康状况良好，而英格兰和威尔士的平均水平则为 60%。"① 另一方面，由于女性特殊的生理结构、社会经济地位、家庭责任等因素的影响，伦敦女性在整个生命周期中面临不同的健康问题。而且，一些健康问题也显示出明显的两性差异。伦敦市政府已经认识到这种不平等，并采取积极的措施改善女性健康，促进男女两性健康平等。

首先，伦敦市政府联合其他部门共同致力于女性健康促进。导致女性产生健康问题的因素是多方面的，有经济原因、自身原因等，因此，改善一个城市的女性健康问题也不是一个部门所能解决的，需要多个部门联合行动。比如，伦敦市政府联合伦敦健康署、伦敦健康委员会等相关部门共同商讨制定促进女性健康的规划策略。伦敦市政府根据伦敦与健康相关的部门提供的健康数据分析出伦敦女性目前面临的主要健康问题是什么，导致女性产生这些健康问题的因素是什么，从而更好地制定相关政策，以改善女性健康状况。伦敦健康委员会等相关部门也会与伦敦市政府积极配合，调查分析出每年女性在一些具体健康问题上的变化趋势以有利于更有效地解决问题。除此之外，伦敦市政府还会与伦敦市的其他部门合作，比如伦敦警察局。根据伦敦警察局提供的针对女性实施的犯罪记录，伦敦市政府通过改善交通状况、提高女性防范意识等措施来减少针对破坏女性健康问题的犯罪。

其次，伦敦市政府制定相关策略促进女性健康。为了促进健康问题的社会性别平等，伦敦市长制定了解决健康问题的长期发展规划。在《所有伦敦人的平等生活机会：社会性别平等》中，伦敦市长就对目前伦敦女性的健康问题做了一个大致的说明，并指出已经做出了什么努力，未来计划从哪些方面改善女性健康等。而 2010 年制定的针对反对女性暴力的策略《未来的路：采取行动制止针对女性和女孩的暴力，最终策略 2010~2013》② 则更为详细地

① *Women in London Report 2009*，March 2009，p. 23，http：//legacy. london. gov. uk/mayor/publications/2009/docs/women – in – london. pdf.

② *The Way Forward：Taking Action to End Violence against Women and Girls – Final Strategy 2010 – 2013*，March 2010，http：//www. london. gov. uk/sites/default/files/The% 20Way% 20Forward% 20Final% 20Strategy. pdf.

制定了 2010~2013 年的五个目标：①伦敦将在全球率先结束对女性或女性的暴力；②为女性提供更多的支持；③解决暴力造成的健康、社会和经济影响；④保护女性和女孩免于暴力的风险；⑤严厉打击罪犯。该策略首先介绍了什么是针对女性的暴力事件并详细列举出来，包括家庭暴力、女性生殖器切割、非法性交易、性暴力包括强奸、强制性婚姻、基于荣誉的暴力、性剥夺和性骚扰等。

最后，伦敦市政府提出具体建议以预防女性健康问题出现。对于伦敦女性健康问题来说，预防和治理同样重要，而采取行动是改善和治理女性健康问题的关键。伦敦市政府积极宣传健康的饮食习惯、规律的生活方式对健康的好处，并鼓励市民积极参加体育锻炼。由于伦敦女性的锻炼次数相比男性要少，肥胖者却又比男性比例高，她们更应该积极地参与体育活动。除此之外，伦敦市政府还根据导致女性健康问题的不同原因实施不同的政策，比如健康问题往往与经济水平有一定的关系，伦敦市政府会增加女性就业机会，对儿童托管所进行财政补贴以使更多女性进入劳动力市场，获得独立的经济地位并有经济来源改善健康状况等。

第三节　巴黎女性健康状况

世界城市女性生活节奏快，职场压力大，业余时间相对较少，这对于女性健康产生了一定的影响。同时，心理健康也越来越成为影响女性生活质量的一个因素。相比于男性，法国女性对自身健康状况的评估较低。2008 年法国一项调查显示，67.3% 的女性认为自我健康状况良好，而 72.7% 的男性认为自我健康良好。① 对于女性健康问题，无论是法国各级政府、医疗机构和民间组织都十分关注，健康领域中的性别问题也成为官方和学术界所研究的主题。

本节将介绍巴黎女性健康状况以及巴黎大区和巴黎市政府的相关举措，展示巴黎女性所面对的各种健康问题与应对策略，并希望以此启示北京女性更多关注自身健康。

---

① *Chiffres – clés* 2012 *égalité hommes – femmes*, p. 58.

一 巴黎女性健康现状

根据研究指标体系和资料搜集情况，本节选取了以下几个方面进行观察比较：平均预期寿命、生育健康、乳腺癌和子宫癌、性暴力和心理健康。

（一）平均预期寿命

巴黎地区女性平均预期寿命略高于法国其他地区。根据法国国家统计和经济研究所 2011 年发布的数据，2007 年巴黎大区女性平均预期寿命为 84.9 岁，巴黎市女性为 85.5 岁，而全法国平均水平为 84.3 岁。与 1990 年相比，巴黎市女性寿命增加了 4 年。相比之下，男性寿命要略短于女性。2007 年巴黎大区男性平均预期寿命为 79.0 岁，巴黎市男性为 79.6 岁，全国平均水平为 77.5 岁（见表 6 – 19）。

表 6 – 19　巴黎人口平均预期寿命与法国人口平均预期寿命对比 ①

单位：岁

	1990 年		2007 年		1990～2007 年人均寿命增加值	
	男性	女性	男性	女性	男性	女性
巴 黎 市	73.5	81.5	79.6	85.5	6.1	4.0
巴黎大区	73.7	81.3	79.0	84.9	5.3	3.6
法国本土	72.9	81.0	77.5	84.3	4.6	3.3

（二）巴黎女性生育健康

在生育健康方面，人工流产和妊娠安全是直接关系女性健康的两个因素。

2008 年的数据表明，巴黎大区人工流产数字占全法国的 25%，而巴黎大区人口仅占法国总人口的 18%。② 根据巴黎大区政府 2009 年发布的数

---

① "Tableau 2 – Une espérance de vie plus élevée à Paris，Espérance de vie en 1990 et 2007"，法国国家统计和经济研究所，http：//www. insee. fr/fr/themes/document. asp？reg_ id =20&ref_ id =17142&page =alapage/alap351/alap351_ tab. htm，访问日期：2012 年 5 月 16 日。

② "campagne – du – planning – familial"，女性健康为主题的 "女性未来" 网站，http：//www. avenirsdefemmes. com/actualites/dernieres – news/campagne – du – planning – familial. html，访问日期：2012 年 11 月 12 日。

据，巴黎大区每年要处理 6 万例女性主动接受流产手术，其中包括 10% 的未成年少女。[1]

在妊娠安全方面，法国自 1994 年开始实行"产前产后国家计划"，大大降低了因妊娠生产造成的母婴死亡率。胎儿产前健康状况在近几十年有所加强。此处，2009 年发布的数据指出，巴黎大区孕产妇死亡率由 30 年前的每 10 万人中 25 人降低到 9 人；初生儿死亡率由 30 年前的 35‰降低到 2009 年的 6.5‰。[2] 但这一指数在欧洲范围内只属于平均水平，因此法国还有继续降低妊娠死亡率的空间。

(三) 巴黎女性与癌症

根据 2005~2007 年的数据统计，巴黎大区平均每年死于癌症的女性为 9800 人，男性为 12600 人，女性人数少于男性。但巴黎大区女性癌症死亡率比法国女性癌症死亡率要高 1%，这一现象主要与乳腺癌与肺癌死亡率相关。巴黎大区女性乳腺癌死亡率高出全国数字 6%；其肺癌死亡率也相对较高，这与巴黎大区女性吸烟习惯有一定关联。[3]

表 6 - 20 2009 年女性因病死亡原因统计 [4]

单位：人

死亡原因	巴黎市	巴黎大区
传染疾病和寄生虫类疾病	157	818
其中包括艾滋病和人类免疫缺陷病毒疾病	12	41
肿瘤	2221	10132
其中包括恶性乳腺肿瘤	414	1886
内分泌、营养类和代谢类疾病	242	1380
精神疾病	243	1223

---

[1] "L'action sociale, médico - sociale et de santé"，巴黎大区官网，http：//www. iledefrance. fr/uploads/tx_ base/BROCH_ SOCIALE_ V8_ complet. pdf，访问日期：2012 年 6 月 4 日。

[2] "L'action sociale, médico - sociale et de santé"，巴黎大区官网，http：//www. iledefrance. fr/uploads/tx_ base/BROCH_ SOCIALE_ V8_ complet. pdf，访问日期：2012 年 6 月 4 日。

[3] *Femmes en Ile - de - France 2011*，p. 48.

[4] 法国国家统计与经济研究所网站，http：//www. insee. fr/fr/insee_ regions/idf/themes/TAB-LEAUX/santc06201F. xls，访问日期：2012 年 11 月 12 日。

续表

死亡原因	巴黎市	巴黎大区
其中包括酗酒	6	76
神经系统疾病	452	2416
循环系统疾病	1807	9044
呼吸系统疾病	431	2179
消化系统疾病	282	1358
其中包括慢性肝病	36	276
生殖泌尿疾病	124	630
难以分类的症状和危险状况	903	3649
外部伤害和中毒	327	1772
其中包括交通意外	16	99
其中包括意外坠亡	77	361
其中包括自杀	33	300
其他疾病	188	976
总　计	7377	35577

2008 年，法国国家保健和医学研究所（INSERM）就法国女性死亡原因进行了专项调查，调查显示，在恶性癌症中乳腺恶性肿瘤危害最大，约占巴黎大区癌症死亡女性人数的 18.41%，占巴黎市癌症死亡女性人数的 17.66%。2008 年的数据与此前数年的数据纵向比较的结果表明，各类疾病在巴黎女性死因中所占比例均未发生较大变化。[1]

除了乳腺癌，宫颈癌也是困扰很多女性的因素之一。2010 年 1 月，巴黎市政府网站上发表了一篇呼吁女性参加宫颈癌检测的文章。[2] 文章强调，宫颈癌是全球第二大癌症。法国每年有近 3000 名女性死于宫颈癌，虽然该数字近20 年来有所降低，但该癌症在 40 岁以上妇女群体中发病率极高。

在女性两癌（乳腺癌、子宫癌）筛查方面，法国官方也一直在努力提高体检覆盖率。在法国，与男性相比，女性更为重视自己的健康。2004 年法国国家统计和经济研究所（INSEE）调研曾指出，出于预防疾病以及怀孕等原

---

① 法国国家统计与经济研究所网站，http：//www.insee.fr/fr/insee_regions/idf/themes/TAB-LEAUX/sante06201F.xls，访问日期：2012 年 11 月 12 日。

② "Le dépistage du cancer du col de l'utérus"，巴黎市政网站，http：//www.paris.fr/pratique/pre-vention/paris – contre – le – cancer/le – depistage – du – cancer – du – col – de – l – uterus/rub_9167_stand_67463_port_22348，访问日期：2012 年 11 月 20 日。

因，相较于男性，法国女性更加规律地就诊或进行体检。[①] 但是，怀孕或者待产这种特殊情况促使女性就医，是女性就医率普遍高于男性的原因。45 岁之后，女性就医率就开始低于男性。进入更年期后法国女性对自身健康关注度有所降低，是导致乳癌等女性特殊疾病发病率高的原因之一。

2004 年开始，法国进行全国范围的乳腺普查，并完善相关专业机构服务，提高乳腺癌防治效用。巴黎市乳腺健康中心（Centre du Sein et de Santé de la Femme Paris）即是专门针对女性乳腺健康而开设的医疗机构，主要从事预防、排检和癌症后治疗工作。

然而，近年来法国女性参加乳癌检查比例有所下降。根据巴黎女性主义协会"永远的女性（femme pour toujours）"发布的调查数据，2011 年法国女性参加乳腺癌体检率较上一年下降了 0.3 个百分点。而参加体检人数比例存在地区差异，巴黎大区女性参加检查比例低于 45%，远落后于卢瓦尔河等省份（高于 60%）。而巴黎市所组织的乳腺检查仅覆盖了 27.1% 的适龄妇女。[②] 巴黎地区女性参加乳腺检查比例低是一个值得引起官方和公众关注的信号。

（四）性暴力

女性是性暴力的主要受害者。性暴力是给女性带来身心伤害的一个重要原因，并没有随着经济的发达程度而降低其发生率。它与婚外、婚内强奸，性骚扰，言语性暴力等种种暴力形式联系在一起。20 世纪 80～90 年代，法国出现了一批研究性暴力的著作，呼吁人们重视性暴力导致的性传染病、生育障碍、慢性盆腔疼痛、精神痛苦等后果。

2000 年，法国就"法国妇女遭受的暴力以及对健康的影响"进行了一项全国范围的调查，由巴黎第一大学人口研究所和法国健康和医学研究所联合负责。[③] 但

---

① "Femmes et hommes à parité？Les femmes sont plus soucieuses de leur santé"，法国国家统计与经济研究所，http：//www. insee. fr/fr/themes/document. asp？reg_ id = 24&ref_ id = 8867，访问日期：2012 年 5 月 20 日。

② "Cancer du sein：les femmes se font moins dépister"，"Femmes pour toujours"协会网站，http：//femmes - pourtoujours. com/cancer - du - sein - les - femmes - se - font - moins - depister/，访问日期：2012 年 5 月 16 日。

③ "Violences envers les femmes et effets sur la santé"，国家人口研究合作国际委员会网站，http：//www. cicred. org/Eng/Seminars/Details/Seminars/santefemmes/ACTES/Com _ JaspardSaurel. PDF，访问日期：2012 年 11 月 20 日。

该项调查仅仅介绍了法国当时已有的研究成果以及民间组织所进行的一些调查，未进行数据统计。而实际上，因为性暴力的统计数据依赖于受害人对相关机构的报告和申诉，所以官方能够采集的数据并不能真实反映实际情况。根据巴黎警察局发布的数据，2011 年巴黎市性暴力事件数量较 2010 年增加了10%。[1] 这些暴力事件中较为严重的事件（如强奸）数量有所减少。在这些事件中，女性是主要受害者。

女性也是伴侣间暴力的主要受害者。根据巴黎大区女性遭受暴力调查（Enveff），2000 年 10% 以上的巴黎大区女性曾经遭受过伴侣间的暴力，其中超过 1/4 属于精神暴力。[2]

（五）心理健康

2004 年法国国家统计和经济研究所调研曾指出，由于压力过大等其他心理问题，法国女性自杀率高于男性，而且自杀的女性呈现越来越年轻的趋势。女性，尤其是职业女性的心理健康日益成为人们关注的焦点。因为涉及隐私，这方面的数据比较难搜集。

根据这项调研，2003 年，11% 的巴黎大区人有较为严重的抑郁症状，27% 的巴黎大区女性表现出抑郁症状；15% 的巴黎大区女性有严重抑郁症状，是男性的两倍。[3] 调查还显示出，不仅职业女性有抑郁问题，家庭妇女一样受到抑郁的困扰。

近年来，心理医生们对法国职业女性心理健康问题的担忧日趋严重。2010年，法国杂志 *Elle*（《她》）的网站刊登了对巴黎圣安娜医院心理医生法特娜·布维·德·拉迈森诺夫（Fatna Bouvet de la Maisonneuve）的访问。[4] 这位

---

① "Hausse des violences sexuelles et des cambriolages à Paris", Métro France 网站, http: // www. metrofrance. com/paris/hausse – des – violences – sexuelles – et – des – cambriolages – a – paris/mlaw！9ZAFz9CjeOc/，访问日期：2012 年 5 月 25 日。

② *Femmes en Ile – de – France 2011*, p. 50.

③ "Un Francilien sur dix souffre de dépression majeure", 法国国家经济与统计所, http: // www. insee. fr/fr/insee_ regions/idf/themes/dossiers/sante/docs/sante_ chap2. pdf, 访问日期：2011 年 11 月 12 日。

④ "Santé mentale des femmes: le cri d'alarme d'une psy", 世界时装之苑网站, http: // www. elle. fr/Societe/La – parole – aux – femmes/A – vous – de – le – dire/Sante – mentale – des – femmes – le – cri – d – alarme – d – une – psy – 1156614/Deux – metiers – par – jour – 1156629, 访问日期：2012 年 5 月 25 日。

医生呼吁人们关注法国特别是巴黎地区女性心理健康问题，因为近年来巴黎地区女性因心理问题就诊的人数有所增长。这些女性精神过度紧张，从而导致一系列行为举止异常，如酗酒、服用上瘾性药物等，其中不乏一些精神处于崩溃边缘的女性，情况不容乐观。

的确，与外省相比，巴黎地区生活节奏快、竞争激烈，职业女性承受的家庭和职场压力更大。巴黎地区职业女性比例高，单亲母亲比例高。既承担照顾孩子的重任，又同时工作的女性，往往承受着巨大的压力。而女性在职场缺乏自信，即使非常有能力的女性也往往位居二线，甚至不敢主动提出要求加薪或者晋升，这一现象也并不罕见。这样的现实导致大量的女性产生焦虑、抑郁等心理疾病，甚至增加了女性自杀的概率。

（六）巴黎女性与体育锻炼

体育锻炼是女性维护自身健康的活动，也是女性生活方式的重要组成。根据法国国家经济统计与研究所 2003 年的调查结果，2002 年巴黎大区有 67% 的女性经常参与体育运动，低于男性，经常参与体育运动的男性比例为 78%。巴黎大区的女性经常参加体育运动的比率高于全国平均水平。调查显示，在法国城市地区，2002 年经常运动的女性占 64%。

巴黎大区的女性参加体育课程或者培训的比例也比男性高。22% 的女性参加了体育课程和培训，比男性高出 2 个百分点。巴黎大区拥有体育活动证书或执照的女性比例为 35%，也就是说男性比例为 65%，男女比例差距较大。[①] 巴黎大区女性所进行的体育活动种类主要有：舞蹈、体操、骑术、瑜伽、步行和游泳。从表 6-21 可以看出，总体上巴黎女性进行体育锻炼的频率略低于男性。

表 6-21　巴黎人体育活动状况（15 岁以上）[②]

单位：%

	从不进行体育活动		偶尔进行体育活动		经常进行体育活动		频繁进行体育活动	
	女性	男性	女性	男性	女性	男性	女性	男性
巴 黎 市	16	11	28	30	17	17	39	42
巴黎大区	17	11	24	28	20	17	39	44

① *Femmes en Ile - de - France 2011*, p. 38.
② *Femmes en Ile - de - France 2011*, p. 39.

二 巴黎地区促进女性健康的举措

女性健康既与医疗机构、社会保障、劳动就业相关，又与性别平等、传统观念有密切联系。为促进女性健康，需要官方与民间力量的共同努力。本节除了观察巴黎大区和巴黎市政府的促进措施以外，还将关注各种民间主体在这方面的贡献。

（一）巴黎大区和巴黎市政府的促进女性健康措施

法国医疗技术水平高，医疗机构数目众多，医保体系较为完善，是国民健康的重要保障。巴黎作为法国的首都，医疗设施也相当完备，这是保障妇女健康所依靠的第一要素。根据法国国家统计和经济研究所发布的数据，2010年，巴黎市有医生18668名，平均每10万人拥有医生841名，其中全科医生289名，专科医生552名；巴黎大区每10万人拥有医生407名，其中全科医生173名，专科医生233名。[1] 医疗体系的附属机构和人员配备也具有一定水平。巴黎市每10万名居民享有168家药店、152名外科牙医、194名按摩保健师、拥有国家证书的护士1370名、46名助产士。[2] 但总体来看，相对于巴黎的人口，巴黎市医疗资源仍然相对紧张，在应对女性健康问题方面仍然存在问题，流产手术排期难就是一个典型例子。

政府方面促进女性健康的措施主要涉及生育和女性特有疾病方面，包括两项主要内容。一是加强医疗机构服务能力，二是进行宣传，呼吁女性自身以及社会民众关注女性健康。

在加强医疗机构服务能力方面，1999年，巴黎大区议会就开始推行一个保障医疗平等的大型社会计划。2009年以来，巴黎大区继续执行相关计划。其中涉及女性的具体措施有以下两点：首先是投资设立一所专门针对避孕和流产的医疗中心，保障巴黎地区女性流产权和流产安全。巴黎大区政府认为，如果没有一个良好的流产机构，会导致巴黎女性延长孕期，导致流产具有危险性，危

---

[1] 法国国家统计和经济研究所，http：//www. statistiques – locales. insee. fr/carto/ESL_ CT_ cartethematique. asp？nivgeo = DEP&indic_ id =602，访问日期：2012 年 6 月 15 日。

[2] 法国国家统计和经济研究所，http：//www. insee. fr/fr/themes/tableau. asp？reg_ id = 99&ref_ id = t_ 2007D，访问日期：2012 年 6 月 15 日。

及女性健康与生命安全；同时，夏季流产高峰期压力过大，2003 年以来法国大规模地减少私人人工流产诊所、法国女性甚至不得不出国接受流产手术等原因，都要求政府在流产机构建设方面投入更多。其次，考虑到怀孕、生产以及产后是母亲和新生婴儿未来身体健康与否的关键期，巴黎大区政府出资大力完善产前产后母婴护理中心的建设，从而降低母亲和婴儿的死亡率，以及由于生产条件造成的婴儿残疾比例。为此，巴黎大区政府还开设了一家医疗机构，专门从事女性产前和产后的看护以及新生婴儿的照顾和医疗。在性健康和节育方面，巴黎市政还开通了匿名免费热线，市民可以通过热线咨询专业人士。

在女性疾病预防和检测方面，巴黎市政府也采取了诸多措施。通过官方网站发布的体检信息，不仅普及了关于疾病的知识，同时也详尽地列出了申请免费体检的方式，既有效提高了巴黎女性的疾病防范意识，又为她们提供了便捷周到的服务。巴黎市政府官网经常呼吁所有巴黎女性积极参加乳腺癌排查，强调乳腺癌的危险性，提醒巴黎女性不要凭感觉来判断自己是否有乳房肿瘤，应积极参加体检，因为早发现病灶可以大大降低因为乳腺癌而导致的死亡率。

在宫颈癌防治方面，巴黎市政府建议 25～65 岁的妇女每三年进行一次刮片检测。同时，市政府提醒妇女们，可以通过注射疫苗的方式来预防该疾病，但疫苗不能代替刮片检查，即使注射了疫苗也要积极参与刮片检测，以防病毒的扩散。根据市政府的调查，有 70% 患宫颈癌的妇女在患病前三年未进行刮片检查。

巴黎市政府向 50 岁以上的女性每两年提供一次免费体检，并保证体检的质量和检测结果真实可信。另外，巴黎市政府官网还详细列出了申请体检的四个步骤以及如何阅读体检报告等知识。

在心理健康方面，2012 年，巴黎市 4 所心理治疗机构联合成立了一家名为"Psycom 75"的网站，提供各种信息，特别是关于紧急援助的信息。巴黎市政也是该网站的出资者之一。

在针对女性遭受的暴力方面，巴黎市政府开展了多元的宣传和预防活动。在 2011 年 11 月 25 日国际反对针对妇女的暴力日之际，巴黎市政联合区政府以及民间组织在巴黎 20 个区同时组织了系列活动，包括展览、讲座等各种形式。① 巴黎市政还向各类女性主义组织提供一定资金援助，使之能够为女性的身心

---

① "Journée contre les violences 25 – novembre"，巴黎市政府官方网站，http：//www. paris. fr/viewmultimediadocument？multimediadocument – id = 108514，访问日期：2012 年 6 月 5 日。

健康做出贡献。2004年，巴黎市政府曾拨款4000欧元，资助一家名为"取消卖淫、色情刊物和各种形式的性暴力和性歧视运动"民间组织的活动。①

在体育设施提供与活动组织方面，巴黎市拥有分布在20个区的市政体育场、网球馆和游泳馆网络。根据在巴黎市政官网采集的数据，在面积不大的巴黎市区内有32处可用于田径和足球运动的体育场、60多处可用于多种类型体育运动的操场、42处网球场、38所游泳馆。巴黎市政每年会组织大量体育活动，并提供一定数量的体育课程。此外，巴黎市政还管理着分布密集的绿地、公园、花园，免费向市民开放，是市民散步、放松并从事适当体育运动的场所。

（二）工会与女性健康

法国工会在保障女性职场平等权利方面发挥着重要的作用。工会关注职场性骚扰、性别不平等导致的就业差异以及家庭暴力对女性就业的影响等各个方面。

法国各种工会组织数目繁多。此处仅以在两性平等方面表现突出的法国民主工会（Confédération française démocratique du travail）巴黎分会为例。法国民主工会曾积极参与过1992年法国职场性骚扰法案的草拟，在女性权益保护方面做出了突出表现。2006年，法国民主工会执行委员会成员洛朗丝·来戈（Laurence Laigo）着手关于女性权利的研究。她认为应该联合各区域组织首先反对以女性为受害者的家庭暴力，她认为虽然家庭暴力不属于工作范畴，但是会造成两性在就业方面的不平等。② 该工会2007年大会主题为男女平等。

自2000年以来，其巴黎分会一直关注女性在工作时所遭受的性暴力，并推出了一个"尊重女性计划"③，旨在对女性受到性暴力的事件和原因进行系统

---

① "19 - 2004，SG 79 - Subvention à l'association "Mouvement pour l'abolition de la prostitution et de la pornographie et toutes formes de violences sexuelles et discriminations sexistes（5e）. - Montant：4. 000 euros"，巴黎市政府官方网站，http：//a06. apps. paris. fr/a06/jsp/site/Portal. jsp? page = ods - solr. display_ document&id_ document = 10882&items_ per_ page = 20&sort_ name = &sort_ order = &terms = &query = &fq = seance_ string% 3AJUILLET% 202004，访问日期：2012年6月4日。
② "2000 à nos jours：le travail continue"，法国民主工会巴黎分会官网，http：// respectees. cfdtparis. com/2000 - a - nos - jours - le - travail，访问日期：2012年5月24日。
③ "Le projet RESPECTEES，c'est quoi ?"，法国民主工会巴黎分会官网，http：// respectees. cfdtparis. com/article/le - projet - respectees - c - est - quoi，访问日期：2012年5月25日。

分析研究，唤起社会对保护尊重女性的关注。其网站上详细列出了属于性暴力的事件类型和范围，如强奸、生殖器暴露、性骚扰、言语性骚扰、非法性交易等。这些信息有助于女性提高自我保护意识，并在受到威胁时有所防范。

法国民主工会巴黎分会制定的"2009～2012职场性别平等行动计划"主要包括以下几方面内容：创建行业工会间性别平等促进网络，对于工会具体行动进行梳理，面向企业（职员代表、各工会代表等）和相关法律人员（薪资顾问、权利顾问等）进行培训，拓展宣传和发动活动，加强工会对受害人的接待能力和水平。[①]

（三）民间组织促进女性健康的努力

在女性健康方面，民间女性主义组织也是一支不可忽视的力量。一方面，民间组织倾听女性声音，发挥着数据采集的作用，另一方面也向女性提供援助服务。它们在家庭暴力、性骚扰、性别歧视等各方面的努力对女性健康均有积极意义。2011年11月25日参加巴黎市政府组织的反对针对妇女的暴力活动的民间组织就有7家。法国"全国女性团结联合会（La Fédération nationale Solidarité Femmes）"、"反强奸女性主义联合会（le Collectif féministe contre le viol）"等组织在聆听女性受害人倾诉和数据统计方面发挥着不可忽视的作用，一定意义上弥补了官方统计数据困难的问题。这些组织的活动范围、热线电话、联系方式在巴黎市政网站上均可以查阅。[②]

三 巴黎所面临的挑战

从巴黎市以及巴黎大区的各种数据统计中看，女性健康仍然是一个需要全社会进一步关注的领域。巴黎相关政府机构主要面临着以下几大挑战。

首先，医疗接待能力还需提高。在女性病普查方面，政府与医疗机构之间的协调还需加强。

---

① 法国民主工会巴黎分会官网，http：//respectees. cfdtparis. com/article/presentation－de－notre－action，访问日期：2012年6月3日。

② "Les structures d'accueil et de soutien aux femmes victimes de violences"，巴黎市政府官网，http：//www. paris. fr/pratique/personnes－en－grande－precarite/s－orienter/les－structures－d－accueil－et－de－soutien－aux－femmes－victimes－de－violences/rub_ 5359_ stand_ 80650_ port_ 11498，访问日期：2012年6月3日。

其次，在宣传方面，巴黎似乎还需加强力度。巴黎市女性两癌普查率低的问题迫切需要得到解决。

再次，巴黎重视性别平等与女性健康之间的互动关系，但是，统计、取证方面的困难是包括巴黎在内的各大城市面临的普遍性问题。巴黎非常重视暴力对女性健康的威胁，政府与民间女性组织联合抵制针对女性的暴力这一模式取得了一定效果，并在较大程度上重视女性移民遭受的暴力。法国在职场性骚扰、反家暴等方面的立法成绩值得肯定。

最后，巴黎地区女性心理健康问题日趋严重，影响着家庭、社会的稳定。这对巴黎官方提出了更大挑战。根据职业女性和家庭妇女不同的特点，提供心理疏导渠道，重视防患于未然，需要巴黎女性组织、心理医生、政府社会保障机构更加积极地参与。

第四节　东京女性健康状况

随着城市的发展，市民的健康越来越受到重视。日本政府 2002 年制定了《健康增进法》致力于加强国民营养和增进国民健康，要求各城市制定相应政策来响应号召，并搜集整理分析相关信息，以及为研究工作提供这些信息，为相关人士提供必要的技术援助，另外还将保持健康视为国民的责任。

随着时代的进步，日本以及东京都政府充分认识到女性健康对城市发展所起的作用，并为此付出了努力。厚生劳动省将每年的 3 月 1 ~ 8 日定为“女性健康周”，以示对女性健康的重视。东京都在此期间也会采取相应措施，号召女性关注自身的健康。

本节将从具体数据来展示东京都女性的健康现状。

一　东京女性健康现状

为更好地把握东京女性的健康状况，以下分别从平均寿命、生育健康、乳腺癌和子宫癌、性暴力、心理健康等五个方面加以分析。

（一）平均寿命

根据 2005 年统计结果，东京居民男性平均寿命为 79 岁，女性为 85.5 岁，比男性长 6.5 年；与 2000 年相比，男女寿命都延长了一年。与全国平均水平相比，男性多了 0.4 岁，而女性则基本持平。死亡率方面以 10 岁为最低点，其后随年龄的增加而提高。① 世界卫生组织对 2005 年东京居民预期寿命的数据为：男性 79.4 岁、女性 85.7 岁，女性比男性长 6.3 岁。②

（二） 生育健康

下面主要从生育健康中的几个方面看东京女性的健康状况，包括孕产期死亡率和初生儿死亡率、未成年少女性行为和堕胎状况。

1. 孕产期死亡率和初生儿死亡率

根据厚生劳动省 2012 年 6 月公布的数据，2011 年东京都新生儿死亡率为每千人两例。③ 2009 年，时任日本妇产科医师会副会长的竹村秀雄指出，1998～2002 年，东京孕产妇死亡率为 7.8/10 万，高于当时全国平均水平 6.5/10 万。2002～2006 年，东京孕产妇死亡率为 5.7/10 万，略高于全国平均水平 5.6/10 万。④

2. 未成年少女的性行为和堕胎状况

东京都女性的初次性行为发生年龄在逐渐变小。1993 年、1999 年和 2005 年的中学女生初次性交经历比率的比较证实了这一点。从图 6－12 可以看出，东京都少女在高中一年级时第一次发生性行为的人数大幅增加，1993 年为 9.2%，1999 年跃升至 22.1%，2005 年又回落到 14.6%。而高中三年级时已经有过性经历的从 1995 年的 22.3% 上升至 2005 年的 44.3%，增长了将近一倍。⑤ 这说明东京都女性的性意识逐渐开放，在高中阶段获得初次性体验的人数增加明显，近年来高中三年级女生获得第一次性体验的人数更是大增。

① 東京都総務局：「東京都生命表（平成 17 年）結果のまとめ」，http://www.toukei.metro.tokyo.jp/seimei/2005/sm08rf0000.pdf，访问日期：2012 年 11 月 16 日。

② *Fair London, Healthy Londoners?* London Health Commission, http://www.london.gov.uk/lhc/docs/fair - london - healthy - londoners - 160311.pdf, p.16.

③ 厚生労働省：「平成 23 年 人口動態統計月報年計（概数）の概況」，http://www.mhlw.go.jp/toukei/saikin/hw/jinkou/geppo/nengai11/dl/gaikyou23.pdf，访问日期：2013 年 1 月 18 日。

④ 竹村秀雄：「日本の分娩にかかわる地域医療格差」，http://www.jaog.or.jp/sep2012/know/kisyakon/21_090408.pdf，访问日期：2013 年 1 月 21 日。

⑤ 安達知子、前村俊満：「性教育（性の健康教育）への取り組みについて」，http://www.jaog.or.jp/all/document/12_080611.pdf，访问日期：2012 年 11 月 16 日。

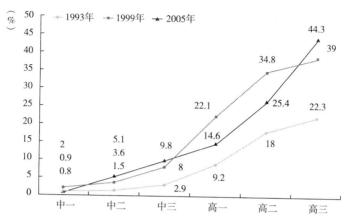

图6-12 有初次性经历的少女人数累计率

东京都未满20岁的未成年人做人工流产手术数字在2000年达2912例，为历史最高纪录，之后有所下降，2010年为1804例。20～24岁的青年女性流产手术则在1990年达到峰值9194例，随后渐减，2010年为6975例。日本全国未满20岁的未成年人人工流产手术数字也是在2000年达到峰值，为44477例，2010年则为20650例（见表6-22）①

表6-22 东京都人工流产手术台数的变化

单位：例

	1990年	1995年	2000年	2005年	2010年
20岁以下	2265	1685	2912	2194	1804
20～24岁	9194	7556	7903	8201	6975
25～29岁	7667	6848	6813	6962	6782
30～34岁	7036	5488	5172	5474	5033
35～39岁	6731	4306	4011	4037	4271
40～44岁	3926	2210	1628	1618	1648
45～49岁	311	257	145	139	145

东京都未成年少女的人工流产比率为0.8%，在全国范围内属于中等水平。②

① 東京都生活文化局：「東京の男女平等参画データ2012」，http：//www.seikatubunka.metro.tokyo.jp/index8files/nenjihoukoku.top/data2012/22_gender-equal-2012-1-13.pdf，访问日期：2012年11月16日。
② 安達知子、前村俊満：「性教育（性の健康教育）への取り組みについて」，http：//www.jaog.or.jp/all/document/12_080611.pdf，访问日期：2012年11月16日。

（三）乳腺癌和子宫癌

2010 年，日本全国未满 75 岁死亡的人的年龄校正死亡率[1]，女性为 61.8/10 万，少于男性的 109.1/10 万，而东京都女性为 63.7/10 万，也少于男性的 109.6/10 万。[2]

1995~2009 年，乳腺癌的死亡率一直位于首位。胃癌死亡率的下降幅度最大，从 1995 年的首位下降为第四位，肝胆以及大肠癌症死亡率也有一定的降低，气管、肺部癌症以及子宫癌死亡率下降不多。从总体上来看，属于女性癌症的乳腺癌和子宫癌死亡率分别位于导致女性死亡的五种主要癌症的第一位和第五位。[3]

位于女性癌症死亡率首位的乳腺癌无疑是对东京女性危害最大的杀手。近年来 40 岁以上日本全国各地女性接受乳腺癌检查的人数都有所增加，表现出对乳腺癌的重视。东京的检查率虽然也有明显增长，但只有 25% 左右的 40 岁以上女性接受检查，在全国排在前十名以外，说明重视程度还不够。[4] 2008 年东京都乳腺癌检出率是 0.33%。[5]

近年来子宫癌检查率也有所增加。2010 年东京都 20 岁以上女性接受检查的比例大约为 25%，在日本属于中等水平。[6] 而 2008 年的检出率为 0.06%。[7]

---

① 即根据标准人口年龄构成来推算的标准化死亡率。
② 财团法人がん研究振興财团：「がんの統計 11」，http://ganjoho.jp/data/public/statistics/backnumber/2011/files/data10.pdf，访问日期：2012 年 11 月 10 日。
③ 国立がん研究センターがん対策情報センター：「がん統計都道府県比較 75 歳未満年齢調整死亡率」，http://ganjoho.jp/public/statistics/pub/statistics03_02.html，访问日期：2011 年 10 月 1 日。
④ 国立がん研究センターがん対策情報センター：「がん検診受診率」，http://ganjoho.jp/public/statistics/pub/kenshin.html，访问日期：2012 年 10 月 1 日。
⑤ 国立がん研究センターがん対策情報センター：「がん検診受診率」，http://www.fukushihoken.metro.tokyo.jp/kensui/gan/toukei/hakken01_05.html，访问日期：2012 年 11 月 2 日。
⑥ 国立がん研究センターがん対策情報センター：「がん統計都道府県比較 75 歳未満年齢調整死亡率」，http://ganjoho.jp/public/statistics/pub/statistics03_02.html，访问日期：2011 年 10 月 1 日。
⑦ 国立がん研究センターがん対策情報センター：「がん検診受診率」，http://ganjoho.jp/public/statistics/pub/kenshin.html，访问日期：2012 年 10 月 1 日。

（四）性暴力

下面分别从家庭暴力、强奸、猥亵、跟踪骚扰行为和职场性骚扰几个方面来看东京都女性受到的性暴力威胁。

从 2011 年度（2011 年 4 月至 2012 年 3 月）日本全国的配偶暴力求助中心接到的相关求助案例来看，东京都有 8517 件，占全国总数 82099 件的 10.36%，全国第一。其中女性为 8422 人次，男性为 95 人次。① 东京都配偶暴力求助中心 2009 年度接待的受害人中接近 99% 都是女性，受害人以 30 多岁的女性为主，受害人与加害人是正式登记的夫妻的占 78.1%。② 2010 年受害人中 99.4% 为女性，以 40 多岁的女性为多，受害人与加害人是正式登记的夫妻的占 83.7%。③ 包括东京都在内的日本全国家庭暴力事件在逐年增加。

除了来自配偶包括性暴力在内的暴力，女性还有被强奸、猥亵的危险。2011 年强奸罪全国范围内提起控诉的有 993 件，其中东京都为 149 件，占 15%。同年强制猥亵罪全国提起诉讼的有 3550 件，东京都为 475 件，占 13.4%。④

跟踪骚扰行为也困扰着女性。根据东京都警视厅的统计，2011 年东京都跟踪骚扰行为受害人中女性有 840 人，约占总数的八成，这一比例在过去四年没有大的变化。受害人以 20～39 岁的女性居多，加害人中男性占 82.2%，为 816 人，这一比例在过去四年没有大的变化。加害人以 30 岁以上的最多，其次是 20 多岁。年纪最大的是 75 岁，最年轻的是 15 岁。从行为方式上来看，确定的案件中最多的是要求见面和交往等不当要求，占

① 内閣府男女共同参画局：「配偶者暴力相談支援センターにおける配偶者からの暴力が関係する相談件数等の結果について」（平成二十三年度），http：//www. gender. go. jp/dv/kensu/pdf/2011soudan. pdf，访问日期：2012 年 11 月 17 日。
② 東京都生活文化局：「東京の男女平等参画データ 2011」，http：//www. seikatubunka. metro. tokyo. jp/index8files/nenjihoukoku. top/data2011/17_gender – equal – 2011 – 2 – 1. pdf，访问日期：2012 年 11 月 17 日。
③ 東京都生活文化局：「東京の男女平等参画データ2012　東京の男女平等参画の現状」，http：//www. seikatubunka. metro. tokyo. jp/index8files/nenjihoukoku. top/data2012/data2012top. htm，访问日期：2012 年 11 月 17 日。
④ 東京都生活文化局：「東京の男女平等参画データ2012　東京の男女平等参画の現状」，http：//www. seikatubunka. metro. tokyo. jp/index8files/nenjihoukoku. top/data2012/data2012top. htm，访问日期：2012 年 11 月 17 日。

57.9%；其次是纠缠，占 45.9%；骚扰电话占 33%。跟踪骚扰行为的具体数据见表 6-23。①

表 6-23 2011 年东京跟踪骚扰行为发生状况统计

单位：例

纠缠	监视	不当要求	粗野言行	骚扰电话等	污物等	名誉侵害	性羞耻感方面的侵害
456	103	575	101	328	13	55	48

东京都 2010 年度关于职场性骚扰的求助来自被雇佣者的为 1199 件，来自雇主的为 439 件。从大趋势上来看，到 2007 年为止呈增加趋势，2007 年以后有减少趋势，2010 年又略有反弹。2009 年度求助内容以"关于环境型性骚扰的雇员求助"② 为多，占全部求助的 35.8%，第二位是"关于等价型、利用地位型性骚扰的雇员求助"③，第三位是"关于性骚扰的人事劳务管理方面的求助"。"关于等价型、利用地位型性骚扰的雇员求助"有逐年递增的趋势。④这说明东京女性对来自上级的性骚扰容忍度的降低。

（五）心理健康

工作压力、职场的人际关系、婚恋、家庭成员间的矛盾、生育等都是影响女性心理健康的重要因素。

根据 2012 年东京都生活文化局所做的调查，20 多岁和 40 多岁的女性每天感到焦虑和有压力的最多，占到各自年龄段总体的 80% 以上，而 60 岁以上的女性有四成没有感到焦虑和压力。每天感觉到心情不错的女性以 70 岁以上最多，占同年龄段的近八成，40 多岁的女性最少，占整体的 65.3%。对于保持好心情的前提条件这个问题，20~39 岁的女性近三成认为"和家人、朋友、同事保持良好的人际关系"最重要，30~39 岁的女性中有两成半选择"工作

---

① 警视厅：「発生状況・統計 ストーカー事案の概況」，http：//www.keishicho.metro.tokyo.jp/seian/stoka/jokyo_1.htm，访问日期：2012 年 9 月 10 日。
② 环境型性骚扰指在职场使用裸体张贴画或使用与性有关的话语等扰乱女性雇员工作的行为。
③ 指利用在职场的地位要求发生性关系，不答应就解雇雇员，或根据雇员对自己带有性暗示的话语采取的态度将其解雇、降职或减薪等不利于雇员的行为。
④ 東京都生活文化局：「東京の男女平等参画データ2012 東京の男女平等参画の現状」，http：//www.seikatubunka.metro.tokyo.jp/index8files/nenjihoukoku.top/data2012/data2012top.htm，访问日期：2012 年 11 月 17 日。

与闲暇时间上的平衡"作为第二位重要。对于日常生活中有无可以倾谈的对象这一问题，超过八成的女性表示有，尤其以 20 多岁的女性为多。另外，有超过三成的 40 多岁的女性认为自己的烦恼和担心有必要寻求专家的帮助，而20 多岁的女性只有 14.7% 有此需要。除了 70 岁以上的女性有 48.7% 在有需要时找不到合适的途径外，其他年龄段女性能找到专家帮助的都在半数以上。[1]

以上数据显示出，东京都女性在日常生活中多被焦虑不安所困扰，高龄女性心绪最为稳定，但一旦有困扰需要心理专家的帮助却苦于求助无门；而年轻女性的烦恼通常能够找到别人倾诉，因此较少依赖专家，即便需要也容易找到。年轻女性更为重视人际关系，而进入婚姻并背负生育压力的 30 多岁的女性也看重工作与生活的协调。

二　影响东京女性健康的因素

影响东京女性健康的因素主要包括女性生理结构的特殊性、女性的生活方式以及工作情况。

（一）女性生理结构的特殊性

很多女性疾病的发生与女性特有生理结构有关。新陈代谢、荷尔蒙、DNA、大脑等方面的生理特征，都影响女性的寿命。与女性荷尔蒙有关的疾病为月经不调、子宫内膜炎、子宫肌瘤、多囊卵巢综合征、高泌乳素血症、不孕、无月经等。但同时荷尔蒙的分泌也是女性长寿的原因之一，因为其有降血压、抑制动脉硬化的功能。

（二）女性的生活方式

除了女性独特的生理结构，现代女性的生活方式也影响着其健康。

1. 女性的作息饮食

根据东京都福利保健局 2010 年 11 月实施的调查，东京女性中为预防和改善源于不良生活习惯造成的疾病而做出努力的人占 52.4%，多于男性的49.4%。为此女性最需注意的是增加蔬菜的摄取量。没有付出任何努力的原因

---

① 　生活文化局：「健康に関する世論調査」，http：//www. metro. tokyo. jp/INET/CHOUSA/2012/05/60m5m110. htm，访问日期：2012 年 11 月 19 日。

中，最重要的是因为没有得病的症状。40～74岁的怀疑患有新陈代谢症候群或有可能患病的女性占18.5%，远远低于男性的52%。有运动习惯的女性占20.6%，与男性基本持平。

东京女性日均睡眠时间在6～7小时的最多，占整体的37.1%，略高于男性。肥胖者的比例女性为17.6%，少于男性的26.2%。70岁以上的女性肥胖率最高，为34.1%；而20～29岁偏瘦的女性则比率最多，占同年龄段的28%。①

2. 吸烟饮酒状况

东京都有吸烟习惯的男性占33.9%，女性占11.2%，30～39岁的女性吸烟率最高，占同年龄段的17.5%。有饮酒习惯的男性为36.9%，女性为12.8%，近几年这一比例没有大的变动。日均饮酒0.18升以上的女性占27.3%，饮酒量总体少于男性。

从吸烟饮酒习惯来看，东京女性人数和程度虽然都低于男性，但差距在逐步缩小。②

（三）工作对女性健康的影响

东京都规定加班时间为男性每月13.5小时，女性每月7.5小时，比全国的男性12.4小时和女性5.1小时都长。女性加班时间最长的为信息通信产业，每月17.1小时，最短的是教育、学习产业，为每月3.6小时，可见不同行业之间的差别。③ 总体来说女性加班时间少于男性。

另外，绝大部分家务和育儿责任仍然落在女性肩上。对于夫妻在家务、育儿方面的责任分担，从东京都福利保障局公布的《2007年度东京都福利保健基础调查》来看，愿意多分担一些的男性中，妻子不工作的（72%）要多于双方都有工作的（67.6%）。而对现状表示满意的女性里面，不工作的

---

① 東京都福祉保健局：「東京都民の健康・栄養状況」（平成22年国民健康・栄養調査　東京都・特別区・八王子市実施分集計結果），http：//www. fukushihoken. metro. tokyo. jp/kenkou/kenko_ zukuri/ei_ syo/tomineiyou. files/22houkokusho01. pdf，访问日期：2012年11月18日。
② 生活文化局：「健康に関する世論調査」，http：//www. metro. tokyo. jp/INET/CHOUSA/2012/05/60m5m110. htm，访问日期：2012年11月19日。
③ 東京都生活文化局：「東京の男女平等参画データ2011　東京の男女平等参画の現状」，http：//www. seikatubunka. metro. tokyo. jp/index8files/nenjihoukoku. top/data2011/2011top. htm，访问日期：2012年11月18日。

（18.9%）要多于有工作的（16%）。对夫妻双方对家务、育儿的责任分担比例，很多夫妻都认为妻子：丈夫为5∶5到7∶3最理想，但现实中9∶1到8∶2的情况最多。①

在工作上男女是否平等也影响着女性的心理健康。大家普遍认为如今占主导、占优势的仍是男性，特别是在职场上，认为男性占优势的高达63%，而认为女性占优势的仅有6%。而女性较之男性更感受到这种不平等。② 在工资收入上，男性一直高于女性。虽然从东京都到全国这种男女工资上的差距都在逐步缩小，但仍然存在。1989年东京都女性平均工资是男性的60.5%，2010年是69.3%，可见差距依然不小。③

女性在工作中存在的最大烦恼是"家务、育儿、护理等负担"，另外还有"对工资和工作时长的不满""对体力和健康的不安"等。④ 家庭负担过重、工资和工作时间的不尽如人意以及身体的负荷都会导致女性身心的疲惫，从而影响到健康。

从以上数据来看，总体上东京女性比男性更注重自身的健康管理，生活方式也更健康和自觉。女性性行为发生年龄提前的同时推迟了生育年龄，将更多的时间和精力放在自身的发展上。但这也反映了都市生活的压力。

三　东京政府促进女性健康的举措

东京都政府通过开设多条热线来促进女性的健康。如"东京都女性健康热线"解决女性从青春期到更年期身心两方面的烦恼；"母子健康咨询热线"回答关于母子健康方面的问题；还有不孕问题的咨询和对不幸失去孩子的家

① 東京都福祉保健局：「平成19年度東京都福祉保健基礎調査『東京の子どもと家庭』」，http://www.fukushihoken.metro.tokyo.jp/kiban/chosa_ tokei/zenbun/19nendogaiyo/files/gaiyo.pdf，访问日期：2012年8月28日。
② 東京都生活文化局：「男女平等参画に関する世論調査（概要）」，2011年5月23日揭载，http://www.metro.tokyo.jp/INET/CHOUSA/2011/05/60l5n102.htm，访问日期：2012年11月18日。
③ 東京都生活文化局：「東京の男女平等参画データ2011」，http://www.seikatubunka.metro.tokyo.jp/index8files/nenjihoukoku.top/data2011/09_ gender－equal－2011－1－1.pdf，访问日期：2012年11月17日。
④ 東京都生活文化局：「東京の男女平等参画データ2011」，http://www.seikatubunka.metro.tokyo.jp/index8files/nenjihoukoku.top/data2011/09_ gender－equal－2011－1－1.pdf，访问日期：2012年11月17日。

庭的心理辅导等。另外，东京市政开设了专门的窗口解决怀孕到育儿方面的问题、单亲家庭的支援等。

东京都政府网站在癌症筛查板块辟出专栏呼吁女性积极接受乳腺癌和宫颈癌的筛查。由于东京都女性乳腺癌死亡率全国最高而接受检查的比率却很低，东京都每年10月联合区镇和民间团体实施粉红丝带行动呼吁女性重视筛查。

此外东京都政府针对女性身体健康专门制定的官方政策和采取的措施并不多，主要还是依靠民间团体的努力。

东京都在女性身心健康的支持方面的突出表现是以男女平等为目标分性别进行详细的监测和记录，并有专门的部门负责。比如女性遭遇性骚扰，可以查询向何部门求助，其求助内容有记录和统计。在女性癌症筛查方面，东京政府投入相对有限但更多的是呼吁和引导。

第五节 四大城市及北京妇女健康状况比较

本节根据女性在生命周期中出现的较为常见的健康问题和指标，就四大城市妇女平均预期寿命（平均寿命）、生育健康、性暴力、乳腺癌和子宫癌、心理健康五个方面进行比较，并在此基础上与北京市女性健康指标进行比对，以期为北京提升妇女健康水平提供可行性建议。

一 四大世界城市妇女健康指标对比

下面首先就主要指标进行四大城市数据比较。

（一）平均预期寿命（平均寿命）

平均预期寿命（平均寿命）是衡量一个社会的经济发展水平及医疗卫生服务水平的指标，但不能完全代表人们的健康状态。世界城市居民平均预期寿命一般高于所在国平均水平，世界城市女性的平均预期寿命（平均寿命）则高于男性。从表6-24可以清楚看出，东京和巴黎相对于纽约和伦敦来说，不管男性还是女性，平均预期寿命都相对稍高。对于女性平均预期寿命，伦敦和东京持平，但比纽约要高出2岁。而对于男性来说，数值最高的城市巴黎与数值最低的纽约之间相差1岁多。

表 6 - 24　四大世界城市人口平均预期寿命比较表

单位：岁

	男　性	女　性	时　间
纽约/美国①	78/76	83/81	2010 年
伦敦/英国②	78.6/78.3	83.1/82.3	2007~2009 年
巴黎/法国③	79.6/77.5	85.5/84.3	2007 年
东京/日本④	79/78.6	85.5/85.5	2005 年

（二）生育健康

生育健康是绝大多数女性在生命周期中的重要环节，也是女性面临许多健康问题的阶段之一，它包括女性从妊娠到分娩整个时期的健康状况和健康水平。孕产妇死亡率、堕胎、产后护理问题都是常见的女性健康问题。

1. 四大城市孕产妇死亡率和新生儿死亡率对比

四大城市在涉及妇女生育健康的宣传、政策和财政方面都做出了积极努力，在一定程度上降低了孕产妇死亡率等问题。

2010 年，纽约市共有 30 名孕产妇死亡，死亡率从 2001 年的 33.1/10 万人降至 2010 年的 24/10 万人，但仍高于 2010 年全美国的 21/10 万人的比率。2011 年纽约市初生儿死亡率为 4.7‰，达到了历史最低水平。

2010 年英国孕产妇的死亡率为 12/10 万人。伦敦 2006~2008 年每 1000 名活产儿中婴儿死亡率为 4.6‰，这与英国的平均水平没有太大差异。然而伦敦自治市内部存在较大差异。此外，伦敦的婴儿死亡率在不同族裔间也存在较大不同，2005~2006 年的数据显示，伦敦白人的婴儿死亡率为 3.5‰，远远低于伦敦整体水平和全英国白人水平。伦敦的亚洲人或者亚裔英国人也远远低于全国水平，

---

① Bureau of Vital Statistics, NYC DOHMH; US Census Bureau。

② Health: Children and Young People, 1 November 2010, Focus on London: Health, 2010, p. 13, http://www. london. gov. uk/who - runs - london/mayor/publications/society/facts - and - figures/focus - on - london/health.

③ "Tableau 2 - Une espérance de vie plus élevée à Paris, Espérance de vie en 1990 et 2007", 法国国家统计和经济研究所：http://www. insee. fr/fr/themes/document. asp? reg_ id = 20&ref_ id = 17142&page = alapage/alap351/alap351_ tab. htm, 访问日期：2012 年 5 月 16 日。

④ 東京都総務局：「東京都生命表（平成 17 年）結果のまとめ」, http://www. toukei. metro. tokyo. jp/seimei/2005/sm08rf0000. pdf, 访问日期：2012 年 11 月 16 日。

尽管与伦敦的整体水平相近。而非裔英国人的婴儿死亡率为7.9‰。

2009年发布的数据指出,巴黎大区孕产妇死亡率由30年前的每10万人中25人降低到9人;初生儿死亡率由30年前的35‰降低到2009年的6.5‰。

东京在这方面优势明显。2011年东京都新生儿死亡率为2‰。2002~2006年的东京孕产妇死亡率为5.7/10万,略高于全国平均水平5.6/10万。

表6-25 四大世界城市孕产妇死亡率和初生儿死亡率对照

城　　市	孕产妇死亡率(/10万人)	初生儿死亡率(‰)
纽　　约	24(2010年)	4.7(2011年)
伦　　敦	12(英国,2010年)	4.6(2006~2008年)
巴黎大区	9(2009年)	6.5(2009年)
东　　京	5.7(2002~2006年)	2(2011年)

2. 堕胎

四大城市的数据统计主要针对人工流产。

表6-26 四大世界城市女性流产人数比较

	年　　份	流产(例)	
		人工流产	自然流产
纽约(15~19岁)	2010	12139	847
伦敦	2006	51000	—
巴黎大区	2009	60000	—
东京(20~24岁)	1990	9194	—
	2010	6975	—

各城市内部各有特点。比如纽约是各族裔混居的城市,因此纽约内部呈现出不同族裔堕胎问题的差异。纽约官方数据显示,"仅2010年15~19岁年龄段的女性,非裔的堕胎率占纽约市的76.2‰,人工流产为5547例,居纽约市之首;其次是西班牙裔,占46‰,约4347例。而白人的堕胎率仅为10.2‰。"东京则存在着不同年龄段女性堕胎状况之间的差异。根据数据显示,"20~24岁的年龄段达到流产的最高峰,而45~49岁则处于最低水平。但总体处于下降的趋势,例如20~24岁年龄段的女性在1990年流产手术台数为9194例,而到了2010年,人数降低至6975例,而位于流产比例最低年龄段的45~49岁的女性

在 1990 年的流产手术台数为 311 例, 2010 年则下降至 145 例。"

不管是人工流产还是自然流产, 虽然是女性堕胎权利的实现, 但都在不同程度上会对女性的身心健康造成一定的影响。同时, 为了保障女性堕胎的安全, 医疗设施保障是非常重要的一个方面。巴黎曾出现过相关医疗服务能力难以应对女性堕胎需求的问题。所以, 2009 年以来, 巴黎大区投资设立了一家专门针对避孕和流产的医疗中心, 以保障巴黎地区女性流产权和流产安全。

3. 未成年少女怀孕和堕胎问题

对于四大世界城市而言, 未成年女性怀孕和堕胎是一个亟待解决的女性生育健康问题和社会问题, 因为这不仅给未成年女性带来身心健康的危害, 也会造成一定的社会负担, 如父母无力承担抚养孩子的任务, 未成年人的学习和就业也受到严重影响。

青少年性经历增加造成的直接后果是未成年女性怀孕的增加。在欧美, 这一现象已经比较常见, 在观念相对比较保守的亚洲也逐渐成为一个社会问题。从统计来看, 东京都女性的初次性行为发生年龄在逐渐变小。1993 年、1999 年和 2005 年的中学女生初次性交经历比率的比较证实了这一点。高中三年级时已经有过性经历的女生比例从 1995 年的 22.3% 上升至 2005 年的 44.3%, 翻了将近一倍。

从怀孕率来看, 纽约未成年少女怀孕率较高。2010 年, 15 ~ 19 岁的纽约少女怀孕率达到每千人 76.5 例。伦敦数据表明, 15 ~ 17 岁少女怀孕率为每千人 45 例。巴黎虽然没有较为详细的青少年怀孕的数据, 但根据政府提供的女性流产手术的例数来看, "在 2009 年巴黎大区有 6 万例女性接受主动流产手术, 其中包括 10% 的未成年少女"。东京都未满 20 岁的未成年人做人工流产手术数字在 2000 年达到 2912 例, 为历史最高纪录, 之后有所下降, 2010 年为 1804 例。

对于未成年人来说, 选择堕胎的比例远高于选择生育的比例, 这对于她们的健康以及成年后的生育问题带来了较大的风险。对于选择生育的极少数未成年人来说, 过早成为父母导致了经济和心理上的双重负担, 并给自己的父母造成了巨大的压力。

(三) 乳腺癌和子宫癌

癌症逐渐成为城市中人们较为常见的杀手, 而针对女性生理结构的癌症主要有乳腺癌和子宫癌两种。每个城市统计的数据以及统计数据的方式有所不同，有的城市主要统计的是患病人数，而有的城市统计的则是死亡人数，除此之外，政府统计的年份也有所不同。所以此处不再进行数据比较。但总体来看，乳腺癌几乎在伦敦、纽约、巴黎、东京、北京都居于女性恶性肿瘤之首。子宫癌的患病比例和死亡比例都相对低于乳腺癌。日本东京的数据显示，"从总体上来看，属于女性癌症的乳腺癌和子宫癌死亡率分别位于导致女性死亡的五种主要癌症的第一位和第五位。"

由于这两种疾病都具有早发现、早治疗可以降低死亡率的特点，因此，四大城市政府采取积极措施对此组织了筛查、宣传工作，努力控制死亡率。但筛查覆盖面和女性参加筛查的意识还有待提高。比如，2011 年，巴黎大区女性参加检查比例低于 45%，远落后于卢瓦尔河等省份（高于 60%）。而巴黎市所组织的乳腺检查仅覆盖了 27.1% 的适龄妇女。

（四）性暴力

由于女性的生理特点、社会经济地位和文化习俗的影响，性暴力与女性健康息息相关。性暴力在四大世界城市有不同程度的体现，受害者均以女性居多。

纽约是性暴力问题较为严重的世界城市之一，采集到的调查数据较为详细。根据 2005～2011 年纽约市警察局统计显示，性暴力犯罪投诉案件近年来居高不下，其中"2005 年为 6993 起，而 2011 年为 7080 起"。而根据纽约州刑事司法服务处的报告，"2011 年纽约市报告的家暴总数为 28911 起。其中亲密伴侣暴力 19706 起，女性受害者为 16736 起，占 85%。其中布鲁克林区和布朗克斯区的亲密伴侣暴力女性受害者人数最多，分别占全市女性受害者的 32% 和 26%。"伦敦官方的数据显示，强奸在伦敦是较为高发的性暴力形式之一，受害者绝大多数为女性。根据巴黎警察局发布的数据显示，"2011 年巴黎的性暴力事件比 2010 年增加了 10%。"东京方面，"根据 2011 年强奸罪全国范围内提起控诉的有 993 件，其中东京都为 149 件，占 15%。"

（五）心理健康

根据世界卫生组织对健康的理解，心理健康也是人口健康状况的主要衡量指标之一。但心理健康涉及人的情感、情绪等，缺少非常具体的衡量指标，常见的有较大压力、焦虑、抑郁、精神障碍等症状。

随着社会的发展，人们面临工作、家庭、婚恋等各方面问题，心理健康问题也日益突出。"20多岁和40多岁的东京女性每天感到焦虑和有压力的最多，占到各自年龄段总人数的80%以上。"纽约和巴黎的数据则显示，女性比男性更容易出现心理健康问题。"2003年，11%的巴黎大区人有较为严重的抑郁症状，27%的巴黎大区女性表现出抑郁症状，15%的巴黎大区女性有严重的抑郁症状，是男性的两倍。"纽约"2010年，有4.9%的女性和3.9%的男性有非特异性心理困扰问题，在这类人群中，有38.2%的女性和31%的男性在过去一年接受过心理咨询或治疗；另外，有14.8%的女性和10.5%的男性曾被诊断患有抑郁症"。

二　比较研究对北京的参考和启示

近年来，北京市政府相关部门十分关注女性健康问题，《北京市"十二五"时期妇女发展规划》中包括女性与健康领域，目标有四个方面。第一，保障妇女人人享有卫生保健服务：开展婚前和孕前保健指导，逐步提高婚前、孕前医学检查率；建立适龄妇女乳腺癌、宫颈癌免费筛查长效机制，提高两癌早诊早治率。第二，提高妇女生殖健康水平：孕产妇死亡率控制在12/10万以下；住院分娩率达到99%以上，促进自然分娩，保障母婴健康；保障妇女享有避孕节育知情选择权，减少非意愿妊娠；孕产妇系统管理率达到95%。第三，预防妇女性病、艾滋病病毒的感染，控制妇女性病、艾滋病病毒的感染率，预防艾滋病母婴传播。第四，提供多种形式的妇女心理健康指导和服务，提高妇女心理健康水平。[①]

了解其他世界城市的妇女健康水平和健康状态对于进一步改善北京妇女健康状况有重要价值，从而更加有利于推动性别平等，助力中国特色世界城市建设。

（一）北京市女性健康指标分析

在平均预期寿命方面，北京的特点与四大城市一致。由于人们生活水平的提高，北京市民的平均预期寿命从1979年直至2011年处于持续增长状态，男性从1979年的69.51岁增加至2011年的79.16岁，而女性从1979年的

---

① 《北京市"十二五"时期妇女发展规划》，http：//zhengwu. beijing. gov. cn/ghxx/sewgh/t1191746. htm。

72. 26 岁增加至 2011 年的 83. 17 岁（见图 6 - 13）。北京市女性的平均预期寿命水平基本与四大城市相似。

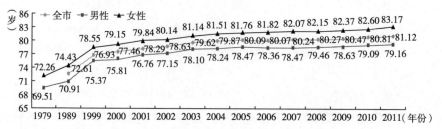

图 6 - 13　1979 ~ 2011 年北京市人均预期寿命变化情况①

在孕产妇健康方面，北京做出了大量努力。自新中国成立起至今，孕产妇死亡率的降低趋势明显，从 1949 年的每 10 万人有 685 例下降至 2011 年的 9. 09 例，成效显著，接近发达国家水平（见表 6 - 27）。

表 6 - 27　北京市孕产妇死亡率②

单位：1/10 万

年　份	孕产妇死亡率	年　份	孕产妇死亡率
1949	685. 00	2002	15. 10
1950	240. 00	2003	15. 60
1955	40. 00	2004	15. 20
1960	20. 00	2005	15. 90
1978	31. 00	2006	7. 87
1980	26. 30	2007	16. 74
1985	22. 90	2008	18. 52
1990	25. 00	2009	14. 55
1995	22. 30	2010	12. 14
2000	9. 70	2011	9. 09
2001	11. 70		

---

① 《北京市人口平均预期寿命》，北京市公共卫生信息中心网站，http：// www. phic. org. cn/
tonjixinxi/weishengshujutiyao/jiankangzhibiao/201103/t20110323_ 35687. htm。

② 《北京市孕产妇死亡率》，北京市公共卫生信息中心网站，http：// www. phic. org. cn/tonjix-
inxi/weishengshujutiyao/jiankangzhibiao/201103/t20110323_ 35689. htm。此表统计口径为户籍人口。

北京女性对于生育健康的重视是孕产妇死亡率下降的原因之一。根据《第三期中国妇女社会地位调查北京市主要数据报告》，北京 35 岁以下女性生育时做过产前检查的比例为 97%，城乡女性分别为 98.7% 和 90.09%。①

在乳腺癌和子宫癌方面，北京市肿瘤所调查数据显示，乳腺癌高居北京市女性恶性肿瘤发病率之首，死亡率由 7.9/10 万上升至 2008 年的 11.27/10 万。根据北京市肿瘤防治办公室 2011 年发布的《1995～2010 年北京市恶性肿瘤发病报告》，"女性乳腺癌发病率从 35 岁开始逐年增高，在 45～75 岁年龄组，逐渐成为平台期。"② 同四大城市一样，相对于乳腺癌，子宫癌发病率和致死率则相对较低，根据北京市肿瘤研究所调查数据显示，"2007 年北京市女性乳腺癌发病率为 59.64/10 万，排在女性恶性肿瘤的第一位；宫颈癌发病率 8.78/10 万，排在第 9 位。"③

《第三期中国妇女社会地位调查北京市主要数据报告》显示在 18～64 岁的女性中，67.6% 的女性心理健康良好④，那就意味着约 1/3 的女性存在不同程度的心理健康问题。北京市女性心理健康问题的原因也比较多样化，比如，婚姻危机、情感问题、工作压力问题、子女教育问题等。另外，北京女性对待心理健康问题的态度也发生了转变，意识到了心理健康重要性，政府有关部门的关注度也在提高。

（二）对改善北京妇女健康状况的建议

北京市政府一直关注女性健康问题，并制定、出台和实施相关的促进女性健康的政策和法律法规，也在经济上大力支持女性健康问题的改善，如"两癌"筛查、孕产妇保健等，并获得了明显成绩。北京在 2010 年已经实现了对 35～59 岁户籍适龄妇女的全覆盖；2012 年在此基础上又将检查年龄扩大

---

① 北京市妇联、北京市统计局：《第三期中国妇女社会地位调查北京市主要数据报告》，2012年4月。
② 《北京卫生舆情监测周报》第八十期，北京市公共卫生信息中心网站，http://www.phic.org.cn/hangyexinxi/beijingyuqing/201110/t20111025_41951.htm。
③ 《两癌免费筛查 保障妇女健康》，北京市卫生局，http://yljk.beijing.cn/jbyf/n214093879.shtml。
④ 北京市妇联、北京市统计局：《第三期中国妇女社会地位调查北京市主要数据报告》，2012年4月。

到 35~65 岁，同时协调社会资源对流动妇女进行免费检查，并探索建立贫困患病妇女救助机制。

虽然北京市女性健康有了较大程度的改善，但是也面临着与四大城市同样的问题。在参照四大城市改善女性健康状况经验的基础上，本节提出以下几点建议。

第一，北京市在女性健康政策和宣传上应继续保持并加强投入。继续推动女性积极参与各类相关检查和筛查，保证自身和下一代的健康。妇联组织应加强与媒体、社区、学校、医疗保健提供者等社会各方面力量的合作，大力宣传健康生活方式，举办公益活动，鼓励女性积极参与体育锻炼，并完善社区的基础设施建设。

第二，加强针对女性健康问题的数据统计、信息公开和相关研究，促进女性健康。

如进行常规和科学的社区健康调查，掌握和跟踪市民的健康状况，及时发现居民的健康问题和检测健康政策的实施效果。根据调查内容发表针对女性的阶段性健康报告。

第三，举办针对女性的免费培训项目，如健康培训、个人和社区如何防止暴力侵犯事件、倡导积极和谐的家庭生活等。同时也需要重视对相关工作人员的培训，以更好地通过心理疏导和生理救治来帮助女性实现健康生活。

第四，在青少年性教育方面的工作需要加强。可与各学校合作，宣传性传播疾病和人工流产对青少年身心健康的危害，加强学校对青少年的性教育，鼓励家长对孩子进行正确的引导。

第七章
世界城市女性性别观念和认知状况

性别观念是在特定的社会文化结构中形成的对男女两性差异的理解，也是人们对两性社会性别的定位或者对于妇女在社会性别关系中所处位置持有的一种态度或观念。"社会性别"概念的提出和被接受从一个侧面显示出了人们性别观念的深刻变化。它区别于以人的生物特征为标志的"生理性别"，指的是在社会历史发展变化中构建出来的男女两性的社会身份和期待。

纽约、伦敦、巴黎和东京及其所在国家美国、英国、法国和日本其社会性别观念相对于历史上已经有了较大的进步，而四大城市相比于所在国的其他城市，成绩更为显著。总体来看，四大城市的社会性别观念呈现出向男女两性平等发展的势头，妇女的社会地位也在逐步提高，现代女性正在变得越来越自信、自立和坚强。她们的高教育水平和高就业水平与其性别观念相辅相成，互有促进。但不可否认，男女不平等和歧视妇女的性别观念仍将长期存在。

本章重点关注女性的就业观念、婚姻家庭观念、两性关系观念、性别平等意识和对性别问题的认知程度（包括对法律法规、官方措施的认知和期待等）等方面内容。本章所使用的分析材料主要来自于调查公司、官方机构、网络媒体等不同主体进行的关于性别观念及认知的民意调查，一方面体现出女性自身的性别观念和认知，另一方面也在一定程度上兼顾了全社会对性别问题的观点和态度。

由于与纽约、伦敦和巴黎直接相关的统计资料较少，对这三个城市的研究主要依据美国、英国和法国的资料。同时，数据采集中存在的问卷指标差异，则充分体现出了四大城市各自的特色。

第一节 纽约女性性别观念和认知状况

在很长的历史时期中，女性是作为男性的附属而存在的，法律要求女性必须听从她父亲或是丈夫的命令并满足他们的需要。这在美国也不例外，美国宪法没有规定男女平等的条款，美国妇女一直到建国 144 年之后才在法律上拥有和男性一样的选举权。历史上女性不需要也不能接受教育，而且由于受教育水平低下，女性很难找到和男性一样体面的工作。同样的，女性也因为较低的社会地位而没有从政的资格。在宗教问题上，虽然美国女性往往拥有更高的宗教虔诚度，但是美国各个宗教群体的神职人员的职位，如牧师和主教，基本上都为男性独占，妇女很难跻身其中。

但是妇女运动改变了这一切。在 1970 年的美国，接受过各等级正规教育的男性比率是 31.4%，女性仅为 28.9%，其中男性接受大学高等教育的比率是 4.4%，女性仅为 3.0%。到了 2009 年，男性和女性接受过正规教育的比例分别为 38.0% 和 39.3%，其中接受过大学高等教育的比例为 8.6% 和 11.1%[①]，女性在整体受教育程度上已经超过了男性。随着女性受教育程度的提升，女性在一些原来属于男性的工作领域也维护了自身的权利，例如在 2006 年，美国女性在管理、专业化及其相关行业的职位占有率已经达到了 50.6%，超过了男性的 49.4%。[②] 在政治上，美国女性发出了自己的声音，甚至在政府重要岗位供职，成为美国政坛不可忽视的力量。20 世纪 70 年代至今美国女性已经在堕胎、同性恋等许多有关宗教信仰的政治和社会问题上逐渐争取到自己的权利，美国妇女在社会中扮演的角色已经发生了重大的改变。除此之外，美国女性的一些传统观念也发生了改变，妇女们不再围绕着自己的家庭而生活，而是更多地选择走出去，拥有自己的职业生涯，追求自己的成就。在家庭生活中，不再甘当男性的附属，担起和男性一样的责任，实现

---

① United States Census Bureau, *School Enrollment by Sex and Level*, http：//www. census. gov/compendia/statab/2012/tables/12s0226. pdf, 访问日期：2012 年 11 月 30 日。

② United States Census Bureau, *Employed Civilians by Occupation*, *Sex*, *Race*, *and Hispanic Origin*：*2006*, http：//www. census. gov/compendia/statab/2008/tables/08s0598. pdf, 访问日期：2012 年 11 月 30 日。

自身的价值。同时，面对社会中歧视妇女的行为不再沉默，勇于发出自己的声音，与这些行为进行抗争。

一 社会生活中的女性性别意识

第二次世界大战后，大量美国妇女从前线、后方工厂和各种工作岗位回归家庭，生儿育女、操持家务、照顾家人。妇女的社会角色、分工、地位与其生物性别联系在一起，被认为是天生的，因而是不可改变的。1963年，美国当代妇女运动的先驱者贝蒂·弗里丹（Betty Friedan）出版了女性主义的代表作《女性的奥秘》（The Female Mystique）①，分析了五六十年代普遍存在的妇女的"无名问题（the problem that has no name）"的根源，领导创建美国"全国妇女组织"（NOW），掀起了20世纪六七十年代国际妇女运动的第二次高潮。在提出"个人的即是政治的"、使用"社会性别"这一分析范畴的同时，美国妇女成立了不同形式的"提高觉悟小组"，挑战传统的性别观念，改变人们对两性分工、家庭婚姻关系的传统看法，给美国妇女带来了空前的解放。现代美国女性正在变得越来越自信、自立和坚强。

纽约市在女权运动的历史上有着重要的地位，这里有诸多纪念女权运动的历史遗迹。纽约妇女受教育程度高，有助于女性乃至整个社会性别平等意识的形成。

（一）美国的男女平等观

美国的皮尤研究中心（Pew Research Center）2012年7月发布的对22个国家的调查结果显示，男女平等观念在美国有很高的支持度，97%的美国人认为女性应该拥有和男性同等的权利。对"谁生活得更好"这个问题，39%的被调查者认为是男性，23%认为是女性，24%认为男女一样。在问及如果经济情况不佳、工作机会短缺，男性是否应该拥有优先权时，美国人只有14%表示赞同。在这一点上，美国和英国的比例要低于法国、日本和中国（见表7-1）。

---

① Betty Friedan, *The Feminine Mystique*, Sage Publications, 1963.

表 7-1 支持女性外出工作，但应优先给男性工作

单位:%

	女性应该能够外出工作	当工作缺乏时，男性应有更多权利获得工作
美　国	97	14
英　国	97	12
法　国	97	20
日　本	94	41
中　国	95	73

　　关于大学教育是否对男孩比对女孩更加重要？有83%的美国人对此明确反对。英国和法国则有高达87%的人反对这一观点。可见，男女平等的观念在美国接受度较高（见表7-2）。

表 7-2 大学教育对男孩比对女孩更重要

单位:%

	同　意	不同意	不知道
美　国	15	83	2
英　国	9	87	3
法　国	14	87	0
日　本	35	64	3
中　国	48	50	2

　　对于"哪种婚姻更令人满意"这个问题，25%的被调查者认为是丈夫养家、妻子照顾家庭和孩子的婚姻，但71%认为是夫妻双方都有工作、都照顾家庭的婚姻。64%的美国人认为，在妇女平权问题上，需要付出更多的努力，但也有33%的人认为，多数变化已经发生了。对于"男性有更好的生活"这一观点，美国有39%的被调查者持有这个观点，其中包括男性的32%和女性的45%，男女两性之差为13%。[1]

---

① *Men's Lives often Seen as Better*：*Gender Equality Universally Embraced*，*but Inequalities Acknowledged*，http://www.pewglobal.org/files/2010/07/Pew-Global-Attitudes-2010-Gender-Report-July-1-12-01AM-EDT-NOT-EMBARGOED.pdf.

（二）美国妇女的维权意识与就业不平等的认识

女权主义最早产生于法国，历经一个多世纪的发展，它在美国取得了最为瞩目的成果。美国历史上出现过两次妇女运动浪潮，第一次浪潮发生在19世纪40年代，最初以呼应全国性的废奴运动和禁酒运动为出发点，逐步发展成为以争取妇女选举权为明确目标的全国运动。经过长期努力，1920年美国宪法第19条修正案正式生效，妇女的选举权受到了宪法的承认和保护，妇女运动第一次浪潮也以胜利告终。而20世纪60年代的女权运动第二次浪潮赶上了当时的民权运动，目标也更为具体和现实：争取同工同酬、堕胎权、平等就业权等。这场政治、社会变革大大提高了美国妇女的政治地位，也为她们扩展了更为广阔的发展空间。

美国政府在保护妇女权益方面付出了很多努力。在美国，女性求职时不仅会受到性别歧视同时也夹杂着种族、年龄歧视，20世纪60年代民权运动之后政府开始更多地关注这种不平等的现象，在行政和立法等方面付出了诸多努力。至今美国宪法中没有明确规定男女平等的条款，但有一些具体的法律来保障妇女的权益。联邦不仅通过立法和一系列的行政命令来保护女性的平等权利，其他各州和社会团体也开展了多种调研、培训和优惠政策。社会平等的意识早已被决策者们接受。

在此背景下，伴随着受教育程度的增加，美国女性自我意识不断觉醒，其中纽约女性无疑是她们中的先锋者，正以一种前所未有的自信和乐观态度积极参与到社会活动之中。纽约女性注重维护自身权益和要求两性待遇平等，具有非常强的维权意识。纽约妇女在争取政治参与和权利方面是世界女性的先驱。为了争取男女平等的权利和更好地投入社会活动，纽约市女性主义者创建了诸多的女性组织，议题涉及全球妇女问题、全美女性权益维护、帮助弱势的妇女儿童等内容。

但与此同时，对男性是否比女性获得了更多薪酬好的工作机会，在本研究所涉及的五个国家内，美国人的同意率并不处于前列（见表7-3）。究其原因，一方面与美国妇女的实际地位有关，另一方面也与美国人对自身状况的认识程度有关。

表7-3 男性获得更多薪酬好的工作机会①

单位:%

	同 意	不同意	不知道
美 国	68	29	3
英 国	70	27	4
法 国	80	20	0
日 本	80	19	1
中 国	73	25	2

对于工作机会上存在不平等这个观点,美国 26% 的被调查者完全同意,
但男女两性对此问题的认识之间存在一定差距,19% 的男性和 33% 的女性认
为存在就业不平等,两个群体的差距为 14% 。但美国人对就业机会不平等的
认知比法国、英国和日本低(见表7-4)。

表7-4 对工作机会不平等认识的性别差异完全同意不平等存在的人群比例②

单位:%

	总 数	男 性	女 性	差 距
美 国	26	19	33	+14
英 国	31	22	40	+18
法 国	50	37	61	+24
日 本	35	29	40	+11

二 婚姻中的性别意识

在美国这个崇尚个性自由的国家,人们的婚姻家庭观念也充满了多样性
和差异性。美国人没有按部就班地结婚的观念,不必以符合大多数人价值观
的方式生活。根据《时代》杂志与皮尤研究中心的联合调查,对于"是否愿

---

① *Men's Lives often Seen as Better*: *Gender Equality Universally Embraced*, *but Inequalities Acknowl-edged*, http://www.pewglobal.org/files/2010/07/Pew-Global-Attitudes-2010-Gender-Report-July-1-12-01AM-EDT-NOT-EMBARGOED.pdf.
② *Men's Lives often Seen as Better*: *Gender Equality Universally Embraced*, *but Inequalities Acknowl-edged*, http://www.pewglobal.org/files/2010/07/Pew-Global-Attitudes-2010-Gender-Report-July-1-12-01AM-EDT-NOT-EMBARGOED.pdf.

意结婚"这个问题，只有46%的被调查者回答愿意；而对于"婚姻是否已经过时"这个问题，39%的被调查者的回答是肯定的，而在1978年时，这一比例只有28%。① 这种观念充分地体现在美国以及纽约目前的多元伴侣和家庭模式当中。

配对网站（Match. com）2012年2月公布的《美国单身者》年度调查为人们展现了美国单身男女的爱情观和家庭观，调查结果也打破了人们关于男性、女性和性议题的部分"神话"。②

（一）婚后自主意识较强

根据配对网站官方博客上公布的统计表明，美国女性婚后或同居后比男性更具有独立自主倾向，主要表现在以下几个方面：希望有自己的独立银行账户：女性占66%、男性占47%；希望不定时地在晚上与自己圈子里的男女朋友外出：女性占35%、男性占23%；希望更关注自己个人感兴趣的事：女性占78%、男性占64%；希望有自己的独立空间：女性占77%、男性占58%；希望独自出去旅游度假：女性占12%、男性占8%。

此外，女性一般比男性更在意伴侣的种族和宗教信仰。80%的美国男性不在乎伴侣的种族，而女性为71%；83%的美国男性不在乎伴侣的宗教信仰，女性则为62%。③

（二）注重家庭

虽然美国人不再坚持传统婚姻模式，但仍然重视家庭，重视父亲与母亲这两大传统角色。根据《时代》杂志与皮尤研究中心的调查，美国人对好妻子的期望是必须做到以下几件事：成为一个好母亲（90%）、将家庭放在第一

---

① *Men's Lives often Seen as Better*：*Gender Equality Universally Embraced*，*but Inequalities Acknowledged*，http：//www. pewglobal. org/files/2010/07/Pew – Global – Attitudes – 2010 – Gender – Report – July – 1 – 12 – 01AM – EDT – NOT – EMBARGOED. pdf.

② *Singles in America 2012*，http：//blog. match. com/singles – in – america/；Laura Berman，"Myths About Men and Sex Busted From The Singles in America Study"，February 14，2012，http：//blog. match. com/2012/02/14/myths – about – men – and – sex – busted – from – the – singles – in – america – study/.

③ "Introducing the Singles in America Study by Match. com"，http：//blog. match. com/2012/02/02/introducing – the – singles – in – america – study – by – match – com/.

位（74%）、好的性伴侣（48%）、受过良好教育（39%）、做好家务（28%）以及赚钱（19%）。对于好丈夫的期待则是必须做到以下几件事：成为一个好父亲（93%）、将家庭放在第一位（82%）、好的性伴侣（48%）、赚钱（41%）、受过良好教育（36%）、做好家务（32%）。①

（三）相信真爱

大多数美国人在谈婚论嫁时，真爱是一个重要的因素。《时代》杂志与皮尤研究中心的调查发现，当问到为何要结婚这个问题时，已经结婚的人以及没有结婚的人都将"爱"作为最重要的因素放在第一位。已婚者中回答说"爱"的比例高达93%，未婚者也有84%的人回答说是"爱"，其次是"一生的承诺""友谊""生养孩子"以及"经济稳定"。而在回答"你是否认为每个人只能得到一次真正的爱"时，69%的美国人持否定态度，只有28%的人持肯定态度。这也许可以从侧面说明美国离婚率高的原因，因为大多数人认为在人的一生中，真爱并非只有一次。与此同时，回答"你是否找到你的真爱"时，有79%的人回答说找到了，只有17%的人回答说没有找到。②

（四）关于婚姻伴侣关系模式

20世纪60~70年代，在美国，反对婚前性行为、离婚和同居的比例急剧下降。非婚姻生育被更多的人接受。自愿无子女的态度也被越来越多的人接受：1962年，85%的美国女性认为所有能够生育的夫妻都应当生育，而在1980年，这一比例仅为43%。但至少在20世纪80年代和90年代，对关于家庭的问题的态度的非传统化趋势逐渐趋于稳定。此外，对年轻人婚姻的接受态度在1962~1994年保持不变：多数美国年轻人表示考虑在未来结婚，认为美满的婚姻是极为重要的。同时，约40%的年轻女性和约35%的年轻男性不认为已婚人士更为幸福，这一数字在1976~1997年对女性而言没有变化，对

---

① *Men's Lives often Seen as Better*: *Gender Equality Universally Embraced*, *but Inequalities Acknowledged*, http://www.pewglobal.org/files/2010/07/Pew – Global – Attitudes – 2010 – Gender – Report – July – 1 – 12 – 01AM – EDT – NOT – EMBARGOED. pdf.

② *Men's Lives often Seen as Better*: *Gender Equality Universally Embraced*, *but Inequalities Acknowledged*, http://www.pewglobal.org/files/2010/07/Pew – Global – Attitudes – 2010 – Gender – Report – July – 1 – 12 – 01AM – EDT – NOT – EMBARGOED. pdf.

男性而言则有所降低。①

（五）同性婚姻

美国人正在以比以往任何时候都更为公开的态度谈论婚姻平等问题。最近的民意调查显示，多数美国人认为同性婚姻应该合法化。官方也认识到，人们在地理和文化价值观念上存在广泛的多样性的同时，对待同性婚姻的态度是不断变化的。

在过去的15年里，公众逐渐认可同性婚姻的合法化，近几年来这一比例更是急剧增加。皮尤研究中心于2011年10月进行了关于同性婚姻的调查②，发现46%的公众赞成允许同性恋者的合法结婚，而44%的人则表示反对。

在宗教团体中，白人福音派新教徒对同性婚姻最为反对，74%的人反对让同性恋伴侣合法结婚。绝大多数的黑人新教徒也反对同性婚姻（62%）。2010年以来这些群体的意见并没有改变。与福音派信徒和黑人新教徒相比，白人主流的新教徒更支持同性婚姻，54%的人认可同性恋伴侣结婚。天主教徒中，同性婚姻的支持者的数量已经超过反对者（52%与37%）。2010年，二者的数量变得更为接近，46%赞成同性婚姻，42%表示反对。现在大多数的白人天主教徒（57%）表示支持同性婚姻，而西班牙裔天主教徒中42%的人赞成同性婚姻，42%反对。与其他群体相比，无宗教信仰者对同性婚姻最为支持。超过70%的无宗教信仰者赞成同性婚姻合法（72%），20%的人反对同性婚姻。

（六）姓氏

数据表明，妻子保留本来姓氏的做法并不十分流行，而且一半的美国人支持一项法案——妻子必须在结婚后使用丈夫的姓氏。《性别与社会》杂志在4月公布的结果显示，美国人比其他人想象得更为传统。2/3的受访者表示，结婚后丈夫的姓氏是"最好的"，50%的人表示，他们将接受规定妻子使用丈

---

① Zoya Gubernskaya, "Changing Attitudes toward Marriage and Children in Six Countries", September 15, 2008, Department of Sociology, University of California, pp. 3 – 4.

② "Religion and Attitudes Toward Same – Sex Marriage", http://www.pewforum.org/Gay – Marriage – and – Homosexuality/Religion – and – Attitudes – Toward – Same – Sex – Marriage.aspx, date of online: 2012 – 12 –06.

夫的姓氏的法律。而50%的受访者表示可以接受丈夫使用妻子的姓氏。维护个人身份被30%的人视为保留女性本来姓氏的理由，而方便、传统和孩子则是使用丈夫姓氏的理由。就宗教信仰而言，婚后最有可能改变自身姓氏的女性是天主教徒，随后是新教徒和犹太教徒。在这项研究中，也有人指出，具有较高的教育水平和工作效能的女性更有可能保持她们的本来姓氏。[①]

三 纽约加强性别平等观念的措施

影响纽约市女性性别观念和态度的因素很多，如学校教育、家庭教育和大众传媒等。纽约也从这几个方面来加强性别平等观念的传输。

（一）学校教育

在政府层面，纽约市教育部（New York City Department of Education）开展了名为"尊重所有人"（Respect for all）的项目，旨在使公立学校成为对所有学生而言安全的场所，支持所有学生的学习。2012年2月13～17日为2011～2012学年的"尊重所有人"主题周。在该主题周，学校有机会强调并建立持续的多样性项目和课程教学，还可以开启促进尊重多样性的其他活动，重点为防止因偏见而导致的骚扰、恐吓和欺凌。市政府颁布的"全市纪律和干预措施标准"（The Citywide Standards of Discipline and Intervention Measures）禁止学生以任何理由嘲弄或恐吓其他同学，其中提到不得使用包含"性别、性别认同、性别表达、性取向"（gender, gender identity, gender expression, sexual orientation）的绰号或辱骂。[②]

在民间层面，纽约市有多家民间组织针对学校教育开展了众多旨在推动性别平等的活动。例如，纽约基金会（The New York Foundation）是一家支持社区组织和倡导性别平等的组织，在2010～2012年主办了以"女孩性别平等"（Girls for Gender Equity）为主题的系列活动，旨在消除纽约市学校中因

---

① "Half of U. S. Population Support a Law That Women Take Husband's Surname after Marriage", http: //affleap. com/half – of – u – s – population – support – a – law – that – women – take – husbands – surname – after – marriage/，访问日期：2012年12月6日。

② "Making NYC Public Schools Safe and Supportive for all Students", http: //schools. nyc. gov/RulesPolicies/RespectforAll/default. htm，访问日期：2012年12月6日。

性别而产生的暴力行为，创造性别平等的前景。① 再如，女孩性别平等组织
（Girls for Gender Equity）以促进女性乃至整个社区的生理、心理、社会和经济
福祉为宗旨。该组织下设的学校性别平等联合会（Coalition for Gender Equity in
Schools）将青年、教育工作者、家长、社会活动家和政策制定者联合起来，
提高人们对纽约市学校性骚扰事件的认识，使纽约市的学校成为对所有学生
而言安全的场所。

（二）家庭教育

性别社会化是个体在成长过程中，通过人际互动和社会生活不断了解、
学习并掌握性别角色规范、性别认同的过程。性别社会化伴随着人的一生。
家庭、学校及社会是人社会化的重要场所。

家庭不断地复制和强化传统社会性别分工及其规范，在家庭中，儿童可
能从父母那里得到性别角色的信息并受其影响，从而影响了男孩、女孩以及
男人和女人的行为、态度和技能。家庭是最早的生活环境，是最初的社会化
场所。家庭教育是个人所接受的最早的教育，同时又是终身教育。家庭、家庭
教育、父母为个人的发展打上最早也是深刻的烙印。家庭教育对儿童行为习
惯、品德、性格养成、价值观等的形成起着决定性作用。家庭教育的差异是
造成个体差异的首要、重要原因。家庭特别是父母是影响儿童性别社会化的
最早也是主要的因素。父母往往对不同性别的孩子寄予不同的期待，并以不
同的行为标准约束孩子，对性别角色的形成有重要影响。

美国人十分重视家庭教育，性别平等的观念。2012 年 1 月 28 日，一些教
育工作者举办了与家长互动的研讨会，他们对一些观念提出质疑，引起了共
鸣，给参与的家长不少启发，引导家长更好地在性别平等方面引导儿童。②

（三）发挥大众传媒作用

大众传媒是最常见的文化载体。无论是浅层次的就业观念、时尚观念、
家庭观念等的传播，还是深层次的性别认同、性别歧视的暗示，它对女性社

---

① "Girls for Gender Equity", http：//www. nyf. org/node/549，访问日期：2012 年 12 月 6 日。
② http：//www. ggenyc. org/programs/coalition – for – gender – equity – in – schools/，访问日期：
2012 年 12 月 6 日。

会性别观念的形成起着不可忽视的作用。纽约作为世界上金融和商业最为发达的地区之一，大众传媒的发达程度也是数一数二，其对纽约女性性别观念的形成的影响是值得我们深入研究的。

报纸是平时最为常见的商品和宣传品之一，是大众传播最为重要的载体之一。以《纽约时报》（*New York Times*）为例，有大量女性（women and girls）的内容。许多内容涉及理财、教育、时尚、婚姻等，包括女性独立、女性名人、女性权益等话题。在互联网方面，根据美国互联网调查网站 Comscore 的数据，15 岁以上女性平均上网时间要比男性多出 8%，主要关注的焦点在于女性杂志、母婴育儿、娱乐新闻等网站，在社交网络的使用上要明显多于男性。① 媒体对于性别观念形成变化的影响力是不容忽视的。

由于纽约乃至美国大众媒体的商业化程度，这种引导作用在很大程度上也是主流化和商业化的。例如大多数女性杂志都是以外表美丽的女子为封面，而忽视对内心美的暗含；大多数电视电影中女性的形象都是持家，忽视对女性独立工作的暗示；等等。

纽约市政府重视与媒体的合作。比如，纽约市政府与纽约市妇女事务委员会（NYC Commission on Women's Issues）同当地媒体合作推出了"纽约女性：让它在此发生"（NYC Women：Make it Here，Make it Happen）系列电视节目和广播节目，以成功女性作为例子，来激励纽约市女性拥有更积极的生活与工作态度。②

四 纽约政府采取的其他举措

除了上述措施，纽约市政府还采取了一些综合举措促进妇女发展及其地位的保护。

纽约通过明确法律法规来最大限度防止侵害妇女权益的违法行为的发生，为此，纽约市政府还建立了妇女问题委员会（NYC Commission on Woman's Issues），就具体的问题保护纽约市女性的合法权利，同时开展一系列活动帮助

---

① "Women on the Web：How Women Shape the Internet"，http：//www.comscore.com/Press_ Events/Presentations_ Whitepapers/2010/Women_ on_ the_ Web_ How_ Women_ are_ Shaping_ the_ Internet，访问日期：2012 年 12 月 6 日。
② "NYC Women：Make it Here，Make it Happen"，http：//www.nyc.gov/html/cwi/downloads/pdf/cwi_ newsletter_ 030111.pdf，访问日期：2012 年 12 月 6 日。

需要帮助的女性群体。

纽约市妇女问题委员会（前身为妇女地位委员会）作为市长关于妇女问题的顾问机构于 1975 年根据市长行政命令的指示成立。目前，该委员会作为妇女和家庭与城市服务之间沟通的一条纽带，来支持和满足她们的需求。该委员会还致力于通过与支持妇女行动方案的企业部门进行合作来建立公共和私营的合作伙伴关系，以改变纽约女性的生活。[①]

由纽约市妇女问题委员会参与或发起的项目和行动方案包括"纽约妇女资源网络"（NYC Women's Resource Network），"纽约市领袖进阶计划"（NYC Ladders for Leaders）（最初作为一个称作纽约市"GirlsREACH"的试点项目推出），"纽约市家庭指南"（NYC Family Guide），"纽约市小商业奖"（NYC Small Business Awards）和"走出纽约"（Step Out NYC），等等。在 2010 年 3 月，委员会与巴纳德学院合作，推出了一项名为"指导前行"（Mentor it Forward）的活动，这个活动由一系列为期一年的"速成传帮带"活动组成，这使那些没有时间参加传统的冗长指导计划的年轻女性有机会得到成功的职业女性的指导。

另外，纽约市妇女问题委员会每个季度还会召开一个由市政府内其他机构和部门的高级代表中的女性组成的政府联络理事会。这些代表为理事会带来她们各自领域的专门知识和看待问题的角度，使其可以更好地为纽约市的妇女服务。理事会还可以作为一个审判机构让委员会确保市政机构对妇女的需要提供最大程度的特殊照顾。

第二节　伦敦女性性别观念和认知状况

每个国家、每个城市对社会性别观念的认识取决于当地的社会、文化等结构的影响，而社会性别观念的形成或者人们对男女两性性别观念的态度也植根于英国乃至整个欧洲历史、文化之中。社会性别观念并不是处于一成不变或静止的状态，它是会随着历史时代的发展，国家政策的改变等因素不断发生变化的动态过程。虽然社会性别观念是一种动态、发展的事

---

① 纽约市妇女问题委员会官方网站，http://www.nyc.gov/html/cwi/html/about/about.shtml，访问日期：2012 年 12 月 6 日。

物，但这种变化仍然是在国家传统文化的框架下进行的。因此，要了解现在伦敦女性与社会性别观念，就需要追根溯源，在对伦敦社会性别观念的变化有全面的把握后，才能更加深刻地理解现今伦敦社会性别观念形成的原因。

目前，伦敦社会性别观念相对于历史时期已经有了较大的改观。在历史上，夏娃是上帝用亚当的一根肋骨做成的、女性天生有缺陷的社会性别观念，深刻地影响着妇女的社会地位，女性的发展受到极大的限制，她们的活动场地也被限定在家庭中。女性被认为不管是生理还是心理都要受到男性统治。英国工业革命开始后，虽然女性在许多传统行业中仍受到排斥，但她们有了更多的就业机会，逐渐开始走向社会，活跃在家庭之外，为社会、城市的发展做出贡献，也为社会性别观念的变化提供了基础。现在，越来越多的女性进入公共领域，伦敦的社会性别观念已经发生了实质性的改变。

本节主要在英国历史文化背景下，根据伦敦市有关政府官方的统计数据，同时参考英格兰层面的数据，结合与伦敦女性生活息息相关的各方面内容，对伦敦女性的性别观念进行分析，通过考察伦敦女性和伦敦社会对女性社会地位的认知，着重体现出伦敦城市的社会性别观念状况，挖掘产生这种性别观念的原因，以及伦敦作为一座世界城市在促进性别平等、宣扬平等的性别观念方面的举措，以期为北京市建设世界城市提供可行性建议。

一 女性和社会对女性社会地位的认知

女性对自身的社会地位认知程度以及社会对女性群体的认知和观念是女性社会地位得以提高的关键。社会以性别平等的观念引导人们的生活或者女性对自身有正确的认知，有利于社会性别平等的促进和女性社会地位的提高。

伦敦一方面受到英国传统观念的影响，另一方面又受到国际大都市的推动。因此，社会对女性的认知以及女性对自身社会地位的认知是个存在变化的过程，主要体现在家庭和社会生活两个方面。

（一）家庭

家庭是社会的主要构成部分，随着社会的变革而不断变化。对于个人来说，不管男性还是女性，家庭都是满足他们的心理需求、为他们提供温暖保护的地方，也是他们前进的动力。但在家庭观念上，伦敦人或者伦敦社会对其的认识却在不断发生着变化，主要从以下几个方面体现。

1. 家庭责任与分工

在一个家庭内部，责任与分工是维持家庭生活正常运转的必要程序，也是体现男女性别观念的一种主要方式。英国是一个有着深厚历史文化传统的国家，虽然随着女性在各方面的逐渐独立，社会性别平等的观念也得到了加强，男女两性在分担家庭家务方面仍然有巨大的性别差异，但传统观念始终认为，女性在家庭分工中应该是家务活动的主要承担者，母亲是最好的照顾孩子的亲人，尤其是在孩子患病期间或成长过程中遇到挫折时，母亲永远是最好的看护者和疏导者；而男性则主要为家庭经济来源的提供者，负责养家糊口，也就是"挣面包者"（breadwinner）。然而，随着产业结构的调整，传统工业中以男性就业为主的局面逐渐发生改变，新兴的产业为女性提供了更多的就业机会，越来越多的女性走出家门，获得经济独立、寻找自我价值。但这种状况往往造成女性的双重压力。一方面，虽然女性获得了工作机会，有机会实现自我，但女性依然是家庭生活的责任人的思想依旧在影响着人们的生活。因此，女性在家庭分工中的责任并没有减少；另一方面，女性还面临工作压力。但这种状况也在慢慢发生变化，主要表现在女性对两性公平负担家庭责任的意识在增强。

虽然女性在家庭责任和分工方面存在着一定的矛盾性，但总体趋势却向着良好的方向发展。从现实角度来看，女性仍然会受到传统家庭责任观念的束缚，结婚后女性一般会把家庭作为生活的重心，而即使外出工作的职业女性也需要承担大部分家庭的责任，从而面临双重的压力。"根据 20 世纪 80 年代的一项调查统计，在所有接受调查的家庭中有 72% 的家庭中家务劳动主要由女性完成，只有 22% 的家庭由双方分担。此外，1993 年的另一项统计结果表明，女性承担了 66% 的采购、75% 的清洁以及 77% 的做饭的任务。到 2000年，女性除采购、带孩子外每天仍需花平均 3 小时左右做家务，而男性只有40 分钟。"[①] 虽然社会性别平等观念的加强、女性独立意识的提高，女性的经济、社会地位都有显著上升，但婚姻中的家务分担方面也仍然存在性别差异，而"丈夫与妻子对家务的态度最大的差异是男性仅仅是'帮助者'，女性则是

---

① 王萍：《现代英国社会中的妇女形象》，江苏人民出版社，2005，第 240 页。

'责任人'"。①

虽然在现实生活中，女性在家庭分工中仍是主要的承担者，但女性对两性公平承担家庭责任以及家庭分工的意识却在增强。根据英国在 2006 年公布的一份调查结果，结果显示，"有份工作、有个家庭、再加上一位会洗衣服的男人，构成了英国女性时下幸福感来源的基本要素。换言之，大多数英国女性都不希望固守传统的家庭主妇角色。"英国"经济与社会研究委员会"最近发表一项研究结果，据调查显示，"英国女性更满意'非传统式'的家庭角色分工，不愿只留守家中相夫教子。"主持该项研究的伦敦城市大学教授罗斯玛丽·克朗普顿（Rosemary Crompton）指出，"此前有种观点认为女性回归传统的家庭主妇角色会感到更加幸福，而我们的发现与此相悖。"英国女性对家庭的幸福感究竟来自何处？克朗普顿根据调查开出一剂处方，即对外出工作的宽松态度加上更为公平的家务分工。英国女性对家庭责任与分工的态度很明显，不愿只做传统的家庭主妇，而希望与女性共同参与其中。英国男性对女性的这一认识，也表示出自己的观点。克朗普顿介绍说，"男人对洗、熨衣服一类的家务不太情愿，也不喜欢做清洁。不过，他们在照看孩子、下厨和购物等方面比以前有所进步。也就是说，在家庭责任与分工方面，女性要求改变现状的意识更为明显，而男性也对此做出一定的妥协，他们愿意去分担一些他们所感兴趣的家庭活动。"②

2. 婚姻模式、伴侣关系

婚姻模式和伴侣关系是家庭结构或家庭模式的主要表现形式之一，传统上，婚姻模式主要是由一夫一妻制的异性婚姻所组成，而伴侣关系通常有恋爱关系和婚姻关系等。但随着时代的发展，婚姻模式和伴侣关系也在发生着变化，呈现出更加多元化的趋势。比如同性恋、同性婚姻、单亲家庭、婚前同居、未婚先孕、婚外情，等等。对于传统的婚姻模式和伴侣关系和多元化的变化，英国社会和英国人也逐渐趋于更加宽容。

（1）婚姻

婚姻不管在伦敦还是在整个英国仍然是主要的两性关系发展的结果，尽

---

① Vicki Coppock et al., *The Illusions of "Post - Feminism": New Women, Old Myths*, Taylor & Francis Press, 1995. pp. 154 – 156.

② 卜晓明：《英女性幸福感要素：有工作、有家庭、丈夫会洗衣》，新华网，http://www.ah.xinhuanet.com/xhnetv/2006 – 02/05/content_ 6166571.htm，访问日期：2012 年 11 月 17 日。

管有一些机构的调查数据显示，在英国，随着同居、伴侣关系的多样性等现象的存在和逐步被认可，传统的婚姻形式遭到冲击。比如，据英国《每日电讯报》报道，由全国社会调查中心主持发布的《英国社会民意报告》显示，"非传统生活方式冲击英国社会，婚姻的重要性在下降。共涉及 3300 人的这项调查发现，大多数人只把婚礼当做一次聚会而非一生的承诺。2/3 的人认为，婚姻与同居几乎没有区别；只有 1/4 的人认为，已婚夫妇在为人父母方面比未婚人士做得好。调查还显示，2/5 的人认为，单亲父母可以像双亲父母一样很好地养育孩子。"[①] 此外，英国"女童子军"组织调查了 600 名男孩和 1200 名女孩，完成了一项名为"女孩态度调查"的报告。该调查对象年龄介于 7~21 岁之间，分为 7~11 岁、11~16 岁和 16~21 岁三个年龄段。问卷内容依照年龄有所差别，但核心内容相同。结果显示，"接受调查的女孩中，46% 同意婚姻是恋爱关系的最佳形式，持相同观点的男孩比例为 56%。统计还显示，女孩们通常对婚姻持乐观态度，但对它是否人生最佳或唯一选择持开放态度。"[②] 因此，从数据上可以看出，虽然在英国，传统的婚姻家庭形式受到一些非传统的两性关系的影响，但总体来说，婚姻仍然是两性关系的主要方式。

（2）同居

除了传统的婚姻形式，还存在其他的模式，比如同居。"英国社会态度调查"（British Social Attitudes Survey）是由英国独立的社会研究机构"全国社会研究中心"（National Center of Social Research，NatCen）所提供的关于英国社会生活态度的报告。根据最新一期的结果显示，"对整个国家来说，同居已经变得非常普遍，而对于该现象，英格兰有超过 2/3（69%）的人认为同居是可以接受的，而只有 11% 的人不赞同同居。这一数据与 10 年前所反映的状况十分相似，在 2000 年，英格兰有 67% 的人认为同居可以接受，而有 14% 的人不赞同。换句话说，英国人对婚姻之外的性关系保持相对自由的态度。但是当谈到婚外生育时，人们对其的态度就没有那么自由。"[③] 2010 年的数据显示，

---

① 《调查显示：非传统生活方式冲击英国社会》，新华网，http：//news. xinhuanet. com/news-center/2008 - 01/26/content_ 7498417. htm，访问日期：2012 年 11 月 15 日。

② 乔颖：《英国男孩渴望婚姻》，《广州日报》，2012 年 10 月 11 日，http：//gzdaily. dayoo. com/html/2012 - 10/11/content_ 1939299. htm，访问日期：2012 年 11 月 17 日。

③ Alison Park，Elizabeth Clery，John Curtice，Miranda Phillips and David Utting，British Social Attitudes 28，2011 - 2012，Natcen，p. 30，http：//ir2. flife. de/data/natcen - social - research/igb_html/index. php？ bericht_ id = 1000001&index = &lang = ENG.

"54%的英国人认为想要孩子的夫妻应该结婚"（见表7－5）。

表7－5　对于孩子和婚姻的态度：英格兰（2000、2010）①

单位:%

想要孩子的人应该结婚	英格兰	
	2000 年	2010 年
同意	54	42
既不同意也不反对	19	24
反对	26	31
基数	2515	773

这种观念可以用于解释伦敦妇女的生育状况："与英国其他地区相比，伦敦在婚姻外生育问题上处于最低的比例，伦敦为35%，而英国的总体比例则是42%。"②

（3）同性恋

英国是全球为数不多的承认同性恋的国家之一，而伦敦在英国则是有较多同性恋聚集的城市。伦敦市政府发布的《所有人平等生活的机会——性别平等》的报告中指出，"在伦敦居住的女同性恋和男同性恋比英国其他地方更多。"③ 数据还显示，"据估计，6%的英国人是同性恋或者双性恋。这个数据往往被认为是低估了，在伦敦，更为准确的估计可能是10%。而对于居住在伦敦的变性人，目前还没有可靠的数据。"④

但是，不管是在整个英国还是在伦敦，人们对于同性恋的认识也逐渐趋

① Alison Park, Elizabeth Clery, John Curtice, Miranda Phillips and David Utting, British Social Attitudes 28, 2011 –2012, Natcen, p. 31, http: //ir2. flife. de/data/natcen – social – research/igb_html/index. php? bericht_ id = 1000001&index = &lang = ENG.

② Social Trends 2007, Office for National Statistics, 转引自 Women in London – Capitalwoman 2008, Greater London Authority, May 2008, p. 8, http: //legacy. london. gov. uk/gla/publications/women/WomeninLondoncapitalwoman2008. pdf。

③ Reza Arabsheibani, Alan Marin and Jonathon Wadsworth, Gay Pay in the UK, Centrepiece, 2006. 转引自 Equal Life Chances for all Londoners – Gender Equality: Great London Authority Draft Gender Equality Scheme 2010 – 2011, Greater London Authority, May 2010, p. 7。

④ Amendment to Employment Equality (Sexual Orientation) Regulations 2003: Full Regulatory Impact Assessment, Department of Trade and Industry, 2003. 转引自 Equal Life Chances for All Londoners – Gender Equality: Great London Authority Draft Gender Equality Scheme 2010 – 2011, Greater London Authority, May 2010, p. 7。

于宽容的态度。英国国家统计局对于"性身份"（Sexual Identity）的评估报告中也显示英国人对于自己的性趋向呈现出更加客观和公开的认识。英国国家统计局办公室在 2009 年 4 月至 2010 年 3 月进行了一项调查，其间总共收到约 45 万名英国人的问卷回复，在调查中，年龄不小于 16 岁的受访者被问及个人性趋向，并可在四个答案中选择回答。结果显示，不同性别、不同地区对于异性恋、同性恋以及双性恋的认同呈现出不同的变化。其中从区域来看，在整个英国，伦敦人在自认为是同性恋的比例上最高；而从性别上看，男性自认为是同性恋的人远远高于女性，而女性在自认为是双性恋的比例上要远远高于男性。具体数据为，在性身份的调查中，94.2% 的人自认为是异性恋者，0.9% 的人自认为是同性恋者，0.5% 的人自认为是双性恋者，0.5% 的人选择"其他"，另有略微多于 3.2% 的人表示不知道、拒绝回答或没有回应该项问题（具体见表 7-6）。

表 7-6　性身份调查（2009 年 3 月 ~ 2010 年 4 月）①

	年龄为 16 岁及以上人口	
	千　人	百分比
异性恋	46659	94.2
男同性恋/女同性恋	466	0.9
双性恋	229	0.5
其他	246	0.5
不知道/拒绝回答	1597	3.2
无应答	320	0.6

而在对不同性别的人进行调查时发现，表示自己是异性恋者的男、女受访者比例大致相同，男性为 48.6%，女性为 51.4%。但是，在所有受访者中，关于男同性恋、女同性恋以及双性恋的认识则有较大差异，其中自认为是同性恋者的男性比例远远高于女性的该比例，两者分别为 68.2% 和 31.8%；相反，自认为是双性恋的比例则是女性高于男性，比例分别为男性 33%、女性 67%（见表 7-7）。

---

① Measuring Sexual Identity: An Evaluation Report, September 2010, Office for National Statistics（ONS）, p.10, p.31, March 2011, http://www.ons.gov.uk/ons/rel/ethnicity/measuring - sexual - identity - evaluation - report/2010/index.html.

表7-7 基于性别的性身份调查（2009年4月~2010年3月）①

英国   单位:%

	男 性	女 性	总 数
异性恋	48.6	51.4	46659
男同性恋/女同性恋/双性恋	56.6	43.4	695
男同性恋/女同性恋	68.2	31.8	466
双性恋	33.0	67.0	229
其他	47.1	52.9	246
不知道/拒绝回答	47.4	52.6	1597
不回答	59.5	40.5	320

除此之外，也有专门对不同地区的人进行的性身份调查数据，结果显示出在伦敦，自认为自己是同性恋的比例最高，为2.2%（见表7-8）。

表7-8 基于国家区域的性认同调查②

英国   单位:%

	异性恋	同性恋/双性恋	其他	不知道/拒绝	不回答
东北	96.0	1.1	0.5	1.8	0.6
西南	95.1	1.5	0.3	2.5	0.6
约克郡-亨伯	95.0	1.4	0.5	2.5	0.6
东米德兰兹郡	95.5	1.0	0.4	2.7	0.4
西米德兰兹郡	93.3	1.1	0.7	4.2	0.7
东英格兰	94.5	1.1	0.5	3.5	0.4
伦敦	91.0	2.2	0.7	5.3	0.8
东南	94.2	1.5	0.6	3.2	0.6
西南	94.8	1.6	0.4	2.6	0.5
威尔斯	95.2	1.2	0.4	2.3	0.9
苏格兰	95.4	1.1	0.3	2.3	0.8
北爱尔兰	92.5	0.9	0.4	5.2	1.0
总数（千人）（=100%）	46658	695	246	1597	320

---

① Measuring Sexual Identity: An Evaluation Report, September 2010, Office for National Statistics (ONS), p.19, p.31, March 2011, http://www.ons.gov.uk/ons/rel/ethnicity/measuring - sexual - identity - evaluation - report/2010/index. html.

② Measuring Sexual Identity: An Evaluation Report, September 2010, Office for National Statistics (ONS), p.27, p.31, March 2011, http://www.ons.gov.uk/ons/rel/ethnicity/measuring - sexual - identity - evaluation - report/2010/index. html.

这份针对性取向的调查表是有史以来英国政府实施的规模最大的同类社会调查,也是第一次发布英国人自我表明的性倾向相关数据,以国家权威调查机构所发布的调查数据间接说明了英国人对不同性取向的接受程度,也反映出在英国对同性恋的认可和接纳。虽然同性恋这个话题目前在英国仍然是一个比婚前同居更具有争议性的话题,也是比同居讨论更多的话题,但英国是全球为数不多的承认同性恋的国家之一。在过去一段时间内,人们对于同性恋的认识正趋于逐渐宽容和接受的态度,越来越多的人开始认为同性恋并没有什么错,但也有部分人认为同性恋是一个错误。根据 2010 年最新发布的"英国社会态度调查"中显示,英格兰人对同性关系的态度在 2000～2010 年,认为同性关系没有错的比例在逐渐上升,从 2000 年的 34% 上升到 2010 年的44%。而认为同性关系有错的人数比例则在下降(见表 7 - 9)①。

表 7 - 9 对同性关系的态度 (2000、2005、2010)

英格兰

同性关系	2000 年	2005 年	2010 年
总是/主要错误(%)	46	40	29
完全没有错(%)	34	37	44
基数(人)	2887	1794	913

伦敦是一座多元化的国际大都市,居民来自世界各地,多样性以及国际化的城市状态同时也反映了存在多样化的伴侣关系。在伦敦市政府的网站上,关于平等一栏中描述了伦敦的这一现状。"伦敦拥有数量庞大而又多样化的男同性恋、女同性恋、双性恋以及变性人的群体。"② 对同性恋者,伦敦政府也给人们以积极的引导。伦敦市长认为,同性恋者与其他人无异,他们同其他人一样都在为伦敦市的发展和繁荣做着积极的贡献。同时,伦敦也专门为同性恋(男同性恋/女同性恋)、双性恋以及变性人建立社区(LGBG),目的在

① Alison Park, Elizabeth Clery, John Curtice, Miranda Phillips and David Utting, British Social Attitudes 28, 2011 - 2012, Natcen, p. 32, http://ir2. flife. de/data/natcen - social - research/igb_html/index. php? bericht_ id = 1000001&index = &lang = ENG.

② "Lesbian, Gay, Bisexual and Transgender Communities", http://www. london. gov. uk/lesbian - gay - bisexual - and - transgender - communities.

于帮助这部分居民争取就业、健康、政治方面的权利，认可他们为伦敦的经济发展所做出的贡献。这些政策、机构和措施等都对人们宽容看待同性恋的认识有较为积极的作用。

（二）社会生活

女性自立是女性自我意识的觉醒，不再依附于他人，尤其是男性，具体表现为自身拥有独立的思想和行为，并认识到自身存在或价值的一种状态。女性自立也是社会性别观念的一种体现，一般可以分为思想上和经济上的自立。伦敦女性的自立意识的觉醒是一定时期时代发展的产物，也是妇女运动推动的结果。女性的自立意味着，女性勇于超越自身与传统，摆脱对家庭、丈夫以及对社会的依赖，主动追求自身价值，通过走进社会并勇于承担起社会所赋予她们的责任，改变女性社会地位的从属性，进而在城市发展中贡献自己的力量。伦敦女性的自立意识的形成和觉醒经历了长期的过程，虽然她们已经基本获得了妇女的人格和经济方面的独立，逐渐进入公共领域去发挥自己的作用，但是在择业与社会参与方面，英国传统文化所沿袭的社会性别观念仍然对伦敦妇女的就业和社会参与有一定程度的影响。

1. 社会参与

社会参与是指社会成员以某种方式参与、介入城市的政治、经济、文化和社会的公共事务从而影响城市发展的活动。对于女性来说，社会参与是她们走出家庭、从"私人领域"走向"公共领域"的关键途径。伦敦女性的社会参与可以追溯至 18 世纪以前，从固守在家庭中天使的身份开始慢慢进入社会参与各种社会活动，对于英国历史时期中产阶级的女性来说，慈善事业是她们社会参与的主要方式，至今仍然是一种非常普遍的社会参与形式。虽然早在 18 世纪之前，慈善活动就在英国存在，但更多的是以社会救济的方式存在。从 18 世纪开始，慈善活动成为有组织的行为，而英国女性的慈善活动也开始活跃，并逐渐得到社会的认可。"虽然 19 世纪英国的主流性别观念仍然坚持男女属于不同领域，男性主要是在政治与经济领域，而女性主要是家庭内。但社会参与却处于这两者之间，属于一种灰色地带。"[①] 比如 "1819 年，

---

① Dorice Williams Elliott, *The Angel out of the House*: *Philanthropy and Gender in Nineteenth Century England*, London: University Press of Virginia, 2002, p. 4.

'圣经社团'共有 350 个女性分部,有 10000 名女性参加。而女性独立经营的慈善团体从 18 世纪、19 世纪初的少数几个,增加至 19 世纪中期的几百个。"①女性通过慈善活动参与的社会中,不仅使自己的行为或活动领域扩展到外部世界,进而对城市的发展贡献力量,而且在社会参与的过程中逐渐唤醒了她们自我觉醒的意识,为以后职业的发展奠定了基础,为她们进入公共领域提供了机会,也对后来女权运动的发展产生影响。在 19 世纪中期,英国的女权主义者通过中产阶级女性在慈善活动中所得到的锻炼,建立了有序的妇女运动组织。

伦敦女性也是如此。随着女性社会参与的人数逐渐增多,她们社会参与的方式也有所增加,除了慈善活动外,还有各种社团,以争取男女平等、维护世界和平、保护环境等目的的各种机构、组织等也有大量女性的参与。女性为城市的经济、环境、政治等的发展做出应有的贡献。虽然女性在社会参与活动中的比例较大,发展速度也较快,但发展过程中仍然存在着与传统性别观念的斗争。

但无论如何,通过慈善事业及其他社会参与,女性打破了男性对她们的控制,开始作为对社会承担责任的公民,体现自身的价值。这些活动不仅给女性带来了成就感,也培养了她们的社会责任感,从而加深了对自身的认识。

2. 就业歧视

英国在就业方面的性别歧视现象仍然普遍存在,改善这一现状还需要更进一步的努力。针对性别歧视、怀孕歧视以及变性人歧视等,英国政府制定了一系列的法律和规定,如 1919 年通过的《排除性别无资格法》。该法禁止特定行业基于性别因素和婚姻状况而认为其无资格、或无能力胜任该工作,从而拒绝其加入该行业,但收效甚微。但促进就业领域的性别平等的努力仍然在行动中,比如 1970 年出台的《同酬法》、1975 年的《性别歧视法》,等等。为了进一步保护同性者的权益,英国于 2004 年 11 月 18 日通过《2004 年民事伴侣关系法案》,等等。这些立法行动体现出政府以及立法部门对就业歧视的认识问题。

随着社会性别意识受到越来越多的关注,各种社会团体组织的平权运动

---

① Robert B. Shoemaker, *Gender in English Society*, *1650 - 1850*: *the Emergence of Separate Spheres*? Longman Pub Group, 1998, pp. 246 - 247.

不断涌现，两性就业平等的观念也越来越受到人们的重视。一些政府机构出台报告分析就业方面的认识：虽然国家在男女两性平等方面取得了较大进步，但女性仍然为就业歧视的主要受害者。2007 年，英国就业机会均等委员会在报告中说，虽然 30 多年来英国社会一直在和性别歧视作斗争，但从目前"令人痛苦的"缓慢进展来看，实现男女平等还需要花费数十年时间。该委员会对英国国内衡量男女平等的 22 项指标进行分析后发现：一些大公司董事会成员也存在男女比例失调现象，要消除性别歧视还需 65 年。退休人员中，女性拿到的养老金要比男性少 40%。消除这种差距需要 45 年。兼职薪水也存在着性别歧视。以每小时收入计算，目前女性兼职薪水比男性少 38%，两者收入差距需要 25 年才能弥合。女性全职收入目前比男性少 17%，需要 20 年才能消除两者之间差距。该委员会主席珍妮·沃森（Jenny Watson）说："今天大多数女性都有自己的工作，很多男人也不再承担养家糊口的责任。生活的压力使男性和女性都很难有充足时间来照顾他人。虽然我们在实现男女平等上取得了很大进步，但目前社会体制还没有完全跟上变化。"①

而 2012 年英国"女童子军"组织的调查显示，在就业方面，仍然存在着不太乐观的景象，但女孩比男孩态度乐观，而在一些职业方面仍然存在着不正确的认识和观念。调查显示，"19% 的女孩认为自己的职业前景比母亲糟，38% 的男孩认为自己将比父亲失败。但是，11~21 岁受调查女孩中，20% 认为女性受到雇主的性别歧视，50% 认为从事护理工作的人和全职母亲的价值被社会低估。"②

3. 性别平等法律的认识

法律是为促进男女性别平等服务的，但公众对于两性平等法律的认识还要进一步提高。比如，公众对于强奸案件的认识，总部在英国伦敦的大赦国际组织 2005 年公布的一项民意调查显示，"超过 1/3 的英国民众认为，如果一个举止轻佻的妇女被强奸，她本人应当负全部或部分责任。这项民意调查所指的这类妇女具有如下特征：穿着性感、喜欢酗酒、有多个性伙伴以及不明

---

① 《报告称英国性别歧视普遍存在》，新华网，http://news.xinhuanet.com/2007 - 07/29/content_ 6447930.htm，访问日期：2012 年 11 月 12 日。

② 《英国社会婚恋观：英国男孩渴望婚姻》，索学网，http://www.indexedu.com/news/learn/edu/201210177790.html，访问日期：2012 年 11 月 12 日。

确拒绝男性的调戏等。1/4 ~ 1/3 的受访者认为，如果这类妇女遭到强奸，她们本人应受到指责。"对此，各界人士也发表不同的观点。很多人呼吁，必须改变目前审判强奸案的做法。"反对强奸"妇女组织的成员露丝·霍尔（Ruth Hall）认为，这是目前英国司法系统的偏见。她说："他们仍然将妇女当成审判对象，她的性史也成了她的污点，这是不应该的。他们还认为，发生这种事（指遭到性侵害），完全是妇女的责任。"霍尔还表示，"如果那些强奸犯的惩罚者和人们的保护者都这么认为，并把它当成标准，那么大众说出同样的话，就一点也不足为奇。政府的责任应该是让执法人员惩罚那些暴力的男人，只有警方、法官及皇家检察人员的意识改了，公众的意识才会跟着改变。"①

伦敦是强奸案高发的城市之一，女性往往是其主要的受害者。公众对性暴力的观念和认识如果不改变，就无法从根本上消除或减少性暴力犯罪。

因此，不管对伦敦还是英国来说，女性与社会对性别观念的认识虽然较之前有了一定程度的提高，但仍然存在一些阻碍女性发展和促进两性平等的观念，而实现平等的目的首先需要从根源上认识并消除导致这些观念的根源。

二 影响伦敦女性性别观念形成的要素

任何一种社会性别观念都不是凭空产生的，也不是人们天生就存在这样或那样的认识，而是由各种因素在一定的社会文化结构中共同建构和促成的。从对伦敦和英国女性和社会对家庭和社会生活中的性别观念认识中，就可以大致了解伦敦女性或者社会对于男女两性所持有的性别观念。而影响伦敦女性产生社会性别观念的因素有许多，比如教育、大众媒介等。

（一）教育因素

教育是影响性别观念形成的关键因素。人从一出生开始就要接受不同方面的教育，从婴幼儿时期的家庭教育到后来的学校教育，都潜移默化地影响着伦敦市民社会性别观念的形成。家庭环境是孩子耳濡目染的场所，也是社

---

① 《英调查引发争议 妇女举止轻佻被强奸本人须负责》，新华网：http: // news. xinhuanet. com/world/2005 - 11/26/content_ 3838253. htm，访问日期：2012 年 11 月 12 日。

会性别观念最初形成的地方。有学者指出，"儿童过去（而且至今仍然）首先从家里的长辈学会身为男性或女性的意义，他们对性别差异的最早体验通常始于家庭内部。而且，家庭是社会组织的最初形式，是儿童接触的第一个社会组织，所以在家庭里学到的性别知识对于两性来说是最难改变的。"① 而根据伦敦家庭责任分工的主要性别差异来看，女性负责较多的家庭劳动。对于家庭中的孩子来说，不管男孩还是女孩，他们从小就在这种分工的家庭模式中长大，自然也就形成了同样的社会性别观念，而且在长大后会继续这种模式。另外，由于父母及其以上辈分人的性别观念对于孩子的教育问题上也呈现出继承的特点，他们也希望孩子能够沿袭着社会既有的社会性别观念，以使孩子能适应社会的要求。

当孩子长大到一定年龄开始接受学校教育，但在英国历史上，往往存在男孩子被送到学校而女孩则继续留在家中由母亲教育的情况。即使男孩女孩都去上学，他们所接受的学校教育也是不同的。男孩受到的往往是职业性的技能教育，而女孩子受到的则是非职业性的教育。学校和家庭对于性别观念的灌输也存在差异，"男孩子被鼓励要自控、忍耐、勤奋、勇敢，女孩子被教导要屈从，与骄傲自大作斗争的规范。"② 对于现在的伦敦人来说，学校教育中所体现出来的性别差异不再像历史上那么两极分化，女性进入学校接受教育的比例增多，而涉及的专业领域也更加广泛，在生物科学与数学等领域中都出现不少女性的身影，但从总体上来说，男性仍然主导着职业性较强的专业。

（二）大众媒介的作用

大众媒介包括电视、报纸、杂志等各种形式的载体，它在传播过程中存在着不同程度的性别偏差，主要表现为对男女两性的形象、性格、社会分工、家庭角色等方面起到定型与强化的作用。在电视广告中，对于小孩来说，玩具中宣传着男女两性不同的性别观念，男性的玩具往往是汽车、坦克、机器人等具有冒险精神和动手能力的机械性的玩具，而女孩的玩具

---

① 〔美〕梅里·E. 威斯纳－汉克斯：《历史中的性别》，何开松译，东方出版社，2003，第33页。

② Robert B. Shoemaker, *Gender in English Society*, *1650–1850*, London and New York：Longman, 1998, p. 131.

则多是毛绒娃娃或者是作为受保护的角色出现。在成人的广告中，女性常与厨房用品、家庭生活用具或者照顾孩子等信息相关，凸显家庭主妇的形象，而男性则往往是高端科技、精英人士的代表。除此之外，一些时尚杂志夸大女性年轻貌美的外在价值观念，而对于男性则是事业成功为价值体现，等等。

与此同时，大众媒介也是女性提高自我意识的有效媒体。如果社会观念对女性自我追求的认可，在电影、电视等影视作品和一些杂志等中得到了体现，就会潜移默化地影响到受众的观念。"在女性杂志中，所谈论的话题除了传统的女性在家庭中的职责外，还有不少涉及女性与家庭之外的工作与政治事务间的关系。她的身份可能是一位热爱家庭的妻子和母亲，但也可能是一位成功的职业妇女。当代女性杂志最突出的特征之一就是要求女性对自我更加关注。"在2002年的"英国电影节"中，《高跟鞋与低生活》一片充分体现出21世纪的英国妇女愿意加入各种各样的工作中去的决心。而在广告业中，由广告信托史档案组织（HAT）制作的系列片《女性在广告中的形象——从维多利亚时代至今》自1995年诞生之日起就受到极大欢迎，现在已经将内容扩展到了最新的2003年和2004年。它的主要目的就是展示维多利亚时代以来女性社会经济地位的变化。①

本节主要讨论了教育和媒介这两个影响伦敦或英国性别观念形成的因素，但实际上，除这两者外，仍然存在着大量其他影响因素，而国家和地方政府制定、实施性别平等的法律、法规和各项政策，无疑是宣传社会性别平等观念、实现性别平等的切实有效的途径。

三　伦敦政府采取的举措

作为世界城市的伦敦，其社会性别观念是在传统与现代的相互交错中发展的，一方面具有伦敦或者英国的历史延续性，传统的观念仍然在一定程度上束缚着女性的生活，也制约着社会或者男性对女性的认识；另一方面，女性发挥自身价值的意识在逐渐觉醒，城市的发展也为女性提供了更多的机会。在传统的束缚与现代的机遇下，伦敦女性的社会性别观念总体上是在缓慢中

---

① 《现代英国的女性形象》，中国妇女网，http://www.women.org.cn/allnews/1003/411.html，访问日期：2012年11月16日。

逐渐获得改变。虽然相对于男性来说，女性仍然处于弱势的地位，但社会性别观念呈现出理性和觉醒的发展势头。这种趋势离不开伦敦政府的政策引导、经济支持等一系列努力。而这些促进社会性别平等的举措对北京具有一定的借鉴意义。

不管是在教育、就业还是婚姻方面，伦敦市政府都对于促进社会性别平等做出积极的努力，也为社会性别观念向着积极健康的方向发展制定各种措施。伦敦市长鲍里斯·约翰逊曾在 2010 年 3 月发布的《社会性别平等框架》中指出，"要使伦敦成为世界上最好的城市，在这里每个人都有机会实现自己的希望，不管是什么性别、族裔、信仰……"① 在伦敦社会性别平等计划中，针对女性就业率的相对低下，就业结构中偏向时间灵活、低薪等工作，伦敦发展署（London Development Agency，LDA）已经递交了针对鼓励女性进入商业中的计划，而市长也对日托所提供资助，使儿童照管成为可以负担且具灵活性的事情。儿童托管灵活性计划（London Childcare Affordability Programme）可以帮助父母留在或者回到职业场所。根据伦敦市政府的数据显示，这项计划在"2005~2009 年支持了 9000 个家庭，市长宣布会再投入 1200 万英镑推动这项计划，以帮助孩子的父母进入或留在工作岗位"。② 另外，市政府还鼓励女性进入传统上由男性垄断的职业，比如消防员、出租车司机、地铁司机，等等。而在未来，伦敦市政府仍然会在儿童托管、女性就业方面投入大量资金使女性能够更多地进入工作岗位，同时也为女性提供更多的技能培训以便其能够找到合适的工作。对于女性在婚姻家庭中的角色，伦敦市政府也提出了针对具体问题的相应策略。比如，针对伦敦女性遭受家庭暴力的问题，市长在 2010 年的国际妇女节上就明确提出了反对针对妇女和女孩暴力的策略与行动计划。而且，伦敦市政府会联合首都警察监管局等部门，通过实施市长针对女性暴力的计划，来加强对家庭暴力的治理。通过及时对实施家庭暴力的人进行教育、惩罚甚至定罪等方式使女性在家庭中得到保护。

不管是从政策上还是从法律上，伦敦政府所采取的这些措施都对社会性别观念的改善具有较大的推动作用。女性不再是缺乏主体意识、完全依赖男

---

① *Equal Life Chances for All Londoners - Gender Equality*：*Great London Authority Draft Gender Equality Scheme 2010 - 2011*，Greater London Authority，May 2010，p. 3.

② Third Economic Recovery Action Plan Update，Greater London Authority，November 2009.

性的角色，也不再局限于贤妻良母式的家庭角色。

第三节　巴黎女性性别观念和认知状况

社会发展水平影响着人口的性别观念，性别观念的变化也影响着女性在社会生活中的参与。二者之间的良好互动可以为女性提供更好的发展条件。经过 20 世纪的发展，与其他发达国家女性一样，法国女性的性别观念发生了巨大的转变，巴黎女性身处欧洲文化交汇地，在她们教育层次和就业水平提高的背后，女性本身和全社会性别观念的变化发生着巨大的作用。由于能够获取的资料均以法国全国范围所做的调查研究为主，本节将观察法国人性别观念发展状况，从中可以看到巴黎大区和巴黎市女性所处的社会性别氛围。

一　当代法国女性的性别观念与自我价值的实现

在良好的教育背景下，法国女性拥有较为强烈的独立意识，其就业水平表现出其经济独立、追求和实现自我价值的意愿。她们的独立意识也表现在她们对于家庭和婚姻态度的重建，不论出于何种婚姻状况，她们都努力兼顾事业与家庭。法国女性的独立意识还进一步表现在其对于自身发展状况的认知、社会参与意识和对政府部分在相关政策中的性别平等原则执行的认知。

（一）法国及巴黎女性的就业性别观念

在就业方面，法国女性的性别观念可以归纳为三个特点：积极追求女性的经济独立与自我价值，对于女性就业遭遇的性别障碍有较为清醒的认知，对于政府在解决女性就业问题方面有明确的期待。

1. 对独立与自我价值的追求

"二战"时期，法国女性曾大批走向工厂，代替男性参加劳动与生产，此为战争背景下的必然结果。今天，法国女性对事业的追求更大程度上是一种自觉。巴黎女性相对较高的就业率比较典型地呈现出法国女性对职业生活的追求。1975 年，法国本土女性就业率为 45%，而巴黎大区女性就业率达到61%。到 2009 年，法国本土女性与巴黎大区女性就业率分别是 63% 和 69%，表明女性就业率在全国范围内取得了提高，外省与巴黎的差距缩小。

这种独立意愿还表现在女性真正投入职场之前，已有相当一部分年轻女性

离开家庭独立生活。根据 2005 年法国国家经济统计署发布的数据，56% 的 18 ~
29 岁年轻人不再与父母一起生活，但是女孩比男孩离开家庭独立生活更早。
18 ~ 21 岁的女孩当中，有 1/4 的人不再与父母生活在同一屋檐下，而同年龄段
的男孩只有 1/10 离开家。调查指出，虽然结婚或同居以及生育年龄较早是女孩
离开父母的原因之一，但独立意识和开始职业生活也是其中的重要原因。①

法国女性在就业方面表现出一定的自主创业意识。虽然她们在自主创业
方面对自我能力表现出自信心不足，但是对创业本身表现出很高的认同程度。
2011 年 12 月观点之路调查公司（Opinionway）就女性创业精神进行了一次调
查，采集了 1019 名女性的受访结果。2/3 以上的受访女性认为，创业比当工
薪阶层更能实现个体的价值。调查还显示，对于女性来说，自我价值比挣钱
更为重要。2/3 左右的受访女性都能够接受自主创业的可能性。②

法国女性进一步认为，工作是生活的重要组成，是产生幸福感的重要因
素。2011 年 7 月，哈里斯互动调查公司（Harris Interactive）组织了一次以
"法国女性与爱情"为主题的网络调查。733 名来自法国不同地区、年龄各异
（均为 18 岁以上）、社会背景和职业不同的女性接受了调查，她们认为，在幸
福的生活当中，"令人充满激情的工作"与"拥有友谊"平分秋色，都比"夫
妻生活"更为重要。③ 这反映出，法国女性愿意在职场中发挥自我价值，拥有
自己的生活，已减少了对于男性和传统家庭生活方式的心理依赖。

2. 法国女性对于就业性别歧视的认知

经过 20 世纪法国女性主义运动的发展，法国民众对于社会性别概念的认
知有了很大提高。女性对于性别差异在就业领域中导致的后果有着十分清楚
的感受。她们能够感受到性别差异负面效应的减少，也能感受到性别歧视问
题给她们带来的压力。

法国人认为女性的工作能力与男性相当，这对于法国女性充分享受就业

---

① "L'indépendance des jeunes adultes: chômeurs et inactifs cumulent les difficultés", 法国国家统
计与经济研究所网站，http: //www. insee. fr/fr/themes/document. asp? ref_ id = ip1156#in-
ter1，访问日期: 2012 年 11 月 20 日。

② "Les femmes et la création d'entreprise", http: //www. opinion – way. com/pdf/sondage_ les_
femmes_ et_ la_ creation_ d_ entreprise_ – _ sde_ paris_ 2012_ pour_ impressionx. pdf，访问
日期: 2012 年 11 月 20 日。

③ "Les Françaises et l'amour, Sondage Harris Interactive pour Grazia", Harris 网站，http: //
www. harrisinteractive. fr/news/2011/30072011. asp，访问日期: 2012 年 11 月 20 日。

权利提供了较好的社会认知环境。2000 年，在知名调查公司益普索公司（IP-SOS）的一次针对招聘者和求职者的专题调查中，在回答"您认为女性与男性相比能力较强、一样还是较弱（体力工作、技术岗位、领导团队能力和谈判能力）？"这一问题时，只有 49.5% 的受访者认为女性和男性可以承担同样的体力工作，但是 85.5% 的受访者认为，女性和男性具有同等的承担技术工作岗位（如叉车司机、技术员等）的能力，88.5% 的受访者认为，女性在领导团队方面与男性具有相同的能力，81.5% 的受访者认为，在合同谈判方面，女性具备与男性相同的能力。① 这一调查结果体现出法国人观念上的进步，因为技术型工作、领导者岗位和谈判能力通常被认为与男性性别特征联系最为紧密。

然而，这并不意味着性别差异问题在职场完全消失。在同一调查中，在对人力资源管理人员进行调查时，34% 的受访者在回答"您是否在招聘时曾事先界定性别要求？"这一问题时回答"是"。这说明，性别因素仍然在较大程度上影响着女性的求职过程。同时，7% 的女性和 1% 的男性在求职时感觉受到性别歧视，19% 的女性在求职面试时被问到关于最近是否考虑生育的问题，只有 9% 的男性面对过这一问题。15% 的女性和 7% 的男性在求职面试时被问到上班时子女如何看护的问题，29% 的女性和 9% 的男性曾决定推迟怀孕以保证有稳定工作，17% 的女性和 29% 的男性曾因担心晋升受阻或推迟而决定推迟怀孕，47% 的女性和 55% 的男性认为休产假会影响晋升，50% 的女性在孩子生病时找不到其他人代为照顾的情况下自己请假照顾孩子，但只有 5% 的男性会这么做。② 这一系列数据表现，虽然在大多数情况下，求职面试中性别因素并不明显，但是女性遭遇到性别问题的几率明显高于男性。因担心失业而推迟怀孕的女性比例较高说明，女性在职场中遭遇的失业风险略大。

总体来看，法国女性认为男性在社会中仍然享受着性别造成的一定特权和便利。根据法国著名杂志《她》（*Elle*）2011 年 12 月到 2012 年 4 月向 1400 名法国女性进行了关于"女人要什么"的调查③，68.46% 的女性认为男性生

---

① "Les femmes face au marché du travail", Ipsos 网站，http：//www. ipsos. fr/ipsos – public – af-fairs/sondages/femmes – face – au – marche – travail，访问日期：2012 年 11 月 20 日。

② "Les femmes face au marché du travail", Ipsos 网站，http：//www. ipsos. fr/ipsos – public – af-fairs/sondages/femmes – face – au – marche – travail，访问日期：2012 年 11 月 20 日。

③ "Sondage exclusif：ce que veulent les femmes"，世界时装之苑网站，http：//www. elle. fr/So-ciete/L – actu – en – images/Sondage – exclusif – ce – que – veulent – les – femmes，访问日期：2012 年 11 月 20 日。

活比女性要容易。法国女性认为女性权利还需要得到更高程度的彰显。只有
47.93%认为女性权利近年取得了进展。就业给女性带来的压力和问题表现得
十分突出。首先，在收入平等方面，54.56%的女性在工作中感觉到不公正，
因为男同事得到的工资更高。其次，女性仍然在工作与家庭之间苦苦寻求平
衡。70.47%的女性感到实现个人生活与工作的平衡比较困难，48.28%的女性
认为职业生活会对生育第一个子女的年龄产生影响，57.05%的女性在解决子
女看护问题时遭遇困难。这种平衡困难在工作生活节奏相对更快的巴黎地区
表现得更为突出。此外，根据上文提及的观点之路公司的调查，33%的受访
者认为在创业中，女性的性别是一个不利因素。①

3. 法国女性对于政府作用力的认知

关于女性权益的保护，法国女性认为，政府在性别平等方面承担着最重
要的任务，并对政府抱有信任感。在《她》进行的调查中，73.17%的女性选
择相信下一任政府会实现性别平等，48.13%的女性认为应该创立独立的女性
权益部。她们还认为，在政府决策中，如果女性能够积极参与，那么可以改
善民众的生活条件。66.94%的受访女性持这种观点。②

法国女性对于法律法规在改变就业方面性别不平等问题的作用力抱有很
高期望。面对平衡个人生活与工作的困难，她们希望政府可以通过制定法律
法规来实现女性应享有的权利。法国女性表现出明确而具体的福利需求，
77.39%的女性认为企业应该考虑到职员的家庭生活需要；91.38%的女性赞成
对女性非全日制工作进行规定，以此帮助女性减少失业风险；91.22%的女性
认为应该对男女同工不同酬的企业进行罚款；62.52%的女性希望得到更长的
产假和更高的产假期薪酬；72.96%的女性则认为企业和国家应该在没有托儿
所等机构时为请人照顾儿童支付补贴。③

---

① "Les femmes et la création d'entreprise", http：//www. opinion－way. com/pdf/sondage_ les_
femmes_ et_ la_ creation_ d_ entreprise_ －_ sde_ paris_ 2012_ pour_ impressionx. pdf，访
问日期：2012 年 11 月 20 日。
② "Sondage exclusif：ce que veulent les femmes"，世界时装之苑网站，http：//www. elle. fr/So-
ciete/L－actu－en－images/Sondage－exclusif－ce－que－veulent－les－femmes，访问日期：
2012 年 11 月 20 日。
③ "Sondage exclusif：ce que veulent les femmes"，世界时装之苑网站，http：//www. elle. fr/So-
ciete/L－actu－en－images/Sondage－exclusif－ce－que－veulent－les－femmes，访问日期：
2012 年 11 月 20 日。

法国女性对于政府作用和立法作用的认知与法国全社会对于立法作用的认可是一致的。这种认知高度与法国已经拥有一系列与性别主题有关的法案有关。调查机构、公众等不同的社会行为主体对于立法有着比较细致的思考。一家就业网站的调查表明，62.9％的受访者同意通过立法规定董事会内部的女性比例。①

（二）法国女性的个人生活观念

在法国现代社会中，"婚姻家庭生活"这一概念已经更多地被"个人生活"概念所替代。单身女性、单身妈妈、民事同居契约形式伴侣的数量和社会认同度表明，法国人对于多元的个人生活模式的接受程度。传统模式的婚姻和家庭不再是法国女性唯一的幸福指数。她们追求的是一种综合了工作、友谊、爱情与婚姻、子女、文化娱乐等多重因素的个人生活模式。所以，本小节通过法国女性的幸福观来看她们的个人生活观念。

第一，法国女性重视工作对于幸福生活的意义。根据"法国女性与爱情"调查，27％的受访女性认为，一个能让人发挥价值的工作是幸福的必要条件，57％的女性认为这是重要条件。也就是说，94％的女性认可工作对于自我价值的意义。② 同时，虽然女性追求职业生活中自我价值的实现，也愿意为此做出牺牲，但是更希望能够享受到工作和生活的双重快乐。观点之路公司的调查对此也提供了佐证：60％的受访女性认为，理想职业应该有利于平衡工作和个人生活。③

第二，法国女性给予了友谊非常重要的地位：36％的人认为"必不可少"，52％的人认为"很重要"，总数达到88％。但这并不意味着法国女性对爱情不再有信心，而更多地表明女性对于友谊的信赖，对于自身朋友圈的高

---

① "Etes – vous favorable à la loi qui impose un quota de femmes dans les conseils d'administrations ?", Etre bien au travail 网站，http：//www. etre – bien – au – travail. fr/tous – les – sondages/etes – vous – favorable – a – une – loi – pour – imposer – un – quota – de – femmes – en – entreprise，访问日期：2012 年 11 月 20 日。

② "Les Françaises et l'amour, Sondage Harris Interactive pour Grazia"，Harris 网站，http：//www. harrisinteractive. fr/news/2011/30072011. asp，访问日期：2012 年 11 月 20 日。

③ "Les femmes et la création d'entreprise"，http：//www. opinion – way. com/pdf/sondage_ les_ femmes_ et_ la_ creation_ d_ entreprise_ – _ sde_ paris_ 2012_ pour_ impressionx. pdf，访问日期：2012 年 11 月 20 日。

度重视，说明女性正在挣脱以婚姻家庭为重心的生活方式。[1] 此外，根据 2010 年法国国家统计和经济研究所数据，相比于男性，女性与家庭和朋友的关系更为紧密，花费的时间也更多。女性更热衷于用电话、电邮、信件和短信与亲朋好友进行交流。但是在朋友交往方面，40 岁以下男性与朋友的交往时间要比 40 岁以下女性多。但 40 岁以后年龄段则相反，女性与朋友交往的时间多于男性。[2] 这一现象与法国离婚率较高、独居女性比例较高有一定的关联。

第三，女性对于爱情的永恒追求仍是幸福生活的一部分。对于法国女性来说，爱情在个人生活中仍然占据重要地位，13% 的受访者认为其"必不可少"，53% 的人认为"很重要"，总数为 66%。但她们对于爱情的永恒性存在着一定分歧，53% 的法国女性相信爱情可以持续一生，而 46% 的女性认为爱情只存在于生命的某个阶段。后一种比较实际的观点具有较高比例，这也从一个侧面说明法国女性对于婚姻的可持续性并不抱有很高的期望。

在伴侣关系中，法国女性比较重视性生活。72% 的女性认为有伴侣"必不可少"或者"很重要"，而 74% 的女性认为性生活"必不可少"或者"很重要"。法国女性对于伴侣的要求，按重要性排列分别是：忠诚、真诚、重视家庭、善良、有趣、聪明。虽然 74% 的女性认为性生活十分重要，但是比起不忠实但与之性生活和谐的伴侣，85% 的女性会选择虽然性能力较低但忠实的伴侣。

受访者中没有女性认为金钱是理想生活最重要的三大要素。在伴侣关系中，14% 的女性认为，如果女性收入比伴侣多，那么会造成伴侣关系不和谐，但只有 6% 身处其境的女性认为如此。这说明，女性收入高不是影响伴侣关系的重要因素。

第四，在对待孩子的态度上，虽然只有 1/3 的受访女性认为孩子是幸福生活不可或缺的因素，但是 78% 的受访女性认为孩子在幸福生活中占据重要位置。这说明法国女性虽然接受多元化的伴侣关系，但是子女观念仍然比较传统，而且调查还表明女性年龄越大越重视孩子。虽然包括巴黎在内的法国女

① "Les Françaises et l'amour, Sondage Harris Interactive pour Grazia", Harris 网站, http://www.harrisinteractive.fr/news/2011/30072011.asp, 访问日期：2012 年 11 月 20 日。
② "Qualité de vie des hommes et des femme", 法国国家统计和经济研究所网站, http://www.insee.fr/fr/ffc/docs_ffc/ref/FHPARIT12d_VE3quali.pdf, 访问日期：2012 年 11 月 20日。

性初育年龄推迟，2008 年统计数据，巴黎市平均每名妇女生育 1.6 个子女，法国全国平均每名妇女生育子女数为 1.9 个，这表明在传统婚姻模式受到冲击的情况下，法国人仍然愿意生育，愿意选择有子女的生活模式。

另外，63.42% 的女性认为应该允许同性恋伴侣领养孩子。这种宽容度在一定程度上既表现了她们对于同性伴侣生活模式的宽容，也能表现她们对于这一人群拥有子女的愿望的理解。

（三）法国女性的社会参与

20 世纪妇女运动提高了女性的社会参与意识和参与政治决策的主动性，女性一直积极参加各类社会活动，表现了女性对于社会的积极作用。从现实来看，目前女性参与社会活动的比例仍然略低于男性。到 2010 年，法国男性加入各种协会的比例仍略高于女性，37.2% 的男性和 31.7% 的女性是各种协会（包括工会组织）成员。[①]

工会在法国是非常有影响力的组织。女性参加工会的比例略低于男性，2008 年，6% 的女性参加了工会组织，而 8% 的男性是工会成员。各工会中女性比例不同，在会员人数最多（80 多万）的法国民主工联，47% 的会员为女性。在不同的工会中，女性进入领导团队的状况比较不平衡。[②]

从参加社会团体的性质上看，女性更多地参与健康、社会和人道主义类协会组织、权利和共同利益保护类组织和宗教文化类组织，但在环保组织加入方面，比例略低于男性。[③] 各种协会成员中，40 岁以下不论男女，参加志愿活动的比例都是 57%，但是结合各种年龄的统计数据表明，女性成员参加志愿活动比例为 56%，男性则为 60%。

值得一提的还有，法国女性在法国女性主义组织发展中所做的努力，这也是她们通过参与社会活动改善自身境遇之举。1901 年，法国女性委员会（Conseil National des Femmes）成立，有 40 多家致力于改善女性教育状况和社

---

① 法国国家统计和经济研究所网站，http：//www. insee. fr/fr/themes/tableau. asp? reg_ id = 0&ref_ id = NATSOS05512，访问日期：2012 年 11 月 20 日。

② "Notre organisation"，法国民主工联网站，http：//www. cfdt. fr/rewrite/article/26490/qui – sommes – nous/notre – fonctionnement/notre – organisation/notre – organisation. htm? idRubrique = 9088，访问日期：2012 年 11 月 20 日。

③ 法国国家统计和经济研究所，http：//www. insee. fr/fr/themes/tableau. asp? reg_ id = 0&ref_ id = NATSOS05512，访问日期：2012 年 11 月 20 日。

会地位的女性主义组织加盟。20 世纪 70 年代是法国妇女运动的高潮时期，女性主义组织蓬勃发展。法国众多女性主义组织会聚巴黎，其影响力渗透到全国。这些组织的目标或是帮助弱势女性，或是帮助女性改善就业条件，或是促进女性参与政治决策，表现出女性坚韧的社会活动能力。

二　对法国人性别观念产生影响的历史社会文化因素

从前几个章节可以看到，法国女性的性别观念结合了现代性与传统性。如果说教育水平、就业水平、认知水平等因素是其现代性特点的重要成因，那么对于女性全面发展起到束缚作用的就是影响认知水平和性别观念的历史和社会文化因素。

（一）法国宗教传统对于性别观念的影响

法国女性的传统角色定位与法国悠久的天主教传统密切相连。尽管众多的法国人都已不再上教堂做礼拜，但是天主教教义在世俗生活中的影响深远。比起天主教徒，新教徒更注重保护女性权益。第三共和国时期，新教徒在女性获得受教育权方面发挥了非常大的推动作用。天主教教义表面上是推崇平等的，圣徒保罗说："既没有犹太人，也没有希腊人，没有奴隶，也没有自由人，没有男人，也没有女人，你们在耶稣那里只是一个人。"但是，天主教赋予女人的理想价值是温柔、忠诚、无私，她们的社会任务是通过扮演母亲和抚育者的角色来传递这些价值。

在当今社会，活跃在经济生活、社会生活，尤其是担任政治责任的女性往往与"现代、新潮、出风头"等词汇连在一起，她们可以选择当母亲，但当母亲不再是她们必须履行的义务。这样的形象显然背离了宗教的原始设计，具有了诸多男性特征。这个新形象也并非是所有现代人都能够坦然接受的。虽然宗教的影响力在当代社会中已经大大降低，但是法国社会广泛接受的女性形象仍然更多地与家庭联系在一起，在一定程度上影响到女性就业时的行业分布、女性在工作与家庭之间权衡时的种种选择以及女性在社会参与模式中的地位。法国政府中经济、外交等部门几乎从未出现过女性掌门人。像米歇尔·阿里奥－玛丽（Michèle Alliot－Marie）那样先担任国防部部长又担任内政部部长的女性并不多见。

（二）法国哲学对于性别观念的影响

法国古典哲学思想在很大程度上束缚了女性参与社会活动的积极性和社会对女性从政的支持。在文艺复兴时期，个人权利一度成为讨论主题，男性的形象与理性、意识、对世界的认知以及政治责任联系在一起，而女性则被贴上顺从、依附的标签。启蒙思想的重要人物卢梭的思想最具代表性。他认为，女人是为了男人而被造出来的，她们的责任是取悦男人、服务男人，得到他们的喜爱，并以他们为荣，女人的作用主要表现在家庭当中。一位 18 世纪的法国政治人物甚至宣称道："如果您想让您的观点被人广泛接受，那么去妇女们那里。她们会接受您的观点，因为她们无知；她们会传播您的观点，因为她们多嘴；她们会坚持您的观点，因为她们固执。"[1] 这种轻视女性的哲学思想深刻影响着女性在 20 世纪的发展状况，其影响力典型表现在政治经济领域中。在很长时期内，妇女在经济上做出的重大贡献都不能使她们获得相应的政治地位。

如今法国社会发生了变化。在政治上，获得了选举权的妇女们的票数举足轻重。今天，法国的主要政党都设有专门的部门负责争取女选民，在她们当中进行宣传工作，并增加女性党员的人数。在经济上，女性就业也取得了显著进展。但各党决策机制内、各级权力机构中的女性比例低，经济上女性仍然受到薪酬不平等等现象的困扰。究其原因，哲学观念方面的影响力仍是其中之一。

（三）女性社会角色定位问题

虽然法国女性在过去一百多年当中的发展和进步不容置疑，两性的性别观念变化也是巨大的，但是现代性和传统性仍然在民众的认知当中胶着在一起。社会对于女性的评价标准仍然与女性传统形象有一定关联。

2003 年，TNS – SOFRES 市场调查公司为《心理学杂志》（*Psychologies Magazine*）就"男性如何看待女性"做了一份调查，采样访问了 454 名 18 岁以上的不同性别、年龄的受访者。19% 的受访者最欣赏法国女性的经济独立，

---

① Carl Aderhold et Renaud Thomazo（sous la direction de），*Français! Notre histoire，nos passions*，Paris：Larousse，2003，p. 74.

4%的人最欣赏女性的性解放，38%的人最欣赏女性充沛的精力，38%的人最欣赏女性同时照顾家庭和发展事业的能力，还有24%的人认为女性最大优点是勇气和责任感。从中可以看出，"精力、责任感、兼顾工作家庭"这些判断或多或少呈现出女性在婚姻家庭中的传统形象，经济独立并没有被多数人视为女性的最大优点。调查还表明，男性不愿意看到女性在两性关系中过于主动。[①]

所以，在历史和现实的作用下，公众对女性社会参与、社会性别角色的理解有待完善，女性也需要继续解决自我的社会角色定位问题。法国学者西尔维亚·皮永雄（Sylvie Pionchon）等人指出，"我无法胜任""我没有时间""我需要照顾家庭和孩子"等典型女性心态在法国妇女中非常常见，甚至决定性地令很多希望从政或已经从政的女性自动停下了前进的步伐。[②]"照顾家庭和孩子"一方面是一种生活需要，另一方面也是一种社会历史的惯性。选择了仕途的女性在无法顾及家庭时产生的愧疚感也在很大程度上妨碍了她们为自我设定更高的目标；进入职场的女性会选择推迟生育，有子女的职业母亲会选择牺牲一定的工作时间和机会，这都是惯性的体现，并对女性的自信程度有所影响。观点之路公司的调查结果表明，1/3的女性认为自己没有自主创业的能力。[③]

三 巴黎官方采取的举措及意义

为加强法国人口性别平等观念，巴黎官方采取了一系列宣传和促进措施，为巴黎女性发展提供有效帮助。本节集中观察巴黎市政的措施。

（一）巴黎官方的行动

2007年12月18日，巴黎市议会决定，巴黎加入《欧洲当地生活中男女平等宪章》。该宪章的三大原则分别是：保障女性和男性在所有决策机制当中

---

① "Sondage：ce que les hommes reprochent aux femmes"，Psychologies 网站，http：//www. psychologies. com/Couple/Vie－de－couple/Hommes－Femmes/Articles－et－Dossiers/Sondage－ce－que－les－hommes－reprochent－aux－femmes，访问日期：2012年11月20日。

② Sylvie Pionchon & Grégory Derville，*Les femmes et la politique*，Grenoble：PUG，2004.

③ "Les femmes et la création d'entreprise"，http：//www. opinion－way. com/pdf/sondage＿ les＿ femmes＿ et＿ la＿ creation＿ d＿ entreprise＿ －＿ sde＿ paris＿ 2012＿ pour＿ impressionx. pdf，访问日期：2012年11月20日。

的参与、消除可能影响到公众行为的性别歧视观念、在整个公共政策和举措当中融入"社会性别"概念（关注社会角色的建构、男女平等待遇等）。该宪章是城市个体对于性别平等问题在城市建设框架内重要性的确认，加入该宪章表现了巴黎市对促进两性平等的重视。多年来，巴黎亦一直采取种种实际措施为女性提供更为宽松和公正的社会发展环境。虽然对弱势女性的关怀是市政的重要关注点，但是市政府的性别平等宣传更强调女性的发展权利及其保障。

巴黎市政组织的成人夜校及其与企业合作举办的培训和咨询帮助女性通过继续接受教育掌握重新就业的机会，并在劳动就业、晋升、薪酬方面发起了一项劳动平等计划。这为巴黎女性提供了良好的展现自我价值的平台，也起到了相当大的性别观念传输作用。

巴黎市很重视提高民众文化和精神素养，性别平等观念也体现在其中。这充分表现在巴黎图书馆建设当中。巴黎市共管辖有 58 家市立图书馆，另有 11 家专业图书馆。其中一家以女性主义者玛格丽特·杜朗（Marguerite Durand）的名字命名，专门收藏女性发展、女权主义历史及文献。该馆建于 1931 年，玛格丽特·杜朗筹集捐款后交由巴黎市议会组建而成。馆藏图书 45000 册，其研究内容可追溯至 17 世纪；期刊 1100 多种，还包括 18 世纪的珍贵刊物，而 19～20 世纪的女性期刊更是几乎被囊括，另外还有书信、明信片、照片、海报等多种印刷物供市民欣赏和学习。[①] 目前，该图书馆是法国女性学研究的重要文献会聚地，也是很多关心女性问题的民众所涉足之地。

市政府重视女性的文化生活质量及其审美情趣的提高。市政府的官网上会随时发布巴黎地区各类文化活动、集会的通知，这些活动大多由民间社团举办，但官方亦有参与组织。在女性主题方面，可以看到例如以"我很棒，我是个女人"（Je suis bonne，je suis une femme）为主题的聚会活动，内容包括以造型前卫的手袋、饰品等为道具的表演和现场制作活动，等等。[②] 妇女节期间，巴黎市政府组织了面向巴黎市妇女的免费体育活动，包括跑步、跳舞、

---

① 巴黎市政府网站，http：//equipement. paris. fr/Biblioth% C3% A8que% 20Marguerite% 20Durand%20（BMD），访问日期：2012 年 11 月 20 日。

② "Je suis bonne，je suis une femme spéciale Ed Banger"，巴黎市政府网站，http：// agenda. paris. fr/evenement/6599/La－Bellevilloise/Je－suis－bonne－je－suis－une－femme－ speciale－Ed－Banger，访问日期：2012 年 11 月 20 日。

竞走以及摩托车自驾游活动。以女性为主题的戏剧、舞台表演也是巴黎市政组织的活动类型。巴黎市政管辖的博物馆，如巴尔扎克故居和巴黎历史绘画博物馆等也都举办了妇女节活动。

在家庭和生育方面，巴黎市政组织了接受过培训的志愿者和专业心理咨询师、幼师、育婴师、社工等人员，帮助家长解决孩子入学陪伴、家庭度假、处理代际关系、防止家庭暴力、残疾人家庭援助等各类问题。巴黎市开设的母婴保护体系，包括几十个设点中心，就如何避孕、孕期检查、保证孩子健康等方面的问题向女性提供免费和匿名的专业服务。巴黎有多处家庭教育与计划中心（centres de planification et d'éducation familiale），负责提供人工流产、防止艾滋病等方面的信息。此外，巴黎市还在青年中广泛宣传两性知识，曾开展避孕宣传画制作比赛，提供专业团队就家庭生活、两性问题等做出咨询，提供免费、匿名的 HIV 检测、法律咨询、孕检指导，等等。

在巴黎大区层面，政府机构也进行着同样的努力。2011 年，巴黎大区在性别平等方面的预算投入达到了 580 万欧元。[①]

除了政府机构，高等院校和研究机构在性别平等研究方面所发挥的作用力也值得观察。巴黎政治学院、巴黎七大等院校拥有一定规模的性别平等研究和教学团队，其科研成果和课程的社会效应也推动着法国人性别观念的变化。

（二）对巴黎推动性别平等观念措施的思考

综合以上情况以及其他主题部分的调研，性别平等观念建设工程可以分为两大领域：硬件设施与软件项目。

在巴黎个案当中，可以看到作为硬件的基础设施相对完备。巴黎市政已经拥有比较完备的医疗、文化、体育设施和教育培训机构，对女性提升自我能力和素质以及生活方式的改善都提供了较好的物质基础。巴黎的女性主题图书馆虽然最初是由个人募资建成，但是巴黎市政长期管理并加强建设，丰富其馆藏和活动能力，该图书馆已经成为巴黎性别平等建设中的标志性基础设施。

---

① "Un homme sur deux est une femme"，巴黎大区地区委员会门户网站，http：//www.iledefrance.fr/les – dossiers/social – solidarite/egalite – femmes – hommes – des – efforts – sur – tous – les – fronts/le-galite – femme – homme/，访问日期：2012 年 11 月 20 日。

软件方面，巴黎市对于性别平等意识的推动和对于女性问题的关注，可以归纳为两大主题，一是对女性权益的保护，二是推动女性全面发展。如果说前一部分的工作更多的是改变女性所处的弱势状况，那么后一部分的努力则是着眼于女性作为个体享有全面发展自我的权利。

良好的基础设施为软件项目的推进提供了有利的物质条件。而意识的转变非朝夕之功，需要恒久的努力。国家的性别平等政策需要在城市层面上得到落实，才能够真正推动人们的性别观念向积极的方向发展。

第四节　东京女性性别观念和认知状况

东京女性如何认识自己的性别？从泡沫经济时期到现在又产生了何种变化？这些情况均反映在女性的大学毕业率、就业选择、婚姻家庭等各个方面。

从历史上看，明治维新以前武士阶层受儒家理论影响，要求女性三从四德，而庶民阶级女性相对自由。明治维新后政府推行对女性的学校教育，目的是培养未来的贤妻良母，但女性接受教育后开始争取自身的权利，走上了要求参政权和经济利益的女性解放之路，并在"二战"后随着民主进程的推进更加关注自身权益。20 世纪 60 年代以后特别是 80 年代西方女性主义思潮涌入，大批理论著作的引入刺激了日本本土女性主义理论的发展。从大环境上看，日本经济长期低迷，这在消费、雇佣上都产生了很大影响，自然也会影响到家庭和教育。年轻人更加倾向于安定的生活，少子化现象越发严重。与此同时，女性劳动力增加，女性婚后继续工作的比例大幅提升。政府鼓励女性的社会参与，1996 年制定的《男女共同参与 2000年计划》、1997 年修订的《男女雇佣机会均等法》等都为女性的发展提供了法律、制度上的保障。

以下从婚姻中的性别意识、社会生活中的性别意识、影响东京女性性别观念形成的要素这三个方面进行详细阐述。

一　婚姻中的性别意识

日本法律规定，拥有日本国籍的男女婚后必须有一方改为对方的姓氏，原则上妻子随夫或者丈夫随妻都可，但除了入赘以外，大多数女性改为了夫姓。2006 年内阁府曾展开关于家庭与法律的舆论调查，结果是赞成夫妇别姓的人与反对者的数量几乎持平。调查结果还显示，对于家人所起的作用，女性比男性更多地认为是在日常家务上。具体来说，女性 40 多岁时特别看重生育方面家人的作用，20 多岁到 40 多岁的女性都看重从家人处得到心灵慰籍，50 岁以上的女性则多看重家务方面家人的作用。[①] 以下具体看看东京女性对于婚姻所持的性别意识。

（一） 对配偶的期待

东京都政府在 2011 年 5 月公布的《关于男女平等参与的舆论调查》对 3000 名住在东京都的 20 岁以上的居民通过随机抽查的方式进行了面谈。[②]

从总体来看，对"对配偶有何期待"这一问题，回答"能够尊重彼此的个性、能力和期望互相合作"的人占 49.7%，所占比例最高。其次是"能够给予自己精神上的慰藉"，占 37.8%。第三位是"人生观相同"，占 32.9%。而"有经济实力"则占了 31.2%，排在第四位。"有异性魅力"只占 7.5%，"能够依靠"占 15.2%。从这个结果来看，东京居民认为在婚姻中虽然作为物质基础的经济实力也很重要，但夫妻精神层面上的沟通和相互认同更为重要，作为异性是否有魅力并非考量的重点。

从表 7－10[③] 可以看出，男性最看重的是"能够尊重彼此的个性、能力和期望互相合作"，第二位是"能够给予自己精神上的慰藉"，第三位是"做家务以及照顾、教育孩子"。后两者的比例都远高于女性对配偶的期待。这反映出男性仍然认同女主内的性别角色。另一方面，在女性对配偶的期待上，虽然第一位也是"能够尊重彼此的个性、能力和期望互相合作"，但"有经济实力"跃居第二位，只比第一位低了 1.8%，另外，选择"值得尊重"和"能够依靠"的也多于男性。这说明在择偶时，女性同时看重精神上的对等和经济基础。

但从年龄上看，各个年龄段的选择有一些不同。男性对"把家庭放在第一位"的选择在 60 岁以后大幅度增加，70 岁以后对"能够给予自己精神上的

---

① 内阁府：「家族の法制に関する世論調査」，http://www8.cao.go.jp/survey/h18/h18-kazoku/index.html，访问日期：2012 年 11 月 20 日。

② 生活文化局：「男女平等参画に関する世論調査」（平成 23 年 5 月），http://www.metro.tokyo.jp/INET/CHOUSA/2011/05/60l5n109.htm，访问日期：2012 年 11 月 20 日。

③ 生活文化局：「男女平等参画に関する世論調査」（平成 23 年 5 月），http://www.metro.tokyo.jp/INET/CHOUSA/2011/05/60l5n109.htm，访问日期：2012 年 11 月 20 日。

慰藉"的选择大幅度减少。20～29 岁的女性最看重男性的经济实力，30～39
岁的女性对"能够尊重彼此的个性、能力和期望互相合作"的期待值与其他
年龄段相比要高，达到将近六成，50～59 岁的女性对"人生观相同"的期待
值高于其他年龄段。

从表 7－11① 可以看出，未婚男性对"人生观相同"的选择高出已婚男性
9.3%，对"把家庭放在第一位"的选择则要低 13.6%。有配偶的男性对于
"怀有人生的目标"的选择率比离异/丧偶男性低了 10.3%，对"把家庭放在
第一位"的选择超过离异/丧偶男性 14.6%。

未婚女性对"能够依靠"的选择只有 12.4%，低于已婚女性的 21.6%，
其他数值两者相差不大。

双职工家庭的男性对"能够尊重彼此的个性、能力和期望互相合作"和
"能够给予自己精神上的慰藉"的选择率都远高于非双职工家庭的男性，与女
性情况相同。双职工家庭的男性对"做家务以及照顾、教育孩子"的期待则
远少于非双职工家庭的男性。

选择"做家务以及照顾、教育孩子"的双职工家庭的女性虽然只有
16.1%，但几乎是选择这一项的非双职工家庭女性的一倍，而选择"有经济
实力"的双职工家庭女性略少于非双职工家庭女性。在"值得尊敬"和"怀
有人生的目标"这两个选项上，都是非双职工家庭女性的选择率略高于双职
工家庭女性。

从以上选择可以看出，已婚男性比未婚男性更多地要求配偶对家庭的付
出，但在离异或丧偶之后，对这一项的要求几乎退回到未婚男性的水平，这
说明男性在有配偶的情况下更多地要求女性将重心放在家里，但在无配偶的
情况下则较少以此作为要求。而与此形成互补的是已婚女性较未婚女性更依
赖男性。可见婚后男女双方都认可男性在家庭中顶梁柱的地位。即使是双职
工家庭的女性也没有特别期待配偶更多地分担家务和子女的教育，但其期待
度还是远高于家庭专职主妇。有工作的女性依然希望对方有经济实力，但对
配偶是否有人生目标以及是否能让自己尊敬不如家庭专职主妇那样看重，这
说明她们将更多的目光放在了自己身上。

---

① 生活文化局：「男女平等参画に関する世論調査」（平成 23 年 5 月），http：//
www. metro. tokyo. jp/INET/CHOUSA/2011/05/60l5n109. htm，访问日期：2012 年 11 月 20 日。

表7－10 对配偶有何期待（按性别、年龄分类）

单位：%

	人数	能够尊重彼此的个性、能力和期望互相合作	能够给予自己精神上的慰藉	人生观相同	有经济实力	做家务以及照顾、教育孩子	值得尊敬	怀有人生的目标	把家庭放在第一位	能够依靠	有异性魅力	关心政治、社会问题	能够像朋友一样相处	有社会地位	其他	不知道
全部	1892	49.7	37.8	32.9	31.2	24	23.4	20.6	20.2	15.2	7.5	5.9	5.6	0.8	0.7	1.8
按照性别/年龄分类																
男性	886	47.7	45.4	31.5	10.3	36	16.7	18.2	27.7	1.2	13.7	5	6.2	0.7	0.6	2.6
20～29岁	108	46.3	48.1	36.1	7.4	36.1	23.1	13	23.1	11.1	16.7	8.3	4.6	0.9	1.9	0.9
30～39岁	161	46.6	49.1	35.4	11.2	34.8	19.3	14.3	20.5	12.4	16.8	3.1	3.7	1.9	—	2.5
40～49岁	165	50.3	46.7	37	9.1	34.5	13.9	18.2	23.6	12.7	15.2	2.4	4.8	0.6	—	1.8
50～59岁	163	48.5	53.4	29.4	12.3	33.7	15.3	17.8	24.5	4.9	11	4.9	6.7	—	1.2	3.1
60～69岁	168	51.2	44.6	34.5	8.3	38.7	11.9	22.6	33.9	10.7	11.3	7.7	9.5	0.6	—	1.8
70岁以上	121	41.3	26.4	13.2	13.2	38.8	19.8	22.3	42.1	9.1	11.6	4.1	7.4	—	0.8	5.8
女性	1006	51.5	31.1	34.1	49.7	13.4	29.3	22.8	13.6	19.7	2.1	6.8	5.1	1.0	0.9	1.2
20～29岁	104	45.2	32.7	27.9	60.6	32.7	26.9	13.5	17.3	17.3	3.8	3.8	2.9	2.9	1.0	—
30～39岁	174	58.6	37.4	37.4	47.1	17.8	27.6	18.4	14.4	21.8	4	4	2.9	0.6	0.6	1.1
40～49岁	192	53.6	36.5	35.9	0.5	15.1	29.7	18.8	12.5	19.8	1	3.6	4.7	0.5	0.5	2.1
50～59岁	164	54.9	32.9	44.5	48.8	5.5	26.2	23.2	9.1	18.9	1.2	6.1	7.9	0.6	1.2	1.8
60～69岁	177	51.4	29.4	35	45.2	6.8	37.3	31.1	10.7	16.4	1.7	9.6	5.6	0.6	1.1	—
70岁以上	195	43.6	19.5	23.1	50.3	10.3	27.2	27.7	8.5	22.6	1.5	11.8	5.6	1.5	1.0	1.5

表7－11 对配偶有何期待（按照性别/婚否、性别、是否双职工分类）

单位：%

按照性别/婚否分类

		人数	能够尊重彼此的个性、能力和期望互相合作	能够给予自己精神上的慰藉	人生观相同	有经济实力	做家务以及照顾、教育孩子	值得尊敬	怀有人生的目标	把家庭放在第一位	能够依靠	有异性魅力	关心政治、社会问题	能够像朋友一样相处	有社会地位	其他	不知道
男性	未婚	257	45.9	46.3	38.1	10.1	31.1	19.5	12.1	17.9	10.5	16.7	5.4	5.8	1.6	1.2	5.4
	已婚	628	48.4	45.1	28.8	10.4	38.1	15.6	20.7	31.5	10	12.3	4.8	6.4	0.3	0.3	1.4
	已婚（有配偶）	568	48.9	45.6	28.5	10.6	38.4	15.8	19.7	32.9	10.9	12.5	4	6.3	0.4	0.	0.5
	已婚（离异/丧偶）	60	43.3	40	31.7	8.3	35	13.3	30	18.3	1.7	10	11.7	6.7	—	—	10
女性	未婚	209	52.6	34	35.9	50.2	18.7	29.7	16.3	10.5	12.4	3.3	7.2	3.3	1.9	1.4	2.9
	已婚	797	51.2	30.4	33.6	49.6	12	29.2	24.5	14.4	21.6	1.8	6.6	5.5	0.8	0.8	0.8
	已婚（有配偶）	650	53.1	32.5	34.3	49.1	12	28.5	23.5	13.7	21.7	2	6.3	6	0.9	0.6	0.8

续表

		人数	能够尊重彼此的个性、能力和期望互相合作	能够给予自己精神上的慰藉	人生观相同	有经济实力	做家务以及照顾、教育孩子	值得尊敬	怀有人生的目标	把家庭放在第一位	能够依靠	有异性魅力	关心政治、社会问题	能够像朋友一样相处	有社会地位	其他	不知道
女性	已婚（离异/丧偶）	147	42.9	21.1	30.6	51.7	12.2	32.7	28.6	17.7	21.1	0.7	8.2	3.4	—	1.4	0.7
按照性别/是否双职工分类																	
男性	双职工	240	57.9	51.3	30	10	28.8	14.6	17.9	27.9	11.3	13.3	5	6.3	0.8	0.4	1.3
男性	非双职工	327	42.5	41.6	27.5	10.7	45.6	16.8	21.1	36.4	10.7	11.9	3.4	6.4	—	0.3	—
女性	双职工	299	56.9	37.5	37.8	46.8	16.1	27.4	22.4	11	21.4	1.7	4.3	4.7	0.7	0.3	0.7
女性	非双职工	349	49.6	28.1	31.2	51	8.6	29.5	24.6	16	22.1	2.3	7.7	7.2	1.1	0.9	0.9
全部		1892	49.7	37.8	32.9	31.2	24	23.4	20.6	20.2	15.2	7.5	5.9	5.6	0.8	0.7	1.8

（二）婚姻中的性别角色

进入婚姻的男女双方将扮演不同的性别角色。东京都居民如何认识这种性别角色？内阁府做的 2009 年度《关于男女共同参与社会的舆论调查》① 对"是否应该男主外女主内"做了调查。从全国来看，持反对意见的女性在本年度首次超过支持者，达到 58.6%，而男性反对者也达到 51.1%，首次超过了赞成者。在东京都特别区，女性反对者在 2002 年达到 50%，首次超过赞成者，到了 2009 年达到 58.5%。男性反对者在 2009 年达到 53.4%，首次超过赞成者。② 可见东京都男女双方对于"男主外，女主内"这一旧观念的反对在日本全国范围内原本走在前面，但 2009 年时女性反对者比例反而低于全国平均值。这一点值得关注。

从东京都实施的《关于支援下一代养育的舆论调查》（2009 年）③，可以看出，对于"男主外，女主内"，未婚者持反对态度的比已婚者比例高，无子女的持反对态度的比有子女的比例高，有配偶的持反对态度的比离异或丧偶的持反对态度的比。（见表 7 – 12）。

表 7 – 12 是否应该"男主外，女主内"

单位：%

			赞成	比较赞成	比较反对	反对	没有回答
全部（1761）			7.0	25.8	25.8	40.5	0.9
婚姻状况	未婚（355）		2.0	22.0	27.0	47.9	1.1
	已婚	全部（1406）	8.3	26.8	25.5	38.6	0.8
		有配偶（1196）	7.4	26.5	25.8	39.6	0.7
		离异、丧偶（210）	13.3	28.6	23.8	32.9	1.4
子女状况	有子女（1238）		8.8	27.5	25.7	37.2	0.8
	无子女（521）		2.9	21.5	26.3	48.6	0.8

---

① 内阁府：「男女共同参画社会に関する世論調査」（平成 21 年），http：//www8. cao. go. jp/survey/h21/h21 – danjo/index. html，访问日期：2012 年 11 月 20 日。

② 東京都生活文化局：「女子差別撤廃条約採択から30 年の東京の男女の現状」，http：//www. seikatubunka. metro. tokyo. jp/index8filcs/ncnjihoukoku. top/data2010/05_ gender – equal – 2010 – 0 – 1. pdf，访问日期：2012 年 11 月 20 日。

③ 東京都生活文化スポーツ局：「次世代育成支援に関する世論調査」（平成 21 年），http：//www. metro. tokyo. jp/INET/CHOUSA/2009/05/DATA/60j5m117. pdf，访问日期：2012 年 11 月 20 日。

下面来看在家庭中男女所承担的具体职责。

1. 家务、育儿的责任分担

根据东京都生活文化局公布的 2004 年度《关于家庭与社会生活的都民意识调查概要》①，购买生活必需品（86%）、做饭（93%）、收拾/打扫（87%）、洗衣（90%）、倒垃圾（72%）、照顾孩子（83%）、管理家庭收支（79%）这几项基本上都是妻子的任务，照顾需要护理的老人也大半由妻子负责，获得生活费用（78%）即家庭的收入则主要由丈夫负责，子女教育和高价商品、土地、住宅的购买由夫妻共同协商后决定的占了一半，在管理家庭储蓄、自治会、街道团体的服务和活动参加方面妻子做得多。

以上调查结果说明维持家庭的收入来源主要靠男性，而家庭内部事务则主要由女性负责，对居住地区的活动参与也是女性更为积极主动。在子女教育和包括住房等高价商品的购买方面，夫妻协商解决的占了一半，但子女教育问题由妻子主要承担的也数量不少，高价商品的购买则很少由妻子掌握决定权。家庭内职责分担的具体数据见表 7 - 13。

表 7 - 13　家庭内职责的分担

单位:%

	妻子为主	同等程度	丈夫为主
购买生活必需品	86	11	3
做饭	93	5	2
收拾/打扫	87	9	4
洗衣	90	6	4
倒垃圾	72	9	20
照顾孩子	83	16	0
决定如何教育子女	41	51	8
照顾需要护理的老人	68	25	7
服务于自治会、街道团体等	57	16	27
参加自治会、街道团体等组织的活动	54	20	27

① 東京都生活文化局：「家庭と社会生活に関する都民の意識調査の概要」（平成 16 年度），http：//www. seikatubunka. metro. tokyo. jp/index8files/chousa. top/ishiki200503/ishiki01. pdf，访问日期：2012 年 11 月 20 日。

续表

	妻子为主	同等程度	丈夫为主
获得生活费用	5	17	78
管理家庭收支	79	14	8
管理家庭储蓄等	60	18	23
决定高价商品、土地、住宅的购买	11	50	39

在子女教育方面，2010 年度东京都女性得到产假的占 92.5%，男性则为 1.5%。而在有学龄前儿童的家庭，取得孩子的看护休假的女性占全体的 15.2%，男性则为 2.8%，休假为 1~3 天的占 59.4%，比例最大。[①]

对于夫妻在家务、育儿方面的责任分担，从东京都福利保障局公布的《2007 年度东京都福利保健基础调查》[②] 来看，愿意多分担一些的男性中，妻子不工作的（72%）要多于双方都有工作的（67.6%）。而对现状表示满意的女性里面，不工作的（18.9%）要多于有工作的（16%）。对夫妻双方对家务、育儿的责任分担比例，很多夫妻都认为妻子∶丈夫为 5∶5 和 7∶3 最理想，但现实中 9∶1 和 8∶2 的情况最多。

以上数据说明，在夫妻都有工作的情况下女性希望丈夫能多分担一些家务和育儿的责任以减轻自己的负担，但男性不愿意。另外人们能够接受男性承担一半家务和育儿责任，这是一种进步，但在现实中其实做不到这一点，绝大部分家务和育儿责任仍然落在妻子肩上。

2. 对家人的护理

在家人护理的问题上，《东京男女平等参与数据 2011》显示，2007 年东京都因为需要护理家人而辞职或换工作的人中女性占到 83% 之多，远远超过男性。从年龄上来看，在 45~54 岁以及 55~64 岁这两个年龄段的女性最多。[③]

---

① 東京都生活文化局：「東京の男女平等参画データ2011」，http://www.seikatubunka.metro.tokyo.jp/index8files/nenjihoukoku.top/data2011/2011top.htm，访问日期：2012 年 11 月 20 日。

② 東京都福祉保健局：「平成19年度東京都福祉保健基礎調査『東京の子どもと家庭』」，2009 年 12 月 19 日，http://www.fukushihoken.metro.tokyo.jp/kiban/chosa_tokei/zenbun/19nendogaiyo/files/gaiyo.pdf，访问日期：2012 年 11 月 20 日。

③ 東京都生活文化局：「東京の男女平等参画データ2011」，http://www.seikatubunka.metro.tokyo.jp/index8files/nenjihoukoku.top/data2011/2011top.htm，访问日期：2012 年 11 月 20 日。

3. 对配偶间暴力的态度

东京都在 2011 年实施了《关于男女共同参与社会的舆论调查》，其中一项是"你怎么看待夫妻间的暴力"。从调查结果来看，认为"应该惩罚对配偶施暴的加害者"的最多，占 85%，认为"被害者以妻子（女性）居多"的占 81%，认为"对配偶施暴的家庭并不多"的占 57%，认为"如果有孩子应该忍耐一点以维系夫妇关系"的占 50%，认为"起源于夫妻间的争吵，所以警察、官方不该介入"的只占 21%。[①]

可以看出，东京都居民普遍认为女性容易成为家庭暴力的受害者，而且家庭暴力并非罕见，也大都认为施暴者应该受到制裁，但同时有一半人认为为了孩子即使遭遇暴力也应该忍受，这说明东京人认为当女性成为母亲以后应该为孩子做出牺牲。

按照性别和年龄段具体来看，认为"受害者自身也有问题"的男性比女性多近 7%，认为"起源于夫妻间的争吵，所以警察、官方不该介入"的男性比女性多 5%，认为"对配偶施暴的家庭并不多"的男性比女性多 4.5%，认为"如果有孩子应该忍耐一点以维系夫妇关系"的男性比女性多 22%，认为"应该惩罚对配偶施暴的加害者"的男性比女性只多 0.4%。

以上数据说明东京都男女两性对配偶间的暴力都表示不能容忍，在这一点上男女间差别不大，但更多的男性认为受害者自身需要担负一定责任，也更加低估家庭暴力的存在。而对于有孩子的家庭的家暴，男性多表示受害者应该忍耐，而女性不再愿意为了孩子而忍耐，反映出男女间巨大的差异，特别是 20~49 岁处于生育和抚养孩子年龄段的女性尤其表示出强烈的抵触。

东京都配偶暴力求助中心在 2009 年度（2009 年 4 月至 2010 年 3 月）接待的被害者中 99.1% 都是女性，其中 30~39 岁的人数最多，占 25.9%，其次是 40~49 岁的女性，而女性受害者与加害者的关系为配偶的占 78.1%。[②] 本

---

① 東京都生活文化局：「男女平等参画に関する世論調査」，http://www.metro.tokyo.jp/IN-ET/CHOUSA/2011/05/60l5n109.htm，访问日期：2012 年 11 月 20 日。

② 東京都生活文化局：「東京の男女平等参画データ 2011」，http://www.seikatubunka.metro.tokyo.jp/index8files/nenjihoukoku.top/data2011/17_gender-equal-2011-2-1.pdf，访问日期：2012 年 11 月 20 日。

年度东京都来寻求帮助的件数为 7887 件，超过日本全国总数的 10%。①

以上数据说明，夫妻间妻子一方以压倒性多数成为家庭暴力的受害者，30 ~ 49 岁年龄段的女性最容易成为受害者，这符合东京都居民对配偶间暴力的认识。

二 社会生活中的性别意识

社会生活中的性别意识体现在人们对女性的工作以及参与其他社会活动所持的观念上。

（一）工作与家庭的关系

对于男性是否应该参与育儿，东京都产业劳动局 2009 年 3 月公布的数据显示，26.8% 的单位表示"应该积极参与"，58% 的单位表示"在不影响工作的前提下可以参与"，男性中有 44.4% 表示"应该积极参与"，45.7% 表示"在不影响工作的前提下可以参与"，女性中 52.8% 表示"应该积极参与"，40.9% 表示"在不影响工作的前提下可以参与"。可见职员无论男女育儿参与意识都比较强，而公司方面的意识则较弱。②

从东京都产业劳动局 2012 年 3 月公布的数据来看，有 90.4% 的女性和 52.5% 的男性职员希望获得育儿假，这说明男性对育儿的参与意识提高了。③

关于女性的工作问题，从 2007 年东京都的调查来看，无论男女都有半数以上认为"即使结婚或生孩子，在不影响家庭的前提下应该工作"，15.7% 的女性和 17.2% 的男性认为"结婚或生孩子后也应该和男性一样工作"，14.5% 的女性和 14.9% 的男性认为"应该以结婚或生孩子为契机辞职，在孩子长大后再工作"。如果按年龄段划分，从 20 多岁到 50 多岁的女性，年龄越大，赞成"结婚或生孩后也应该和男性一样工作"的女性越多，中青年女性赞成

---

① 男女共同参画局：「配偶者暴力相談支援センターにおける配偶者からの暴力が関係する相談件数等について」（平成 21 年度），http：//www.gender.go.jp/dv/kensu/2009soudan.xls，访问日期：2012 年 11 月 25 日。

② 東京都産業労働局：「平成 20 年度東京都男女雇用平等参画状況調査結果報告書（概要版）」，http：//www.metro.tokyo.jp/INET/CHOUSA/2009/03/DATA/60j3p400.pdf，访问日期：2012 年 11 月 20 日。

③ 東京都産業労働局：「平成 23 年度東京都男女雇用平等参画状況調査結果報告書（概要版）」，http：//www.metro.tokyo.jp/INET/CHOUSA/2012/03/DATA/60m3q500.pdf，访问日期：2012 年 11 月 20 日。

"即使结婚或生孩子，在不影响家庭的前提下应该工作"的占了六成多。① 可以看出，东京都居民对于已婚女性继续工作大部分持肯定态度，但同时也认为女性应以家庭为重，以同样标准要求男女两性的比例不高。对于工作与家庭的抉择问题，两性间的差异不大。

而 2011 年的《关于男女平等参与的舆论调查》显示，30～39 岁年龄段的女性有 56.3% 认为女性应该长期工作，在各年龄段女性中所占比例最高，除了 70 岁以上的女性，其余各年龄段女性对此的认同度都高于其他选择，第二位是"有了孩子后辞职，等孩子大了再工作为好"。20～29 岁年龄段的女性选择"不工作为好"和"工作到结婚为止为好"的比例为零，显示出年轻女性的独立意识，不再愿意因结婚而辞职。

与这一问题相关的还有对于"男女地位的平等感"的看法。受调查者中认为"工作到生孩子为止为好"体现了男女平等的人超过一成，而认为"工作到结婚为止为好"体现出女性受到优待的人也超过了一成。②

（二）性别与职业规划

从 2007 年东京都做的《平成 19 年度东京都男女雇佣平等参与状况调查结果报告书》来看，针对"是否愿意担任管理职务"这一问题，女性中 7.9% 表示愿意，21.1% 表示比较愿意，男性中 34.6% 表示愿意，31.2% 表示比较愿意。这个结果说明男女间对是否升任管理职位的意识差别很大。细分从事职业的话，营销、服务岗位的男女职员对管理职位表现出更多的兴趣，而技术和劳务岗位的男性以及做办公室文员的女性对管理职位的兴趣最小。对于"为何不愿意担任管理职务"，无论男女最多的回答都是"现在自己的知识、经验和判断力都不足"，男性第二位的理由是"不愿意承担责任"，占 29.2%，女性第二位的理由是"工作与家庭难以兼顾"（40%）③。可见在家庭生活中

---

① 東京都産業労働局：「平成 19 年度東京都男女雇用平等参画状況調査結果報告書」，http：//www. sangyo - rodo. metro. tokyo. jp/monthly/koyou/sankaku_ 19/pdf/all. pdf，访问日期：2012 年 11 月 20 日。

② 東京都生活文化局：「男女平等参画に関する世論調査」，http：//www. metro. tokyo. jp/INET/CHOUSA/2011/05/60l5n109. htm，访问日期：2012 年 11 月 20 日。

③ 東京都産業労働局：「平成 19 年度東京都男女雇用平等参画状況調査結果報告書」，2007 年 3 月，http：//www. sangyo - rodo. metro. tokyo. jp/monthly/koyou/sankaku_ 19/pdf/all. pdf，访问日期：2012 年 11 月 25 日。

扮演的性别角色牵制了女性在事业上能够付出的精力。从获得育儿假人数的两性对比就可以看出，女性承担着主要的育儿责任。女性为了照顾家里而舍弃晋升的愿望也就不难理解。特别是办公室文员这一岗位在日本一般不涉及出差或调动工作，选择这一岗位的女性从一开始就没有进入核心管理层的意识。

在"哪些职业和岗位应该增加女性比例"这个问题上，30 多岁的女性有超过五成选择"国会议员、都道府县议会议员、区市镇村议会议员"，超过六成选择"都道府县知事、区市镇村领导人"。①

（三）女性与社会活动

根据东京都生活文化局 2011 年的调查，男性对社会活动的参与兴趣要低11%。特别是 20～29 岁年龄段的男性有约 40% 都表示"没有参与的打算"。同年龄段的女性以及 50～59 岁的女性中都有五成以上表示"想参加但没有参与"。正在参与的女性总数比男性多出 10%。关于不能参与的理由，回答"因为工作繁忙"的男性比女性高 21%，特别是 30～39 岁年龄段的男性有 81.1% 这样回答，而回答说"因为家务、育儿、照顾病人老人"的女性比男性要多 20%。②"想参加却无法参加"的女性人数较多的原因则可归结为"兼顾工作和家庭"的忙碌与负担。从总体上来看女性比男性对社会活动的参与意愿更高。

（四）男女平等意识

2011 年公布的《关于都民生活的社会舆论调查（概要）》显示，在思想观念上，有 70% 以上的人认为在"社会上的一般认知、习惯、惯例等"和政治领域男性受到优待，93% 的人认为在工作单位男性受到优待。有 55% 的人认为国会议员、都道府县议会议员、区市町村议会议员应该增加女性比例。关于"政策方针制定过程中女性参与不足的理由"，50% 的人认为其根源是"男性主导的组织运营"，46% 的人认为原因是"得不到家庭的支持和帮助"，还有 35% 的人归为"基于性别的角色扮演和性歧视的意识"。在法律制度方面

---

① 東京都生活文化局：「男女平等参画に関する世論調査」，http：//www. metro. tokyo. jp/IN-ET/CHOUSA/2011/05/60l5n109. htm，访问日期：2012 年 11 月 20 日。

② 東京都生活文化局：「男女平等参画に関する世論調査」，http：//www. metro. tokyo. jp/IN-ET/CHOUSA/2011/05/60l5n109. htm，访问日期：2012 年 11 月 20 日。

认为男性受到优待的女性比男性多 15%，特别是 50～60 岁的女性超过半数都相信如此。从整体上来说，相信男性受到优待的女性比男性高 17%，女性年纪越大越相信这一点。相反，认为女性受到优待的男性比女性多 4%，还有不少男性认为男女受到平等的对待。[①] 以上反映出当代东京都居民意识到女性还没有取得与男性平等的地位，尤其是年长的女性从自己的生活经历体会到这一点。有半数人支持增加女性的参政比例，并意识到女性参政人数不足的根源在于社会上的性别观念存在问题，家庭与工作平衡的两难局面仍然影响着女性的抉择。

三 东京政府采取的促进男女平等观念形成的措施

东京都政府主要凭借学校教育、家庭教育和大众传媒来普及男女平等的观念。

（一）学校教育

东京都教育委员会根据《东京都男女平等参与基本条例》推进认同两性间差异、尊重个人特点的男女平等教育，为此采取了多项措施。例如从 1989 年起指定男女平等教育推进校等，通过各种项目的制定和实施来推行和实践男女平等教育。

东京都政府 2002 年和 2007 年两次制定为期五年的《机会与支援——东京计划》推动男女平等，因为政府认为教育构筑了建设男女平等参与社会的基础，需要在教育阶段培养青少年积极主动地考虑自己将来的工作，两个行动计划里都包括了在学校教育阶段的方针。

2002 年制定的《机会与支援——东京计划 2002》[②] 中明确规定要培养拥有男女平等参与思想的儿童和学生。其具体方法包括在大学开有关社会性别的课程，以实践男女平等教育的学校为榜样，在都立学校推广将男女学生不按性别排列，加强就业指导，加强对教职工的指导，在都立高中和大学开设面向成人的公开讲座、职业培训等支援女性职业发展等。

---

① 東京都生活文化局：「男女平等参画に関する世論調査（概要）」，http://www. metro. tokyo. jp/INET/CHOUSA/2011/05/60l5n102. htm，访问日期：2012 年 11 月 20 日。
② 「チャンス＆サポート東京プラン 2002」，http://www. seikatubunka. metro. tokyo. jp/index8files/chancetop. files/chance2002. pdf，访问日期：2012 年 11 月 25 日。

2007 年制定的《机会与支援——东京计划 2007》由教育厅管理，实施了如制定适当的教育课程等措施来推进男女平等教育、改善学校的运营来加强教职工的男女平等意识等项目。私立学校初级中学协会等启动了《男女平等参与意识的启发》等项目，在学校推进男女平等意识，家长联络会等组织则致力于促进学生家庭对社会性别的正确认知等。①

以上各种项目和活动联合了多个民间组织。东京都政府通过以上这些努力在学校教育阶段让孩子接受男女平等的思想，这将会影响女性对自己今后发展的规划以及社会对女性发展的态度。

（二）家庭教育

每个家庭父母之间的相处方式、对工作和生活的态度很大程度上影响着子女的性别意识。东京都政府对单身母亲和有孩家庭母亲的再就业指导和培训、对配偶间暴力受害者（多数为女性）的援助，这些有助于母亲对女儿的言传身教。

学校幼儿园方面也注意与家长沟通合作，比如公立幼儿园 PTA 联络协议会注重影响幼儿期男女平等意识萌芽的家庭环境的形成，让父母注意到"你是（女/男孩），所以……""（女/男孩）不可以……"等无意识的差别用语和行为。

（三）发挥大众传媒的作用

电视、报纸、杂志、网络、电子游戏等大众传媒对性别意识的形成是否有影响？内阁府做的《关于男女共同参与社会的舆论调查》② 专门对"你是否认为大众传媒中的性与暴力描写有问题？"这一问题进行了调查。其结果是 80% 的人认为有问题。从性别上来看，认为有问题的女性比男性比例高。而认为有问题的人中有 63% 认为"那样的描写会让不愿看的人和孩子看到"，59.4% 的人认为"社会整体的性道德观和伦理观受到损害"，51.1% 的人认为"助长了对儿童的性犯罪"，41.7% 的人认为"过度强调女性的性是对

---

① 「チャンス＆サポート東京プラン 2007」，http：//www. seikatubunka. metro. tokyo. jp/index8files/chancetop. files/14nibu3no1. pdf，访问日期：2012 年 11 月 20 日。

② 内阁府：「男女共同参画社会に関する世論調査」（平成 21 年），http：//www8. cao. go. jp/survey/h21/h21 - danjo/index. html，访问日期：2012 年 11 月 20 日。

女性人权的侵害"。

以上是针对全国的调查，但可以看出大众传媒中的性描写的确对视听者产生了影响。

但大众传媒同时也是宣传正确的性别意识的重要手段之一，所以为了实现男女平等参与，东京都政府采取了编写发布各种读本、小册子，以及通过网络电视广播来宣传等手段。

东京都政府充分认识到大众传媒在提高公众对男女平等参与意识上的巨大影响，同时认识到在大众传媒提供的信息中有基于性别角色分工的固定的男女形象以及将女性和儿童视为性行为或者暴力行为对象的有害内容，这些成为阻碍男女平等参与的一大要素。因此东京都政府表示既要尊重言论自由，也要尊重不接触这些内容的自由。东京都更是在 2010 年 12 月修订了《关于培养健全的东京都青少年的条例》，设置了整顿因特网使用环境、杜绝儿童色情内容等的规定。基于以上思路，东京都政府要求各大众传媒机构自行整肃有关暴力和性的内容，遵守伦理道德，也注意去除政府出版物中带有性别歧视的用词。①

东京都政府的这些努力都十分值得参考。

第五节 世界城市女性性别观念和 态度及其对北京的启示

社会性别观念是在特定的社会文化结构中形成的对男女两性差异的理解，也是人们对两性社会性别的定位或者对于妇女在社会性别关系中所处位置所持有的一种态度或观念。20 世纪 70 年代西方的女性主义者最早提出了"社会性别"这个概念，作为当时最为旗帜性的口号之一引领了西方妇女解放运动第二次浪潮。

纽约、伦敦、巴黎和东京作为世界闻名的大都市，其社会性别观念相对于历史时期已经有了较大的改观。随着社会的发展，越来越多的职业女性出

---

① 東京都男女平等参画審議会：「男女平等参画のための東京都行動計画の改定に当たっての基本的考え方について〔中間のまとめ〕」，http://www.seikatubunka.metro.tokyo.jp/index8files/shingikai/4th/danjo/dan1019tm2-4.pdf，访问日期：2012 年 11 月 22 日。

现，也有越来越多的女性进入公共领域。这些变化都说明了世界城市社会性别观念随着时代的发展已经发生了实质性的改变。

从纵向比较来看，这四个城市的社会性别观念呈现出向男女两性平等发展的势头，女性的社会地位也在逐步提高，现代女性正在变得越来越自信、自立和坚强。与此同时，性别歧视的现象仍然顽固地存在。横向比较，四个城市又各自有各自的特点。本节将聚焦于纽约、伦敦、巴黎、东京四大世界城市的女性性别观念和态度问题，希望能从这四大城市的状况分析中一窥全世界都市女性的总体状况，通过对比来展示四城市的共性和特性。

一 四大城市女性性别观念和态度数据比较

性别观念实际上渗透在本调研的各个主题当中，在各类数据中都能够得到体现。在总结其他主题调研的基础上，本章进行了一些补充性数据的搜集。下面对四大城市进行比较和归纳。

（一）女性与自立

通过综合中国、美国、英国、法国和日本的数据，我们发现美国在男女平等方面的认同度较高，97%的受访的美国人认为女性应该拥有和男性同等的权利，95%的受访的中国人认为女性应该拥有和男性同等的权利，而85%的受访的法国人认为女性在领导团队方面与男性具有相同的能力。①

女性自立是女性自我意识的觉醒。具体表现为不再依附于他人，尤其是男性，自身拥有独立的思想和行为，并认识到自身存在或价值的一种状态。女性自立也是社会性别观念的一种体现。

四大城市的数据表明，女性的独立性和自主性有了提升。如法国女性认为，工作是生活的重要组成部分，是产生幸福感的重要因素。法国女性追求自我的发展，愿意在职场中发挥自我价值，实现独立人格，大大减少了对于男性和传统家庭生活方式的心理依赖度。

根据 2005 年法国国家经济统计署发布的数据，56% 的 18~29 岁年轻人不

---

① 北京市妇女联合会、北京市统计局：《第三期中国妇女社会地位调查北京市主要数据报告》，2012 年 4 月。

再与父母一起生活，但是女孩比男孩离开家庭独立生活更早。18～21岁的女孩当中，有1/4的人不再与父母生活在同一屋檐下，而同年龄段的男孩只有1/10离开家。调查指出，虽然结婚或同居以及生育年龄较早是女孩离开父母的原因之一，但独立意识和开始职业生活也是其中重要原因。① 而2011年的日本东京都《关于男女平等参与的舆论调查》显示，30～39岁年龄段的女性有56.3%认为女性应该长期工作，在各年龄段女性中所占比例最高，除了70岁以上的女性，其余各年龄段女性对此的认同度都高于其他选择，第二位的是"有了孩子后辞职，等孩子大了再工作为好"。20～29岁年龄段的女性选择"不工作为好"和"工作到结婚为止为好"的比例为零，显示出年轻女性的独立意识，不再愿意因结婚而辞职。

（二）女性对就业平等的认知与要求

就业是使人经济上获得独立的一种途径，也是体现男女两性平等与否的一种方式。纽约、伦敦、巴黎、东京四个城市对已婚女性继续工作大部分持肯定态度。

四大城市女性就业率虽不如男性，但相比较其他城市女性的就业率较高。2010年纽约女性的就业率是46%，这比全美女性的从业占比高了1%，这表明纽约的女性得到了更多的就业机会。2009年，法国本土女性与巴黎大区女性就业率分别是63%和69%。2008/2009年伦敦劳动年龄女性的就业率是62%。这都表明女性正在积极寻求就业，实现自我价值。

但在工作中女性仍受到一定程度的性别歧视，这可以说是四个城市的共性。对此，女性有明确的认识。法国54.56%的女性在工作中感觉到不公正，因为男同事得到的工资更高。美国纽约的女性的工资收入也低于男性，93%的东京人认为在工作单位里男性受到优待。

此外，女性也在积极寻求突破行业隔离，进入更多传统上的男性专属领域。四城市的就业性别结构仍然存在着传统意义上的"妇女的工作"和"男性的工作"之间的隔离。但是，一些之前拒绝女性的工作岗位上，比如医生、

---

① "L'indépendance des jeunes adultes：chômeurs et inactifs cumulent les difficultés"（年轻成年人的独立：失业者和无业者困难最多），http：//www.insee.fr/fr/themes/document.asp? ref_ id = ip1156#inter1，访问日期：2012年11月20日。

经理和律师等，女性的人数有所增加，而一些高级职业或者商业团体中女性的人数也在逐渐上升。但女性的职业分布整体上仍然偏向于低工资、低技术以及低地位的职业。而在行政、秘书、销售、看护行业女性比例又明显高于男性，这是四大城市的共性。

（三）女性与社会参与

一座城市的社会参与是指社会成员以某种方式参与、介入城市的政治、经济、文化和社会的公共事务中从而影响城市发展的一种活动。对于女性来说社会参与是她们走出家庭、走进公共领域的一个关键途径。

目前，女性社会参与的意愿较高，社会参与的人数逐渐增多，参与方式也更加多元。女性进入工会、行会组织，进入各种社团，参加慈善活动和各类以争取男女平等、维护世界和平、保护环境等为目的的各种组织。但是与男性相比，女性参与度相对落后。同时，两性的参与兴趣点也有区别。

东京数据表明东京的女性非常愿意参与社会活动。根据东京都生活文化局2011年的调查，男性对社会活动的参与兴趣较低，特别是20～29岁年龄段的男性中有约40%的人都表示"没有参与的打算"。同年龄段的女性以及50～59岁的女性中有五成以上表示"想参加但没有参与"。正在参与的女性总数比男性多出10%。[①]

在法国方面，法国女性参与社会活动的比例仍然略低于男性，但差距正在缩小。到2010年，法国男性加入各种协会的比例仍略高于女性，37.2%的男性和31.7%的女性是各种协会（包括工会组织）成员。工会在法国是非常有影响力的组织。女性参加工会的比例略低于男性，2008年，6%的女性参加了工会组织，而8%的男性是工会成员。从参加社会团体的性质上看，法国女性更多地参与健康、社会和人道主义类协会组织、权利和共同利益保护类组织和宗教文化类组织。

（四）女性与婚恋

对于四城市女性来说，婚姻家庭仍然是人生中较为重要的组成部分。

---

① 東京都生活文化局：「男女平等参画に関する世論調査」，2011年5月23日，http：//www. metro. tokyo. jp/INET/CHOUSA/2011/05/DATA/60l5n109. pdf，访问日期：2012年11月20日。

1. 女性的择偶观

择偶是婚姻的必经阶段，经济条件在历史上是女性择偶的重要考虑因素，在当代经济条件下仍然有一定作用。当代女性仍看重男性的经济基础。

东京都政府在 2011 年 5 月公布的《关于男女平等参与的舆论调查》对 3000 名住在东京都的 20 岁以上的居民通过随机抽查的方式进行了面谈。在女性对配偶的期待排序中，虽然第一位也是"能够尊重彼此的个性、能力和期望互相合作"，但"有经济实力"跃居第二位，只比第一位低了 1.8%，这说明在择偶时，女性同时看重精神上的对等和经济基础。

根据英国全国储蓄及投资机构 2006 年 9 月 1 日公布的一项调查显示，"近一半英国女性认为，男性经济状况稳定比拥有迷人外表更重要。在调查中专家们发现，45% 的被调查女性"青睐"有钱男士，认为男性的经济状况比外表吸引力更为重要。

尽管如此，女性对于爱情的永恒追求仍是幸福生活的一部分。美国《时代》杂志与皮尤研究中心的调查发现，已经结婚的人（93%）以及没有结婚的人（84%）都将"爱"作为最重要的结婚因素放在第一位。同样，对于法国女性来说，爱情在个人生活中仍然占据重要地位，13% 的受访者认为其"必不可少"，53% 的人认为"很重要"，总数为 66%。但她们对于爱情的永恒性存在着一定分歧，53% 的法国女性相信爱情可以持续一生，而 46% 的女性认为爱情只存在于生命的某个阶段。后一种比较实际的观点具有较高比例，这也从一个侧面说明法国女性对于婚姻可持续性并不抱有很高的期望。

此外，女性婚后自主意识加强。本章第一节关于美国女性婚后独立倾向的调查证明了这一点。

2. 注重家庭

女性比男性更注重家庭，相比于男性，女性与家庭朋友的关系更为紧密，花费的时间也更多，而男性花费了更多的业余时间在娱乐休闲方面。

从 2011 年东京都生活文化局对"女性的离职理由"做的调查可以看出，换工作排名第一，位于第二位的结婚和位于第三位的怀孕、分娩所占比例也都很高。这显示即使在今天，结婚和分娩仍然是女性离开工作岗位的主要原因。这显然影响到女性对职业的选择和工作时间。

根据《时代》杂志与皮尤研究中心的调查，美国人对好妻子的期望是必须做到以下几件事：成为一个好母亲（90%）、将家庭放在第一位（74%）、好的性伴侣（48%）、受过良好教育（39%）、做好家务（28%）以及赚钱（19%）。对于好丈夫的期待则是必须做到以下几件事：成为一个好父亲（93%）、将家庭放在第一位（82%）、好的性伴侣（48%）、赚钱（41%）、受过良好教育（36%）、做好家务（32%）。① 受英国传统文化和女性经济地位的影响，伦敦女性是照顾孩子和家庭生活的主要负责人。虽然随着女性在各方面的逐渐独立，社会性别平等的观念也得到了加强，男女两性在分担家庭家务方面仍然有巨大的性别差异，女性仍是照顾家庭和孩子的主要力量。在对待孩子的态度上，78%的巴黎女性认为孩子在幸福生活中占据重要位置。这说明法国女性虽然接受多元化的伴侣关系，但是子女观念仍然比较传统，仍然非常重视家庭。

而且调查还表明女性年龄越大越重视孩子。伦敦母亲的就业率随着孩子年龄的增长而有所增加，在伦敦，那些孩子在 5 岁以下的女性就业率为 42%，而那些孩子年龄在 16 ~ 18 岁的女性就业率为 70%，从孩子年龄与伦敦女性就业率的关系来看，伦敦女性仍然承担着大量的家务劳动，以家庭为重。

因此，从这四大城市女性在家庭角色的分配中可以看出女性或者社会对两性性别观念的认识：女性一方面在社会中发挥越来越突出的作用，为城市建设与发展做出积极的努力，另一方面，家庭仍然是女性幸福感的重要组成部分。

二 四大城市促进性别平等观念的措施

四大城市都从教育、宣传、采取促进女性发展措施等各个方面来促进性别平等观念的深入人心。

首先，教育是影响性别观念形成的关键因素。四大城市都在这方面采取了一些措施，来推进性别平等观念。东京都政府的措施最为典型。东京都制定的《机会与支援——东京计划》包括了在学校教育阶段的方针。东京从1989 年起通过各种项目来推行和实践男女平等教育。纽约开展的"尊重所有人"主题周强调并建立持续的多样性项目和课程教学，还启动了促进尊重多

---

① *Men's Lives often Seen as Better: Gender Equality Universally Embraced, but Inequalities Acknowledged*, http://www.pewglobal.org/files/2010/07/Pew – Global – Attitudes – 2010 – Gender – Report – July – 1 – 12 – 01AM – EDT – NOT – EMBARGOED. pdf.

样性的其他活动，防止因偏见而导致的骚扰、恐吓和欺凌。市政府颁布的"全市纪律和干预措施标准"提到不得使用包含"性别、性别认同、性别表达、性取向"内容的绰号或辱骂。

其次，四大城市重视家庭在性别观念传递中的作用，其中学校等官方机构与家庭之间的互动尤其值得重视。东京幼儿园方面注意与家长沟通合作，公立幼儿园 PTA 联络协议会注重影响幼儿期男女平等意识萌芽的家庭环境的形成，让父母注意到"你是（女/男孩），所以……""（女/男孩）不可以……"等无意识的差别用语和行为。巴黎有多处家庭教育与计划中心，从健康和卫生方面保护女性权益，提供协助。纽约的教育工作者与家长进行互动和研讨，帮助家长更好地在性别平等方面引导儿童。[①]

再次，四大城市政府通过发挥大众传媒的作用来传播性别观念，涉及就业观念、时尚观念、家庭观念等和深层次的性别认同、性别歧视等内容。例如，东京 2010 年修订的《关于培养健全的东京都青少年的条例》设置了整顿因特网使用环境、杜绝儿童色情内容等规定。东京都政府要求各大众传媒机构自行整肃有关暴力和性的内容，也注意去除政府出版物中带有性别歧视的用词。纽约市政府与纽约市妇女事务委员会同当地媒体合作推出的"纽约女性：让它在此发生"等系列的电视节目和广播，以成功女性作为例子，来影响纽约市女性的生活与工作，以及英国广告信托史档案组织制作的系列片《女性在广告中的形象——从维多利亚时代至今》都发挥了较好的宣传促进作用。

三 四大城市促进性别观念平等举措的启示

《第三期中国妇女社会地位调查北京市主要数据报告》显示，53.8% 的北京人认为目前我国男女两性的社会地位差不多，40.3% 认为男性地位比女性高，3.8% 认为女性的地位更高，2.1% 表示说不清。有 87.2% 的北京人认同"女人的能力不比男人差"，91.5% 同意"男人也应该主动承担家务劳动"，93.7% 赞同"男女平等不会自然而然实现，需要积极推动"。北京女性中，94.5% 认为自己"在生活中主要靠自己，很少依赖别人"，94.5%"对自己的

---

① http://www.ggenyc.org/programs/coalition-for-gender-equity-in-schools/，访问日期：2012 年 12 月 6 日。

能力有信心",男性的相应比例为95.0%和95.3%。①

北京对于性别平等原则在法律法规、就业、教育、社会生活等各个领域的贯彻,对于城市基础设施的大力建设,包括对于宜居城市的打造,都在不同程度上以直接或间接的方式促进着女性多重目标平衡的实现。纽约、伦敦、巴黎、东京四大城市都在促进性别平等方面付出了很多的努力,对北京有很好的借鉴意义。

第一,进一步完善法规,保障女性在各个领域中的平等权利。

第二,加强政策引导、加大经济支持力度。女性在独立性和自主性上有了提升,这种趋势离不开一个城市的政府所做的政策引导或经济支持等努力。应加强相关基础设施建设,为女性自我发展提供更好的支持。

第三,加强学校的性别教育。在中小学教育和大学教育阶段,按照各阶段学生的需求安排不同内容推进男女平等的思想认识,使两性平等观念并非停留于简单的宣传,而是与女性的自我发展、职业规划相结合。同时,注重在家庭中进行正确的性别意识引导。

第四,加强对大众传媒的引导和监督。通过讲座、宣传手册、网络、报刊等多种手段帮助市民树立正确的性别观念。对渲染性暴力等歪曲女性形象的内容加以整肃,消除隐含性别歧视的用语,并规范媒体用语。

---

① 北京市妇联、北京市统计局:《第三期中国妇女社会地位调查北京市主要数据报告》,2012年4月。

结论

全球城市化进程加速是 20 世纪的特征之一，也是 21 世纪世界各国面临的挑战。随着人口向城市集中和经济的高速发展，城市规模不断扩张，城市生活的内容发生着巨大的变化，妇女与城市的关系也在发生着令人难以忽视的转变。在城市管理决策参与、就业、家庭、环境、安全、健康、娱乐、观念等各个方面，妇女在城市发展和时代变迁中经历了自身地位的改变，也面临着自身发展所需解决的问题。妇女在世界城市的出现、发展和在新世纪的重新定位中既扮演着参与者的角色，同时也承受着这一进程所带来的各种正负效应。因此，无论从世界城市建设角度来观察妇女发展，还是从社会性别角度来研究世界城市建设，都具有极强的现实意义。对纽约、伦敦、巴黎和东京这四大城市妇女发展问题的研究正是基于这样的历史背景与现实需求。

对这四大城市妇女发展状况的研究的价值主要在于以下两个方面。一方面，以较为全面的方式展现经济最为发达的世界城市中妇女的发展历史与现状，可以了解世界妇女发展的大趋势和新问题，了解社会性别主流化进程在发达国家城市建设中的融入。另一方面，通过各城市在性别平等方面的成就与不足、共性与个性，为北京的中国特色世界城市建设做出具有前瞻性的决策提供参考。

一 对四大城市妇女发展状况的综合考量

教育水平、经济发展水平和女性主义运动等社会历史因素在性别平等原则实施和妇女地位提高中扮演着重要的角色。但是在其他各种限制因素的综合作用下，各国妇女的地位和在不同问题上的妇女发展状况会表现出相对于教育和经济水平的落差。四大城市所在国的性别不平等指数国际排名表明了这一点。根据联合国 2011 年《人类发展报告》，美国、英国、法国和日本的性别不平等指数值在全球的排名分别是：第 47 位、第 34 位、第 10 位和第 14 位。本研究就七大板块所进行的调研也表明，世界城市的经济发展规模与妇女地位并不一定成正比。其进步措施值得北京参考，其问题也需引以为鉴。

在妇女参政方面，参照联合国妇女参政指标，巴黎议会女议员以 49.76% 的比例排名第一，纽约和伦敦女议员比例分别为 36% 和 33.7%。只有东京 21.3% 的女议员比例未达到 30% 的临界量。虽然日本与美英法三国一样拥有一些法律法规促进机制，日本政党内部也有相应提高女性议员参与决策的措施，但是长期以来的性别观念和各种现实问题仍然导致了妇女参政比例的难以上升。而对于突破了临界量的纽约和伦敦来说，如何进一步走向参政性别平等，如何使临界量是一个基本水准而不是一个瓶颈，也是需要进一步探讨的问题。在巴黎议会层面上实现男女比例突破的个案对于其他各国的启示则在于立法的重要性以及法律实施的效率问题。

在妇女的经济独立和收入平等问题方面，总体来看，世界城市中两性就业率差距在缩小，但妇女就业率仍然低于男性。她们的收入水平高于所在国其他地区妇女，都处于全国领先地位。但是两性收入差距问题在四大城市均十分突出，伦敦和巴黎妇女平均工作报酬分别低于男性 13% 和 26%。性别对于两性的收入和生活质量有直接影响，亦有间接作用：妇女在低收入行业的从业比例实际上是更为深层次的原因。四大城市不仅需要加强同工同酬原则的实施，更要着手改善妇女在国家产业结构中的分布。

在世界城市的发展过程中，妇女接受教育的水平是进步最为突出的一个领域，而妇女在教育领域中发挥着巨大的作用。妇女从教育中获益而又反馈于教育。四大世界城市的教育水平在所在国均名列前茅，性别差异也相对较小，女生在基础阶段、中等阶段和高等阶段的入学率并不逊于男生。但是，男女生的学科分布是一个关系到就业与收入水平的问题。在世界城市中，可以看到"男理女文"的倾向继续存在，尤其在高等教育阶段。在女教师待遇方面，四大城市的特点并不一致。伦敦男女教师在收入来源和收入等级以及职称等方面存在差距。巴黎女教师在晋升当中也遭遇了相似的困难。而日本女性教师在福利方面的待遇与男性并无较大落差，近年来更由于日本政府对男女共同参与社会的大力宣传而得到了比以往更好的对待。四大城市中，从对学校管理决策的参与上看，女教师地位还应得到更大提高。

时代发展对于城市妇女婚姻家庭观念和生活方式的影响是巨大的。四大世界城市妇女就业率相对较高，表现出了初婚年龄推迟、结婚率下降、生育年龄推迟、离婚率高、独居人数上升等共性。虽然所搜集的数据来自城市与国家两个层面，但是基本趋势一致。这说明，当代人，包括妇女，不再像过去那样忠实于传统婚姻家庭模式，而是接受自由空间更大的家庭生活模式，同时也承担着与之相应的压力和负担。四大城市及其所在国为应对婚姻家庭模式多元化的时代特点，分别出台了一些相应政策。如纽约的"家庭伙伴"法规、英国针对同性伴侣的"民事伴侣"关系、法国保障介于婚姻和自由同居之间的民事结合形式的民事同居契约。在四大城市妇女生活方式中，可以看到她们追求更有品位的文化生活和更健康的业余生活的愿望和努力。体育、旅行、阅读、看电影等都是这些城市妇女所十分重视的活动，而一座城市中文化设施的品位则对于妇女的审美能力和情趣有着不可忽视的影响。

城市在法律法规方面主要发挥两种作用，一是推动国家立法或者推动法律修订以适应现实需求，制定地方法律法规；二是保障法律的实施。四大世界城市所在国及城市本身均有较为完善的法律和法规体系，覆盖了妇女政治权利、文化教育权利、财产权、平等就业权、休息休假权、获得劳动安全卫生保护权、接受职业培训权等方面，而近年来反性骚扰和反家庭暴力立法也是各国和各世界城市所努力的方向。法国在妇女权利保障的立法方面取得了明显的成绩，尤其在参政性别平等和性骚扰方面步伐较快。

在健康方面，世界城市中，空气污染、噪音污染、生活节奏快、精神压力大等都是妇女健康面临的威胁，妇女特殊的生理结构也导致了一些危险性大的妇女疾病的治疗问题。虽然四大城市人口平均预期寿命都要高于所在国其他城市平均水平，妇女平均寿命也都高于男性，但并不代表妇女的健康水平相对就高。在孕产妇保健工作方面四大城市做出了积极努力，其先进的医疗技术也在一定程度上降低了孕产妇的死亡率，但其医疗设施仍需加强，以应对女性人口的需求。在恶性疾病方面，乳腺癌在伦敦、纽约、东京、巴黎几乎都居于妇女恶性肿瘤之首，子宫癌发病率和致死率则相对较低。两癌排查在世界城市中覆盖率仍然需要得到很大提高。针对妇女的性暴力在四大城市有不同程度的体现，但与之相关的立法及实施、数据搜集与采证困难是四大城市共同的问题。妇女的心理健康则不仅是一个医学问题，更是一个迫切需要应对的社会问题。目前各大城市均有多种妇女心理援助组织，但是还需要建立起更为有效的心理疏导和援助体系，鼓励女性敞开心扉求助于专业人士，降低女性自杀率，调节女性心理，从而减少相应的负面效应。

在性别观念和认知的发展方面，四大世界城市妇女具有一些明显的共性。首先，世界城市妇女追求自立、自强，勇于超越传统，摆脱对家庭、丈夫以及社会的依赖，主动追求自身价值的实现，积极参与社会活动并勇于承担社会责任。其次，世界城市妇女对于性别平等问题有清醒认知，包括自身所面临的就业歧视、薪酬歧视、家庭暴力和性暴力等问题。一些民意调查表明，四大城市妇女理解通过法律法规保护自身权益的重要性，四大城市的女性主义组织发展规模都说明妇女在通过团体的力量来实现互助、推动性别平等观念深入人心的目标。再次，世界城市女性在寻求事业发展的同时，仍然希望拥有幸福的家庭或者伴侣关系，重视生育。女性在事业和家庭之间寻找平衡，在事业和生活中寻找平衡，在爱情与友情之间寻找平衡，在子女与自我之间寻找平衡，这些努力表现出当代女性对于完整的社会生活和家庭生活的追求。

二　比较中的问题发现

通过对四大世界城市的观察和比较，可以加深对各城市妇女所处现状的了解；同时，从"城市与女性"的关系的角度去思考女性发展和女性地位问题的意义得到了凸显。

首先，教育在城市女性的发展中发挥着最为基础的作用。在世界城市，女性能够享受到较为优越的教育资源，受教育程度较高，但这并不是女性能够与男性平等发展的足够条件。在这个方面，从小学开始的学习兴趣培养和逐渐出现的学科性别倾向是一个非常值得重视的问题。教学体系中不同学科学生的性别构成及其负面影响已得到一定程度的重视。教育是女性自我发展并服务于社会的基本前提，如何让女性在各个阶段上均衡发展，能够更多进入传统男性专属领域，如自然科学，是一个关系到女性学科分布、行业分布的问题，从而影响到女性在城市发展路径中的定位。

性别平等的理念和原则如何在世界城市丰富的教育资源中发挥其应有的作用，是未来世界城市发展的主题。这个问题的解决将涉及若干方面。比如，在幼儿园和小学阶段进行淡化性别差异的针对女生的兴趣引导，在中学阶段教育消除女生在某些领域中表现出来的不自信，在大学阶段加强对理工科女生以及女性教学和科研人员的鼓励和支持，乃至减少性别观念对于女性接受教育过程的束缚。

伦敦、巴黎对于这个问题关注较多，对于男生女生学习情况的性别分析也比较多，但是对于学习中性别特点与行业分布的关系还需进一步研究，对于如何超越传统学科性别格局还没有提出具有可行性的方案，也尚未能提出系统的世界城市如何改善教育体制使之更合适女性发展的方案。

其次，世界城市女性能够享受到完备先进的基础设施，比如医院、文体设施等，这有利于女性自我价值建构和生活模式的完善。但是城市基础设施与女性发展之间的关系尚未得到世界城市的足够重视。在健康方面，如何向不同收入、不同阶层以及包括移民在内的女性提供足够的医疗预防和治疗资源以及服务，如何充分使用现有医疗设施并鼓励女性积极参与相关机构提供的排查等服务，世界城市应该有更积极的举措。再以文化娱乐生活为例，四大世界城市所拥有的影院、博物馆、音乐厅等文化基础设施已经采取了一些有利于女性的措施，比如家庭票、免费参观日等，还可以进一步考虑单亲家庭、独居人士、家庭妇女等人群的需求，鼓励她们增加对文化设施的使用，同时使之能够以优惠的方式享受到文化设施，从而更好地提高女性的文化层次。

另外，基础设施本身也可以体现出性别平等色彩。巴黎市政属下的女性主义专题图书馆是一个比较典型的案例。这个免费向公众开放的图书馆作为女性研究学科的资料库，展现出了女性研究和性别平等研究的意义，同时又以自身的存在起到宣传作用，还反映了巴黎市政对于性别平等的关注，即使该图书馆并非在官方创意下成立。这一案例启发我们可以将性别视角以灵活的方式融入基础设施建设当中。

再次，世界城市性别平等政策和机制以及相关研究中还需要明确和体现占城市一半人口的女性对于城市发展的贡献。对于城市女性发展的关注往往停留在女性如何平衡发展自我、如何获得平等权利等层面，对于城市性别平等原则实践的观察也通常表现在城市如何向女性提供发展平台和权益保障机制方面。女性如何参与了城市发展与建设？与男性相比，女性做出了哪些具有性别特色的贡献？女性对于城市精神文明、人文精神的贡献表现在哪里？四大世界城市尚没有从这一角度进行的系统数据分析和研究。目前可以反映出女性对于城市发展和建设的数据统计中主要有两大板块。一是女性就业率和在各行业中的比例，这可以反映出她们对于城市经济发展的贡献及其特点；二是虽然家庭劳动的社会价值已经得到一定程度的认可，但女性在家庭中所承担的家务劳动、子女抚养教育任务与城市发展建设之间的物质和精神关联并未得到更多重视和系统分析。

三　建议和思考

对四大城市妇女发展现状的考察激发人们进一步思考北京世界城市建设进程与性别平等的关系。

北京要建设什么样的世界城市？在对纽约、伦敦、巴黎和东京的研究中，可以看出，衡量世界城市的发展水平需要一些相同的指标体系，如经济总量、第三产业比重、商品与资本的流入流出等，但同时，每座世界城市的兴起因其不同的历史背景、文化和地缘因素，都具有不同的特色，确立其世界城市地位的是结合世界城市共性指标与其独一无二个性的综合实力及丰满形象。

北京作为崛起中的大都市，要成为独树一帜的一流世界城市，必须能够提出具有前瞻性、兼具国际性、北京特质和中国精神的发展策略。目前，北京提出了"人文北京""科技北京"和"绿色北京"的战略，这三大主题实际上体现了北京对其他世界城市发展历史中存在问题和经验的思考和借鉴。

本项目认为，北京如果能够结合东西方之长，在世界城市形象建设中体现传统和创新，一方面为世界城市指标体系增加软性指标，进而设计出一个能够对未来全球世界城市评价指标体系产生影响的"北京世界城市评价体系"；另一方面也能够确立北京作为世界城市的影响力，在打造城市品牌的同时提升中国国家形象，深刻体现出城市发展与国家发展的密切关系。

在世界妇女运动发展史上，1995年的第四次世界妇女大会在世界妇女运动发展史上，已经赋予了北京与性别平等运动之间一种强大的关联性。"北京"二字不能仅仅作为世妇会的里程碑之一存在，北京更应该成为实践世妇会《北京宣言》和《行动纲领》的样板城市，并逐步开创具有中国特色、社会主义国家特色的两性平等模式，从而在全球世界城市格局中添加"北京世界城市评价体系"。

本项目主张建立"北京世界城市评价体系"是在参照国际社会通行的性别平等指标体系的基础上，制定符合中国国情和北京特色的指标体系，明确相应目标。与纽约、伦敦、巴黎和东京的女性发展状况相比，北京需要进一步发掘自身优势，使自身的经验对于大部分发展中国家城市有较强的参考价值，对于发达国家的世界城市也能有所启示。

　　基于以上研究和思考，本项目特提出以下六点建议。

　　第一，将性别平等意识纳入北京世界城市建设的主流，使之成为北京国际形象打造中的创新一环。

　　为北京量身制定结合联合国指标体系与北京市现状的性别平等量化指标的务实目标，提出可行的分步实施计划，并制定与之相适应的市、区县、乡镇多级评估体系。当前，北京已经根据《中国妇女发展纲要》制定了《北京市妇女发展规划》，并在深入实施和推进。要在保持北京现有优势的基础上，认真借鉴四大城市的良好经验和做法，进一步完善妇女发展规划，加大宣传培训力度，深入推进规划实施中的重点难点问题，增强北京市民的社会性别平等意识，更好地促进妇女发展。

　　第二，在促进妇女发展机制建设方面，应该加强北京特色机制建设，从而在世界城市性别平等主题中突出中国特色、北京特色。

　　首先，妇联组织是最大的中国特色之一，也是国外学者非常关注的中国性别平等特色问题。妇联组织作为党领导下各族各界妇女的群众组织，具有广泛的社会性和群众性，在推动性别平等、促进妇女发展中发挥着不同替代的作用。因此，进一步完善妇联工作机制和工作网络应成为推进北京男女平等事业的工作重点。

　　其次，要进一步完善促进男女平等的地方性法规。除了贯彻实施国家相关法律外，还要积极推动针对预防和制止家庭暴力、消除各领域中的性别歧视等专项条例法规和性别平等审查等工作机制的研究制定工作，为有效维护妇女合法权益提供保障。

　　此外，北京城市规划中应建立基础设施与性别平等之间的直接关联。四大世界城市都注意到基础设施对于女性发展的作用，如在现有的基础上设立更多有利于女性提升自我、丰富生活的健身、阅读、学习场所，进一步突出便利性、服务性和普惠性。

　　第三，在紧抓促进妇女发展工作的同时，加强北京妇女国际形象的打造，使之成为北京世界城市形象中的"城市名片"之一。

　　加强北京妇女国际形象打造，首先要突出妇女对于世界城市建设和发展的贡献。长期以来，各国学术界和政界在研究世界城市发展时，往往忽略妇女对于城市发展的贡献。她们一方面通过参政、就业与社会参与实现了对城市经济文化建设的贡献，同时也在家庭这一社会细胞中承担了重要的社会功能。因此，北京应进一步彰显妇女在城市发展中的角色，利用大众传媒、展览展示、论坛研讨、出版物等形式进一步大力宣传女性在社会经济发展中的重要作用，引起全社会对推动男女平等、促进女性发展的共鸣。

北京妇女形象打造应该突出中国民族价值观和东方传统价值观的融入。北京女性的身上体现着东方女性勤奋、坚韧、重视家庭、具有奉献精神的传统特质与追求独立和自我价值实现的现代特质的交融，体现着对现代生活方式的接纳和对更好审美情趣和更丰富的精神生活的追求，自尊、自信、自立、自强，能够代表着广大的发展中国家女性的奋斗路径，对于很多国家的妇女发展具有参考意义。

第四，重视国际交流和对外宣传。国际交流具有多重意义。其一，向其他城市学习，借鉴纽约、伦敦、巴黎和东京等国际化大都市促进性别平等的独到经验，相互交流，取长补短，促进发展。其二，通过国际舞台宣传中国妇女运动和妇女事业发展的经验与成果，广领域、深层次参与国际妇女事业发展，发出强有力的中国声音、北京声音。其三，通过性别平等领域的国际参与，承办国际女性活动，提升自身的世界城市形象。

第五，重视妇女问题研究，扩大研究范围，将更多妇女发展状况处于前列的国家和重要城市列为研究对象，以拓展思路，找到北京世界城市建设的新的生长点。本次调研的四大世界城市的妇女发展水平在全球并非名列前茅，而实际上当今世界前十大世界城市及其所属国家（纽约、伦敦、巴黎、东京、香港、芝加哥、洛杉矶、新加坡、悉尼、首尔，2010）的妇女发展状况都不在世界前列，因此研究和学习更多城市的经验是非常有必要的。同时，如果北京地区能够形成国际知名的妇女问题研究团队，必将有利于性别平等与世界城市研究的多元化。

第六，在贯彻执行男女平等基本国策的同时，将社会平等、公平与正义作为一个重要的衡量指标，改变 GDP 至上的评判模式，结合其他有待使用的指标，设计出具有性别平等内涵的"北京世界城市评价体系"，引领国际世界城市建设话语体系。

中国共产党第十八次代表大会报告明确提出：我国"必须坚持维护社会公平正义"，"逐步建立以权利公平、机会公平、规则公平为主要内容的社会公平保障体系，努力营造公平的社会环境，保证人民平等参与、平等发展权利"，特别指出"坚持男女平等基本国策"。① 研究表明，"权利公平""机会公平"与"规则公平"在北京世界城市建设中具有深远的意义。在建设中国特色世界城市的过程中，要切实将性别平等视角纳入政府各项决策，加快推动北京社会性别意识主流化进程的步伐，实现社会公平正义、男女两性平等和谐发展的目标。

---

① 胡锦涛：《坚定不移沿着中国特色社会主义道路前进 为全面建成小康社会而奋斗——在中国共产党第十八次全国代表大会上的报告（2012 年 11 月 8 日）》，人民出版社，2012，第 14~15 页。

后记

  2010 年 8 月，在北京市妇联赵津芳主席、刘颖副主席（时任）的直接指示和关心下，北京市妇联研究室韩桂华主任开始与北京外国语大学社会性别与全球问题研究中心常务副主任李英桃教授探讨如何就关于世界城市建设中的性别平等问题进行合作研究，并以极高的效率确立了项目研究主题和具体实施方案，并完成了参研人员的配备。北外副校长、社会性别与全球问题研究中心主任金莉教授和北外科研处处长张朝意教授亲自参加了项目方案的制订和相关研讨。

  调研和撰稿团队由 10 人组成。具体分工如下：在各城市分主题研究板块，北京外国语大学李英桃教授负责伦敦妇女参政、伦敦女性婚姻家庭与生活方式两个章节的撰写，并与丁凤新女士共同撰写伦敦妇女与教育、伦敦女性经济地位两个章节；北外李洪峰副教授负责巴黎妇女参政、教育、经济地位、婚姻家庭、健康、性别观念与认知六个章节的撰写；北外顾蕾博士撰写了东京妇女参政、教育、经济地位、健康、性别观念与认知五个章节；北外张颖副教授撰写了纽约妇女参政、健康和性别观念三个章节；北外姚金菊副教授负责撰写纽约妇女与教育和法律保障两个章节；北外日语系魏然博士撰写东京女性婚姻家庭与生活方式和法律保障两个章节；清华大学周圆老师撰写了纽约女性就业问题与婚姻家庭两个章节；北外姚艳霞副教授撰写了巴黎法律保障章节；河南师范大学涂晓艳博士撰写了伦敦妇女健康与性别观念两个章节；北外国际关系学院硕士生薛瑛同学撰写了伦敦法律保障章节。在主题比较报告板块，政治参与、教育、就业与经济地位、健康、婚姻家庭与生活方式、法律保障、性别观念七个主题比较研究章节的撰写人依次是：李洪峰、姚金菊、周圆、涂晓艳、顾蕾、姚艳霞、张颖。导论和结论部分分别由李英桃和李洪峰撰写。最后，本书由李英桃、李洪峰统稿，北京市妇联赵津芳主席、陈玲副主席，北京外国语大学金莉副校长、张朝意教授审稿定稿。

　　北外国际关系学院、法语系、法学院和日语系多名研究生参加了资料搜集、数据处理、撰写工作。她们分别是：张莹、赵晓娟、董智、张祯隆、张琼、谢肖萌、桂天晗、吴明敏、李司月、陆斐、庞敏、董雪、唐嘉敏、樊丁萍、高蕾、周游、赵敏、向恒等。在此感谢各位同学的积极参与和贡献。

　　为了保障课题质量，北京市妇联研究室、北京妇女研究中心与北外社会性别与全球问题研究中心定期举行联席研讨，并邀请刘伯红、魏国英、王红旗、韩贺南和张琪等专家听取调研介绍并给予了非常有价值的指导和帮助。在此，项目组向她们表示深深谢意！市妇联研究室赵知维、唐蕊，北京妇女研究中心白春燕、王冠伟以及崔彦民、代恒猛、刘光宇、苗文玉等同志为项目的顺利进展提供了宝贵帮助。

　　在导论中已经提到，研究团队具有多元的语言和学科背景。结项之际，我们反思这一特色给项目进展带来的利与弊，认为还是利大于弊。虽然不同学科和语言带来了某种程度的思路差异和统稿困难，但是对于涉及纽约、伦敦、巴黎、东京四大世界城市以及迈向中国特色世界城市的北京，涵盖妇女发展领域中七个主题的本项研究来说，不同学科之间的互相启发，不同外语背景的成员之间的交流，对于问题的发现和研究深度及广度的提高来说，是一个弥足珍贵的优势。同时，项目组对指标体系的划定、同一主题写作框架的统一都在一定程度上减小了数据搜集和比对的差异性，使负责研究不同城市的作者可以在力求展现共性的前提下突出各城市的个性。此外，这一次合作研究的过程对于每位作者来说，也是增强对世界城市中女性发展议题的了解的良好机会。

　　作为高校的教师研究团队，北外社会性别与全球问题研究中心认为这一次的课题研究以促进北京中国特色世界城市建设中性别平等主题的发展为目标，能够间接地促进北京女性发展和地位提高，促进社会性别主流化在北京中国特色世界城市建设政策中的融入，是一次资政惠民的研究活动，实现了高校研究服务于社会发展的人文理念。这一理念同时也得到了北京市妇联和姐妹院校性别研究中心、相关专家学者的高度认可。为此，我们深感欣慰。

　　最后，再次感谢在本书撰写和出版过程中做出贡献的所有领导、专家和学者，也感谢为本书付梓付出辛勤劳动的祝得彬和仇扬老师。

《世界城市妇女发展状况比较研究》课题组

2013 年 3 月

图书在版编目（CIP）数据

世界城市妇女发展状况比较研究：纽约　伦敦　巴黎　东京／
赵津芳，金莉主编 . —北京：社会科学文献出版社，2013.9
　　ISBN 978 - 7 - 5097 - 4852 - 7

　　Ⅰ.①世… 　Ⅱ.①赵… ②金… 　Ⅲ.①城市 - 妇女 - 生活状况 -
对比研究 - 世界 　Ⅳ.①D442.7

　　中国版本图书馆 CIP 数据核字（2013）第 154843 号

世界城市妇女发展状况比较研究
　　——纽约　伦敦　巴黎　东京

主　　编／赵津芳　金　莉
副主编／陈　玲　张朝意

出 版 人／谢寿光
出 版 者／社会科学文献出版社
地　　址／北京市西城区北三环中路甲 29 号院 3 号楼华龙大厦
邮政编码／100029

责任部门／全球与地区问题出版中心（010）59367004　责任编辑／仇　扬
电子信箱／bianyibu@ ssap. cn　　　　　　　　　　　　责任校对／孙光迤　李海雄
项目统筹／祝得彬　　　　　　　　　　　　　　　　　　责任印制／岳　阳
经　　销／社会科学文献出版社市场营销中心（010）59367081　59367089
读者服务／读者服务中心（010）59367028

印　　装／北京季蜂印刷有限公司
开　　本／787mm×1092mm　1/16　　　　　　　印　　张／34
版　　次／2013 年 9 月第 1 版　　　　　　　　　字　　数／571 千字
印　　次／2013 年 9 月第 1 次印刷
书　　号／ISBN 978 - 7 - 5097 - 4852 - 7
定　　价／99.00 元